復旦大學圖書館
特藏出版系列

公私藏印譜綜錄【上卷】

主　編　林章松
副主編　吳格　龙向洋

復旦大學出版社

復旦大學圖書館特藏出版系列編委會

主　　任：陳思和　陳引馳

執行主任：王　樂

委　員
（按姓氏音序排列）

陳丙杰　陳　熙　顧　雷　侯　茜

李彥霖　龍向洋　馬慶萱　吳　格

張春梅　趙冬梅　周月琴　朱　瑛

總　序

　　二〇〇七年，國務院辦公廳發佈《關於進一步加強古籍保護工作的意見》，提出在"十一五"期間大力實施"中華古籍保護計畫"。二〇一二年，在中央有關部委的支持下，"革命文獻與民國時期文獻保護計畫"專案正式啓動。這個項目的實施，説明了國家對歷史文獻整理工作的高度重視。借此東風，十年來，國內大批具有歷史價值、學術價值和文物價值的文獻實物得以搜集保護、整理出版。中華大地，傳統復興，文化普及，一派欣欣向榮。

　　復旦大學圖書館建立百餘年來，一向重視收藏、保護文獻資料，曾獲許多社會名流和專家學者的珍貴捐贈。經聶雲台、洪深、劉承幹、高吹萬、王欣夫、陳望道、趙景深、樂嗣炳等前輩的慷慨捐贈，館藏古籍善本數量在全國高校圖書館中名列第二；古籍以外，還形成了自己的收藏特色：紅色經典文獻、民國文獻、當代詩歌文獻（詩藏）、印譜數字文獻（印藏）、老法文文獻、老英文文獻、老日文文獻、埃及學文獻等。二〇一四年，圖書館建立復旦大學中華古籍保護研究院，積極從事研發寫印材料的新品種，復興傳統造紙工藝，培養古籍保護專業人才。二〇一六年，圖書館進而成立"特藏與數位化部"，有重點、有規劃地對特藏文獻進行整理和數位化，旨在進一步利用館藏特別文獻，服務於學界。二〇一九年，復旦大學"印譜文獻虛擬圖書館"（一期）上線啓用，香港著名印譜收藏家林章松先生將其藏品的數位化資源捐贈給復旦大學，以推動印譜文獻資料庫的建設和利用，受到了印譜收藏界普遍歡迎。二〇二〇年，新冠疫情猖獗之日，圖書館立刻投入抗疫資料與實物的搜集與保護，千方百計從一線醫務人員中獲得大量珍貴捐贈，並在醫科館舉辦了"待到山花爛漫時"的大型展覽；繼後，醫學館在徵集、展覽、宣傳名家捐贈方面做得風生水起，成爲校園文化的地標……

　　一般來説，圖書館無論規模之大小，部門之多少，工作之繁簡，其資源建設總是圖書館的核心工作、最重要的工作；但從高校圖書館的現狀來説，因爲圖書館購買、收藏的圖書文獻同質化傾向嚴重，海外採購限制頗多，並無特色可言；更無法推動學術研究朝獨特、創新發展。這樣的前提之下，特藏工作的重要性就被凸顯出來，誇張點説，特藏是高校圖書館工作的重中之重。特藏工作做得好不好，藏品豐富不豐富，決定了高校圖書館的品質、特色和傾向性；也間接地影響到高校學科發展的方向和品質。我前面之所以要歷數本館百年來和近十年來的特藏歷史與近況，就是要告訴大家，特藏工作不是圖書館某個階段性的工作，也不是某個具體部門的工作，它是高校圖書館與生俱來並貫穿始終的一項重要任務，而且它是與圖書館資源建設、學科服務密切相關的工作。在復旦大學的圖書館裡，它也不僅僅是特藏部一個部門的工作，它與圖書館資源建設、借閱服務、數位化建設、古籍保護、校園文化建設、展覽宣傳等工作，幾乎都聯繫在一起，需要圖書館領導部門做整體的布局、結構性的協調和推動，才能夠把這項工作做得更好。

　　現在，復旦大學圖書館特藏部又推出了特藏出版系列計劃，我雖然已經卸去了風霜八年的館長之職，但對於同仁們這項有意義的舉措仍然充滿熱烈的期待。現在國內外圖書館界對特藏文獻的公開化、普及化都極爲重視，特別在近幾年，許多知名高校相繼出版特藏文獻的整理成果。美國哈佛大學哈佛燕京圖書館爲業界樹立先行的榜樣，出版了多個主題的特藏文獻，如《美國哈佛大學哈佛燕京圖書館中文善本書志》《美國哈佛大學哈佛燕京圖書館館藏民國文獻叢刊》《美國哈佛大學哈佛燕京圖書館藏蔣廷黻資料》等；北京大學圖書館也相繼出版《北京大學圖書館館藏稀見方志叢刊》《北京大學圖書館珍藏瑞鶴山房抄本戲曲集》《北京大學圖書館館藏稿本叢書》等；清華大學圖書館近期推出《清華學刊》；復旦大學圖書館古籍部也整理出版了《復旦大學圖書館館藏古籍善本圖錄》《中國古籍珍本叢刊——復旦大學圖書館卷》《復旦大學圖書館藏古籍稿抄珍本（第一輯）》等。大家都意識到特藏文獻整理和公佈的重要性，同時，打破門戶之見，打破各自封鎖藏品的鄙陋見識，達成學術爲天下之公器的共識，將特藏文獻整理結果用紙質出版，抑或資料庫的形式公開呈現於世，在最大程度上實現對特藏文獻的宣傳與弘揚，以促進特藏文獻價值被進一步挖掘與利用。

復旦大學圖書館的特藏品質高雅，內涵豐富，涉及多個領域、多種樣式，既有圖書資料文獻，也有大量實物，可供公開展覽（如毅公書屋、延安版畫、抗疫展等）、欣賞品鑒（如大量名家書畫篆刻、珍稀版本、拓片印譜）及學術研究。其最重要的功能就是擴大學術研究之範圍、推動學術研究之進步，化私爲公，化小我爲大公，更加普及地服務於社會。特藏真要起到這樣的作用，非整理出高品質的出版物莫屬。所以，我真誠希望特藏部的同仁與復旦大學出版社的編輯攜手共進，把這項工作視爲極其嚴肅的學術研究活動，通過獨樹一幟的出版物來提升圖書館的人文品質，弘揚復旦大學的光榮傳統和人文精神。旦復旦兮，日月光華。

陳思和

二〇二二年八月二十四日于魚焦了齋

目　録

自序	林章松	1
序一	沈　津	1
序二	凌　翔	1
編纂説明		1
著録凡例		1

目次

　　書名首字檢字表 …………………………………………………………… 1
　　公私藏印譜綜録 ………………………………………………………… 1—776
　　　　印譜相關參考書簡目 …………………………………………………… 777
　　著者姓名索引 ……………………………………………………………… 803

附録一　印譜收藏者簡稱表 …………………………………………………… 861
附録二　收藏家鳴謝録 ………………………………………………………… 879

自 序

林章松

曾榮光老師生前曾叮囑余，若他日於集藏印譜有一定數量後，要將印譜資料及讀譜心得毫無保留向所有篆刻愛好者及學者公開，免得有志於此道者到處尋尋覓覓，亦免大家走無謂之歪路。雖然家師已辭世多年，但家師叮囑卻一直不敢遺忘。

時至今日，集藏印譜雖已有一點點成績，但離目標還有一段甚遙遠之距離，雖然長路漫漫，但首先要將現時手頭上之印譜資料公開予大家使用，那麼必須要建立一個平台，方能實現這構想。曾幾何時，余曾想去研讀有關編寫程式之課程，可惜因治生問題，一直未能實現，亦曾經自學編寫程式，但因編寫之程式未能達到自己要求之效果而擱置下來。

要完成家師之叮囑，想易行難，但要構建一個印譜互動平台之構想一直未放棄。數年前於香港曾與某些大學商談過此構想，但因大家理念不同而告吹。亦曾與國內某些大學商談過此事，亦因種種原因而無疾而終。

八年前有幸結識吳格教授，相談甚歡。越二年，又相聚於復旦。於復旦大學短暫停留期間，與吳格教授談及家師當年叮囑之事，余亦大膽詢問復旦大學圖書館是否願意建立一個虛擬印譜圖書館，當時沒抱甚麼大希望，吳教授語向學校商討。短短一週內，吳教授告知，學校接納建議。

一個試探式的詢問，萬萬沒想到復旦大學於短期內決定接納此建議，接到吳格教授之書面回覆時，真以為自己在夢中。當時真的五味雜陳。

由提議到初建"印藏"這印譜虛擬圖書館，祇用了短短半年時間，可想而知，這半年之內復旦大學圖書館所有工作人員投入了多少精力與時間，這種艱苦祇有參與者方能自知，不足外人所道。

沒有吳格教授之幫助，沒有復旦大學圖書館所有工作人員之艱苦奮鬥，就沒有"印藏"這印譜虛擬圖書館之面世，余亦沒法完成當年家師之叮囑。思及於此，就有寫《公私藏印譜綜錄》一稿作為報答之念頭。以這小禮物作報答吳教授及復旦大學，雖然是紙樣人情，萬望吳格教授、陳思和館長、陳引馳館長、楊光輝副館長、王樂副館長、龍向洋先生及復旦大學圖書館所有工作人員幸勿見笑。

《綜錄》一稿由構想到初步脫稿，用了整整四年時間，當中因健康問題及公司結業問題而停頓一段不短時間。原本設想初步脫稿約為一百萬字左右，奈何自去年初始視力一直迅速下降，由當時六成視力下降到現時祇餘一成視力左右，現時敲打鍵盤全憑感覺，根本看不清螢幕所顯示之圖像及文字，無奈之下，祇好放棄繼續寫下去，現時《綜錄》約七十萬字左右作為第一階段之結束，待完成各項手術後再作增補。

現時健康問題每況愈下，身體可謂千瘡百孔，視力、血管、腿患等問題一直困擾着，令人有一種不勝其煩感覺，一時間無法集中精神工作，主診醫生亦建議暫停所有工作以作休養生息，無奈之下，祇好採納主治醫生建議。

　　《綜録》一稿雖没法將世界所有公私藏印譜及相關資料全部録入，但例如：上海博物館、上海圖書館、中國國家圖書館、南京圖書館、浙江圖書館、西泠印社、天津圖書館、清華大學圖書館、北京大學圖書館、南開大學圖書館、華東師範大學圖書館、復旦大學圖書館、美國國會圖書館、日本國會圖書館、東京博物館圖書館、香港大學馮平山圖書館、香港中文大學圖書館等館藏印譜大多已録入。當然，存世印譜還有甚多，因能力所限，無法網羅所有公私藏印譜訊息，此點希大家見諒爲要。

　　於撰寫《綜録》時曾易稿數次，雖然要求盡量不要出錯或失誤，但因視力及體力不繼，因此《綜録》存在不少錯誤，掛一漏萬是在所難免之事。此點容身體恢復元氣後再作修正，更希望大家不吝指正。

　　《綜録》提交前得到沈津老師及凌翔先生賜下序文，令此稿增色萬分，於此致以萬分感謝。

　　《綜録》若不是得到大家無償援手，是無法完成初稿的。所有無償援手之朋友及老師本應點名鳴謝，但因某種原因，於此就不一一公開姓名，大家心照不宣就好，相信大家亦會明白不公開姓名之原委，但於此還是要向大家説句謝謝！

　　於準備交稿前，因換新電腦設備，造成原稿錯亂，亂得幾乎超出想像之外，龐琨及常慧琳二君花數天時間作校對及修改，辛苦了二君。

　　《綜録》衹是作抛磚引玉之用，今次初稿刊行並非是終結，衹是開始而已，若要做得更詳細及妥貼，離不開大家添磚增瓦，希望日後大家能再提供更多訊息，作爲增補之用。

　　此《綜録》雖然寫得甚粗糙，但要查閱所需印譜在何處有藏，還是能有一定幫助，以後大家寫論文或研究印學就可以按圖索驥，不會出現無處覓芳蹤的尷尬場面。

　　願以此《綜録》獻給所有老師、朋友及所有篆刻愛好者。

　　癸卯初春章松記於松蔭軒。

序 一

沈 津

　　林章松先生《公私藏印譜綜録》《松蔭軒藏印譜目録提要》《印譜所見人物小傳》先后付梓,是其爲學界奉獻的終畢生精力於一役的重要成果。林先生常常説自己不善著述,這當然是極其自謙的話,實際上他在此三種數百萬字的巨著結集出版前,就已於 2010 至 2017 年整整七年的時間,在"天舒的博客"裡連續登載過"莫愁前路無知己""誰人曾與評説"兩個系列的藏譜故事和資料叢匯近三百篇,享譽學界,傳播甚廣。當然,如果從所謂學術期刊收録、引用等角度視之,或爲淺識者許爲不登大雅,而林先生之志,則自非庸愚輩所能道也。津以爲這主要是因爲林先生耐得住寂寞,又有著不與人同的氣魄胸襟,立志做"大塊文章"的結果。

　　《公私藏印譜綜録》(以下簡稱《綜録》)可以看作是《松蔭軒藏印譜目録提要》(以下簡稱《提要》)的姊妹篇。雖然這部著作在"部頭"上不如《提要》豐厚,但"分量"卻不亞於後者。

　　林章松先生作爲一位久負盛名的印譜鑒藏家,儘管早有志于作印譜專題資料庫,但在每入藏一譜之前,亦必須對先賢遺老所言、目録志書所載、公私機構所藏有着清晰的瞭解,否則難以做到人棄我取、補漏充缺的效果。

　　如林先生業師曾榮光先生曾對其言及古學古(墨山)《活潑山房印譜》,説他"在抗日戰逃亡時曾在穗見過此譜,自始之後就再没見過此譜出現於坊間,因此對此譜卻留下印象深刻,叮囑我若他日有緣遇上此《活潑山房印譜》一定要購下"。在這種既有背景之下,林先生於偶然機遇中,看到網上有此譜之銷售資訊,"簡直不敢相信是當年家師曾向我提及過存世甚少之印譜之一",於是"二話不説,亦是請清風兄代購,並告知要立即購下,以免節外生枝,成爲其他人之獵物"。如果不是從先師口中獲知存藏情況,或許遇到亦只能一掠而過,未必會於此着意,也自然不會將其延藏松蔭軒了。

　　實際上,林先生不僅受良師指引,得鑒藏門徑,更是下大功夫攻讀各種條目性或提要性印譜目録,對書目所在譜名、人名、版本等蛛絲馬迹了然於胸,又不斷通過廣闊的交遊和新型檢索手段獲取海内外各公私機構印譜典藏資訊,從而每見一譜,即知淵源流變、殘佚存亡。林先生常説,自己的有些印譜,在別人眼裡可能不值一屑,"但在我而言卻是難得一見之本,當然不管印譜是否有殘缺。因我不是爲了保值,只作爲資料使用,因此殘缺與否,無所謂,能補充讀未見之譜就很有價值"。也正是因爲這樣的理念,《池上石契集》《古印林》《泉唐丁氏八家印譜》《淨硯齋艫鉢印集存》《蒼筤軒印存殘本》《芥彌精舍印萃》等補史所闕之殘譜,才能陸續插架松蔭軒,爲學人研究提供了重要資料。如果不是對傳世舊志所載和當下各地所藏如數家珍,要真正秉持這一"清高"的學術本色,是難以做到的。

　　毫無疑問,《綜録》的編修,是花了很大功夫的。不過正是因爲林先生數十年豐富的鑒藏實踐,從而在《松蔭軒藏印譜目録提要》之餘,同時推出此《公私藏印譜綜録》,似乎也是順理成章的事。

一方面，林先生《綜録》的編纂，爲公開私藏目録做出了重要貢獻。

隨着近年"中華古籍保護計劃"的開展，經過多年的普查工作，國内各大博物館、公共圖書館、高校圖書館的古籍存藏情況已基本摸清；隨着網路資訊的日益開放，國外大部分博物館、圖書館的漢文古籍庋藏信息亦能通過各種方式一索即得。但是，因爲傳統的典藏思維所影響，加上印譜本身具有以資印藝的藝術性特徵，故而藏家多秘不外泄，難以知曉藏譜底細。林先生業師曾榮光先生當年曾帶他走訪了不少香港地區有名的收藏家，以此開拓眼界，打破停滯不前的關口。期間，發生了一件令人不愉快的事：老師帶他到某位收藏家家中看一部很著名的印譜，但去了三次，都無功而返，因爲那位收藏家對他們只説印譜找不到了，而林先生卻無意間瞥見那部印譜就在桌下。經過這件事情，曾先生悟出了一個道理，即印譜不宜私藏，應爲大衆所用。曾先生也因此將畢生所集藏印譜全部轉贈於他，希望他日後繼續收集流落坊間的印譜，成立一間印譜資料室，讓所有的篆刻愛好者都能共用資源，也給相關的研究人員和學者一處治學之地，免得他們爲找資料而四處碰壁。

這是曾先生對林先生的殷切期望，而林先生也不負所托，經過數十年的努力，不僅成爲海内外第一印譜收藏巨擘，而且一直無償向學界分享其印譜典藏資訊，更於 2019 年同復旦大學圖書館合作，共建"印譜文獻虚擬圖書館"，收録印人 274 位，印譜 500 種，松蔭軒藏譜精華一覽無餘。這種亮節高風和博大胸襟，絶非等閒之輩所能爲之。也正由於林先生不同流俗的人格魅力，從而使海内外學人群相追隨，陸續向林先生貢獻藏譜信息，最終使《綜録》不獨涵蓋了上海博物館、西泠印社、天津圖書館、中國國家圖書館、香港大學馮平山圖書館、東京大學圖書館等公共典藏機構，還包羅了戴叢潔秋水齋、童衍方寶甓齋、楊廣泰文雅堂、韓天衡百樂齋、林霄近墨堂及日本太田孝太郎等海内外各大私家印譜典藏重地，幾乎把當前所能盡知的印譜存藏情況囊括殆盡。没有林先生數十年如一日的奉獻和勤勉，是斷難至此的。

另一方面，林先生《綜録》的編纂，不僅是其印譜鑒藏工作的需求，也爲學人專研印學提供了極大便利，更重要的是爲學界摸清印譜家底提供了重要線索。

印譜不如一般古籍印量多，尤以鈐印本的數量極其稀少，加上藏譜之家往往視如拱璧，一旦遭遇天災人禍，便會從此了無綫索。因此，學界急需一部"藏目"，使學者手持一編，即知某一印譜某一版本在世界各地的存藏情況，或就近取閲，或托朋探告，省去諸多舟車翻檢之勞，故而此書之出版，無疑是印學研究者之福音。

而作爲特種文獻的印譜，如果家底没有摸清，小則使其藏之名山，供一二人賞玩，隱没不顯，大則使佳譜毁佚，造成永遠無法挽回的損失。而近來最著名的"奇異"事件，莫如丁仁精拓成册的《西泠八家印存》。2011 年，日本人内藤富卿，説服丁仁後裔、旅日華人丁如霞，將自己祖上的《西泠八家印存》拿出來展覽，以讓日本人感受一下中國博大精深的印學文化。丁如霞經不起對方的百般懇求，便答應並無償出借至日本展覽。詭異的是，在展覽結束的三周後，内藤竟將其遺失在某酒店廁所，"國寶"從此不知所終。儘管後來丁如霞經過進一步協調，得到了一些賠償，但是聲名赫赫的《西泠八家印譜》就這樣無形中消失於天壤之間，這讓中國學術界如何不痛心？試想一下，如果 2003 年丁氏後裔首次公佈收藏《西泠八家印譜》之事能引起多方重視，爲社會廣知廣曉，從而加以善護，或列爲"禁止出國(境)展覽文物",或列入"國家珍貴古籍名錄",想不會驟至此等下場。從這個角度來看,林先生編纂《綜録》這樣的摸底工作,永遠不會過時,而且愈來愈有着時代賦予的緊迫性、必要性。

當然,因爲多種原因,《公私藏印譜綜録》也偶見信息不全面、不準確的地方。一方面,近年來隨着拍賣行業的日益興起,印譜作爲市場寵兒,流通非常活躍,從而使《綜録》中的著録跟不上市場交易,出現不準確的情況。如嘉德2014秋季拍賣會"印藪大觀",即是嘉德公司從日本徵集回來的金山鑄齋藏中國集古及流派印譜專場。該專場共有印譜176部參拍,而如《銅鼓書堂印譜》爲童衍方寶甓齋所得,《秋室印賸》爲韋力芷蘭齋所得,皆未在林先生《目録》中得到適時的反映。另一方面,如上所述,隨着"中華古籍保護計畫"的開展,大量的古籍典藏信息浮出水面,而這些也未曾在林先生《綜録》中得到全面的反映。如乾隆四十六年(1781)成譜的《抱經樓日課編》鈐印本,《綜録》列松蔭軒、美國國會圖書館、上海博物館、西泠印社四家,實際上湖南圖書館亦有藏。而此譜另有嘉慶四年(1799)盧氏抱經樓鈐印本,天一閣博物館、浙江省博物館有藏。再有乾隆四十四年(1799)盧氏抱經樓刻本,國家圖書館藏。又如,咸豐二年(1852)成譜的《華黍齋集印》四卷本,在《綜録》中列松蔭軒、上海博物館、西泠印社、中國國家圖書館四家,實際上河北省圖書館亦有藏。而此譜另有二卷本,于道光三十年(1850)成譜,孔子博物館、湖南圖書館有藏,《綜録》亦失收失載。

以上所謂不準確、不全面,都是隨着時間的推移而出現的,也是任何人都無法避免的,自然不能以此苛責作者。而與此同時,我們也應深知,正是因爲社會的不斷發展,傳統性學術必須不斷和時代融合,才能在日新月異的今天得到推進。林先生《綜録》的編纂,不會是這一項目的終結,而應是新的領域的開啓,强烈地預示著將來印學界尚有大量的工作可做。二〇二〇年十月於美國北卡。

序二："紙醉金迷"的香江大隱

凌　翔

　　十多年前,我第一次走進松蔭軒,看到那堆滿一整面牆的上千種印譜(這面牆已成爲全世界印學愛好者的打卡熱點),和那個不可能超越的"老頑童",我對收藏印譜這件事就徹底絶望了。從那時起我便決定只關注印章,不再收藏印譜了。雖然松蔭軒的大名在印學界早已如雷貫耳,但真正置身其中還是會被它震撼。這就是傳説中的"高山仰止",碰到"天花板"只能乖乖止步出局。

　　松蔭軒主人用四十多年時間收藏了三千多種印譜,這是前無古人、後無來者的壯舉,無論他怎麽謙虚(我經常提醒他不要變相驕傲),都是板上釘釘的事。我有時戲謔他"言行不一",嘴上説希望大家都來關注和重視印譜,結果他卻把自己練成"東方不敗",斷了年輕人稱霸江湖的念想。他聽到必壞笑一通説:"只要你們願意當林平之,都可以的。"此言不虚,因爲松蔭軒的"葵花寶典"一直是對外公開分享的。所以這二十年來,受其影響和幫助、在印學道路上越走越遠的有志青年要多得多得多。

　　松蔭軒是一個在地圖上找不到的香港文化地標,它隱藏在葵涌的工業大廈之中。這個工廈,享譽海内外的版本目録學家來過,中日兩國篆刻界的大佬來過,古籍、書畫、印章領域的大收藏家來過,還有很多籍籍無名的年輕印人和印學研究者也來過。來過松蔭軒的人,都能感受到這個書齋和外部環境的巨大反差。外面是林立的工業大廈,往來穿梭的貨櫃車,轉身走進松蔭軒,卻完全是另一個"紙醉金迷"的印學世界。這就是松蔭軒主人最真實的生存狀態,充滿了港式"無厘頭"風格。常年隱居在香港的偏僻工業區,選擇印學這樣的"窄門",他一定無比寂寞,也一定有超乎常人的信念和毅力。

　　松蔭軒主人是我見過最多病的人,長期受足疾、手疾、眼疾、血管痙攣、癌症等疾病折磨,所幸不是無藥可救。印譜就是他的靈丹妙藥,每次只要一聊起印譜,他就像"打了雞血"一樣。其癖好之深,比起賭徒、登徒子有過之而無不及。

　　他是我見過最熱情的人,不管對他人、還是對生活。他的古道熱腸已經到"令我髮指"的程度,只要有人來索取研究資料,他必鼎力相助,而且近乎偏執地要求不留其名,以致很多成果被人所攫,他亦不爲所動。在拍賣會上看到心儀之物,只要朋友過來打招呼,他會毫不猶豫地拱手相讓。他的豪爽好客,在朋友圈中頗負盛名。我每次去拜訪,他都會留飯,後來我找人刻了一方"松蔭軒食客"印章,作爲長期白吃白看的憑據。坊間流傳很多去松蔭軒做客"被吃撑"以至消化不良的掌故,我可以證明是真的。

　　他是我見過最低調的人,不參加任何學術組織,没有任何頭銜,喜歡自稱"賣魚佬"。他經營著一家規模不小的水産公司,辦公室和松蔭軒在同一幢樓。通常他早上先去公司處理工作,然後坐電梯回到書齋,和他的"三千佳麗"呆在一起,開始閉門打怪。正是這樣幾十年如一日的瘋狂研究,才修煉成今天舉世公認的印譜大家。

過去八年是松蔭軒最灰暗的時期，"接連遭遇了女主人突然離世、公司執笠的巨大打擊"，老頑童不僅戒煙失敗，還極爲罕見地出現過情緒低落。好在很快他又滿血復活，這幾年他開始收學生、授課，在香港的大學舉辦展覽，與復旦大學合作創建印譜文獻虛擬圖書館（"印藏"），就像他的微信名"小鮮肉"一樣，不斷帶給人驚喜。

最大的驚喜是《松蔭軒藏印譜簡目》（復旦大學出版社 2022 年 9 月已出版）、《松蔭軒藏印譜提要》（另有印譜序跋、印人小傳兩種，將由國圖出版社刊行）、《公私藏印譜綜錄》（即將完稿），凝聚其一生心血和功力，我稱之爲松蔭軒的"印學三部曲"。如果說前面兩部是武林秘笈，那最後一部就是藏寶圖（作者的原話是"讓研究印譜的人知道去哪裡找需要的印譜"）。爲了寫這三本書，老頑童索性連家也不回了，住在書齋日夜工作，甚至數年不見陽光，乃至眼疾加重（視力只剩下 10%），只能匆匆完稿去動手術。雖然因病不能達成他的寫作目標（第三本原計劃寫一百多萬字，實際寫了七十萬字左右），但作爲中國印學研究的一個里程碑，"松蔭軒三部曲"已經打下了"偉大"的地基，相信松蔭軒的繼承者們會在這個地基上建起更輝煌的殿堂。

我比松蔭軒主人小兩輪，與其女兒同歲，屬於他口中的"小屁孩們"之一。所謂忘年之交，大概就是沒大沒小、百無禁忌。我們在一起經常聊些不適合擺上台面的話題，比如他年輕時的江湖往事，比如某某名家的黑歷史之類。聽他"吹水"，時間再多也必是嫌少的。對"小屁孩們"來說，他不僅是在前面帶路的印學導師、收藏前輩，也是身邊並肩作戰的"損友"。就像 Forever Young 歌詞所寫：即便世界讓人意冷心灰，我們"兩眼帶刀、不肯求饒""即使全部都輸掉，也要沒心沒肺地笑""混賬到老，等你摔杯爲號"。

松蔭軒主人林公章松先生命我爲其巨著作序，這是存心要讓我背"佛頭著糞"的黑鍋。無奈經常吃他的嘴短，只能勉爲其難就我之所知所見所感，敷衍成文，等着被人拍磚。巧的是，松蔭軒就在打磚坪街，那是一個很多香港人一輩子都不會去的地方，結果卻成了我這個"港漂"在香港去得最多的地方，多到我甚至能用粵語跟司機說"去打磚坪街"。癸卯仲春寫於十七草堂。

編纂説明

一、本目係松蔭軒主人彙輯之海內外印譜藏品綜録，因係知見目録，非盡出於目驗；

二、本目搜討各家印譜，旨在彙録不同品種，如相同版本，爲省篇幅計不重複著録；

三、本目所著録印譜同名而卷册數不同，或成譜年份有別，即不作複本而分立條目；

四、印譜題名，恆多別稱，本目除著録流傳習見之譜名外，異稱別名，亦酌予附見；

五、本目因已涵蓋松蔭軒所藏印譜，故著録體例與《松蔭軒藏印譜簡目》大略相同；

六、本目以漢字筆畫檢字法編排，書後所附人名索引，亦據印人姓名筆畫數而編製；

七、本目附載"印譜相關參考書簡目"，附録"印譜收藏者簡稱表""收藏家鳴謝録"；

八、公私藏家數逾千百，其簡稱及排序尚無定則，藏所未詳者僅以"私人藏"名之；

九、本目初創，增訂有待，存世印譜浩繁，補苴罅漏，後來居上，諸同好合力是望；

十、本目由松蔭軒主人創稿並經多年積累，現由復旦圖書館吴格及龍向洋助編而成。

著録凡例

一、《綜録》依據《中國古籍總目著録規則》著録,兼顧印譜文獻著録之特殊性,入録諸譜分別著録其書名、著者、版本及知見之藏家等項信息,其基本格式如次:

　小璽彙存(小鉢彙存)不分卷　四册
　　吳樸篆　方約輯
　　民國三十四年(1945)宣和印社刊印本
　　浙江　浙江博　西泠　温州　哈爾濱　南大　私人藏　松蔭軒

(一) 書名項
(1) 書名項含正書名、附書名、異書名、卷數、册數諸款目,例:
　　雙鳳條館影揚杭州七家印譜一卷附秋水園印譜續集　一册
　　繭廬印集(繭廬所製印)　一册

(2) 印譜若存異書名,先著録流傳習見之書名,並附注其異書名,例:
　　敩讓生印存(仰之印存、敩讓生印集)不分卷　二册
　　迂軒印存(武强賀培新印草)不分卷　二册

(3) 印譜書名及著者如無可考,僅著録作"印譜"及其卷册,並統稱"〔佚名〕篆(輯)",例:
　　印譜不分卷　二册　〔清〕李承運篆並輯
　　印譜不分卷　十册　〔佚名〕篆並輯

(4) 印譜單册者通常不分卷,多册而未分卷者通稱"不分卷",同時著録其册數,例:
　　穆如清風室藏古璽印選　一册
　　穆如清風室藏古璽印選不分卷　八册

(5) 印譜之分卷較爲模糊,其分册則爲成譜之重要特徵,不同册數實即不同文本之依據,例:
　　十六金符齋印存不分卷　三册　　　十六金符齋印存不分卷　五册
　　十六金符齋印存不分卷　六册　　　十六金符齋印存不分卷　八册
　　十六金符齋印存不分卷　十册　　　十六金符齋印存不分卷　十八册
　　十六金符齋印存不分卷　二十册　　十六金符齋印存不分卷　四十册

(二) 著者項

(1) 著者項含篆(摹)刻者、收藏者、編輯者諸款目，例：

　　錢叔蓋印存不分卷　三册　錢松篆　吳隱輯

　　印林不分卷　二册　〔清〕楊守敬藏並輯

(2) 民國以前篆(藏、輯)者姓名前綴朝代名，跨朝代者以卒年斷代，例：

　　遯盦集古印存不分卷　八册　〔元〕趙子昂　吳昌碩等篆　吳隱輯

　　秋水齋藏印　一册　〔清〕鍾以敬等篆　戴叢潔藏並輯

(3) 印譜常見之著作方式爲"篆""摹""藏""輯""篆(摹、藏)並輯"等，例：

　　印藪搜奇不分卷　四册　〔明〕鮑釗摹並輯

　　印藪卷物不分卷　七册　（日本）森修來篆並輯

(4) 印譜稱"某某自用印"者，其篆刻者或即本人，或爲他人，著録其收藏及編輯信息，例：

　　福山王氏劫餘印存自用印不分卷　四册　王氏後人輯

　　韶石自用印集不分卷　三册　張祥凝　馮康侯等篆　林章松輯

　　手澤猶存　一册　〔清〕潘希甫藏並輯(潘氏自用印)

(5) 印譜篆(藏、輯)者無可考者，著者項統稱"[佚名]篆(藏、輯)"，例：

　　蘆中寶藏印不分卷　三册　[佚名]篆並輯

　　湖南名人用印集存　一册　[佚名]藏並輯(清何紹基、左宗棠等用印)

(6) 印譜篆者、輯者不止一名者，兩名以上即省略並加"等"字著録，例：

　　丁卯印存　一册　葉潞淵　沈受覺等篆　錢君匋　葉潞淵同輯

　　齊白石陳師曾等人印譜不分卷　三册　齊璜　陳師曾等篆並輯

(7) 域外印人篆刻或編輯者，著者姓名前著録其國籍，例：

　　一刀萬象不分卷　三册　（日本）池永道雲篆並輯

　　清游印譜不分卷　二册　（韓國）金台錫篆並輯

(三) 版本項

(1) 版本項反映成譜年代，含鈐印(刊印、影印等)年代、主持、形式及特殊裝幀等款目，例：

　　勸善印譜不分卷　二册　〔清〕伏景春篆並輯　清同治七年(1868)古歙洪氏留餘堂鈐印暨刊印本

二金蝶堂印譜不分卷　八册　〔清〕趙之謙篆　葉爲銘輯　清光緒二十八年(1902)粘貼本
　　二金蝶堂印譜二集不分卷　七册　〔清〕趙之謙篆　西泠印社輯　民國六年(1917)鋅版印本
　　謝磊明印存　一册　謝磊明篆　林章松重輯　己亥年(2019)鈐印本(册葉裝六十四開)

(2) 版本項著録成譜年代,以朝代、干支等紀年者,附註公元紀年,例:
　　宜振書室印存不分卷　四册　清李承福篆　席素謙輯　清宣統三年(1911)鈐印本
　　樂氏藏古璽印選不分卷　十册　樂守勛藏　故宫博物院輯　乙丑年(1985)鈐印本
　　廖寶强篆刻集　一册　廖寶强篆並輯　癸卯年(1963)鈐印本

(3) 版本項著録成譜地域及年代、印製主持人、印製形態等款目,信息缺如者酌補,例:
　　歷朝史印□卷　六册　清黄學圯篆並輯　清道光九年(1829)楚橋書屋重輯鈐印本
　　鄰古閣印存　一册　清戴景遷篆　戴譽輯　民國二十七年(1938)鈐印本(前半刊印)

(4) 藉助攝影技術製版印刷成譜者,通稱"石印本"或"影印本",例:
　　歷朝史印　六册　〔清〕黄學圯篆　東皋印社輯　民國十一年(1922)東皋印社石印本
　　飛鴻堂印譜五集　二十册　〔清〕汪啓椒輯　清光緒三十四年(1908)有正書局影印本
　　賴古堂印譜□卷　四册　〔清〕周亮工輯　民國元年(1912)上海神州國光社影印本(原作"金屬板影印本")
　　百花齊放印譜　一册　陳佐黄篆並輯　戊午年(1978)影印本(原作"印刷本")

(5) 刊版印刷(或刊版與鈐印結合而成)之印譜,一般仍稱"刊印本",例:
　　秦漢印統　八册　明羅王常輯　明萬曆三十四年(1606)吴氏樹滋堂刊印本
　　古銅印選不分卷　三册　〔清〕姚觀光輯　清道光十七年(1837)姚氏墨林如意室刊印本

(6) 流傳有緒之名家所藏印譜,酌於版本項附註說明,例:
　　三松堂印存　〔清〕潘奕雋篆並輯　鈐印本(秦康祥藏本)
　　九峰草堂印譜　一册　陳烈文篆並輯　民國六年(1917)鈐印本(張大千藏本)

(7) 印譜之完缺、版本特徵、裝幀特點等相關說明,亦酌註於版本項,例:
　　介盦印譜一卷　一册　〔清〕釋湛福篆並輯　清宣統三年(1911)刊印本(雲南叢書本)
　　蘭福堂印譜不分卷　二册　蘭福堂篆並輯　鈐印本(册葉裝,每册十一開)
　　二金蝶堂印譜不分卷　四册　〔清〕趙之謙篆　〔清〕西泠印社輯　清光緒三年(1877)鈐印本(重輯傳拭本)

(8) 日本篆刻家印製之印譜,於日本紀年外加註公元紀年,例:

　　棲鳳印譜不分卷　二冊　(日本)竹內棲鳳篆並輯　日本大正八年(1919)鈐印本

　　巴陵私印　一冊　(日本)中三實篆並輯　日本寬政四年(1792)影印本

(9) 印譜所稱鈐印本,多已包含拓印形式在內,茲沿慣例,僅於封泥類印譜稱鈐拓本,例:

　　封泥集存不分卷　林章松藏並輯　2003年松蔭軒鈐拓本

　　封泥集存不分卷　[佚名]藏並輯　鈐拓本

　　封泥彙編一卷　吳隱篆並輯　民國二十年(1931)鈐拓本

書名首字檢字表

一畫		不	53	去	83	戎	156	似	198
一	3	太	54	甘	83	吉	156	行	199
乙	6	友	55	世	84	考	159	全	199
二畫		牙	57	古	84	老	159	合	200
二	6	瓦	57	本	104	地	160	兆	200
丁	11	止	57	辻	105	耳	160	企	200
十	14	少	58	可	105	芋	160	朵	200
七	21	日	59	丙	106	共	161	旭	200
卜	23	中	60	左	106	芝	161	各	201
八	23	内	62	石	106	朴	162	名	201
九	23	水	62	戊	114	臣	162	多	207
了	25	午	63	平	114	再	162	冰	207
刀	25	手	63	北	117	西	162	亦	208
又	25	牛	64	旦	118	有	171	交	209
三畫		毛	64	目	118	百	173	次	209
三	25	壬	65	甲	118	存	179	衣	210
于	29	仁	65	田	119	列	180	羊	210
干	29	片	65	只	119	成	180	汗	210
土	29	仇	66	史	120	夷	180	江	210
下	30	介	66	四	120	攷	180	汲	212
寸	30	夊	67	生	122	至	180	池	213
大	30	今	67	禾	122	此	181	守	214
上	34	分	68	白	122	光	181	安	215
小	34	公	68	他	126	曲	181	那	218
山	39	月	69	用	126	同	181	阮	218
千	40	勿	69	印	126	吕	182	阪	218
川	42	丹	69	冬	151	回	182	艸	218
丸	42	六	70	市	151	肉	182	如	218
凡	42	文	71	立	151	年	182	好	219
及	42	方	74	玄	152	朱	182	羽	220
弓	42	斗	75	半	152	缶	185	牟	220
子	42	心	76	氾	154	先	188	七畫	
孑	43	尹	76	它	154	廷	189	弄	220
也	43	尺	77	永	154	竹	189	戒	220
四畫		孔	77	司	154	休	192	扶	220
王	43	巴	78	民	155	伏	192	抄	221
天	47	匝	79	出	155	延	195	赤	221
夫	49	以	79	幼	155	仲	196	孝	222
元	50	幻	79	六畫		任	196	均	222
云	50	五畫		匡	155	仰	197	坊	222
木	50	玉	79	耒	155	自	197	志	223
五	51	未	81	式	155	伊	198	芙	223
支	53	正	81	迁	156	向	198	芸	224

芷 ……… 224	余 ……… 249	長 ……… 264	易 ……… 295	治 ……… 317
芮 ……… 225	希 ……… 249	卦 ……… 266	昂 ……… 296	性 ……… 317
花 ……… 225	谷 ……… 250	拓 ……… 266	炅 ……… 296	怡 ……… 318
芥 ……… 225	含 ……… 251	坤 ……… 266	邵 ……… 296	宗 ……… 319
芳 ……… 226	免 ……… 251	拊 ……… 267	岡 ……… 296	定 ……… 319
克 ……… 226	狂 ……… 251	抵 ……… 267	知 ……… 296	宜 ……… 319
杜 ……… 226	言 ……… 251	抱 ……… 267	垂 ……… 298	官 ……… 320
杏 ……… 226	況 ……… 251	拙 ……… 269	牧 ……… 298	祈 ……… 321
杉 ……… 227	吝 ……… 251	坡 ……… 269	物 ……… 298	建 ……… 321
杞 ……… 227	冷 ……… 252	披 ……… 269	和 ……… 298	居 ……… 321
李 ……… 227	序 ……… 252	亞 ……… 269	季 ……… 300	屈 ……… 321
求 ……… 230	辛 ……… 252	其 ……… 269	秉 ……… 300	殁 ……… 322
吾 ……… 231	弟 ……… 252	苦 ……… 270	佳 ……… 300	承 ……… 322
豆 ……… 232	汪 ……… 252	昔 ……… 270	岱 ……… 300	孟 ……… 323
忒 ……… 232	沅 ……… 253	若 ……… 271	侣 ……… 300	陋 ……… 323
邴 ……… 232	汝 ……… 253	英 ……… 272	侃 ……… 301	孤 ……… 323
步 ……… 232	洒 ……… 253	范 ……… 272	佩 ……… 301	亟 ……… 323
肖 ……… 232	沙 ……… 253	直 ……… 272	依 ……… 301	姓 ……… 324
吳 ……… 232	沂 ……… 254	苔 ……… 272	欣 ……… 301	迦 ……… 324
貝 ……… 241	沈 ……… 254	林 ……… 273	征 ……… 301	九畫
見 ……… 241	沉 ……… 255	板 ……… 274	徂 ……… 302	契 ……… 324
里 ……… 241	沁 ……… 255	來 ……… 274	金 ……… 302	奏 ……… 324
足 ……… 242	快 ……… 255	松 ……… 275	斧 ……… 308	春 ……… 324
吟 ……… 242	完 ……… 256	杭 ……… 281	采 ……… 308	珏 ……… 327
吹 ……… 242	宋 ……… 256	述 ……… 282	受 ……… 308	珍 ……… 327
呴 ……… 242	宏 ……… 257	枕 ……… 282	念 ……… 308	玲 ……… 328
別 ……… 242	良 ……… 257	東 ……… 282	肥 ……… 309	封 ……… 328
岑 ……… 243	初 ……… 258	或 ……… 285	服 ……… 309	拱 ……… 329
我 ……… 243	君 ……… 258	卧 ……… 285	周 ……… 309	括 ……… 329
利 ……… 243	即 ……… 259	兩 ……… 286	匋 ……… 312	拾 ……… 330
秀 ……… 243	尾 ……… 259	雨 ……… 288	狙 ……… 313	某 ……… 330
私 ……… 244	阿 ……… 259	郁 ……… 289	匊 ……… 313	荆 ……… 330
估 ……… 244	壯 ……… 259	奇 ……… 289	京 ……… 314	革 ……… 331
何 ……… 244	妙 ……… 260	忞 ……… 289	郊 ……… 314	草 ……… 331
佐 ……… 245	邵 ……… 260	非 ……… 289	庚 ……… 314	荃 ……… 331
佚 ……… 246	忍 ……… 260	叔 ……… 289	净 ……… 314	茶 ……… 332
作 ……… 246	八畫	虎 ……… 289	放 ……… 315	茗 ……… 332
伯 ……… 246	奉 ……… 261	尚 ……… 290	刻 ……… 315	故 ……… 333
住 ……… 246	玩 ……… 261	具 ……… 290	卷 ……… 315	胡 ……… 333
伴 ……… 247	武 ……… 261	味 ……… 290	法 ……… 315	茹 ……… 336
佛 ……… 247	青 ……… 261	昆 ……… 292	河 ……… 316	荔 ……… 336
近 ……… 247	玦 ……… 263	昌 ……… 292	泥 ……… 316	南 ……… 336
返 ……… 249	抹 ……… 264	明 ……… 293	波 ……… 317	柯 ……… 338

查 … 338	俞 … 360	紉 … 374	夏 … 394	唐 … 413
相 … 338	食 … 361	**十畫**	破 … 395	旅 … 414
柞 … 339	勉 … 361	耕 … 374	恋 … 395	瓶 … 414
柏 … 339	風 … 361	耘 … 375	原 … 395	益 … 414
柳 … 339	狩 … 362	挈 … 375	逐 … 395	浙 … 415
枹 … 340	亭 … 362	泰 … 376	致 … 395	酒 … 415
柿 … 340	帝 … 362	秦 … 376	晉 … 395	涉 … 415
威 … 340	麻 … 362	珠 … 384	柴 … 396	娑 … 416
研 … 340	音 … 363	素 … 384	時 … 396	消 … 416
耐 … 341	彥 … 363	匪 … 385	晃 … 396	海 … 416
貞 … 342	帝 … 363	馬 … 385	晏 … 397	浮 … 418
省 … 342	施 … 363	起 … 386	哦 … 397	流 … 419
削 … 342	姜 … 363	貢 … 386	豈 … 397	浣 … 419
是 … 343	前 … 363	埋 … 386	峰 … 397	浪 … 419
眇 … 343	首 … 364	捉 … 386	峻 … 397	浸 … 419
映 … 343	洗 … 364	袁 … 386	剛 … 397	悟 … 419
星 … 344	活 … 364	挹 … 386	乘 … 398	悔 … 420
昨 … 344	派 … 364	都 … 386	笑 … 398	悅 … 420
昵 … 344	染 … 364	耄 … 387	借 … 398	家 … 420
昭 … 344	洛 … 365	捃 … 387	倚 … 398	容 … 420
畎 … 345	津 … 365	盍 … 387	俳 … 399	案 … 421
畏 … 345	恒 … 365	埃 … 387	個 … 399	朗 … 421
毘 … 345	恬 … 365	恥 … 387	倫 … 399	扇 … 421
虹 … 345	恨 … 365	耽 … 387	倣 … 399	袖 … 421
思 … 345	宣 … 365	華 … 387	皋 … 400	祥 … 422
品 … 347	客 … 366	莆 … 389	息 … 400	書 … 422
幽 … 347	冠 … 366	恭 … 389	島 … 400	陸 … 423
拜 … 347	軍 … 366	莫 … 389	烏 … 401	陳 … 424
看 … 348	祖 … 367	荷 … 389	師 … 401	孫 … 428
香 … 348	祝 … 367	莘 … 390	徐 … 403	陰 … 429
秋 … 350	郡 … 367	真 … 390	殷 … 406	陶 … 431
重 … 355	退 … 367	莊 … 390	般 … 407	娛 … 432
修 … 355	既 … 368	桂 … 391	奚 … 407	通 … 432
保 … 356	咫 … 368	栖 … 391	倉 … 408	能 … 433
信 … 356	韋 … 368	桐 … 391	翁 … 408	桑 … 433
皇 … 357	眉 … 369	桃 … 392	留 … 408	納 … 433
泉 … 357	陝 … 369	格 … 393	記 … 409	紙 … 433
禹 … 358	陵 … 369	栘 … 393	訒 … 409	**十一畫**
侯 … 358	姚 … 369	根 … 393	凌 … 410	現 … 433
追 … 359	飛 … 369	栩 … 394	高 … 411	琉 … 434
待 … 359	葵 … 372	索 … 394	郭 … 412	琅 … 434
衍 … 359	紅 … 372	連 … 394	席 … 413	描 … 434
後 … 360	紀 … 374	栗 … 394	病 … 413	掀 … 435

採 ……… 435	晚 ……… 457	添 ……… 474	彭 ……… 492	鼎 ……… 509
教 ……… 435	國 ……… 458	淇 ……… 474	煮 ……… 492	閑 ……… 509
探 ……… 435	唫 ……… 458	渠 ……… 474	達 ……… 492	閒 ……… 510
埽 ……… 435	唳 ……… 459	淺 ……… 474	揮 ……… 493	遇 ……… 510
掃 ……… 436	崎 ……… 459	淑 ……… 474	壺 ……… 493	景 ……… 510
聊 ……… 436	崔 ……… 459	淛 ……… 475	斯 ……… 493	貴 ……… 512
菁 ……… 436	崇 ……… 459	淳 ……… 475	葉 ……… 493	單 ……… 512
菘 ……… 436	過 ……… 459	淡 ……… 475	散 ……… 495	黑 ……… 512
菫 ……… 437	甜 ……… 459	深 ……… 475	萬 ……… 495	無 ……… 512
黃 ……… 437	梨 ……… 459	涵 ……… 475	葛 ……… 496	缾 ……… 515
菌 ……… 443	稌 ……… 460	婆 ……… 476	董 ……… 496	程 ……… 515
菜 ……… 443	動 ……… 460	梁 ……… 476	葆 ……… 497	犂 ……… 516
菭 ……… 443	笛 ……… 460	惜 ……… 477	敬 ……… 497	喬 ……… 516
菊 ……… 443	符 ……… 460	惕 ……… 478	落 ……… 498	筐 ……… 516
萍 ……… 443	笠 ……… 460	寅 ……… 478	朝 ……… 498	傅 ……… 516
菅 ……… 443	敏 ……… 461	寄 ……… 478	葭 ……… 498	順 ……… 517
乾 ……… 444	悠 ……… 461	宿 ……… 479	楮 ……… 498	傑 ……… 517
彔 ……… 444	進 ……… 461	啟 ……… 479	棋 ……… 499	集 ……… 517
菡 ……… 445	停 ……… 461	畫 ……… 480	森 ……… 499	焦 ……… 524
萏 ……… 445	偏 ……… 462	張 ……… 480	焚 ……… 499	傍 ……… 525
梧 ……… 445	鳥 ……… 462	鄆 ……… 485	棲 ……… 499	皖 ……… 525
梅 ……… 446	廖 ……… 462	隋 ……… 485	椒 ……… 499	衆 ……… 525
麥 ……… 449	偉 ……… 462	陽 ……… 485	棣 ……… 499	粵 ……… 525
桴 ……… 449	得 ……… 462	習 ……… 486	軼 ……… 499	奧 ……… 525
梓 ……… 449	從 ……… 463	貫 ……… 486	惠 ……… 499	逼 ……… 525
曹 ……… 449	釗 ……… 463	紺 ……… 486	覃 ……… 500	御 ……… 526
區 ……… 449	豚 ……… 463	細 ……… 486	粟 ……… 500	復 ……… 526
堅 ……… 450	魚 ……… 463	紹 ……… 486	棗 ……… 500	循 ……… 526
帶 ……… 450	象 ……… 464	巢 ……… 487	酣 ……… 500	須 ……… 526
戛 ……… 450	逸 ……… 464	十二畫	酉丏 ……… 501	鉢 ……… 526
厠 ……… 450	訥 ……… 465	琹 ……… 487	硯 ……… 501	鈍 ……… 527
瓠 ……… 451	許 ……… 465	琴 ……… 487	雁 ……… 501	鈴 ……… 527
匏 ……… 451	康 ……… 465	琢 ……… 489	殘 ……… 502	鈎 ……… 527
盛 ……… 451	庸 ……… 466	琅 ……… 489	雄 ……… 502	鈕 ……… 527
雪 ……… 451	鹿 ……… 466	琛 ……… 489	雲 ……… 502	爲 ……… 528
虛 ……… 454	裒 ……… 466	款 ……… 489	雯 ……… 506	舜 ……… 528
虖 ……… 454	章 ……… 466	項 ……… 490	雅 ……… 506	飯 ……… 528
雀 ……… 454	商 ……… 467	越 ……… 490	斐 ……… 507	飲 ……… 528
常 ……… 455	望 ……… 467	超 ……… 490	悲 ……… 507	舣 ……… 528
野 ……… 455	眷 ……… 468	提 ……… 490	紫 ……… 508	然 ……… 529
問 ……… 455	焕 ……… 468	揚 ……… 491	晴 ……… 509	鄒 ……… 529
婁 ……… 456	烽 ……… 468	博 ……… 491	暎 ……… 509	詠 ……… 529
曼 ……… 456	清 ……… 469	喜 ……… 492	貽 ……… 509	馮 ……… 529

敦	530	遠	547	農	564	遜	576	鄒	604
廋	530	蜇	547	嗣	564	經	576	種	604
童	530	塙	547	蜀	564	絸	577	毓	605
棄	531	摛	547	嵩	564	十四畫		僞	605
善	531	聖	548	圓	564	静	577	銅	605
翔	532	勤	548	筠	564	碧	580	銅	606
尊	532	蓮	548	筱	564	瑶	581	銘	606
道	534	靳	549	節	565	趙	581	銀	607
遂	534	華	549	與	565	嘉	588	遜	607
曾	535	夢	549	傳	565	赫	589	鳳	609
勞	535	蒼	552	衙	566	壽	589	疑	610
湛	536	蒯	552	微	566	聚	593	語	610
湖	536	蓬	553	欽	566	慕	593	説	610
湘	536	蒲	553	遙	566	摹	593	誦	611
渤	536	蓉	553	愛	566	蔓	594	廣	611
渚	536	蒙	553	飼	567	蔡	594	瘦	611
渺	537	蔭	554	頌	568	蔗	595	塵	612
溫	537	椿	554	解	568	蔽	595	廖	612
渴	537	楳	554	試	568	蒙	595	韶	612
淵	537	楠	555	詩	568	蔚	595	端	612
游	538	楚	555	誠	569	嘏	595	適	613
惺	538	楊	555	話	569	蔣	595	齊	614
寒	538	槐	558	廉	570	蓺	596	養	617
富	539	榆	559	新	570	模	596	精	619
運	540	楓	559	意	571	榴	597	鄰	619
補	540	楹	560	慈	571	榕	597	鄭	619
畫	542	甄	560	煙	572	歌	597	榮	620
強	543	感	560	煉	572	碩	597	漢	620
費	543	碑	560	煒	572	爾	598	滿	629
靭	544	碎	560	溥	572	臧	598	漱	629
媚	544	匯	560	滌	572	睿	598	漱	629
賀	544	頓	561	溪	572	對	598	潋	631
登	544	虞	561	滄	572	聞	600	漪	631
結	545	業	561	滂	573	閩	600	演	631
絳	545	當	562	溢	573	蜨	600	澈	632
絡	545	睫	562	溯	573	蝸	601	慢	632
絲	546	嗜	562	溶	573	蜼	601	賓	632
十三畫		愚	562	慎	573	嘘	602	察	633
瑟	546	暖	563	寬	573	㮾	602	寧	633
瑁	546	照	563	窣	574	鳴	602	實	633
瑞	546	路	563	福	574	嗷	603	褐	634
頑	547	蛻	563	群	576	圖	603	隨	634
摸	547	畹	563	辟	576	舞	604	翟	634

翠	634	蝠	647	選	670	儒	687	隸	703
熊	635	墨	648	豫	670	衡	687	臨	703
鄧	635	稽	649	緝	671	衛	688	磻	704
網	637	稼	651	緣	671	鍊	688	霜	704
維	637	篁	651			錢	688	霞	704
綏	637	篆	651	十六畫		錫	690	鍪	705
綠	638	樂	652	璞	671	錦	690	嬰	705
		質	656	聲	671	歙	691	闇	705
十五畫		德	656	璩	671	膡	691	曙	705
慧	639	徵	656	據	671	雕	691	曖	705
耦	639	銷	657	磬	671	鮑	692	魏	705
駒	639	鋤	657	燕	671	穎	692	儦	706
駐	639	劍	658	薛	672	獨	692	鍥	706
趣	639	號	658	薇	672	駕	693	端	706
頡	639	餘	658	蕩	672	磨	693	鍾	706
撫	639	滕	659	翰	672	凝	693	斂	707
撝	640	膠	659	蕭	673	龍	694	豀	707
增	640	魯	659	頤	674	熾	695	臃	707
蕙	640	劉	661	樾	674	螢	695	謝	707
蕓	640	諸	663	樹	674	澣	695	謙	708
賈	641	諾	664	樸	675	潞	695	謐	709
蕪	641	課	664	樵	675	澡	695	糜	709
蕉	641	誰	665	輯	675	澤	695	膺	709
滿	641	論	665	賴	675	激	695	應	709
蔬	641	調	665	融	676	澹	696	麇	709
橫	642	談	665	醒	676	憺	696	糞	710
樓	642	摩	665	歷	677	憶	697	燦	711
樊	642	褒	665	曆	679	避	697	燭	711
樣	642	慶	666	餐	679	隱	697	澣	711
橄	642	蕢	666	盧	679	彜	698	鴻	711
歐	642	潛	666	曉	679			濬	712
醉	643	潭	666	曉	680	十七畫		濠	712
磕	645	潤	666	鴨	680	環	698	濱	712
磊	645	澂	666	蹄	680	戴	699	濰	714
遼	646	潘	667	戰	680	擬	699	賽	714
閭	646	澄	668	嘯	681	蟄	699	邃	714
齒	646	憬	669	還	682	聲	699	歠	715
鄭	646	寫	669	默	682	馨	699	孺	715
賞	646	窳	669	積	682	聯	700	績	715
賜	647	遲	669	穆	683	藍	700	縱	715
閱	647	劈	670	篤	684	藏	700	繆	715
數	647	履	670	篠	685	舊	702		
影	647			興	685	賷	703	十八畫	
蝶	647	彈	670	學	685	韓	703	璿	715

撏 ……… 715	雜 ……… 729	鏡 ……… 736	二十一畫	龢 ……… 768
聶 ……… 716	爐 ……… 729	譚 ……… 737	櫻 ……… 749	讀 ……… 768
藕 ……… 716	瀋 ……… 730	譙 ……… 737	鄭 ……… 749	龔 ……… 770
職 ……… 716	韞 ……… 730	證 ……… 737	籑 ……… 749	竊 ……… 770
藝 ……… 716	繢 ……… 730	癡 ……… 737	饗 ……… 750	二十三畫
繭 ……… 717	十九畫	韻 ……… 738	籐 ……… 750	變 ……… 770
藜 ……… 717	颿 ……… 730	瀛 ……… 738	鐵 ……… 750	鷟 ……… 770
藥 ……… 717	鵲 ……… 730	懶 ……… 738	鑊 ……… 757	齏 ……… 770
藤 ……… 718	蘋 ……… 731	懷 ……… 738	鷄 ……… 757	二十四畫
轉 ……… 718	蘆 ……… 731	譁 ……… 739	爛 ……… 758	攬 ……… 770
醫 ……… 718	勸 ……… 731	繩 ……… 739	顧 ……… 758	觀 ……… 771
叢 ……… 718	蘅 ……… 731	繪 ……… 740	鶴 ……… 759	靈 ……… 774
瞿 ……… 719	蘇 ……… 731	二十畫	屬 ……… 759	靄 ……… 774
瞻 ……… 719	藹 ……… 732	櫻 ……… 740	續 ……… 760	艷 ……… 775
顒 ……… 720	麓 ……… 733	攘 ……… 740	二十二畫	識 ……… 775
曠 ……… 721	櫟 ……… 733	蘭 ……… 740	懿 ……… 762	讓 ……… 775
蟫 ……… 721	攀 ……… 733	嚼 ……… 743	聽 ……… 762	爦 ……… 775
蟲 ……… 721	繫 ……… 733	穭 ……… 744	鷗 ……… 766	二十五畫
蟬 ……… 721	璽 ……… 733	覺 ……… 744	鑒 ……… 766	纘 ……… 775
黟 ……… 721	霽 ……… 734	敫 ……… 744	穭 ……… 767	二十六畫
簠 ……… 722	關 ……… 734	饒 ……… 744	穰 ……… 767	灤 ……… 775
簡 ……… 724	蠊 ……… 734	饋 ……… 744	籟 ……… 767	二十八畫
雙 ……… 725	嚴 ……… 734	懺 ……… 745	籘 ……… 767	鑿 ……… 776
邊 ……… 728	羅 ……… 735	寶 ……… 745	籠 ……… 767	三十畫
歸 ……… 728	籀 ……… 736	響 ……… 749	鑄 ……… 767	鸞 ……… 776
癖 ……… 729	鏤 ……… 736	繼 ……… 749		

公私藏印譜綜錄

一 畫

一

00001
一刀萬象　二册
（日本）池永道雲篆並輯
日本寶永六年(1709)鈐印本
臺大

00002
一刀萬象　三册
（日本）池永道雲篆並輯
日本寶永六年(1709)鈐印本
西泠　日本公文館　日本國會　琉球大

00003
一刀萬象　四册
（日本）池永道雲篆並輯
日本寶永六年(1709)鈐印本
漢南

00004
一刀萬象　七册
（日本）池永道雲篆並輯
日本寶永六年(1709)鈐印本
漢南

00005
一刀萬象　四册
（日本）池永道雲篆並輯
日本正德三年(1713)鈐印本
松丸東魚

00006
一刀萬象　五册
（日本）池永道雲篆並輯
日本明治二十六年(1893)重印本
漢南

00007
一刀萬象印選　一册
徐星洲（日本）梅岡碎震 河井荃廬等篆　一刀萬象社輯
日本大正六年(1917)影印本
西泠

00008
一刀萬象社印選不分卷　三册
徐星洲（日本）梅岡碎震 河井荃廬等篆　一刀萬象社輯
日本大正六年(1917)影印本
西泠

00009
一刀萬象後集　三册
（日本）池永道雲篆並輯
日本安永二年(1773)鈐印本
岩瀨文庫

00010
一山印稿　一册
〔佚名〕篆並輯
鈐印本
私人藏

00011
一止道人印譜　一册
（日本）山田正平篆並輯
日本平成十二年(2000)鈐印本
協會

00012
一止廬印存　一册
（日本）山田正平篆並輯
鈐印本
東京博

00013
一日之跡　一册
尹海龍篆　吳宏亮輯
己亥年(2019)鈐印本

阆風齋

00014

一日六時恒吉祥草堂印譜不分卷　六册

　（日本）篠田芥津篆並輯

　日本昭和四年(1929)鈐印本

　協會

00015

一日六時恒吉祥草堂印譜不分卷　二册

　（日本）篠田芥津篆（日本）松丸東魚輯

　日本昭和四十九年(1974)鈐印本

　松丸東魚

00016

一日百印百詩　一册

　（日本）松浦武四郎篆並輯

　日本明治四十四年(1911)鈐印本

　西泠　日本國會　漠南

00017

一日百章不分卷　二册

　（日本）杜徵篆並輯

　日本寬政五年(1793)鈐印本

　漠南

00018

一片崑玉印譜不分卷　三册

　（日本）永井玄昌篆並輯

　日本寶曆二年(1752)鈐印本

　漠南

00019

一百名家印譜（名家印譜）　十二册

　吴熊輯

　民國二十五年(1936)鈐印本

　國圖　上海　中國美院　松蔭軒　東京博　國會　山莊

00020

一足末技　一册

　鄧散木篆並輯

　鈐印本

松蔭軒

00021

一足印稿不分卷　二册

　鄧散木篆並輯

　癸卯年(1963)鈐印本

　松蔭軒

00022

一足印稿不分卷　三册

　鄧散木篆並輯

　癸卯年(1963)鈐印本

　黑龍江　中大　松蔭軒

00023

一枝書齋印跡選　一册

　方介堪　諸樂三等篆　郁曉音　金鳴輯

　己亥年(2019)鈐印本

　片雲齋

00024

一和土印跡　一册

　[佚名]篆並輯

　鈐印本

　松蔭軒

00025

一和土治印

　王潔篆並輯

　鈐印本

　松蔭軒

00026

一峰印譜不分卷　三册

　（日本）池永一峰篆並輯

　日本明治十九年(1886)鈐印本

　漠南

00027

一條鐵　一册

　（日本）細川林谷篆並輯

　日本文政十年(1827)鈐印本

　松丸東魚　漠南

00028
一條鐵不分卷　二册
（日本）細川林谷篆並輯
日本文政十年(1827)鈐印本
松丸東魚

00029
一堂印譜　一册
（朝鮮）李完用篆並輯
鈐印本
漢南

00030
一得齋印本　一册
〔清〕向吾篆並輯
鈐印本
臺大

00031
一斛珠不分卷　三册
（日本）爲爲居士篆並輯
日本昭和間鈐印本
松丸東魚

00032
一葉軒印譜　一册
〔清〕張炎　嚴垓輯
清康熙五十一年(1712)惟一草堂鈐印本
上海

00033
一葉舫印存　一册
[佚名]篆並輯
鈐印本
國圖

00034
一粟山房藏印　一册
[佚名]篆並輯
鈐印本
浙江

00035
一詠一篆　一册
（日本）松原隹之助篆並輯
日本大正十二年(1923)鈐印本
日本國會　漢南

00036
一經堂印譜不分卷　四册
〔清〕李偉人篆　石屋山房輯
鈐印本
上海

00037
一塵藏古印譜不分卷　四册
（日本）一塵草堂輯
日本昭和十四年(1939)鈐印本
協會

00038
一樂莊印賞不分卷　二册
（日本）[佚名]篆並輯
鈐印本
私人藏

00039
一樂莊印賞　一册
（日本）田近竹邨篆並輯
日本大正十二年(1923)鈐印本
協會　漢南

00040
一樂莊印譜不分卷　二册
（日本）田近竹邨篆並輯
日本大正十一年(1922)鈐印本
協會　漢南

00041
一劍二琴齋印譜不分卷　四册
[佚名]篆並輯
鈐印本
湖南

00042
一瓢集印　一册
　楊天青輯
　粘貼本
　紹興

00043
一龍印存　一册
　穆一龍篆並輯
　鈐印本
　協會

00044
一禪印集　一册
　陳澤霈篆並輯
　民國二十四年(1935)鈐印本
　中國美院　協會　湖南　漢南　國會山莊

00045
一簣軒印譜不分卷　六册
　陳其浩篆
　民國三十二年(1943)鈐印本
　上海

00046
一廬印存　一册
　陳澤霈篆並輯
　民國十七年(1928)鈐印本
　中國美院　西泠　浙江博　國會山莊

乙

00047
乙亥印存　一册
　［佚名］篆並輯
　鈐印本
　上海

00048
乙酉劫餘繼述堂印存不分卷　八册
　（日本）河井荃廬篆並輯
　鈐印本
　東京博

00049
乙雲莊集漢印　一册
　莊嚴輯
　鈐印本
　松蔭軒

二　畫

二

00050
二十八將軍印齋印存　一册
　吳湖帆輯
　清宣統二年(1910)鈐印本
　瓦翁

00051
二十八將軍印齋印存不分卷　二册
　吳湖帆輯
　清宣統二年(1910)鈐印本
　上博

00052
二十三舉齋印摭　二册
　〔明〕文彭等篆　高時敷輯
　民國二十七年(1938)鈐印本
　松蔭軒　港大

00053
二十三舉齋印摭趙次閒集(次閒篆刻高氏印存)　二册
　〔清〕趙之琛篆　高時敷輯
　民國二十七年(1938)鈐印本
　松蔭軒

00054
二十三舉齋印摭續集　二册
　〔明〕何震等篆　高時敷輯

民國二十七年(1938)鈐印本
港大 松蔭軒

00055
二十六宜印存　一冊
（日本）汲古印會輯
日本昭和四十八年(1973)鈐印本
松丸東魚

00056
二十四孝姓氏印譜附飲中八僊姓氏印譜　一冊
梁乃予篆並輯
壬子年(1972)鈐印本
松丸東魚

00057
二十四詩品印譜　一冊
〔清〕陳少室篆並輯
清同治九年(1870)鈐印本
漢南

00058
二山印集不分卷　二冊
錢松〔清〕胡震篆並輯
鈐印本
浙江

00059
二世蘭台印集　一冊
（日本）中村蘭台二世篆（日本）奧谷九林（日本）加藤大石輯
鈐印本
協會

00060
二百九十漢印存　一冊
〔佚名〕篆並輯
清宣統三年(1911)鈐印本
國圖

00061
二百蘭亭齋古印考略　二冊
〔清〕吳雲輯

清同治三年(1864)鈐印本
西泠

00062
二百蘭亭齋古印考藏　二冊
〔清〕吳雲輯
清同治三年(1864)鈐印本
國圖 大連 上海 上博 私人藏 川師大 天一閣 天津 中大 "中研院"史語所 中國美院 中遺院 四川 吉林 西泠 松蔭軒 南大 南京 哈師大 哈爾濱 浙江 浙江博 國會山莊 齊齊哈爾 遼寧 劉禹 錦州 鴻爪留痕館 鎮江 蘇州 太田孝太郎 加州大學 岩瀨文庫 東京博 漢南

00063
二百蘭亭齋古印考藏　三冊
〔清〕吳雲輯
清同治三年(1864)鈐印本
南京 君匋藝院 兩然齋 松丸東魚

00064
二百蘭亭齋古銅印存不分卷　六冊
〔清〕吳雲輯
清同治元年(1862)鈐印本(重輯本)
上博 中大 百樂齋 君匋藝院 南京 南通 浙江 蘇州 蘇州大 漢南 東京博

00065
二百蘭亭齋古銅印存不分卷　十二冊
〔清〕吳雲輯
清同治元年(1862)鈐印本(重輯本)
東京博

00066
二百蘭亭齋古銅印存　一冊
〔清〕吳雲輯
清同治三年(1864)鈐印本
遼寧 蘇州 百樂齋

00067
二百蘭亭齋古銅印存　二冊
〔清〕吳雲輯

清同治三年(1864)鈐印本
上博 松蔭軒 兩然齋 浙江博 劉禹 鴻爪留痕館 "中研院"史語所

00068
二百蘭亭齋古銅印存　十二冊
〔清〕吳雲輯
清同治三年(1864)鈐印本
漠南

00069
二百蘭亭齋古銅印存不分卷　七冊
〔清〕吳雲輯
清光緒二年(1876)鈐印本(重輯本)
松蔭軒

00070
二百蘭亭齋古銅印存不分卷　十二冊
〔清〕吳雲輯
清光緒二年(1876)鈐印本
國圖 上博 私人藏 天津 北大 四川 西泠 南京 絜齋 華東師大 浙江 浙江博 黑龍江 港大 齊齊哈爾 遼寧 蘇州 "中研院"史語所 松丸東魚 岩瀨文庫 漠南

00071
二百蘭亭齋古銅印譜　八冊
〔清〕吳雲輯
清同治三年(1864)鈐印本
紅棉山房

00072
二金蝶堂印稿不分卷　四冊
〔清〕趙之謙篆〔清〕胡澍輯
清同治二年(1863)胡澍鈐印本
松蔭軒 鴻爪留痕館

00073
二金蝶堂印稿　一冊
〔清〕趙之謙篆並輯
鈐印本
松蔭軒

00074
二金蝶堂印稿不分卷　三冊
〔清〕趙之謙篆〔佚名〕輯
鋅版印本(重輯本)
哈爾濱 松蔭軒

00075
二金蝶堂印賸不分卷　四冊
〔清〕趙之謙篆並輯
丙午年(1966)鈐印本
東京博

00076
二金蝶堂印譜　一冊
〔清〕趙之謙篆〔清〕傅栻輯
清光緒三年(1877)有萬熹齋鈐印本
百二扇面齋

00077
二金蝶堂印譜不分卷　二冊
〔清〕趙之謙篆〔清〕傅栻輯
清光緒三年(1877)有萬熹齋鈐印本
西泠 別宥齋(天一閣) 南京 浙江 清華 衢州博 鴻爪留痕館 松蔭軒

00078
二金蝶堂印譜不分卷　四冊
〔清〕趙之謙篆〔清〕西泠印社輯
清光緒三年(1877)鈐印本(重輯傅栻本)
北大 四川 君匋藝院 南京 浙江 清華 臺故博 松蔭軒

00079
二金蝶堂印譜不分卷　八冊
〔清〕趙之謙篆〔清〕徐士愷輯
清光緒三年(1877)鈐印本
國圖 首都 浙江 鴻爪留痕館

00080
二金蝶堂印譜不分卷　八冊
〔清〕趙之謙篆〔清〕傅栻輯
清光緒三年(1877)有萬熹齋鈐印本

清華

00081
二金蝶堂印譜(二金蝶堂印賸)不分卷　四冊
〔清〕趙之謙篆　葉爲銘輯
清光緒二十八年(1902)粘貼本
上海　北大　西泠　協會　華東師大　浙江　浙江博
清華　紹興文管所　廣東　遼寧　百樂齋　松蔭軒
臺故博

00082
二金蝶堂印譜(二金蝶堂印賸)不分卷　八冊
〔清〕趙之謙篆　葉爲銘輯
清光緒二十八年(1902)粘貼本
東京博

00083
二金蝶堂印譜(二金蝶堂印存)不分卷　四冊
〔清〕趙之謙篆　吳隱輯
清光緒三十四年(1908)鈐印本(西泠本)
國圖　中遺院　北大　四川　西泠　嘉興　安徽　百
樂齋　松蔭軒

00084
二金蝶堂印譜(二金蝶堂印存)不分卷　八冊
〔清〕趙之謙篆　葉爲銘輯
清光緒三十四年(1908)鈐印本(西泠本)
國圖　松丸東魚　漢南

00085
二金蝶堂印譜不分卷　六冊
〔清〕趙之謙篆　林鈞輯
清宣統二年(1910)鋅版印本
松丸東魚

00086
二金蝶堂印譜不分卷　八冊
〔清〕趙之謙篆　林鈞輯
清宣統二年(1910)鋅版印本
上博　浙江　東京博

00087
二金蝶堂印譜不分卷　四冊

〔清〕趙之謙篆　西泠印社輯
民國六年(1917)鋅版印本
安徽

00088
二金蝶堂印譜不分卷　四冊
〔清〕趙之謙篆　〔清〕趙申甫輯
甲辰年(1964)鈐印本(賣前本)
松蔭軒

00089
二金蝶堂印譜(二金蝶堂印賸)不分卷　九冊
〔清〕趙之謙篆並輯
鈐印本
浙江

00090
二金蝶堂印譜二集不分卷　七冊
〔清〕趙之謙篆　西泠印社輯
民國六年(1917)鋅版印本
上博

00091
二金蝶堂癸亥以後印稿不分卷　三冊
〔清〕趙之謙篆　〔清〕朱志復輯
清同治四年(1865)鈐印本
浙江　松蔭軒

00092
二金蝶堂邊款集不分卷　二冊
〔清〕趙之謙篆並輯
鈐印本
松蔭軒

00093
二金蝶堂印存　一冊
〔清〕趙之謙篆　〔清〕沈毓慶輯
清光緒二十六年(1900)鈐印本
遼寧

00094
二金蝶堂印存不分卷　六冊
〔清〕趙之謙篆並輯

鈐印本
　紅棉山房

00095
二金蝶堂印譜　一册
　〔清〕趙之謙篆　西泠印社輯
　清光緒十五年(1889)西泠印社鈐印本
　　國圖　上海　浙江

00096
二金蝶堂印譜不分卷　二册
　〔清〕趙之謙篆並輯
　鈐印本（册葉裝）
　　西泠

00097
二弩老人遺印　一册
　趙叔孺等篆　方約輯
　癸巳年(1953)鈐印本
　　上海　哈爾濱　松蔭軒　協會

00098
二弩精舍印譜（二弩精舍藏印）　四册
　〔明〕文徵明〔明〕文彭〔明〕何震等篆　趙叔孺輯
　清光緒二十二年(1896)鈐印本
　　私人藏

00099
二弩精舍印譜（二弩精舍藏印）　五册
　〔明〕文徵明〔明〕文彭〔明〕何震等篆　趙叔孺輯
　清光緒二十二年(1896)鈐印本
　　鴻爪留痕館

00100
二弩精舍印譜（二弩精舍藏印）　六册
　〔明〕文徵明〔明〕文彭〔明〕何震等篆　趙叔孺輯
　清光緒二十二年(1896)鈐印本
　　上海　上博　中國美院　蘇州　君匋藝院　私人藏　松蔭軒　協會　鴻爪留痕館

00101
二弩精舍印譜（二弩精舍印賞）　八册
　〔明〕文徵明〔明〕文彭〔明〕何震等篆　趙叔孺輯
　清光緒二十三年(1897)鈐印本
　　上海　中遺院　四川　浙江　西泠　松蔭軒　漢南　國會山莊

00102
二華印存　一册
　（日本）森川二華篆並輯
　日本昭和五十八年(1983)鈐印本
　　協會　東京博

00103
二陳印則　二十册
　〔清〕陳豫鍾　陳曼生篆　高時敷輯
　民國二十七年(1938)鈐印本
　　秋水齋　協會

00104
二程印譜　二册
　〔明〕程遠篆（日本）小笠源常德摹並輯
　日本寶曆十三年(1763)鈐印本
　　早稻田　岩瀨文庫　漢南

00105
二銘室印譜不分卷　六册
　〔清〕張厚齋篆〔清〕張琳輯
　清宣統元年(1909)鈐印本
　　上博　南京　哈爾濱　紹興　松蔭軒

00106
二樂齋印鎸　一册
　石農篆並輯
　民國二十二年(1933)鈐印本
　　松蔭軒

00107
二樹紫藤花館印選　一册
　〔清〕黃易等篆〔清〕顧贄輯
　清道光二十一年(1841)原鈐印本

國圖

00108
二樹紫藤花館印選不分卷　四冊
〔清〕黃易等篆〔清〕顧贄輯
清光緒二十七年(1901)原鈐印本
上海

00109
二樹紫藤花館印選不分卷　三冊
〔清〕黃易等篆　周彥威輯
民國四年(1915)影印本
漢南

00110
二樹紫藤花館印選不分卷　四冊
〔清〕黃易等篆　周彥威輯
民國四年(1915)影印本
川大　天津　中國美院　北大　四川　吉大　西泠
哈爾濱　雲南　溫州　廈大　鴻爪留痕館　松蔭軒
東北師大　東京博　協會　國會山莊

00111
二樵山人印存　一冊
〔清〕黎簡篆　黃文寬輯
壬寅年(1962)鈐印本
紅棉山房

00112
二樵山人印存　一冊
〔清〕黎簡篆　梁曉莊輯
丁酉年(2017)鈐印本
兩然齋

丁

00113
丁二仲印存　一冊
丁尚庚篆並輯
粘貼本
浙江

00114
丁巳所集缶翁印存不分卷　四冊
吳昌碩篆並輯
鈐印本
東京博

00115
丁氏古罍齋印存　一冊
丁氏輯
民國元年(1912)鈐印本
上海

00116
丁丑劫餘印存　二十冊
丁仁　高時敷　俞人萃　葛昌楹同輯
民國二十八年(1939)鈐印本
上海　上博　浙江　浙江博　中大　私人藏　江成之
松蔭軒　東京博　漢南

00117
丁戊篆痕　一冊
王光烈篆並輯
民國七年(1918)鈐印本
遼寧

00118
丁卯印存　一冊
葉潞淵　沈受覺等篆　錢君匋　葉潞淵合輯
庚午年(1990)鈐印本
松蔭軒　協會

00119
丁吉甫印選　一冊
丁吉甫篆　林公武輯
己巳年(1989)鈐印本
松蔭軒

00120
丁酉紀年十三印集　一冊
許子朝篆　王翔輯
丁酉年(2017)鈐印本
免胄堂　兩然齋

00121
丁伯奎篆作選　一册
　丁伯奎篆並輯
　鈐印本
　廣東

00122
丁佛言印譜(丁佛言印存)　一册
　丁佛言篆並輯
　民國三十八年(1949)鈐印本
　國圖　哈爾濱

00123
丁佛言先生印譜　一册
　丁佛言篆並輯
　鈐印本
　協會

00124
丁佛言自用印印集　一册
　丁佛言篆　楊廣泰輯
　庚午年(1990)鈐印本
　松蔭軒　秋水齋　協會

00125
丁其印存不分卷　四册
　[佚名]篆並輯
　鈐印本
　鴻爪留痕館

00126
丁松岑印存　一册
　丁松岑篆並輯
　鈐印本
　松蔭軒

00127
丁衍庸印譜不分卷　二册
　丁衍庸篆　林章松輯
　庚寅年(2010)鈐印本
　松蔭軒

00128
丁彦臣藏印譜不分卷　二册
　〔清〕丁彦臣輯
　鈐印本
　上博

00129
丁健行印譜　一册
　丁健行篆並輯
　鈐印本
　松蔭軒

00130
丁奚印存合册不分卷　二册
　〔清〕丁敬　奚岡篆並輯
　鈐印本
　上博

00131
丁黃印存合册(丁黃印存精選集)不分卷　四册
　〔清〕丁敬　黃易篆　有正書局輯
　民國七年(1918)鋅版印本
　國圖　上海　天津　吉林　西泠　儀徵　南大　浙江
　松蔭軒　港大　國會山莊

00132
丁黃印存合册(丁黃印存精選集)不分卷　四册
　〔清〕丁敬　黃易篆　有正書局輯
　民國七年(1918)影印本
　南京　西泠　雲南　港大　松蔭軒　國會山莊

00133
丁黃印譜不分卷　八册
　〔清〕丁敬　黃易篆　西泠印社輯
　鈐印本
　東京博

00134
丁黃合刻印存(丁黃印存精選集)不分卷　八册
　〔清〕丁敬　黃易篆　西泠印社輯
　鈐印本
　宋文淶

00135
丁黃蔣奚四大家印譜　二册
〔清〕丁敬　黃易篆〔清〕傅栻輯
鈐印本
上海

00136
丁敬身先生印存　一册
〔清〕丁敬篆輯
鈐印本
松蔭軒

00137
丁景唐自用印譜　一册
錢君匋　余正等篆　吳格等輯
辛丑年(2021)鈐印本
松蔭軒　復旦

00138
丁楳農・鄭板橋印譜　一册
〔清〕丁敬　鄭燮篆〔佚名〕輯
鈐印本(册葉裝三十二開)
松蔭軒

00139
丁蔣印輯　一册
〔清〕丁敬　蔣仁篆並輯
鈐印本
私人藏

00140
丁蔣黃奚二陳印譜　二册
〔清〕丁敬　黃易等篆並輯
鈐印本
四川

00141
丁龍泓印存　一册
〔清〕丁敬篆　西泠印社輯
鈐印本
浙江　浙江博　福建　鎮江　國會山莊

00142
丁龍泓印存不分卷　三册
〔清〕丁敬篆　西泠印社輯
鈐印本
浙江博

00143
丁龍泓印存不分卷　五册
〔清〕丁敬篆　西泠印社輯
鈐印本
浙江　浙江博

00144
丁龍泓印譜不分卷　五册
〔清〕丁敬篆並輯
清道光二十二年(1842)鈐印本
吉林

00145
丁龍泓印譜　一册
〔清〕丁敬篆　西泠印社輯
鈐印本
中科院

00146
丁龍泓印譜黃秋庵印譜不分卷　八册
〔清〕丁敬篆　西泠印社輯
鈐印本
上海

00147
丁龍泓刻印　一册
〔清〕丁敬篆並輯
鈐印本
浙江

00148
丁藍尗先生手集漢印　一册
〔清〕丁文蔚輯
民國二十八年(1939)粘貼本
浙江

00149

丁齋獲於中國諸地印譜　一册
　〔佚名〕篆並輯
　日本昭和五十六年(1981)鈐印本
　協會

十

00150

十二刀法詳讀不分卷　二册
　(日本)二邨公忠篆並輯
　日本文化十二年(1815)鈐印本
　漠南

00151

十二金符齋印存不分卷　二册
　〔清〕吳大澂輯
　清光緒二年(1876)鈐印本
　天津　漠南

00152

十二金符齋印存不分卷　四册
　〔清〕吳大澂輯
　清光緒二年(1876)鈐印本
　天津

00153

十二金符齋印存不分卷　五册
　〔清〕吳大澂輯
　清光緒二年(1876)鈐印本
　鴻爪留痕館

00154

十二金符齋印存不分卷　六册
　〔清〕吳大澂輯
　清光緒二年(1876)鈐印本
　鴻爪留痕館

00155

十二金符齋印存不分卷　八册
　〔清〕吳大澂輯
　清光緒十四年(1888)鈐印本
　上海　蒲阪文庫

00156

十二金符齋印存附藏符不分卷附藏符、漢人名印考　十三册
　〔清〕吳大澂輯
　清光緒七年(1881)鈐印本(稿本)
　上博　天津

00157

十二琴草堂印譜　一册
　〔佚名〕篆並輯
　鈐印本
　文雅堂

00158

十七草堂藏印不分卷　四册
　易孺　何昆玉　馮康侯等篆　凌翔輯
　壬寅年(2022)鈐印本
　復旦　港科大　十七草堂　松蔭軒　秋水齋

00159

十七草堂藏印選不分卷　三册
　凌翔輯
　乙未年(2015)鈐印本
　十七草堂　松蔭軒

00160

十七條憲法印譜不分卷　二册
　(日本)冰華了證篆並輯
　日本大正十一年(1922)鈐印本
　松蔭軒

00161

十七樹梅花山房印存(潞河丁二仲印存)　一册
　〔佚名〕篆並輯
　鈐印本
　拳石山房

00162

十七樹梅花山館印存(潞河丁二仲印存)　一册
　丁尚庚篆並輯

民國二十四年(1935)鈐印本
西泠 私人藏

00163
十八羅漢尊名古磚印玩　一冊
〔清〕俞鴻順篆並輯
清光緒三十三年(1907)玉芝齋鈐印本
早稻田

00164
十千萬堂印存(尾崎紅葉印譜)　一冊
〔佚名〕篆並輯
日本大正四年(1915)鈐印本
東京博

00165
十友圖贊印正　一冊
〔清〕吳俊三篆並輯
清嘉慶二十五年(1820)鈐印本
安徽 南京 松蔭軒

00166
十友圖贊印正　二冊
〔清〕吳俊三篆並輯
清嘉慶二十五年(1820)鈐印本
西泠 中遺院 松蔭軒

00167
十六金符齋古玉印存　一冊
〔清〕吳大澂輯
清鈐印本
私人藏

00168
十六金符齋古印存不分卷　八冊
〔清〕吳大澂藏〔清〕羅允慶輯
清光緒十二年(1886)鈐印本
臺圖

00169
十六金符齋印存　二冊
〔清〕吳大澂輯
清同治十三年(1874)鈐印本
國圖

00170
十六金符齋印存　一冊
〔清〕吳大澂藏〔清〕徐康輯
清光緒十一年(1885)鈐印本
國圖 浙江 福建

00171
十六金符齋印存不分卷　三冊
〔清〕吳大澂輯
清光緒十一年(1885)鈐印本
上博 天津 蘇州大

00172
十六金符齋印存不分卷　六冊
〔清〕吳大澂輯
清光緒十一年(1885)鈐印本
國圖 私人藏

00173
十六金符齋印存不分卷　八冊
〔清〕吳大澂輯
清光緒十一年(1885)鈐印本
南京 陝師大 協會

00174
十六金符齋印存不分卷　十冊
〔清〕吳大澂輯
清光緒十一年(1885)鈐印本
國圖 上海 上博 中大 中遺院 北大 君匋藝院
東京博 漢南

00175
十六金符齋印存不分卷　十二冊
〔清〕吳大澂輯
清光緒十一年(1885)鈐印本(無瓦當紋本)
北大 松蔭軒 "中研院"史語所

00176
十六金符齋印存不分卷　四冊
〔清〕吳大澂輯
清光緒十四年(1888)鈐印本

上海 中遺院 甘肅 蘇州 浙江博 松蔭軒 臺大

00177

十六金符齋印存(十六金符齋印譜大全)不分卷 十二册

〔清〕吳大澂輯

清光緒十四年(1888)鈐印本(有瓦當浮水印紋本)

上海 上博 中大 甘肅 河北 浙江 浙江博 湖南 湖南博 松蔭軒 兩然齋 紅棉山房 "中研院"史語所

00178

十六金符齋印存不分卷 十八册

〔清〕吳大澂輯

清光緒十四年(1888)鈐印本

上海 松蔭軒

00179

十六金符齋印存不分卷 二十册

〔清〕吳大澂輯

清光緒十四年(1888)鈐印本

四川

00180

十六金符齋印存不分卷 二十四册

〔清〕吳大澂輯

清光緒十四年(1888)鈐印本

國圖 上海 哈爾濱 臺大

00181

十六金符齋印存不分卷 二十五册

〔清〕吳大澂輯

清光緒十四年(1888)鈐印本

湖南社科院

00182

十六金符齋印存不分卷 二十六册

〔清〕吳大澂輯

清光緒十四年(1888)鈐印本

上海 上博 天津博 南京 中遺院 西泠 東京博

00183

十六金符齋印存不分卷 二十八册

〔清〕吳大澂輯

清光緒十四年(1888)鈐印本

陝西

00184

十六金符齋印存不分卷 四十册

〔清〕吳大澂輯

清光緒十四年(1888)鈐印本

百樂齋

00185

十六金符齋印存不分卷 二册

〔清〕吳大澂輯

清宣統元年(1909)鈐印本

國圖 南京 蘇州大 松蔭軒

00186

十六金符齋印存不分卷 五册

〔清〕吳大澂輯

清宣統元年(1909)鈐印本

遼寧 蘇州

00187

十六金符齋印存不分卷 十六册

〔清〕吳大澂輯

清宣統元年(1909)鈐印本

上海 南京 浙江博 私人藏

00188

十六金符齋印存不分卷 二十七册

〔清〕吳大澂輯

鈐印本(初稿)

私人藏

00189

十六金符齋印存不分卷 三十册

吳隱輯

清宣統元年(1909)西泠印社鈐印本(西泠印社藏印)

國圖 上海 北大 北碚 四川 芝蘭齋 松蔭軒

二畫 17

南京 浙江 福建 清華 港大 鴻爪留痕館 漠南
太田孝太郎

00190
十六金符齋印存附藏符附藏符、漢人名印考 一册
〔清〕吳大澂輯
清光緒十四年(1888)鈐印本
上博 福建 蘇州 港大

00191
十六金符齋印影 一册
〔清〕吳大澂藏 王光烈輯
民國十八年(1929)照像本
遼寧

00192
十六金符齋印選不分卷 二册
〔清〕吳大澂藏〔清〕羅允慶輯
清光緒十二年(1886)鈐印本
上海

00193
十六金符齋官印不分卷 二册
〔清〕吳大澂輯
清鈐印本
國圖

00194
十六金符齋漢金玉印譜不分卷 二册
〔清〕吳大澂輯
清鈐印本
浙江博

00195
十六雁齋自用印 一册
陸凌楓輯
己亥年(2019)陸氏鈐印本
拓堂

00196
十六雁齋藏印 一册
陸凌楓輯
己亥年(2019)陸氏鈐印本
拓堂

00197
十竹齋印譜 六册
〔清〕胡正言篆 西湖藝苑社輯
民國三十六年(1947)影印本
臺圖 協會

00198
十竹齋印譜 六册
〔清〕胡正言篆 西湖藝苑社輯
庚申年(1980)影印本
南京 松蔭軒 協會

00199
十竹齋篆草(胡氏篆艸) 二册
〔清〕胡正言篆並輯
清順治四年(1647)鈐印本
蘇州

00200
十珍軒主刻存 一册
張漱生篆並輯
鈐印本
松蔭軒

00201
十思齋印集不分卷 二册
胡毅等篆 曹氏十思齋輯
鈐印本
松蔭軒

00202
十瓶齋印譜(十瓶齋紅書、十瓶齋石言) 一册
〔清〕孫鑄和篆並輯
民國三年(1914)影印本(雲南叢書本)
雲南

00203
十瓶齋印譜(十瓶齋紅書、十瓶齋石言)不分卷 二册
〔清〕孫鑄和篆並輯

民國三年(1914)影印本(雲南叢書本)

國圖 蘇州 上海 東北師大 哈爾濱 東京大 國會山莊

00204

十瓶齋書畫印存 一册

〔清〕孫鑄和篆並輯

鈐印本

浙江

00205

十家印存不分卷 二册

〔佚名〕篆並輯

鈐印本

浙江

00206

十琴軒黃山印(十琴軒黃山印册、黃山印册) 一册

〔清〕鄭沛篆並輯

清光緒十六年(1890)鈐印本

安徽

00207

十琴軒黃山印(十琴軒黃山印册、黃山印册) 二册

〔清〕鄭沛篆並輯

清光緒十六年(1890)鈐印本

安徽 南京 哈爾濱

00208

十萬山房藏印 一册

〔佚名〕篆並輯

鈐印本

港大

00209

十硯樓古銅印粹(佐藤茶崖藏印選)不分卷 二册

(日本)佐藤進輯

日本明治四十年(1907)鈐印本

松蔭軒 太田孝太郎 松丸東魚 東京博 漢南

00210

十硯樓印譜 一册

〔清〕張樹篆並輯

清乾隆四十九年(1784)鈐印本

鐵硯齋

00211

十鐘山房古印一偶 一册

〔清〕陳芙影輯

鈐印本

國圖

00212

十鐘山房印舉不分卷 二册

〔佚名〕輯

鈐印本

松蔭軒

00213

十鐘山房印舉不分卷 十八册

〔清〕陳介祺輯

清同治十一年(1872)鈐印本

東京博

00214

十鐘山房印舉不分卷 二十八册

〔清〕陳介祺輯

清同治十一年(1872)鈐印本

百樂齋

00215

十鐘山房印舉不分卷 一百册

〔清〕陳介祺輯

清同治十一年(1872)鈐印本

西泠

00216

十鐘山房印舉不分卷 一百零八册

〔清〕陳介祺輯

清同治十一年(1872)鈐印本

國圖 百樂齋

00217

十鐘山房印舉不分卷　一百另四册
〔清〕陳介祺輯
清光緒九年(1883)鈐印本
百樂齋

00218

十鐘山房印舉不分卷　一百一十册
〔清〕陳介祺輯
清光緒九年(1883)鈐印本
天津

00219

十鐘山房印舉不分卷　一百二十册
〔清〕陳介祺輯
清光緒九年(1883)鈐印本
上海

00220

十鐘山房印舉不分卷　一百二十五册
〔清〕陳介祺輯
清光緒九年(1883)鈐印本
中遺院

00221

十鐘山房印舉不分卷　一百三十六册
〔清〕陳介祺輯
清光緒九年(1883)鈐印本
上海

00222

十鐘山房印舉不分卷　一百九十册
〔清〕陳介祺輯
清光緒九年(1883)鈐印本
天津　南開

00223

十鐘山房印舉不分卷　一百九十一册
〔清〕陳介祺輯
清光緒九年(1883)鈐印本
國圖　歷史博物館　國博　大連　上博　天津　浙江
博　陳進　四川　"中研院"史語所　松丸東魚　東
京博　漢南

00224

十鐘山房印舉不分卷　一百九十二册
〔清〕陳介祺輯
清光緒九年(1883)鈐印本
國圖　上博　天津　四川

00225

十鐘山房印舉不分卷　八册
〔清〕陳介祺輯
清光緒十一年(1885)鈐印本
國圖

00226

十鐘山房印舉不分卷　十四册
〔清〕陳介祺輯
清光緒十一年(1885)鈐印本
國圖

00227

十鐘山房印舉不分卷　十六册
〔清〕陳介祺輯
清光緒十一年(1885)鈐印本
國圖

00228

十鐘山房印舉不分卷　二十册
〔清〕陳介祺輯
清光緒十一年(1885)鈐印本
國圖　"中研院"史語所

00229

十鐘山房印舉不分卷　二十二册
〔清〕陳介祺輯
清光緒十一年(1885)鈐印本
國圖

00230

十鐘山房印舉不分卷　二十九册
〔清〕陳介祺輯
清光緒十一年(1885)鈐印本
山東　山東博

00231

十鐘山房印舉不分卷　四十册
〔清〕陳介祺輯
清光緒十一年(1885)鈐印本
上海　漠南

00232

十鐘山房印舉不分卷　五十册
〔清〕陳介祺輯
清光緒十一年(1885)鈐印本
國圖　上海　北京文物局　南京　太田孝太郎
漠南

00233

十鐘山房印舉不分卷　六十三册
〔清〕陳介祺輯
清光緒十一年(1885)鈐印本
北京文物局

00234

十鐘山房印舉不分卷　六十四册
〔清〕陳介祺輯
清光緒十一年(1885)鈐印本
上博

00235

十鐘山房印舉不分卷　七十二册
〔清〕陳介祺輯
清光緒十一年(1885)鈐印本
國圖

00236

十鐘山房印舉不分卷　八十一册
〔清〕陳介祺輯
清光緒十一年(1885)鈐印本
國圖

00237

十鐘山房印舉不分卷　一百八十二册
〔清〕陳介祺輯
清光緒十一年(1885)鈐印本
西泠

00238

十鐘山房印舉　一册
〔清〕陳介祺輯
鈐印本
松蔭軒　普林斯頓

00239

十鐘山房印舉　一册
〔清〕陳介祺輯（于希寧本）
于氏鈐印本
浙江博　黑龍江

00240

十鐘山房印舉不分卷　三册
〔清〕陳介祺輯
鈐印本
松蔭軒　鴻爪留痕館

00241

十鐘山房印舉不分卷　四册
〔清〕陳介祺輯
鈐印本
南開

00242

十鐘山房印舉不分卷　十册
〔清〕陳介祺輯
鈐印本
上博　廣州美院　山東博　私人藏　松蔭軒

00243

十鐘山房印舉不分卷　六十册
〔清〕陳介祺輯
鈐印本
泰盦

00244

十鐘山房印舉不分卷　十二册
上海商務印書館輯
民國十一年(1922)涵芬樓影印本
上海　中大　中國美院　內蒙古　右文齋　北大　北師大　四川　吉大　吉林　安徽　別宥齋(天一閣)

君匋藝院 東北師大 東海大 協會 南大 南京
南開 哈師大 哈爾濱 華東師大 浙江博 清華
紹興 黑大 溫州 廈大 漠南 臺大 臺圖 廣東
齊齊哈爾 鄭大 遼寧 鎮江 瀋陽 蘇州 鐵硯齋
松蔭軒 松丸東魚 國會山莊 蒲阪文庫

00245

十鐘山房印舉官印集　一册

〔清〕陳介祺輯

鈐印本

鴻爪留痕館

00246

十鐘山房印舉殘稿不分卷　十三册

〔清〕陳介祺輯

鈐印本

中遺院

00247

十鐘山房封泥（十鐘山房印舉—封泥）不分卷　四册

〔清〕陳介祺輯

清光緒九年(1883)粘貼墨拓本

"中研院"史語所

00248

十鐘山房封泥（十鐘山房印舉—封泥）不分卷　六册

〔清〕陳介祺輯

清光緒九年(1883)粘貼墨拓本

文雅堂

00249

十鐘山房藏私印精選　一册

〔清〕陳介祺輯

鈐印本

私人藏

七

00250

七一紀念印譜　一册

方介堪篆並輯

鈐印本

西泠

00251

七十二候印存　一册

（日本）樋口銅牛篆並輯

日本大正元年(1912)描摹本

日本國會 松丸東魚 漠南

00252

七十二候印譜　二册

〔明〕何震篆〔清〕李渡輯

清嘉慶十二年(1807)李渡鈐印本

西泠 南通 浙江 紹興 松蔭軒

00253

七十二候印譜(雪漁印譜)　五册

〔明〕何震篆〔清〕李渡輯

清嘉慶十二年(1807)鈐印本(李渡本)

上博

00254

七十二候印譜不分卷　二册

〔清〕勞端禮篆並輯

石門勞端禮臨鈐印本

私人藏

00255

七十二候印譜　一册

〔清〕李陽篆並輯

李陽鈐印本

松蔭軒

00256

七十二候印譜　二册

（日本）木内愚篆並輯

日本明治四十三年(1910)摹本

協會 港大 松蔭軒 漠南

00257

七十二候印譜　二册

〔清〕童晏篆並輯

清光緒十二年(1886)童晏本
上博 西泠 安徽 吳江 東北師大 協會 南京 哈爾濱 秋水齋 秦氏支祠(天一閣) 浙江 浙江博 紹興 松蔭軒 國會山莊

00258
七十二候印譜　一册
〔清〕童晏篆 林乾良輯
癸巳年(2013)林氏鈐印本
片雲齋

00259
七十二候印譜　二册
(日本)中村正美篆並輯
日本明治間描摹本(中村本)
漠南

00260
七十二候印譜　二册
(日本)中村正美篆並輯
日本平成十八年(2006)鈐印本
協會

00261
七十二候集印　一册
許自强篆並輯
民國元年(1912)描摹本
片雲齋

00262
七砣平房藏印多字輯趣不分卷　二册
劉凱輯
庚子年(2020)鈐印本
見性簃

00263
七砣平房藏印秦遺百砣不分卷　二册
劉凱輯
庚子年(2020)鈐印本
見性簃

00264
七砣平房藏印鑿刻秦印不分卷　二册
劉凱輯
庚子年(2020)鈐印本
見性簃

00265
七家印存不分卷　十二册
〔清〕王似山輯
鈐印本
南開

00266
七家印譜不分卷　四册
〔清〕丁敬 蔣仁等篆〔清〕徐咸芳輯
清光緒二十七年(1901)鈐印本
中遺院 鐵硯齋

00267
七家印譜　一册
(日本)山内敬齋篆並輯
日本大正間描摹本
漠南

00268
七家印譜彙存　一册
〔佚名〕篆並輯
鈐印本
上博

00269
七家印譜彙存不分卷　四册
〔清〕丁敬 蔣仁等篆〔清〕嚴信厚輯
清光緒二十七年(1901)鈐印本
國圖

00270
七家印譜彙存不分卷　七册
〔清〕王似清輯
清光緒二十七年(1901)鈐印本
上博 南開

00271
七家名人印譜(七家印譜彙存)　一册
〔清〕丁敬 蔣仁等篆〔清〕嚴信厚輯

清光緒二十七年(1901)鈐印本

浙江

00272

七家名人印譜(七家印譜彙存)不分卷　十册

〔清〕丁敬　蔣仁等篆〔清〕嚴信厚輯

清光緒二十七年(1901)鈐印本

上博　天一閣　哈爾濱　紹興　遼寧　松蔭軒　關西大

00273

七家名人印譜不分卷附秦漢銅印譜　十四册

〔清〕丁敬　蔣仁等篆〔清〕嚴信厚輯

清光緒二十七年(1901)鈐印本

西泠　徐州

卜

00274

卜早山房印存　一册

高卓雄篆並輯

鈐印本

松蔭軒

八

00275

八十一樹梅華書屋印存不分卷　二册

〔清〕王澤民篆並輯

清宣統三年(1911)鈐印本

上海

00276

八十一樹梅華書屋印存不分卷　八册

〔清〕王澤民篆並輯

清宣統三年(1911)鈐印本

國圖

00277

八千卷樓印存不分卷　四册

〔清〕丁敬　蔣仁等篆〔清〕丁丙輯

清光緒十六年(1890)鈐印本

上博

00278

八千卷樓印存不分卷　八册

〔清〕丁敬　蔣仁等篆〔清〕丁丙輯

清光緒十六年(1890)鈐印本

西泠

00279

八千卷樓印存不分卷　四册

〔清〕丁敬　蔣仁等篆〔清〕丁丙輯

清光緒二十七年(1901)鈐印本

上博　漢南

00280

八塼書堂印存　一册

〔清〕沈復燦篆並輯

鈐印本

中嶽齋　松蔭軒

00281

八磚書屋印存不分卷　四册

〔清〕郭協寅輯

鈐印本

上海

00282

八體配文篆刻寶典　一册

(日本)臺大宗平輯

日本明治四十一年(1908)影印本

臺大　日本國會

九

00283

九十九經塔齋印譜　一册

〔佚名〕篆並輯

鈐印本

浙江博

00284

九分禪書　一册

〔清〕釋竹禪篆並輯

鈐印本（册葉裝十二開）

松蔭軒

00285

九石齋藏印選　一册

〔清〕項懷述　丁桂等篆　毛志平輯

辛丑年（2021）鈐印本

松蔭軒　秋水齋　鹿鳴簃　興庵

00286

九仞山房秦漢銅印譜　一册

維新居士輯

鈐印本

紹興

00287

九成室印存不分卷　七册

[佚名]篆並輯

鈐印本

蘇州

00288

九成室印存　一册

〔清〕錢復篆並輯

鈐印本

吳江

00289

九如堂龔氏印草　一册

〔清〕龔國光篆並輯

清雍正十二年（1734）鈐印本

上博

00290

九宮格藏古璽　一册

[佚名]篆並輯

鈐印本

知還印館

00291

九華山人錢湊印譜　一册

〔清〕錢湊篆並輯

鈐印本

上海

00292

九華印室集古不分卷　八册

（日本）桑名鐵城篆並輯

日本大正六年（1917）鈐印本

漠南

00293

九華室印存　一册

（日本）桑名鐵城篆並輯

日本大正六年（1917）鈐印本

西泠　松蔭軒

00294

九華室印譜不分卷　四册

（日本）桑名鐵城篆（日本）今泉雄作輯

日本明治三十七年（1904）鈐印本

協會　漠南

00295

九峰草堂印存（九峰印存）　一册

〔清〕心梅篆並輯

清宣統二年（1910）鈐印本（張大千藏本）

松蔭軒

00296

九峰草堂印譜　一册

陳烈文篆並輯

民國六年（1917）鈐印本（張大千藏本）

溫州

00297

九峰樵客印存　一册

羅覺清篆並輯

民國十二年（1923）鈐印本

港中大

00298
九樂存印　一册
〔佚名〕篆並輯
鈐印本
松蔭軒

了

00299
了亭印存　一册
丁自明篆並輯
民國十五年(1926)鈐印本
松蔭軒

刀

00300
刀刻爲篆　一册
（日本）豐秀齋篆並輯
日本寬政十一年(1799)鈐印本
漠南

00301
刀南印會集印　一册
（日本）刀南印會篆並輯
鈐印本
松蔭軒

又

00302
又栩印存　一册
〔清〕濮森篆　王光烈輯
民國三十一年(1942)鈐印本
遼寧

00303
又栩印草不分卷　二册
〔清〕濮森篆並輯
清同治十三年(1874)鈐印本
上博

00304
又栩印草不分卷　三册
〔清〕濮森篆並輯
清同治十三年(1874)鈐印本
國圖　上海　上博

00305
又栩印草不分卷　四册
〔清〕濮森篆並輯
清同治十三年(1874)鈐印本
西泠

00306
又栩印草不分卷　五册
〔清〕濮森篆並輯
清同治十三年(1874)鈐印本
上海

00307
又栩印章不分卷　二册
〔清〕濮森篆　王光烈輯
鈐印本
黑龍江

00308
又簠集印不分卷　二册
陳九蘭輯
民國十一年(1922)鈐印本
"中研院"史語所

三　畫

三

00309
三十六鴛鴦館印存不分卷　四册
〔清〕三十六鴛鴦館主輯
鈐印本

松蔭軒

00310
三十六體古篆印存　一册
　〔清〕梅菴氏輯
　鈐印本
　國圖　北大

00311
三三玉壐　一册
　〔清〕蘇展驥篆並輯
　清光緒二十年(1894)描摹本
　兩然齋

00312
三子合作印草　一册
　葛文歡等篆並輯
　民國二十年(1931)鈐印本
　天一閣

00313
三井家藏漢銅印譜不分卷　二册
　（日本）三井高堅輯
　鈐印本
　東京博

00314
三不室印留　一册
　金石壽篆並輯
　鈐印本
　松蔭軒

00315
三玉小傳並印譜　一册
　（日本）望月玉蟾篆並輯
　日本明治三十四年(1901)鈐印本
　協會　漠南

00316
三代秦漢金石印存不分卷　二册
　〔清〕趙星臣輯
　鈐印本
　文雅堂

00317
三代藏六居印蛻　一册
　（日本）濱村藏六等篆〔佚名〕輯
　日本平成四年(1992)鈐印本
　東京博

00318
三芝堂印存
　伍省三篆
　鈐印本
　上海

00319
三百梅花盦印學　一册
　〔佚名〕篆並輯
　鈐印本
　南京

00320
三字經印譜不分卷　三册
　韓天衡　高式熊等篆
　丙戌年(2007)鈐印本
　協會

00321
三吳陳侃如手刻　一册
　陳侃如篆並輯
　鈐印本
　松蔭軒

00322
三近草堂壬戌年印稿不分卷　四册
　李上達篆並輯
　民國二十二年(1933)鈐印本
　黑龍江

00323
三近草堂印草不分卷　四册
　李上達篆並輯
　鈐印本
　松蔭軒

00324

三近草堂印稿不分卷　八册

李上達篆並輯

民國二十二年(1933)鈐印本

鴻爪留痕館

00325

三長兩短齋印存　一册

鄧散木篆並輯

民國二十六年(1937)鈐印本

私人藏　百二扇面齋　江守仁　協會

00326

三長兩短齋印存不分卷　二册

鄧散木篆並輯

民國二十六年(1937)鈐印本

私人藏

00327

三長兩短齋印存不分卷　三册

鄧散木篆並輯

民國二十六年(1937)鈐印本

江守仁

00328

三長兩短齋印存　五册

鄧散木篆並輯

民國二十六年(1937)鈐印本

國圖　上海　私人藏　北大　江守仁　君匋藝院　長春　松蔭軒　哈爾濱　紹興　廈大　遼寧　漢南　協會　國會山莊

00329

三長兩短齋印存不分卷　十二册

鄧散木篆〔佚名〕輯

鈐印本

松蔭軒

00330

三長兩短齋印存二集　四册

鄧散木篆並輯

民國二十六年(1937)鈐印本

上海　私人藏　中國美院　北大　南京　港大　廈大　松蔭軒　協會　漢南　國會山莊

00331

三松堂印存　一册

〔清〕潘奕雋篆並輯

鈐印本(秦康祥藏本)

松蔭軒

00332

三味書屋印譜不分卷　二册

壽予康輯

清光緒八年(1882)鈐印本

紹興

00333

三宜堂印譜不分卷　二册

〔清〕宗紹篆並輯

清光緒三十四年(1908)鈐印本

國圖

00334

三柳居絲印譜　一册

(日本)杉浦丘園篆並輯

鈐印本

東京博

00335

三星贊印譜　一册

〔清〕項秀巖篆並輯

清乾隆三十九年(1774)鈐印本

上海　安徽　海寧　蘇州

00336

三唐名譜　一册

(日本)悟江大中篆並輯

日本天明二年(1782)鈐印本

漢南

00337

三家印存不分卷　三册

〔佚名〕篆並輯

鈐印本

西泠　松蔭軒

00338

三家印存　一册

〔清〕蔣仁　奚岡　黄易等篆　[佚名]輯

粘貼本

松蔭軒

00339

三家印存合集不分卷　三册

[佚名]篆並輯

鈐印本

松蔭軒

00340

三家印譜　一册

（日本）山縣有朋　杉聽雨　伊藤博文篆（日本）服部耕石輯

日本大正間鈐印本

漢南

00341

三琴趣齋藏印第一集　一册

[佚名]篆並輯

鈐印本

天津

00342

三硯室印存不分卷　二册

熊伯齊篆　楊廣泰輯

丁卯年(1987)北京民政局工藝美術品廠鈐印本

協會

00343

三硯室印勝不分卷　四册

熊伯齊篆並輯

鈐印本

中嶽齋

00344

三硯室印録不分卷　二册

齊白石　吳昌碩篆　熊伯齊輯

癸酉年(1993)鈐印本

松蔭軒

00345

三硯齋金石編不分卷　六册

〔清〕王春宇篆並輯

清嘉慶十七年(1812)鈐印本

温州　西泠　松蔭軒

00346

三硯齋金石編不分卷　四册

〔清〕王春宇篆並輯

清嘉慶十七年(1812)鈐印本(稿本)

松蔭軒

00347

三硯齋金石編不分卷　十册

〔清〕王春宇篆並輯

清道光八年(1828)鈐印本

西泠　貴州

00348

三槐堂藏印選不分卷　二册

〔清〕趙之琛　胡钁等篆　三槐堂輯

戊戌年(2018)鈐印本

百篆樓　秋水齋

00349

三輔餘塵不分卷　二册

（日本）足立疇邨篆並輯

日本明治四十一年(1908)石雲山房刊印本

日本國會　松丸東魚　漢南

00350

三樂帖　二册

（日本）林有志篆並輯

日本昭和三十九年(1964)影印本

松丸東魚

00351

三樂帖續　二册

（日本）林有志篆並輯

日本昭和四十七年(1972)影印本

松丸東魚

00352

三餘印可　一冊

〔清〕黃鵷篆〔清〕張學宗輯

清咸豐三年(1853)藍刷本(稿本)

國圖

00353

三餘印可　二冊

〔清〕黃鵷篆〔清〕張學宗輯

清咸豐三年(1853)藍刷本(稿本)

國圖　上博　松蔭軒

00354

三餘印可　三冊

〔清〕黃鵷篆〔清〕張學宗輯

清咸豐三年(1853)藍刷本(稿本)

國圖

00355

三餘印可　四冊

〔清〕黃鵷篆〔清〕張學宗輯

清咸豐三年(1853)刊行本

上海　上博　安徽　南京　吳江　松蔭軒

00356

三餘書屋叢書　四冊

〔清〕蔡學蘇篆並輯

清光緒十六年(1890)藍刷本

國圖

00357

三橋印存　一冊

〔明〕文彭篆並輯

鈐印本

浙江

00358

三橋先生鐫刻印章真跡　一冊

〔明〕文彭篆並輯

鈐印本

漢南

00359

三谿印存　一冊

（日本）角田三溪篆（日本）森川二華輯

日本昭和五十一年(1976)鈐印本

協會

00360

三谿印存　一冊

（日本）角田三溪篆

鈐印本

協會

于

00361

于庭鐵筆　一冊

［佚名］篆並輯

鈐印本

松蔭軒

00362

于蘭州先生藏印　一冊

徐培基輯

鈐印本

浙江博

干

00363

干支紀年印譜　一冊

楊廣泰輯

戊寅年(1998)鈐印本

松蔭軒

土

00364

土佐家印譜　一冊

（日本）原田西疇篆並輯

日本明治十八年(1885)鈐印本

日本國會 岩瀨文庫 漢南

00365

土龍所摹缶廬刻印不分卷　三册

（日本）增澤廣篆並輯

日本昭和五十一年(1976)鈐印本

松丸東魚

00366

士一居印存　一册

張樾丞篆並輯

民國二十四年(1935)影印本

上海　天津　内蒙古　北大　北師大　吉大　吉林　安徽　南大　南京　哈爾濱　清華　齊齊哈爾　遼寧　松蔭軒　鴻爪留痕館　漢南

00367

士色印存　一册

［佚名］篆並輯

鈐印本

南京師大

00368

士奇印集不分卷　三册

朱偉篆並輯

民國二十七年(1938)鈐印本

松蔭軒

00369

士陵印輯不分卷　二册

〔清〕黃士陵篆並輯

鈐印本

松蔭軒

00370

士章印存　一册

［佚名］篆並輯

鈐印本

松蔭軒

00371

士龍所摹缶廬刻印不分卷　三册

［佚名］篆並輯

鈐印本

松蔭軒

00372

士龍晚年刻印不分卷　三册

龐士龍篆並輯

鈐印本

私人藏

下

00373

下下人齋印存(十二生肖印存)　一册

甘桁篆並輯

癸卯年(1963)鈐印本

松蔭軒

寸

00374

寸草堂印存　一册

［佚名］篆並輯

鈐印本

芷蘭齋

00375

寸齋先生印譜　一册

（日本）曾彌寸齋篆並輯

日本嘉永四年(1851)鈐印本

漢南

大

00376

大小山堂印存　一册

〔清〕何桂林篆並輯

鈐印本

蒲阪文庫

00377

大千己丑以後所用印　一册

　李順華輯

　丁未年(1967)影印本

　臺圖

00378

大千印草(大千印譜集)　一册

　李大千篆並輯

　鈐印本

　浙江博

00379

大千印留　一册

　張大千輯

　鈐印本

　紅棉山房

00380

大日本名家全書　七册

　(日本)宮崎幸麿輯

　日本明治四十一年(1908)影印本

　松蔭軒

00381

大日本帝國金石之寶　一册

　(日本)穗井田忠友輯

　日本天保十一年(1840)鈐印本

　浙江

00382

大心印存　一册

　(日本)中保進篆並輯

　日本大正十年(1921)鈐印本

　日本國會

00383

大正印會印譜(大正印會同人印譜)不分卷　十四册

　(日本)大正印會同人篆並輯

　日本大正十五年(1926)鈐印本

　漢南

00384

大正印會同人印譜不分卷　十五册

　(日本)大正印會同人篆並輯

　日本大正十五年(1926)鈐印本

　東京博

00385

大正印會同人印譜二輯不分卷附印禪　十五册

　(日本)大正印會同人篆並輯

　日本大正十五年至昭和二年(1926—1927)鈐印本

　松丸東魚

00386

大正蘭亭印譜不分卷　二册

　(日本)富岡鐵齋　獨山等篆並輯

　日本大正二年(1913)鈐印本

　協會

00387

大印記念印譜　一册

　(日本)大阪印版業組合篆並輯

　日本昭和五年(1930)鈐印本(册葉裝)

　漢南

00388

大印海　一册

　(日本)粟國桐香篆並輯

　日本明治間鈐印本

　漢南

00389

大迂印蛻　一册

　周爾和篆並輯

　鈐印本

　周斯達

00390

大迂集　一册

　(日本)圓山大迂篆並輯

　鈐印本

　協會

00391

大吉碑館印存　一册

〔清〕朱士林篆並輯

清光緒十九年(1893)鈐印本

松蔭軒

00392

大同石佛龕印存不分卷　二册

李尹桑篆並輯

民國三十四年(1945)鈐印本

廣東　私人藏　松蔭軒　鴻爪留痕館

00393

大年印稿不分卷　五册

童大年篆並輯

鈐印本

浙江

00394

大池先生用印集　一册

梁曉莊　安多民等篆　林章松輯

辛丑年(2021)鈐印本

復旦　港科大　松蔭軒　秋水齋

00395

大冶印存　一册

棲雲篆並輯

己亥年(1959)鈐印本

吉林

00396

大和古印　一册

(日本)篠崎寂星庵輯

日本昭和十六年(1941)鈐印本(重輯本)

天津　日本國會　松丸東魚　協會　漢南

00397

大和古印集存不分卷　二册

(日本)小林斗盦輯

鈐印本

東京博

00398

大和古印漢銅印景對表印譜　二軸

(日本)相澤茂篆並輯

日本明治十五年(1882)鈐印本

漢南

00399

大和堂藏芙蓉翁印譜　一册

(日本)高芙蓉篆　(日本)大和堂輯

鈐印本

漢南

00400

大風堂遺印　一册

[佚名]輯

壬寅年(2022)鈐印本

松蔭軒　摘霞樓

00401

大風堂遺印不分卷　二册

張大千藏　臺故博輯

鋅版印本

松蔭軒　紅棉山房

00402

大風堂遺印不分卷　六册

張大千藏　臺故博輯

鋅版印本

松蔭軒

00403

大院君印譜　一册

(朝鮮)李太王輯

日本明治十三年(1880)鈐印本

漢南

00404

大家印譜不分卷　二册

(日本)信濃同好會篆並輯

日本昭和五年(1930)影印本

日本國會　漢南

00405

大陸雅印集不分卷　五冊

金城　王禔　馬衡等篆並輯

鈐印本

松蔭軒

00406

大陵鄭先生圖書册葉　一册

〔佚名〕篆並輯

鈐印本（册葉裝）

松蔭軒

00407

大康印稿二集不分卷　四册

康殷篆並輯

丙寅年（1986）鋅版印本

松蔭軒　協會

00408

大康印稿初集不分卷　二册

康殷篆並輯

丙寅年（1986）鋅版印本

松蔭軒

00409

大雅山房印集不分卷　二册

〔清〕蘇璠篆並輯

清道光六年（1826）鈐印本

温州

00410

大雅山房印集不分卷　四册

〔清〕蘇璠篆並輯

清道光六年（1826）鈐印本

浙江　温州

00411

大雅社印譜　一册

徐文鏡篆並輯

民國十六年（1927）鈐印本

上海　西泠

00412

大雅社印譜不分卷　三册

徐文鏡篆並輯

民國十六年（1927）鈐印本

上海

00413

大槐王氏印譜不分卷　二册

王大槐輯

鈐印本

漠南

00414

大髯道人印譜　一册

〔佚名〕篆並輯

鈐印本

松蔭軒

00415

大辦農業印譜　一册

方去疾等篆　中國民主促進會上海市美術工作者小組輯

辛丑年（1961）鈐印本

上博　西泠　私人藏　松蔭軒　國會山莊

00416

大澤氏篆刻印譜不分卷　五册

（日本）大澤謙治篆並輯

日本明治間鈐印本

漠南

00417

大鶴山人印集不分卷　四册

鄭文焯藏〔佚名〕輯

甲戌年（1994）鈐印本（鄭氏所用印）

私人藏　松蔭軒　秋水齋

00418

大鶴山房印譜　一册

吴俊卿　王大炘等篆　鄭文焯輯

鈐印本

協會

00419

大鶴山房印譜不分卷　二册
　吳俊卿　王大炘等篆　鄭文焯輯
　鈐印本
　浙江

00420

大觀印譜　一册
　（日本）美術俱樂部輯
　日本昭和間鈐印本
　漠南

00421

大觀齋印譜不分卷　二册
　[佚名]篆並輯
　鈐印本
　北大

上

00422

上海印拾　一册
　趙叔孺　朱孔陽等篆　衛東晨輯
　民國二十六年（1937）鈐印本
　瓦翁

00423

上海市立博物館藏印不分卷　十五册
　上海市立博物館藏並輯
　民國三十六年（1947）鈐印本
　上博　松蔭軒

00424

上海西泠印社潛泉印泥發行所出品目錄　一册
　吳錦生輯
　民國二十三年（1934）影印本
　松蔭軒

00425

上海博物館藏印附補遺　十二册
　上海博物館藏並輯
　戊午年（1978）影印本
　南京師大　協會

00426

上海博物館藏印　四册
　上海博物館藏並輯
　己巳年（1989）原鈐印本
　百二扇面齋　東京博

00427

上海與國際友好城市印譜不分卷　二册
　何積石篆並輯
　壬午年（2002）鈐印本
　松蔭軒

00428

上海熱線開通五週年紀念　一册
　[佚名]篆並輯
　鈐印本
　松蔭軒

00429

上虞羅氏法漢魏金石印集　八册
　〔清〕羅振玉篆並輯
　鈐印本
　天津

小

00430

小一天秋琴齋印存不分卷　六册
　戚叔玉輯
　鈐印本
　松蔭軒

00431

小一天秋琴齋主人印存　一册
　戚叔玉輯
　鈐印本
　私人藏

00432

小五柳堂集印　一册

〔佚名〕篆並輯

鈐印本

蘇州

00433

小本印譜　一册

黃賢篆並輯

鈐印本

南通

00434

小石山房印存　四册

顧允元重輯

乙丑年(1985)鈐印本

松蔭軒

00435

小石山房印苑　十二册

〔清〕顧湘　顧浩同輯

清道光二十六年(1846)鈐印本

西泠

00436

小石山房印苑　十二册

〔清〕顧湘　顧浩同輯

清光緒三十年(1904)鈐印本

國圖　上海　吉林　杭州　南京　常熟　清華　松蔭軒　鴻爪留痕館　漢南　國會山莊

00437

小石山房印苑　十二册

〔清〕顧湘　顧浩同輯

清光緒三十年(1904)重輯本

松蔭軒

00438

小石山房印苑　十五册

〔清〕顧湘　顧浩同輯

清光緒三十年(1904)鈐印本

北大　東京博

00439

小石山房印苑　六册

掃葉山房輯

民國十四年(1925)影印本

上海　中國美院　吉林　安徽　南大　南京　哈爾濱　華東師大　常熟　復旦　黎州　瀋陽　私人藏　東京博　松蔭軒

00440

小石山房印譜　四册

〔清〕〔佚名〕輯

鈐印本(僞輯本)

松蔭軒

00441

小石山房印譜　六册

〔清〕顧湘　顧浩同輯

清道光八年(1828)鈐印本

國圖　三峽博　上海　上博　玉海樓　石家莊　西泠　吳江　金華博　南京　南開　哈爾濱　浙江　紹興　港大　湖南　溫州　靜嘉堂　臺圖　寧夏　遼大　遼寧　鎮江　蘇州　松蔭軒　東洋文庫　金谷文庫　普林斯頓　蒲阪文庫　新潟大

00442

小石山房印譜　三册

〔清〕顧湘　顧浩同輯

清道光十一年(1831)鈐印本

中遺院

00443

小石山房印譜　六册

〔清〕顧湘　顧浩同輯

清道光十二年(1832)鈐印本(道光輯本)

國圖　上海　上博　山西　天一閣　天津　中國美院　內蒙古　吉林　哈爾濱　首都　湖南　百樂齋　別宥齋(天一閣)　松蔭軒　東京博　福建　漢南

00444

小石山房印譜　十二册

〔清〕顧湘　顧浩同輯

清道光十二年(1832)鈐印本

西泠

00445

小石山房印譜　四冊

〔清〕顧湘　顧浩同輯〔清〕顧星卿輯

清同治八年(1869)鈐印本

天一閣　安徽　里安博　南大　哈爾濱　福建　鹽城　私人藏　松蔭軒　港中大

00446

小石山房印譜　六冊

〔清〕顧湘　顧浩同輯〔清〕顧星卿重輯

清同治八年(1869)鈐印本

上博　私人藏　天一閣　安徽　南大　哈爾濱　常州　鹽城　遼寧　芷蘭齋　松蔭軒　鴻爪留痕館　港中大　臺大　東洋文庫　東陽博　岩瀨文庫　京文研　漠南　法國國圖

00447

小石山房印譜　三冊

〔清〕顧湘　顧浩同輯

清同治八年(1869)鈐印本

中遺院

00448

小石山房印譜　六冊

〔清〕顧湘　顧浩同輯〔清〕顧星卿重輯

清宣統三年(1911)影印本(同治八年重輯)

國圖　北大　四川　吉林　奉節　南大　哈爾濱　首都　桂林　常州　常熟　雲南　貴州　黑龍江　無錫　復旦　煙臺　齊齊哈爾　遼寧　鎮江　鹽城　松蔭軒

00449

小石先生印譜　一冊

(日本)巨勢小石輯

日本大正間鈐印本

漠南

00450

小竹里館印存不分卷　二冊

〔清〕金桂科篆並輯

清光緒七年(1881)鈐印本

長春

00451

小竹里館印存不分卷　六冊

〔清〕金桂科篆並輯

清光緒七年(1881)鈐印本

安徽

00452

小酉山房印集　一冊

〔清〕黃輔辰輯

鈐印本

松蔭軒

00453

小谷印存　一冊

小谷篆並輯

鈐印本

溫州

00454

小苑齋印譜(張在乙印譜)　一冊

〔清〕張在乙篆並輯

鈐印本

鴻爪留痕館

00455

小林斗盦印譜(斗盦印選)不分卷　五冊

(日本)小林斗盦篆並輯

日本平成二十八年(2016)鈐印本

東京博

00456

小松隱閣藏印　一冊

〔清〕卞斌孫輯

鈐印本

揚州

00457

小宛齋印譜　一冊

［佚名］篆並輯

鈐印本

鴻爪留痕館

00458

小品拓本印譜　一册

（日本）尾崎秀真　小松吉久等篆　寸珍會輯

日本昭和十三年(1938)鈐印本

臺大

00459

小品拓本印譜不分卷　二册

逸滄輯

清光緒十六年(1890)鈐印本

揚州

00460

小弇山堂藏印不分卷　二册

〔清〕南海馮氏輯

清光緒十六年(1890)鈐印本

上博

00461

小神山館古銅印譜(小神僊館古銅印譜)　一册

〔清〕潘增儀輯

清光緒二十年(1894)鈐印本

廣東

00462

小神山館古銅印譜(小神僊館古銅印譜)不分卷　二册

〔清〕潘增儀輯

清光緒二十年(1894)鈐印本

松蔭軒

00463

小飛文館印存不分卷　四册

〔清〕濮又栩篆並輯

清道光二十九年(1849)鈐印本

北大

00464

小飛鴻堂印譜(小飛鴻堂印集)不分卷　六册

汪承啓輯

民國五年(1916)鈐印本

國圖　上海　天津　吉林　西泠　松丸東魚　松蔭軒　東京博　協會　哈爾濱　秋水齋　浙江　漠南　鎮江　鐵硯齋

00465

小飛鴻堂印譜(小飛鴻堂印集)不分卷　八册

汪承啓輯

民國五年(1916)鈐印本

上海

00466

小華溪館印存不分卷　二册

葉爲銘篆並輯

鈐印本

松蔭軒

00467

小琅嬛室藏印不分卷　六册

張尚輯

民國十三年(1924)鈐印本

百樂齋

00468

小琅嬛館印存不分卷　八册

〔清〕小瑯嬛館輯

清嘉慶二十年(1815)鈐印本

芷蘭齋

00469

小黄花館印存　一册

［佚名］篆並輯

鈐印本

松蔭軒

00470

小菴印存　一册

趙罄篆並輯

戊戌年(1958)鈐印本
廣東

00471
小菴印存不分卷　二册
　　趙磬篆並輯
　　戊戌年(1958)鈐印本
　　松蔭軒

00472
小菴印存不分卷　二册
　　趙磬篆並輯
　　戊戌年(1958)鈐印本(無字口本)
　　松蔭軒

00473
小菴印存不分卷　二册
　　趙磬篆並輯
　　戊戌年(1958)鈐印本(有字口本)
　　松蔭軒

00474
小堂印存　一册
　　[佚名]篆並輯
　　鈐印本
　　南京

00475
小琳琅館印譜　一册
　　〔清〕羅秉璋篆並輯
　　鈐印本
　　雲南

00476
小壺天閣印譜不分卷　四册
　　[佚名]篆並輯
　　鈐印本
　　松蔭軒

00477
小雲山人印存不分卷　二册
　　〔清〕宛小雲篆並輯
　　清光緒十四年(1888)鈐印本(存上册)

臺大

00478
小詠樓印存　一册
　　〔清〕沈雲煥篆並輯
　　清同治八年(1869)鈐印本
　　上海

00479
小道印譜略　一册
　　[佚名]篆並輯
　　鈐印本
　　湖南

00480
小蓬萊閣古印菁華不分卷　二册
　　羅福成　羅福葆同輯
　　民國七年(1918)鈐印本
　　天津　西泠　清華　松蔭軒　漢南　太田孝太郎　松丸東魚

00481
小蓬萊閣印存(泉唐丁氏八家印譜、西泠八家印選)不分卷　二册
　　〔清〕黃易篆　丁仁輯
　　清光緒三十年(1904)鈐印本
　　國圖　松蔭軒

00482
小蓬萊館印存不分卷　五册
　　周鶴年輯
　　清光緒二十五年(1899)鈐印本
　　松蔭軒

00483
小蓬萊館印存　一册
　　周鶴年輯
　　清光緒二十五年(1899)鈐印本
　　國圖　上博　西泠

00484
小槐安室印存　一册
　　董逸滄輯

鈐印本

揚州

00485

小睡足寮甲戌印稿　一册

〔清〕秦嘉樹篆並輯

鈐印本（稿本）

上海

00486

小僊書屋印草不分卷　三册

〔佚名〕篆並輯

鈐印本

松蔭軒

00487

小墨莊法古印存不分卷附蕉窗十則篆印　二册

〔清〕劉鴻勛篆並輯

清光緒十一年(1885)鈐印本

湖南

00488

小諸葛廬印印不分卷　二册

〔佚名〕篆並輯

鈐印本

松蔭軒

00489

小隱山房印可不分卷　四册

〔清〕程沅篆並輯

鈐印本

重慶

00490

小隱山房印譜(玉舟印譜)不分卷　二册

〔清〕程沅篆並輯

鈐印本

松蔭軒　浙江

00491

小蘋印譜不分卷　二册

（日本）野口小蘋篆並輯

日本大正六年(1917)鈐印本

協會　山梨縣美術館　漠南

00492

小鉥彙存(小鉢彙存)不分卷　二册

吳樸篆　方約輯

民國三十三年(1944)宣和印社刊行本

國圖

00493

小鉥彙存(小鉢彙存)不分卷　四册

吳樸篆　方約輯

民國三十四年(1945)宣和印社刊行本

私人藏　西泠　南大　哈爾濱　浙江　浙江博　温州

松蔭軒

00494

小懷印譜　一册

〔佚名〕篆並輯

鈐印本

湖南

00495

小蘭亭室印摹　一册

〔佚名〕篆並輯

鈐印本

紹興

00496

小靈鷲山館藏印　一册

〔佚名〕篆並輯

鈐印本

松蔭軒

山

00497

山元春拳印譜　一册

（日本）山元春拳輯

日本明治間鈐印本

漠南

00498

山中讀書印　一册

〔明〕俞廷諤篆並輯

明萬曆四十五年(1617)鈐印本

重慶

00499

山岡山泉用印　一册

（日本）加藤刀畔篆並輯

鈐印本

協會

00500

山陰王小侯刻印　一册

王慧篆並輯

鈐印本

浙江

00501

山陰任氏印典　一册

吳昌碩篆　山陰任氏輯

民國二十五年(1936)鈐印本

上博　南京

00502

山陰何澂印存　一册

〔清〕何澂篆並輯

鈐印本

浙江

00503

山陽印影　一册

（日本）賴山陽篆（日本）賴襄輯

日本明治五年(1872)鳩居堂影印本

西泠　松丸東魚　漢南

00504

山陽印譜　一册

（日本）賴山陽篆並輯

日本慶應二年(1866)鈐印本

日本國會　早稻田　東京博　岩瀨文庫　漢南　蝸牛廬　禪研所

00505

山陽先生印譜　一册

（日本）賴山陽篆並輯

鈐印本

西泠

00506

山陽先生遺印（賴氏五洲印亭、三洋遺印）　一册

（日本）賴山陽篆並輯

日本明治四十年(1907)鈐印本

岩瀨文庫

00507

山陽翁遺印影　一册

（日本）賴山陽篆並輯

日本明治五年(1872)鈐印本

西泠　松蔭軒

00508

山紫水明處印譜　一册

（日本）賴山陽篆並輯

日本明治十一年(1878)影印本

早稻田　臺大

00509

山農印存不分卷　四册

〔清〕陳榕篆並輯

粘貼本

浙江

00510

山壽堂印譜　一册

（日本）南静山篆並輯

日本明治二十四年(1891)鈐印本

松丸東魚　泊園　漢南　關西大

千

00511

千文印藪書鏡　一册

〔明〕李卓吾篆並輯

明萬曆間鈐印本
漠南

00512
千文印譜(玄黃印圃)不分卷　三冊
（日本）里見東白篆並輯
日本寶曆八年(1758)鈐印本
岩瀨文庫　漠南

00513
千文印譜不分卷　三冊
（日本）笠間侯篆並輯
日本寬政十年(1798)鈐印本
漠南

00514
千石樓印留　一冊
簡經綸篆　方約輯
民國二十七年(1938)鈐印本
港大　松蔭軒

00515
千石樓印選　一冊
簡經綸篆　方約輯
民國三十七年(1948)鈐印本
港大　松蔭軒

00516
千石樓印識　一冊
簡經綸篆　方約輯
民國二十七年(1938)鈐印本
上海　西泠　松蔭軒

00517
千石樓印識不分卷　四冊
簡經綸篆　方約輯
民國三十七年(1948)鈐印本
上海　港大　協會

00518
千字文印譜　一冊
（日本）田口國太郎篆並輯
日本明治三十三年(1900)鈐印本

日本國會　岩瀨文庫

00519
千字文百顆印譜不分卷　四冊
（日本）小山雲泉篆並輯
日本明治十八年(1885)鈐印本
臺圖　松蔭軒　日本國會

00520
千鉢齋古鉢選　一冊
〔清〕吳大澂輯
清光緒元年(1875)鈐印本
上博　山東　曲阜師大

00521
千鉢齋古鉢選不分卷　五冊
〔清〕吳大澂輯
清光緒元年(1875)鈐印本
上博　太田孝太郎

00522
千鉢齋古鉢選不分卷附遇安廬藏印二卷　八冊
〔清〕吳大澂輯
清光緒元年(1875)鈐印本
上博　浙江博　東京博　漠南

00523
千鄭樓拓印集珍　一冊
張謙輯
鈐印本
松蔭軒

00524
千璽齋古璽選不分卷　八冊
〔清〕吳大澂輯
清光緒十五年(1889)鈐印本(重輯本)
東京博

00525
千璽齋古璽選不分卷　十五冊
〔清〕吳大澂輯
清光緒十五年(1889)鈐印本(重輯本)
南京

川

00526

川住行教印影　一册
　（日本）川住行則輯
　日本大正六年(1917)鈐印本
　岩瀨文庫

丸

00527

**丸山四條派落款印譜（圓山四條派落款印譜）
　一册**
　（日本）齋藤謙輯
　日本大正四年(1915)鈐印本
　日本國會　漢南

凡

00528

凡將齋印存　一册
　馬衡篆並輯
　鈐印本
　松蔭軒

00529

凡將齋印稿　一册
　馬衡篆並輯
　民國十七年(1928)鈐印本
　私人藏　松蔭軒

及

00530

及悔盦印存不分卷　二册
　〔清〕尹祚鑫藏並輯
　鈐印本（時人刻及自用印）
　松蔭軒

弓

00531

弓町印譜　一册
　〔佚名〕篆並輯
　鈐印本
　早稻田

子

00532

子史精言集錄印譜不分卷　四册
　〔佚名〕篆並輯
　鈐印本
　湖南

00533

子書印酒堂自刻自用印譜　一册
　（日本）松丸道雄輯
　日本昭和五十一年(1976)鈐印本
　中大　松蔭軒

00534

子偉手篆不分卷　二册
　〔清〕萬貢珍篆　王士傑輯
　鈐印本
　松蔭軒

00535

子諒印留　一册
　葛貞篆並輯
　乙卯年(1975)鈐印本
　松蔭軒

00536

子樵氏印草　一册
　〔佚名〕篆並輯
　鈐印本
　紹興

子

00537

子廬印存　一冊
　曾榮光篆並輯
　鈐印本
　松蔭軒

00538

子廬集印　一冊
　曾榮光篆並輯
　鈐印本
　松蔭軒

00539

子廬遺印　一冊
　曾榮光篆　林章松輯
　己亥年(2019)粘貼本
　松蔭軒

00540

子廬篆刻集不分卷　二冊
　曾榮光篆　林章松輯
　庚子年(2020)鈐印本
　秋水齋　復旦　港科大　松蔭軒

也

00541

也宜書屋藏印不分卷　四冊
　〔清〕陳蘭棲等篆〔清〕楊星曜輯
　清道光九年(1829)鈐印本
　國圖　南京

00542

也宜書屋藏印不分卷　十二冊
　〔清〕陳蘭棲等篆〔清〕楊星曜輯
　清道光九年(1829)鈐印本
　上博

00543

也宜書屋藏印不分卷　四冊
　〔清〕楊星曜篆並輯
　清道光七年(1827)楊氏鈐印本
　國圖　西泠

00544

也宜書屋藏印不分卷　二冊
　〔清〕楊星曜篆並輯
　清道光三十年(1850)鈐印本
　國圖　松蔭軒

四　畫

王

00545

王一平海隅齋藏印　一冊
　王一平輯
　鈐印本
　私人藏

00546

王一羽印存(羽之稿、樂耕廬印存)不分卷　四十一冊
　王一羽輯
　鈐印本
　蘭樓

00547

王一羽寓目印存　一冊
　吳昌碩　齊璜等篆　王一羽輯
　鈐印本
　蘭樓

00548

王十川印跡不分卷　三冊
　[佚名]篆並輯
　鈐印本
　松蔭軒

00549

王又村印譜　一册

〔清〕王然篆並輯

清嘉慶十九年(1814)鈐印本

松蔭軒

00550

王又村印譜　二册

〔清〕王然篆並輯

清嘉慶十九年(1814)鈐印本

上博　湖南　松蔭軒

00551

王才愷印存不分卷　二册

〔佚名〕篆並輯

鈐印本

松蔭軒

00552

王大隆先生用印集　一册

吳樸堂等篆　高恩德輯

辛丑年(2021)鈐印本

復旦　松蔭軒

00553

王王孫正氣歌刻石(正氣歌刻石)　一册

王王孫篆並輯

影印本

中國美院　南京　松蔭軒　國會山莊

00554

王王孫印集　一册

王王孫篆並輯

庚寅年(1950)影印本

臺圖

00555

王仁輔印稿不分卷　九册

王仁輔篆並輯

鈐印本

私人藏

00556

王久鐵印存不分卷　二册

王大炘篆　方約輯

民國二十九年(1940)鈐印本

國圖　溫州　上博　哈爾濱　中國美院　私人藏　百二扇面齋　松蔭軒　協會　國會山莊

00557

王氏印譜　一册

〔清〕王大增篆並輯

鈐印本

上海

00558

王氏家藏印譜不分卷　六册

〔清〕王蓮湖輯

清乾隆六十年(1795)鈐印本

國圖

00559

王氏梧月山房袖珍印品不分卷　三册

〔清〕養梧居士輯

鈐印本

天一閣　別宥齋(天一閣)

00560

王玉林百馬印不分卷　二册

王玉森篆並輯

鈐印本

松蔭軒

00561

王西農印存　一册

王海篆並輯

甲辰年(1964)鈐印本

南通

00562

王在民印存　一册

王在民篆並輯

鈐印本

紅棉山房

00563

王成璐用印集　一册
　〔清〕王成璐篆並輯
　清道光三年(1823)鈐印本
　松蔭軒

00564

王冰鐵印存不分卷　五册
　王大炘篆並輯
　民國十五年(1926)文明書局影印本
　國圖　上海　私人藏　中大　中國美院　北大　吉大
　吉林　西泠　遼寧　瀋陽　松蔭軒

00565

王冰鐵印存不分卷　五册
　王大炘篆並輯
　民國二十五年(1936)上海中華書局影印本(再版本)
　人大　上海　吉大　長春　哈爾濱　華東師大　浙大
　遼大　黑龍江　蘭樓　港大　澳門大

00566

王宇春印譜不分卷　四册
　〔清〕王宇春篆並輯
　清道光二十五年(1845)鈐印本
　國圖

00567

王羽印存　一册
　王羽篆並輯
　鈐印本
　松蔭軒

00568

王羽翏印譜不分卷　二册
　〔佚名〕篆並輯
　鈐印本
　松蔭軒

00569

王孝禹先生印存　一册
　〔清〕姚貴昉輯
　鈐印本
　國圖

00570

王冶梅印譜　一册
　〔清〕王寅篆並輯
　鈐印本
　松蔭軒

00571

王沛雲祖孫三代刻印集存不分卷　二册
　〔佚名〕篆並輯
　鈐印本
　松蔭軒

00572

王忍盦印存　一册
　王薇坦篆並輯
　民國十九年(1930)鈐印本
　松蔭軒　國圖

00573

王青芳印存　一册
　王青芳篆並輯
　民國二十五年(1936)鈐印本
　北大

00574

王禹襄先生印存(王禹襄印存)不分卷　二册
　王禹襄篆並輯
　民國二十六年(1937)榮寶齋鈐印本
　西泠

00575

王祖錫自用印集　一册
　〔清〕王祖錫篆並輯
　清雍正六年(1728)鈐印本
　松蔭軒

00576

王哲言先生印稿　一册
　王哲言篆並輯
　辛酉年(1981)鈐印本

松蔭軒

00577

王師子篆刻集　一册

　王偉篆並輯

　鈐印本

　復旦　港科大　私人藏　松蔭軒　秋水齋

00578

王梅花館印賞不分卷　二册

　〔清〕嚴熙豫輯

　鈐印本

　國圖

00579

王雪民印存二集　一册

　〔清〕王釗篆並輯

　清宣統三年(1911)鈐印本

　天津

00580

王逸懷印譜(王亦懷印譜)　一册

　〔清〕王逸懷篆並輯

　清雍正六年(1728)鈐印本

　私人藏　松蔭軒

00581

王章伯印稿　一册

　王大進篆並輯

　鈐印本

　哈爾濱

00582

王啓明印譜　一册

　蔡正川篆並輯

　鈐印本

　上海

00583

王傑人印存　一册

　王傑人篆並輯

　鈐印本

　松蔭軒

00584

王廉生藏印不分卷　二册

　〔清〕吳大澂輯

　鈐印本

　國圖

00585

王義從印譜　一册

　王客華篆並輯

　鈐印本

　天一閣　別宥齋(天一閣)　松蔭軒

00586

王福厂印存不分卷　二册

　王福厂篆　朵雲軒輯

　庚午年(1990)鈐印本

　協會

00587

王福厂印存不分卷　六册

　王福厂篆　朵雲軒輯

　庚午年(1990)鈐印本

　秋水齋

00588

王福厂印稿不分卷　五册

　王福厂篆並輯

　鈐印本

　鴻爪留痕館

00589

王福厂印稿不分卷　六册

　王福厂篆並輯

　鈐印本

　秋水齋

00590

王福厂等刻印　一册

　王福厂等篆　劉博琴輯

　鈐印本

　鴻爪留痕館

00591

王福庵印存不分卷　二册

　　王福厂篆　半卷書齋藏　朵雲軒輯

　　庚午年(1990)鈐印本

　　私人藏　協會　秋水齋

00592

王福庵印稿不分卷　二册

　　王福厂篆並輯

　　鈐印本

　　秋水齋

00593

王福庵印譜不分卷　二册

　　王福厂篆　西泠印社輯

　　己卯年(1999)鈐印本

　　松蔭軒　秋水齋

00594

王鄭印譜　一册

　　（日本）滕鼎輯

　　鈐印本

　　金谷文庫

00595

王漱石印譜不分卷　十册

　　〔清〕王漱石篆並輯

　　鈐印本

　　西泠

00596

王慧印存不分卷　四册

　　〔清〕王慧篆並輯

　　鈐印本

　　松蔭軒

00597

王誾僊印稿　一册

　　王昆源篆並輯

　　鈐印本（稿本）

　　泰州

00598

王樹聲革命印譜　一册

　　〔佚名〕篆　王樹聲藏並輯

　　鈐印本

　　松蔭軒

00599

王霖作品集不分卷　九册

　　王霖篆並輯

　　鈐印本

　　松蔭軒

00600

王燿印跡　一册

　　王燿篆並輯

　　鈐印本

　　松蔭軒

00601

王韡倣古印存不分卷　二册

　　王韡篆並輯

　　民國十四年(1925)鈐印本

　　華東師大　松蔭軒

00602

王懿榮孫毓汶用印集不分卷　二册

　　〔佚名〕輯

　　鈐印本

　　松蔭軒

天

00603

天下誰人不識君　一册

　　張遜駿　涂建共等篆　上海市電信公司(上海熱綫)輯

　　辛巳年(2001)影印本

　　松蔭軒

00604

天水香齋印存不分卷　四册

〔清〕程垂伯輯
清道光十三年(1833)鈐印本
河北

00605
天芝軒印存　一册
〔佚名〕篆並輯
鈐印本
松蔭軒

00606
天府球圖　一册
金城輯
民國十五年(1926)鈐印本
上博

00607
天香閣印存不分卷　八册
（日本）桑名鐵城篆並輯
日本大正三年(1914)鈐印本
松蔭軒　漢南

00608
天香閣印存不分卷　四册
（日本）桑名鐵城篆並輯
日本大正四年(1915)鈐印本
松蔭軒　日本國會　協會

00609
天香閣印譜不分卷　二册
（日本）桑名鐵城篆並輯
鈐印本
松蔭軒　日本國會

00610
天香閣摹印不分卷　二册
（日本）加藤桂所篆並輯
日本大正間鈐印本(加藤本)
漢南

00611
天香閣摹印不分卷　二册
（日本）桑名鐵城篆並輯
鈐印本
松蔭軒

00612
天香樓印譜　一册
〔佚名〕篆並輯
鈐印本
松蔭軒

00613
天保九如　一册
〔清〕梁登庸篆並輯
清乾隆二十七年(1762)鈐印本
中國美院

00614
天津市藝術博物館藏印　一册
天津市藝術博物館輯
鈐印本
臺圖

00615
天津市藝術博物館藏漢魏私印選上下集　二册
天津市藝術博物館藏　天津博物館輯
庚申年(1980)鋅版印本
松蔭軒　協會

00616
天津市藝術博物館藏漢魏官印選上下集　二册
天津市藝術博物館藏　天津博物館輯
庚申年(1980)鋅版印本
南京　港中大　松蔭軒　協會

00617
天津市藝術博物館藏箴言吉語印選上下集　二册
天津市藝術博物館藏　天津博物館輯
庚申年(1980)鋅版印本
松蔭軒　協會

00618
天津市藝術博物館藏戰國鉨選上下集　二册
天津市藝術博物館藏　天津博物館輯
庚申年(1980)鋅版印本

港中大 松蔭軒 協會

00619

天津美術館篆刻研究會印存　一冊
　嚴季聰輯
　民國二十三年(1934)鈐印本
　天津

00620

天倪閣印譜　一冊
　〔清〕倪璐篆並輯
　清光緒三十四年(1908)鈐印本
　湖南 丹東 長春

00621

天倪閣印譜不分卷　二冊
　〔清〕倪璐篆並輯
　清光緒三十四年(1908)鈐印本
　國圖 上博 天津 哈爾濱 首都 湖南 "中研院"
　史語所 松蔭軒

00622

天然齋印譜　一冊
　〔佚名〕篆並輯
　鈐印本
　湖南

00623

天童十景印譜　一冊
　盧石臣篆並輯
　壬戌年(1982)鈐印本
　松蔭軒

00624

天祿閣漢印輯不分卷　四冊
　〔佚名〕篆並輯
　鈐印本
　南大

00625

天臺宗祖師碑法會印譜　一冊
　〔佚名〕篆並輯
　鈐印本
　松蔭軒

00626

天潢清流　一冊
　（日本）羽倉可亭篆並輯
　日本昭和十三年(1938)鈐印本(小開本)
　漢南

00627

天隨印譜　一冊
　（日本）又保天隨輯
　鈐印本
　早稻田

00628

天賞堂印冊　一冊
　（日本）天賞堂輯
　日本明治十九年(1886)鈐印本
　漢南

00629

天瓢齋書畫落款譜不分卷　二冊
　（日本）松陰後藤機輯
　日本安政二年(1855)鈐印本
　早稻田 漢南

00630

天衡自刻自用印集不分卷　二冊
　韓天衡篆並輯
　甲戌年(1994)鈐印本
　松蔭軒 協會

00631

天籟閣印選不分卷　二冊
　〔佚名〕篆並輯
　鈐印本
　松蔭軒

夫

00632

夫椒山民印存　一冊

〔清〕鈕嘉蔭篆 王光烈輯
民國二十三年(1934)鈐印本
遼寧

元

00633
元押　一册
〔清〕楊守敬輯
清光緒三年(1877)鈐印本
國圖　君匋藝院　松蔭軒

00634
元押百家姓印存不分卷　二册
梁榮軍輯
戊戌年(2018)鈐印本
松蔭軒

00635
元押集存不分卷　二册
[佚名]篆並輯
民國八年(1919)鈐印本
漠南

00636
元押集存　一册
[佚名]篆並輯
鈐印本
松蔭軒

00637
元英宗至治之寶印譜不分卷　二册
（日本）[佚名]輯
影印本
金谷文庫

00638
元嘉造象室銅印留痕不分卷　二册
[佚名]篆並輯
鈐印本
北大

云

00639
云云軒摹印　一册
李興業篆並輯
鈐印本
上博

00640
云孫印存　一册
石學鴻篆並輯
鈐印本
天津

木

00641
木人清賞印譜　一册
[佚名]篆並輯
鈐印本
松蔭軒

00642
木人藏印　一册
（日本）長曾我部木人篆並輯
日本昭和十三年(1938)鈐印本
漠南

00643
木公藏印　一册
[佚名]篆並輯
鈐印本
松蔭軒

00644
木瓜室印稿　一册
〔清〕余楸篆並輯
清光緒十年(1884)鈐印本
瓦翁

00645

木瓜室印譜不分卷　二冊

〔清〕余楸篆並輯

清光緒十年(1884)鈐印本

松蔭軒

00646

木香精舍阿房宮賦印譜（阿房宮賦印譜）不分卷　三冊

陸宗暉篆並輯

民國十八年(1929)鈐印本

上海　中國美院　遼寧　哈爾濱　松蔭軒　國會山莊

00647

木堂印譜（木堂先生印譜）不分卷　二冊

（日本）橋本實朗篆　（日本）犬養毅輯

日本昭和九年(1934)東京木堂會鈐印本

上海　中國美院　松丸東魚　國會山莊　國圖　漠南　蘭溪博

00648

木堂先生印譜不分卷附木堂先生韻語　二冊

（日本）橋本實朗篆　（日本）犬養毅輯

日本昭和十年(1935)東京木堂會增補本

松丸東魚

00649

木堂先生印譜　一冊

（日本）中井敬所等篆　（日本）犬養毅輯

鈐印本

松丸東魚

00650

木堂先生賸馥不分卷　二冊

（日本）橋本實朗篆　（日本）木堂會輯

日本昭和九年(1934)東京木堂會鈐印本

協會

00651

木堂遺印不分卷　二冊

（日本）橋本實朗篆　（日本）木堂會輯

日本昭和八年(1933)東京木堂會鈐印本

長春　漠南

00652

木樨香館印存　一冊

〔清〕劉組篆並輯

鈐印本

廣東

00653

木盦印存　一冊

〔清〕孫文楷輯

清宣統三年(1911)鈐印本

松蔭軒

00654

木盦印存不分卷　二冊

〔清〕孫文楷輯

清宣統三年(1911)鈐印本

松蔭軒

00655

木蘇岐山翁印譜　一冊

（日本）木蘇岐山篆並輯

日本昭和間鈐印本

漠南

五

00656

五世藏六先生印存　一冊

（日本）濱村藏六五世篆　［佚名］輯

日本昭和間鈐印本

漠南

00657

五石齋印存不分卷　二冊

［佚名］篆並輯

鈐印本

松蔭軒

00658
五石齋印存　一册
　鄧之誠篆並輯
　鈐印本
　松蔭軒

00659
五百阿羅漢印篆集　一册
　敖自强篆並輯
　甲戌年(1994)鈐印本
　片雲齋

00660
五合曲印譜　一册
　〔明〕陸儀子篆〔明〕周士德輯
　明萬曆四十五年(1617)鈐印本
　安徽　天一閣

00661
五車樓古印存　一册
　(日本)中島玉振輯
　日本昭和七年(1932)鈐印本
　東京博

00662
五車樓古印存不分卷　二册
　(日本)中島玉振輯
　日本昭和七年(1932)鈐印本
　松蔭軒　松丸東魚　漠南

00663
五柳山房印存　一册
　(日本)植松鎮篆並輯
　日本大正間鈐印本
　漠南

00664
五香書室印譜　一册
　〔清〕柳小華篆並輯
　清光緒十二年(1886)鈐印本
　湖南

00665
五馬山樓印譜　一册
　〔清〕雪梅氏輯
　鈐印本
　上海

00666
五梅花館印賞　二册
　〔清〕程德椿篆〔清〕嚴熙豫輯
　清道光十九年(1839)鈐印本
　浙江　松蔭軒

00667
五雲閣印譜　一册
　[佚名]篆並輯
　鈐印本
　上博

00668
五絕終古齋　一册
　陳中生篆並輯
　庚戌年(1970)鈐印本
　松蔭軒

00669
五經印略　一册
　〔清〕管世昌篆並輯
　鈐印本
　松蔭軒

00670
五經印譜　一册
　[佚名]篆並輯
　鈐印本
　上博

00671
五種曲句印譜不分卷　二册
　〔清〕葉荔薌篆並輯
　清道光二十年(1840)鈐印本
　上海　吉林　西泠

00672

五種曲句印譜　一册

〔清〕葉荔薌篆並輯

清道光二十七年(1847)鈐印本

上博

00673

五銘堂印存(陶心如集印)　一册

〔清〕陶人如輯

鈐印本

鴻爪留痕館

00674

五鳳顈齋玉印　一册

〔清〕梁清篆並輯

清道光十七年(1837)鈐印本

浙江

00675

五鳳顈齋玉印　一册

〔清〕梁清篆並輯

鈐印本

上博　浙江

00676

五鶴堂印存　一册

〔清〕梁清篆並輯

鈐印本

上博

00677

五鶴堂印譜不分卷　二册

〔清〕梁閶齋篆並輯

鈐印本

上海

支

00678

支那日本名刻印譜不分卷　四册

（日本）澀谷鐵司輯

日本明治十五年(1882)影印本

松蔭軒

00679

支那畫家落款印譜　三册

（日本）齋藤謙輯

日本明治三十九年(1906)影印本(歷代書畫家用印)

人大　上海　中科院　中國美院　內蒙古　北大　北師大　西泠　清華　復旦　港大　臺圖　遼寧　松蔭軒　日本國會　東京博　東京藝大　東洋文庫　法蘭西學院　國會山莊　鹿兒島　漢南　静岡

00680

支峰先生遺印　一册

（日本）細川林齋　阿部井櫟堂等篆　（日本）賴潔輯

日本大正二年(1913)影印本

日本國會　協會

00681

支峰先生遺印譜　一册

（日本）賴復篆並輯

日本明治二十二年(1889)影印本

日本國會　西泠　岩瀬文庫　漢南

00682

支峰先生遺印譜後輯本　一册

（日本）細川林齋　阿部井櫟堂等篆　（日本）賴潔輯

日本明治三十八年(1905)影印本

協會

不

00683

不二山房印存　一册

[佚名]篆並輯

鈐印本

松蔭軒

00684

不二山房印譜　一册

（日本）石井雙石輯

日本昭和二十九年（1954）鈐印本

協會

00685

不二山房金石不分卷　十五冊

（日本）石井雙石輯

日本昭和四十八年（1973）鈐印本

東京博

00686

不昧公印譜　一冊

（日本）桑原羊次郎輯

日本大正六年（1917）鈐印本

日本國會

00687

不堪印藏　一冊

〔佚名〕篆並輯

鈐印本

私人藏

00688

不遠復齋古璽印輯存不分卷　二冊

李鳳龍輯

丁酉年（2017）鈐印本

知還印館　鹿鳴簃

00689

不遠復齋古璽印輯存不分卷　四冊

李鳳龍輯

丁酉年（2017）鈐印本

見性簃　知還印館　松蔭軒

00690

不匱室印譜　一冊

胡漢民輯

民國二十二年（1933）鈐印本（秦康祥藏本）

松蔭軒

00691

不匱室藏印不分卷　二冊

王北嶽輯

民國二十二年（1933）鈐印本

臺圖

太

00692

太上感應篇印章　一冊

王吉源輯

民國十二年（1923）鈐印本

臺圖　廣州

00693

太上感應篇印譜　一冊

〔清〕陳清才篆並輯

陳氏鈐印本

湖南

00694

太上感應篇印譜　一冊

〔清〕陳清才篆並輯

鈐印本

湖南

00695

太上感應篇印譜（感應篇印譜）不分卷　四冊

〔清〕程得壽篆並輯

清道光二十六年（1846）鈐印本

西泠　秦氏支祠（天一閣）　松蔭軒　東京大總　新潟大　漠南

00696

太上感應篇印譜　一冊

蘇澗寬篆並輯

民國十二年（1923）影印本

人大　上海　私人藏　天一閣　天津　中國美院　四川　台州學院　西泠　芝蘭齋　南大　南京　南通　浙江博　海寧　紹興　黑龍江　湖南　溫州　楚州　義烏　撫順　遼寧　鴻爪留痕館　鎮江　松蔭軒　關西大　漠南　國會山莊

00697

太上感應篇印譜　一冊

〔清〕嚴坤篆並輯
清道光十三年(1833)嚴坤鈐印本
秦氏支祠(天一閣)

00698

太上感應篇印譜　一册
葉鴻翰篆並輯
民國十年(1921)鈐印本
上海　中國美院　溫州

00699

太上感應篇印譜　四册
葉鴻翰篆並輯
民國十二年(1923)鉛印本
上海　哈爾濱　浙江　海寧　松蔭軒

00700

太古堂印譜不分卷　四册
(日本)弘盧峰篆並輯
日本嘉永五年(1852)鈐印本
漠南

00701

太平天國洪秀全玉璽　一册
〔佚名〕篆並輯
民國十年(1921)鈐印本
吉林市

00702

太初先生印存　一册
周季木輯
鈐印本
北大　私人藏　松蔭軒

00703

太倉勝跡印譜　一册
高式熊篆並輯
乙酉年(2005)鈐印本
協會

友

00704

友之印譜不分卷　三册
〔佚名〕篆並輯
鈐印本
西泠

00705

友石山房印存　二册
〔清〕崔藝園輯
清光緒八年(1882)鈐印本
國圖

00706

友石山房印存　四册
〔清〕崔藝園輯
清光緒八年(1882)鈐印本
國圖　建德

00707

友石山房印存　六册
〔清〕崔藝園輯
清光緒八年(1882)鈐印本
天津　安徽

00708

友石山房印存　十二册
〔清〕張燦　何沅篆〔清〕崔藝園輯
清光緒八年(1882)鈐印本
上海

00709

友石山房印存　八册
〔清〕張燦　何沅篆〔清〕崔藝園輯
清光緒十一年(1885)鈐印本
上博　中國美院　西南大　安徽　河南大　南京　桂林　浙江　松蔭軒　國會山莊

00710

友石山房印萃　一册

〔清〕王蔭南輯
清光緒三十年(1904)鈐印本
東北師大 哈爾濱

00711
友石山房印商　一冊
〔清〕檀掄瑩篆並輯
清道光二十七年(1847)鈐印本
福建

00712
友石山房印集　一冊
馬範輯
鈐印本
溫州

00713
友石印存　一冊
[佚名]篆並輯
鈐印本
蒲阪文庫

00714
友石印稿不分卷　二冊
[佚名]篆並輯
鈐印本
蒲阪文庫

00715
友石軒印稿不分卷　二冊
翁承舜篆並輯
民國十一年(1922)鈐印本
上博

00716
友石軒印譜不分卷　八冊
[佚名]篆並輯
清道光二十二年(1842)鈐印本
上海 青海

00717
友石軒印譜　一冊
〔清〕德齋篆並輯

清道光二十三年(1843)鈐印本
國圖

00718
友石軒印譜　一冊
〔清〕錢浦雲篆並輯
清乾隆二十七年(1762)鈐印本
國圖 臺圖

00719
友石軒印譜不分卷　四冊
〔清〕錢浦雲篆並輯
清乾隆二十七年(1762)鈐印本
上博 浙江 海安

00720
友石軒印譜不分卷　二冊
〔清〕錢宛山篆〔清〕錢浦雲輯
清乾隆二十七年(1762)鈐印本
西泠 東台 蘇州

00721
友竹書舍印存　八冊
〔清〕程銘篆並輯
清光緒三年(1877)鈐印本
國圖 陝西

00722
友松印存不分卷　二冊
〔清〕毓俊篆並輯
清光緒二十八年(1902)鈐印本
松蔭軒

00723
友華盦印存　一冊
[佚名]篆並輯
鈐印本
浙江

00724
友陶齋印存　一冊
[佚名]篆並輯
鈐印本

安徽

00725

友醼軒印存不分卷　二册

〔清〕王仁達篆並輯

清宣統二年(1910)鈐印本

松蔭軒

00726

友聲印存　一册

沈尾生篆並輯

鈐印本

吳江

牙

00727

牙章集錦　一册

王福盦　李尹桑等篆並輯

鈐印本

松蔭軒

瓦

00728

瓦存室所藏黃牧甫印選　一册

〔清〕黃士陵篆　黃大同輯

癸未年(2003)鈐印本

兩然齋

00729

瓦翁印存　一册

衛東晨篆　衛日土 土山羽輯

戊子年(2008)鈐印本

瓦翁

00730

瓦當文縮譜　一册

〔清〕劉維善篆並輯

清光緒二十五年(1899)鈐印本

浙江

00731

瓦當印譜　一册

林乾良等篆　林乾良輯

丙辰年(1976)鈐印本

私人藏　松蔭軒

00732

瓦當印譜不分卷　二册

林乾良等篆　林乾良輯

丙辰年(1976)鈐印本

松蔭軒

00733

瓦當印譜　一册

〔清〕童大年篆並輯

清光緒十九年(1893)鈐印本

西泠

00734

瓦當印譜　一册

〔清〕夏孫桶篆並輯

清光緒二十九年(1903)鈐印本

松蔭軒

00735

瓦齋印譜不分卷　三册

〔清〕葉慶垣篆並輯

清光緒二十六年(1900)鈐印本

松蔭軒

00736

瓦礫齋藏印　一册

〔明〕文彭〔明〕何震等篆　周公太輯

鈐印本

松蔭軒

止

00737

止戈室印萃　一册

張果約輯
民國二十四年(1935)鈐印本
北大

00738
止戈室藏璽　一册
張果約輯
民國二十四年(1935)鈐印本
北大

00739
止止室印譜不分卷　二册
江聲鑴篆並輯
鈐印本
浙江

00740
止舟齋印譜不分卷　二册
（日本）釋前田慧雲篆並輯
日本昭和十一年(1936)鈐印本
漢南

00741
止亭印存　一册
［佚名］篆並輯
鈐印本
吳江

00742
止軒印印　一册
〔清〕黄士陵篆〔清〕王繼香輯
清光緒十八年(1892)粘貼本
松蔭軒

00743
止原印略(二十四詩品印譜)　一册
〔清〕張復純篆並輯
清乾隆五十五年(1790)鈐印本
松蔭軒　南京

00744
止原印略(二十四詩品印譜)不分卷　二册
〔清〕張復純篆並輯
清乾隆五十五年(1790)鈐印本
蘭大

00745
止園印存　一册
謝熙篆　沈永泰輯
乙酉年(2005)鈐印本
兩然齋

00746
止園印存　一册
〔清〕趙鼎奎篆並輯
清光緒三十四年(1908)鈐印本
松蔭軒

00747
止園印集　一册
馮康侯　張祥凝　李鳳公等篆　謝熙藏　王翔輯
辛卯年(2011)鈐印本(謝氏用印)
免冑堂

少

00748
少石印譜　一册
［佚名］篆並輯
鈐印本
温州

00749
少竹先生遺印　一册
王氏述廬輯
鈐印本
浙江

00750
少耕草堂印草不分卷　二册
〔清〕王駿生篆並輯
清咸豐二年(1852)鈐印本
國圖

00751

少峰印略不分卷　二冊

　[佚名]篆並輯

　鈐印本

　臺大

00752

少棨治石印存不分卷　三冊

　趙少棨篆並輯

　鈐印本

　松蔭軒

00753

少棨治石印景　一冊

　趙少棨篆並輯

　鈐印本

　松蔭軒

00754

少盦集印　一冊

　[佚名]篆並輯

　鈐印本

　松蔭軒

00755

少盦集印不分卷　二冊

　[佚名]篆並輯

　鈐印本

　臺大

日

00756

日下部鳴鶴自用印譜不分卷　八冊

　（日本）日下部鳴鶴篆並輯

　鈐印本

　松蔭軒

00757

日下部鳴鶴先生印譜　一冊

　（日本）日下部鳴鶴篆並輯

　日本大正間鈐印本

　東京博　漠南

00758

日支名家印譜　一冊

　（日本）下中彌三郎輯

　日本昭和九年(1934)影印本

　港中大　芝蘭齋　日本國文館　日本國會　松丸東魚協會

00759

日升集　一冊

　（日本）大典紀念會輯

　日本昭和三年(1928)鈐印本

　漠南

00760

日本印叢　一冊

　（日本）日本新聞輯

　日本明治三十九年(1906)鈐印本

　漠南

00761

日本名人用印集不分卷　一冊

　（日本）竹添光鴻等藏　[佚名]輯

　鈐印本

　松蔭軒

00762

日本名家篆刻不分卷　二十冊

　（日本）近藤石顛篆並輯

　壬寅年(2022)鈐印本

　松蔭軒

00763

日本何井僊郎印譜　一冊

　（日本）何井僊郎篆並輯

　鈐印本

　浙江

00764

日本麥酒集　一冊

　（日本）松丸東魚輯

日本昭和二十九年(1954)鈐印本

九州大 大東文化 松丸東魚 愛媛大 漠南 關西大

00765

日本麥酒詩印　一册

（日本）松丸東魚輯

日本昭和三十年(1955)鈐印本

松丸東魚

00766

日本偉人印譜不分卷　二册

（日本）近藤石顛篆並輯

鈐印本

協會

00767

日光山草木印譜不分卷　二册

（日本）小森賴信篆並輯

日本明治七年(1874)鈐印本

日本國會

00768

日光宀印存不分卷　二册

侯福昌篆並輯

鈐印本

松蔭軒

00769

日年印存不分卷　四册

（日本）楠瀨日年篆並輯

日本大正七年(1918)鈐印本

日本國會

00770

日年印存不分卷　二册

（日本）楠瀨日年篆並輯

日本大正八年(1919)鈐印本

日本國會

00771

日明閣印譜　一册

（日本）小田尊順篆並輯

日本明治三十二年(1899)鈐印本

漠南

00772

日季印譜　一册

（日本）楠瀨日年篆並輯

日本大正七年(1918)鈐印本

漠南

00773

日省軒印拓　一册

曾默躬篆　傅毓剛輯

丙申年(2016)粘貼本

養闇室

中

00774

中川三實印譜　一册

（日本）中川三實篆並輯

日本寬政八年(1796)鈐印本

岩瀨文庫

00775

中井敬所印稿集　一册

（日本）中井敬所篆並輯

日本明治間鈐印本（全印稿本）

漠南

00776

中井敬所印譜集　一册

（日本）中井敬所篆並輯

日本明治四十三年(1910)鈐印本

漠南

00777

中央所收古璽拓存不分卷　十四册

［佚名］輯

鈐印本

上博

00778

中共中央直屬機關事務管理局建局五十週年印譜　一册
　[佚名]篆並輯
　鈐印本
　松蔭軒

00779

中州先生印譜　一册
　(日本)三島毅篆並輯
　日本昭和八年(1933)鈐印本
　遼寧

00780

中村不折印譜不分卷　二册
　(日本)中村不折輯
　鈐印本
　岩瀬文庫

00781

中英學印稿　一册
　余中英篆並輯
　民國二十二年(1933)鈐印本
　四川

00782

中洲先生印譜　一册
　(日本)三島中洲篆並輯
　日本昭和八年(1933)鈐印本
　港大　松蔭軒　二松學舍

00783

中洲先生遺印譜　一册
　(日本)三島中洲篆並輯
　日本昭和八年(1933)鈐印本
　漠南

00784

中華民國七年印集　一册
　[佚名]篆並輯
　鈐印本
　松蔭軒

00785

中華民族印譜　一册
　劉一聞篆　祝君波輯
　己丑年(2009)鈐印本
　松蔭軒

00786

中國古代科學家印譜　一册
　[佚名]篆並輯
　鈐印本
　松蔭軒

00787

中國古璽印新編　八册
　楊廣泰輯
　丙子年(1996)鈐拓本(秦朝至唐宋以降歷代古璽印)
　百樂齋　松蔭軒

00788

中國名人印譜不分卷　三册
　楚石輯
　甲申年(2004)影印本(歷代名人用印)
　華東師大　復旦　澳門大　松蔭軒

00789

中國名家製印錄不分卷　八册
　[佚名]篆並輯
　鈐印本
　松蔭軒

00790

中國名家製印錄不分卷　六册
　[佚名]篆並輯
　鈐印本
　松蔭軒

00791

中國近代名人小印選集不分卷　四册
　方介堪　王福盦等篆　日本篆社輯
　庚午年(1990)鈐印本
　百二扇面齋　松蔭軒

00792

中國美術印譜　一册

［佚名］篆並輯

清道光十五年(1835)鈐印本

重慶

00793

中國首都博物館印章選集不分卷　四册

首都博物館藏　薛婕輯

辛未年(1991)鈐印本(近百年名家刻印)

松蔭軒

00794

中國歷代印存　一册

［佚名］篆並輯

影印本

浙江

00795

中國歷代印章藝術展圖目　一册

楊廣泰輯

影印本

松蔭軒

00796

中國歷代官私印譜　一册

［佚名］篆並輯

鈐印本(三百九十二印)

湖南

00797

中國歷代璽印集萃(中國歷代璽印集粹)　十六册

戴山青並輯

丙子年(1996)影印本

中大　社科院考古所　河南　京都大

00798

中國璽印集粹　十六册

(日本)菅原廣一輯

丁丑年(1997)影印本

政大　松蔭軒

内

00799

内海絢堂印集　一册

(日本)内海徵篆並輯

日本昭和間鈐印本

松丸東魚

00800

内蒙古出土古印選　一册

［佚名］篆並輯

鈐印本

松蔭軒

00801

内蒙古出土古鉢輯存　一册

［佚名］篆並輯

鈐印本

松蔭軒

00802

内閣文庫藏書印譜　一册

(日本)國立公文書館輯

日本昭和四十四年(1969)影印本

臺圖　公文館　柏克萊

水

00803

水月齋印譜不分卷　二册

(日本)大谷光勝篆並輯

日本明治十一年(1878)鈐印本

漠南

00804

水月齋印譜不分卷　三册

(日本)大谷光勝篆並輯

日本明治十一年(1878)鈐印本

臺大　松蔭軒　九州大　松丸東魚　協會　岩瀨文

庫 漠南

00805

水石先生印譜不分卷　二册

（日本）壬生水石篆並輯

日本慶應四年(1868)鈐印本

漠南

00806

水石堂印譜　一册

（日本）壬生水石篆並輯

日本昭和間鈐印本

松丸東魚

00807

水石堂印譜不分卷　二册

（日本）壬生水石篆並輯

鈐印本

早稻田

00808

水石堂家藏印譜　一册

（日本）壬生水石篆並輯

日本慶應四年(1868)鈐印本

漠南

00809

水雲凹印譜　一册

［佚名］篆並輯

鈐印本

蘇州

00810

水晶印譜不分卷　二册

（日本）河西義弘篆並輯

日本明治四十四年(1911)鈐印本

上海

00811

水儡花館集印　一册

〔清〕黃士陵等篆並輯

清光緒十八年(1892)鈐印本

松蔭軒

00812

水儡書屋印艸不分卷　三册

（日本）古川鐵畊篆　古川元清輯

日本明治三十六年(1903)影印本

西泠　松蔭軒　協會　岩瀨文庫　都立大學　新潟大　漠南

00813

水滸一百八將諢號集印譜（紅葉山房印譜、景士印譜）　一册

張景士篆並輯

影印本

松蔭軒

00814

水滸三十六天罡印譜　一册

［佚名］篆並輯

鈐印本

松蔭軒

00815

水滸印草　一册

謝磊明篆並輯

鈐印本

松蔭軒

午

00816

午煙亭印譜

［佚名］篆並輯

鈐印本

港大

手

00817

手腦並用齋印稿　一册

［佚名］篆並輯

鈐印本

中嶽齋

00818

手澤猶存　一册

〔清〕潘希甫藏並輯

鈐印本（潘氏自用印）

松蔭軒

牛

00819

牛虎印集不分卷　二册

矯毅篆　蘇州工藝美術廠輯

鈐印本

協會

00820

牛廬印賸不分卷　二册

[佚名]篆並輯

鈐印本

松蔭軒

毛

00821

毛主席詞　一册

盧煒圻篆並輯

丙辰年（1976）鈐印本

松蔭軒

00822

毛主席詞四首印譜　一册

[佚名]篆並輯

鈐印本

松蔭軒

00823

毛主席詞滿江紅　一册

[佚名]篆並輯

鈐印本

松蔭軒

00824

毛主席詩一首　一册

[佚名]篆並輯

鈐印本

松蔭軒

00825

毛主席詩詞三十六首（韓登安毛主席詩詞刻石）　一册

韓登安篆並輯

癸卯年（1963）鈐印本

西泠　松蔭軒　鴻爪留痕館

00826

毛主席詩詞印譜　一册

單孝天　吳樸堂　方去疾等篆並輯

鈐印本

西泠　私人藏

00827

毛承基印譜附協五所譯西報時論稿一册　二册

〔清〕毛承基輯

鈐印本（稿本）

蘇州

00828

毛澤東詩詞十首篆刻印集（毛主席詩詞十首篆刻印集）　一册

鑄瘦鐵篆並輯

癸卯年（1963）鈐印本

君匋藝院

00829

毛澤東詩詞印譜　一册

[佚名]篆並輯

鈐印本

松蔭軒

四畫 65

壬

00830
壬生水石翁印譜　一册
（日本）壬生水石篆（日本）吉岡犀吉輯
日本昭和三年(1928)鈐印本
日本國會　漠南

00831
壬生水石家中印不分卷　七册
（日本）壬生水石篆（日本）川村直流輯
日本昭和二年(1927)鈐印本
漠南

仁

00832
仁山印稿　一册
鄭仁山輯
民國二十八年(1939)江郎山人鈐印本
紹興

00833
仁奉印艸　二册
〔清〕朱鍾瑞篆並輯
清道光十九年(1839)鈐印本
國圖　上海　安徽　長春　松蔭軒

00834
仁奉印艸　四册
〔清〕朱鍾瑞篆並輯
清道光十九年(1839)鈐印本
國圖

00835
仁圃印譜　一册
〔清〕趙國麟藏並輯
鈐印本
山東

00836
仁齋印譜　一册
瘦石山房輯
江郎山人鈐印本
湖南

00837
仁穌浣蘦齋過眼名印錄　一册
仁和浣蘦齋主人藏並輯
鈐印本（名印）
松蔭軒

片

00838
片山貫道印譜　一册
（日本）片山兼山篆
鈐印本
東京博

00839
片玉堂集古印章　八册
〔明〕陸鑨輯
明萬曆三十五年(1607)鈐印本
西泠

00840
片石共語齋印譜　一册
（日本）江聞俊篆
日本明治十七年(1884)鈐印本
上海

00841
片石共語齋印譜　一册
（日本）江聞俊篆並輯
日本明治十七年(1884)鈐印本
上海　漠南

00842
片石共語齋印譜不分卷　二册
（日本）江聞俊篆並輯

日本明治十七年(1884)鈐印本
漢南

00843
片石齋經眼古印　一册
孫宏偉
戊戌年(2018)鈐印本(孤本)
知還印館

00844
片羽拾零　一册
王采芹輯
甲辰年(1964)鈐印本(錄古璽印及自刻印)
松蔭軒

仇

00845
仇氏集存印譜　一册
[佚名]篆並輯
鈐印本
安徽

介

00846
介石山房印粹不分卷　二册
〔清〕陳奉勛篆並輯
清咸豐十一年(1861)鈐印本
松蔭軒

00847
介石山房印粹不分卷　四册
陳仲璋篆並輯
鈐印本
上博

00848
介石印譜　一册
(日本)高芙蓉等篆　(日本)野呂介石輯

日本昭和十一年(1936)鈐印本
協會　漢南

00849
介石齋印存　一册
[佚名]篆並輯
鈐印本
上博

00850
介如盦摹印存不分卷　四册
〔清〕張愷陶篆並輯
清光緒三十四年(1908)鈐印本
上博　私人藏　吉林　湖南　松蔭軒

00851
介如盦摹印存　一册
〔清〕張愷陶篆並輯
清光緒三十四年(1908)鈐印本
湖南

00852
介如盦摹印存不分卷　六册
〔清〕張愷陶篆並輯
清光緒三十四年(1908)鈐印本
北大

00853
介庵印譜　一册
〔清〕釋湛福篆　趙藩　陳榮昌等輯
民國四年(1915)影印本(雲南叢書本)
國圖　人大　上海　中科院　四川　吉大　吉林　河南大　南京　浙江　雲南　湖北　遼寧　蘇州　松蔭軒　東京大總　東洋文研　京文研

00854
介庵琢刻(介盦篆刻)不分卷　二册
方巖篆並輯
民國十六年(1927)鈐印本
松蔭軒

00855
介堪印存　一册

四畫 67

方巖篆並輯
民國三十五年(1946)鈐印本
松蔭軒 東京博

00856
介堪印存第二、三集不分卷　五冊
方巖篆並輯
民國十六年(1927)鈐印本
松蔭軒

00857
介堪印存第七集　一冊
方巖篆並輯
民國二十三年(1934)鈐印本
上海 溫州 私人藏

00858
介堪印存第八集(介堪手刻晶玉印)不分卷　二冊
方巖篆並輯
民國二十四年(1935)鈐印本
上海 哈爾濱 中國美院 港大 私人藏 松蔭軒
紅棉山房 鴻爪留痕館 國會山莊

00859
介堪印譜　一冊
方巖篆並輯
民國十六年(1927)鈐印本
浙江 松蔭軒 漠南

00860
介堪印譜不分卷　二冊
方巖篆並輯
鈐印本
松蔭軒

00861
介堪篆刻不分卷　二冊
方巖篆並輯
鈐印本
松蔭軒

00862
介荓印譜　一冊

〔佚名〕篆並輯
鈐印本
北大

00863
介盦印存　一冊
方巖篆並輯
民國十六年(1927)鈐印本
中國美院 松蔭軒

00864
介盦印存(壽石室印譜)　一冊
方巖篆並輯
鈐印本
紹興 溫州 國會山莊

00865
介盦印稿　一冊
〔清〕王虦篆並輯
鈐印本
復旦

欠

00866
欠盦印譜(欠盦印存)不分卷　二冊
李振鐸篆並輯
鈐印本
松蔭軒

今

00867
今夕盦古印藏真(古印藏真)　一冊
〔清〕居巢藏並輯
清同治十一年(1872)鈐印本
廣州 廣州美院 松蔭軒

00868
今夕盦古印藏真(古印藏真)　一冊

〔清〕居巢藏 〔清〕楊永衍輯
清光緒五年(1879)鈐印本
蒲阪文庫

00869
今夕盦古印藏真(古印藏真)不分卷　八册
〔清〕居巢藏 〔清〕楊其光輯
清光緒五年(1879)鈐印本
國圖

00870
今古印品　一册
翠石印社輯
民國十三年(1924)鈐印本
臺圖

00871
今古咸宜室印存　一册
〔清〕張秋澄 朱苐君篆並輯
清光緒十五年(1889)鈐印本
松蔭軒

00872
今古咸宜室印存不分卷　四册
〔清〕張秋澄 朱苐君篆並輯
清光緒十五年(1889)鈐印本
松蔭軒

00873
今古樓印譜　一册
[佚名]篆並輯
鈐印本
君匋藝院

00874
今印摭餘　一册
周達輯
鈐印本
南京

00875
今尾景年印譜不分卷　三册
（日本）今尾景年輯

日本大正十三年(1924)鈐印本
漢南

00876
今覺盦印藏不分卷　四册
周達輯
鈐印本
天津

分

00877
分史翁薦事圖録不分卷　四册
（日本）加島信誠輯
日本明治十六年(1883)鈐印本
松蔭軒　日本國會

00878
分春館用印存不分卷　二册
張大經 張祥凝 雷夏聲等篆 李文釣輯
己亥年(2019)鈐印本
免胄堂

00879
分陰館集百壽印譜不分卷　二册
〔清〕金兆增篆並輯
清道光七年(1827)鈐印本
華東師大　廣州

公

00880
公私古印譜　一册
（日本）藤原貞幹篆並輯
日本明治二十年(1887)鈐印本
日本國會　松丸東魚　岩瀨文庫

00881
公濤印留　一册
劉公濤篆並輯

鈐印本
國會山莊

月

00882
月支名家印譜　一册
（日本）賴山陽等篆（日本）下中彌三郎輯
日本昭和九年(1934)東京平凡社影印本
上海

00883
月可庵印存　一册
沈小泉篆並輯
民國二年(1913)鈐印本
諸暨

00884
月令七十二候印譜　一册
〔清〕何瑛篆並輯
清同治三年(1864)鈐印本
南京　西泠　松蔭軒

00885
月令七十二候印譜不分卷　二册
〔清〕何瑛篆並輯
清同治三年(1864)鈐印本
上博　松蔭軒

00886
月秋印存　一册
高明篆並輯
民國間鈐印本
松蔭軒

00887
月潭勝景印志　一册
〔清〕朱霞篆並輯
清咸豐八年(1858)鈐印本
浙江

00888
月廬印集不分卷　四册
〔佚名〕篆並輯
鈐印本
松蔭軒

勿

00889
勿營華屋　一册
〔清〕李茂　郭文濤等篆
鈐印本
松蔭軒

丹

00890
丹山四條派落款印譜　一册
（日本）齋藤謙輯
日本大正四年(1915)鈐印本
日本國會　岩瀨文庫

00891
丹山印譜　一册
（日本）册山應舉篆並輯
鈐印本
岩瀨文庫

00892
丹桂籍印鑑陰隲文增訓　一册
〔清〕朱霞篆並輯
清道光二十六年(1846)鈐印本
重慶

00893
丹麓吉金室集印　一册
于源輯
鈐印本
上博

六

00894

六石庵古印存不分卷　二册

（日本）折田六石輯

日本昭和七年（1932）鈐印本

漠南

00895

六石庵印存不分卷　二册

（日本）武川盛次輯

日本昭和五年（1930）鈐印本

日本國會　協會

00896

六石庵印賞不分卷　三册

（日本）武川盛次輯

鈐印本

協會

00897

六石庵印賞日中名家不分卷　三册

（日本）武川盛次輯

鈐印本

協會

00898

六石盦古印存二集　一册

（日本）武川盛次篆並輯

日本昭和八年（1933）鈐印本

松蔭軒　京文研　韓國國會

00899

六石盦古印存初集　一册

（日本）武川盛次篆並輯

日本昭和八年（1933）鈐印本

松蔭軒　京文研

00900

六石盦古銅印存不分卷　七册

（日本）武川盛次輯

日本昭和十六年（1941）鈐印本

松蔭軒

00901

六石盦印存不分卷　二册

〔佚名〕篆並輯

鈐印本

松蔭軒

00902

六石盦印賞不分卷　三册

（日本）武川盛次篆並輯

日本昭和十五年（1940）鈐印本

松蔭軒　漠南

00903

六印山房印記附西亭十二客印紀　一册

〔清〕高鳳翰輯

清康熙五十三年（1714）鈐印本

西泠

00904

六吉盦印存　一册

王文琦篆並輯

民國十三年（1924）鈐印本

松蔭軒

00905

六吉盦印存不分卷　四册

王文琦篆並輯

鈐印本

國圖　松蔭軒

00906

六吉盦印存　一册

（日本）折田六石篆並輯

日本昭和五年（1930）鈐印本

漠南

00907

六如居士雙印　一册

〔佚名〕篆並輯

鋅版印本

松蔭軒

00908
六華金石　一册
（日本）宮崎無聲篆並輯
日本大正九年(1920)鈐印本
漠南

00909
六息齋印艸　一册
〔清〕汪一熒篆並輯
清嘉慶十一年(1806)鈐印本
紹興　寧波

00910
六息齋印艸(六息齋印譜)不分卷　四册
〔清〕汪一熒篆並輯
清嘉慶十一年(1806)鈐印本
西泠　蒲阪文庫

00911
六家印存不分卷　一册
〔清〕王迪摹並輯
清咸豐十一年(1861)鈎摹本
長恩閣

00912
六家印萃不分卷　四册
〔清〕胡均庵摹並輯
清光緒二十二年(1896)鈎摹本
鎮江

00913
六達莊印集不分卷　三册
〔清〕汪展輯
鈐印本
寧夏

00914
六順堂印賞　二册
〔明〕吳山篆並輯
鈐印本
南京

文

00915
文三橋印譜不分卷　二册
〔明〕文彭篆並輯
鈐印本
國圖　蘇州

00916
文三橋先生印譜　一册
〔明〕文彭篆〔清〕李東侯輯
李東侯鈐印本
松蔭軒

00917
文三橋先生印譜　一册
〔明〕文彭篆〔清〕嚴國華輯
清乾隆四十四年(1779)鈐印本
上海　浙江　中國美院　西泠　華東師大　松蔭軒

00918
文三橋刻巨印　一葉
〔明〕文彭篆並輯
鈐印本
浙江

00919
文氏印存　一册
〔明〕文彭篆並輯
鈐印本
松蔭軒

00920
文古齋印譜　一册
[佚名]篆並輯
鈐印本
浙江博

00921
文石齋印譜　一册
〔清〕董惠瀾篆並輯

鈐印本
松蔭軒

00922
文石齋錄印不分卷　二册
黃耀忠輯
癸酉年(1993)鈐印本
紅棉山房

00923
文印樓印存不分卷　三册
〔清〕黃士陵篆〔清〕蘇展驥輯
鈐印本
廣東

00924
文印樓印存不分卷　四册
〔清〕黃士陵篆〔清〕蘇展驥輯
鈐印本
廣東

00925
文印樓印存　一册
〔清〕蘇展驥輯
鈐印本
廣東

00926
文印樓印存不分卷　二册
〔清〕蘇展驥輯
鈐印本
廣東

00927
文江閣印存　一册
文江閣輯
鈐印本
蘇州

00928
文字禪室印存　一册
（日本）北方蒙輯
日本昭和三十九年(1964)鈐印本

松丸東魚

00929
文安王氏藏印　一册
〔佚名〕篆並輯
鈐印本
東洋文庫

00930
文何片羽集　一册
〔明〕文彭 何震篆並輯
鈐印本
長恩閣

00931
文何印譜合璧不分卷　二册
〔明〕文彭 何震篆〔清〕顧沅輯
鈐印本
西南大

00932
文昌君陰騭文印譜　一册
〔佚名〕篆並輯
鈐印本
安徽

00933
文昌帝君陰隲文印章　一册
〔清〕江秋嶹篆並輯
清乾隆四十年(1775)鈐印本
松蔭軒

00934
文昌帝君陰騭文　一册
〔清〕俞元龍篆並輯
清乾隆三年(1738)鈐印本
浙江

00935
文昌帝君陰騭文印譜　一册
〔清〕陳清才篆並輯
清乾隆三十四年(1769)陳氏鈐印本
北大

00936

文昌帝君陰騭文印譜附寶訓紀驗　一册

〔清〕王效通篆並輯

鈐印本

北大

00937

文昌帝君陰騭文圖卷印譜　一册

〔清〕葉永潮篆並輯

鈐印本

上海

00938

文昌陰騭文印譜　一册

〔清〕段永源篆並輯

清咸豐十年(1860)鈐印本

浙江　雲南

00939

文昌陰騭文印譜不分卷　二册

〔清〕段永源篆並輯

清咸豐十年(1860)鈐印本

中嶽齋

00940

文昌陰騭文印譜雲士山房本　一册

〔清〕雲士山房輯

鈐印本

安徽

00941

文信國正氣歌印譜(適安草堂藏印)　一册

高景山篆並輯

民國三十年(1941)鈐印本

上海　松蔭軒　南京

00942

文亭二集印字　一册

〔佚名〕篆並輯

鈐印本

上海

00943

文亭印草二集　二册

〔清〕畢以繡篆並輯

清嘉慶二十年(1815)鈐印本

浙江　漠南

00944

文秘閣印稿　二册

〔清〕楊心源篆並輯

清道光三年(1823)鈐印本

浙江　哈爾濱　松蔭軒

00945

文彭印拓　一册

〔明〕文彭篆並輯

鈐印本

上博

00946

文彭印譜　一册

〔明〕文彭篆並輯

鈐印本

松蔭軒

00947

文雄堂印譜　二册

〔清〕吉廷佐篆並輯

明萬曆三十四年(1606)鈐印本

西泠　海寧　國會山莊

00948

文雅堂宋元古印輯　四册

楊廣泰輯

甲戌年(1994)鈐印本(宋元時期古璽印)

百二扇面齋　松蔭軒　協會

00949

文雅堂集秦印　一册

楊廣泰輯

丙申年(2016)鈐印本

見性簃　知還印館

00950
文沚自用印集　一册
〔清〕文沚篆並輯
鈐印本
松蔭軒

00951
文寬鋘書小集　一册
黄文寬篆並輯
辛卯年(1951)鈐印本
協會

00952
文管會自錄印譜　一册
〔佚名〕篆並輯
鈐印本
上博

00953
文選樓藏印不分卷　四册
〔清〕阮元輯
鈐印本
吉林

00954
文選樓藏印不分卷　六册
〔清〕阮元輯
鈐印本
上海　吉林　松蔭軒

00955
文緣館印存　一册
馮康侯　李鳳公　張祥凝等篆　謝熙藏　王翔輯
丁酉年(2017)鈐印本(謝氏用印)
免冑堂　松蔭軒

00956
文齋印譜　一册
〔清〕吉廷佐篆並輯
明萬曆三十四年(1606)鈐印本
温嶺

00957
文瀾閣藏印　一册
吳昌碩　黄賓虹藏　浙江博物館輯
丁巳年(1997)鈐印本(吳氏、黄氏自用印)
片雲齋

方

00958
方寸鐵齋印稿　一册
〔清〕高顯篆並輯
清光緒三十四年(1908)鈐印本
天津　松蔭軒

00959
方寸鐵齋印譜　二册
〔清〕高顯篆並輯
清光緒三十四年(1908)鈐印本
私人藏

00960
方元長印譜　二册
〔明〕方逢吉篆〔明〕朱統輯
明萬曆四十八年(1620)鈐印本
國圖　湖北

00961
方介堪印存　一册
方介堪篆並輯
民國二十三年(1934)鈐印本
私人藏

00962
方介堪印存不分卷　八册
方介堪篆並輯
戊戌年(2018)鈐印本
秋水齋

00963
方介堪印譜　一册
方介堪篆並輯

00964

方介堪印譜不分卷　三册
　　方介堪篆並輯
　　鈐印本
　　私人藏

00965

方介堪篆刻精華不分卷　二册
　　方介堪篆　方廣强輯
　　癸酉年(1993)鈐印本
　　協會

00966

方介堪篆刻選不分卷　二册
　　方介堪篆　平湖璽印篆刻博物館輯
　　辛丑年(2021)鈐印本
　　松蔭軒

00967

方介盦篆刻不分卷　二册
　　方介堪篆並輯
　　民國二十六年(1937)鈐印本
　　國圖　南京

00968

方氏集古印譜不分卷　四册
　　〔清〕方清霖輯
　　鈐印本
　　吉大

00969

方正印集　一册
　　方正篆並輯
　　鈐印本
　　松蔭軒

00970

方去疾印存　一册
　　方介堪篆並輯
　　鈐印本
　　温州

　　鈐印本
　　協會

00971

方去疾印存不分卷　二册
　　方介堪篆　四角草堂輯
　　鈐印本
　　港大

00972

方竹居印草　一册
　　〔清〕怡雲篆並輯
　　鈐印本
　　上海

00973

方谷遺印　一册
　　（日本）山田方谷篆
　　日本大正間鈐印本
　　漢南

00974

方家長物　一册
　　［佚名］篆並輯
　　鈐印本
　　松蔭軒

00975

方鎬印存（方根石印譜）　一册
　　（日本）山内敬齋篆並輯
　　日本大正間描摹本
　　松蔭軒　漢南

斗

00976

斗餘集　一册
　　徐海篆　吴宏亮輯
　　丁酉年(2017)鈐印本
　　闓風齋

心

00977
心香室印存 一册
　盛光偉篆並輯
　鈐印本
　湖南

00978
心泉印稿 一册
　高心泉篆並輯
　鈐印本
　松蔭軒

00979
心庵印集不分卷 四册
　〔清〕徐瑞徵篆並輯
　民國二十四年(1935)鈐印本
　上海　中國美院　松蔭軒　國會山莊

00980
心經印譜(般若波羅密多心經印譜) 二册
　〔清〕程德壽篆並輯
　清道光二十八年(1848)鈐印本
　西泠

00981
心經印譜 一册
　(日本)稻葉冰華篆並輯
　日本昭和十年(1935)鈐印本
　漢南

00982
心經印譜(般若波羅密多心經印譜) 一册
　金南治篆並輯
　鈐印本
　上海　松蔭軒　浙江

00983
心經印譜(般若波羅密多心經印譜)不分卷 二册
　金南治篆並輯

　鈐印本
　芷蘭齋　松蔭軒

00984
心經印譜 一册
　沈漢卿篆並輯
　戊子年(2008)鈐印本
　片雲齋

00985
心齋印存不分卷 四册
　〔清〕王祖光篆並輯
　鈐印本
　國圖

00986
心齋印譜 一册
　〔清〕王光祖篆並輯
　清光緒九年(1883)鈐印本
　浙江　湖南

尹

00987
尹氏印稿 一册
　〔清〕尹彭壽篆並輯
　鈐印本
　右文齋

00988
尹右印譜 一册
　〔清〕尹右篆　黃文寬輯
　鈐印本
　中大　協會

00989
尹困印譜 一册
　(朝鮮)尹困篆並輯
　清光緒二十二年(1896)香港鈐印本
　蒲阪文庫

尺

00990
尺水樓印存不分卷　二册
[佚名]篆並輯
鈐印本
廣東

孔

00991
孔才印存不分卷　二册
賀孔才篆並輯
鈐印本
鴻爪留痕館

00992
孔才印集　一册
賀孔才篆並輯
民國十六年(1927)鈐印本
内蒙古

00993
孔才印集不分卷　四册
賀孔才篆並輯
民國十六年(1927)鈐印本
國圖

00994
孔才印集不分卷　六册
賀孔才篆並輯
民國十六年(1927)鈐印本
首都

00995
孔才印集不分卷　二册
賀孔才篆並輯
民國二十六年(1937)鈐印本
上海　國圖

00996
孔才印集　一册
賀孔才篆並輯
民國三十八年(1949)鈐印本
國圖

00997
孔才印集不分卷　二册
賀孔才篆並輯
民國三十八年(1949)鈐印本
國圖

00998
孔才印稿不分卷　二册
賀孔才篆並輯
民國十六年(1927)鈐印本
國圖

00999
孔才印稿不分卷　二册
賀孔才篆並輯
民國三十八年(1949)鈐印本
國圖　鴻爪留痕館

01000
孔才刻石　一册
賀孔才篆並輯
民國十二年(1923)鈐印本
鑒堂　鴻爪留痕館

01001
孔才刻石　一册
賀孔才篆並輯
民國二十五年(1936)鈐印本
鴻爪留痕館

01002
孔才刻石二集不分卷　十四册
賀孔才篆並輯
民國十三年(1924)鈐印本
國圖

01003
孔才刻石三集不分卷　四册
　賀孔才篆並輯
　民國十五年(1926)鈐印本
　國圖

01004
孔才刻石首集不分卷　四册
　賀孔才篆並輯
　民國十二年(1923)鈐印本
　國圖

01005
孔才刻印丙子春集不分卷　二册
　賀孔才篆並輯
　民國三十五年(1946)鈐印本
　鴻爪留痕館

01006
孔子世家贊印章　一册
　[佚名]篆並輯
　鈐印本
　松蔭軒

01007
孔文叔先生印存　一册
　孔昭來篆並輯
　鈐印本
　松蔭軒

01008
孔昭來印集　一册
　孔昭來篆並輯
　鈐印本
　松蔭軒

01009
孔昭來印譜不分卷　二册
　孔昭來篆並輯
　鈐印本
　松蔭軒

01010
孔書艇先生七十二候印　一册
　〔清〕孔傳勛篆並輯
　清嘉慶二十一年(1816)鈐印本
　浙江

巴

01011
巴江策古齋藏印譜不分卷　二册
　〔清〕廖綸藏並輯
　鈐印本(自藏古印)
　松蔭軒

01012
巴社印選　一册
　巴社八社員篆　高明輯
　民國三十二年(1943)鈐印本
　松蔭軒

01013
巴陵私印譜　一册
　(日本)中三實篆並輯
　日本寬政四年(1792)影印本
　西泠　松蔭軒

01014
巴蓮舫先生摹印譜　一册
　〔清〕巴慰祖篆並輯
　清同治十二年(1873)鈐印本
　西泠

01015
巴慰祖印譜　一册
　〔清〕巴慰祖篆並輯
　鈐印本
　安徽

01016
巴慰祖依顧譜殿撰本摹印　二册
　〔清〕巴慰祖篆並輯

清乾隆三十九年(1774)鈐印本
鴻爪留痕館

凹

01017
凹亭山人印稿　一册
蔣同璋篆並輯
鈐印本
松陰軒

以

01018
以觀先生篆刻作品集　一册
〔佚名〕篆並輯
鈐印本
松陰軒

幻

01019
幻園金石攷秦漢私印　一册
〔清〕徐文淵輯
鈐印本
浙江

五　畫

玉

01020
玉印譜　一册
〔佚名〕篆並輯
全形拓本(册葉裝,趙叔孺舊藏)
紅棉山房

01021
玉芝齋集印不分卷　四册

〔清〕俞源順輯
清光緒三十二年(1906)鈐印本
南京　私人藏

01022
玉芝齋集印初編不分卷　二册
〔清〕俞源順輯
清光緒三十二年(1906)鈐印本
南京

01023
玉邨詩賸稿　一册
(日本)柚木梶雄篆並輯
日本昭和十六年(1941)鈐印本
松丸東魚

01024
玉芬館印存　一册
〔清〕劉淑媛篆並輯
清咸豐三年(1853)鈐印本
國圖　西泠

01025
玉芬館印存不分卷　二册
〔清〕劉淑媛篆並輯
清咸豐三年(1853)鈐印本
浙江

01026
玉刻辭室古官印拾不分卷　二册
馮汝玠輯
鈐印本
浙江

01027
玉刻辭室藏印　一册
馮汝玠輯
民國五年(1916)鈐印本
國圖

01028
玉函齋印譜不分卷　二册
(日本)松本大辰篆並輯

日本天保三年(1832)鈐印本
漢南

01029
玉連環室印存　一册
〔清〕崇川徐氏金石齋篆並輯
清光緒九年(1883)鈐印本
浙江　哈爾濱　松蔭軒

01030
玉連環室印存不分卷　三册
〔清〕崇川徐氏金石齋篆並輯
清光緒九年(1883)鈐印本
浙江

01031
玉連環室印存不分卷　四册
〔清〕崇川徐氏金石齋篆並輯
清光緒九年(1883)鈐印本
浙江　西泠　哈爾濱

01032
玉笏庵印譜　一册
〔佚名〕篆並輯
鈐印本
紹興

01033
玉球生印存不分卷　二册
馬光楣篆並輯
民國十一年(1922)鈐印本
上海

01034
玉球生印存不分卷　四册
馬光楣篆並輯
民國十一年(1922)鈐印本
上海

01035
玉球生印存不分卷　六册
馬光楣篆並輯
民國十一年(1922)鈐印本
上海　哈爾濱　蘇州　松蔭軒

01036
玉章印譜不分卷　二册
(日本)川端玉章藏並輯
日本大正二年(1913)鈐印本
松蔭軒　岩瀨文庫

01037
玉章翁印譜　一册
(日本)川端玉章藏並輯
日本明治四十四年(1911)鈐印本
漠南

01038
玉章翁印譜不分卷　二册
(日本)川端玉章藏並輯
日本明治四十四年(1911)鈐印本
漠南

01039
玉清齋集古印不分卷　三册
潘軾輯
鈐印本(自藏古璽印)
松蔭軒

01040
玉壺名印稿　一册
〔佚名〕篆並輯
鈐印本
浙江

01041
玉潮山房印存不分卷　二册
黃寶瑜篆並輯
癸丑年(1973)影印本
臺圖　松蔭軒

01042
玉燕巢印萃不分卷　二册
〔清〕張澹篆並輯
清道光七年(1827)鈐印本
浙江　南大

01043

玉樹盦印存　一册

　王德樹篆並輯

　鈐印本

　浙江

01044

玉檢齋藏印　一册

　〔佚名〕篆並輯

　鈐印本

　松蔭軒

01045

玉蟬室印譜　一册

　〔清〕陳望雲輯

　清光緒三十二年(1906)鈐印本

　松蔭軒

01046

玉蟬庵古今印賸不分卷　二册

　〔清〕陳望雲輯

　清光緒三十二年(1906)鈐印本

　浙江

01047

玉璽山房印存　一册

　〔佚名〕篆並輯

　鈐印本

　松蔭軒

01048

玉鏡館藏印　一册

　〔佚名〕篆並輯

　鈐印本

　天一閣　別宥齋(天一閣)　協會

01049

玉蘭僊館印譜　一册

　〔佚名〕篆並輯

　鈐印本

　松蔭軒

01050

玉蘭僊館印譜　二册

　董熊篆　周慶雲輯

　民國三年(1914)影印本

　國圖　溫州　中國美院　哈爾濱　海寧　臺大　臺圖

　私人藏　松蔭軒

未

01051

未虛室印存不分卷　七册

　錢松篆〔清〕高邕輯

　鈐印本

　私人藏

01052

未虛室印賞不分卷　四册

　錢松篆〔清〕高邕輯

　清光緒二年(1876)鈐印本

　國圖　大連　上海　上博　私人藏　中大　兩然齋

　南京　哈爾濱　重慶　首都　浙江博　蘇州　松蔭軒

　漠南　國會山莊

01053

未虛室印賞不分卷　四册

　錢松篆〔清〕高邕輯

　清光緒七年(1881)鈐印本(重輯本)

　上博

正

01054

正一山房印譜不分卷　三册

　〔清〕鄭定國篆並輯

　清同治四年(1865)鈐印本

　哈佛燕京

01055

正平治印集存　一册

　(日本)山田正平篆(日本)金山鑄齋輯　林章

松重輯
　　壬寅年(2022)粘貼本
　　松蔭軒

01056
正平陶瓷印譜　一册
　（日本）山田正平篆並輯
　日本昭和十一年(1936)鈐印本
　　松蔭軒　松丸東魚

01057
正平鐵筆不分卷　五册
　（日本）山田正平篆並輯
　日本鈐印本
　　松蔭軒

01058
正信偈印譜不分卷　二册
　（日本）永華稻葉了證並輯
　日本大正十二年(1923)鈐印本
　　日本國會　協會

01059
正根鐫　一册
　（日本）［佚名］篆並輯
　日本明治間鈐印本
　　漠南

01060
正氣印譜　一册
　（日本）滑川達並輯
　日本大正五年(1916)鈐印本
　　協會　漠南

01061
正氣歌印譜　一册
　（日本）山田正平篆並輯
　日本大正五年(1916)鈐印本
　　松丸東魚　漠南

01062
正氣歌印譜(歷變樓印存)　一册
　沈大荒篆並輯

　民國三十四年(1945)鈐印本
　　芷蘭齋　松蔭軒

01063
正氣歌印譜　一册
　沈大荒篆並輯
　民國三十四年(1945)鈐印本(自存本)
　　松蔭軒

01064
正氣歌印譜　一册
　王王孫篆並輯
　民國三十六年(1947)王氏影印本
　　吉林　哈爾濱　松蔭軒

01065
正氣歌拓印　一册
　王王孫篆並輯
　民國二十七年(1938)鈐印本
　　雲南

01066
正脩堂集印　一册
　［佚名］篆並輯
　鈐印本
　　浙江

01067
正學廬印集不分卷　三册
　［佚名］篆並輯
　鈐印本
　　協會

01068
正鑑印譜不分卷　二册
　［佚名］篆並輯
　鈐印本
　　松蔭軒

去

01069

去病摹印 一册

陳去病篆並輯

民國三十七年(1948)鈐印本

浙江博

01070

去疾印稿 一册

方去疾篆並輯

民國三十七年(1948)鈐印本

上海 溫州 中國美院 私人藏 國會山莊

01071

去疾治印 二册

方去疾篆 朵雲軒輯

癸未年(2003)鈐印本(自刻印)

松蔭軒

甘

01072

甘氏印正 一册

(日本)中和道齋篆並輯

日本文政三年(1820)鈐印本

漠南

01073

甘氏印集(甘氏集古印正、甘氏印正)不分卷 四册

〔明〕甘暘篆並輯

明萬曆二十四年(1596)鈐印本

國圖 上博 中大 中遺院 公文館 北大 西泠 南京 浙江 劉禹 鎮江 蘇州 臺圖 東京博 京文研

01074

甘氏印集(甘氏集古印正、甘氏印正)不分卷 四册

〔明〕甘暘篆 掃葉山房輯

民國十一年(1922)上海掃葉山房影印本

上海 吳江 哈爾濱 紹興 湖南 渤海大 義烏 鄭大 遼寧 黎州 港大 松蔭軒 關西大

01075

甘氏印集 一册

〔明〕甘寅東篆 十竹齋輯

己巳年(1989)鈐印本

瓦翁

01076

甘氏印集不分卷 二册

〔明〕甘寅東篆並輯

鈐印本

松蔭軒

01077

甘氏集古印正 五册

(日本)〔佚名〕篆並輯

日本昭和間描摹本

漠南

01078

甘氏集古印譜殘卷 一册

〔明〕甘暘篆並輯

明萬曆二十四年(1596)鈐印本

安徽 瓦翁

01079

甘氏集古印譜(甘氏集古印正、甘氏印正附印正附說)不分卷 三册

〔明〕甘暘篆並輯

明萬曆二十四年(1596)鈐印本

國圖 鄭大 蘇州 天津博 私人藏 東京央圖 都立大學

01080

甘氏集古印譜(甘氏集古印正、甘氏印正)不分卷 五册

〔明〕甘暘篆並輯

明萬曆二十四年(1596)鈐印本

國圖　人大　上海　上博　天津博　北大　西泠　齊齊哈爾　蘇州　東京博　京文研　漠南　關西大　柏克萊

01081

甘氏集古印譜（甘氏集古印正、甘氏印正）不分卷　五冊

〔明〕甘暘篆並輯

明萬曆二十四年(1596)朱墨揚印本

東京博

01082

甘氏集古印譜（甘氏集古印正、甘氏印正）不分卷　六冊

〔明〕甘暘篆並輯

明萬曆二十四年(1596)鈐印本

國圖　上海　上博　天津　北大　西泠　南京　鎮江　陝師大　浙江　鴻爪留痕館　芷蘭齋　東京博

01083

甘肅官廳印譜　一冊

甘肅省府輯

鈐印本

漠南

01084

甘肅博物館藏印　一冊

甘肅博物館藏並輯

鈐印本

協會

01085

甘肅博物館藏印印譜　一冊

甘肅博物館藏並輯

鈐印本

協會

01086

甘肅博物館藏印譜　一冊

甘肅博物館藏並輯

鈐印本

協會

01087

甘窮齋藏印二集不分卷　五冊

鄧爾雅等篆　林章松輯

辛丑年(2021)鈐印本

復旦　港科大　甘窮齋　秋水齋　松蔭軒

世

01088

世德堂藏秦漢印集（世德堂藏秦漢印譜、秦漢印集）　五冊

〔清〕吳好禮輯

清乾隆七年(1742)鈐印本

上博　太田孝太郎　東京博　漠南

古

01089

古今公私印記　一冊

（日本）高芙蓉篆（日本）甲斐某書舖輯

日本寶曆十年(1760)鈐印本

西泠　港大　松蔭軒　松丸東魚　漠南

01090

古今印史　四冊

［佚名］篆並輯

日本元祿十年(1697)鈐印本

東京博　早稻田

01091

古今印史　四冊

［佚名］篆並輯

鈐印本

東京藝大

01092

古今印存不分卷　四冊

［佚名］篆並輯

鈐印本
　遼寧　東北師大

01093
古今印例不分卷　六册
　〔日本〕曾根寸齋篆並輯
　日本天保十二年(1841)鈐印本
　　日本國會　早稻田　漢南

01094
古今印則　一册
　〔明〕程遠篆並輯
　明萬曆三十年(1602)鈐印本
　　上海　上博　天一閣　天津　中國美院　安徽　南大
　　浙江　廣西　鐵硯齋

01095
古今印則　二册
　〔明〕程遠篆並輯
　明萬曆三十九年(1611)鈐印本
　　天一閣　中遺院　重慶　重慶博　吉大　南大　松蔭
　　軒　哈佛燕京

01096
古今印則　三册
　〔明〕程遠篆並輯
　明萬曆三十九年(1611)鈐印本
　　漢南

01097
古今印則　四册
　〔明〕程遠篆並輯
　明萬曆三十九年(1611)鈐印本
　　國圖　上博　安徽　重慶　浙江　港大　漢南　耶魯
　　柏克萊　哈佛燕京

01098
古今印則附印旨　五册
　〔明〕程遠篆並輯
　明萬曆三十九年(1611)鈐印本
　　國圖　上海　上博　山東　中國美院　北京文物局
　　吉大　西泠　安徽　安徽博　東北師大　東京博　南
　　大　南京　重慶　重慶博　浙江　無錫　湖北　廣西
　　柏克萊　漢南

01099
古今印品　一册
　翠石印社輯
　民國二十四年(1935)鈐印本
　　臺圖

01100
古今印萃不分卷　二十六册
　〔清〕胡玉瀛輯
　清光緒二十三年(1897)鈐印本
　　國圖

01101
古今印萃　四册
　〔清〕殳洪輯
　清乾隆四十一年(1776)鈐印本
　　哈佛燕京　漢南

01102
古今印集　一册
　〔佚名〕輯
　癸巳年(1953)鈐印本
　　松蔭軒

01103
古今印集　二册
　榮寶齋輯
　鈐印本
　　港大

01104
古今印統　四册
　〔佚名〕篆並輯
　鈐印本
　　上博

01105
古今印彙　一册
　〔清〕楊瀚輯
　鈐印本

歷史博物館

01106
古今印粹　一册
（日本）高芙蓉　中井敬所篆（日本）埽石居輯
日本大正八年(1919)鈐印本
協會

01107
古今印粹　一册
（日本）高芙蓉　中井敬所篆（日本）埽石居輯
鈐印本
協會

01108
古今印賞不分卷　二册
（日本）服部耕石篆並輯
日本昭和十三年(1938)鈐印本
臺大　岩瀬文庫

01109
古今印賞　一册
（日本）菡萏印社輯
菡萏印社鈐印本
松丸東魚

01110
古今印賞　四册
〔明〕釋隆彩篆刻
明天啓七年(1627)鈐印本
南京

01111
古今印賞　一册
（日本）細川林谷等篆（日本）服部耕石輯
日本明治間鈐印本
南京　日本國會　松丸東魚　協會

01112
古今印選　四册
〔明〕方用光輯
明萬曆三十一年(1603)鈐印本

上海　蘇州　漢南

01113
古今印選　二册
〔明〕吳可賀輯
明嘉靖四十年(1561)鈐印本
浙江

01114
古今印選　三册
〔明〕吳可賀篆並輯
明萬曆三十八年(1610)鈐印本
浙江

01115
古今印璽　一册
〔佚名〕篆並輯
民國二十一年(1932)鈐印本
上博

01116
古今印譜不分卷　四册
吳昌碩篆
民國間王秀仁鈐印本
臺圖

01117
古今印譜　一册
〔清〕趙璧篆並輯
清乾隆十九年(1754)鈐印本
西泠

01118
古今名人印譜不分卷　二册
〔佚名〕篆並輯
鈐印本
協會

01119
古今名人印譜　十册
方約輯
民國三十四年(1945)鈐印本

01120

古今名人印譜　十二册

方約輯

民國三十四年(1945)鈐印本

上博　私人藏　文雅堂　松蔭軒　東海大　松丸東魚

01121

古今名人印譜　一册

〔清〕趙之琛等篆　葉爲銘輯

葉銘鈐印本

私人藏

01122

古今名人印譜初二集　四册

方約輯

民國三十四年(1945)鈐印本

浙江

01123

古今名家印譜　一册

〔清〕張燕昌等篆　柴子英輯

民國三十三年(1944)鈐印本(柴子英舊藏)

私人藏

01124

古今私印式不分卷　二册

（日本）上田景保篆並輯

日本幕末鈐印本

漠南

01125

古今私印式不分卷　二册

（日本）田中良庵篆並輯

日本安永九年(1780)鈐印本

漠南

01126

古今玩章　一册

〔清〕耐寒居士輯

鈐印本

安徽

01127

古今鐵筆　一册

雲槎輯

鈐印本

上博

01128

古玉印林　一册

〔佚名〕篆並輯

鈐印本

國會山莊

01129

古玉印匯　一册

方嚴輯

民國二十一年(1932)鈐印本

國圖　上海　天一閣　天津　瓦翁　中大　北大　吉大　西泠　長春　東北師大　協會　南京　遼寧　南開　紹興　鴻爪留痕館　港大　臺圖　松蔭軒　漠南　國會山莊

01130

古玉印選　一册

〔佚名〕藏並輯

鈐印本

協會

01131

古玉印譜　一册

〔清〕陳介祺藏〔清〕何昆玉輯

清光緒十三年(1887)鈐印本

松蔭軒

01132

古玉璽印　一册

周慶雲輯

民國十三年(1924)鈐印本

國圖　港大

01133
古邢張氏揖藏印譜　一册
〔佚名〕篆並輯
鈐印本
浙江博

01134
古代肖形印選集　一册
王伯敏輯
庚申年(1980)鋅版印本
上博　松蔭軒　澂廬　協會

01135
古代肖形印譜　一册
王伯敏輯
丁丑年(1997)鋅版印本
松蔭軒

01136
古代璽印原拓印譜　一册
〔佚名〕篆並輯
鈐印本
松蔭軒

01137
古印　一册
〔清〕翁大年輯
鈐印本(文翁輯本)
天津

01138
古印一偶(古印一隅)　一册
〔清〕陳介祺輯
清光緒四年(1878)鈐印本
國圖　浙江博　"中研院"史語所

01139
古印一偶(古印一隅)不分卷　二册
〔清〕陳介祺輯
清光緒三十四年(1908)鈐印本
文雅堂　東京博　漢南

01140
古印文　一册
〔清〕謝修輯〔清〕常茂徠增補並題識
清道光九年(1829)鈐印本
浙江博

01141
古印本　一册
〔清〕謝修輯〔清〕常茂徠增補並題識
清道光九年(1829)鈐印本
鄢陵

01142
古印式　二册
〔清〕黃錫蕃撰
清乾隆六十年(1795)鈐印本(戴衍祉、林尊保跋)
國圖

01143
古印式　二册
(日本)園田湖城輯
日本大正間鈐印本
漢南

01144
古印存　一册
〔佚名〕篆並輯
鈐印本
上博　鴻爪留痕館

01145
古印存不分卷　二册
(日本)松丸東魚重輯
鈐印本
松丸東魚

01146
古印存　一册
〔清〕葉志詵輯
清道光二十八年(1848)葉氏鈐印本
廣州

01147
古印存真　一册
　[佚名]篆並輯
　描摹本
　廣東

01148
古印存略　一册
　張果約輯
　民國二十四年(1935)鈐印本
　北大

01149
古印附考釋
　[佚名]篆並輯
　鈐印本
　國會山莊

01150
古印林不分卷　四册
　〔清〕楊守敬輯
　鈐印本(殘)
　松蔭軒

01151
古印林不分卷　八册
　〔清〕楊守敬輯
　鈐印本
　國圖

01152
古印契不分卷　四册
　〔明〕汪關篆並輯
　明萬曆四十二年(1614)鈐印本
　松蔭軒

01153
古印拾遺　一册
　陶祖光輯
　民國六年(1917)粘貼本
　見性簃

01154
古印屏風　一册
　（日本）源作民篆（日本）池原綾子輯
　日本明治二十五年(1892)鈐印本(册頁裝十九開)
　日本國文館　日本國會　早稻田　松丸東魚　漢南

01155
古印留真別集不分卷　二册
　錢立庭輯
　粘貼本
　松蔭軒

01156
古印菁華　十六册
　[佚名]篆並輯
　鈐印本
　天津

01157
古印菁華不分卷　二册
　林章松輯
　鈐印本（林氏輯本）
　兩然齋

01158
古印菁華不分卷　二册
　羅福成輯
　民國七年(1918)鈐印本
　浙江

01159
古印偶存　一册
　[佚名]輯
　民國間鈐印本
　"中研院"史語所

01160
古印偶存不分卷　二册
　[佚名]輯
　民國間鈐印本
　大連

01161
古印偶存不分卷　四册
〔清〕王石經　田鎔叡　劉嘉穎等輯
清光緒十六年(1890)鈐印本
國圖　上博　南大　首都　湖南社科院　煙臺　文雅堂　右文齋　"中研院"史語所　鴻爪留痕館　松丸　東魚　漠南

01162
古印偶存不分卷　八册
〔清〕王石經　田鎔叡　劉嘉穎等輯
清光緒十六年(1890)鈐印本
上博　"中研院"史語所　西泠　太田孝太郎　漠南

01163
古印偶存不分卷　二十册
〔清〕王石經　田鎔叡　劉嘉穎等輯
清光緒十六年(1890)鈐印本
國圖

01164
古印偶存不分卷　二册
〔清〕張新輯
清光緒十六年(1890)張氏金粟庵鈐印本
中大　中遺院　浙江博

01165
古印集　一册
[佚名]篆並輯
粘貼本
浙江博

01166
古印集存　一册
〔清〕崔鴻圖輯
清光緒二十七年(1901)崔氏鈐印本
上海　天一閣

01167
古印集存不分卷　四册
〔清〕崔鴻圖輯
清光緒二十七年(1901)鈐印本
浙江博

01168
古印集存不分卷　十二册
〔清〕崔鴻圖輯
清光緒二十七年(1901)鈐印本
上博　"中研院"史語所

01169
古印集存不分卷　五册
丁仁輯
鈐印本
國圖　南京

01170
古印集存　一册
〔清〕宗曉峰輯
宗氏鈐印本
天一閣

01171
古印集成不分卷　四册
〔清〕唐詔輯
清同治十三年(1874)鈐印本
國圖

01172
古印集成不分卷　二册
〔清〕吳雲輯
清同治十三年(1874)吳雲鈐印本
百樂齋

01173
古印集拓不分卷　二册
[佚名]篆並輯
鈐印本
松蔭軒

01174
古印集拓不分卷　二册
張延禮輯
鈐印本
懷翠樓

01175
古印集萃　一册
　温廷寬輯
　粘貼本
　松蔭軒

01176
古印集略　一册
　[佚名]篆並輯
　鈐印本
　大連

01177
古印集粹不分卷　四册
　[佚名]篆並輯
　鋅版印本
　松蔭軒

01178
古印集影不分卷　四册
　[佚名]篆並輯
　鈐印本
　松蔭軒

01179
古印鈕式　一册
　〔清〕子樂篆並輯
　清光緒十三年(1887)鈐印本
　浙江

01180
古印甄　四册
　徐無聞輯
　清宣統二年(1910)鈐印本
　松蔭軒

01181
古印甄　四册
　徐無聞輯
　民國二十一年(1932)鈐印本
　廣東　大連　浙江博　松蔭軒

01182
古印甄初集　四册
　周氏石言齋藏並輯
　民國二十一年(1932)鈐印本
　中大　西泠　武大　浙江　湖北　松蔭軒　太田孝太郎　漠南

01183
古印碎錦　一册
　張果約輯
　民國二十五年(1936)鈐印本
　上海　安慶　南京　松蔭軒　漠南

01184
古印匯　一册
　[佚名]篆並輯
　鈐印本
　浙江博

01185
古印匯存不分卷　二册
　羅福頤輯
　鈐印本
　遼寧

01186
古印蛻　一册
　〔清〕王汝達輯
　清光緒三十三年(1907)粘貼本
　哈爾濱

01187
古印溯源(古印溯原)不分卷　二册
　梁國棟輯
　民國十一年(1922)泉石癖齋鈐印本
　上海　松蔭軒

01188
古印溯源(古印溯原)不分卷　四册
　梁國棟輯
　民國十一年(1922)泉石癖齋鈐印本
　四川

01189
古印彙不分卷　二册
　［佚名］篆並輯
　鈐印本
　　上博　浙江博

01190
古印彙存　一册
　［佚名］篆並輯
　鈐印本
　　港大

01191
古印彙存不分卷　七册
　〔清〕方清霖輯
　清光緒六年(1880)粘貼本
　　天津

01192
古印彙存不分卷　六册
　〔清〕方清霖篆並輯
　民國二十二年(1933)鋅版印本(方氏本)
　　天津

01193
古印聚珍　一册
　〔清〕翁大年輯
　清道光十七年(1837)鈐印本
　　松蔭軒

01194
古印綴存　一册
　〔清〕張廷濟輯
　清道光十四年(1834)鈐印本(張廷濟手注)
　　東京博

01195
古印遺珍　一册
　［佚名］篆並輯
　鈐印本(册葉裝二十三開)
　　松蔭軒

01196
古印墨摹印譜不分卷　九册
　［佚名］篆並輯
　清同治十年(1871)鈐印本
　　金陵

01197
古印選　四册
　〔清〕陳鉅昌摹刻
　明萬曆三十三年(1605)鈐印本
　　國圖　浙江　西泠　私人藏　漠南

01198
古印選存　一册
　〔清〕陶心如輯
　鈐印本
　　鴻爪留痕館

01199
古印輯存　一册
　［佚名］輯
　粘貼本
　　浙江

01200
古印輯存　一册
　［佚名］輯
　粘貼本(册葉裝)
　　浙江

01201
古印輯存　一册
　莊嚴輯
　民國十八年(1929)鋅版印本
　　溫州

01202
古印輯存不分卷　二册
　莊嚴輯
　民國十八年(1929)鋅版印本
　　國圖

01203
古印藏真　一册
〔清〕居巢輯
清光緒二十二年(1896)鈐印本
松蔭軒

01204
古印藏真不分卷　八册
〔清〕楊其光篆並輯
清光緒二十七年(1901)添茅小屋鈐印本
國圖

01205
古印擷英　一册
楊昭雋輯
民國二十年(1931)粘貼本
吉大

01206
古印叢　一册
[佚名]篆並輯
鈐印本
東京博

01207
古印譜　一册
[佚名]篆並輯
鈐印本
松蔭軒

01208
古印譜　一册
[佚名]篆並輯
描摹本
日本國會

01209
古印譜不分卷　四册
[佚名]篆並輯
鈐印本
東京博

01210
古印譜不分卷　二册
〔清〕楊守敬輯
清光緒六年(1880)楊氏鈐印本
東京大總

01211
古印譜殘卷不分卷　二册
〔清〕玉山堂藏
鈐印本
鐵硯齋

01212
古印證不分卷　二册
〔清〕朱爲弼輯
鈐印本
國會山莊

01213
古邨印賞不分卷　三册
（日本）趙陶齋　高孟彪　葛子琴等篆　（日本）西村孝輯
日本慶應二年(1866)鈐印本
漠南

01214
古邨印賞不分卷　三册
（日本）趙陶齋　高孟彪　葛子琴等篆　（日本）西村孝輯
日本明治四年(1871)鈐印本
西泠　松蔭軒

01215
古邨印賞不分卷　五册
（日本）趙陶齋　高孟彪　葛子琴等篆　（日本）西村孝輯
日本明治四年(1871)鈐印本
漠南

01216
古邨印賞二集(古村印賞)不分卷　三册
（日本）趙陶齋　高孟彪　葛子琴等篆　（日本）西

村孝輯
日本明治四年(1871)鈐印本
協會

01217
古名人印譜　一册
張果約輯
民國二十四年(1935)鈐印本
北大

01218
古芬山館古玉器及玉印拓片不分卷　四册
李鶴儔輯
鈐印本
上海

01219
古村讀餘印存　一册
(日本)尾崎秀真[古村白水]輯
日本大正十一年(1922)鈐印本
臺大

01220
古兵精舍古印彙初集不分卷　六册
〔清〕黄浚藏並輯
清光緒十六年(1890)鈐印本
國圖　松蔭軒

01221
古押集存　一册
張果約輯
民國二十四年(1935)鈐印本
北大

01222
古押碎錦　一册
張果約輯
民國二十五年(1936)鈐印本
南京

01223
古松陵七十三老龍石審定印譜　一册
〔清〕李錦鴻輯

鈐印本
浙江

01224
古杭玄廬常用印　一册
金元章藏並輯
鈐印本
松蔭軒

01225
古事類苑印章　一册
(日本)〔佚名〕篆並輯
日本昭和七年(1932)鈐印本
漠南

01226
古泥印存　一册
趙古泥篆　衛東晨輯
粘貼本
瓦翁

01227
古泥印存不分卷　二册
趙石篆並輯
原鈐印本
松蔭軒

01228
古泥印存不分卷　二册
趙石篆並輯
鈐印本
常熟

01229
古泥印集　一册
趙古泥篆並輯
鈐印本
港大

01230
古泥印集不分卷　五册
趙石篆並輯
鈐印本

01231

古泥印選不分卷　二册

　　趙石篆並輯

　　鈐印本

　　君匋藝院

01232

古泥印譜不分卷　八册

　　趙古泥篆　常熟畫苑輯

　　己未年(1979)鋅版印本

　　百二扇面齋　協會

01233

古泥印譜不分卷　十六册

　　趙古泥篆並輯

　　己未年(1979)鋅版印本

　　南京　松蔭軒

01234

古泥道人刻印一辯不分卷附糞翁治印　十册

　　趙古泥　鄧鐵等篆

　　鈐印本

　　南京

01235

古宜齋印存不分卷　四册

　　〔清〕吳萬楷篆並輯

　　鈐印本

　　上博　哈爾濱

01236

古官印存不分卷　二册

　　秋紹卿輯

　　民國八年(1919)鈐印本

　　國圖　上海　上博　北大　鴻爪留痕館　松蔭軒　東洋文庫

01237

古官印攷　一册

　　〔清〕吳雲輯

　　鈐印本

　　哈爾濱　常熟

　　中國美院

01238

古封泥不分卷　十册

　　［佚名］篆並輯

　　鈐印本

　　北大

01239

古香林印稿不分卷　二册

　　〔清〕石韞玉篆並輯

　　清道光十年(1830)鈐印本

　　上博

01240

古香室印存不分卷　四册

　　〔清〕穆雲谷輯

　　清光緒二十八年(1902)鈐印本

　　天津　哈爾濱　松蔭軒

01241

古香室名印彙存不分卷　二册

　　〔清〕穆雲谷篆並輯

　　清光緒三十一年(1905)鈐印本

　　松蔭軒

01242

古香室試印　一册

　　［佚名］篆並輯

　　粘貼本

　　吉大

01243

古香書屋印譜　一册

　　（日本）前川虛舟篆並輯

　　日本安永間鈐印本

　　漢南

01244

古香齋印存不分卷　二册

　　〔清〕張煌篆並輯

　　清光緒十七年(1891)鈐印本

　　松蔭軒

01245

古香齋印選　一册

穆壽山篆並輯

鈐印本

國圖

01246

古香齋治印不分卷　二册

熾良篆並輯

民國三十五年（1946）鈐印本

港大

01247

古泉銅印集存不分卷　一册

〔佚名〕篆並輯

鈐印本

中國美院　松蔭軒

01248

古筠廬印譜　一册

錢世權篆　秦康祥輯

民國三十八年（1949）鈐印本

西泠　浙江　秦氏支祠（天一閣）　華東師大　松蔭軒　漢南

01249

古高士印譜不分卷　三册

鄧散木篆並輯

壬辰年（1952）鈐印本

協會

01250

古高士印譜　一册

鄧散木篆並輯

鈐印本

協會

01251

古高士印譜不分卷　三册

鄧散木篆並輯

鈐印本

協會

01252

古高士印譜　一册

〔清〕趙仲穆篆並輯

清光緒十八年（1892）趙穆鈐印本

紅棉山房　協會

01253

古高士印譜不分卷　四册

〔清〕趙仲穆篆並輯

清光緒十八年（1892）鈐印本（有款本）

上海　諸暨

01254

古高士傳印譜不分卷　四册

〔清〕趙穆篆並輯

清光緒二十三年（1897）鈐印本

國圖　上博　天一閣　中國美院　金陵　南京　秦氏支祠（天一閣）　秦淮　常州　臺大　鴻爪留痕館　松蔭軒　立命館大　國會山莊

01255

古高士傳印譜不分卷　四册

〔清〕趙仲穆篆　〔清〕趙釗輯

清光緒二十年（1894）鈐印本（有款本）

南京　遼寧　哈爾濱　臺大　松蔭軒　協會

01256

古瓶山房印譜　一册

〔清〕姚寶侃篆並輯

清光緒十一年（1885）鈐印本

松蔭軒

01257

古瓶山房印譜不分卷　四册

〔清〕姚寶侃篆並輯

清光緒十一年（1885）鈐印本

浙江　西泠

01258

古浣子印存不分卷　二册

〔清〕古浣子篆並輯

鈐印本

上海

01259
古陶軒秦漢印存(古匋軒秦漢印存)不分卷　二册
商承祚　羅福成　羅福葆　羅福頤合輯
民國十二年(1923)鈐印本
松蔭軒　太田孝太郎　松丸東魚　漠南

01260
古陶博物館藏戰國封泥不分卷　二册
古陶博物館藏並輯
癸未年(2003)鈐印本
松蔭軒

01261
古梅軒印存　一册
俞明篆並輯
鈐印本
上博　別宥齋(天一閣)

01262
古梅園印譜　一册
(日本)松井元陳篆並輯
日本寶曆間鈐印本
漠南

01263
古梅閣倣完白山人印滕續編(古梅閣印膡)　一册
〔清〕王爾度篆〔佚名〕編輯
民國九年(1920)鈐印本
松蔭軒　漠南

01264
古梅閣倣完白山人印膡(古梅閣印膡)　一册
〔清〕王爾度篆〔清〕陳式金輯
清光緒元年(1875)鈐印本
廣東

01265
古梅閣倣完白山人印膡(古梅閣印膡)　二册
〔清〕王爾度篆〔清〕陳式金輯
清光緒元年(1875)鈐印本
國圖　上海　上博　私人藏　中國美院　北大　四川

西泠　重慶　遼寧　浙江　蘇州　湖南　港大　臺大
松蔭軒　兩然齋　鴻爪留痕館　東京博　國會山莊

01266
古梅閣倣完白山人印膡續編　二册
〔清〕王爾度篆並輯
清光緒十八年(1892)鈐印本
國圖　鄭州　中國美院　重慶　浙江

01267
古梅閣篆刻　一册
[佚名]篆並輯
鈐印本
蘇州

01268
古梅僊館印譜　一册
[佚名]篆並輯
鈐印本
松蔭軒

01269
古堂印譜不分卷　四册
[佚名]篆並輯
鈐印本
南京

01270
古將帥花押集　一册
(日本)[佚名]篆並輯
日本近代寫本
岩瀨文庫

01271
古巢印學不分卷　二册
〔清〕湯燧篆並輯
清乾隆五十五年(1790)鈐印本
西泠

01272
古越印存　一册
(日本)橋本獨山輯
鈐印本

松蔭軒

01273

古棋園印譜　一册

（日本）櫻井元陳篆並輯

日本寶曆七年（1757）鈐印本

漠南

01274

古硯堂印譜（古畎堂印譜）不分卷　二册

（日本）高芙蓉等篆（日本）山田永年輯

日本大正四年（1915）鈐印本

西泠　松蔭軒　協會　漠南

01275

古硯堂印譜（古畎堂印譜）　一册

（日本）高芙蓉　細川林谷等篆（日本）山田永年輯

日本大正間鈐印本

協會　漠南

01276

古稀再度壽印（月桂籍印鑑古稀再度壽印）不分卷　三册

〔清〕朱霞篆並輯

清咸豐二年（1852）鈐印本

甘肅　安徽　浙江　南通　松蔭軒

01277

古筆印譜　一册

〔佚名〕篆並輯

日本元禄九年（1696）鈐印本

東京博

01278

古鉩印文傳（古璽印文傳）　一册

〔清〕陳佩綱篆並輯

清同治十三年（1874）鈐印本

上海　浙江　松蔭軒

01279

古鉩印印　一册

（日本）同風印社輯

日本昭和十二年（1937）鈐印本

漠南

01280

古鉩印印（古璽印印）不分卷　三册

（日本）園田湖城輯

日本昭和十二年（1937）鈐印本

松丸東魚　京文研

01281

古鉩印選　二册

〔佚名〕輯

鈐印本（秦漢古璽印）

松蔭軒

01282

古鉩印譜　一册

〔佚名〕篆並輯

鈐印本

天津

01283

古鉩印譜不分卷　四册

張樸篆並輯

民國二十四年（1935）鈐印本

北大

01284

古鉩拓本　一册

〔佚名〕篆並輯

鈐印本

上博

01285

古鉩集存　一册

〔佚名〕輯

鈐印本

上博

01286

古鉩集存　十二册

黃濬輯

民國二十六年（1937）影印本

中國美院　松蔭軒

01287
古鉢精華　一册
　王光烈輯
　民國十九年(1930)鈐印本
　遼寧　遼大

01288
古鉢精華(古璽精華)不分卷　六册
　〔清〕王孝禹輯
　清宣統三年(1911)鈐印本
　蘇州

01289
古園印譜不分卷　六册
　〔佚名〕篆並輯
　鈐印本
　松蔭軒

01290
古鈢　三册
　〔清〕厲鶚輯
　鈐印本(稿本，册葉裝)
　拾芥草堂

01291
古意盤磚　一册
　〔清〕楊介壽篆並輯
　清嘉慶二十五年(1820)鈐印本
　南京

01292
古義堂印譜　一册
　（日本）伊藤仁齋篆並輯
　日本大正九年(1920)影印本
　日本國會　早稻田　松丸東魚　東京大　岩瀨文庫
　金谷文庫　愛媛大　漢南

01293
古蝸篆居印述　一册
　〔清〕程邃等篆〔清〕程芝華輯
　清道光四年(1824)鈐印本

　國圖　上海　天一閣　安徽　浙江博

01294
古蝸篆居印述　二册
　〔清〕程邃等篆〔清〕程芝華輯
　清道光七年(1827)鈐印本
　漢南

01295
古蝸篆居印述　四册
　〔清〕程邃等篆〔清〕程芝華輯
　清道光七年(1827)鈐印本
　浙江　西泠　安徽博　秦氏支祠（天一閣）　私人藏
　鴻爪留痕館

01296
古銅玉印存不分卷　二册
　〔佚名〕篆並輯
　鈐印本
　鴻爪留痕館

01297
古銅玉印譜　一册
　〔清〕南阜山人輯
　鈐印本
　安徽

01298
古銅印不分卷　二册
　〔佚名〕篆並輯
　鈐印本
　大連

01299
古銅印存　一册
　〔佚名〕篆並輯
　民國二十一年(1932)鈐印本
　上博

01300
古銅印存　一册
　〔佚名〕篆並輯
　粘貼本

松蔭軒

01301
古銅印存不分卷　二册
〔佚名〕篆並輯
鈐印本
松蔭軒

01302
古銅印存不分卷　二册
〔清〕臘熙明輯
清光緒間鈐印本
太田孝太郎　漠南

01303
古銅印存　一册
王光烈輯
王氏鈐印本
遼寧

01304
古銅印拾　一册
〔佚名〕篆並輯
鈐印本
上博

01305
古銅印略不分卷　二册
〔清〕何壽章輯
鈐印本
天一閣　西泠

01306
古銅印集不分卷　六册
〔佚名〕篆並輯
鈐印本
松蔭軒

01307
古銅印集　一册
〔佚名〕篆並輯
鈐印本
上博

01308
古銅印集不分卷　二册
（日本）園田湖城輯
日本大正間鈐印本
漠南

01309
古銅印集拓不分卷　三册
〔佚名〕篆並輯
鈐印本
上博

01310
古銅印彙　一册
安田滌輯
日本明和三年(1766)鈐印本
松丸東魚

01311
古銅印彙　一册
（日本）安子深輯
日本明和三年(1766)聽颺樓鈐印本
漠南

01312
古銅印彙(聽颺樓古銅印彙)不分卷　三册
〔清〕潘季彤輯
清道光十二年(1832)聽颺樓鈐印本
上博　中國美院　四川　天一閣　別宥齋(天一閣)
廣州　瀋陽音院　東京博　太田孝太郎　漠南　蒲阪文庫

01313
古銅印彙(寶琴齋古銅印匯)不分卷　四册
〔清〕潘仕成輯
清道光二十年(1840)寶琴齋鈐印本
天一閣　中國美院　中遺院　廣州美院　港大

01314
古銅印彙不分卷　二册
〔清〕潘正煒輯
清道光十二年(1832)聽颺樓鈐印本

國圖 中國美院 四川 國會山莊

01315
古銅印稿不分卷 二册
〔清〕徐恕輯
鈐印本
廣東

01316
古銅印範不分卷秋蘭室印人題名 五册
葉華鋆篆並輯
民國五年(1916)鈐印本
國會山莊

01317
古銅印選不分卷 二册
〔清〕郭承勛輯
清道光十年(1830)鈐印本
松蔭軒 太田孝太郎 東京博

01318
古銅印選不分卷 三册
〔清〕郭承勛輯
清道光十年(1830)鈐印本
蘇州 漢南

01319
古銅印選 一册
〔清〕姚觀光輯
清道光十七年(1837)姚氏墨林如意室刊印本
北大

01320
古銅印選不分卷 三册
〔清〕姚觀光輯
清道光十七年(1837)姚氏墨林如意室刊印本
四川 浙江 漢南

01321
古銅印叢不分卷 四册
〔清〕潘季彤輯
清乾隆三十一年(1766)鈐印本
西泠

01322
古銅印叢 四册
〔清〕汪啓淑輯
清乾隆三十一年(1766)鈐印本
南京 西泠

01323
古銅印譜不分卷 四册
〔佚名〕篆並輯
清乾隆間鈐印本
國圖

01324
古銅印譜 一册
〔佚名〕篆並輯
鈐印本
國圖 廣東 松蔭軒

01325
古銅印譜 一册
(日本)〔佚名〕輯
鈐印本(東博本)
東京博

01326
古銅印譜不分卷 三册
〔佚名〕輯
鈐印本
兩然齋

01327
古銅印譜不分卷 六册
〔佚名〕輯
鈐印本
中大 臺故博

01328
古銅印譜不分卷 十二册
〔佚名〕篆並輯
鈐印本
浙江

01329
古銅印譜不分卷 八冊
〔清〕番禺潘氏輯
清道光十二年(1832)潘氏鈐印本
北大

01330
古銅印譜 一冊
〔清〕符翕輯
符翕鈐印本
兩然齋

01331
古銅印譜不分卷 二冊
〔清〕李福蔭輯
李氏韜光閣鈐印本
國圖

01332
古銅印譜不分卷 二冊
李福蔭輯
李福蔭鈐印本
國圖

01333
古銅印譜(吟籹館李氏印存) 一冊
〔清〕李國模輯
清宣統二年(1910)李國模鈐印本
松蔭軒

01334
古銅印譜 一冊
(日本)山内敬齋輯
日本大正間鈐印本
漢南

01335
古銅印譜 一冊
(日本)山内敬齋輯
日本大正間粘貼本
東京博 漢南

01336
古銅印譜不分卷 二冊
(日本)山崎節堂輯
鈐印本
松蔭軒

01337
古銅印譜不分卷 七冊
童大年輯
童氏鈐印本
西泠

01338
古銅印譜不分卷 三冊
〔清〕汪鋆輯
汪氏鈐印本
太田孝太郎

01339
古銅印譜不分卷 四冊
王□□輯
鈐印本
國圖

01340
古銅印譜 一冊
〔清〕嚴信厚輯
清光緒二十七年(1901)嚴氏小長蘆館鈐印本
浙江

01341
古銅印譜並錢譜 一冊
(日本)山内敬齋輯
日本大正間鈐印本
漢南

01342
古銅璽印押 一冊
童大年輯
鈐印本
西泠

01343
古漁陽藏印不分卷　二冊
　徐星洲　王禔　齊璜等篆並輯
　鈐印本
　協會

01344
古墨齋印賸不分卷　二冊
　楊炎祚篆並輯
　民國五年(1916)鈐印本
　國圖

01345
古篆堂印譜　一冊
　(日本)濱村大瀨篆並輯
　日本明治三十六年(1903)寫本
　松丸東魚

01346
古篆堂印譜　一冊
　(日本)濱村大瀨篆並輯
　日本昭和十年(1935)鈐印本
　松丸東魚

01347
古篆堂印譜　一冊
　(日本)濱村大瀨篆並輯
　日本昭和十年(1935)抄本
　松丸東魚

01348
古緣萃錄不分卷　六冊
　[佚名]篆並輯
　鈐印本
　松蔭軒

01349
古聲堂印章不分卷　六冊
　〔清〕朱逸篆並輯
　清乾隆十九年(1754)鈐印本
　南京

01350
古谿書屋印集(古溪書屋印集)　二冊
　易孺篆　梁效鈞輯
　民國二十六年(1937)鈐印本
　中大　中國美院　私人藏　長恩閣　松蔭軒　協會
　國會山莊

01351
古齋印存不分卷　一冊
　[佚名]篆並輯
　鈐印本
　松蔭軒

01352
古藤書屋印譜(自怡軒印集)不分卷　六冊
　張毓萊輯
　鈐印本(古藤書屋藏本)
　南開

01353
古黟黃氏印譜　一冊
　[佚名]篆並輯
　鈐印本
　安徽

01354
古璽今選不分卷　五冊
　張果約輯
　民國二十五年(1936)鈐印本
　國圖

01355
古璽印集不分卷　六冊
　〔清〕葉東卿平安館輯
　鈐印本
　鴻爪留痕館

01356
古璽印集丹斧不分卷　四冊
　張廷禮藏　衛東晨輯
　丙辰年(1976)粘貼本
　瓦翁

01357

古璽印集拓不分卷　三册
　［佚名］輯
　鈐印本
　上博

01358

古璽印譜　一册
　［佚名］篆並輯
　鈐印本
　松蔭軒

01359

古璽印譜不分卷　二册
　［佚名］篆並輯
　鈐印本
　松丸東魚

01360

古璽秦漢朱墨印拓不分卷　二册
　王石經輯
　民國八年(1919)鈐印本
　私人藏

01361

古璽堂古璽印存考略　一册
　陳直輯
　鈐印本
　鎮江

01362

古璽遺珍不分卷　三册
　溫景博輯　林章松重輯
　壬寅年(2022)鈐印本
　松蔭軒

01363

古籀印存不分卷　二册
　〔清〕崔鴻圖輯
　清光緒二十七年(1901)鈐印本
　松蔭軒

01364

古鐵山房印譜不分卷　二册
　［佚名］篆並輯
　鈐印本
　早稻田

01365

古鐵齋印譜附印學管見　一册
　〔清〕馮承輝篆並輯
　清嘉慶二十二年(1817)鈐印本
　上海　遼寧　松蔭軒

01366

古鑒萃揚　一册
　［佚名］篆並輯
　鈐印本
　蘇州

01367

古鑒齋集古印譜不分卷　五册
　［佚名］篆並輯
　鈐印本
　蘇州

01368

古鑄百印　一册
　（日本）小花堂藏並輯
　日本昭和間鈐印本
　漠南

01369

古鑑齋藏印不分卷　八册
　李培基輯
　民國二十六年(1937)鈐印本
　國圖　上海　天津　中大　北大　吉大　南京　清華　魯迅美院　松蔭軒　鴻爪留痕館　漠南

本

01370

本朝大成畫家印譜(書畫名家印譜)　一册

（日本）中村勝造輯

日本文化十三年(1816)鈐印本

東京文化財　東京藝大　岩瀨文庫

01371

本朝古印譜不分卷　十冊

（日本）西言直篆並輯

日本天保九年(1838)鈐印本

岩瀨文庫　漠南

01372

本朝古印續錄　一冊

（日本）紀止輯

鈐印本

岩瀨文庫

01373

本朝印譜　一冊

［佚名］篆並輯

鈐印本

宮內廳

01374

本朝畫家落款印譜不分卷　三冊

（日本）狩野壽信輯

日本明治二十七年(1894)東京大倉書店影印本

浙大　西泠　港中大　日本國會　松丸東魚　東京博　協會

01375

本間家印譜不分卷　二冊

（日本）石原幸作輯

日本昭和八年(1933)鈐印本

臺大

辻

01376

辻川穆堂印存　一冊

（日本）辻川穆堂篆並輯

日本平成十二年(2000)鈐印本

協會

可

01377

可石齋印譜(可石齋印記)　一冊

沈駿程輯

民國九年(1920)鈐印本

浙江　海寧

01378

可石齋印譜(可石齋印記)　一冊

沈駿程輯

民國十二年(1923)鈐印本

浙江

01379

可居室印識　一冊

王貴忱輯

鈐印本

吉大

01380

可亭印譜不分卷附可亭詩鈔　二冊

（日本）羽倉可亭篆並輯

日本明治二十九年(1896)鈐印本

松丸東魚　漠南

01381

可能齋印存　一冊

丁宣篆並輯

民國二十二年(1933)鈐印本

上海　哈爾濱　紹興　廣東　中國美院　松蔭軒

01382

可園印存不分卷　四冊

張敬修　張嘉謨等篆　黃耀忠輯

壬午年(2002)鈐印本

松蔭軒　紅棉山房

01383

可園印留不分卷　四冊

张敬修 张嘉谟等篆 梁晓庄辑

壬午年(2002)钤印本

两然斋

01384

可园印谱 一册

〔清〕殷用霖篆 殷漪辑

癸丑年(1973)影印本

常熟 港中大 台图 "中研院"文哲所 松荫轩

01385

可庐印存不分卷 二册

胡乃尧篆并辑

钤印本

上海

01386

可读庐印存(可读庐集印)不分卷 四册

金城辑

清光绪二十八年(1902)钤印本

南京 哈尔滨 鸿爪留痕馆 松荫轩

01387

可读庐印存(可读庐集印)不分卷 五册

金城辑

清光绪二十八年(1902)钤印本

鸿爪留痕馆

01388

可读庐印存(可读庐集印)不分卷 六册

金城辑

清光绪二十八年(1902)钤印本

台图

01389

可读庐印存不分卷 八册

金城辑

清光绪二十八年(1902)粘贴本

南京

01390

可读庐印存(可读庐印汇)不分卷 十册

金城辑

清光绪二十八年(1902)钤印本

南京

01391

可读庐印存不分卷 十六册

金城辑

清光绪二十八年(1902)钤印本

南京

01392

可读庐紫泥印存 一册

金城辑

清光绪三十一年(1905)钤印本

南京 协会

丙

01393

丙甫印存 一册

陈惟奎篆 周吉辑

钤印本

松荫轩

左

01394

左尧印存 一册

沈左尧篆并辑

庚子年(2002)钤印本

南京师大

石

01395

石厂印谱 一册

周文郁篆并辑

钤印本

松荫轩

01396
石人子室印萃不分卷　四册
　吳昌碩篆（日本）松丸東魚輯
　日本昭和四十三年(1968)鈐印本
　松蔭軒　松丸東魚　協會

01397
石工印集不分卷　二册
　壽石工篆並輯
　鈐印本
　松蔭軒

01398
石工墨稿不分卷　二册
　壽石工篆　林章松重輯
　壬寅年(2022)粘貼本(册葉裝每册十八開)
　松蔭軒

01399
石上栽花不分卷　二册
　（日本）田島洗耳篆
　日本昭和三十六年(1961)鈐印本
　協會

01400
石山斷流閣印集不分卷附東白庵印譜　二册
　（日本）芝田草堂輯
　日本大正十年(1921)鈐印本
　西泠

01401
石川蘭八印存不分卷　二册
　（日本）石川蘭八篆（日本）園田湖城輯
　鈐印本
　協會

01402
石友小譜不分卷　二册
　〔清〕崔旭篆〔清〕崔鴻圖輯
　清光緒二十六年(1900)7715
　松蔭軒

01403
石文印賸　一册
　［佚名］篆並輯
　鈐印本
　臺圖

01404
石平安館治印不分卷　二册
　孔昭來篆並輯
　民國間鈐印本(葉册裝每册十一開)
　松蔭軒

01405
石印山房印譜　一册
　（日本）廣玉篆（日本）香山達寬輯
　日本明治三十三年(1900)鈐印本
　北大

01406
石印集誼(鐵筆集誼)不分卷　二册
　（日本）木母馨篆並輯
　日本寶曆二年(1752)鈐印本
　日本國會　岩瀨文庫　漢南　築波大

01407
石芝印存　一册
　王幼之篆並輯
　庚戌年(1970)鈐印本
　京文研　漢南

01408
石帆劫後藏印　一册
　〔清〕鍾權藏並輯
　鈐印本(太平天國劫後所得藏石)
　松蔭軒

01409
石年印存　一册
　［佚名］篆並輯
　民國十九年(1930)鈐印本
　南京

01410
石朱生暉軒印譜　四册
〔清〕馮雲鵬輯
鈐印本
天一閣　別宥齋(天一閣)

01411
石竹齋印譜　一册
〔清〕小隱山房輯
清光緒二十年(1894)鈐印本
福建

01412
石均藏印　一册
〔佚名〕篆並輯
鈐印本
松蔭軒

01413
石佛菴印痕　一册
王光烈篆並輯
鈐印本
遼寧

01414
石谷山房印譜　一册
〔佚名〕篆並輯
鈐印本
上海

01415
石谷山房印譜　一册
(日本)町田石谷篆並輯
日本明治三十年(1897)鈐印本
國圖

01416
石言録、石交録不分卷　二册
張栩篆並輯
民國七年(1918)鈐印本
松蔭軒

01417
石言館印存　一册
周康元篆並輯
民國三十二年(1943)影印本
國圖　北大　北師大　吉林　哈爾濱　私人藏　鴻爪留痕館　松蔭軒

01418
石言館印存不分卷　二册
周康元篆並輯
民國三十二年(1943)鈐印本
國圖

01419
石宏斌藏古印菁華　一册
石宏斌輯
戊戌年(2018)鈐印本
松蔭軒　鹿鳴籢

01420
石宏斌藏穿帶印　一册
石宏斌輯
鈐印本
知還印館

01421
石林山人印存不分卷　二册
〔佚名〕篆並輯
鈐印本
湖南

01422
石林後人印存　一册
〔佚名〕篆並輯
鈐印本
温州

01423
石門范氏見秋印稿　一册
范錚篆並輯
鈐印本
浙江

01424
石佳私印　一册
　劉士彥篆並輯
　鈐印本
　鴻爪留痕館

01425
石怡印譜　一册
　金禮林篆並輯
　鈐印本
　松蔭軒

01426
石查先生印存　一册
　〔清〕胡義贊篆並輯
　清光緒二十二年(1896)鈐印本
　浙江　南京

01427
石泉印譜不分卷　二册
　高式熊　韓天衡等篆　陸凌楓輯
　癸卯年(2023)陸氏鈐印本
　李耘萍

01428
石泉印譜附暗齋主人合印色秘方　一册
　〔清〕爕輔篆並輯
　清光緒三十三年(1907)鈐印本
　陝師大

01429
石室印萃不分卷　六册
　〔清〕丁善長篆並輯
　清光緒十四年(1888)鈐印本
　上博　中大　哈爾濱

01430
石屋山房印譜　一册
　[佚名]篆並輯
　鈐印本
　松蔭軒

01431
石華印存　一册
　〔清〕徐三庚（日本）益田石華等篆（日本）益田石華輯
　日本大正末鈐印本
　西泠　協會　漢南

01432
石華社印譜　一册
　（日本）石華社輯
　日本大正間鈐印本
　漢南

01433
石華僊館印玩　一册
　[佚名]篆並輯
　鈐印本
　西泠

01434
石峰手拓秦漢古鉨　一册
　石峰輯
　甲申年(2004)鈐印本
　見性簃

01435
石埭張氏藏印(石埭張楚藏印)　一册
　〔清〕鄧琰　張國楨　丁敬　趙次閑　奚岡等篆　張楚輯
　民國間鈐印本
　國圖

01436
石匏剩稿　一册
　〔清〕王仁達篆並輯
　鈐印本
　蘭樓

01437
石渠印史不分卷　二册
　[佚名]篆並輯
　寫本

奎章閣

01438
石渠印存　一册
　丁可鈞篆並輯
　民國元年(1912)鈐印本
　天津

01439
石琴吟館印譜(石琴吟館印存)不分卷　二册
　〔清〕伊立勳篆並輯
　清光緒十九年(1893)鈐印本
　浙江　哈爾濱　松蔭軒

01440
石雲印稿不分卷　二册
　〔佚名〕篆並輯
　鈐印本
　松蔭軒

01441
石雲先生印譜不分卷　二册
　(日本)〔佚名〕篆並輯
　日本鈐印本
　漢南

01442
石湖漁隱印譜(石湖漁隱印稿)不分卷　四册
　〔清〕陳宗烈篆並輯
　清宣統三年(1911)鈐印本
　浙江　福建　遼寧　松蔭軒

01443
石湖漁隱印譜續編(石湖漁隱印稿續編)　一册
　〔清〕陳宗烈篆並輯
　清宣統三年(1911)鈐印本
　福建

01444
石頑印存不分卷　二册
　〔清〕石頑篆並輯
　鈐印本
　甘肅

01445
石鼓齋印鼎　二册
　〔明〕余藻篆並輯
　明崇禎元年(1628)鈐印本
　上博　西泠

01446
石鼓齋印鼎　五册
　〔明〕余藻篆並輯
　明崇禎元年(1628)鈐印本
　西泠

01447
石鼓齋印鼎　八册
　〔明〕余藻篆並輯
　明崇禎元年(1628)鈐印本
　國圖　陝師大　漢中師大　哈佛燕京

01448
石鼓齋印鼎　九册
　〔明〕余藻撰
　明崇禎元年(1628)鈐印本
　國圖　西泠　漢中師大　哈佛燕京

01449
石鼓齋印譜不分卷　二册
　〔清〕吳熙載篆〔清〕張肇岑輯
　鈐印本
　私人藏

01450
石鼓齋印譜　一册
　〔清〕張肇岑輯
　明崇禎元年(1628)鈐印本
　私人藏　鐵硯齋

01451
石園印存不分卷　二册
　張克龢篆並輯
　民國十六年(1927)鈐印本
　上海

01452
石園印集不分卷　二册
　張克龢篆並輯
　民國十六年(1927)鈐印本
　上博

01453
石園所見名人印不分卷　十册
　張克龢篆並輯
　鈐印本
　上博

01454
石農印存不分卷　二册
　唐源鄴篆並輯
　鈐印本
　紹興

01455
石農印存　一册
　徐中立篆並輯
　徐氏鈐印本
　私人藏

01456
石農製印不分卷　二册
　譚天祺篆並輯
　鈐印本
　松蔭軒

01457
石經刻印　一册
　王石經篆並輯
　鈐印本
　鴻爪留痕館

01458
石壽山人印存　一册
　汪鋆篆　葉鴻翰輯
　民國四年(1915)鈐印本
　松蔭軒

01459
石壽山房印譜　一册
　〔清〕汪鋆篆並輯
　清咸豐四年(1854)拓本
　中遺院　松蔭軒

01460
石壽山房印譜　一册
　〔清〕汪鋆輯
　清咸豐四年(1854)鈐印本
　岩瀨文庫

01461
石壽山房印譜　二册
　〔清〕汪鋆篆並輯
　清咸豐四年(1854)鈐印本
　貴州　西泠

01462
石壽山房百美名印　一册
　〔清〕汪鋆篆並輯
　清咸豐三年(1853)鈐印本
　上博

01463
石壽軒印譜(石壽軒宋元印譜、董小池模宋元印譜)　一册
　〔清〕董洵摹並輯
　清嘉慶七年(1802)鈐印本
　國圖　上博　新疆　別宥齋(天一閣)　鴻爪留痕館　漢南

01464
石榴印譜不分卷　二册
　(日本)中村淳門下篆　(日本)石榴印譜作成委員會輯
　日本平成七年(1995)鈐印本
　協會

01465
石説　一册
　〔清〕吳興墨莊輯

鈐印本
天一閣

01466
石廎兄近獲古璽印不分卷　二冊
（日本）石廎藏　（日本）園田湖城輯
日本昭和十三年(1938)鈐印本
京文研

01467
石旗山莊印冊　一冊
〔清〕章鑣篆並輯
鈐印本
紹興

01468
石潛藏印不分卷　二冊
吳隱篆並輯
鈐印本
松蔭軒

01469
石緣手刻印存不分卷　四冊
〔清〕蘇璠篆並輯
民國九年(1920)鈐印本
上海　平陽　松蔭軒

01470
石緣手刻印存不分卷　五冊
〔清〕蘇璠篆並輯
民國九年(1920)鈐印本
浙江博

01471
石頭記評詞印不分卷　二冊
〔清〕趙穆　葉爲銘篆　季厚燾輯
清光緒三十年(1904)鈐印本
臺大

01472
石頭記評詞印不分卷　四冊
〔清〕趙穆　葉爲銘篆　季厚燾輯
清光緒三十年(1904)鈐印本

南京　松蔭軒

01473
石禪印存不分卷　二冊
經亨頤篆並輯
民國二年(1913)鈐印本
浙江　浙江博　中國美院　紹興　溫州　餘杭　國會山莊

01474
石隱山房印存　一冊
〔清〕文石篆並輯
清光緒十五年(1889)鈐印本
國圖

01475
石隱山房印存不分卷　二冊
〔清〕文石篆並輯
清光緒二十四年(1898)鈐印本
國圖　西泠

01476
石隱山房印艸(石隱山房印譜)不分卷　四冊
〔清〕文石篆並輯
清道光三十年(1850)鈐印本
國圖　上博　北大　松蔭軒

01477
石隱山房印草(石隱山房印譜)不分卷　四冊
〔清〕文石篆並輯
清光緒二十四年(1898)鈐印本
國圖

01478
石隱山房印叢不分卷　十六冊
〔清〕廣玉篆並輯
清光緒二十四年(1898)鈐印本
浙江

01479
石隱山房印叢不分卷　四冊
〔清〕文石篆並輯
清光緒十五年(1889)鈐印本

國圖 松蔭軒 漢南

01480

石隱子印譜　一册

〔清〕熊伯玉篆並輯

鈐印本

拾芥草堂

01481

石隱印玩不分卷　一册

〔佚名〕篆並輯

鈐印本

遼寧　臺大

01482

石隱印玩不分卷　二册

〔佚名〕篆並輯

鈐印本

上海　遼寧

01483

石隱印賞　一册

吳昌碩等篆並輯

鈐印本

東京博

01484

石隱印稿　一册

周超然篆並輯

鈐印本

松蔭軒

01485

石隱印稿不分卷　四册

周超然篆並輯

鈐印本

松蔭軒

01486

石齋印存不分卷　八册

〔佚名〕篆並輯

清嘉慶十八年(1813)鈐印本

國圖

01487

石齋集古印譜　三册

（日本）杜俊民篆並輯

日本文政十年(1827)鈐印本

宮内廳　漢南　静嘉堂

01488

石齋集古印譜附附錄　九册

（日本）杜俊民篆並輯

日本文政十年(1827)鈐印本

臺大

01489

石齋集古印譜　六册

（日本）上田和英輯

日本文政九年(1826)鈐印本

岩瀬文庫

01490

石齋集古印譜　一册

（日本）田源和英篆並輯

日本文政十年(1827)鈐印本

南京　松蔭軒

01491

石齋集古印譜附錄　一册

（日本）上田和英輯

日本文政十年(1827)鈐印本

臺大

01492

石齋輯影印譜　一册

（日本）杜俊民篆並輯

日本文政十年(1827)鈐印本

漢南

01493

石顛印存三册不分卷　三册

（日本）近藤石顛篆並輯

鈐印本

協會

01494
石廬古銅印賞不分卷　二十四册
　林鈞輯
　鈐印本
　北大

01495
石廬印堂　二册
　[佚名]篆並輯
　鈐印本
　私人藏

01496
石廬印集不分卷　四册
　嚴西鳳輯
　民國三十四年(1945)鈐印本
　嘉善

01497
石廬印賞不分卷　二册
　[清] 丁敬 陳豫鍾等篆 林鈞輯
　清宣統二年(1910)鈐印本
　浙江

01498
石廬印賞不分卷　四册
　[清] 丁敬 陳豫鍾等篆 林鈞輯
　清宣統二年(1910)鈐印本
　松蔭軒

01499
石癡翁追福不分卷　二册
　(日本) 成瀨石癡篆並輯
　日本明治二十九年(1896)鈐印本
　漠南

01500
石麒經眼璽印譜不分卷　三册
　郭石麒篆並輯
　鈐印本
　上海

01501
石韻藏印不分卷　四册
　(日本) 松谷石韻篆並輯
　鈐印本
　東京博

戌

01502
戌午玄美百印不分卷　二册
　(日本) 洞谷所篆並輯
　鈐印本
　松蔭軒

01503
戌辰印存　一册
　文如居士輯
　民國十七年(1928)鈐印本
　國圖

01504
戌辰龍年印譜　一册
　周哲文篆 北京旅游事業管理局輯
　戌辰年(1988)影印本
　松蔭軒　協會

01505
戌寅製印留痕　一册
　[佚名]篆並輯
　鈐印本
　松蔭軒

平

01506
平山子龍印譜　一册
　(日本) 平山兵原藏 (日本) 藝苑叢書輯
　日本大正十二年(1923)鈐印本
　日本國會　岩瀨文庫

01507

平心静氣齋印譜(飛鴻堂印選)不分卷　四册

〔清〕董元儐藏並輯

清咸豐十年(1860)鈐印本

芷蘭齋　松蔭軒

01508

平平凡凡四十印　一册

（日本）濱村藏六五世　山田寒山等篆　（日本）三村竹清輯

鈐印本

早稻田

01509

平平凡凡印譜　一册

（日本）濱村藏六五世　山田寒山等篆　（日本）河野隆輯

日本平成二十年(2008)鈐印本

協會

01510

平安古官印偶存不分卷　二册

（日本）園田湖城輯

日本昭和三十年(1955)鈐印本

漢南

01511

平安印集不分卷　二册

（日本）平安印會輯

日本大正六年(1917)鈐印本

松丸東魚

01512

平安印集　一册

（日本）園田湖城等篆並輯

日本大正元年(1912)鈐印本

漢南

01513

平安印集　一册

（日本）園田湖城等篆　（日本）園田辰夫輯

日本平成十年(1998)鈐印本

協會

01514

平安印集不分卷　七册

（日本）園田湖城　奥村竹亭等篆　（日本）平安印會輯

鈐印本

協會

01515

平安名家印譜　一册

（日本）安部井櫟堂篆　（日本）小林發輯

日本文久元年(1861)鈐印本

松丸東魚

01516

平安紀念印集　一册

（日本）園田湖城篆　（日本）平野久右衛門輯

日本明治二十八年(1895)鈐印本

日本國會　漢南

01517

平安紀念印集不分卷　二册

（日本）園田湖城篆　（日本）平野久右衛門輯

日本明治二十八年(1895)鈐印本

日本國會　早稻田　漢南

01518

平安紀念印集　一册

（日本）園田湖城篆

日本昭和二十八年(1953)鈐印本

協會

01519

平安餘英　一册

（日本）平安印會會員篆　（日本）藤枝晃輯

日本昭和四十三年(1968)鈐印本

松蔭軒　松丸東魚

01520

平安館藏印(葉平安館藏印)　一册

〔清〕葉志詵輯

清同治二年(1863)鈐印本

南京

01521
平恕印存不分卷　二册
　陸平恕篆並輯
　鈐印本
　近墨堂　松蔭軒

01522
平陽印譜　一册
　〔清〕汪鶴孫篆並輯
　鈐印本
　松蔭軒

01523
平湖葛氏傳朴堂藏印留真　一册
　吳昌碩等篆並輯
　辛卯年(1951)鈐印本
　瓦翁

01524
平湖葛氏傳樸堂藏印不分卷　二册
　葛昌楹輯
　民國十四年(1925)鈐印本
　浙江

01525
平盦手拓古印集存不分卷　二册
　（日本）園田穆藏並輯
　鈐印本
　東京博

01526
平盦古官印偶存　二册
　（日本）園田穆藏並輯
　日本昭和三十年(1955)鈐印本
　松丸東魚　協會

01527
平盦攷藏古璽印選　二十四册
　（日本）園田穆藏　（日本）同風印社輯
　日本昭和四十五年(1970)鈐印本(兩集)
　京文研

01528
平盦所見古璽印　三册
　（日本）園田穆藏並輯
　日本昭和二年(1927)鈐印本
　松丸東魚

01529
平盦所得訒庵汪啓淑藏印不分卷　二册
　（日本）園田湖城藏並輯
　日本昭和間鈐印本
　漠南

01530
平盦穿帶印百選不分卷　二册
　（日本）園田穆藏並輯
　日本昭和四十五年(1970)鈐印本
　松蔭軒　松丸東魚

01531
平盦穿帶印百選　二册
　（日本）園田穆藏　（日本）同風印社輯
　日本昭和四十五年(1970)鈐印本
　協會　京文研

01532
平盦過眼古鉩　一册
　（日本）園田穆藏並輯
　日本大正八年(1919)鈐印本
　漠南

01533
平盦集印　一册
　（日本）園田穆藏並輯
　日本大正間鈐印本
　漠南

01534
平盦藏古鉩印不分卷　二册
　（日本）園田穆藏並輯
　日本昭和四十五年(1970)鈐印本
　松蔭軒

01535

平盦藏古璽印　一册

（日本）園田穆藏並輯

日本昭和四年(1929)鈐印本

松蔭軒　松丸東魚　東京博

01536

平盦藏古璽印不分卷　二册

（日本）園田穆藏並輯

日本昭和四年(1929)鈐印本

百樂齋　私人藏

01537

平盦藏古璽印不分卷　二册

（日本）園田穆藏並輯

日本昭和十年(1935)鈐印本

松丸東魚

01538

平盦藏古璽印不分卷　十六册

（日本）園田穆藏並輯

日本昭和四十五年(1970)鈐印本

東京博

01539

平盦藏印　一册

（日本）園田穆藏並輯

日本大正八年(1918)鈐印本

漠南

01540

平盦璽存　一册

（日本）園田穆藏並輯

鈐印本

松丸東魚

01541

平盦攈印不分卷　三册

（日本）園田穆藏並輯

日本大正十一年(1922)鈐印本

漠南

01542

平廬印存　一册

董作賓篆並輯

民國二十五年(1936)鈐印本

東海大　漠南

北

01543

北山樓印娛不分卷　十一册

施青萍輯

鈐印本（友朋所贈印拓）

松蔭軒

01544

北平榮寶齋印譜　一册

榮寶齋輯

鈐印本

芷蘭齋

01545

北平榮寶齋摹製印譜　一册

榮寶齋輯

鈐印本

國圖

01546

北平榮寶齋藏印　一册

榮寶齋輯

鈐印本

中國美院

01547

北村春步印存不分卷　二册

（日本）北村春步篆（日本）齊平篆會輯

日本平成二十年(2008)鈐印本

協會

01548

北京印社　一册

［佚名］篆並輯

钤印本
松蔭軒

01549

北京歷史博物館藏印不分卷　六册

北京歷史博物館藏並輯

钤印本

國博

01550

北京藝術博物館藏印不分卷　五册

〔佚名〕篆並輯

钤印本

松蔭軒

01551

北沼魚戲　一册

（日本）谷大弦篆並輯

日本文政七年(1824)钤印本

漢南

01552

北室印剩　一册

〔明〕文彭　何震等篆　唐長茂輯

癸未年(2003)钤印本

協會

01553

北渚印存　一册

（日本）吳策篆（日本）吳安雄輯

日本昭和三十八年(1963)钤印本

日本國會　漢南

01554

北窗印悦　一册

〔清〕錢應金輯

钤印本

上海

01555

北樓印存不分卷　三十一册

金城篆並輯

民國間钤印本

臺圖

旦

01556

旦評戲鐵不分卷　六册

（日本）前田對山　益田香遠　中井敬所等篆（日本）中井敬所輯

日本明治十二年(1879)钤印本

岩瀬文庫

01557

旦評戲鐵不分卷　六册

（日本）前田對山　益田香遠　中井敬所等篆（日本）中井敬所輯

日本明治十四年(1881)钤印本

日本國會　協會　漢南

01558

旦評戲鐵不分卷　六册

（日本）濱村藏六　益田香遠　中井敬所等篆（日本）中井敬所輯

日本昭和五十年(1975)钤印本

協會

目

01559

目耕堂印譜　一册

〔清〕姚弘佃篆並輯

钤印本

浙江

甲

01560

甲午印蜕抄　一册

（日本）石井雙石篆（日本）長思印會輯

日本昭和二十九年(1954)影印本

東京博 松丸東魚 漢南

01561

甲午歲緘三氏篆稿不分卷　二册

〔清〕緘三篆並輯

清光緒二十年(1894)鈐印本

浙江

01562

甲武信越印章不分卷　七册

（日本）奧山金剛篆並輯

日本明治十九年(1886)鈐印本

漢南

田

01563

田王堂印譜不分卷　四册

吳昌碩等篆（日本）大島支郎輯

戊申年(1968)鈐印本

東京博

01564

田中松濤印譜集不分卷　二十二册

（日本）〔佚名〕篆並輯

日本大正間摹刊及描摹本

漢南

01565

田安居印存不分卷　三册

劉永強篆並輯

戊寅年(1998)鈐印本

松蔭軒

01566

田伯蒼藏印不分卷　三册

田培林輯

民國二十八年(1939)鈐印本

國圖

01567

田快庵印譜（萬玉山房印譜）　一册

（日本）田快庵篆並輯

日本天明六年(1786)鈐印本

岩瀨文庫

01568

田叔達治印　一册

田叔達篆並輯

鈐印本

松蔭軒

01569

田家法印言不分卷　二册

（日本）邨文峨篆並輯

日本寬政八年(1796)鈐印本

漢南

01570

田能村竹田印譜不分卷　二册

（日本）田能村竹田篆（日本）大島支郎輯

日本大正三年(1914)鈐印本

岩瀨文庫

01571

田黃堂印譜不分卷　四册

吳昌碩　徐星州等篆（朝鮮）李溶文輯

日本昭和三年(1928)鈐印本

北大　東京央圖　協會　都立大學　松丸東魚

只

01572

只齋藏印（南皮張氏只齋印譜）　一册

張修甫藏並輯

民國十八年(1929)鈐印本（自藏印）

上博　東京博

01573

只齋藏印（南皮張氏只齋印譜）不分卷　八册

張修甫藏並輯

民國十八年(1929)鈐印本（自藏印）

松蔭軒

史

01574
史印　一册
〔清〕童昌齡篆並輯
清康熙十七年(1678)承慶堂鈐印本
國圖　南京　陝西　浙江　西泠　松蔭軒

01575
史記列傳姓氏印譜　一册
馬加齡篆並輯
民國四年(1915)鈐印本
遼大　國會山莊

01576
史記列傳姓氏印譜　四册
馬加齡篆並輯
民國四年(1915)鈐印本
中國美院

01577
史記列傳姓氏印譜　八册
馬加齡篆並輯
民國四年(1915)鈐印本
南京　臺大

01578
史喻厂書畫法篆刻　一册
〔清〕史喻厂篆並輯
民國十二年(1923)影印本
國會山莊

01579
史圖印集　一册
臺灣圖書館三期篆刻研習班學員篆並輯
庚午年(1990)影印本
臺圖

四

01580
四十八列僊印玩不分卷　二册
葉爲銘篆並輯
民國二十八年(1939)鈐印本
浙江

01581
四九山房集拓近代名人印譜　一册
陳巨來　王禔等篆　四九山房輯
丙申年(2016)鈐印本
私人藏　松蔭軒　鹿鳴簃

01582
四大家印存　一册
[佚名]篆並輯
清光緒十六年(1890)鈐印本
浙江博

01583
四月本町印譜　一册
[佚名]篆並輯
鈐印本
早稻田

01584
四文印譜　一册
（日本）蘆野楠山篆並輯
日本大正元年(1912)鈐印本
松蔭軒　松丸東魚　協會　漢南

01585
四本堂印譜不分卷　四册
〔清〕陳森年篆並輯
清乾隆四十七年(1782)鈐印本
西泠

01586
四本堂印譜不分卷　二册
〔清〕陳森年篆並輯

清乾隆五十一年(1786)鈐印本
寧夏 私人藏

01587

四本堂印譜不分卷 三册
〔清〕陳森年篆並輯
清乾隆五十一年(1786)鈐印本
湖南

01588

四本堂印譜不分卷 四册
〔清〕陳森年篆並輯
清乾隆五十一年(1786)鈐印本
國圖 湖南 上海 上博 安徽 松蔭軒 日本國會
東京大 漠南

01589

四本堂印譜不分卷 八册
〔清〕陳森年篆並輯
清乾隆五十一年(1786)鈐印本
漠南

01590

四本堂印譜 一册
〔清〕陳森年篆並輯
鈐印本
四川 松蔭軒

01591

四本堂印譜乾隆不分卷 五册
〔清〕陳森年篆並輯
清乾隆四十七年(1782)鈐印本
山東

01592

四可廬印存 一册
［佚名］篆並輯
鈐印本
松蔭軒

01593

四百三十二峰草堂印章 一册
〔清〕黄璟篆並輯

清光緒二十二年(1896)上海點石齋石印本
浙江 西泠

01594

四百三十二峰草堂印章不分卷附濬縣衙齋二十四詠印章陝州衙齋二十一詠印章 三册
〔清〕黄璟篆並輯
清光緒二十二年(1896)上海點石齋石印本
國圖

01595

四百三十二峰草堂印章浚縣衙齋二十四詠印章不分卷 四册
〔清〕黄璟篆並輯
清光緒二十二年(1896)上海點石齋石印本
北大 首都

01596

四如室印存 一册
魏本怡篆並輯
民國五年(1916)鈐印本
浙江博

01597

四知堂印譜 一册
〔清〕錢廷棟 楊德敷篆並輯
清乾隆四十三年(1778)鈐印本
上海

01598

四朋印譜不分卷 四册
陳茗屋 徐雲叔 吳子建 方政之篆並輯
丙午年(1966)鈐印本
十功書房 君匋藝院 拾闕齋主

01599

四香堂印餘 八册
〔清〕巴慰祖篆並輯
清乾隆五十八年(1793)鈐印本
浙江

01600

四香堂摹印 一册

〔清〕巴慰祖篆並輯

清乾隆三十九年(1774)描摹本(墨摹)

安徽　安慶

01601

四香堂摹印不分卷　二册

〔清〕巴慰祖篆並輯

清乾隆三十九年(1774)鈐印本

國圖　上海　上博　鴻爪留痕館

01602

四香堂摹印附百壽圖本不分卷附百壽圖　三册

〔清〕巴慰祖篆並輯

清乾隆三十九年(1774)鈐印本

國圖　上博　西泠　百樂齋

01603

四時讀書樂印譜　一册

〔清〕王丕緒輯

鈐印本

安徽

01604

四部入選印　一册

〔佚名〕篆並輯

鈐印本

松蔭軒

01605

四當齋心印　一册

章鈺輯

民國二十五年(1936)鈐印本

上海

01606

四箴堂印存不分卷　二册

〔清〕程鐸篆並輯

清道光十三年(1833)曹存樸堂鈐印本

南京

生

01607

生春紅室印譜　一册

林萬里輯

鈐印本

中大

禾

01608

禾魚草堂藏印　一册

吳昌碩　徐星州等篆（日本）滑川達輯

日本昭和十五年(1940)鈐印本

松丸東魚　東京博　協會　漢南

白

01609

白山人淺井柳塘先生印影　一册

（日本）淺井柳塘篆並輯

鈐印本

協會

01610

白木居印存不分卷　二册

彭植良篆　林章松輯

癸卯年(2023)鈐印本

松蔭軒

01611

白石山人印譜　一册

齊璜篆並輯

鈐印本

上博

01612

白石山房印存　一册

齊璜篆並輯

鈐印本
漠南

01613
白石山房印藪　一册
（日本）須永金三郎輯
日本大正六年(1917)鈐印本
日本國會

01614
白石山翁印存不分卷　二册
齊璜篆並輯
民國二十四年(1935)鈐印本
天津　南開　鴻爪留痕館

01615
白石山翁印草不分卷　四册
齊璜篆並輯
民國七年(1918)鈐印本
國圖

01616
白石山翁印集不分卷　二册
齊璜篆　齊良遲輯
鈐印本
松蔭軒

01617
白石印小集　一册
齊璜篆並輯
鈐印本
松蔭軒

01618
白石印存　一册
齊璜篆並輯
鈐印本
四川　松丸東魚

01619
白石印存不分卷　二册
齊璜篆並輯
鈐印本

國圖

01620
白石印艸　二册
齊璜篆〔佚名〕輯
鈐印本
松蔭軒

01621
白石印草　一册
齊璜篆並輯
民國十七年(1928)鈐印本
人大　松蔭軒

01622
白石印草不分卷　四册
齊璜篆並輯
民國十七年(1928)鈐印本
私人藏　近墨堂　松蔭軒

01623
白石印草不分卷　四册
齊璜篆並輯
民國二十二年(1933)鈐印本
國圖　漠南

01624
白石印草不分卷　十册
齊璜篆並輯
民國二十二年(1933)鈐印本
國圖

01625
白石印草不分卷　四册
齊璜篆並輯
民國二十三年(1934)鈐印本
國圖

01626
白石印集不分卷　四册
齊璜篆　中國美術家協會輯
癸卯年(1963)影印本
上博　魯迅美院　國會山莊

01627
白石印譜　一册
　齊璜篆並輯
　民國三十五年(1946)鈐印本
　國圖　松丸東魚

01628
白石印譜不分卷　二册
　齊璜篆並輯
　鈐印本
　陳大羽

01629
白石印譜不分卷　四册
　齊璜篆　中國美術家協會輯
　鈐印本
　西泠

01630
白石印譜不分卷　五册
　齊璜篆並輯
　鈐印本
　西泠

01631
白石印譜　一册
　（日本）中澤廣勝篆並輯
　日本明治三十九年(1906)鈐印本
　岩瀨文庫

01632
白石老人印存不分卷　四册
　齊璜篆　上海古籍書店輯
　庚申年(1980)鋅版印本
　上海　上博　華東師大　湖南　港中大

01633
白石老人印存不分卷　六册
　齊璜篆並輯
　丙子年(1996)鈐印本
　松蔭軒

01634
白石老人印草不分卷　五册
　齊璜篆並輯
　民國十四年(1925)鈐印本
　國圖

01635
白石先生印存　一册
　齊璜篆並輯
　民國十六年(1927)鈐印本
　國圖

01636
白石先生印存不分卷　四册
　齊璜篆並輯
　民國十六年(1927)鈐印本
　國圖

01637
白石先生印譜　一册
　（日本）新井白石藏
　日本明治三十九年(1906)鈐印本
　漢南

01638
白石刻印集不分卷　二册
　齊璜篆並輯
　鈐印本
　松蔭軒

01639
白石草衣金石刻畫　一册
　［佚名］篆並輯
　鈐印本
　常熟

01640
白石篆刻不分卷　二册
　齊璜篆並輯
　鈐印本
　大連

01641
白朱印集(印海第四輯)　一册
（日本）朱白會輯
日本昭和三十三年(1958)鈐印本
松丸東魚

01642
白芙蓉館印存　一册
〔佚名〕篆並輯
鈐印本
松蔭軒

01643
白岳山人印譜　一册
〔佚名〕篆並輯
鈐印本
鎮江

01644
白受齋印存　一册
〔清〕白采篆並輯
清嘉慶十四年(1809)鈐印本
西泠

01645
白相集　一册
金良良篆　閬風齋輯
戊戌年(2018)鈐印本
私人藏　閬風齋

01646
白華印譜不分卷　二册
（日本）芝山北溪篆並輯
日本安政五年(1858)鈐印本
日本國會　漠南

01647
白雪石印譜　一册
白雪石篆並輯
粘貼本(册葉裝十三開)
松蔭軒

01648
白雪堂印艸不分卷　四册
張貽來篆並輯
粘貼本
松蔭軒

01649
白眼先生印稿　一册
〔佚名〕篆並輯
鈐印本
溫州

01650
白眼青天廬印稿(竹溪艸堂集印)　一册
〔佚名〕篆並輯
戊午年(1978)鈐印本
松蔭軒

01651
白眼居士印稿　一册
（日本）白眼居士篆並輯
鈐印本
早稻田

01652
白雲樓印存　一册
〔佚名〕篆並輯
鈐印本
松蔭軒

01653
白雲樓印譜　一册
〔佚名〕篆並輯
鈐印本
松蔭軒

01654
白雲樓藏印印拓　一册
〔佚名〕篆並輯
鈐印本
私人藏

01655
白雲樓藏印選　一册
〔清〕吳讓之　趙之琛等篆　白雲樓輯
鈐印本
松蔭軒

01656
白雲樓藏造像印譜　一册
張淮紳篆並輯
己未年(1979)鈐印本
松蔭軒

01657
白雲齋印譜　一册
（日本）鶯山寂然篆並輯
日本昭和間鈐印本
松丸東魚

01658
白戰樓印稿　一册
［佚名］篆並輯
鈐印本
松蔭軒

01659
白檮書屋古璽印譜不分卷　二册
（日本）卯里欣侍輯
日本平成十四年(2002)鈐印本
協會

01660
白鵑樓印存不分卷　二册
方介堪篆並輯
鈐印本
秋水齋

01661
白鐸齋彫雕刻治印不分卷　五册
白鶴伊篆並輯
鈐印本
松蔭軒

01662
白鶴草堂印存　一册
吳肇鍾篆並輯
鈐印本
松蔭軒

他

01663
他山之石印存　一册
［佚名］篆並輯
鈐印本
紹興

用

01664
用生家造印偶存（藏東湖馮立園先生印）　一册
馮力遠篆並輯
鈐印本
松蔭軒

印

01665
印丐印存不分卷　八册
壽石工篆並輯
鈐印本
松蔭軒

01666
印丐印存　一册
壽石工篆並輯
鈐印本
張葆石

01667
印丐印存不分卷　四册
壽石工篆並輯

钤印本

國圖 松蔭軒

01668

印丐印稿 一册

壽石工篆並輯

钤印本

協會

01669

印文考略附漢隸辨異歌 一册

〔清〕鞠履厚撰 楊復吉編

清乾隆二十一年(1756)钤印本

中國美院 西泠 浙江博

01670

印文法 一册

〔清〕胡圻篆並輯

清道光二十三年(1843)钤印本

上海

01671

印文詳解 四册

〔清〕劉維坊篆並輯

清道光二十六年(1846)原钤印本

上海 上博 漢南

01672

印文詳解不分卷 二册

〔清〕劉維坊篆並輯

清道光二十八年(1848)原钤印本

國圖 吉林 常州 遼寧 松蔭軒

01673

印文詳解 二册

〔清〕劉維坊篆並輯

清道光二十八年(1848)原钤印本(稿本)

山東

01674

印文詳解 四册

〔清〕劉維坊篆並輯

清道光二十八年(1848)原钤印本

國圖 上博 西泠 右文齋

01675

印文詳解 四册

劉維坊篆 北平五樨輯

民國二十五年(1936)影印本

大連 北大 吉大 東北師大 哈師大 松蔭軒

01676

印文學不分卷 七册

(日本)前田默鳳篆並輯

日本明治三十七年(1904)钤印本

漢南

01677

印心不分卷 二册

(日本)朱白會篆並輯

日本明治四十一年(1908)钤印本

漢南

01678

印心堂印譜 一册

〔清〕錢文英篆 掃葉齋重輯

民國九年(1920)影印本

中科院 南通 松蔭軒

01679

印心集 一册

吳誰堂篆 一畫會輯

己亥年(2019)钤印本

闇風齋

01680

印正附説 一册

〔明〕甘暘述

日本寶曆十二年(1762)浪華木氏兼葭堂影印本

西泠

01681

印可不分卷 四册

〔明〕吳正暘篆並輯

明天啓五年(1625)钤印本

上博 南京 浙江

01682

印可編續編不分卷　二冊

〔明〕詹紹治撰

明崇禎四年至十七年(1631—1644)詹日昌刊印本

國圖

01683

印史　一冊

〔清〕陳鹿峰篆並輯

清光緒二十年(1894)陳鹿峰藤溪山房鈐印本

中國美院

01684

印史附補遺　一冊

〔明〕郭宗昌篆並輯

明萬曆四十三年(1615)鈐印本

東京博

01685

印史附補遺　一冊

〔明〕郭宗昌篆並輯

明萬曆四十六年(1618)郭宗昌鈐印本

國圖　東京博

01686

印史　四冊

〔明〕何通篆並輯

明天啓元年(1621)鈐印本

上博　金陵　南開

01687

印史　五冊

〔明〕何通篆並輯

明天啓三年(1623)鈐印本

國圖　大連　上海　上博　天津　日本國會　中科院　甘肅　北京文物局　北師大　四川　吉大　吉林　西泠　芷蘭齋　南京　哈爾濱　陝西　浙大　浙江　湖北　福建　柏克萊　哈佛燕京　德國柏林

01688

印史　六冊

〔明〕何通篆並輯

明天啓三年(1623)鈐印本

國圖　吉林　西泠　南京　內閣文庫　漢南　哈佛燕京

01689

印史　八冊

〔明〕何通篆並輯

明天啓三年(1623)鈐印本

浙江　柏克萊

01690

印史　四冊

〔明〕何通篆並輯

描摹本

南開

01691

印史　一冊

〔清〕彭玉書篆並輯

清光緒二十一年(1895)彭玉書吟紅軒鈐印本

福建

01692

印史初集不分卷　四冊

〔清〕胡正言篆並輯

清順治二年(1645)鈐印本

上博

01693

印史拾遺不分卷　四冊

〔明〕何震等篆　楊廣泰輯

乙亥年(1995)鈐印本

協會

01694

印史留遺不分卷　八冊

〔明〕何震等篆　楊廣泰輯

丙子年(1996)鈐印本

松蔭軒

01695

印史留遺不分卷　十二冊

〔明〕何震　吳昌碩等篆　楊廣泰輯

丙子年(1996)鈐印本
松蔭軒

01696
印史描摹　六册
〔明〕何通篆〔清〕〔佚名〕輯
描摹本
北師大

01697
印史殘本　一册
〔明〕何通篆並輯
明天啓三年(1623)鈐印本
國圖　四川　哈爾濱　蘇州　松蔭軒

01698
印印不分卷　十一册
（日本）同風印社仝人篆並輯
日本昭和五年(1930)鈐印本
港大　松蔭軒

01699
印印不分卷　五十五册
（日本）同風印社仝人篆並輯
日本昭和二十一年(1946)鈐印本
漠南

01700
印印不分卷　七十八册
（日本）同風印社仝人篆並輯
日本大正十五年至昭和二十六年(1926—1951)鈐印本
漠南

01701
印印不分卷　四册
〔清〕殷用霖篆並輯
清光緒二年(1876)鈐印本
河南大　南京　徐州　松蔭軒

01702
印奴　一册
（日本）松丸東魚篆（日本）知丈印社輯
日本昭和二十六年(1951)鈐印本
協會

01703
印奴不分卷　八册
（日本）松丸東魚篆（日本）白紅社輯
日本昭和三十三年(1959)鈐印本(復刊本)
松丸東魚

01704
印奴第一集　一册
（日本）松丸東魚篆（日本）白紅社輯
日本昭和三十三年(1958)鈐印本
協會

01705
印奴第二集　一册
（日本）松丸東魚篆（日本）白紅社輯
日本昭和三十三年(1958)鈐印本
協會

01706
印奴第三集　一册
（日本）松丸東魚篆（日本）白紅社輯
日本昭和三十三年(1958)鈐印本
協會

01707
印奴第五集　一册
（日本）松丸東魚篆（日本）白紅社輯
日本昭和三十四年(1959)鈐印本
協會

01708
印奴第六集　一册
（日本）松丸東魚篆（日本）白紅社輯
日本昭和三十四年(1959)鈐印本
協會

01709
印奴第四集　一册
（日本）松丸東魚篆（日本）白紅社輯
日本昭和三十四年(1959)鈐印本

协會

01710
印存　一册
〔佚名〕篆並輯
鈐印本
國圖　大連　上海　安徽　河北　南通　保定　紹興　黑龍江　寧夏　遼寧　港大　芷蘭齋　松蔭軒

01711
印存不分卷　五册
〔佚名〕篆並輯
鈐印本
遼寧

01712
印存不分卷　二册
〔清〕陳克恕篆並輯
清乾隆間存幾希齋鈐印本（陳氏本）
國圖

01713
印存(存卷四至六)　一册
〔清〕黃振昆　黃培銖篆並輯
清乾隆五十一年(1786)鈐印本
安徽

01714
印存不分卷　二册
易孺篆並輯
鈐印本
廣東

01715
印存　一册
〔清〕余松山篆並輯
清咸豐三年(1853)鈐印本
吳江

01716
印存　一册
〔清〕余松山篆並輯
余氏鈐印本
南京

01717
印存玄覽　二册
〔清〕郭容光篆並輯
清順治十八年(1661)鈐印本
百樂齋　劉禹　鴻爪留痕館

01718
印存玄覽　一册
〔清〕胡正言篆並輯
清順治十七年(1660)蒂古堂鈐印本
湖南

01719
印存玄覽　四册
〔清〕胡正言篆並輯
清順治十七年(1660)蒂古堂鈐印本
國圖　北大　南京

01720
印存玄覽　二册
〔清〕胡正言篆並輯
己丑年(2009)影印本
浙師大

01721
印存初集　一册
〔清〕郭容光篆並輯
清光緒十一年(1885)鐵如意室鈐印本
嘉興

01722
印存初集　一册
〔清〕郭容光篆並輯
清光緒十一年(1885)郭氏鈐印本
嘉興

01723
印存初集　一册
〔清〕胡正言篆並輯
清順治四年(1647)十竹齋鈐印本
湖南

01724
印存初集　二册
〔清〕胡正言篆並輯
清順治四年(1647)十竹齋鈐印本
國圖　上博　西泠　南京　浙大　內閣文庫　漠南

01725
印存初集　四册
〔清〕胡正言篆並輯
清順治十八年(1661)鈐印本
國圖　上博　南京　浙江

01726
印存初集順治　四册
〔清〕胡正言篆並輯
清順治四年(1647)十竹齋鈐印本
國圖　上博　山東博　北京文物局　四川　西泠　廣東　河南　南京　浙江　臺圖　內閣文庫　哈佛燕京

01727
印存拔萃　一册
（日本）小澤仁庵篆並輯
日本弘化四年(1847)鈐印本
漠南

01728
印存鼓溪漁人不分卷　二册
（日本）石原幸作篆並輯
日本大正八年(1919)鈐印本
臺大

01729
印似　一册
江蘇省立第五中學游藝部篆並輯
鈐印本
上海　南京　吳中

01730
印收堂印譜　一册
錢文英篆並輯
民國九年(1920)影印本
中科院

01731
印何累累　一册
周銘隆輯
鈐印本
浙江博

01732
印判秘決集
（日本）[佚名]篆並輯
日本寬保三年(1743)鈐印本
漠南

01733
印拓　一袋
[佚名]篆並輯
鈐印本
松蔭軒

01734
印拓襍摭　一册
[佚名]篆並輯
鈐印本
松蔭軒

01735
印拓雜集　一册
[佚名]篆並輯
鈐印本
揚州

01736
印拙　一册
〔清〕鍾沈霖篆並輯
鈐印本
浙江

01737
印苑　四册
〔清〕浣雪堂輯
浣雪堂鈐印本
中遺院　加州大學

01738
印苑　一册
（日本）汲古印會選集（日本）山内敬齋輯
日本大正六年(1917)影印本
西泠　松丸東魚　漠南

01739
印苑不分卷　二册
（日本）汲古印會選集
日本大正六年(1917)影印本
漠南

01740
印苑　二册
〔明〕徐而化篆並輯
明天啓元年(1621)鈐印本
重慶

01741
印苑附印説　八册
〔明〕徐而化篆並輯
明天啓元年(1621)鈐印本
上博

01742
印苑不分卷　二册
〔清〕趙之琛等篆並輯
鈐印本
東京博

01743
印苑拾荒一集　一册
〔清〕高西堂　沈凡民等篆　桑寶松輯
鈐印本
鐵硯齋

01744
印林（古今印林）不分卷　四册
（日本）〔佚名〕輯
日本明治二十四年(1891)鈐印本
漠南

01745
印林　一册
〔清〕何澂輯
何氏粘貼本
浙江

01746
印林　一册
〔清〕金俊明輯
清光緒二十四年(1898)金氏鈐印本
漠南

01747
印林(東湖王氏印林)　一册
王禮培輯
鈐印本
松蔭軒

01748
印林不分卷　二册
〔清〕楊守敬輯
清光緒三年(1877)鈐印本
松蔭軒

01749
印林不分卷　四册
〔清〕楊守敬摹　〔清〕饒敦秩輯
清光緒三年(1877)鈐印本
"中研院"史語所

01750
印林不分卷　六册
〔清〕楊守敬輯
清光緒三年(1877)鈐印本
國圖

01751
印林不分卷　八册
〔清〕楊守敬輯
清光緒三年(1877)鈐印本
華東師大

01752
印林不分卷　十四冊
〔清〕楊守敬輯
清光緒四年(1878)鈐印本
四川　松蔭軒　漠南

01753
印林不分卷　十六冊
〔清〕楊守敬輯
清光緒四年(1878)鈐印本
上海　吉大　岩瀨文庫

01754
印林留珍　一冊
衛東晨輯
鈐印本
瓦翁

01755
印林留珍瓦翁集　一冊
〔清〕楊澥　趙次閑　吳昌碩等篆　衛東晨輯
民國二十年(1931)鈐印本
瓦翁

01756
印林留珍紫庵(紫庵印集)　一冊
〔清〕楊澥　趙次閑　吳昌碩等篆　衛東晨輯
粘貼本
瓦翁

01757
印林從新不分卷　二冊
〔清〕張昌甲篆並輯
清光緒六年(1880)鈐印本
上海　西泠　私人藏

01758
印林集萃　一冊
〔清〕楊澥　張丹斧等篆　衛東晨輯
鈐印本
瓦翁

01759
印述　一冊
〔清〕計世祺篆並輯
清乾隆三年(1738)鈐印本
上博　遼寧

01760
印典正宗　八冊
〔清〕王睿章篆　〔清〕華昌朝輯
清乾隆間鈐印本
南京

01761
印典擷英　一冊
〔清〕朱象賢著
日本天明元年(1781)影印本
西泠

01762
印刻集　一冊
三多篆並輯
鈐印本
港大

01763
印法正傳譜
(日本)如禪道人篆並輯
日本文政二年(1819)鈐印本
漠南

01764
印法集成　一冊
〔清〕法正夫篆並輯
鈐印本
右文齋

01765
印宗　一冊
〔清〕李兼山篆並輯
清康熙四十二年(1703)鈐印本
松蔭軒

01766
印拾　一册
〔清〕陳鴻壽篆並輯
清鈐印本
蘇州

01767
印草不分卷　四册
〔佚名〕篆並輯
鈐印本
南京

01768
印品　四册
〔明〕范孟嘉篆並輯
明崇禎九年(1636)鈐印本
北大

01769
印品　一册
〔清〕趙次閑　徐三庚等篆（日本）河西笛洲輯
鈐印本
協會

01770
印品附印章要論、蕉雪林藏印　二册
〔明〕朱修能篆並輯
明萬曆三十九年(1611)鈐印本
臺圖

01771
印品附印章要論、蕉雪林藏印　四册
〔明〕朱修能篆並輯
明萬曆三十九年(1611)鈐印本
陳進　漢南

01772
印品附印章要論、蕉雪林藏印　五册
〔明〕朱修能篆並輯
明萬曆三十九年(1611)鈐印本
上博　武漢　浙江　浙江博　臺圖

01773
印品二集　一册
〔明〕朱修能篆並輯
明萬曆三十九年(1611)鈐印本
上博

01774
印品八集　一册
〔明〕朱修能篆並輯
明萬曆三十九年(1611)鈐印本
浙江博

01775
印品八集　二册
〔明〕朱修能篆並輯
明萬曆三十九年(1611)鈐印本
浙江　浙江博

01776
印品三集　三册
〔明〕朱修能篆並輯
明萬曆三十九年(1611)鈐印本
上博

01777
印品三集　三册
〔明〕朱修能篆並輯
明萬曆四十年(1612)鈐印本
上博

01778
印香吟堂印不分卷　二册
〔清〕李汝皋篆並輯
清鈐印本
溫州　溫嶺

01779
印香閣印譜（法古篆文、百歲紀年）不分卷　十六册
〔清〕趙錫綬　趙清泰等篆〔清〕趙清遠輯
清嘉慶十一年(1806)鈐印本
國圖　上博　南開

01780
印香閣印譜　一冊
　〔清〕趙錫綬　趙清泰等篆〔清〕趙清遠輯
　清嘉慶十八年(1813)鈐印本
　奎章閣　韓國中央

01781
印香閣印譜不分卷　二冊
　〔清〕趙錫綬　趙清泰等篆〔清〕趙清遠輯
　清嘉慶十八年(1813)鈐印本
　上博

01782
印香閣印譜不分卷　四冊
　〔清〕趙錫綬　趙清泰等篆〔清〕趙清遠輯
　清嘉慶十八年(1813)鈐印本
　上海　浙江　松蔭軒　韓國中央

01783
印香閣印譜(法古篆文、百歲紀年)不分卷　六冊
　〔清〕趙錫綬　趙清泰等篆〔清〕趙清遠輯
　清嘉慶十八年(1813)鈐印本
　內蒙古

01784
印香閣印譜(法古篆文、百歲紀年)不分卷　七冊
　〔清〕趙錫綬　趙清泰等篆〔清〕趙清遠輯
　清嘉慶十八年(1813)鈐印本
　松蔭軒

01785
印香閣印譜不分卷　八冊
　〔清〕趙錫綬　趙清泰等篆〔清〕趙清遠輯
　清嘉慶十八年(1813)鈐印本
　松蔭軒　漢南

01786
印香閣印譜(法古篆文、百歲紀年)不分卷　十五冊
　〔清〕趙錫綬　趙清泰等篆〔清〕趙清遠輯
　清嘉慶十八年(1813)鈐印本
　奎章閣

01787
印香閣印譜(法古篆文、百歲紀年)不分卷　二十六冊
　〔清〕趙錫綬　趙清泰等篆〔清〕趙清遠輯
　清嘉慶十八年(1813)鈐印本
　普林斯頓

01788
印香篆冊不分卷　二冊
　〔清〕丁沄輯
　清光緒四年(1878)鈐印本
　上海

01789
印俎不分卷　二冊
　[佚名]篆並輯
　鈐印本
　上博

01790
印原　二冊
　〔清〕顧浩篆並輯
　清道光二十年(1840)鈐印本
　常熟

01791
印原　二冊
　〔清〕顧浩篆並輯
　清道光二十八年(1848)爽來精舍鈐印本
　港大

01792
印郰不分卷　四冊
　[佚名]篆並輯
　清光緒十八年(1892)鈐印本
　百二扇面齋　松蔭軒　漢南

01793
印圃正宗(山意齋印圃正宗)不分卷　八冊
　〔清〕王睿章篆〔清〕華昌朝輯
　清雍正十三年(1735)鈐印本
　南京

01794
印圃正宗　一册
〔清〕王睿章篆〔清〕華昌朝輯
鈐印本
松蔭軒

01795
印郵不分卷　二册
〔清〕高薇垣輯
清光緒十一年(1885)鈐印本
北大　東京博　漢南

01796
印郵　八册
〔清〕高薇垣輯
清光緒十一年(1885)鈐印本
中大　北大　紅棉山房　鐵硯齋　太田孝太郎
漢南

01797
印郵　四册
〔清〕高文翰輯
清光緒十七年(1891)鈐印本
上博　中大　浙江博

01798
印郵　六册
〔清〕趙允中輯
清光緒十七年(1891)文古齋鈐印本
四川　西泠

01799
印郵　七册
〔清〕趙允中　趙國材輯
清光緒十七年(1891)文古齋鈐印本
"中研院"史語所

01800
印郵　八册
〔清〕趙允中　趙國材輯
清光緒十七年(1891)文古齋鈐印本
上博　天津　北師大　湖南　"中研院"史語所

01801
印郵　十六册
〔清〕趙允中　趙國材輯
清光緒十七年(1891)文古齋鈐印本
天津博

01802
印留　一册
〔清〕胡義贊輯
鈐印本
浙江

01803
印記　一册
〔清〕李中輯
清光緒三十四年(1908)鈐印本(稿本)
遼寧

01804
印海不分卷　三册
〔佚名〕篆並輯
鈐印本
東京博

01805
印海不分卷　二册
〔清〕王繼孖篆並輯
清光緒十一年(1885)藏易山房鈐印本(稿本)
西泠

01806
印海二包不分卷　二包
〔清〕奚岡　吳昌碩等篆　槐廬輯
鈐印本
浙江

01807
印海拾貝　一册
〔佚名〕篆並輯
鈐印本
松蔭軒

01808
印海拾趣　一册
　　[佚名]篆並輯
　　鈐印本
　　松蔭軒

01809
印海拾趣　一册
　　[佚名]篆並輯
　　鈐印本（小開本）
　　松蔭軒

01810
印海拾遺　一册
　　[佚名]篆並輯
　　鈐印本
　　松蔭軒

01811
印海拾遺不分卷　二册
　　[佚名]篆並輯
　　鈐印本
　　松蔭軒

01812
印海拾遺不分卷　八册
　　[佚名]篆並輯
　　鈐印本
　　松蔭軒

01813
印海遺珍不分卷　二册
　　〔清〕西泠八家篆　[佚名]輯
　　民國二十九年（1940）鈐印本
　　松蔭軒

01814
印海遺珍不分卷　二册
　　[佚名]篆並輯
　　鈐印本
　　松蔭軒

01815
印海遺珠　一册
　　[佚名]篆並輯
　　鈐印本
　　松蔭軒

01816
印海鴻爪不分卷　四册
　　[佚名]篆並輯
　　鈐印本
　　松蔭軒

01817
印案不分卷　七册
　　[佚名]篆並輯
　　鈐印本
　　國圖

01818
印娛　一册
　　（日本）梅櫻函中子篆並輯
　　日本延享三年（1746）鈐印本
　　漢南

01819
印萃　一册
　　（日本）河西笛洲篆並輯
　　日本昭和十二年（1937）鈐印本
　　早稻田　協會

01820
印萃　一册
　　〔清〕聶際茂篆並輯
　　清乾隆十五年（1750）鈐印本
　　上海　南京

01821
印萃不分卷　八册
　　〔清〕聶際茂篆並輯
　　清乾隆十五年（1750）鈐印本
　　上海

01822
印問　二册
〔明〕周應麐篆並輯
明天啓元年(1621)六書閣鈐印本
上海　國會山莊

01823
印略　一册
〔清〕龔鼎孳篆並輯
清康熙十年(1671)鈐印本
南京

01824
印象　一册
深刻印社輯
民國間鈐印本
國圖

01825
印痕　一册
〔佚名〕篆並輯
鈐印本
松蔭軒

01826
印痕　一册
張志魚篆並輯
民國十三年(1924)鈐印本
北大

01827
印章　一册
〔佚名〕篆並輯
粘貼本
吳江

01828
印章小集　一册
〔明〕釋性空篆並輯
明崇禎元年(1628)鈐印本
上海

01829
印章印譜　一册
（日本）中邨三焦篆並輯
日本明治十三年(1880)鈐印本
漢南

01830
印章法不分卷　二册
〔明〕潘茂弘篆並輯
明崇禎八年(1635)鈐印本
西泠

01831
印章留影　六册
〔清〕古香堂主人輯
清道光十七年(1837)鈐印本
普林斯頓

01832
印章留影　十二册
〔清〕古香堂主人輯
清道光十七年(1837)鈐印本
西泠　國圖

01833
印章備正不分卷　二册
（日本）富取益齋篆並輯
日本大正二年(1913)鈐印本
松蔭軒　日本國會　漢南

01834
印章集　一册
〔佚名〕篆並輯
鈐印本
秦氏支祠（天一閣）

01835
印章集稿　一册
〔清〕陳思聖輯
清嘉慶八年(1803)粘貼本
安徽

01836
印章集錦　一册
　〔佚名〕篆並輯
　愛蓮書屋鈐印本
　中國美院

01837
印章集錦不分卷　二册
　〔清〕趙錫綬篆並輯
　清嘉慶十八年(1813)鈐印本
　奎章閣　國會山莊

01838
印章匯存不分卷　二册
　〔佚名〕篆並輯
　鈐印本
　浙江博

01839
印章與印法　一册
　〔佚名〕篆並輯
　鈐印本
　北大

01840
印章彙存不分卷　二册
　〔佚名〕篆並輯
　鈐印本
　浙江博

01841
印章聚奎　一册
　大一山房輯
　鈐印本
　北大

01842
印章摹本　一册
　〔清〕黄瑞摹並輯
　描摹本
　臨海博

01843
印章圖譜　一册
　〔佚名〕篆並輯
　鈐印本
　松蔭軒

01844
印章篆稿　四册
　〔明〕韋承元篆並輯
　明萬曆三十二年(1604)鈐印本(稿本)
　哈爾濱

01845
印章辨類　一册
　子完篆並輯
　鈐印本
　松蔭軒

01846
印商　一册
　〔明〕程雲衢篆並輯
　明崇禎七年(1634)鈐印本
　西泠

01847
印商　二册
　〔清〕林雨蒼篆並輯
　清嘉慶十年(1805)原鈐印本
　上博　浙江　福建　新疆　松蔭軒　漠南　國會山莊

01848
印商　二册
　〔清〕林雨蒼篆並輯
　民國二十五年(1936)影印本
　上海　中國美院　安徽　哈爾濱　秦氏支祠(天一閣)　浙江博　蘇州　私人藏　松蔭軒

01849
印商　四册
　〔清〕孟錫麟篆並輯
　清嘉慶十八年(1813)孟氏鈐印本
　臺圖

01850
印粕拾零不分卷　四册
　〔佚名〕篆並輯
　鈐印本
　　西泠

01851
印寄不分卷　八册
　〔清〕梁孝昌輯
　清光緒二十六年(1900)7715
　　右文齋

01852
印隅不分卷　四册
　〔清〕張汝升輯
　清光緒十一年(1885)藏易山房鈐印本(稿本)
　　西泠　常熟　暨大

01853
印揭　八册
　〔清〕趙允中輯
　清光緒十七年(1891)鈐印本
　　右文齋　"中研院"史語所　漠南　太田孝太郎

01854
印董(永明嶽色坐堂印董)　一册
　〔清〕周銑詒　周鑾詒輯
　清同治十三年(1874)鈐印本
　　太田孝太郎　漠南

01855
印蒐　一册
　石氏雲隱館藏並輯　潘聖一訂
　清鈐印本
　　蘇州

01856
印景不分卷　二册
　陸和九篆並輯
　鈐印本
　　中國美院　國會山莊

01857
印景擷英(居貞草堂印譜)不分卷　二册
　周進輯
　民國十九年(1930)鈐印本
　　契齋

01858
印景擷英(居貞草堂印譜)不分卷　四册
　周進輯
　民國十九年(1930)鈐印本
　　北大　劉迺中　鴻爪留痕館

01859
印集　一册
　〔佚名〕篆並輯
　鈐印本
　　南京　寧夏　松蔭軒

01860
印集不分卷　二册
　〔佚名〕篆並輯
　鈐印本
　　寧夏

01861
印集不分卷　三册
　〔佚名〕篆並輯
　鈐印本
　　松蔭軒

01862
印集不分卷　四册
　〔佚名〕篆並輯
　鈐印本
　　寧夏

01863
印集　一册
　方去疾輯
　民國三十年(1941)鈐印本(四十四開)
　　松蔭軒

01864
印集 一册
　馮昭適輯
　民國十八年(1929)馮氏鈐印本
　秦氏支祠(天一閣)

01865
印集 一册
　張丹農篆並輯
　民國十五年(1926)張氏鈐印本
　廣東

01866
印雋 一册
　[明]梁袠篆並輯
　明萬曆三十八年(1610)鈐印本
　安徽 重慶 松蔭軒

01867
印雋 二册
　[明]梁袠篆並輯
　明萬曆三十八年(1610)鈐印本
　上海 上博 南京 蘇州 私人藏 鐵硯齋

01868
印雋 四册
　[明]梁袠篆並輯
　明萬曆三十八年(1610)鈐印本
　人大 上博 天津 天津博 浙江 西泠 蘇州 南京 百樂齋 漠南 哈佛燕京

01869
印道人印印不分卷 四册
　傅嘉儀篆 葛欣輯
　丁酉年(2017)影印本
　松蔭軒 知還印館

01870
印匯 四十八册
　西泠印社輯
　清光緒三十二年(1906)鈐印本
　清華

01871
印匯 一册
　[清]載洵輯
　清光緒三十二年(1906)鈐印本
　國圖 西泠

01872
印蛻 一册
　[佚名]篆並輯
　甲戌年(1994)鈐印本
　兩然齋

01873
印彙 一册
　錢松 趙之謙 吳讓之等篆 吳隱輯
　清光緒三十二年(1906)西泠印社鋅版印本
　西泠

01874
印彙不分卷 五十二册
　錢松 趙之謙 吳讓之等篆 吳隱輯
　清宣統二年(1910)鋅版印本
　鴻爪留痕館

01875
印彙不分卷 一百册
　錢松 趙之謙 吳讓之等篆 吳隱輯
　清宣統二年(1910)鋅版印本
　吉林 東京博

01876
印彙不分卷 一百二十八册
　錢松 趙之謙 吳讓之等篆 吳隱輯
　清宣統二年(1910)鋅版印本
　岩瀨文庫

01877
印彙不分卷 二册
　錢松 趙之謙 吳讓之等篆 吳隱輯
　民國四年(1915)鋅版印本
　松蔭軒

01878
印彙不分卷　五册
　錢松　趙之謙　吳讓之等篆　吳隱輯
　民國四年(1915)鋅版印本
　松蔭軒

01879
印彙　一册
　吳隱輯
　清宣統二年(1910)西泠印社粘貼本
　芷蘭齋

01880
印彙書品　一册
　〔清〕胡鏊篆並輯
　清康熙十年(1671)壽恩堂鈐印本
　陝師大

01881
印彙陳秋堂卷(印彙)不分卷　八册
　〔清〕陳豫鍾篆　吳隱輯
　清光緒三十二年(1906)鋅版印本
　協會

01882
印彙趙之謙卷(印彙)不分卷　八册
　〔清〕趙之謙篆　吳隱輯
　清光緒三十二年(1906)鋅版印本
　松蔭軒

01883
印彙錢松卷(印彙)不分卷　八册
　錢松篆　吳隱輯
　清光緒三十二年(1906)鋅版印本
　松蔭軒

01884
印摹　一册
　〔佚名〕篆並輯
　鈐印本
　吳江

01885
印權　一册
　〔佚名〕篆並輯
　鈐印本
　松蔭軒

01886
印圖　一册
　〔明〕朱聞篆並輯
　明崇禎間朱氏鈐印本
　國圖　四川

01887
印管　一册
　〔清〕強行健篆並輯
　清乾隆十四年(1749)鈐印本
　西泠

01888
印粹　一册
　(日本)菊地惺堂輯
　日本大正間鈐印本
　漢南

01889
印粹不分卷　二册
　(日本)菊地惺堂輯
　日本昭和間鈐印本
　東京博

01890
印確不分卷　二册
　〔清〕邵願雍篆並輯
　鈐印本
　上海

01891
印賞　一册
　葉爲銘篆並輯
　鈐印本
　浙江

01892
印影　一册
　[佚名]篆並輯
　鈐印本
　松蔭軒

01893
印影擷英(印影輯英)不分卷　四册
　周暹輯
　民國五年(1916)鈐印本
　國圖　中大　北大　百樂齋

01894
印稿　一册
　[佚名]篆並輯
　鈐印本
　南通

01895
印稿　一册
　沈倬章輯
　民國十四年(1925)粘貼本
　浙江

01896
印範　一册
　〔明〕程正辰篆並輯
　明崇禎元年(1628)鈐印本
　蘇州

01897
印徵附官印、私印、銅玉印　一册
　〔清〕朱楓篆並輯
　清乾隆四十六年(1781)鈐印本
　上博　天津　西泠　百樂齋　東京博　太田孝太郎

01898
印論印譜類存　一册
　〔清〕鄧其鑛篆並輯
　清同治十三年(1874)鈐印本(稿本)
　蒲阪文庫

01899
印談　一册
　（日本）中井敬所篆並輯
　日本明治三十四年(1901)鈐印本
　日本國會　漠南

01900
印選不分卷　三册
　[佚名]篆並輯
　清秘閣鈐印本
　中遺院

01901
印選　一册
　〔明〕方元孚輯
　明萬曆三十一年(1603)鈐印本
　安徽

01902
印選(忍草堂印選)　二册
　〔明〕何震篆〔明〕程遠輯
　明天啓六年(1626)鈐印本
　上海　南京　西泠

01903
印選附印章論　一册
　〔明〕金光先輯
　明萬曆四十年(1612)鈐印本
　國圖　貴州　浙江博　蘇州　蘇州大

01904
印選　一册
　〔明〕劉光祖輯
　劉氏鈐印本
　浙江博

01905
印選(刻印選)　三册
　〔明〕劉光祖篆並輯
　鈐印本
　浙江

01906
印選　四册
　〔明〕孫如蘭輯
　明萬曆間鈐印本
　天津

01907
印選　二册
　於元芳篆　渠丘集印社輯
　民國二十四年(1935)渠丘集印社鈐印本
　國圖

01908
印選　五册
　〔明〕知希齋編輯
　明萬曆間鈐印本
　國圖

01909
印選十六種　四册
　孔雲白輯
　民國二十五年(1936)鈐印本
　紹興

01910
印選殘本(忍草堂印選)　一册
　〔明〕何震篆　〔明〕程遠輯
　明天啓三年(1623)鈐印本
　上海

01911
印學述要　一册
　〔清〕張屏山篆並輯
　清光緒十一年(1885)鈐印本
　松蔭軒

01912
印學集成　一册
　〔清〕李鏞篆並輯
　清康熙元年(1662)鈐印本
　早稻田

01913
印學辨體不分卷　二册
　〔清〕汪一熒篆並輯
　清嘉慶十三年(1808)鈐印本
　國圖　西泠　紹興　寧波　漠南

01914
印燈箋不分卷　三册
　〔清〕尹樹民篆並輯
　鈐印本
　國圖　南京　松蔭軒

01915
印禪　一册
　［佚名］篆並輯
　鈐印本
　雲南

01916
印儲　一册
　［佚名］篆並輯
　鈐印本
　上海

01917
印贘不分卷　六册
　［佚名］篆並輯
　鈐印本
　松蔭軒

01918
印總　二册
　〔明〕吳斗篆並輯
　明崇禎三年(1630)鈐印本
　上博

01919
印藪　二册
　〔明〕顧從德藏　〔明〕王常輯
　明萬曆三年(1575)鈐印本(殘本)
　吉林　安徽　開封　廣東　私人藏

01920

印藪　三冊

〔明〕顧從德藏〔明〕王常輯

明萬曆三年(1575)鈐印本(殘本)

廣東　臺故博

01921

印藪(集古印譜、集古印藪、顧氏芸閣集古印譜)　六冊

〔明〕顧從德藏〔明〕王常輯

明萬曆三年(1575)刊印本

國圖　上海　上博　山西　山西文物局　山東博　川師大　天一閣　天津　中大　"中研院"史語所　中科院　中國美院　中遺院　公文館　文雅堂　甘肅　北大　北京文物局　四川　吉大　吉林　西泠　江西　安徽　安徽博　祁縣　吳江　河南　故宮　南京　南開　首都　宮內廳　陝西博　泰州　浙江　浙江博　清華　復旦　港大　港中大　湖北　湖南　湖南社科院　臺圖　寧夏　遼寧　歷史博物館　鴻爪留痕館　蘇州　松蔭軒　日本國會　英國國圖　東京大　東京大總　東京博　東洋文庫　京文研　蓬左文庫　新潟大　漠南　關西大　奎章閣　哈佛燕京

01922

印藪(集古印譜、集古印藪、顧氏芸閣集古印譜)　八冊

〔明〕顧從德藏〔明〕王常輯

明萬曆三年(1575)刊印本

人大　上海　上博　天津　西泠　百樂齋　安徽　君匋藝院　南京　浙江　浙江博　湖南　港中大　臺圖　松蔭軒　岩瀨文庫　奎章閣　加州大學　哈佛燕京

01923

印藪(集古印譜、集古印藪、顧氏芸閣集古印譜)　十冊

〔明〕顧從德藏〔明〕王常輯

明萬曆三年(1575)刊印本

北大　漠南　臺故博　蒲阪文庫

01924

印藪　一冊

(日本)楠瀨日年篆並輯

日本大正九年(1920)鈐印本

西泠

01925

印藪　一冊

〔明〕王常輯

明萬曆三年(1575)鈐印本

上博　安徽　紹興　湖南　韓國中央

01926

印藪(集古印譜、集古印藪、顧氏芸閣集古印譜)　四冊

〔明〕王常輯

清淵雅堂重刊明萬曆三年鈐印本

天一閣　天津　鄭大　哈爾濱　首都　浙江　松蔭軒　早稻田　松丸東魚　漠南　韓國國會　國會山莊

01927

印藪(集古印譜、集古印藪、顧氏芸閣集古印譜)　十二冊

〔明〕王常輯

明萬曆三年(1575)刊印本

上海　南開　浙師大　奎章閣

01928

印藪(集古印譜、集古印藪、顧氏芸閣集古印譜)　五冊

〔明〕王常輯

清淵雅堂重刊明萬曆三年鈐印本

人大　中遺院　浙江博　柏克萊

01929

印藪(集古印譜、集古印藪、顧氏芸閣集古印譜)　六冊

〔明〕王常輯

清淵雅堂重刊明萬曆三年鈐印本

四川　私人藏

01930

印藪初稿(顧氏印藪初稿)　一冊

〔明〕顧從德輯

明萬曆三年(1575)刊印本
上海

01931
印藪卷物不分卷　七册
（日本）森修來篆並輯
日本享保間鈐印本
漠南

01932
印藪搜奇　四册
〔明〕鮑釗篆並輯
明萬曆三十七年(1609)刊印本
松蔭軒

01933
印藪遺存（顧汝脩藏漢銅章、顧汝脩藏印編）　一册
〔明〕顧從德輯
德化李氏鈐印本
北大

01934
印叢不分卷　四册
高時顯輯
鈐印本
浙江

01935
印叢（高學治印存）不分卷　二册
〔清〕高學治輯
鈐印本
南京　中國美院　松蔭軒

01936
印叢　一册
〔清〕胡钁　徐三庚等篆　（日本）河西笛洲輯
日本昭和十一年(1936)鈐印本
協會

01937
印蹟留痕不分卷　四册
潘萬玉篆並輯
鈐印本
松蔭軒

01938
印癖不分卷　六册
〔佚名〕篆並輯
鈐印本
松蔭軒

01939
印癖三輯不分卷　三册
（日本）趣味の篆刻會輯
日本昭和六十年(1985)鈐印本
松丸東魚

01940
印譜不分卷　二册
〔佚名〕篆並輯
民國間鈐印本
國圖　大連　安徽　南通　浙江　紹興　嘉興　遼寧

01941
印譜不分卷　四册
〔佚名〕篆並輯
民國間鈐印本
國圖　北大　河北　清華　蘇州

01942
印譜不分卷　五册
〔佚名〕篆並輯
民國間鈐印本
南大

01943
印譜不分卷　六册
〔佚名〕篆並輯
民國間鈐印本
天津　南開　蘇州

01944
印譜不分卷　二十四册
〔佚名〕篆並輯

民國間鈐印本
遼寧

01945
印譜 一册
〔佚名〕篆並輯
鈐印本
國圖 上海 上虞 私人藏 天一閣 天津 中大 中國美院 内蒙古 孔子博 北大 吉林 安徽 安徽師大 吳江 青海 松蔭軒 杭州 金華博 南大 南京 陝師大 浙江 浙江博 海寧 紹興 温州 嵊州 煙臺 嘉興 臺圖 廣東 黎州 鎮江 蘇州 高知大 國會山莊

01946
印譜不分卷 三册
〔佚名〕篆並輯
鈐印本
上海 天一閣 首都 陝師大

01947
印譜不分卷 七册
〔佚名〕篆並輯
鈐印本
國圖

01948
印譜不分卷 九册
〔佚名〕篆並輯
鈐印本
湖南

01949
印譜不分卷 十册
〔佚名〕篆並輯
鈐印本
天津 廈大

01950
印譜不分卷 十一册
〔佚名〕篆並輯
鈐印本

蘇州

01951
印譜不分卷 七册
陳融輯
陳氏鈐印本
廣東

01952
印譜 一册
龔植篆並輯
民國二十三年(1934)龔氏鈐印本
廈大

01953
印譜不分卷 十五册
國壽璽篆
民國間鈐印本
國圖

01954
印譜 一册
〔清〕胡柏時 胡楫庭篆同輯
胡柏時鈐印本
安徽

01955
印譜(餘閒齋印譜)不分卷 二册
〔清〕江兆鯤篆並輯
清乾隆六十年(1795)江氏鈐印本
西泠

01956
印譜不分卷 二册
〔清〕李承運篆並輯
清宣統三年(1911)鈐印本
民族圖

01957
印譜 一册
〔清〕李榮增篆並輯
清乾隆四十三年(1778)鈐印本
華東師大

01958
印譜不分卷　二册
　羅福頤篆並輯
　民國間羅福頤鈐印本
　天津

01959
印譜　一册
　蓉岸篆並輯
　蓉岸鈐印本
　安徽

01960
印譜　一册
　繩武輯
　繩武鈐印本
　上海

01961
印譜　一册
　石農篆並輯
　石農鈐印本
　安徽

01962
印譜　一册
　（日本）石原幸作藏並輯
　日本昭和十三年（1938）鈐印本（臺大本）
　臺大

01963
印譜　一册
　蘇舜民篆並輯
　蘇氏鈐印本
　廣東

01964
印譜　一册
　（日本）尾崎秀真輯
　日本昭和十三年（1938）鈐印本（尾崎本）
　臺大

01965
印譜　一册
　〔明〕文彭　何震　蘇宣等篆並輯
　文彭鈐印本
　浙江

01966
印譜　一册
　〔清〕雅閣藏並輯
　清雅閣鈐印本
　安徽

01967
印譜不分卷　二册
　嚴綸清輯
　嚴氏清閒齋鈐印本
　上博

01968
印譜　一册
　姚光輯
　民國間姚光鈐印本
　上海

01969
印譜　一册
　尤壽生輯
　尤氏鈐印本
　上海

01970
印譜　一册
　余馨篆並輯
　余馨鈐印本
　安徽

01971
印譜不分卷　八册
　周叔弢輯
　鈐印本
　天津

01972
印譜　一册
　朱榮爵輯
　朱氏鈐印本
　上博

01973
印譜山不分卷　四册
　(日本)山村良由藏並輯
　鈐印本(山村良由用印)
　岩瀨文庫

01974
印譜合璧西廂選句　一册
　〔清〕菊堂篆並輯
　鈐印本
　松蔭軒

01975
印譜展覽目録古印　一册
　(日本)〔佚名〕著
　鈐印本
　東京大

01976
印譜集腋　一册
　〔佚名〕篆並輯
　鈐印本
　廣東

01977
印譜操　一册
　操一篆並輯
　鈐印本
　浙江

01978
印譜錢譜　一册
　〔佚名〕篆並輯
　鈐印本
　浙江

01979
印證(敦好堂印證)　一册
　〔清〕吳先聲篆並輯
　清康熙三十四年(1695)鈐印本
　上海　浙江　松蔭軒

01980
印廬印存　一册
　何秀峰篆並輯
　民國二十年(1931)鈐印本
　松蔭軒

01981
印廬印存二集不分卷　四册
　何秀峰篆並輯
　民國二十年(1931)鈐印本
　廣州美院

01982
印廬印存三集不分卷　四册
　何秀峰篆並輯
　民國二十年(1931)鈐印本
　廣州美院

01983
印廬印存初集不分卷　四册
　何秀峰篆並輯
　民國二十年(1931)鈐印本
　廣州美院

01984
印廬藏印　一册
　方節庵輯
　民國二十年(1931)鈐印本
　兩然齋

01985
印廬藏印不分卷　二册
　徐星州篆並輯
　民國二十五年(1936)鈐印本
　國圖

01986
印廬藏印不分卷　四册
　徐星州篆並輯
　民國二十五年(1936)鈐印本
　國圖　紅棉山房

01987
印廬藏印不分卷　十六册
　徐星州篆並輯
　民國二十五年(1936)鈐印本
　協會

01988
印癡篆稿　二册
　〔清〕黃鵷篆並輯
　清道光二十九年(1849)鈐印本
　松蔭軒　蒲阪文庫

01989
印癡篆稿　四册
　〔清〕黃鵷篆並輯
　清道光二十九年(1849)鈐印本
　國圖　上博　松蔭軒

01990
印韻　二册
　〔明〕黃湘篆並輯
　明崇禎十年(1637)鈐印本
　松蔭軒

01991
印籍　一册
　〔清〕胡志仁篆並輯
　清乾隆十三年(1748)鈐印本
　西泠　南京

01992
印鑒　二册
　〔清〕胡槿輯
　胡氏鈐印本
　浙江

01993
印鑒　一册
　榮寶齋輯
　鈐印本
　南京

01994
印鑒　二册
　〔清〕許容篆並輯
　清康熙二十一年(1682)鈐印本
　國圖　安徽　長春

01995
印鑄局印譜不分卷　四册
　[佚名]篆並輯
　鈐印本
　松蔭軒

01996
印鑄局銷毀清代官印拓存　一册
　王褆輯
　鈐印本
　浙江博

01997
印鑑　一册
　東北大學註册部輯
　民國二十年(1931)鈐印本
　遼寧

01998
印鑑(梅石庵印鑑)不分卷　二册
　〔清〕謝庸篆並輯
　清光緒十五年(1889)鈐印本
　遼寧

01999
印鑑(梅石庵印鑑)不分卷　四册
　〔清〕謝庸篆並輯
　清光緒十五年(1889)鈐印本
　西泠　松蔭軒

02000

印變　一册

（日本）里見東白篆並輯

日本寶曆三年(1753)鈐印本

漠南

冬

02001

冬心先生印存不分卷　二册

〔清〕金農篆並輯

鈐印本

松蔭軒

02002

冬心室印存不分卷　二册

張紀篆並輯

鈐印本

松蔭軒

02003

冬華庵印存(泉唐丁氏八家印譜、西泠八家印選)不分卷　二册

〔清〕奚岡篆　丁仁輯

清光緒三十年(1904)鈐印本

國圖　松蔭軒

市

02004

市河寬齋米庵印譜不分卷　三册

（日本）市河米庵篆並輯

鈐印本

東京博

立

02005

立夫摹古印輯　一册

頓立夫篆並輯

鈐印本

松蔭軒

02006

立成印譜　一册

（日本）源友邦篆並輯

日本寬政九年(1797)鈐印本

漠南

02007

立雪齋印譜存卷四　一册

〔清〕程大年篆並輯

清康熙四十一年(1702)鈐印本

安徽　松蔭軒

02008

立雪齋印譜　二册

〔清〕程大年篆並輯

清康熙四十一年(1702)鈐印本

國圖　福建　蘇州　東京大總

02009

立雪齋印譜　四册

〔清〕程大年篆並輯

清康熙四十一年(1702)鈐印本

上海　西泠　蘇州　哈爾濱　浙江　漠南　東京博

哈佛燕京

02010

立群治印拓存　一册

汪立群篆並輯

鈐印本

上海

02011

立齋印存　一册

陳晶豫輯

民國二十三年(1934)鈐印本

鹿鳴簃

玄

02012

玄木先生集拓海上各家所刻印存不分卷　二册
　[佚名]篆並輯
　鈐印本
　松蔭軒

02013

玄中寺印譜　一册
　李玄茂篆並輯
　辛酉年(1981)鈐印本
　松蔭軒

02014

玄玄瓷印譜　一册
　(日本)松丸東魚摹篆並輯
　鈐印本
　松丸東魚

02015

玄玄瓷印譜不分卷　二册
　(日本)田邊憲篆並輯
　日本文政十二年(1829)鈐印本
　西泠　松蔭軒　東京藝大　岩瀨文庫　漠南

02016

玄玄瓷印譜不分卷　二册
　(日本)田邊憲篆並輯
　日本天保二年(1831)鈐印本
　松丸東魚　東京博

02017

玄玄瓷印譜不分卷　二册
　(日本)田邊憲篆（日本)松丸東魚摹刻並輯
　日本昭和十八年(1943)刊印本
　松丸東魚

02018

玄圃印存　一册
　[佚名]篆並輯
　鈐印本
　松蔭軒

02019

玄圃積玉不分卷　二册
　(日本)河村茗谿篆並輯
　日本寬延二年(1749)鈐印本
　漠南

半

02020

半丁印存不分卷　二册
　陳半丁篆並輯
　鈐印本
　松蔭軒

02021

半丁老人印譜不分卷　五册
　陳半丁篆並輯
　鈐印本
　松蔭軒

02022

半山老人鈐印　一册
　王孝飴藏
　鈐印本
　南京

02023

半瓦齋印册不分卷　二册
　馮臼篆並輯
　鈐印本
　私人藏

02024

半坡治印　一册
　繆仲康篆並輯
　鈐印本
　松蔭軒

02025

半亭印存　一册

〔清〕朱士林篆並輯

鈐印本

上海

02026

半耕子印草　一册

〔佚名〕篆並輯

鈐印本

松蔭軒

02027

半峰印影（高田早苗印譜）　一册

（日本）高田早苗輯

日本昭和三十五年（1960）鈐印本

早稻田

02028

半舫印存不分卷　四册

丁二仲篆　〔清〕王琛輯

清光緒二十三年（1897）鈐印本

首都

02029

半舫印存　一册

丁二仲篆　〔清〕王琛輯

清光緒二十四年（1898）鈐印本

中遺院

02030

半舫印存不分卷　二册

丁二仲篆　〔清〕王琛輯

清光緒二十四年（1898）鈐印本

國圖　上海　上博　甘肅　哈爾濱　鴻爪留痕館　松蔭軒

02031

半畝山房印集　一册

〔清〕朱鵬篆並輯

清道光九年（1829）鈐印本

蒲阪文庫

02032

半畝園知止齋藏印　一册

〔清〕徐壽麟輯

清嘉慶二十二年（1817）鈐印本

安徽

02033

半畝齋印存　一册

〔清〕張泰　梁梓材篆並輯

清光緒二十二年（1896）鈐印本

上博

02034

半塘印譜　一册

〔清〕王鵬運篆並輯

鈐印本

松蔭軒

02035

半塘印譜不分卷　三册

〔清〕王鵬運篆　王序梅輯

鈐印本

上海　松蔭軒

02036

半塘老人鈐印　一册

〔清〕王鵬運篆　王序梅輯

民國二十四年（1935）鈐印本

國圖　上博　哈爾濱　浙江　私人藏

02037

半園印存　一册

〔佚名〕篆並輯

鈐印本

黑龍江

02038

半甌香館印賞　一册

〔佚名〕篆並輯

鈐印本

松蔭軒

02039

半齋百信　一冊

（日本）高芙蓉等篆（日本）細合半齋輯

日本安永八年(1779)鈐印本

岩瀨文庫

02040

半聾印存不分卷　十二冊

［佚名］篆並輯

鈐印本

北大

02041

半聾廎印艸不分卷　二冊

周鐵衡篆並輯

民國二十七年(1938)鈐印本

松蔭軒　漠南

02042

半聾瘦印艸(半聾樓印草)　一冊

周鐵衡篆並輯

民國二十七年(1938)鈐印本

遼大　遼寧　松蔭軒

氾

02043

氾鳧亭印擷　一冊

劉希淹篆　劉希亮輯

民國二十七年(1938)鈐印本

上海　天津　中大　松蔭軒

它

02044

它山之石不分卷　二冊

［佚名］篆並輯

鈐印本

松蔭軒

永

02045

永昌博物館藏古玉印選拓不分卷　二冊

袁萬恒輯

庚子年(2020)鈐印本

見性簃　知還印館　鹿鳴簃　澂廬

02046

永和室印集　一冊

蘇子珍輯

民國八年(1919)鈐印本

松蔭軒

02047

永和齋集古印譜不分卷　六冊

永和室主輯

鈐印本(古璽印暨名家刻印)

清華

02048

永嘉葉墨卿鐵筆　一冊

葉鴻翰篆並輯

鈐印本

松蔭軒

司

02049

司空表聖詩品印譜不分卷　二冊

〔清〕聶際茂篆並輯

清乾隆十八年(1753)鈐印本

國圖

02050

司空圖廿四詩品印譜不分卷　二冊

［佚名］篆並輯

鈐印本

臺大

02051
司空圖詩品印譜　一册
　邀梅軒輯
　鈐印本
　潋廬

民

02052
民國廿家印不分卷　三册
　[佚名]篆並輯
　鈐印本
　松蔭軒

02053
民國存官印譜　一册
　[佚名]篆並輯
　鈐印本
　松蔭軒

02054
民楷印存　一册
　程民楷篆並輯
　己亥年(1959)影印本
　東海大

出

02055
出師表印譜　一册
　[佚名]篆並輯
　鈐印本
　松蔭軒

幼

02056
幼華印存　一册
　黃幼華篆並輯
　鈐印本
　松蔭軒

02057
幼章印存　一册
　幼章篆並輯
　鈐印本
　中嶽齋

六　畫

匡

02058
匡一用印集　一册
　[佚名]篆並輯
　鈐印本
　松蔭軒

耒

02059
耒耨幽期　二册
　(日本)高良養篆並輯
　日本昭和間鈐印本(高良養本)
　松丸東魚

02060
耒耨幽期　二册
　(日本)趙陶齋篆並輯
　日本安永六年(1777)鈐印本
　西泠　漢南

式

02061
式純鈍刀　一册
　黎式純篆並輯
　庚子年(1960)鈐印本

松蔭軒

02062

式熊印稿　一册

　　高式熊篆並輯

　　戊辰年(1988)鈐印本

　　百二扇面齋　松蔭軒　協會

02063

式熊跋禹照先生新得八印　一册

　　王禔　鄧散木等篆　高式熊輯

　　戊寅年(1998)鈐印本

　　松蔭軒

迂

02064

迂軒印存(武强賀培新印草)不分卷　二册

　　賀孔才篆並輯

　　民國十二年(1923)鈐印本

　　南京

戎

02065

戎小帖印稿初集　一册

　　[佚名]篆並輯

　　鈐印本

　　浙江

02066

戎壹軒秦印彙不分卷　八册

　　張小東藏並輯

　　乙未年(2015)鈐印本

　　見性簃　松蔭軒　知還印館

02067

戎壹軒藏秦印選不分卷　二册

　　張小東藏並輯

　　乙未年(2015)鈐印本

　　見性簃

02068

戎壹軒藏戰國璽選粹不分卷　二册

　　張小東藏並輯

　　丙申年(2016)鈐印本

　　見性簃　知還印館　鹿鳴簃

02069

戎壹軒藏璽印陶文不分卷　二册

　　張小東藏並輯

　　己亥年(2019)原拓本

　　見性簃

吉

02070

吉田半迂印譜(半迂印譜、雲烟過眼)不分卷　六册

　　(日本)吉田半迂篆並輯

　　鈐印本

　　早稻田

02071

吉田老田翁印譜　一册

　　(日本)[佚名]篆並輯

　　日本明治二十八年(1895)鈐印本

　　漠南

02072

吉林省博物館藏古代官私印集不分卷　八册

　　[佚名]篆並輯

　　鈐印本

　　松蔭軒

02073

吉金印二集不分卷　二册

　　(日本)山下方等篆並輯

　　日本平成二十五年(2013)鈐印本

　　協會

02074

吉金貞石坊印譜　一册

〔佚名〕篆並輯

影印本

私人藏

02075

吉金堂藏漢印譜不分卷　二册

〔佚名〕輯

清光緒二十一年(1895)鈐印本

東京博

02076

吉金樂石之居印存　一册

李壽銓輯

民國三年(1914)影印本

浙江博

02077

吉金樂石之居印存　一册

〔清〕唐棣芳篆並輯

描摹本

湖南　松蔭軒

02078

吉金樂石之居印存不分卷　四册

葉閬儒篆並輯

民國三年(1914)原鈐印本

安徽　松蔭軒

02079

吉金樂石齋印存不分卷　二册

〔清〕李麗生(荔軒)篆並輯

鈐印本

鎮江

02080

吉金樂石齋印賞　一册

〔清〕李維勛輯

清光緒十九年(1893)鈐印本

安徽

02081

吉金齋古銅印篆文不分卷　八册

〔清〕何昆玉輯

鈐印本

中大

02082

吉金齋古銅印譜續譜一册　八册

〔清〕何昆玉輯

清同治五年(1866)鈐印本

浙江　北大　中遺院　西泠　君匋藝院　"中研院"
史語所

02083

吉金齋古銅印譜不分卷　十册

〔清〕何昆玉輯

清同治八年(1869)鈐印本

國圖　南京　上博　松蔭軒　協會

02084

吉金齋古銅印譜不分卷　十一册

〔清〕何昆玉輯

清同治八年(1869)鈐印本

南京　上博　天一閣　松蔭軒　松丸東魚

02085

吉金齋古銅印譜不分卷　十二册

〔清〕何昆玉輯

清同治八年(1869)鈐印本

天津　復旦　紅棉山房　哈佛燕京　蒲阪文庫

02086

吉金齋古銅印譜不分卷附外集　十三册

〔清〕何昆玉輯

清同治八年(1869)鈐印本

中大

02087

吉金齋古銅印譜不分卷附外集　十四册

〔清〕何昆玉輯

清同治八年(1869)鈐印本

北大

02088

吉金齋古銅印譜附續譜　七冊

〔清〕何昆玉輯

清同治九年(1870)鈐印本

國圖　上海　上博　"中研院"史語所　中科院　中國美院　中遺院　四川　安徽　別宥齋（天一閣）　浙江　浙江博　復旦　湖北　溫州　松蔭軒　東京博協會　京文研　哈佛燕京　鐵硯齋　漠南　太田孝太郎

02089

吉金齋古銅印譜不分卷附外集　二十冊

〔清〕何昆玉輯

鈐印本

吉大

02090

吉金齋古銅印譜　五冊

〔清〕何昆玉藏　吳大澂輯

清同治八年(1869)鈐印本

中大　廣州　廣東

02091

吉金齋古銅印譜不分卷　六冊

〔清〕何昆玉藏　吳大澂輯

清同治八年(1869)鈐印本

國圖　大連　上海　上博　天津　中大　中科院　中國美院　吉林　西泠　南京　首都　陝西　秦氏支祠（天一閣）　浙江博　復旦　溫州　港大　鴻爪留痕館　松蔭軒　東京大總　東洋文庫　哈佛燕京

02092

吉金齋古銅印譜　一冊

〔清〕何昆玉藏　吳大澂輯

鈐印本

廣東

02093

吉金齋古銅印譜不分卷　二冊

〔清〕何昆玉藏　吳大澂輯

鈐印本

中科院　吉林　松蔭軒　浙江

02094

吉金齋古銅印譜　四冊

〔清〕何昆玉藏　吳大澂輯

鈐印本

吉林　浙江　西泠　廣東　汕頭　君匋藝院　松蔭軒　紅棉山房

02095

吉金齋古銅秦印篆文不分卷　十冊

〔清〕何昆玉輯

鈐印本

港大

02096

吉金齋印譜不分卷　六冊

［佚名］輯

鈐印本

"中研院"史語所　鴻爪留痕館

02097

吉祥草堂印存不分卷　二冊

［佚名］篆並輯

鈐印本

松蔭軒

02098

吉祥草堂印譜不分卷　六冊

（日本）藤原芥津篆並輯

日本明治十七年(1883)鈐印本

漠南

02099

吉祥草堂印譜不分卷　六冊

（日本）藤原芥津篆並輯

日本明治三十四年(1901)鈐印本（重輯本）

漠南

02100

吉祥草堂印譜不分卷　四冊

〔清〕王衡篆並輯

清光緒二十五年(1899)鈐印本

上海 復旦 松蔭軒

02101

吉祥草堂印譜不分卷　六冊

〔清〕王衡篆並輯

清光緒二十五年(1899)鈐印本

上海 天津 南京 浙江博 復旦 蘇州 松蔭軒

02102

吉羅居士印譜(蔣山堂印譜)不分卷　二冊

〔清〕蔣仁篆 吳隱輯

民國元年(1912)鋅版印本(潛泉印叢本)

國圖 大連 中國美院 北碚 四川 西泠 杭州 南京 哈爾濱 首都 浙江 浙江博 清華 蘇州 港大 臺師大 鴻爪留痕館 近墨堂 松蔭軒 東京大 京文研 國會山莊

考

02103

考古正文印藪　二冊

〔明〕張學禮篆並輯

明萬曆十七年(1589)鈐印本

臺故博

02104

考古正文印藪　四冊

〔明〕張學禮篆並輯

明萬曆十七年(1589)鈐印本

巴伐利亞

02105

考古正文印藪附印譜舊敘　五冊

〔明〕張學禮篆並輯

明萬曆十七年(1589)鈐印本

國圖 上海 上博 川大 北大 西泠 南京 浙江博 港中大 臺故博 臺圖 漢南

02106

考古正文印藪　八冊

〔明〕張學禮篆並輯

明萬曆十九年(1591)鈐印本

上海 南京

02107

考古正文印藪　十冊

〔明〕張學禮篆並輯

明萬曆二十年(1592)鈐印本

上海 南京

02108

考經印譜不分卷　二冊

〔清〕梁原益篆並輯

清雍正十二年(1734)鈐印本

國圖

02109

考槃刻印偶存　一冊

蘇澗寬篆並輯

鈐印本

遼寧

老

02110

老子經印譜不分卷　五冊

(日本)〔佚名〕篆並輯

鈐印本

漢南

02111

老升戲銕　一冊

張子虎篆並輯

丙寅年(1986)鈐印本

松丸東魚

02112

老田印譜　一冊

(日本)吉田良齋篆並輯

日本明治三十五年(1902)鈐印本

漢南

02113
老松閣印存　一册
（日本）武川六石篆（日本）桑名鐵城輯
日本昭和二年(1927)鈐印本
西泠　漠南

02114
老秋印存　一册
胡漢秋篆並輯
民國十六年(1927)鈐印本
港大

02115
老梅爪痕　一册
（日本）梅舒適篆（日本）吉永田子輯
日本昭和五十九年(1984)鈐印本
日本國會　協會

02116
老梅爪痕　一册
（日本）梅舒適篆（日本）山下方亭輯
鈐印本(山下本)
協會

02117
老崔金石　一册
潘學固篆並輯
鈐印本
松蔭軒

02118
老學印蛻　一册
潘重篆並輯
癸卯年(1963)鈐印本
松蔭軒

02119
老饕自用印集　一册
商向前篆並輯
乙丑年(1985)鈐印本
松蔭軒

地

02120
地山印稿　三册
〔清〕金鏐篆並輯
清乾隆二十八年(1763)鈐印本
上海　浙江　西泠　漠南

02121
地山印稿　四册
〔清〕金鏐篆並輯
清乾隆二十八年(1763)鈐印本
安徽　廣東

02122
地山藏印　六册
余地山藏並輯
民國二十二年(1933)鈐印本
南京

02123
地山藏印　六册
余地山藏並輯
民國二十二年(1933)鈐印本(稿本)
南京

耳

02124
耳學廬集印　一册
〔清〕沈敦和輯
鈐印本
國圖

芋

02125
芋村印譜第二集　一册
（日本）[佚名]篆（日本）芋村輯

六畫 161

日本昭和五十一年(1976)鈐印本
協會

02126
芋香宧印譜　一册
　錢瘦鐵篆並輯
　民國三十八年(1949)鈐印本
　東京博

02127
芋香室印存　一册
　〔清〕李寶嘉篆並輯
　清光緒三十四年(1908)鈐印本
　常州　常州博

共

02128
共墨齋印存　四册
　〔清〕周銑詒　周鑾詒輯
　清光緒十二年(1886)鈐印本
　百樂齋　松丸東魚

02129
共墨齋印譜　六册
　〔清〕周銑詒　周鑾詒輯
　清光緒十二年(1886)鈐印本
　天津　"中研院"史語所

02130
共墨齋漢印譜　八册
　〔清〕周銑詒　周鑾詒輯
　清光緒十九年(1893)鈐印本
　上海　上博　浙江博

02131
共墨齋藏古鉢印譜　八册
　〔清〕周銑詒　周鑾詒輯
　清光緒十二年(1886)鈐印本
　上海　上博　浙江博　中大

02132
共墨齋藏古鉢印譜　十册
　〔清〕周銑詒　周鑾詒輯
　清光緒十二年(1886)鈐印本
　湖南

02133
共墨齋藏古鉢印譜　十册
　〔清〕周銑詒　周鑾詒輯
　清光緒十九年(1893)鈐印本
　湖南　西泠　百樂齋　"中研院"史語所　東京博
　漠南

芝

02134
芝友室印留不分卷　二册
　〔佚名〕篆並輯
　鈐印本
　松蔭軒

02135
芝田艸堂印譜不分卷　二册
　〔佚名〕篆並輯
　鈐印本
　松蔭軒

02136
芝青印集　一册
　〔佚名〕篆並輯
　鈐印本
　西泠

02137
芝軒印存　一册
　李孌篆並輯
　民國間鈐印本
　南京

02138
芝軒印稿不分卷　二册

吳芝軒篆並輯
鈐印本
泰州

02139
芝園印林（徐嘯侯先生印譜）　一册
徐舒輯
民國十年(1921)鈐印本
浙江　紹興

02140
芝蘭艸堂印存　一册
汪大鐵篆並輯
庚寅年(1950)鈐印本
私人藏

02141
芝蘭艸堂印存全編不分卷　五册
汪大鐵篆並輯
庚寅年(1950)鈐印本
上海　上博　松蔭軒

02142
芝蘭室主印譜不分卷　二册
[佚名]篆並輯
鈐印本
松蔭軒

02143
芝鶴室集印　一册
[佚名]篆並輯
鈐印本
西泠

朴

02144
朴翁印譜　一册
（日本）石原幸作輯
鈐印本
臺大

02145
朴巢印存不分卷　二册
吳昌碩篆並輯
清同治九年(1870)鈐印本
浙江博

臣

02146
臣爛摹古印譜　一册
[佚名]篆並輯
鈐印本
芷蘭齋

再

02147
再生印存　一册
（日本）民人再生篆（日本）豐中詩人協會輯
日本昭和二十一年(1946)鈐印本
日本國會

02148
再續封泥考略　四册
周明泰輯
民國十七年(1928)鈐印本
中大　吉大　河南　南京　南開　浙江博　港中大
松蔭軒　京都大

西

02149
西山嶂印譜　一册
（日本）西山翠嶂篆並輯
日本大正十三年(1924)鈐印本
協會

02150
西北古印集存　一册

六畫 163

張果約輯
民國二十五年(1936)鈐印本
南京

02151
西北古國印本　一冊
張果約輯
民國二十六年(1937)影印本
上海　南大

02152
西北古國印存　一冊
張果約輯
民國二十六年(1937)影印本
南大

02153
西北古國印存　一冊
張果約輯
民國二十六年(1937)鈐印本
南京　東京博　漢南

02154
西北古國印存不分卷　六冊
張果約輯
民國二十六年(1937)鈐印本
天津

02155
西北古國印存別集　一冊
張果約輯
民國二十五年(1936)影印本
南京　南大

02156
西北古國印存續集　一冊
張果約輯
民國二十六年(1937)鈐印本
南京　漢南

02157
西北古國印押碎錦　一冊
張果約輯

民國二十五年(1936)影印本
南京　漢南

02158
西北古國印集存　一冊
張果約輯
民國二十五年(1936)原鈐印本
上海　南京

02159
西北古國印集成　一冊
張果約輯
民國二十五年(1936)影印本
上海

02160
西北古璽集存　一冊
張果約輯
民國二十五年(1936)鈐印本
南京　松蔭軒　漢南

02161
西邨集印不分卷　二冊
〔佚名〕篆並輯
鈐印本
松蔭軒

02162
西安金氏歸研留畊室印存　一冊
〔佚名〕篆並輯
鈐印本
哈爾濱

02163
西京職官印錄　二冊
〔清〕徐堅輯
清乾隆十七年(1752)原鈐印本
南京　西南師大

02164
西京職官印錄　二冊
〔清〕徐堅輯
清乾隆十九年(1754)原鈐印本

國圖 上海 上博 北大 四川 西泠 南京 浙江 松蔭軒 漠南

02165

西京職官印録　四册
〔清〕徐堅輯
清乾隆二十一年(1756)原鈐印本
西泠 東京博

02166

西京職官印録　六册
〔清〕徐堅輯
清乾隆二十一年(1756)原鈐印本
國圖

02167

西京職官印録　一册
〔清〕徐堅輯
清嘉慶十三年(1808)徐保鈐印本
國圖

02168

西京職官印録　二册
〔清〕徐堅輯　上海商務印書館重輯
民國二十四年(1935)影印本
人大 天津 中大 中國美院 北大 吉林 杭州 東北師大 南大 南京 南開 哈爾濱 徐州 清華 復旦 湖南社科院 溫州 廈大 嘉興 齊齊哈爾 遼寧 蘇州 私人藏 芷蘭齋 松蔭軒 東京大 東洋文庫 協會 京文研

02169

西京職官印録附印箋説　二册
〔清〕徐堅輯
清乾隆十一年(1746)原鈐印本
國圖 上海 上博 北大 吉大 西泠 青海 南京 南開 蘇州

02170

西京職官印録附印箋説　四册
〔清〕徐堅輯
清乾隆十九年(1754)原鈐印本

天津博 北大 蘇州

02171

西泠七家印譜不分卷　八册
〔清〕丁敬 陳豫鍾 錢松等篆〔清〕丁丙輯
清光緒十一年(1885)鈐印本
日本國會 東京大

02172

西泠八家印存　八册
〔清〕丁敬 陳豫鍾 錢松等篆 丁仁輯
鈐印本
私人藏

02173

西泠八家印選　十二册
〔清〕丁敬 陳豫鍾 錢松等篆〔清〕丁丙輯
清同治六年(1867)鈐印本
西泠

02174

西泠八家印選　三十册
〔清〕丁敬 陳豫鍾 錢松等篆 丁仁輯
清光緒三十年(1904)鈐印本(乙巳本)
上海 南京 遼寧

02175

西泠八家印選　三十册
〔清〕丁敬 陳豫鍾 錢松等篆 丁仁輯
清光緒三十一年(1905)鈐印本
上海 私人藏 中科院 甘肅 北大 四川 西泠 百樂齋 南京 哈爾濱 重慶 陝西 華東師大 浙江 浙江博 國圖 港大 漠南 臺故博 遼寧 協會

02176

西泠八家印選　三十册
〔清〕丁敬 陳豫鍾 錢松等篆 丁仁輯
清光緒三十三年(1907)鈐印本
上海 南京 重慶 浙江博 長恩閣

02177

西泠八家印選　四册

〔清〕丁敬 陳豫鍾 錢松等篆 丁仁輯
民國十四年(1925)鈐印本
上博 浙江 溫州 鎮江 西泠 文雅堂 百樂齋
紅棉山房 寶楹齋 松蔭軒 東京博 漠南

02178
西泠八家印選　六冊
〔清〕丁敬 陳豫鍾 錢松等篆 丁仁輯
鈐印本
上海 協會

02179
西泠八家印選　八冊
〔清〕丁敬 陳豫鍾 錢松等篆 丁仁輯
鈐印本
浙江

02180
西泠八家印選　二十八冊
〔清〕丁敬 陳豫鍾 錢松等篆 丁仁輯
鈐印本
私人藏

02181
西泠八家印舉冊不分卷　二冊
〔清〕丁敬〔清〕陳豫鍾 錢松等篆 高壐輯拓
民國二十八年(1939)鈐印本
上博

02182
西泠八家印譜　一冊
〔清〕丁敬 陳豫鍾 錢松等篆 中國印學社輯
民國二十四年(1935)影印本
上海 鎮江 松丸東魚 漠南

02183
西泠八家印譜不分卷　七冊
〔清〕丁敬 陳豫鍾 錢松等篆〔清〕丁丙輯
清光緒十一年(1885)鋅版印本
長恩閣 鴻爪留痕館

02184
西泠八家印譜不分卷　十冊

〔清〕丁敬 陳豫鍾 錢松等篆〔清〕丁丙輯
清光緒十一年(1885)鋅版印本
華東師大

02185
西泠八家印譜不分卷　二冊
〔清〕丁敬 陳豫鍾 錢松等篆 西泠印社輯
戊寅年(1998)鋅版印本
松蔭軒 秋水齋

02186
西泠八家印譜　一冊
〔清〕丁敬 陳豫鍾 錢松等篆〔清〕何元錫 何澍輯
粘貼本
西泠

02187
西泠八家印譜　一冊
〔清〕丁敬 陳豫鍾 錢松等篆並輯
鈐印本
君匋藝院

02188
西泠八家等拓片　一冊
〔清〕丁敬 陳豫鍾 錢松等篆並輯
鈐印本
西泠

02189
西泠八家等拓片　四冊
〔清〕丁敬 陳豫鍾 錢松等篆並輯
鈐印本
西泠

02190
西泠八家等拓片　十八冊
〔清〕丁敬 陳豫鍾 錢松等篆並輯
鈐印本
西泠

02191
西泠五家印譜　六冊

〔清〕丁敬 陳豫鍾 錢松等篆並輯
鈐印本
上海 浙江

02192
西泠六家印存 二冊
〔清〕丁敬 陳豫鍾 錢松等篆〔清〕傅栻輯
清光緒九年(1883)鈐印本
國圖

02193
西泠六家印存 三冊
〔清〕丁敬 陳豫鍾 錢松等篆〔清〕傅栻輯
清光緒九年(1883)鈐印本
三峽博

02194
西泠六家印存 四冊
〔清〕丁敬 陳豫鍾 錢松等篆〔清〕傅栻輯
清光緒九年(1883)鈐印本
天一閣 東京博 哈爾濱 漠南

02195
西泠六家印存(西泠六家印譜) 四冊
〔清〕丁敬 陳豫鍾 錢松等篆〔清〕傅栻輯
清光緒十一年(1885)鈐印本(後輯本)
國圖 浙江博 西泠 松蔭軒

02196
西泠六家印存(西泠六家印譜) 四冊
〔清〕丁敬 陳豫鍾 錢松等篆〔清〕傅栻輯
清光緒十八年(1892)鈐印本
上海 上博 西泠 浙江博

02197
西泠六家印存 一冊
〔清〕丁敬 陳豫鍾 錢松等篆並輯
清鈐印本
國圖 湖南

02198
西泠六家印粹不分卷 二冊
〔清〕丁敬 陳豫鍾 錢松等篆〔清〕魏稼孫輯

鈐印本
私人藏

02199
西泠四家印存不分卷 二冊
〔清〕丁敬 陳豫鍾 錢松等篆〔清〕傅栻輯
清光緒七年(1881)鈐印本
國圖

02200
西泠四家印稿 一冊
〔清〕丁敬 陳豫鍾 錢松等篆〔佚名〕輯
描摹本
松蔭軒

02201
西泠四家印稿不分卷 四冊
〔清〕丁敬 陳豫鍾 錢松等篆〔佚名〕輯
描摹本
長恩閣

02202
西泠四家印譜不分卷 二十四冊
〔清〕丁敬 陳豫鍾 錢松等篆〔清〕傅栻輯
清咸豐十一年(1861)鈐印本
鐵硯齋

02203
西泠四家印譜不分卷 四冊
〔清〕丁敬 陳豫鍾 錢松等篆〔清〕丁丙輯
清同治六年(1867)鈐印本
國圖 上海 山東 天一閣 天津博 北大 西泠
安徽 哈爾濱 重慶 桂林 黎州 港大 鴻爪留痕
館 芷蘭齋 別宥齋(天一閣) 松蔭軒 協會

02204
西泠四家印譜不分卷 十二冊
〔清〕丁敬 陳豫鍾 錢松等篆〔清〕丁丙輯
清光緒十一年(1885)鈐印本
重慶 陝師大

02205
西泠四家印譜不分卷 九冊

六　畫　167

〔清〕丁敬　陳豫鍾　錢松等篆並輯
清光緒間鈐印本
　金陵　南京博

02206
西泠四家印譜　一册
　〔清〕丁敬　陳豫鍾　錢松等篆〔清〕何澍輯
　清粘貼本
　西泠

02207
西泠四家印譜不分卷　四册
　〔清〕丁敬　陳豫鍾　錢松等篆〔佚名〕輯
　鈐印本
　浙江

02208
西泠四家印譜附存三家　八册
　〔清〕丁敬　陳豫鍾　錢松等篆〔清〕丁丙輯
　清同治六年(1867)百石齋鈐印本
　浙江　廣東　上博　安徽　蘇州　鴻爪留痕館　松蔭軒　協會

02209
西泠四家印譜附存三家　十册
　〔清〕丁敬　陳豫鍾　錢松等篆〔清〕丁丙輯
　清同治六年(1867)鈐印本
　私人藏

02210
西泠四家印譜附存四家不分卷　五册
　〔清〕丁敬　陳豫鍾　錢松等篆〔清〕丁丙輯
　清同治六年(1867)百石齋鈐印本
　上海　浙江　廣東

02211
西泠四家印譜附存四家(西泠八家印譜)　十二册
　〔清〕丁敬　陳豫鍾　錢松等篆〔清〕丁丙輯
　清同治六年(1867)鈐印本
　國圖　上博　山西　西泠　哈師大　哈爾濱　陝師大　秦氏支祠(天一閣)　浙江　浙江博　紹興　嘉興　黎州　松蔭軒　松丸東魚　東京博　東洋文研　京文研　漢南　國會山莊

02212
西泠四家印譜附存四家(西泠八家印譜)　十册
　〔清〕丁敬　陳豫鍾　錢松等篆〔清〕丁丙輯
　清光緒十年(1884)鈐印本
　嘉興　百樂齋　長恩閣

02213
西泠四家附存三家　四册
　〔清〕丁敬　陳豫鍾　錢松等篆　林樹臣輯
　清末粘貼鋅版印本
　秋水齋　鴻爪留痕館

02214
西泠印人印選　一册
　〔清〕丁敬　趙次閑等篆並輯
　鈐印本
　協會

02215
西泠印存不分卷　二册
　〔清〕丁敬　陳豫鍾　錢松等篆〔清〕丁丙輯
　清光緒三年(1877)當歸草堂鈐印本
　南京

02216
西泠印存不分卷　六册
　〔清〕丁敬　陳豫鍾　錢松等篆〔清〕丁丙輯
　清光緒三年(1877)當歸草堂鈐印本
　浙江　哈爾濱

02217
西泠印存不分卷　八册
　〔清〕丁敬　陳豫鍾　錢松等篆〔清〕丁丙輯
　清光緒三年(1877)鈐印本
　復旦

02218
西泠印社六十周年紀念印集　一册
　西泠印社輯
　癸卯年(1963)鈐印本
　西泠

02219
西泠印社四創始人印譜不分卷　二册
　丁仁　吳隱等篆　西泠印社選輯
　庚午年(1990)鈐印本
　港中大　松蔭軒　協會

02220
西泠印社百年藏印精選不分卷　六册
　王禔　丁仁等篆　西泠印社輯
　癸未年(2003)鈐印本
　協會

02221
西泠印社同人印傳不分卷　二册
　高式熊篆並輯
　民國三十七年(1948)鈐印本
　西泠

02222
西泠印社同人印傳不分卷　六册
　高式熊篆並輯
　民國三十七年(1948)鈐印本
　西泠

02223
西泠印社同人印傳不分卷　六册
　高式熊篆　朵雲軒輯
　乙亥年(1995)鈐印本
　松蔭軒　魯庵精舍

02224
西泠印社社人刻印二十二撰譜　一册
　丁仁等篆並輯
　丙子年(1996)鈐印本
　協會

02225
西泠印社社員印譜　一册
　〔佚名〕篆並輯
　庚申年(1980)鈐印本
　松蔭軒

02226
西泠印社勝景留痕　一册
　韓登安篆並輯
　甲午年(1954)鈐印本
　秋水齋

02227
西泠印社勝蹟印集劫後留痕　一册
　〔佚名〕篆並輯
　鈐印本
　西泠

02228
西泠印社勝蹟留痕　一册
　韓登安篆並輯
　癸卯年(1963)鈐印本
　浙江　南京　私人藏　西泠　秋水齋　秦氏支祠(天一閣)　港中大　松蔭軒　協會

02229
西泠印社勝蹟留痕庚申本　一册
　韓登安篆　西泠印社重輯
　庚申年(1980)鈐印本
　百二扇面齋

02230
西泠印社銅印選　一册
　西泠印社輯
　庚申年(1980)鈐印本
　私人藏　松蔭軒　秋水齋　紅棉山房　澂廬　協會

02231
西泠印社歷任社長印譜不分卷　二册
　吳昌碩　馬衡等篆　西泠印社選輯
　己卯年(1999)鈐印本
　廣東　松蔭軒

02232
西泠印社藏印　一册
　〔清〕〔佚名〕篆　西泠印社輯
　民國七年(1918)鈐印本
　浙江博

02233

西泠印社藏印選 一册

〔明〕文彭 何震等篆 西泠印社輯

庚申年(1980)鈐印本

西泠 百二扇面齋 秋水齋 港中大 松蔭軒 協會

02234

西泠印社藏印選不分卷 二册

〔明〕文彭 何震等篆 西泠印社輯

庚申年(1980)鈐印本

東京博

02235

西泠印社藏百年印譜不分卷 六册

[佚名]篆 西泠印社輯

庚午年(1990)鈐印本

華東師大 協會

02236

西泠印社藏吳昌碩印章集拓 一册

吳昌碩篆 西泠印社輯

甲戌年(1994)鈐印本

私人藏 百二扇面齋 協會

02237

西泠印社藏近代篆刻名家印章選拓二集不分卷 二册

金鑒 徐新周等篆 余正輯

癸酉年(1993)鈐印本

私人藏 松蔭軒

02238

西泠印社藏近代篆刻名家印章選拓初集不分卷 二册

〔清〕楊澥 趙之琛 陳祖望等篆 余正輯

癸酉年(1993)鈐印本

私人藏 百二扇面齋 松蔭軒

02239

西泠印社藏徐三庚印集不分卷 二册

〔清〕徐三庚篆 西泠印社選輯

庚午年(1990)鈐印本

私人藏 松蔭軒 協會

02240

西泠印社藏趙次閑印選不分卷 二册

〔清〕趙次閑篆 西泠印社選輯

庚午年(1990)鈐印本

協會

02241

西泠印譜不分卷 二册

[佚名]篆並輯

鈐印本

上海

02242

西泠印譜不分卷 八册

〔清〕丁敬 陳豫鍾 錢松等篆〔清〕百石齋輯

清光緒十一年(1885)當歸草堂本

上博

02243

西泠百印不分卷 四册

吳昌碩 胡钁等篆（日本）夫桑印社輯

日本平成十一年(1999)鈐印本

松蔭軒

02244

西泠名家印譜不分卷 六册

[佚名]篆並輯

鈐印本

松蔭軒

02245

西泠社員印痕不分卷 二册

邀梅軒輯

鈐印本

澂廬

02246

西泠雅集 一册

邀梅軒輯

鈐印本

澂廬

02247
西泉印存　一册
　王石經篆並輯
　民國七年(1918)鈐印本
　陳進

02248
西泉印存不分卷　二册
　王石經篆並輯
　民國七年(1918)鈐印本
　浙江　文雅堂　鴻爪留痕館　松蔭軒

02249
西泉印稿　一册
　王石經篆並輯
　民國七年(1918)鈐印本
　私人藏

02250
西亭十二客印紀　一册
　〔清〕高鳳翰篆並輯
　清乾隆二年(1737)鈐印本
　西泠

02251
西軒印譜不分卷　二册
　〔清〕馮錫闓篆並輯
　清乾隆間大樹堂鈐印本
　上海　揚州

02252
西夏王國八思巴文琞印集錦　一册
　〔佚名〕篆並輯
　鈐印本
　松蔭軒

02253
西夏官印集存　一册
　羅振玉輯
　民國十四年(1925)原鈐印本
　上博　西泠

02254
西夏官印集存不分卷　二册
　羅振玉輯
　民國十六年(1927)影印本
　國圖　大連　上海　上博　川大　内蒙古　北大　吉林　東北師大　南大　南京　清華　溫州　遼寧　錦州　太田孝太郎　松丸東魚　東京大　京文研　漠南　私人藏　松蔭軒　韓國中央

02255
西清書苑圖章　一册
　〔佚名〕篆並輯
　鈐印本
　松蔭軒

02256
西清書院圖章不分卷　二册
　〔佚名〕篆並輯
　鈐印本
　浙江

02257
西涯集印　一册
　吳昌碩〔清〕徐三庚等篆（日本）石原幸作輯
　日本昭和七年(1932)鈐印本
　臺大

02258
西廂長短佳句印譜　四册
　〔佚名〕篆並輯
　鈐印本
　東北師大

02259
西廂篆草南華篆刻　二册
　〔清〕饒師清篆並輯
　清乾隆三十年(1765)鈐印本
　浙江

02260
西湖名跡印譜(語石樓印存)　一册
　符驥良輯

六畫　171

丙午年(1966)鈐印本
秦氏支祠(天一閣)

02261
西湖堂印譜不分卷　二冊
　［佚名］篆並輯
　鈐印本
　上海

02262
西湖勝景印集　一冊
　錢君匋　唐雲等篆　西泠印社輯
　戊午年(1978)鈐印本
　君匋藝院　兩然齋　秋水齋　松蔭軒　協會

02263
西湖勝蹟印集(西湖勝跡留痕)　一冊
　韓登安篆　西泠印社輯
　癸卯年(1963)鈐印本
　協會

02264
西湖勝蹟印集　一冊
　韓登安篆　西泠印社輯
　鈐印本(殘本)
　君匋藝院

02265
西游印譜　一冊
　(日本)細川林谷篆並輯
　日本嘉永四年(1851)鈐印本
　東京博　漠南

02266
西園印存　一冊
　［佚名］篆並輯
　鈐印本
　私人藏

02267
西園印譜(根道人印存)不分卷　四冊
　〔清〕高鳳翰篆並輯
　清乾隆初鈐印本

　漠南

02268
西園集張大千書畫印不分卷　八冊
　邢捷輯
　癸酉年(1993)鈐印本
　芷蘭齋　松蔭軒

02269
西園藏印　一冊
　［佚名］篆並輯
　鈐印本
　鴻爪留痕館

02270
西漢十二侯名印冊　一冊
　〔清〕吳大澂輯
　鈐印本
　松蔭軒

02271
西漢長沙國軑侯印　一冊
　［佚名］篆並輯
　鈐印本
　松蔭軒

02272
西藏存世鐵匯不分卷　二冊
　楊廣泰輯
　丁丑年(1997)鈐印本
　松蔭軒

02273
西疇印譜不分卷　十二冊
　(日本)［佚名］篆並輯
　日本明治十一年(1878)鈐印本
　漠南

有

02274
有可觀印譜不分卷　四冊

〔清〕蚌庵篆並輯
清同治三年(1864)鈐印本
上博

02275

有竹山房印癖　一册
〔清〕鄒端篆並輯
清道光二十二年(1842)鈐印本
雲南

02276

有竹山房印癖不分卷　二册
〔清〕鄒端篆並輯
清道光二十二年(1842)鈐印本
漠南

02277

有竹山房印癖不分卷　四册
〔清〕鄒端篆並輯
清道光二十二年(1842)刊印本
國圖　福建　上博　南京　哈爾濱　華東師大　松蔭軒

02278

有竹山房印癖不分卷　十二册
〔清〕鄒端篆並輯
清道光二十二年(1842)鈐印本(稿本)
松蔭軒

02279

有竹齋藏璽印(有竹齋所藏璽印)不分卷　三册
(日本)上野理一輯
日本大正四年(1915)鈐印本
大連　松蔭軒　太田孝太郎　松丸東魚　漠南

02280

有所不爲齋印存　一册
[佚名]篆並輯
鈐印本
私人藏

02281

有秋味齋印譜不分卷附篆法　二册

楊柳篆並輯
鈐印本
泰州

02282

有栖川宮歷代印譜　一册
(日本)[佚名]輯
鈐印本
早稻田

02283

有鄰印存　一册
(日本)石河有鄰輯
日本平成八年(1996)鈐印本
協會

02284

有鄰館古印存　六册
(日本)藤井齊成會有鄰館輯
日本平成四年(1992)鈐印本
松蔭軒　協會

02285

有鄰館古鉨印精選　一册
(日本)藤井善三郎輯
日本平成二十七年(2015)鈐印本
日本國會　松蔭軒

02286

有鄰館古銅印譜　二册
(日本)藤井善三郎輯
日本鈐印本
協會

02287

有懷堂印存　一册
〔清〕單爲濂篆並輯
鈐印本
右文齋

百

02288
百一山房集印　一册
〔明〕文彭　何震等篆並輯
清光緒十一年(1885)鈐印本
浙江博

02289
百一山房集印不分卷　二册
〔明〕文彭　何震等篆並輯
清光緒十一年(1885)鈐印本
臺大

02290
百一山房集印不分卷　八册
〔明〕文彭　何震等篆並輯
清光緒十一年(1885)鈐印本
漠南

02291
百一印譜不分卷　二册
林熊光輯
甲午年(1954)鈐印本
漠南

02292
百二扇面齋古印存　一册
（日本）蒼文篆會同人篆（日本）尾崎蒼石輯
日本平成三年(1991)鈐印本
百二扇面齋

02293
百二扇面齋古印存二集　一册
（日本）蒼文篆會同人篆（日本）尾崎蒼石輯
日本平成三年(1991)鈐印本
百二扇面齋

02294
百古鏡齋印存不分卷　二册
馮師韓篆並輯
鈐印本
廣東

02295
百石山房印譜不分卷　二册
〔清〕洪舟車篆並輯
清光緒元年(1875)鈐印本
天津

02296
百印百詩　一册
（日本）賴三樹三郎詩（日本）松浦武四郎篆並輯
日本明治四十四年(1911)影印本
西泠　松丸東魚

02297
百印賀西泠　一册
劉江篆並輯
癸未年(2003)鈐印本
協會

02298
百全印選　一册
張百全篆並輯
丙子年(1996)鈐印本
松蔭軒

02299
百字銘印譜　一册
〔清〕于世煒篆並輯
清道光二十八年(1848)鈐印本
中嶽齋

02300
百花印譜　一册
丁松岑篆並輯
鈐印本
上海　吉林　南京　常州　松蔭軒

02301
百花庵印存不分卷　二册
百花庵主人篆並輯

鈐印本

蘇州

02302

百花齊放印譜　一冊

陳佐黃篆並輯

戊午年(1978)影印本

山東　中大　中科院　河南　南大　南京　南京師大　浙師大　港中大　廈大　松蔭軒　協會　京都大

02303

百何圖章　一冊

〔明〕俞百何篆並輯

明崇禎五年(1632)鈐印本

上海

02304

百城窟印存　一冊

（日本）細野燕臺篆（日本）廣瀨啓輯

日本昭和三十九年(1964)鈐印本

松丸東魚

02305

百美印存不分卷　四冊

〔佚名〕篆並輯

鈐印本

松蔭軒

02306

百美印存(環溪山莊存稿)不分卷　四冊

〔清〕查稚圭篆並輯

清光緒二十一年(1895)鈐印本

上海　上博　內蒙古　西泠　南京　陝西　浙江　浙江博　私人藏　臺師大　松蔭軒

02307

百美印存不分卷　二冊

俞家俊篆並輯

鈐印本

上海

02308

百美印譜不分卷　二冊

〔佚名〕篆並輯

鈐印本

松蔭軒

02309

百美印譜不分卷　四冊

（日本）長門高洲篆並輯

日本明治十六年(1882)鈐印本

協會

02310

百美印譜不分卷　二冊

〔清〕鑒塘主人輯

清乾隆五十五年(1790)栩園鈐印本

南京

02311

百美印譜(吉金貞石舫百美印譜)不分卷　四冊

〔清〕汪鑅篆並輯

清光緒三十四年(1908)鈐印本

湖南　遼寧　臺圖　松蔭軒　關西大　漠南

02312

百美印譜不分卷　二冊

〔清〕楊廷紀篆並輯

清道光七年(1827)楊氏四知堂鈐印本

浙江　北師大　岩瀨文庫

02313

百美名印不分卷　四冊

（日本）〔佚名〕篆並輯

日本大正間摹刊本

漠南

02314

百美名印不分卷　二冊

〔佚名〕篆並輯

鈐印本

松蔭軒

02315

百美名印譜不分卷　二冊

（日本）鄉純造篆並輯

日本昭和四年(1929)鈐印本
漠南

02316
百美詩圖章(百美詩印譜)　一册
〔清〕梁登庸篆並輯
清乾隆十九年(1754)鈐印本
中國美院　北師大　松蔭軒

02317
百美圖篆不分卷　二册
〔佚名〕篆並輯
鈐印本
松蔭軒

02318
百馬圖印譜　一册
楊堅水篆並輯
影印本
松蔭軒

02319
百華印譜　一册
〔佚名〕篆並輯
鈐印本
黎州

02320
百家印箋　一册
(日本)小曽根乾堂篆並輯
日本明治間鈐印本
漠南

02321
百家印譜　一册
〔佚名〕篆並輯
鈐印本
上海

02322
百家姓印譜　一册
〔清〕伯聞篆並輯
鈐印本

南京

02323
百梅盫印存　一册
沈藩篆並輯
民國二十九年(1940)鈐印本
松蔭軒

02324
百將印譜不分卷　三册
〔清〕趙穆篆並輯
清光緒二十四年(1898)鈐印本
臺圖

02325
百將印譜不分卷　四册
〔清〕趙穆篆並輯
清光緒二十四年(1898)鈐印本
寧夏

02326
百將百美印譜不分卷　二册
〔清〕趙穆篆並輯
清光緒十三年(1887)鈐印本
遼寧

02327
百將百美印譜不分卷　八册
〔清〕趙穆篆並輯
清光緒十三年(1887)鈐印本
國圖　天津

02328
百將百美合璧印譜　四册
〔清〕趙穆篆〔清〕趙釗輯
清光緒二十年(1894)鈐印本
上海　中國美院　北師大　南京　哈爾濱　首都　紹興　福建　寧夏　秋水齋　松蔭軒　日本國會　東京大

02329
百將百美合璧印譜　八册
〔清〕趙穆篆〔清〕趙釗輯

清光緒二十年(1894)鈐印本
安徽 上海 中遺院 吉大 西泠

02330
百將百美合璧印譜　八冊
〔清〕趙穆篆　〔清〕趙釗輯
清光緒二十三年(1897)鈐印本
吉林 首都 浙江 常州 湖南 遼寧 松蔭軒

02331
百將百美合璧印譜　十二冊
〔清〕趙穆篆　〔清〕趙釗輯
清光緒二十三年(1897)鈐印本
吉林

02332
百將百美合璧印譜　八冊
〔清〕趙穆篆　〔清〕趙釗輯
民國十四年(1925)鈐印本
漠南

02333
百善印譜　一冊
〔清〕汪鑠篆　高洲氏草夢庵輯
鈐印本
遼寧 大連

02334
百歲紀年印譜　一冊
自立草堂輯
鈐印本
松蔭軒

02335
百福百祿百壽印存不分卷　三冊
〔佚名〕篆並輯
鈐印本
松蔭軒

02336
百壽巨印　一冊
〔佚名〕篆並輯
清光緒十六年(1890)鈐印本

漠南

02337
百壽石刻不分卷　二冊
戴壽堪篆並輯
辛卯年(1951)鈐印本
漠南

02338
百壽印冊不分卷　二冊
〔清〕馮士壎篆並輯
清光緒十三年(1887)鈐印本
國圖

02339
百壽印存　一冊
〔佚名〕篆並輯
鈐印本
蘇州

02340
百壽印存　一冊
柳鴻生篆並輯
壬寅年(1962)柳氏鈐印本
松蔭軒

02341
百壽印帖　一冊
〔佚名〕篆並輯
鈐印本
漠南

02342
百壽印章綺語　一冊
〔清〕李紘輯
鈐印本
臺大

02343
百壽印集　一冊
董堯坤篆並輯
鈐印本
松蔭軒

02344

百壽印集　一册
　施仁輯
　鈐印本
　松蔭軒

02345

百壽印集　一册
　莊淦篆並輯
　莊氏鈐印本
　中遺院

02346

百壽印譜　一册
　〔佚名〕篆並輯
　乙亥年(1995)鈐印本
　松蔭軒

02347

百壽印譜　一册
　〔清〕蔡學蘇輯
　清光緒十六年(1890)蔡氏鈐印本(三餘書屋叢書本)
　國圖　北大　京文研

02348

百壽印譜　一册
　〔清〕查元鼎篆並輯
　日本大正九年(1920)鈐印本
　臺大

02349

百壽印譜　一册
　黃禹銘篆並輯
　黃氏鈐印本
　松蔭軒

02350

百壽印譜二百三十二方不分卷　二册
　〔佚名〕篆並輯
　鈐印本
　中科院

02351

百壽字印譜不分卷　七册
　〔佚名〕篆並輯
　鈐印本
　遼寧

02352

百壽圖　一册
　〔佚名〕篆並輯
　鈐印本
　上博　浙江博　松蔭軒　松丸東魚

02353

百壽圖印册　一册
　〔清〕黃知荼篆〔清〕石笙輯
　清光緒二十年(1894)描摹粘貼本
　松蔭軒

02354

百壽圖印存不分卷　二册
　〔佚名〕篆並輯
　鈐印本
　上海　松蔭軒

02355

百壽圖印章屏　四軸
　〔明〕文彭　何震〔清〕程邃篆〔清〕丁敬　黃易　陳鴻壽摹補
　鈐印本
　浙江

02356

百壽圖印集　一册
　〔佚名〕篆並輯
　鈐印本
　松蔭軒

02357

百壽圖印譜不分卷　二册
　〔佚名〕篆並輯
　鈐印本
　國圖

02358

百壽圖考（百壽圖攷印譜） 二冊
　歡喜老人篆並輯
　民國元年(1912)影印本
　中國美院　嘉興　秋水齋　松蔭軒　國會山莊

02359

百壽圖考印譜　一冊
　[佚名]篆並輯
　鈐印本
　松蔭軒

02360

百匱樓印集（百匱樓集印）不分卷　三冊
　〔清〕胡钁等篆　龐淵如輯
　清光緒三十四年(1908)鈐印本
　上海　松蔭軒

02361

百鳳圖印譜　一冊
　楊堅水篆並輯
　影印本
　松蔭軒

02362

百漢齋印存不分卷　二冊
　[佚名]篆並輯
　鈐印本
　協會

02363

百樓盦印存　一冊
　[佚名]篆並輯
　鈐印本
　松蔭軒

02364

百舉齋印譜　一冊
　〔清〕何昆玉篆並輯
　清光緒二十一年(1895)鈐印本
　蒲阪文庫

02365

百舉齋印譜不分卷　四冊
　〔清〕何昆玉篆並輯
　清光緒二十一年(1895)鈐印本
　國圖　蒲阪文庫

02366

百舉齋印譜不分卷　八冊
　〔清〕何昆玉篆並輯
　清光緒二十一年(1895)鈐印本
　哈佛燕京

02367

百舉齋印譜不分卷　十冊
　〔清〕何昆玉篆並輯
　清光緒二十一年(1895)鈐印本
　蒲阪文庫

02368

百舉齋印譜不分卷　十二冊
　〔清〕何昆玉篆並輯
　清光緒二十一年(1895)鈐印本
　國圖　上海　福建　遼寧　中科院　港大　漢南

02369

百龍圖印譜不分卷　二冊
　楊堅水篆並輯
　影印本
　松蔭軒

02370

百聯堂印譜　一冊
　[佚名]篆並輯
　鈐印本
　松蔭軒

02371

百戲齋自用印譜不分卷　三冊
　高永華藏並輯
　辛卯年(2011)鈐印本
　澂廬

02372

百戲齋藏京劇劇目印選不分卷　二册
高永華篆並輯
己丑年(2009)鈐印本
澂廬

02373

百戲齋藏京劇劇目印選不分卷　三册
高永華篆並輯
己丑年(2009)鈐印本
松蔭軒

02374

百戲齋藏京劇劇目印選　一册
高永華藏並輯
辛卯年(2011)鈐印本(增補本)
澂廬

02375

百璽齋印存不分卷　二册
〔清〕胡養元篆並輯
清光緒三十一年(1905)鈐印本
上海　甘肅　浙江　"中研院"史語所

存

02376

存古堂印譜　一册
〔清〕張智錫篆　萬立鈺輯
清康熙二十五年(1686)鈐印本
上博

02377

存古齋印譜　一册
〔清〕衛承芳篆並輯
清康熙五十年(1711)鈐印本
浙江　北師大

02378

存恕堂漢印譜　一册
〔佚名〕輯

鈐印本
東京博

02379

存幾希齋印存不分卷　二册
〔清〕陳克恕篆並輯
清乾隆四十三年(1778)鈐印本
松蔭軒

02380

存幾希齋印存不分卷　四册
〔清〕陳克恕篆並輯
清乾隆四十三年(1778)鈐印本
遼寧　上博　西泠　私人藏　松蔭軒　漠南

02381

存幾希齋印存不分卷　六册
〔清〕陳克恕篆並輯
清乾隆四十三年(1778)鈐印本
臺大

02382

存疑齋印稿　一册
〔佚名〕篆並輯
鈐印本
松蔭軒

02383

存養齋印存　一册
〔清〕萬青選篆〔清〕萬立鈺輯
清光緒五年(1879)鈐印本
松蔭軒

02384

存養齋印存不分卷　二册
〔清〕萬青選篆〔清〕萬立鈺輯
清光緒五年(1879)鈐印本
上海　長恩閣　松蔭軒

02385

存齋戲鐵　一册
（日本）松原九皋篆並輯
日本明治四十二年(1909)鈐印本

漠南

列

02386

列僊印玩不分卷　二册
　葉爲銘篆並輯
　清光緒二十五年(1899)鈐印本
　私人藏　鴻爪留痕館　東京博

02387

列僊印玩不分卷　四册
　葉爲銘篆並輯
　清光緒二十五年(1899)鈐印本
　南京　上博　西泠　松蔭軒

成

02388

成語印譜　一册
　[佚名]篆並輯
　鈐印本
　西泠

02389

成趣園印譜　一册
　〔清〕毛復垗篆並輯
　清光緒六年(1880)鈐印本
　松蔭軒

02390

成親王印譜　一册
　[佚名]篆並輯
　鈐印本
　東北師大

02391

成瀨小溪先生印譜不分卷　三册
　(日本)[佚名]篆並輯
　日本大正七年(1918)鈐印本

漠南

02392

成鷄印叢　一册
　(日本)大島孟克篆並輯
　日本嘉永五年(1852)鈐印本
　漠南

夷

02393

夷盦集古鈢印　十六册
　石峰輯
　戊戌年(2018)鈐印本
　見性簃

02394

夷盦鈢印　一册
　石峰輯
　戊戌年(2018)鈐印本
　見性簃

攷

02395

攷古正今不分卷　四册
　[佚名]篆並輯
　鈐印本
　上博

至

02396

至樂堂印存　一册
　張仁蠡篆並輯
　民國間鈐印本
　國圖

此

02397

此君山房印集不分卷　二册
　（日本）增井熙篆並輯
　日本昭和間鈐印本
　　松丸東魚

02398

此君印商不分卷　二册
　〔清〕王近仁篆並輯
　鈐印本
　　松蔭軒

02399

此路不通齋印存　一册
　〔佚名〕篆並輯
　鈐印本
　　松蔭軒

02400

此静軒印稿不分卷　二册
　〔清〕姚濬熙篆並輯
　清光緒元年(1875)鈐印本
　　港中大　松蔭軒

光

02401

光琳印譜　一册
　（日本）〔佚名〕篆並輯
　日本明治間鈐印本
　　岩瀨文庫

曲

02402

曲水軒印志　二册
　〔明〕黄賞篆並輯
　　明崇禎十六年(1643)鈐印本
　　南京

02403

曲石精廬印存　一册
　李根源輯
　民國十二年(1923)鈐印本
　　雲南

02404

曲池居印譜　一册
　鄭淖輯
　民國二十四年(1935)鈐印本
　　義烏

同

02405

同古堂印譜　一册
　張丞越篆並輯
　鈐印本
　　國圖　松蔭軒

02406

同好軒印存不分卷　二册
　〔清〕欣甫篆並輯
　清光緒二年(1876)鈐印本
　　河南　京都大

02407

同好軒印存不分卷　四册
　〔清〕欣甫篆並輯
　清光緒二年(1876)鈐印本
　　新鄉

02408

同城姚巨農先生篆刻(桐城姚巨農先生篆刻)
　一册
　〔清〕姚京受篆並輯
　鈐印本
　　安徽

02409
同風印社篆刻展觀　一册
（日本）同風印社輯
日本昭和十二年(1937)鈐印本
松丸東魚

02410
同風錄　二册
〔清〕吳錡篆並輯
清康熙四十五年(1706)鈐印本
松蔭軒

02411
同樂　一册
（日本）明治印學會輯
鈐印本
松丸東魚

吕

02412
吕城印存　一册
（日本）山越吕城輯
日本昭和十三年(1938)鈐印本
日本國會

02413
吕廬印存　一册
〔清〕丁柱　王同等篆〔清〕葉希明輯
清光緒二十五年(1899)鈐印本
松蔭軒

回

02414
回春印譜　一册
（日本）鈴木紫陕篆並輯
日本大正六年(1917)鈐印本
松蔭軒

02415
回春印譜不分卷　二册
（日本）太田夢盦　石井雙石等篆（日本）鈴木紫陕輯
日本大正六年(1917)鈐印本
西泠　協會　漠南

肉

02416
肉佛闇印存　一册
周冷吾篆並輯
鈐印本
浙江

年

02417
年齋書畫印合集　一册
簡經綸篆並輯
民國二十八年(1939)影印本
港大

朱

02418
朱一峰印譜　一册
〔清〕朱一峰篆並輯
鈐印本
臨海博

02419
朱子治家格言　一册
〔清〕張律時篆　雷方曉輯
清乾隆十二年(1747)鈐印本（册葉裝）
松蔭軒

02420
朱子治家格言印集　一册

趙鶴琴篆並輯
鈐印本
松蔭軒

02421
朱子治家格言印譜　一册
〔佚名〕篆並輯
民國間鈐印本
湖南

02422
朱子治家格言印譜　一册
〔佚名〕篆並輯
粘貼本
中國美院

02423
朱子治家格言印譜不分卷　六册
〔清〕潘廷灝篆並輯
清同治十三年(1874)潘廷灝鈐印本
國圖

02424
朱子治家格言印譜　一册
〔清〕許廷桂篆並輯
清光緒二年(1876)許廷桂鈐印本
松蔭軒

02425
朱子治家格言印譜　一册
〔清〕楊子顯篆並輯
清乾隆三十年(1765)楊子顯鈐印本
西泠　松蔭軒

02426
朱子家訓印文　一册
朱大寬篆並輯
民國二十一年(1932)北平娜嬛社影印本
黑龍江　遼寧

02427
朱子家訓印譜不分卷　二册
〔佚名〕篆並輯

鈐印本
東京博

02428
朱子家訓印譜　一册
〔清〕邢德厚篆並輯
清乾隆十六年(1751)鈐印本
南京　中國美院　西泠　松蔭軒　國會山莊　英國國圖　大英圖

02429
朱子鶴印存　一册
朱子鶴篆並輯
鈐印本
松蔭軒

02430
朱公家訓印譜　一册
〔清〕周澤沛輯
清乾隆十八年(1753)鈐印本
清華

02431
朱氏誦芬録不分卷　二册
〔清〕朱爲弼等篆　〔清〕朱之榛輯
鈐印本
松蔭軒

02432
朱文公家訓　一册
〔清〕刁嶸篆並輯
清乾隆十三年(1748)鈐印本
上博

02433
朱文篆印配寫鈎存　一册
〔佚名〕篆並輯
鈐印本
中大

02434
朱世勛印譜不分卷　二册
〔清〕朱世勛篆並輯

清雍正十二年(1734)鈐印本
　　松蔭軒

02435

朱屺瞻自用印存不分卷　六册
　　[佚名]篆並輯
　　鈐印本
　　私人藏

02436

朱希祖印存　一册
　　朱希祖篆並輯
　　鈐印本
　　鴻爪留痕館

02437

朱其石　一册
　　朱其石篆並輯
　　鈐印本
　　協會

02438

朱其石印存　一册
　　朱其石篆並輯
　　民國二十三年(1934)影印本
　　上海　私人藏　中國美院　南京　湖州博　義烏　嘉興　芷蘭齋　松蔭軒　國會山莊

02439

朱其石印存　一册
　　朱其石篆並輯
　　鈐印本(黃賓虹序本)
　　協會

02440

朱其石印存　一册
　　朱其石篆並輯
　　鈐印本
　　協會

02441

朱其石印存(桂龕印存)不分卷　四册
　　朱其石篆並輯

　　鈐印本
　　中國美院　私人藏

02442

朱其石印集不分卷　二册
　　朱其石篆並輯
　　民國三十三年(1944)鈐印本
　　松蔭軒

02443

朱其石印譜　一册
　　朱其石篆並輯
　　鈐印本
　　私人藏

02444

朱其石再　一册
　　朱其石篆並輯
　　鈐印本
　　協會

02445

朱其石所刻牙印存不分卷　四册
　　朱其石篆並輯
　　民國三十年(1941)鈐印本
　　協會

02446

朱其石治印(冬一裘夏一葛齋印存)　一册
　　朱其石篆並輯
　　民國二十三年(1934)鈐印本
　　中國美院

02447

朱其石治印(朱其石印存)不分卷　四册
　　朱其石篆並輯
　　民國二十三年(1934)鈐印本
　　松蔭軒　國會山莊

02448

朱其石治印不分卷　四册
　　朱其石篆並輯
　　民國三十三年(1944)鈐印本

松蔭軒

02449
朱其石遺印不分卷　二册
　朱其石篆並輯
　鈐印本
　私人藏

02450
朱英印譜　一册
　朱英篆並輯
　鈐印本
　平湖

02451
朱柏廬先生治家格言印譜不分卷　二册
　高景山篆並輯
　鈐印本
　上海　内蒙古　安徽　松蔭軒　國會山莊

02452
朱柏廬先生格言印譜不分卷　二册
　〔清〕徐頡篆並輯
　鈐印本
　湖南

02453
朱葆慈印稿　一册
　〔清〕朱保慈篆並輯
　清光緒三十年(1904)鈐印本
　松蔭軒

02454
朱復戡印集不分卷　二册
　朱復戡篆並輯
　辛卯年(1951)鈐印本
　協會

02455
朱補筌印譜　一册
　〔清〕朱補筌篆並輯
　鈐印本
　上海

02456
朱筱莊刻印　一册
　朱筱莊篆並輯
　鈐印本
　私人藏

02457
朱漁仲藏印不分卷　四册
　胡钁　徐諤等篆　朱漁介輯
　鈐印本
　鐵硯齋

02458
朱學德篆刻　一册
　朱學德篆並輯
　鈐印本
　松蔭軒

02459
朱彊邨自用印稿　一册
　〔佚名〕篆並輯
　鈐印本
　松蔭軒

02460
朱濟廬印存　一册
　秦康祥藏並輯
　鈐印本
　松蔭軒

02461
朱鵬印存不分卷　二册
　朱鵬篆並輯
　鈐印本
　松蔭軒

缶

02462
缶翁印存　一册
　吳昌碩篆並輯

六　畫　185

清光緒二十一年(1895)鈐印本
早稻田

02463
缶翁印存不分卷　二冊
　吳昌碩篆並輯
　清光緒二十一年(1895)鈐印本
　松蔭軒

02464
缶翁印志　一冊
　吳昌碩篆　衛東晨輯
　民國二十一年(1932)鈐印本
　瓦翁

02465
缶翁印譜臨　一冊
　(日本)石原幸作篆並輯
　日本昭和八年(1933)描摹本
　臺大

02466
缶翁回顧展紀念(缶翁回顧展紀念印譜)　一冊
　吳昌碩篆　(日本)同風印社輯
　日本昭和二十年(1945)鈐印本
　松丸東魚　協會　漢南

02467
缶廬印印　一冊
　吳昌碩篆並輯
　庚午年(1990)鈐印本
　紅棉山房

02468
缶廬印集不分卷　三冊
　吳昌碩篆並輯
　清光緒十五年(1889)鈐印本
　常熟　松蔭軒

02469
缶廬印集不分卷　四冊
　吳昌碩篆並輯
　清光緒十五年(1889)鈐印本

浙江博　廣東　蘇州

02470
缶廬印集不分卷　四冊
　吳昌碩篆並輯
　清光緒二十六年(1900)鈐印本
　吉林

02471
缶廬印集不分卷　二冊
　吳昌碩篆並輯
　甲子年(1984)鈐印本
　松蔭軒　協會　國會山莊

02472
缶廬印集　一冊
　吳昌碩篆　童晏方輯
　庚午年(1990)鈐印本
　廣東　東京博　協會

02473
缶廬印蛻不分卷　二冊
　吳昌碩篆　(日本)松丸東魚輯
　日本昭和二十一年(1946)鈐印本
　松丸東魚

02474
缶廬先生刻印不分卷　四冊
　吳昌碩篆　(日本)金山鑄齋輯
　日本昭和二十四年(1949)鈐印本
　松蔭軒

02475
缶廬刻印　一冊
　吳昌碩篆　(日本)松丸東魚輯
　日本昭和十四年(1939)鈐印本
　松丸東魚

02476
缶廬刻印　一冊
　吳昌碩篆　(日本)[佚名]輯
　鈐印本
　松丸東魚

六　畫　187

02477
缶廬詩刻印(缶廬刻印詩印譜)不分卷　二册
　（日本）篆社印人篆（日本）篆社輯
　日本昭和五十九年(1984)鈐印本
　　百二扇面齋　松蔭軒　協會

02478
缶廬樸桑印集不分卷　四册
　吳昌碩篆（日本）松丸東魚輯
　日本昭和四十年(1965)鈐印本(無款本)
　　松丸東魚

02479
缶廬樸桑印集不分卷　四册
　吳昌碩篆（日本）松丸東魚輯
　日本昭和四十年(1965)鈐印本
　　松蔭軒　紅棉山房　臺圖　松丸東魚　漠南

02480
缶廬樸桑印集不分卷　六册
　吳昌碩篆（日本）松丸東魚輯
　日本昭和四十年(1965)鈐印本
　　東京博

02481
缶廬樸桑印集二集不分卷　二册
　吳昌碩篆（日本）松丸東魚輯
　日本昭和四十年(1965)鈐印本
　　紅棉山房

02482
缶廬印存　一册
　吳昌碩篆並輯
　清光緒十五年(1889)鈐印本
　　南京　中國美院

02483
缶廬印存不分卷　二册
　吳昌碩篆並輯
　清光緒十五年(1889)鈐印本
　　浙江　私人藏　秋水齋

02484
缶廬印存不分卷　四册
　吳昌碩篆並輯
　清光緒十五年(1889)鈐印本
　　天津博　西泠

02485
缶廬印存不分卷　八册
　吳昌碩篆並輯
　清光緒十五年(1889)鈐印本
　　上博　四川

02486
缶廬印存不分卷　三册
　吳昌碩篆並輯
　清光緒二十六年(1900)7715
　　國圖　港中大

02487
缶廬印存不分卷　八册
　吳昌碩篆並輯
　清光緒二十六年(1900)鈐印本
　　國圖

02488
缶廬印存　一册
　吳昌碩篆並輯
　清光緒二十八年(1902)鈐印本
　　松丸東魚

02489
缶廬印存不分卷　十六册
　吳昌碩篆　西泠印社輯
　民國三年(1914)鈐印本
　　上海　北碚　百樂齋　南京　鴻爪留痕館　東京博
　　協會

02490
缶廬印存不分卷　八册
　吳昌碩篆　褚德彝輯
　民國八年(1919)鈐印本
　　浙江　上博　松蔭軒　東京博　國會山莊

02491

缶廬印存　八册

　吳昌碩篆　張弁群輯

　民國八年(1919)鈐印本

　浙江

02492

缶廬印存不分卷　二册

　吳昌碩篆　丁輔之輯

　民國十三年(1924)丁輔之鈐印本

　南京　港大　松蔭軒　賓夕法尼亞

02493

缶廬印存不分卷　二册

　吳昌碩篆並輯

　民國二十三年(1934)粘貼本

　松丸東魚

02494

缶廬印存　一册

　吳昌碩篆　張永愷輯

　辛亥年(1971)鈐印本

　泰州　松蔭軒

02495

缶廬印存二集(缶廬印集)不分卷　四册

　吳昌碩篆　西泠印社輯

　清光緒二十六年(1900)鋅版印本

　國圖　大連　上海　山西　中國美院　文雅堂　北大　北碚　吉林　西泠　百樂齋　近墨堂　君匋藝院　松丸東魚　兩然齋　南大　哈爾濱　華東師大　莫氏莊園　浙江　浙江博　清華　港大　廈大　義烏　煙臺　鴻爪留痕館　鎮江　蘇州　蘭樓　鐵硯齋　松蔭軒　漢南　國會山莊

02496

缶廬印存三集(缶廬印集)不分卷　四册

　吳昌碩篆　西泠印社輯

　民國三年(1914)鋅版印本

　國圖　大連　上海　北碚　西泠　百樂齋　芷蘭齋　近墨堂　松丸東魚　秋水齋　華東師大　浙江　港大　廈大　義烏　煙臺　鴻爪留痕館　鎮江　蘇州　鐵硯齋　松蔭軒　漢南

02497

缶廬印存四集(缶廬印集)不分卷　四册

　吳昌碩篆　西泠印社輯

　民國四年(1915)鋅版印本

　國圖　大連　上海　私人藏　北碚　西泠　百樂齋　近墨堂　南大　華東師大　浙江　港大　廈大　義烏　煙臺　鴻爪留痕館　鎮江　蘇州　鐵硯齋　松蔭軒　松丸東魚　漢南　蒲阪文庫

02498

缶廬印存初集(缶廬印集)不分卷　四册

　吳昌碩篆　吳隱輯

　清光緒十五年(1889)鋅版印本

　大連　上海　山西　中國美院　文雅堂　北大　北碚　西泠　百樂齋　近墨堂　兩然齋　哈爾濱　華東師大　莫氏莊園　浙江　浙江博　廈大　義烏　煙臺　鴻爪留痕館　鎮江　蘇州　蘭樓　鐵硯齋　松蔭軒　港大　松丸東魚　漢南　國會山莊

02499

缶廬扶桑印集不分卷　四册

　吳昌碩篆　(日本)松丸長輯

　日本昭和四十年(1965)鈐印本

　私人藏

02500

缶廬藏書目及印花集　一册

　吳昌碩篆並輯

　鈐印本(稿本)

　西泠

先

02501

先人行教印影　一册

　(日本)川住行教篆並輯

　日本大正六年(1917)鈐印本

漠南

02502
先秦鉨印拓存(先秦璽印拓存)不分卷　一册
　〔清〕周鑾詒輯
　周氏五經縱橫室鈐印本(秦更年跋)
　上博

02503
先恕堂漢印譜　一册
　〔清〕〔佚名〕輯
　鈐印本
　東京博

02504
先慎印存　一册
　先慎篆並輯
　鈐印本
　中國美院

02505
先賢遺印不分卷　二册
　(日本)園田湖城輯
　日本昭和間鈐印本
　漠南

廷

02506
廷寬手輯篆刻譜　一册
　温景博篆並輯
　鈐印本
　松蔭軒

竹

02507
竹山用印　一册
　(日本)高田竹山篆並輯
　日本昭和五十四年(1979)鈐印本

松蔭軒　日本國會　協會

02508
竹子氏印譜　一册
　〔清〕夏佑隆篆並輯
　清道光二年(1822)鈐印本
　松蔭軒

02509
竹本道人印存　一册
　〔佚名〕篆並輯
　鈐印本
　松蔭軒

02510
竹北簃古印存(濱虹草堂藏古璽印)不分卷　四册
　黃質輯
　民國二十九年(1940)鈐印本
　松丸東魚

02511
竹北簃古印存(濱虹草堂藏古璽印)不分卷　五册
　黃質輯
　民國二十九年(1940)鈐印本
　百樂齋　漠南

02512
竹北簃古印存(濱虹草堂藏古璽印)不分卷　八册
　黃質輯
　民國二十九年(1940)鈐印本
　安徽

02513
竹田印譜　一册
　(日本)田能村竹田等篆並輯
　日本文化二年(1805)鈐印本
　岩瀨文庫　漠南

02514
竹田印譜　一册
　(日本)田能村竹田等篆並輯
　日本明治十九年(1886)鈐印本
　漠南

02515
竹田印譜　一册
　（日本）田能村竹田等篆並輯
　日本明治三十一年（1898）鈐印本
　漢南

02516
竹田印譜　一册
　（日本）田能村竹田等篆並輯
　日本明治四十一年（1908）鈐印本
　漢南

02517
竹田印譜　一册
　（日本）細川林谷 阿部良山等篆並輯
　日本大正十年（1921）影印本
　日本國會　岩瀨文庫

02518
竹田印譜　一册
　（日本）細川林谷 阿部良山等篆並輯
　日本昭和三十一年（1956）影印本
　松丸東魚　松蔭軒

02519
竹邨印譜不分卷　二册
　（日本）田近竹邨摹並輯
　日本大正十一年（1922）鈐印本
　漢南

02520
竹汗青廬印存　一册
　姚□輯
　鈐印本
　紹興

02521
竹里館印牋不分卷　二册
　〔清〕王銘篆〔清〕王寶庸輯
　清道光二十九年（1849）鈐印本
　泰州　松蔭軒

02522
竹里館印牋不分卷　四册
　〔清〕王銘篆〔清〕王寶庸輯
　清道光二十九年（1849）鈐印本
　松蔭軒

02523
竹佛龕印藪　一册
　丁輔之 黃瘦竹等篆 秦康祥輯
　鈐印本
　私人藏　協會

02524
竹林書屋印存不分卷　三册
　〔清〕阮穉卿藏
　鈐印本
　北大

02525
竹松廬印譜　一册
　〔清〕胡義贊篆並輯
　鈐印本（葉爲銘舊藏）
　私人藏

02526
竹城先生篆刻　一册
　（日本）波部竹城摹並輯
　日本明治二十一年（1888）鈐印本
　漢南

02527
竹泉草堂印稿　一册
　〔清〕周石樵篆並輯
　清光緒二十一年（1895）鈐印本
　北師大

02528
竹亭印存　一册
　〔清〕趙錫綬篆並輯
　鈐印本
　上海

02529

竹亭先生遺印譜(奧村竹亭用印)　一冊

（日本）奧村竹亭篆並輯

鈐印本

協會

02530

竹亭摹勒(竹亭摹勒印譜)　一冊

〔清〕趙錫綬篆並輯

清嘉慶十一年(1806)鈐印本

南京　芷蘭齋　岩瀨文庫

02531

竹洞印譜　一冊

（日本）中村竹洞篆（日本）藝苑叢書輯

日本大正十三年(1924)鈐印本

協會　岩瀨文庫

02532

竹洞梅逸印存　一冊

（日本）兼松蘆門輯

日本明治四十三年(1910)鈐印本

岩瀨文庫

02533

竹根印譜(漱石印存)不分卷　二冊

〔清〕孫怡堂篆並輯

清嘉慶九年(1804)鈐印本

上海　西泠

02534

竹浪軒印譜不分卷　二冊

〔佚名〕篆並輯

鈐印本

上海

02535

竹雪軒印集　四冊

〔清〕蔡濬源輯

清光緒十三年(1887)影印本

國圖　人大　上海　上博　天津　天津博　石家莊
民族圖　西泠　芷蘭齋　吳江　長春　東北師大　南
開　哈爾濱　首都　湖南　齊齊哈爾　松蔭軒　漢南
普林斯頓

02536

竹雪軒印集　六冊

〔清〕蔡濬源輯

清光緒十三年(1887)鈐印本

國圖

02537

竹涯印譜　一冊

（日本）存齋松原雀篆並輯

日本大正十年(1921)鈐印本(稿本)

日本國會

02538

竹涯印譜　一冊

（日本）竹中竹涯篆並輯

日本明治三年(1870)鈐印本

東京藝大　岩瀨文庫　漢南

02539

竹雲印譜　一冊

（日本）山本竹雲摹並輯

日本明治間鈐印本

漢南

02540

竹雲居印譜　一冊

（日本）山本竹雲摹並輯

日本明治三十九年(1906)鈐印本

松丸東魚

02541

竹雲摸飛鴻堂印譜不分卷　二冊

（日本）山本竹雲摹並輯

日本嘉永四年(1851)鈐印本

漢南

02542

竹雲櫟堂藏藏六印景　一冊

（日本）濱村藏六篆（日本）船橋清輯

日本明治九年(1876)鈐印本

松丸東魚

02543

竹蔭齋主人印譜　一册
〔清〕雲舫氏輯
清鈐印本
國圖

02544

竹源居印譜　一册
（日本）心華道人輯
日本昭和間鈐印本
漠南

02545

竹僊山房印譜不分卷　二册
（日本）兒玉某亭等篆並輯
日本大正二年(1913)鈐印本
協會　漠南

02546

竹影集印不分卷　四册
[佚名]篆並輯
鈐印本
上海　哈爾濱

02547

竹潭手刻印存不分卷　二册
戴瑞篆並輯
民國二十四年(1935)鈐印本
安徽

02548

竹盦印存　一册
陸琛篆並輯
民國二十一年(1932)鈐印本
松蔭軒

02549

竹禪印譜不分卷　四册
〔清〕釋竹禪篆並輯
清光緒元年(1875)鈐印本
國圖　上海　安徽

02550

竹禪和尚陰騭文印譜　一册
〔清〕釋竹禪篆並輯
清光緒二年(1876)鈐印本
浙江

02551

竹廬集印不分卷　四册
[佚名]篆並輯
鈐印本
浙江

02552

竹廬集印譜不分卷　四册
〔清〕奚岡　楊龍石等篆〔清〕竹廬輯
清光緒三十四年(1908)鈐印本
上海　哈爾濱

02553

竹廬集印譜不分卷　四册
〔清〕竹廬篆並輯
清光緒三十四年(1908)鈐印本
上海

休

02554

休邑八景印譜　一册
〔清〕程芝華篆[佚名]輯
清道光二十七年(1847)鈐印本
松蔭軒

伏

02555

伏廬印存己未集不分卷　六册
陳漢第輯
民國八年(1919)鈐印本
南京　浙江博　北大　松蔭軒　太田孝太郎　漠南

02556
伏廬印存庚申集不分卷　五册
　陳漢第輯
　民國九年(1920)鈐印本
　南京　浙江博　太田孝太郎　松蔭軒　漠南

02557
伏廬印譜附硯譜　一册
　陳漢第輯
　鈐印本
　上海

02558
伏廬考藏鉩印　一册
　陳漢第輯
　粘貼本
　紅棉山房

02559
伏廬攷藏鉩印(伏廬考藏璽印)　十一册
　方約輯
　民國二十八年(1939)宣和印社鈐印本
　國圖　上海　上博　天津　中國美院　北大　君匋藝院　松蔭軒　紅棉山房　浙江　浙江博　溫州　港大　港中大　東京博　國會山莊

02560
伏廬攷藏鉩印(伏廬考藏璽印)　十二册
　方約輯
　民國二十八年(1939)宣和印社鈐印本
　漠南

02561
伏廬集印　一册
　陳漢第輯
　鈐印本
　浙江

02562
伏廬選藏璽印彙存(伏廬選藏鉩印匯存)不分卷　三册
　西泠印社輯
　民國二十九年(1940)影印本
　國圖　大連　上海　私人藏　天津　中大　中國美院　內蒙古　西泠　南開　浙江博　海鹽博　清華　遼寧　鐵硯齋　東京博　協會　松蔭軒　臺圖　國會山莊

02563
伏廬藏印　十六册
　陳漢弟輯
　民國八年(1919)鈐印本(毛裝本)
　"中研院"史語所

02564
伏廬藏印　十六册
　陳漢弟輯
　民國八年(1919)上海涵芬樓影印本
　"中研院"史語所

02565
伏廬藏印　十册
　陳漢弟輯
　民國十五年(1926)鈐印本
　上海　錦州　"中研院"史語所

02566
伏廬藏印　六册
　陳漢弟輯
　民國十六年(1927)上海商務印書館影印本
　國圖　南京　川大　中大　北大　南大　華東師大　紹興　廈大

02567
伏廬藏印　六册
　陳漢弟輯
　民國二十年(1931)上海商務印書館影印本
　南京

02568
伏廬藏印　三十八册
　陳漢弟輯
　民國間宣和印社鈐印本
　國圖

02569

伏廬藏印　三册
　陳漢第輯
　民國十四年(1925)商務印書館影印本
　蘇州

02570

伏廬藏印　四册
　陳漢第輯
　民國十四年(1925)鈐印本
　臺圖

02571

伏廬藏印　六册
　陳漢第輯
　民國十四年(1925)商務印書館影印本
　國圖　上海　私人藏　川大　中國美院　四川　西泠
　安徽　吳江　長恩閣　南京　溫州　廈大　義烏　鐵
　硯齋　臺圖　松丸東魚　東京博　協會

02572

伏廬藏印　八册
　陳漢第輯
　民國十四年(1925)商務印書館影印本
　私人藏

02573

伏廬藏印　二册
　陳漢第輯
　民國十六年(1927)商務印書館影印本
　松蔭軒　兩然齋

02574

伏廬藏印　二册
　〔清〕胡钁等篆　陳漢第輯
　原鈐印本
　松蔭軒　兩然齋

02575

伏廬藏印　十二册
　童辰翊輯
　民國二十五年(1936)上海商務印書館影印本

　國圖　中大　西泠　嘉興　金華博　南京　南開
　港大

02576

伏廬藏印不分卷　一包
　陳漢第輯
　鈐印本(散葉)
　浙江

02577

伏廬藏印印架　二册
　陳漢第輯
　民國十五年(1926)原鈐印本
　浙江

02578

伏廬藏印印架附續集　二册
　陳漢第輯
　民國二十八年(1939)上海商務印書館影印本
　浙江　東京博　漠南

02579

伏廬藏印印架續集　二册
　陳漢第輯
　民國十五年(1926)原鈐印本
　浙江　漠南

02580

伏廬藏印偶集　一册
　陳漢第輯
　鈐印本
　東京博

02581

伏廬藏印續集　十册
　陳漢第輯
　民國十六年(1927)鈐印本
　"中研院"史語所

02582

伏廬藏印續集　十二册
　陳漢第輯
　民國十六年(1927)鈐印本

上海　上博　南京　蘇州大　漠南

02583
伏廬藏鉢　十一冊
　方約輯
　民國三十五年(1946)宣和印社鈐印本
　上博　浙江　浙江博　西泠

02584
伏廬賸印　十一冊
　〔清〕陳漢第輯
　清光緒十二年(1886)鈐印本
　協會

02585
伏廬璽印不分卷　六冊
　陳漢第輯
　民國十四年(1925)鈐印本
　天津　西泠

延

02586
延古堂印譜　四冊
　〔清〕黃家積　黃鵷篆　〔清〕黃鵷輯
　清道光十三年(1833)鈐印本
　國圖　上博　北大　煙臺　松蔭軒

02587
延古堂印譜附印文合璧　五冊
　〔清〕黃家積　黃鵷篆　〔清〕黃鵷輯
　清道光十三年(1833)鈐印本
　上博

02588
延古堂印譜附印文合璧　六冊
　〔清〕黃家積　黃鵷篆　〔清〕黃鵷輯
　清道光十三年(1833)鈐印本
　北大

02589
延古堂印譜　二冊
　〔清〕李士銘篆並輯
　清光緒二十年(1894)李氏鈐印本
　天津

02590
延古堂續印譜不分卷　四冊
　〔清〕黃士陵篆並輯
　清道光十三年(1833)鈐印本
　國圖　上博　松蔭軒

02591
延安精神印譜不分卷　二冊
　鄭安慶輯
　戊子年(2008)鈐印本
　北大

02592
延清芬室印蛻　一冊
　〔清〕黃士陵篆並輯
　鈐印本
　松蔭軒

02593
延壽室古印存　一冊
　[佚名]篆並輯
　鈐印本
　浙江

02594
延壽堂印譜不分卷　二冊
　〔清〕春彤斌篆並輯
　清光緒十六年(1890)鈐印本
　中國美院　國會山莊

02595
延綠簃藏明人百壽印　一冊
　〔清〕倭什洪額輯
　清光緒二十一年(1895)鈐印本
　中國美院　國會山莊

02596
延綠簃藏明人百壽印不分卷　四冊
　〔清〕倭什洪額輯

清光緒二十一年(1895)鈐印本
　浙江

02597
延緑齋印概　一册
　〔清〕陳瑔篆並輯
　清嘉慶十四年(1809)鈐印本
　　國會山莊　蘇州

02598
延緑齋印概不分卷　六册
　〔清〕陳瑔篆並輯
　清嘉慶十四年(1809)鈐印本
　　漠南

仲

02599
仲丙印譜抄　一册
　（日本）小澤仲丙篆並輯
　日本大正五年(1916)鈐印本
　　漠南

02600
仲廉居士印存　一册
　〔清〕唐克勤篆並輯
　鈐印本
　　上博

02601
仲嘉印存　一册
　余仲嘉篆並輯
　鈐印本
　　鴻爪留痕館

02602
仲穆摹刻秦漢印存　一册
　〔清〕趙穆篆並輯
　鈐印本
　　松蔭軒

02603
仲穆摹刻秦漢印存不分卷　二册
　〔清〕趙穆篆並輯
　琴鶴草堂鈐印本
　　安徽師大

02604
仲穆摹刻秦漢印存不分卷　三册
　〔清〕趙穆篆並輯
　鈐印本
　　松蔭軒

02605
仲穆撫刻秦漢印存不分卷　四册
　〔清〕趙穆篆並輯
　鈐印本
　　上海

任

02606
任秉鑑印存　一册
　任秉鑑篆並輯
　鈐印本
　　松蔭軒

02607
任政印譜　一册
　趙古泥等篆並輯
　鈐印本
　　私人藏

02608
任政自用印集　一册
　[佚名]篆並輯
　鈐印本
　　松蔭軒

02609
任慈祥印存　一册
　任慈祥篆並輯

鈐印本
上海

仰

02610
仰陸印譜　一册
〔清〕江仰陸篆並輯
鈐印本
寧夏

自

02611
自存印譜　一册
〔清〕張欽修篆並輯
清道光二十九年(1849)鈐印本
陝西

02612
自若堂圖書不分卷　四册
〔清〕王世篆並輯
清乾隆十一年(1746)鈐印本
鎮江

02613
自若堂圖書　一册
〔清〕王世篆並輯
清乾隆十三年(1748)鈐印本
北大

02614
自若堂圖書不分卷　六册
〔清〕王世篆並輯
清乾隆十九年(1754)鈐印本
漠南

02615
自怡軒印集不分卷　二册
〔清〕王絅堂篆並輯

清光緒二十七年(1901)鈐印本
東北師大　芷蘭齋

02616
自怡軒印集不分卷　四册
〔清〕王絅堂篆並輯
清光緒二十七年(1901)鈐印本
國圖　上海　南開　松蔭軒

02617
自怡軒印集不分卷　十册
〔清〕王耀篆並輯
清光緒二十五年(1899)鈐印本
浙江

02618
自怡軒印集不分卷　十六册
〔清〕王耀篆並輯
清光緒二十五年(1899)鈐印本
北大　國圖

02619
自怡軒印集不分卷　二十册
〔清〕王耀篆並輯
清光緒三十二年(1906)鈐印本
廣東

02620
自怡軒印集不分卷　二十四册
〔清〕王耀篆並輯
清光緒三十二年(1906)鈐印本
保定

02621
自怡軒印集不分卷　二十九册
〔清〕王耀篆並輯
清光緒三十二年(1906)鈐印本
廣西

02622
自怡悅齋印存不分卷　四册
李清安篆並輯
民國二十六年(1937)鈐印本

國圖

02623

自怡堂印存不分卷　二冊

〔清〕周德華篆並輯

清光緒二十四年(1898)鈐印本

松蔭軒

02624

自怡堂印存不分卷　四冊

〔清〕周德華篆並輯

清光緒二十九年(1903)鈐印本

西泠　松蔭軒

02625

自修庵印譜　一冊

(日本)北野種次郎篆並輯

日本昭和八年(1933)鈐印本

西泠

02626

自娛集　一冊

壽石工篆並輯

鈐印本

鹿鳴簃

伊

02627

伊蔚齋印譜　二冊

〔清〕項懷述篆〔清〕程芝華(項氏外孫)等輯

清乾隆三十九年(1774)鈐印本

安徽

02628

伊蔚齋印譜　二冊

〔清〕項懷述篆〔清〕程芝華(項氏外孫)等輯

清道光二十七年(1847)鈐印本

上海　安徽　南京　松蔭軒

02629

伊蔚齋印譜　四冊

〔清〕項懷述篆〔清〕程芝華(項氏外孫)等輯

清道光二十七年(1847)鈐印本

上博

02630

伊齋印存　十冊

汪洛年篆並輯

振綺樓鈐印本

西泠

02631

伊藤博文公印譜　一冊

(日本)〔佚名〕篆並輯

日本大正九年(1920)振綺樓鈐印本

漠南

向

02632

向陵印譜　一冊

〔清〕丁敬　陳曼生篆(日本)向陵多賀谷瑛輯

鈐印本

松蔭軒

02633

向陵印譜　一冊

〔清〕丁敬　陳曼生篆(日本)向陵多賀谷瑛輯

鈐印本

松蔭軒

似

02634

似魚室印蛻不分卷　二冊

〔清〕徐三庚篆　有正書局輯

清光緒六年(1880)鈐印本

東京博

02635

似魚室印稿　一冊

〔清〕徐三庚篆並輯
清光緒十六年(1890)鈐印本
天一閣

02636
似魚室主印存　一册
〔清〕徐三庚篆　有正書局輯
鈐印本
上海

02637
似潛廬印存(張叔田印譜)　一册
〔清〕張叔田篆並輯
清光緒二十五年(1899)鈐印本
上海　海寧

02638
似鴻軒印稿　一册
吳誦清　吳仲坰篆　吳仲坰輯
民國二十六年(1937)影印本
上海　中國美院　西泠　君匋藝院　南大　南京　哈爾濱　浙江博　紹興　雲南　復旦　港大　溫州　廣東　遼寧　鎮江　蘇州　鴻爪留痕館　鐵硯齋　松蔭軒　協會　國會山莊

行

02639
行素草堂集古印譜(槐廬集古印譜)　四册
〔清〕朱記榮輯
清光緒十年(1884)鈐印本
上博　西泠　安徽　桂林　松蔭軒　漠南　東洋文庫　奎章閣

02640
行素草堂集古印譜　八册
〔清〕朱記榮輯
清光緒十年(1884)鈐印本
國圖　上海　上博　普林斯頓　蒲阪文庫

02641
行素堂集古印存(集古印存)　一册

〔清〕朱記榮輯
清光緒九年(1883)鈐印本
四川

02642
行素堂集古印存(集古印存)　二册
〔清〕朱記榮輯
清光緒九年(1883)鈐印本
上海　山西　天津　湖南　廣東　中科院　西泠　東北師大　松蔭軒　哈佛燕京

02643
行素堂集古印譜(集古印存)　一册
〔清〕朱記榮輯
清光緒九年(1883)鈐印本
韓國中央

02644
行餘游戲　一册
(日本)田結莊千里篆並輯
日本大正六年(1917)鈐印本
漠南

02645
行餘游戲不分卷　二册
(日本)田結莊千里篆並輯
日本大正六年(1917)鈐印本
漠南

02646
行盦治印　一册
〔清〕張朝墉篆並輯
清光緒十四年(1888)鈐印本
松蔭軒

全

02647
全唐名譜不分卷　三册
(日本)都賀庭鐘篆並輯
日本寬保元年(1741)鈐印本

岩瀬文庫

02648

全唐名譜不分卷　三册
（日本）都賀庭鐘篆並輯
日本享和元年(1801)鈐印本
漠南

02649

全唐名譜　一册
（日本）新興蒙所篆並輯
日本享和元年(1801)鈐印本
漠南

02650

全國社寺印集不分卷　四十六册
（日本）池田常惠輯
日本明治大正昭和間鈐印本
漠南

02651

全國農業發展綱要四十條刻石　一册
郁重今篆　林乾良輯
壬辰年(2012)鈐印本
片雲齋

02652

全樂堂印譜　一册
（日本）渡邊華山篆並輯
日本明治四十三年(1910)鈐印本
漠南

合

02653

合漠慶集印　一册
合漠慶主篆並輯
庚寅年(1950)鈐印本
松蔭軒

兆

02654

兆鏞印存　一册
汪兆鏞篆並輯
清光緒二十七年(1901)鈐印本
廣東

企

02655

企文仙館印譜　四册
〔清〕許容篆〔清〕企文仙館輯
鈐印本
吉林　松蔭軒

朵

02656

朵雲軒藏印精選不分卷　二册
〔清〕顧苓　沈鳳等篆　朵雲軒輯
乙亥年(1995)鈐印本
松蔭軒

旭

02657

旭東館印集不分卷　二册
毛鳳祥篆並輯
民國二十四年(1935)鈐印本
湖南

02658

旭齋集趙古泥印　一册
〔清〕趙古泥篆　瞿燿邦輯
壬寅年(1962)鈐印本
松蔭軒

各

02659

各式印譜　一册

　　〔佚名〕篆並輯

　　鈐印本

　　安徽

02660

各家印底彙存不分卷　二册

　　〔清〕吳讓之等篆並輯

　　鈐印本

　　哈師大

02661

各家印剩　一册

　　〔清〕黃士陵　徐三庚等篆　王一羽輯

　　鈐印本

　　蘭樓

02662

各家印選不分卷　二册

　　〔佚名〕篆並輯

　　鈐印本

　　嘉興

名

02663

名人用印拾趣　一册

　　王福盦等篆並輯

　　鈐印本

　　松蔭軒

02664

名人用印集　一册

　　〔佚名〕篆並輯

　　鈐印本

　　松蔭軒

02665

名人用印集存　一册

　　〔佚名〕輯

　　鈐印本（李炤麟、紀春潮等用印）

　　松蔭軒

02666

名人印存　一册

　　〔佚名〕篆並輯

　　民國三十二年（1943）鈐印本

　　國圖

02667

名人印存不分卷　二册

　　〔佚名〕篆並輯

　　鈐印本

　　松蔭軒

02668

名人印拓留真不分卷　二册

　　〔清〕方巖　徐星州　吳昌石　來楚生等篆　方去疾輯

　　鈐印本

　　松蔭軒

02669

名人印痕彙拓不分卷　六册

　　方約輯

　　鈐印本

　　私人藏

02670

名人印痕彙拓不分卷　十五册

　　方約輯

　　鈐印本

　　秋水齋

02671

名人印集　一册

　　〔佚名〕篆並輯

　　民國七年（1918）鈐印本

　　紹興

02672
名人印集　一册
〔佚名〕篆並輯
鈐印本
浙江

02673
名人印集不分卷　六册
〔佚名〕篆並輯
粘貼本
浙江

02674
名人印集不分卷　四册
〔清〕丁敬等篆〔清〕林大宗輯
清道光十九年(1839)林氏鈐印本
東京博　漠南

02675
名人印集不分卷　二册
王光烈輯
王氏鈐印本
遼寧

02676
名人印集不分卷　四册
葉爲銘輯
民國二十九年(1940)鈐印本
浙江

02677
名人印粹不分卷　二册
〔佚名〕篆並輯
鈐印本
杭州

02678
名人印徵不分卷　七册
高時顯　葛昌楹輯
民國二十八年(1939)鈐印本
浙江

02679
名人印譜　一册
〔佚名〕篆並輯
清光緒元年(1875)鈐印本
嘉興

02680
名人印譜　一册
〔佚名〕篆並輯
鈐印本
松蔭軒

02681
名人印譜不分卷　二册
〔佚名〕篆並輯
鈐印本
蘇州　蒲阪文庫

02682
名人印譜不分卷　五册
（日本）高芙蓉　羽倉可亭篆（日本）木内醉石輯
鈐印本(木内本)
協會

02683
名人印譜　一册
〔清〕鐵如意室輯
清光緒元年(1875)鐵如意室鈐印本
嘉興

02684
名人印譜　一册
〔清〕楊澥等篆並輯
楊澥鈐印本
浙江

02685
名人印譜不分卷　三册
〔清〕浙派印人篆〔清〕毛庚輯
清道光二十九年(1849)鈐印本
百二扇面齋

02686
名人刻印集萃　一册
　[佚名]篆並輯
　鈐印本
　松蔭軒

02687
名人集印不分卷　二册
　[佚名]篆並輯
　鈐印本
　私人藏

02688
名人遺印(團雲書屋藏印譜)　一册
　〔清〕阮常生輯
　清道光十六年(1836)阮氏鈐印本
　松蔭軒

02689
名人遺印　一册
　團雲書屋輯
　鈐印本
　上博

02690
名印拓本　一册
　[佚名]篆並輯
　鈐印本
　君匋藝院

02691
名印珍賞　一册
　〔清〕濮森　陳秋堂等篆並輯
　鈐印本(秦康祥藏本)
　松蔭軒

02692
名印拾遺　一册
　朱其石篆並輯
　剪報粘貼本
　瓦翁

02693
名印倣刻集　一册
　[佚名]篆並輯
　鈐印本
　松蔭軒

02694
名印偶存　一册
　〔清〕費廷貴輯
　清光緒二十一年(1895)粘貼本(稿本)
　浙江博

02695
名印偶集　一册
　邵松年輯
　鈐印本
　上海

02696
名印集　一册
　〔清〕徐壽鵬篆並輯
　鈐印本
　紹興　東台

02697
名印集存　一册
　[佚名]篆並輯
　鈐印本
　長恩閣

02698
名印集成不分卷　八册
　[佚名]篆並輯
　鈐印本
　松蔭軒

02699
名印集拓　一册
　[佚名]篆並輯
　鈐印本
　松蔭軒

02700
名印集錦不分卷　四册
〔佚名〕篆並輯
鈐印本
松蔭軒

02701
名印集觀　一册
潘飛聲輯
鈐印本
松蔭軒

02702
名印傳真　五册
〔清〕顧湘輯
清道光二十五年(1845)鈐印本
私人藏

02703
名印傳真　六册
〔清〕顧湘輯
清道光三十年(1850)鈐印本
上海　上博　中國美院　西泠　江陰　安徽師大　松蔭軒　南京　浙江博　常熟　蘇州大　國會山莊

02704
名印傳真　八册
〔清〕顧湘輯
清光緒二十六年(1900)7715
安徽師大　私人藏

02705
名印傳真　六册
〔清〕顧湘輯
清光緒三十四年(1908)鈐印本
常熟

02706
名印經眼錄不分卷　三十册
林章松輯
己亥年(2019)鈐印本
松蔭軒

02707
名印選存　一册
〔清〕章矗輯
清光緒二十五年(1899)鈐印本
浙江

02708
名印襍存　一册
〔清〕章矗輯
鈐印本
浙江

02709
名花印品　一册
（日本）岡村贇輯
日本明治四十四年(1911)重輯本
松丸東魚

02710
名花印品　一册
（日本）中井敬所輯
日本明治四十五年(1912)鈐印本（重輯本）
漠南

02711
名家一隅印存不分卷　二册
〔佚名〕篆並輯
鈐印本
松蔭軒

02712
名家一隅印存不分卷　三册
〔佚名〕篆並輯
鈐印本
私人藏

02713
名家手澤　一册
〔佚名〕輯
鈐印本（歷代名家刻印）
松蔭軒

02714
名家用印印譜不分卷　二册
　[佚名]篆並輯
　鈐印本
　私人藏

02715
名家用印集不分卷　二册
　[佚名]篆並輯
　鈐印本
　松蔭軒

02716
名家印存　一册
　[佚名]篆並輯
　鈐印本
　廣東　安徽　松蔭軒

02717
名家印存　一册
　[佚名]篆並輯
　鈐印本（港大本）
　港大

02718
名家印記　一册
　[佚名]篆並輯
　鈐印本
　松蔭軒

02719
名家印萃不分卷　八册
　〔清〕趙霱嵐輯
　清光緒三十年(1904)鈐印本
　漠南

02720
名家印集　一册
　[佚名]篆並輯
　日本昭和間鈐印本
　東京博

02721
名家印集　一册
　[佚名]篆並輯
　鈐印本
　松蔭軒

02722
名家印集不分卷　二册
　[佚名]篆並輯
　鈐印本
　松蔭軒

02723
名家印集不分卷　八册
　[佚名]篆並輯
　鈐印本
　松蔭軒

02724
名家印集　一册
　梁曉莊輯
　壬午年(2002)粘貼本
　兩然齋

02725
名家印選不分卷　十六册
　錢君匋篆並輯
　鈐印本
　南京

02726
名家印選　一册
　〔明〕汪關　甘暘等篆　（日本）北村春步輯
　日本昭和二十六年(1951)影印本
　松丸東魚　協會

02727
名家印譜　一册
　[佚名]篆並輯
　影印本
　廣東

02728
名家印譜不分卷　六册
　　[佚名]篆並輯
　　鈐印本
　　松蔭軒

02729
名家金石留印集不分卷　二册
　　[佚名]輯
　　鈐印本（當代印人刻印）
　　松蔭軒

02730
名家金石留印集不分卷　八册
　　[佚名]篆並輯
　　鈐印本
　　松蔭軒

02731
名家刻印集不分卷　二册
　　〔清〕趙之謙　吳讓之等篆　陳鑑仁輯
　　鈐印本
　　松蔭軒

02732
名家刻印集存　一册
　　曾榮光輯
　　鈐印本（所見印拓）
　　松蔭軒

02733
名家殘存　一册
　　[佚名]篆並輯
　　鈐印本
　　松蔭軒

02734
名家墨跡鑒定便覽不分卷　六册
　　（日本）川喜多（日本）真一郎輯
　　日本弘化四年（1847）鈐印本
　　日本大學　内閣文庫　名大皇學　東京大　京都大
　　京都府大　漢南　静嘉堂

02735
名家篆刻　一册
　　[佚名]篆並輯
　　鈐印本
　　西泠

02736
名家篆刻印譜　一册
　　〔清〕費師洪輯
　　清光緒二十七年（1901）鈐印本
　　上海

02737
名家篆刻拾翠　一册
　　盧子樞輯
　　鈐印本
　　兩然齋

02738
名家篆刻留存　一册
　　[佚名]輯
　　鈐印本（明清印人作品）
　　松蔭軒

02739
名家篆刻留真　一册
　　[佚名]篆並輯
　　鈐印本
　　兩然齋

02740
名家篆刻集存　一册
　　鄧爾雅等篆並輯
　　鈐印本
　　松蔭軒

02741
名家潤例集　一册
　　[佚名]篆並輯
　　鈐印本
　　松蔭軒

02742
名家雜印　一冊
　〔佚名〕篆並輯
　鈐印本
　松蔭軒

02743
名家雜拓　一冊
　〔清〕徐三庚　胡钁　趙古泥等篆並輯
　鈐印本
　松蔭軒

02744
名家鑒藏齋號印集不分卷　三冊
　〔佚名〕篆並輯
　鈐印本
　松蔭軒

02745
名清名人刻印彙存　十二冊
　〔明〕文彭等篆　葛昌楹　胡淦輯
　民國三十二年(1943)宣和印社鈐印本
　西泠

02746
名宿彤琢宋朗名號印稿　一冊
　宋朗篆　齊康輯
　影印本
　松蔭軒

02747
名將印譜不分卷　三冊
　陳衍輯
　民國二十一年(1932)影印本
　上海

02748
名將印譜不分卷　二冊
　景穆篆　文藝研究會輯
　民國三十二年(1943)文藝會影印本
　哈爾濱

02749
名將印譜　一冊
　景穆篆　廣東文藝研究會輯
　民國三十二年(1943)鈐印本(景穆本)
　廣東

02750
名賢劇印集　一冊
　〔清〕丁敬　黃易等篆並輯
　鈐印本(稿本)
　鐵硯齋

多

02751
多心經印章拓本　一冊
　王漳篆並輯
　鈐印本
　上海

02752
多心經印譜　一冊
　〔佚名〕篆並輯
　民國七年(1918)鈐印本
　國圖

冰

02753
冰華九雅堂印譜　一冊
　(日本)釋了證篆並輯
　日本大正十三年(1924)鈐印本
　松蔭軒

02754
冰暉閣印掇不分卷　四冊
　楊祚職篆並輯
　民國七年(1918)鈐印本
　國圖　鎮江　天津　松蔭軒　私人藏

02755

冰塵留印(蓬萊謫僊印存) 一册
〔佚名〕篆並輯
鈐印本
松蔭軒

02756

冰盦印譜不分卷 三册
王大炘篆並輯
鈐印本
松蔭軒

02757

冰移印選 一册
〔佚名〕篆並輯
鈐印本
松蔭軒

02758

冰鐵印不分卷 二册
〔佚名〕篆並輯
鈐印本
松蔭軒

02759

冰鐵印存 一册
王大炘篆並輯
鈐印本
上海

02760

冰鐵戡印印(王冰鐵印存) 五册
王冰鐵篆 上海文明書局輯
民國十五年(1926)影印本
國圖 上海 中國美院 西泠 吳江 南京 溫州 鎮江 蘇州 鴻爪留痕館 松蔭軒 東京博 國會山莊

02761

冰甗印存不分卷 四册
李振鐸篆 錢君匋輯
鈐印本
松蔭軒

亦

02762

亦可印存不分卷 二册
(日本)河西笛洲篆並輯
日本昭和二年(1927)鈐印本
協會

02763

亦佳山館印錄 一册
〔清〕林霆篆並輯
鈐印本
福建

02764

亦草堂印譜 一册
〔清〕王睿章篆並輯
清康熙四十六年(1707)鈐印本
松蔭軒

02765

亦無樓宋元古印輯(亦無樓宋元銅印輯)不分卷 四册
戴山青輯
癸酉年(1993)鈐印本(所藏宋元古璽印)
松蔭軒 協會

02766

亦復如是齋印存 二册
〔清〕恩元篆並輯
清光緒十三年(1887)鈐印本
國圖

02767

亦愚齋印稿 一册
孔昭來篆並輯
鈐印本
上海 清華 松蔭軒

02768

亦愛廬印存不分卷 四册

〔清〕朱錕篆並輯
清光緒三十二年(1906)鈐印本
上海 浙江 松蔭軒

02769
亦樓印存不分卷　八册
龔植篆並輯
民國二十二年(1933)鈐印本
廈大

02770
亦樓印譜　一册
龔植篆並輯
民國二十三年(1934)鈐印本
廈大

02771
亦廬餘事　一册
〔清〕湯徽典篆並輯
清道光十四年(1834)鈐印本
上博

02772
亦廬餘事不分卷　四册
〔清〕湯徽典篆並輯
清道光十四年(1834)鈐印本
松蔭軒 漢南

交

02773
交泰殿寶譜　一册
故宮博物院圖書館文獻部輯
民國十五年(1926)原鈐印本
中國美院 別宥齋(天一閣) 松蔭軒

02774
交泰殿寶譜　一册
故宮博物院圖書館文獻部輯
民國十八年(1929)影印本
上海 天津 四川 吉大 吉林 東北師大 南大 南京 哈師大 溫州 遼大 遼寧 鴻爪留痕館 芷蘭齋 松蔭軒 東京博 東洋文庫

次

02775
次公藏印選　一册
陸銓輯
鈐印本
泰州

02776
次玄印譜　一册
許次玄篆並輯
鈐印本
溫州

02777
次閑印存不分卷　四册
〔清〕趙之琛篆並輯
清道光二十七年(1847)鈐印本
南京

02778
次閑印譜　一册
〔清〕趙之琛篆〔清〕高學治輯
清光緒十一年(1885)鈐印本
雲南

02779
次閑印譜不分卷　二册
〔清〕趙之琛篆〔清〕高學治輯
清光緒十一年(1885)鈐印本
上海 天一閣 中國美院 甘肅 南京 黑龍江 復旦 港大 臺大 兩然齋 松蔭軒 國會山莊

02780
次閑刻高氏印存不分卷　二册
〔清〕趙之琛篆 高絡園輯
民國二十七年(1938)鈐印本
百樂齋 港大

衣

02781

衣雲印存　一册

〔清〕羅聘輯

清嘉慶四年(1799)鈐印本

上博　鴻爪留痕館

02782

衣雲印存　一册

〔清〕羅聘輯

清道光四年(1824)影印本

浙江博　安徽　南通

羊

02783

羊言印譜不分卷　二册

（日本）松浦羊言篆並輯

日本昭和十年(1935)鈐印本

松丸東魚　協會

汗

02784

汗青閣印譜　一册

［佚名］篆並輯

鈐印本

臨海博

江

02785

江上印社不分卷　五册

（日本）江上印社篆並輯

日本明治四十三至四十四年(1910—1911)鈐印本

松蔭軒

02786

江上印社第五集　一册

（日本）細川林谷篆（日本）江上印社輯

日本明治四十三年(1910)鈐印本

協會

02787

江上印集不分卷　六册

（日本）江上印社篆並輯

日本明治四十三年(1910)鈐印本

早稻田

02788

江上印集不分卷　八册

（日本）江上印社篆並輯

日本明治四十三年(1910)鈐印本

漠南

02789

江山奇氣樓印存不分卷　二册

賈島篆並輯

鈐印本

中國美院

02790

江山奇氣樓印存　一册

〔清〕熊燾篆並輯

鈐印本

上海　中國美院　海寧　紹興　松蔭軒　國會山莊

02791

江山奇氣樓印存　一册

〔清〕熊燾篆並輯

鈐印本(丙申本)

松蔭軒

02792

江介岩印譜　一册

江介岩篆並輯

民國二十七年(1938)鈐印本

浙江

02793

江孔殷集印不分卷　二册

　　江孔殷輯

　　鈐印本

　　松蔭軒

02794

江左窟古印存不分卷　四册

　　(日本)園田湖城篆並輯

　　鈐印本

　　東京博

02795

江左窟印存不分卷　三册

　　(日本)園田湖城篆並輯

　　日本大正間鈐印本

　　東京博　漢南

02796

江左窟印存　一册

　　(日本)園田湖城篆並輯

　　鈐印本

　　協會

02797

江左窟印存不分卷　四册

　　(日本)園田湖城篆並輯

　　鈐印本

　　東京博　協會

02798

江左窟印存後集　一册

　　(日本)園田湖城篆並輯

　　日本昭和四十九年(1974)鈐印本

　　松丸東魚　東京博

02799

江左窟印存後集不分卷　三册

　　(日本)園田湖城篆並輯

　　日本平成十年(1998)鈐印本

　　東京博　協會

02800

江成之印存不分卷　四册

　　江成之篆　上海書店輯

　　戊戌年(2018)鈐印本

　　松蔭軒　秋水齋　雲峰齋

02801

江村印譜不分卷　十册

　　〔清〕高江村篆並輯

　　鈐印本

　　上博

02802

江村印譜不分卷　四册

　　〔清〕高士奇篆並輯

　　式古堂鈐印本

　　國圖

02803

江東湯義方藏印　一册

　　湯義方輯

　　鈐印本

　　松蔭軒

02804

江風印譜　一册

　　(日本)河西笛洲　北村春等篆(日本)江風印社輯

　　日本昭和十一年(1936)鈐印本

　　協會

02805

江馬天江印譜　一册

　　(日本)江馬聖欽輯

　　日本昭和間鈐印本

　　松丸東魚

02806

江浙名人用印集　一册

　　〔清〕奚岡　吳讓之　王冰鐵等篆〔佚名〕輯

　　鈐印本

　　松蔭軒

02807

江琦治印　一册
〔清〕江琦篆並輯
鈐印本
私人藏

02808

江尊印集　一册
〔清〕江尊篆並輯
鈐印本
松蔭軒

02809

江游印譜　一册
（日本）野村北水篆並輯
日本天明七年(1787)鈐印本
漠南

02810

江寧王大椿印存不分卷　二册
〔清〕王大椿篆並輯
鈐印本
私人藏

02811

江漢後人印譜　一册
[佚名]篆並輯
民國間鈐印本
浙江博

02812

江寧吳熙篆刻不分卷　二册
〔清〕吳熙篆並輯
清康熙四十年(1701)鈐印本
松蔭軒

02813

江霞印影　一册
（日本）稻毛屋山篆並輯
日本寬正七年(1466)鈐印本
西泠　協會　漠南

02814

江蘇六十一縣印拓本　一册
楊天驥篆並輯
民國十八年(1929)鈐印本
南京

02815

江蘇省立第四中學印集　一册
游藝會篆並輯
民國間鈐印本
蘇州大

02816

江蘇省縣政府印存不分卷　六册
[佚名]篆並輯
民國間鈐印本
南京

汲

02817

汲古第一至三輯　一册
（日本）汲古印會輯
日本大正十二年(1923)鈐印本
岩瀨文庫

02818

汲古印萃不分卷　三册
（日本）[佚名]輯
鈐印本
東京博

02819

汲古印會二十周年記念印譜　一册
（日本）加藤紫山　高畑翠石等篆（日本）汲古印會輯
日本昭和二十九年(1954)影印本
松丸東魚　協會

02820

汲古印粹不分卷　四册

（日本）山内敬齋輯
日本大正元年(1912)鈐印本
漠南

02821
汲古作品集第二輯　一册
（日本）汲古印會輯
日本昭和四十四年(1969)鈐印本
松丸東魚

02822
汲古堂印譜　一册
〔清〕王潤翰篆並輯
清嘉慶二十二年(1817)鈐印本
武大

02823
汲古堂印譜　四册
〔清〕王潤翰篆並輯
清嘉慶二十二年(1817)鈐印本
東京博　漠南

02824
汲古堂印譜　六册
〔清〕王潤翰篆並輯
清嘉慶二十二年(1817)鈐印本
國圖　山西　川大　桂林　漠南　哈佛燕京

02825
汲古堂印譜　十二册
〔清〕王潤翰篆並輯
清嘉慶二十二年(1817)鈐印本
普林斯頓

02826
汲古堂印譜不分卷　二册
〔清〕王潤翰篆並輯
拓片本
北大

02827
汲古精舍印譜不分卷　四册
[佚名]篆並輯
鈐印本
黑龍江

02828
汲古齋銅印譜(汲古齋印譜)不分卷　五册
〔清〕潘有爲輯
清嘉慶十三年(1808)鈐印本
東京博

02829
汲古齋銅印譜散葉(汲古齋印譜)　一批
〔清〕潘有爲輯
清嘉慶十三年(1808)鈐印本
東京博

02830
汲古齋藏印　一册
[佚名]篆並輯
鈐印本
鴻爪留痕館

02831
汲堂生鐵筆存稿　一册
〔清〕徐嗣元篆並輯
鈐印本
浙江博

02832
汲堂印譜　一册
[佚名]篆並輯
鈐印本
浙江博

池

02833
池上石契集(池上印稿)　一册
〔清〕周孝坤　徐份　徐保等篆　〔清〕許兆熊輯
清嘉慶十八年(1813)鈐印本
北大

02834
池上石契集(池上印稿) 三册
〔清〕周孝坤 徐份 徐保等篆 〔清〕許兆熊輯
清嘉慶十八年(1813)鈐印本
浙江 西泠 松蔭軒 漠南

02835
池上石契集(池上印稿) 四册
〔清〕周孝坤 徐份 徐保等篆 〔清〕許兆熊輯
清嘉慶十八年(1813)鈐印本
浙江 西泠

02836
池上石契集(池上印稿) 六册
〔清〕周孝坤 徐份 徐保等篆 〔清〕許兆熊輯
清嘉慶十八年(1813)鈐印本
浙江

守

02837
守山侯賴寬印譜不分卷 三册
(日本)守山侯賴寬篆並輯
鈐印本
早稻田

02838
守成集印 一册
[佚名]篆並輯
鈐印本
金華博

02839
守如印存不分卷 二册
〔清〕王琛篆並輯
王氏鈐印本
蘇州

02840
守如印存 一册
〔清〕吳駿後篆並輯
清光緒十五年(1889)鈐印本
遼寧 南京 中國美院 松蔭軒 國會山莊

02841
守如印存(守如百壽章印存)不分卷 二册
〔清〕吳駿後篆並輯
清光緒十五年(1889)鈐印本
上海 寧夏 揚州 南京 南大 松蔭軒 國會山莊

02842
守如印存不分卷 六册
〔清〕吳駿後篆並輯
鈐印本
南京

02843
守志治印 一册
[佚名]篆並輯
鈐印本
松蔭軒

02844
守拙軒印草 一册
〔清〕瞿紹坤篆並輯
清道光二十年(1840)鈐印本
甘肅

02845
守拙廬印存不分卷 二册
〔清〕[佚名]篆並輯
鈐印本
松蔭軒

02846
守真子篆刻喜雨亭記 一册
〔清〕李本弌篆並輯
清光緒二十九年(1903)鈐印本
松蔭軒

02847
守高室藏印不分卷 二册
吳元浩輯
民國三十二年(1943)鈐印本

松蔭軒

02848

守梅山館印譜不分卷　十册

〔佚名〕篆並輯

民國元年(1912)鈐印本

國圖

02849

守梅山館印譜不分卷　二册

〔清〕吳熙載篆〔清〕徐咸芳輯

鈐印本

上海　松蔭軒　拳石山房　協會

02850

守梅花館印存　一册

崔祖慶篆並輯

民國二十九年(1940)鈐印本

松蔭軒

02851

守硯生印存(守研生印存)　二册

〔清〕王祖光篆並輯

清光緒九年(1883)鈐印本

普林斯頓

02852

守硯生印存(守研生印存)　四册

〔清〕王祖光篆並輯

清光緒九年(1883)鈐印本

普林斯頓

02853

守硯生印存(守研生印存)　六册

〔清〕王祖光篆並輯

清光緒九年(1883)鈐印本

吉林　首都　遼寧

02854

守硯生印存(守研生印存)　六册

〔清〕王祖光篆並輯

清光緒十年(1884)鈐印本

國圖　首都　上博　北大　西泠　松蔭軒

02855

守楳山館印譜不分卷　二册

〔清〕吳熙載篆〔清〕徐咸芳輯

鈐印本

松蔭軒

02856

守静軒印存不分卷　八册

〔佚名〕篆並輯

民國四年(1915)影印本

上海

02857

守墨居印賞不分卷　二册

徐無聞篆並輯

戊申年(1968)鈐印本

松蔭軒

02858

守墨樓印存　一册

張景善篆　江兆申輯

乙巳年(1965)鈐印本

"中研院"文哲所　東海大　臺師大　臺圖　松蔭軒

安

02859

安心室集印不分卷　三册

張君謀輯

民國三十四年(1945)鈐印本

西泠

02860

安古廬先生遺芳　一册

〔佚名〕篆並輯

鈐印本

松丸東魚

02861

安丘卯君申公亶安三先生印譜　四册

〔清〕張在辛　張在戊　張在乙篆〔清〕伏光倫輯

清乾隆十年(1745)鈐印本
鴻爪留痕館

02862
安邱張氏印譜不分卷　六册
〔清〕張在辛輯
清康熙五十九年(1720)鈐印本
浙江　松蔭軒

02863
安邱張氏印譜　一册
〔清〕張在乙輯
清康熙十一年(1672)鈐印本
右文齋

02864
安拙窩印寄　二册
〔清〕汪啓淑輯
清乾隆五十四年(1789)鈐印本
吉大

02865
安拙窩印寄　四册
〔清〕汪啓淑輯
清乾隆五十四年(1789)鈐印本
暨大

02866
安拙窩印寄　八册
〔清〕汪啓淑輯
清乾隆五十四年(1789)鈐印本
上海　吉大　西泠

02867
安叔印存　一册
（日本）西川寧篆（日本）金山鑄齋輯　林章松重輯
壬寅年(2022)粘貼本
松蔭軒

02868
安昌里館璽存　一册
宣哲輯

民國二十三年(1934)鈐印本
文雅堂　百樂齋　松蔭軒

02869
安昌里館璽存不分卷　四册
宣哲輯
民國二十三年(1934)鈐印本
鐵硯齋

02870
安昌里館璽存不分卷　六册
宣哲輯
民國二十三年(1934)鈐印本
國圖　浙江

02871
安昌里館璽存不分卷　八册
宣哲輯
民國二十三年(1934)鈐印本
上博　港中大　松蔭軒

02872
安昌里館璽存不分卷　二十六册
宣哲輯
民國二十三年(1934)鈐印本
松蔭軒

02873
安定中校校友會金石組印存不分卷　四册
安定中校校友會輯
鈐印本
上海

02874
安居歌印譜　一册
（日本）梅舒適等篆（日本）篆社輯
日本昭和四十六年(1971)鈐印本
西泠　協會

02875
安持印集　一册
陳巨來篆輯
鈐印本

以風樓

02876
安持老人印遺　一册
　　陳巨來篆　王榮斌輯
　　己亥年(2019)鈐印本
　　松蔭軒　秋水齋　摘霞樓

02877
安持精舍印存　一册
　　陳巨來篆　王志毅輯
　　庚戌年(1970)鈐印本(册葉裝)
　　大鶴精舍

02878
安持精舍印存　一册
　　陳巨來篆　牛齋輯
　　丙辰年(1976)鈐印本(册葉裝)
　　牛齋

02879
安持精舍印存　一册
　　陳巨來篆並輯
　　丙申年(2016)鈐印本
　　西泠　私人藏　松蔭軒

02880
安持精舍印存　一册
　　陳巨來篆並輯
　　粘貼本
　　私人藏

02881
安持精舍印存自用印　一册
　　陳巨來篆　孫君輝主編　沈樂平監製
　　丁酉年(2017)鈐印本
　　私人藏

02882
安持精舍印最甲集　一册
　　陳巨來篆　陸凌楓輯並鈐拓
　　辛丑年(2021)鈐印本
　　摘霞樓

02883
安持精舍印逸不分卷　二册
　　陳巨來篆並輯
　　庚子年(1960)鈐印本
　　湖山寄廬

02884
安持精舍印最　一册
　　陳巨來篆　敦堂文化出品輯
　　己亥年(2019)鈐印本
　　私人藏

02885
安處樓印存　一册
　　來楚生篆並輯
　　鈐印本(唐雲題字本)
　　協會

02886
安處樓印存　一册
　　來楚生篆並輯
　　鈐印本
　　協會

02887
安處樓外集(來楚生印稿)不分卷　四册
　　來楚生篆　姚玉笙輯
　　甲寅年(1974)鈐印本
　　松蔭軒

02888
安處樓外集不分卷　四册
　　來楚生篆　王誓言輯
　　王氏鈐印本
　　松蔭軒

02889
安雅堂印譜不分卷　四册
　　〔清〕張慶善篆並輯
　　清嘉慶二十五年(1820)鈐印本
　　漠南

02890

安愚室印賸不分卷　四册

　[佚名]篆並輯

　鈐印本

　松蔭軒

02891

安齋印譜　一册

　[佚名]篆並輯

　鈐印本

　松蔭軒

那

02892

那渠吟館印存不分卷　六册

　吕鳳子篆並輯

　民國二年(1913)鈐印本

　上海

02893

那羅延室印存稿不分卷　三册

　[佚名]篆並輯

　鈐印本

　上海

阮

02894

阮氏積古齋漢銅印得不分卷　六册

　〔清〕阮元輯

　鈐印本

　國圖

02895

阮堂印存　一册

　（朝鮮）金正喜輯

　日本大正五年(1916)描摹本

　漢南

02896

阮雲台藏印不分卷　四册

　〔清〕阮元輯

　清剪貼本

　國圖

阪

02897

阪井吳城印存　一册

　（日本）阪井吳城篆（日本）寺田正孝輯

　鈐印本

　協會

艸

02898

艸艸艸堂印留　一册

　[佚名]篆並輯

　鈐印本

　松蔭軒

02899

艸雲印譜　一册

　（日本）田崎草雲藏（日本）藝苑叢書輯

　日本大正八年(1919)鈐印本

　日本國會　東京央圖　東京藝大　岩瀨文庫

如

02900

如水閣印譜　一册

　李正煇篆並輯

　民國十四年(1925)掃葉山房影印本

　上海　中國美院　金華博　芷蘭齋　港大　松蔭軒

　國會山莊　蒲阪文庫

02901

如此江山山房印譜　一册

（日本）橋本培雨篆並輯
日本明治十七年(1884)鈐印本
漠南

02902

如竹齋印府　一册

（日本）片岡翠翁輯
日本昭和十一年(1936)影印本
松丸東魚　協會

02903

如松軒自用印存　一册

［佚名］篆並輯
鈐印本
松蔭軒

02904

如皋冒氏印史（冒氏印譜）不分卷　三册

莫鐵等篆　冒廣生輯
鈐印本
廣東

02905

如皋冒氏印史（冒氏印譜）不分卷　六册

莫鐵等篆　冒廣生輯
鈐印本
松蔭軒

02906

如恕齋印存　一册

洪蘭友篆並輯
榮寶齋鈐印本
上海

02907

如意印譜　一册

江蘇廣陵古籍刻印社輯
丙子年(1996)鈐印本
浙師大"中研院"文哲所

02908

如盧印存　一册

高稚辛篆並輯

民國二十七年(1938)鈐印本
南京

02909

如禪道人印法正傳譜　一册

（日本）［佚名］篆並輯
日本文政二年(1819)鈐印本
漠南

好

02910

好古目録不分卷　四册

（日本）藤原貞幹篆並輯
日本寬政八年(1796)鈐印本
漠南

02911

好古印集第　一册

（日本）細川林谷　中井敬所等篆（日本）好古印會輯
日本文政三年(1820)鈐印本
岩瀨文庫

02912

好古印集第二　一册

（日本）石井雙石　加藤有年等篆（日本）好古印會輯
日本文政三年(1820)鈐印本
岩瀨文庫

02913

好古集印（好古印集）不分卷　三册

（日本）好古印社輯
日本大正四年(1915)鈐印本
岩瀨文庫　漠南

02914

好古集印（好古印集）不分卷　七册

（日本）好古印社輯
日本昭和六年(1931)鈐印本

松蔭軒　漠南

02915

好古齋印存　一册

　王桁雨篆並輯

　鈐印本

　温州

02916

好耕齋印存不分卷　四册

　王桁雨篆並輯

　鈐印本

　上海　哈爾濱

02917

好晴樓藏玉印　一册

　（日本）太田孝太郎輯（日本）小林文盦藏

　日本昭和二十四年（1949）鈐印本（玉印八方原鈐）

　松丸東魚　協會

羽

02918

羽倉可亭印譜　一册

　（日本）羽倉良信篆並輯

　日本明治二十九年（1896）鈐印本

　西泠

02919

羽倉可亭遺印譜　一册

　（日本）羽倉良信篆（日本）［佚名］輯

　日本明治二十九年（1896）鈐印本

　漠南

牟

02920

牟軒印存　二册

　蔡守　談月色篆　黄耀忠輯

　壬寅年（2022）鈐印本

　免胄堂　松蔭軒　紅棉山房

七　畫

弄

02921

弄鐵技淵　一册

　（日本）里見東白篆並輯

　日本延享三年（1746）鈐印本

　岩瀨文庫　漠南

戒

02922

戒慎齋集印譜（寶訓附篆）　一册

　〔清〕金廷桂篆〔清〕金廷柱輯

　清乾隆二十七年（1762）鈐印本

　松蔭軒

扶

02923

扶風閣集古印存　一册

　梁軍榮藏　陳澤鑫輯

　辛丑年（2021）鈐印本

　松蔭軒　知還印館

02924

扶桑印選　一册

　（日本）扶桑印社社員篆（日本）扶桑印社輯

　日本大正九年（1920）鈐印本

　松丸東魚

02925

扶桑印選不分卷　二册

　（日本）扶桑印社社員篆（日本）扶桑印社輯

　鈐印本

松蔭軒

02926
扶桑名家篆刻　一册
（日本）河井荃廬　中村蘭台　梅舒適等篆　林章松重輯
壬寅年（2022）粘貼本
松蔭軒

02927
扶桑書畫款印集覽不分卷　三册
（日本）［佚名］篆（日本）須原畏三輯
日本明治三十六年（1903）鈐印本
東京博　漠南

抄

02928
抄存印譜　一册
［佚名］篆並輯
鈐印本
松蔭軒

02929
抄寫繪畫印譜　一册
［佚名］篆並輯
鈐印本
松蔭軒

赤

02930
赤文青簡　一册
章勤生篆　易忠錄輯
鈐印本
松蔭軒

02931
赤城睡鐵不分卷　五册
（日本）細川知慎篆並輯
日本寬政十一年（1799）鈐印本
漠南

02932
赤城睡鐵不分卷　六册
（日本）細川知慎篆並輯
日本寬政十一年（1799）鈐印本
漠南

02933
赤堂印譜　一册
（日本）菅赤堂篆並輯
日本明治十一年（1878）鈐印本
漠南

02934
赤壁印興不分卷　四册
（日本）石井雙石　江木欣欣等篆並輯
日本大正十一年（1922）鈐印本
松蔭軒　臺大　協會

02935
赤壁印譜不分卷　二册
（日本）岡村周南篆並輯
日本大正十二年（1923）鈐印本
漠南

02936
赤壁賦印譜不分卷　二册
（日本）奧邨竹亭篆並輯
日本昭和三年（1928）鈐印本
松蔭軒　日本國會　協會　漠南

02937
赤壁賦印譜不分卷　二册
（日本）奧邨竹亭篆並輯
日本昭和三十一年（1956）鈐印本
松蔭軒

02938
赤壁賦印譜不分卷　四册
（日本）奧邨竹亭篆並輯
日本昭和五十七年（1982）鈐印本

松蔭軒　漢南

孝

02939

孝慈堂印譜　一册
〔清〕黄樹谷輯
清雍正十一年(1733)韓氏鈐印本(韓天衡收藏)
百樂齋

02940

孝慈堂印譜不分卷　二册
〔清〕黄樹谷輯
清乾隆三十一年(1766)鈐印本
上博　私人藏　太田孝太郎　東京博

02941

孝慈堂印譜　一册
〔清〕黄樹谷輯
清咸豐十年(1860)鈐印本
百樂齋　松蔭軒

02942

孝經印存　一册
林時瑞篆並輯
鈐印本
吳江

02943

孝經印譜不分卷　四册
(日本)牧野貞喜篆並輯
日本寬政八年(1796)鈐印本
岩瀨文庫

02944

孝經印譜不分卷　三册
(日本)源家久篆並輯
日本寬政元年(1789)鈐印本
華東師大　早稻田

02945

孝經集篆　一册

〔清〕刁峻巖篆並輯
清乾隆三十年(1765)鈐印本
松蔭軒

02946

孝經摹印　一册
〔清〕梁原益篆並輯
清雍正十二年(1734)鈐印本
私人藏

均

02947

均室留存　一册
易忠籙篆並輯
鈐印本
松蔭軒

02948

均室鈢印　二册
易忠籙篆並輯
鈐印本
松蔭軒

坊

02949

坊間見印録不分卷　二册
林章松輯
七十年代末鈐印本
松蔭軒

02950

坊間見印録續　一册
林章松輯
七十年代末鈐印本
松蔭軒

志

02951

志古草堂印草　一册

〔佚名〕篆並輯

鈐印本

湖南

02952

志在四方印存　一册

魏榮篆並輯

民國三十一年(1942)鈐印本

松蔭軒

02953

志林室印艸　一册

魏榮篆並輯

民國三十一年(1942)鈐印本

松蔭軒

02954

志林室印集　一册

魏榮篆並輯

民國三十一年(1942)鈐印本

國圖

02955

志廬藏印　一册

〔清〕陳曼生等篆　朱鴻達輯

民國十八年(1929)鈐印本

國圖

02956

志廬藏印不分卷　四册

〔清〕陳曼生等篆　朱鴻達輯

民國十八年(1929)鈐印本

國圖　上博　西泠　浙江

芙

02957

芙蓉山房私印譜　一册

（日本）高芙蓉篆（日本）源惟良輯

日本天明五年(1785)鈐印本

東京博　漢南

02958

芙蓉山房私印譜附菡萏居印須家藏古印　一册

（日本）高芙蓉篆（日本）源惟良輯

日本大正二年(1913)影印本

西泠　臺大　日本國會　松丸東魚　東京博　漢南

02959

芙蓉印譜　一册

（日本）高芙蓉篆（日本）香雲閣輯

日本明治十四年(1881)鈐印本

漢南

02960

芙蓉先生印影　一册

（日本）高芙蓉篆（日本）松本香雪輯

日本慶應元年(1865)鈐印本

漢南

02961

芙蓉先生百七十年忌紀念　一册

（日本）高芙蓉篆（日本）同風印社輯

日本昭和二十八年(1953)鈐印本

漢南

02962

芙蓉先生刻印　一册

（日本）大島孟彪篆（日本）西川寧輯

日本昭和二十八年(1953)鈐印本

松丸東魚

02963

芙蓉先生遺篆不分卷　二册

（日本）大島孟彪篆（日本）中井敬所輯

日本明治十六年(1883)鈐印本

松丸東魚

02964

芙蓉先生遺篆不分卷　一册

（日本）大島孟彪篆（日本）園田穆　神田喜一郎輯

日本昭和二十八年(1953)影印本

西泠　松蔭軒　協會　岩瀬文庫　漠南

02965

芙蓉先生遺篆不分卷　二册

（日本）高芙蓉篆（日本）中井敬所輯

日本明治十三年(1880)鈐印本

西泠　松蔭軒　九州大　協會　岩瀬文庫　漠南

02966

芙蓉刻印譜不分卷　三册

（日本）高芙蓉篆（日本）玉置陶齋輯

日本文政六年(1823)鈐印本

漠南

02967

芙蓉軒印譜　一册

（日本）福井端隱篆並輯

日本天明五年(1785)鈐印本

漠南

02968

芙蓉軒私印譜　一册

（日本）高芙蓉篆（日本）源惟良輯

日本天明五年(1785)鈐印本

禪研所

02969

芙蓉栗齋二翁印譜　一册

（日本）高芙蓉　栗齋篆（日本）香雲閣輯

日本大正間鈐印本

漠南

02970

芙蓉館印言　一册

張鄴垣輯

鈐印本

上博

芸

02971

芸花樓主人印存(朱子家訓全集)　一册

張知平篆並輯

民國三十年(1941)鈐印本

浙江　嘉興　芷蘭齋　蘭樓　松蔭軒　協會

02972

芸香館印譜　一册

〔清〕那遜蘭保篆並輯

鈐印本

吉林

02973

芸械先生印存　一册

〔佚名〕篆並輯

鈐印本

南京

02974

芸齋印譜(孝經集篆)　一册

〔清〕刁峻巖篆並輯

清乾隆三十年(1765)鈐印本

上博

02975

芸齋印譜(孝經集篆)不分卷　四册

〔清〕刁峻巖篆並輯

清乾隆三十年(1765)忠恕堂鈐印本

西泠

芷

02976

芷青印式　一册

徐克芳篆並輯

鈐印本

德清博

02977

芷隱山房印存　一册

〔佚名〕篆並輯

鈐印本

松蔭軒

芮

02978

芮遜齋先生印譜　一册

〔清〕芮維新篆並輯

清康熙間鈐印本

國圖

花

02979

花甲翻新印譜　一册

〔佚名〕篆並輯

鈐印本

常州

02980

花押藪不分卷　十四册

（日本）丸山可達篆並輯

日本元禄三年(1690)鈐印本

漠南

02981

花神印玩不分卷　二册

〔清〕鍾以敬篆並輯

清光緒三十年(1904)鈐印本

浙江　上博　松蔭軒

芥

02982

芥子園圖章會纂　一册

〔清〕李漁輯

清康熙十八年(1679)鈐印本

天津　吉大　安徽　南京

02983

芥津篠田先生印牋　一册

（日本）篠田德篆並輯

日本昭和間鈐印本

松丸東魚

02984

芥彌精舍印萃不分卷　十册

〔清〕沈煦孫輯

清光緒三十二年(1906)鈐印本

南京

02985

芥彌精舍印萃不分卷　二十册

〔清〕沈煦孫輯

清光緒三十二年(1906)鈐印本

國圖　私人藏

02986

芥彌精舍印萃　一册

沈煦孫輯

民國三年(1914)鈐印本(殘本)

松蔭軒

02987

芥彌精舍印萃不分卷　二十册

沈煦孫輯

民國三年(1914)鈐印本

國圖

02988

芥彌精舍金石匯存　一册

沈煦孫輯

民國間鈐印本
蘇州大

02989
芥彌精舍銅印拓本　一册
沈煦孫輯
民國三年(1914)鈐印本(殘本)
常熟

芳

02990
芳華園印賞　一册
(日本)小西則明輯
日本明治十五年(1882)鈐印本
國圖

02991
芳堅館印存不分卷　二册
〔清〕郭尚先篆〔清〕郭慎行輯
清光緒二十四年(1898)鈐印本
松蔭軒　紅棉山房

02992
芳楳書屋印影　一册
(日本)伊藤博文輯
日本大正十四年(1925)影印本
松蔭軒　漢南

02993
芳園印痕　一册
(日本)福田芳園篆
鈐印本
協會

克

02994
克齋印存　一册
醒公輯

鈐印本
上虞

杜

02995
杜考祥印譜(芳草天涯盦印稿)　一册
杜鏡吾篆並輯
民國三十三年(1944)鈐印本
私人藏

02996
杜進高印存　一册
杜進高篆並輯
鈐印本
松蔭軒

杏

02997
杏坪先生遺印　一册
(日本)杏坪篆並輯
日本平成三十年(1895)鈐印本
東京藝大

02998
杏雨印譜　一册
(日本)帆定杏雨篆並輯
日本明治十四年(1881)鈐印本
日本國會　岩瀬文庫　漠南

02999
杏雨印譜　一册
(日本)帆定杏雨篆並輯
日本大正十二年(1923)鈐印本
日本國會　岩瀬文庫

03000
杏所印譜　一册
(日本)立原杏所篆並輯

日本明治二十一年(1888)鈐印本

日本國會 東京博 漠南 静岡

03001

杏所印譜　一册

（日本）立原杏所篆並輯

日本明治二十八年(1895)鈐印本

松丸東魚

03002

杏紅花館印譜　一册

［佚名］篆並輯

鈐印本

吳江

03003

杏耕樓印譜不分卷　三册

〔清〕王所寶篆並輯

清嘉慶十七年(1812)鈐印本

蘇州

03004

杏園藏印不分卷　二册

〔清〕馮少韓篆並輯

清乾隆五十六年(1791)鈐印本

上博

03005

杏齋遺印譜　二册

（日本）織田杏齋篆（日本）瀬尾一良輯

日本大正間影印本

漠南

杉

03006

杉聽雨印譜　一册

（日本）杉聽雨篆並輯

日本大正間鈐印本

漠南

03007

杉聽雨印譜不分卷　二册

（日本）杉聽雨篆並輯

日本大正間鈐印本

松蔭軒

杞

03008

杞菊齋輯伏氏集印不分卷　四册

〔清〕張貞等篆〔清〕伏敦五輯

鈐印本

鴻爪留痕館

03009

杞園印存　一册

馮汝琪輯

鈐印本

私人藏

03010

杞園印譜　一册

〔清〕張貞篆〔清〕張在辛輯

鈐印本

山東

李

03011

李上達印譜　一册

李上達篆並輯

鈐印本

私人藏

03012

李王家印譜　一册

［佚名］篆並輯

鈐印本

早稻田

03013
李木齋印譜　一册
　李盛鐸篆並輯
　鈐印本
　北大

03014
李氏印選　一册
　〔清〕李緯並輯
　清乾隆二十六年（1761）鈐印本
　上博

03015
李氏吉人印輯（愛堂印譜）不分卷　四册
　〔清〕李億輯
　鈐印本
　上博

03016
李尹桑父子印譜　一册
　李尹桑父子篆　黃耀忠輯
　乙未年（2015）鈐印本
　紅棉山房

03017
李尹桑印存　一册
　李尹桑篆　黃耀忠輯
　癸巳年（2013）鈐印本
　紅棉山房

03018
李尹桑印存不分卷　二册
　李尹桑篆　陳俊明　黃耀忠輯
　乙未年（2015）鈐印本
　兩然齋　紅棉山房

03019
李尹桑自用印譜不分卷　二册
　李尹桑篆並輯
　鈐印本
　私人藏

03020
李尹桑篆甲申璽印稿　一册
　李尹桑篆並輯
　民國三十三年（1944）鈐印本（稿本）
　私人藏

03021
李白春夜宴桃李園序印譜　一册
　［佚名］篆並輯
　鈐印本
　松蔭軒

03022
李曲齋先生印存　一册
　李曲齋篆　陳作樑輯
　鈐印本
　兩然齋

03023
李東園先生百壽印存　一册
　李東園篆並輯
　鈐印本
　中國美院　國會山莊

03024
李叔同常用印集　一册
　李叔同　王禔等篆　西泠印社輯
　庚寅年（2010）鋅版印本
　協會

03025
李尚陽印稿　一册
　李尚陽篆並輯
　鈐印本
　遼寧

03026
李明桓印譜　一册
　李明桓篆　邈梅軒輯
　鈐印本
　澂廬

03027
李茗柯鉢印留真不分卷　二册
　李尹桑篆並輯
　民國八年(1919)鈐印本
　華東師大

03028
李振鐸印存　一册
　李振鐸篆並輯
　鈐印本
　松蔭軒

03029
李連魁印譜　一册
　〔清〕李連魁輯
　清咸豐八年(1858)鈐印本
　揚州

03030
李晉元集印　一册
　李晉元輯
　鈐印本
　松蔭軒

03031
李梅閣集印不分卷　八册
　李梅閣輯
　鈐印本
　揚州

03032
李越縵印存　一册
　子爲輯
　民國三十六年(1947)鈐印本
　上海

03033
李鉢齋印存不分卷　二册
　李尹桑篆　盧子樞輯
　民國二十八年(1939)鈐印本
　松蔭軒

03034
李滋新印存不分卷　二册
　李滋新篆並輯
　鈐印本
　松蔭軒

03035
李鈊齋先生印存　一册
　李尹桑篆　李千里　馮衍鍔輯
　鈐印本
　松蔭軒

03036
李新吾印譜　一册
　李經佘篆並輯
　鈐印本
　浙江

03037
李鳳公印存　一册
　李鳳公篆　黃耀忠輯
　壬寅年(2022)鈐印本
　紅棉山房

03038
李漢章印譜　一册
　〔佚名〕篆並輯
　鈐印本
　浙江

03039
李潮八分小篆歌印譜　一册
　（日本）篆社輯
　日本昭和三十八年(1963)鈐印本
　西泠　協會

03040
李錡用藏印不分卷　二册
　李錡輯
　庚子年(1960)鈐印本
　松蔭軒

03041

李廬印集　一册
　李叔同篆　王光烈輯
　粘貼本
　遼寧

求

03042

求古精舍印譜不分卷　二册
　〔清〕陳經篆　採石軒俞氏輯
　清光緒八年(1882)鈐印本
　松蔭軒

03043

求古齋古璽印圖考　一册
　（日本）橋本開輯
　戊戌年(2018)印本(官印)
　見性簃　鹿鳴簃　澂廬

03044

求古齋古璽印圖考第一輯　一册
　（日本）橋本開輯
　己亥年(2019)鈐印本(漢私印第一輯)
　見性簃　鹿鳴簃

03045

求古齋古璽印圖考第二輯　一册
　（日本）橋本開輯
　己亥年(2019)鈐印本(漢私印第二輯)
　見性簃　鹿鳴簃

03046

求古齋古璽印圖考第三輯　一册
　（日本）橋本開輯
　己亥年(2019)鈐印本(漢私印第三輯)
　見性簃　鹿鳴簃

03047

求自慊齋印存　一册
　周超然篆並輯
　丁巳年(1977)鈐印本
　松蔭軒

03048

求自慊齋印稿　一册
　〔佚名〕篆並輯
　鈐印本
　松蔭軒

03049

求志居集印不分卷　二册
　羅振鏞篆並輯
　鈐印本
　松蔭軒

03050

求志居集印不分卷　四册
　羅振鏞篆並輯
　鈐印本
　哈爾濱

03051

求志居篆記　一册
　〔佚名〕篆並輯
　鈐印本
　温州

03052

求志齋印集不分卷　八册
　〔清〕徐中立篆並輯
　鈐印本
　揚州

03053

求放心齋印草不分卷　四册
　劉耆齡篆並輯
　鈐印本
　天津

03054

求定齋印草(求定齋印章)　一册
　〔明〕吳迥篆並輯
　明萬曆四十年(1612)鈐印本

安徽　安徽博　浙江　陝師大

03055

求是於古齋印存　六册

〔明〕文彭　何震　管雪坪等篆〔清〕祝堯齡輯

清光緒二十五年(1899)鈐印本

上海　中國美院　西泠　松蔭軒　國會山莊

03056

求是齋印存(求是齋印譜)不分卷　四册

〔清〕陳豫鍾篆　上海西泠印社輯

清光緒三十四年(1908)鋅版印本

大連　上海　中科院　中國美院　北大　吉大　吉林
南京　南開　哈爾濱　華東師大　浙江　浙江博　齊
齊哈爾　遼寧　鴻爪留痕館　蘭樓　松蔭軒　協會

03057

求是齋印草　一册

萬立鈺篆並輯

民國八年(1919)鈐印本

上海　松蔭軒

03058

求是齋印稿　四册

〔清〕黃鵷篆並輯

清道光十八年(1838)鈐印本(稿本)

松蔭軒

03059

求是齋印譜　一册

〔清〕陳豫鍾篆〔清〕上海西泠印社輯

清光緒三十一年(1905)鋅版印本

文雅堂

03060

求是齋印譜不分卷　二册

〔清〕陳豫鍾篆　上海西泠印社輯

清光緒三十一年(1905)鋅版印本

國圖　天津　中科院　北大　西泠　南京　秦氏支祠
(天一閣)　蘇州　華東師大　海寧　福建　臺故博
鐵硯齋　松蔭軒　百二扇面齋　百樂齋　松丸東魚
協會　國會山莊

03061

求是齋印譜不分卷　三册

〔清〕陳豫鍾篆　上海西泠印社輯

清光緒三十四年(1908)鋅版印本

漢南

03062

求是齋印譜不分卷　四册

〔清〕陳豫鍾篆　吳隱輯

清光緒三十四年(1908)鋅版印本

天津　中國美院　西泠　南京　港大　松蔭軒　協會

03063

求是齋印譜初集　八册

〔清〕沈淮　沈溶輯

鈐印本

重慶

03064

求是齋印譜初集　四册

〔清〕沈桐鄉篆並輯

鈐印本

岩瀨文庫

03065

求是齋印譜初集　八册

〔清〕沈桐鄉篆並輯

鈐印本

重慶

03066

求無愧齋印存不分卷　二册

［佚名］篆並輯

鈐印本

松蔭軒

吾

03067

吾竹軒印譜不分卷　三册

〔清〕馮春圃篆並輯

清嘉慶十五年(1810)鈐印本
上海

03068
吾往書屋印譜不分卷　五册
劉鳳鳴篆並輯
鈐印本
湖南

豆

03069
豆廬學刻　一册
〔佚名〕篆並輯
鈐印本
松蔭軒

忎

03070
忎翁藏印　一册
朱復戡　陳巨來等篆　汪統輯
癸酉年(1993)鈐印本
松蔭軒

邨

03071
邨氏犂盦所作印譜　一册
（日本）北村春步篆（日本）邨氏犂盦輯
鈐印本
協會

步

03072
步辛居印集　一册
韓登安　陳左夫等篆　樓浩之輯

癸丑年(1973)鈐印本
片雲齋

03073
步韓印存　一册
〔清〕吳步韓篆並輯
鈐印本
松蔭軒

肖

03074
肖形吉語印選集不分卷　四册
〔明〕何震篆並輯
鈐印本
協會

03075
肖形吉語印譜　一册
王伯敏輯
庚申年(1980)鋅版印本
松蔭軒　協會

03076
肖形吉語印譜　一册
温廷寬輯
鈐印本
松蔭軒

03077
肖琴印譜　一册
〔佚名〕篆並輯
鈐印本
安徽

吳

03078
吳下周氏百匋室印存不分卷　二册
周谷梅篆並輯

鈐印本
松蔭軒

03079
吳大澂印集　一册
〔佚名〕篆並輯
鈐印本
私人藏

03080
吳大澂印譜　一册
〔佚名〕篆並輯
鈐印本
私人藏

03081
吳子建印集　一册
吳子建篆　張永愷輯
鈐印本
以風樓

03082
吳子建刻錢之德用印　一册
吳子建篆　陸凌楓輯
辛丑年(2021)陸氏鈐印本
摘霞樓

03083
吳子健將軍印集不分卷　二册
吳子健篆　平湖璽印篆刻博物館輯
戊戌年(2018)鈐印本
秋水齋

03084
吳子健篆存　一册
吳子健篆並輯
鈐印本
松蔭軒

03085
吳子復印存　一册
吳子復篆　梁冰輯
鈐印本

兩然齋

03086
吳子復自用印存不分卷　四册
吳子復篆　吳瑾輯
庚子年(2020)鈐印本
免胄堂

03087
吳中印拾　一册
〔明〕程穆倩　文彭等篆　衛東晨輯
民國二十六年(1937)鈐印本
瓦翁

03088
吳午叔印可　一册
〔明〕吳正暘篆　〔明〕黃吉甫輯
明天啓五年(1625)鈐印本
安徽

03089
吳氏二艾齋藏印叢　一册
吳峙輯
鈐印本
私人藏

03090
吳氏印譜　一册
〔明〕王厚之考　〔清〕陶珽重輯
清順治三年(1646)鈐印本
湖南　哈佛燕京

03091
吳氏印譜不分卷　四册
〔明〕吳叡輯
鈐印本
東京博

03092
吳氏印譜不分卷　四册
〔清〕吳式芬輯
吳式芬鈐印本
松蔭軒

03093

吳末也印譜（吳元臣印集、吳墨冶印譜）不分卷 二册
〔清〕吳元臣篆並輯
清乾隆四十五年(1780)鈐印本
上海

03094

吳末也印譜（吳元臣印集、吳墨冶印譜） 一册
〔清〕吳元臣篆並輯
清乾隆四十九年(1784)鈐印本
松蔭軒

03095

吳石泉印譜不分卷 二册
吳隱篆並輯
鈐印本
松蔭軒

03096

吳石泉橅印集存 一册
吳隱篆並輯
鈐印本
百二扇面齋 協會

03097

吳石潛印集 一册
吳隱篆並輯
鈐印本
松蔭軒

03098

吳平齋藏印 一册
〔清〕吳雲輯
鈐印本
上海

03099

吳西有印存 一册
〔清〕吳子西篆並輯
清乾隆三十七年(1772)鈐印本
平湖博

03100

吳缶翁印存手稿 一册
吳昌碩篆並輯
鈐印本
鴻爪留痕館

03101

吳缶翁印存手稿不分卷 二册
吳昌碩篆並輯
鈐印本
鴻爪留痕館

03102

吳缶廬印集不分卷 二册
吳昌碩篆 陳老秋輯
鈐印本
蘭樓

03103

吳廷康印譜不分卷 四册
〔清〕吳廷康輯
鈐印本
浙江

03104

吳仲炯印存 一册
吳仲炯輯
鈐印本
私人藏

03105

吳江周氏印存 一册
［佚名］篆並輯
鈐印本
吳江

03106

吳江陸樹芬印譜 一册
陸樹芬輯
鈐印本
私人藏

七畫 235

03107
吳苦銕爲閔園丁篆印　一册
　吳昌碩篆並輯
　鈐印本
　浙江

03108
吳昌碩印存不分卷　二册
　吳昌碩篆並輯
　清光緒二十三年(1897)鈐印本
　百二扇面齋　長恩閣

03109
吳昌碩印存　一册
　吳昌碩篆　方節盦輯
　民國二十五年(1936)鋅版印本
　長恩閣　漢南　蘭樓

03110
吳昌碩印存不分卷　二册
　吳昌碩篆　方節盦輯
　民國二十五年(1936)鈐印本
　安徽　中國美院　百二扇面齋　嘉興　魯迅美院
　私人藏　長恩閣　松丸東魚　東京博　金谷文庫

03111
吳昌碩印存不分卷　二册
　吳昌碩篆　朵雲軒輯
　甲戌年(1994)鈐印本
　協會

03112
吳昌碩印略　一册
　吳昌碩篆並輯
　鈐印本
　西泠

03113
吳昌碩印集不分卷　二册
　吳昌碩篆　朵雲軒輯
　己未年(1979)鈐印本
　西泠　臺圖　東京博　協會

03114
吳昌碩印集　一册
　吳昌碩篆並輯
　己巳年(1989)鈐印本
　上博　私人藏　協會

03115
吳昌碩印集(吳昌碩印選)不分卷　六册
　吳昌碩篆　天津楊柳青畫社輯
　己巳年(1989)鋅版印本
　松蔭軒

03116
吳昌碩印集不分卷　二册
　吳昌碩篆　朵雲軒輯
　辛未年(1991)鈐印本
　百二扇面齋

03117
吳昌碩印集　一册
　吳昌碩篆　君匋藝術院輯
　辛巳年(2001)鈐印本
　協會

03118
吳昌碩印集不分卷　二册
　吳昌碩篆並輯
　鈐印本
　松蔭軒

03119
吳昌碩印譜不分卷　四册
　吳昌碩篆　中國印學社輯
　民國二十五年(1936)影印本
　南京　浙江博　溫州

03120
吳昌碩印譜　四册
　吳昌碩篆（日本）松丸東魚輯
　日本昭和三十五年(1960)影印本
　港中大　松丸東魚

03121

吳昌碩印譜　一册
　　吳昌碩篆並輯
　　鈐印本
　　浙江博　松蔭軒

03122

吳昌碩印譜二集　一册
　　吳昌碩篆　中國印學社輯
　　民國二十六年(1937)影印本
　　南京　浙江博　溫州

03123

吳昌碩先生印存　一册
　　吳昌碩篆　吳長鄴輯
　　庚午年(1990)鈐印本
　　百二扇面齋　協會

03124

吳昌碩先生印蛻遺珍　一册
　　吳昌碩　陸岱生篆並輯
　　民國二十八年(1939)鈐印本
　　西泠

03125

吳昌碩自用印存　一册
　　吳昌碩篆　吳長鄴輯
　　鈐印本
　　協會

03126

吳昌碩自用印集不分卷　四册
　　吳昌碩篆　浙江美術學院輯
　　辛酉年(1981)鋅版印本
　　天津　西泠　君匋藝院　私人藏　松蔭軒　東京博
　　協會

03127

吳昌碩刻印偶存不分卷　二册
　　吳昌碩篆並輯
　　鈐印本
　　君匋藝院

03128

吳昌碩治印　一册
　　吳昌碩篆並輯
　　鈐印本
　　國圖

03129

吳昌碩等名家印存不分卷　七册
　　吳昌碩等篆並輯
　　鈐印本
　　西泠

03130

吳昌碩篆刻選　一册
　　吳昌碩篆　（日本）遠藤彊藏輯
　　鈐印本
　　協會

03131

吳昌碩篆刻選集　一册
　　吳昌碩篆　朵雲軒輯
　　乙巳年(1965)影印本
　　南大　松蔭軒　松丸東魚　漢南

03132

吳南愚治印不分卷　四册
　　吳南愚篆並輯
　　民國二十五年(1936)影印本
　　天津

03133

吳秋伊集藏印譜　一册
　　〔清〕吳秋伊集輯
　　鈐印本
　　四川

03134

吳奕蕃印譜　一册
　　〔清〕吳奕蕃篆並輯
　　鈐印本
　　安徽

03135
吳派一門印集不分卷　二冊
　吳昌碩　趙古泥等篆（日本）尾崎蒼石輯
　日本平成二十二年(2010)鈐印本
　松蔭軒　協會

03136
吳倉石陸岱生印存　一冊
　吳昌碩　陸岱生篆並輯
　鈐印本
　松蔭軒

03137
吳家藏印　一冊
　吳峋輯
　鈐印本
　松蔭軒

03138
吳通刻印輯存　一冊
　吳通篆並輯
　鈐印本
　松蔭軒

03139
吳清之印稿不分卷　二冊
　[佚名]篆並輯
　鈐印本
　松蔭軒

03140
吳清卿藏漢玉印譜(吳愙齋所藏歷代玉印章)　一冊
　〔清〕[佚名]輯
　清光緒十六年(1890)描摹本
　南京

03141
吳清卿藏漢玉印譜(吳愙齋所藏歷代玉印章)　一冊
　〔清〕吳大澂輯
　粘貼本
　上博

03142
吳寄樵印譜不分卷　二冊
　[佚名]篆並輯
　鈐印本
　吉大

03143
吳湖帆用印集　一冊
　趙叔孺　王禔等篆並輯
　鈐印本
　秋水齋

03144
吳湖帆用印集不分卷　二冊
　趙叔孺　王禔等篆並輯
　鈐印本
　秋水齋

03145
吳聖俞先生印譜　一冊
　〔清〕吳諮篆並輯
　清宣統三年(1911)影印本
　上海

03146
吳聖俞先生印譜不分卷　二冊
　〔清〕吳諮篆並輯
　清宣統三年(1911)鈐印本
　上海　民族圖　西泠　安徽　南京　三峽學院　中嶽齋

03147
吳蒼石印譜(吳倉石印譜)不分卷　四冊
　吳昌碩篆　上海有正書局輯
　清宣統三年(1911)上海有正書局鋅版印本
　國圖　大連　中國美院　西泠　南大　南京　南開　哈爾濱　浙江　清華　紹興　雲南　黑龍江　復旦　港中大　溫州　嘉興　廣東　諸暨　鎮江　蘇州　蘭溪博　瓦翁　松丸東魚　兩然齋　松蔭軒　協會

03148

吳蒼石印譜　一冊
　吳昌碩篆　吳隱輯
　民國二十六年(1937)中國印學社影印本
　中大　松蔭軒　漠南

03149

吳蒼石印譜(吳倉石印譜)不分卷　四冊
　吳昌碩篆　吳隱輯
　民國間西泠印社鋅版印本
　國圖　西泠　鴻爪留痕館　松丸東魚　東京博

03150

吳蒼石印譜不分卷　二冊
　吳昌碩篆並輯
　鈐印本
　廣東

03151

吳稚淮印譜　一冊
　吳稚淮篆並輯
　鈐印本
　湖南

03152

吳筠生印稿　一冊
　吳筠生輯
　鈐印本
　蒲阪文庫

03153

吳頌平用藏印　一冊
　吳熙中篆並輯
　辛丑年(1961)鈐印本
　松蔭軒

03154

吳趙印存　一冊
　[佚名]篆並輯
　影印本
　港中大　松蔭軒

03155

吳趙印存不分卷　二冊
　[佚名]篆並輯
　鈐印本
　天一閣

03156

吳趙印存　六冊
　〔清〕吳熙載　趙之謙篆　葛昌楹輯
　清光緒十九年(1893)原鈐印本
　君匋藝院　協會

03157

吳趙印存　三十冊
　〔清〕吳熙載　趙之謙篆　葛昌楹輯
　清光緒十九年(1893)原鈐印本
　協會

03158

吳趙印存　八冊
　〔清〕吳熙載　趙之謙篆　葛昌楹輯
　民國二十年(1931)原鈐印本(缺首二冊)
　松蔭軒

03159

吳趙印存　十冊
　〔清〕吳熙載　趙之謙篆　葛昌楹輯
　民國二十年(1931)原鈐印本
　上海　上博　浙江　私人藏　百樂齋

03160

吳趙印存　六冊
　〔清〕吳熙載　趙之謙篆　葛昌楹輯
　民國三十二年(1943)原鈐印本
　中國美院　西泠　秦氏支祠(天一閣)　浙江　溫州
　嘉興　秋水齋　東京博　協會　國會山莊

03161

吳趙印存　六冊
　〔清〕吳熙載　趙之謙篆　葛昌楹輯
　民國三十二年(1943)原鈐印本(劫後本)
　協會

03162

吳趙印存　七册

〔清〕吳熙載　趙之謙篆　葛昌楹輯

日本昭和五十四年(1979)影印本

松蔭軒　協會

03163

吳熙載印譜不分卷　四册

〔清〕吳熙載篆並輯

鈐印本

君匋藝院

03164

吳漢才自用印存　一册

吳良篆並輯

鈐印本

松蔭軒

03165

吳賓門舍人印正不分卷　二册

〔清〕吳俊三輯

清嘉慶二十五年(1820)鈐印本

中遺院

03166

吳德書印譜不分卷　二册

吳德書篆並輯

鈐印本

湖南

03167

吳潛泉印譜　二册

吳隱篆　中國印學社輯

民國二十五年(1936)影印本

諸暨　松蔭軒

03168

吳潛泉印譜　一册

吳隱篆並輯

鈐印本

西泠

03169

吳翰印語　一册

吳翰篆並輯

鈐印本

松蔭軒

03170

吳樸堂印譜　一册

吳樸堂篆　蕭憶源輯

已亥年(2019)鈐印本

興庵

03171

吳興丁廉訪印譜　一册

〔清〕丁彥臣篆並輯

清光緒三十年(1904)鈐印本

松蔭軒

03172

吳藕汀常用印譜不分卷　二册

［佚名］篆並輯

鈐印本

松蔭軒

03173

吳讓之印存　一册

〔清〕吳讓之篆　西泠印社輯

辛卯年(1951)鈐印本(殘本,晚清四大家印譜之一)

私人藏

03174

吳讓之印存不分卷　二册

〔清〕吳熙載篆　吳隱輯

清光緒三十年(1904)西泠印社鋅版印本

大連　上博　天一閣　天津　天津博　西泠　松蔭軒　東京博　兩然齋　南京　哈爾濱　秋水齋　浙江　浙江博　國圖　紹興　湖南　臺故博　鴻爪留痕館　蘇州

03175

吳讓之印存不分卷　四册

〔清〕吳熙載篆 吳隱輯
清光緒三十年(1904)西泠印社鋅版印本
天津

03176
吳讓之印存不分卷　八冊
〔清〕吳熙載篆 吳隱輯
清光緒三十年(1904)西泠印社鋅版印本
上海 百樂齋 松蔭軒 兩然齋 首都 清華 臺圖 蘇州

03177
吳讓之印存不分卷　十冊
〔清〕吳熙載篆 吳隱輯
清光緒三十年(1904)西泠印社鋅版印本
國圖 大連 天一閣 天津 天津博 四川 加州大學 西泠 君匋藝院 南京 遼寧 重慶 清華 鎮江 蘇州大 揚州大 臺故博 鴻爪留痕館 兩然齋 松蔭軒 漢南 松丸東魚 協會

03178
吳讓之印存　一冊
〔清〕吳熙載篆 陳瀏輯
民國七年(1918)鈐印本
國圖 上海 上博 西泠 浙江 蘇州大 私人藏

03179
吳讓之印存不分卷　二冊
〔清〕吳熙載篆 有正書局輯
上海有正書局鋅版印本
天津 中國美院 安徽 南大 泰州 黃巖 鴻爪留痕館 臺師大 協會

03180
吳讓之印存補不分卷　二冊
王光烈輯
民國十二年(1923)雙鉤描摹本
遼寧

03181
吳讓之印集　一冊
〔清〕吳熙載篆 吳隱輯
清同治二年(1863)鈐印本
上博

03182
吳讓之印集　一冊
〔清〕吳熙載篆〔佚名〕輯
鈐印本(同晉銅鼓齋藏本)
松蔭軒

03183
吳讓之印勝　一冊
〔清〕吳熙載篆 桑寶松輯
粘貼本
鐵硯齋

03184
吳讓之印稿　一冊
〔清〕吳熙載篆並輯
鈐印本
東京博

03185
吳讓之印譜不分卷　二冊
〔清〕吳熙載篆 吳隱輯
清光緒三十年(1904)西泠印社鋅版印本
上海 西泠 南大 松蔭軒 臺師大 東京博 國會 山莊

03186
吳讓之印譜(讓之遺印三十方)　一冊
〔清〕吳熙載篆 俞氏尊德堂輯
民國十一年(1922)鈐印本
瓦翁

03187
吳讓之印譜　一冊
〔清〕吳熙載篆 中國印學社輯
民國二十四年(1935)影印本
廣東 文雅堂

03188
吳讓之印譜　一冊
〔清〕吳熙載篆並輯

粘貼本

廣東

03189

吳讓之印譜不分卷　四册

〔清〕吳熙載篆並輯

鈐印本（金壽舊藏）

紅棉山房

03190

吳讓之先生印存（師慎軒印存）不分卷　七册

〔清〕吳熙載篆〔清〕林鈞輯

清宣統三年（1911）鋅版印本

蘭樓

03191

吳讓之先生印存（師慎軒印存）不分卷　八册

〔清〕吳熙載篆〔清〕林鈞輯

清宣統三年（1911）鋅版印本

西泠　松蔭軒　東京博　漢南

03192

吳讓之自鈐自存印留　一册

〔清〕吳熙載篆［佚名］輯

粘貼本

百樂齋

03193

吳讓之自評印譜　一册

〔清〕吳熙載篆　桑寶松重輯

鈐印本（重輯本）

鐵硯齋

貝

03194

貝山印稿　一册

姚則崇篆並輯

鈐印本

上海

見

03195

見山樓印存　一册

〔清〕孫輔元輯

鈐印本

松蔭軒

03196

見未見字艸堂印存不分卷　二册

石峰輯

壬寅年（2022）鈐印本

見性簃

03197

見性簃燐寸印則不分卷　二册

石峰輯

己亥年（2019）鈐印本

見性簃　鹿鳴簃

03198

見聞隨喜堂集印　一册

［佚名］篆並輯

鈐印本

天津

里

03199

里木山房印存　二册

〔清〕柯有榛篆並輯

清同治三年（1864）鈐印本

重慶　廣州　港大

03200

里木山房印存　二册

〔清〕柯有榛篆並輯

清光緒七年（1881）鈐印本

廣東

03201
里安鄒氏食千蹠齋治印　一冊
　鄒夢禪篆並輯
　民國間鈐印本
　上海　南京　温州

足

03202
足利學校印譜　一冊
　〔佚名〕篆並輯
　鈐印本
　早稻田

03203
足齋印譜　一冊
　〔佚名〕篆並輯
　鈐印本
　紹興

吟

03204
吟香閣印譜　一冊
　〔清〕陶澍輯
　鈐印本（陶澍本）
　松蔭軒

03205
吟香閣印譜　一冊
　〔清〕吳紱篆並輯
　清乾隆五十四年(1789)鈐印本
　上海　浙江博　松蔭軒

03206
吟香館印譜不分卷　二冊
　〔清〕李遂賢篆並輯
　清光緒二十六年(1900)7715
　蘇州　松蔭軒

03207
吟蓮館印存　一冊
　〔明〕文彭等篆　李嘉福輯
　民國十六年(1927)鈐印本
　鴻爪留痕館

03208
吟蓮館印存不分卷　四冊
　〔明〕文彭等篆　李嘉福輯
　民國十六年(1927)鈐印本
　上海

03209
吟蓮館印存不分卷　十冊
　〔明〕文彭等篆　李嘉福輯
　民國十六年(1927)鈐印本
　西泠　湖南　松蔭軒

吹

03210
吹徹玉笙樓印存　二冊
　〔清〕王大綸篆並輯
　鈐印本
　上博

呁

03211
呁厂印草（呁菴印草）不分卷　二冊
　〔清〕王澤篆並輯
　清光緒三十一年(1905)鈐印本
　國圖　黑龍江　西泠

別

03212
別宥齋印集不分卷　三冊
　朱贊卿輯

鈐印本

別宥齋(天一閣)

03213

別宥齋藏印不分卷　十八册

朱贊卿輯

鈐印本

別宥齋(天一閣)

岑

03214

岑春煊印譜　一册

王冰鐵等篆　岑春煊輯

鈐印本

私人藏

我

03215

我的印章　一册

陳雄篆並輯

己巳年(1989)鈐印本

松蔭軒

03216

我師造化室印集　一册

王道遠篆並輯

鈐印本

黑龍江

03217

我娱齋印譜不分卷　二册

〔清〕高積厚篆並輯

清乾隆二十七年(1762)鈐印本

浙江　港大　松蔭軒

03218

我娱齋摹印　一册

〔清〕高積厚篆並輯

清乾隆二十一年(1756)鈐印本

安徽　浙江

03219

我爲居集蜕　一册

石峰輯

辛卯年(2011)鈐印本

見性簃

03220

我爲居輯印　一册

石峰輯

壬辰年(2012)鈐印本

見性簃

03221

我爲屋拓存秦璽漢印　一册

石峰輯

甲申年(2004)鈐印本

見性簃

利

03222

利其器齋印譜附周氏次韻千字文　一册

(日本)紀子基篆並輯

日本寬政三年(1791)鈐印本

岩瀬文庫　漢南

秀

03223

秀處先生印篆不分卷　三册

(日本)飯田秀處篆　(日本)金山鑄齋輯　林章松重裝

壬寅年(2022)粘貼本

松蔭軒

03224

秀野堂印存不分卷　二册

（日本）河野鐵兜篆並輯
日本大正十三年（1924）鈐印本
松蔭軒　漠南

私

03225

私印　一册
　徐鼐霖輯
　民國間鈐印本
　國圖

估

03226

估客印譜　一册
　〔佚名〕篆並輯
　粘貼本
　早稻田

何

03227

何子萬印譜不分卷　四册
　〔清〕何嶼篆並輯
　清咸豐七年（1857）鈐印本
　西泠

03228

何天喜印存　一册
　何天喜篆並輯
　甲寅年（1974）鈐印本
　兩然齋

03229

何氏印選　一册
　〔明〕程原　程樸篆並輯
　明天啓六年（1626）鈐印本
　私人藏

03230

何氏印選不分卷　四册
　〔明〕程原　程樸篆並輯
　明天啓六年（1626）鈐印本（無序跋）
　私人藏

03231

何氏語林印譜　二册
　〔清〕杜世柏篆並輯
　清乾隆四十年（1775）鈐印本
　私人藏　松蔭軒

03232

何氏語林印譜　四册
　〔清〕杜世柏篆並輯
　清乾隆四十年（1775）鈐印本
　國圖

03233

何作朋印存　一册
　何作朋篆　梁曉莊輯
　壬午年（2002）鈐印本
　兩然齋

03234

何昆玉印譜（樂石齋印譜）　一册
　何昆玉篆並輯
　清同治五年（1866）鈐印本
　廣東

03235

何雪漁月令印選　一册
　〔明〕何震篆　易均室輯
　民國八年（1919）鈐印本
　觀霞樓

03236

何雪漁印存不分卷　二册
　〔明〕何震篆　張咀英輯
　民國三十三年（1944）鈐印本
　上博　西泠　華東師大　浙江　嘉興　長恩閣　松蔭軒　協會

03237
何雪漁印海印證不分卷　四册
〔明〕何震篆並輯
明天啓元年(1621)鈐印本
漠南

03238
何雪漁印海摹本不分卷　五册
(日本)松木香雲摹篆並輯
日本明治十七年(1884)鈐印本
漠南

03239
何雪漁印賸　一册
〔明〕何震篆　易忠籙輯
鈐印本
上博　西泠　浙江　嘉興

03240
何雪漁先生印海　一册
(日本)〔佚名〕篆並輯
描摹本
漠南

03241
何庸齋印存　一册
何庸齋篆並輯
民國二十五年(1936)鈐印本
松蔭軒

03242
何庸齋遺印　一册
何庸齋篆　王翔重輯
粘貼本(册葉裝七開)
十七草堂

03243
何渠印譜　一册
何渠篆並輯
鈐印本
湖南

03244
何震印譜不分卷　二册
〔明〕何震篆並輯
鈐印本
東京大總

03245
何薩奴印略　一册
〔明〕何濤篆並輯
明萬曆四十七年(1619)鈐印本
松蔭軒

03246
何繼賢篆刻　一册
何繼賢篆　張錦發輯
壬寅年(2022)粘貼本
松蔭軒

佐

03247
佐久間象山印譜　一册
(日本)佐久間象山篆並輯
鈐印本
東京博

03248
佐藤一齋先生印譜　一册
(日本)溝上與三郎輯
日本大正十四年(1925)鈐印本
臺大　日本國會　漠南

03249
佐藤桃巷模刻集不分卷　八册
(日本)佐藤桃巷篆並輯
日本昭和二十九年(1954)鈐印本
協會

佚

03250
佚名印稿　一册
〔佚名〕篆並輯
鈐印本
港大

03251
佚名印譜　一册
〔佚名〕篆並輯
鈐印本
鴻爪留痕館

03252
佚名印譜不分卷　二册
〔佚名〕篆並輯
鈐印本
鴻爪留痕館　"中研院"史語所

03253
佚名印譜不分卷　六册
〔佚名〕篆並輯
鈐印本
"中研院"史語所

03254
佚名印譜不分卷　八册
〔佚名〕篆並輯
鈐印本
"中研院"史語所

03255
佚名集古璽印　一册
〔佚名〕篆並輯
鈐印本
松蔭軒

作

03256
作印集字　一册
〔佚名〕篆並輯
鈐印本
大英圖

伯

03257
伯吉印稿不分卷　二册
〔清〕福慶篆並輯
清光緒六年(1880)鈐印本
松蔭軒

03258
伯吉印譜不分卷　二册
〔清〕福慶篆並輯
清光緒六年(1880)鈐印本
松蔭軒

03259
伯詳印存　一册
〔佚名〕篆並輯
鈐印本
南通

住

03260
住吉印譜　一册
（日本）住之江文庫輯
日本大正間鈐印本
日本國會　東京藝大　協會　岩瀨文庫　漠南

伴

03261
伴石山房印譜（伴石齋印存）不分卷　二册
梅希僑篆並輯
民國三年(1914)鈐印本
國圖　遼寧　瀋陽　松蔭軒

03262
伴石草堂主人印集不分卷　二册
〔清〕張文聯篆並輯
清光緒四年(1878)鈐印本
松蔭軒

03263
伴書軒印草　一册
〔清〕項士松篆並輯
清乾隆三十九年(1774)鈐印本
哈爾濱

03264
伴鷗樓印譜印譜　一册
（日本）西島輗篆並輯
日本弘化四年(1847)鈐印本
漢南

佛

03265
佛言印集存（佛言印存）　一册
丁佛言篆並輯
鈐印本
鴻爪留痕館

03266
佛教尊者像不分卷　二册
[佚名]篆並輯
鈐印本
松蔭軒

近

03267
近人刻石不分卷　三册
[佚名]篆並輯
鈐印本
吳江

03268
近方藏印　一册
蕭耀篆並輯
民國間影印本
南京

03269
近世諸家印譜不分卷　六册
（日本）[佚名]篆並輯
鈐印本
早稻田

03270
近古堂三經印章不分卷　四册
〔清〕錢楨篆並輯
清同治三年(1864)鈐印本
國圖

03271
近田竹邨用印　一册
（日本）桑名鐵城篆並輯
日本大正十一年(1922)鈐印本
協會

03272
近代中國名人小印選集不分卷　四册
方介堪　方去疾　王仁輔　朱其石等篆（日本）梅舒適輯
日本平成二年(1990)影印本
松蔭軒　協會

03273
近代中國篆刻家印選初集不分卷　四册

王福盦 鄧散木等篆（日本）篆社選輯
日本昭和五十五年(1980)影印本
松蔭軒

03274
近代四家印存不分卷　六冊
［佚名］篆並輯
鈐印本
松蔭軒

03275
近代名人印脱不分卷　二冊
王邈達 童心安等篆並輯
鈐印本
浙江

03276
近代名家印章不分卷　六冊
［佚名］篆並輯
鈐印本
松蔭軒

03277
近代名賢印選不分卷　四冊
秦伯未 錢季寅輯
民國十四年(1925)影印本
上海　中國美院　西泠　芷蘭齋　臺大　松蔭軒　東京博　松丸東魚

03278
近雨樓古銅印賞不分卷　四冊
〔清〕戈榮昌輯
清道光十年(1830)鈐印本
鐵硯齋

03279
近雨樓古銅印賞不分卷　八冊
〔清〕戈榮昌輯
清道光十年(1830)鈐印本
天津

03280
近現代名家印存不分卷　二冊

〔清〕陳曼生 奚岡 趙之謙篆（日本）金山鑄齋輯　林章松重輯
壬寅年(2022)粘貼本
松蔭軒

03281
近現代篆刻名家印譜　一冊
〔清〕徐三庚 錢松 趙之琛等篆 榮寶齋輯
鈐印本
私人藏

03282
近黄昏室印藏　一冊
［佚名］篆並輯
鈐印本
浙江博

03283
近郟齋印存　一冊
〔清〕錢庚篆並輯
清光緒十五年(1889)鈐印本
北大　哈爾濱　浙江博　私人藏　松蔭軒

03284
近郟齋印存不分卷　二冊
〔清〕錢庚篆並輯
清光緒十五年(1889)鈐印本
松蔭軒　浙江博

03285
近郟齋印存不分卷　四冊
〔清〕錢庚篆並輯
清光緒十五年(1889)鈐印本
浙江博

03286
近墨齋封泥緣不分卷　三冊
馬驥輯
戊子年(2008)鈐印本
文雅堂

03287
近衛豫樂院印譜　一冊

（日本）近衛豫樂院輯
日本元文間鈐印本
漠南

返

03288
返自然齋治印　一册
〔佚名〕篆並輯
鈐印本
松蔭軒

余

03289
余正印存　一册
余正篆並輯
丁巳年(1977)鈐印本
片雲齋

03290
余延年遺印譜　一册
（日本）山口墨作篆並輯
鈐印本
東京博

03291
余任天印存　一册
余任天篆並輯
鈐印本
諸暨

03292
余松山印存（余松山篆刻）　一册
〔清〕余松山篆並輯
鈐印本
南京

03293
余和梅印譜　一册

〔佚名〕篆並輯
鈐印本
重慶

希

03294
希古齋印稿　一册
烏伯隆篆並輯
鈐印本
廣東

03295
希古齋印譜　一册
俞海真輯
鈐印本
漠南

03296
希吕印存不分卷　四册
〔清〕李經畬篆並輯
清光緒十一年(1885)鈐印本
國圖　上博　北大　首都　浙江　松蔭軒

03297
希哲廬印存不分卷　四册
王光烈篆並輯
民國三十二年(1943)鈐印本
鴻爪留痕館

03298
希哲廬雙鈎印影不分卷　二册
吳昌碩　王冰鐵等篆　王光烈鈎摹
民國八年(1919)雙鈎本
遼寧

03299
希園印存不分卷　二册
丁二介篆並輯
鈐印本
私人藏

03300

希齋印存(諸樂三印譜)不分卷　二册
諸樂三篆並輯
民國二十五年(1936)鈐印本
松蔭軒

谷

03301

谷人金石書畫譜　一册
吳谷人篆並輯
癸丑年(1973)鈐印本
松蔭軒

03302

谷文晁畫家齋印譜　一册
(日本)谷文晁篆並輯
日本天保十年(1839)鈐印本
漠南

03303

谷林所贈韓師印作　一册
韓登安篆　林乾良輯
鈐印本
片雲齋

03304

谷牧藏印　一册
谷牧藏　王翔輯
丁酉年(2017)鈐印本(玉印及無款印)
免冑堂

03305

谷園印存　一册
〔清〕許容篆〔清〕華克昌輯
清嘉慶十九年(1814)鈐印本
上博　西泠

03306

谷園印存不分卷　二册
〔清〕許容篆〔清〕華克昌輯
清嘉慶十九年(1814)鈐印本
上博　中國美院　北大　芷蘭齋　劉禹　松蔭軒　日本國會

03307

谷園印譜　四册
〔清〕許容篆〔清〕華克昌輯
清康熙二十五年(1686)鈐印本
國圖　上海　中國美院　甘肅　西泠　金華博　南京　浙江　揚州　湖南　私人藏

03308

谷園印譜　五册
〔清〕許容篆〔清〕胡介祉輯
清康熙二十五年(1686)鈐印本
人大

03309

谷園印譜　六册
〔清〕許容篆〔清〕胡介祉輯
清康熙二十五年(1686)鈐印本
國圖　湖南　上海　上博　中科院　吉林　東北師大　東城　南通　遼寧　臨海博　芷蘭齋　松蔭軒　柏克萊　國會山莊　漠南

03310

谷園印譜　九册
〔清〕許容篆〔清〕胡介祉輯
清康熙二十五年(1686)鈐印本
漠南

03311

谷園印譜　六册
〔清〕許容篆〔清〕胡介祉輯
清康熙三十二年(1693)鈐印本(重輯本)
上博

03312

谷園印譜　四册
〔清〕許容篆〔清〕華克昌輯
清康熙三十五年(1696)鈐印本
上海　上博　中科院　中國美院　四川　吉大　西北

大 西泠 武大 東北師大 河南 南京 重慶博
浙江 湖南 芷蘭齋 松蔭軒 廣州美院 漠南

03313

谷園印譜　四册

〔清〕許容篆 掃葉山房輯

民國十五年(1926)影印掃葉山房重刊印本

上海 山東 中國美院 四川 吉大 吉林 金華博
南京 浙江 紹興 廣東 鎮江 瀋陽 蘇州 芷蘭
齋 港大 日本國會 東京大

含

03314

含秀第二一二集　一册

（日本）石川古城輯

鈐印本

協會

03315

含青書屋印譜　一册

〔清〕李濱篆並輯

清光緒五年(1879)鈐印本

松蔭軒

03316

含翠軒印存(含翠軒印譜)　四册

〔清〕錢世徵篆並輯

清乾隆五十三年(1788)鈐印本

國圖 上海 天津 西泠 寧夏

免

03317

免胄堂集印不分卷　二册

陳巨來 容庚 黃文寬等篆 王翔輯

丁酉年(2017)鈐印本

免胄堂

狂

03318

狂魚洞印譜不分卷　二册

（日本）渡邊公觀篆並輯

日本昭和十三年(1938)鈐印本

協會

言

03319

言卓山印存　一册

〔清〕言朝鼎篆並輯

清光緒十八年(1892)鈐印本

私人藏

況

03320

況闇自製印匯存　一册

武鍾臨篆並輯

鈐印本

上海

咨

03321

咨飛館印留不分卷　二册

吳澤篆 秦康祥輯

民國三十七年(1948)鈐印本

國圖 上海 中國美院 西泠 別宥齋(天一閣)
秦氏支祠(天一閣) 浙江 浙江博 私人藏 松蔭
軒 國會山莊

冷

03322

冷香軒印痕　一册

梁溁峰篆並輯

庚寅年(2010)粘貼本(册葉裝)

潊廬

03323

冷淡盦印譜不分卷　四册

〔清〕李素山篆並輯

清咸豐七年(1857)鈐印本

國圖　四川　西泠　安徽　南京　浙江　松蔭軒

03324

冷澹菴印譜　一册

〔清〕李素山篆並輯

清咸豐七年(1857)鈐印本

松蔭軒

03325

冷澹盦印譜不分卷　二册

〔清〕李素山篆並輯

清咸豐七年(1857)鈐印本

國圖　松蔭軒

序

03326

序文心賞印蛻不分卷　三册

〔佚名〕篆並輯

粘貼本

紅棉山房

辛

03327

辛巳印痕　一册

張志魚篆並輯

民國三十年(1941)鈐印本

協會

03328

辛廬印稿不分卷　二册

鍾剛中篆並輯

鈐印本

鴻爪留痕館

弟

03329

弟山樓印存　六册

〔清〕振昆篆〔清〕黄培鎰輯

清康熙四十年(1701)鈐印本

上博　安徽博

汪

03330

汪氏印叢(汪氏印集)不分卷　三册

〔清〕汪氏輯

清嘉慶二年(1797)鈐印本

西泠

03331

汪氏藏浙西名人印譜不分卷　四册

〔清〕吴用威輯

清咸豐五年(1855)鈐印本

漢南

03332

汪氏藏漢印譜不分卷　四册

〔清〕吴用威輯

清咸豐五年(1855)鈐印本

漢南

03333

汪尹子刻印集　一册

〔明〕汪關篆並輯

粘貼本（相片粘貼）
松蔭軒

03334
汪同孫集古印　一册
　汪同孫輯　易忠錄批校
　鈐印本
　私人藏

03335
汪亞塵用印集不分卷　三册
　〔佚名〕篆並輯
　鈐印本
　松蔭軒

03336
汪亞塵印册　一册
　〔佚名〕篆並輯
　鈐印本
　松蔭軒

03337
汪叔民印譜　一册
　〔清〕汪昉輯
　清鈐印本
　天津

03338
汪樵石印譜不分卷　四册
　〔清〕汪堂篆並輯
　清乾隆四十年(1775)鈐印本
　西泠

03339
汪嘯石印譜　一册
　〔清〕汪嘯石篆並輯
　鈐印本
　安徽

03340
汪嘯霞先生印（石壽山人印存）　一册
　汪鑠篆並輯
　民國四年(1915)鈐印本(册葉裝二十開)

松蔭軒

03341
汪錡印集　一册
　汪錡篆並輯
　鈐印本
　松蔭軒

沅

03342
沅陵丁氏遺石齋印譜不分卷　二册
　〔清〕沅陵丁氏輯
　鈐印本
　鴻爪留痕館

汝

03343
汝軒印草　一册
　〔佚名〕篆並輯
　鈐印本
　松蔭軒

沔

03344
沔項印存不分卷　二册
　〔佚名〕篆　張仁蠡並輯
　鈐印本

沙

03345
沙孟海印譜　一册
　〔佚名〕篆並輯
　庚寅年(2010)鈐印本
　松蔭軒　協會

沂

03346

沂風堂印存 一册

　　王敦化篆並輯

　　鈐印本

　　文雅堂

沈

03347

沈子培印譜 一册

　　沈曾植輯

　　鈐印本

　　嘉興

03348

沈氏印存 一册

　　〔清〕陳鴻壽 陳豫鍾等篆 沈炳政輯

　　民國六年(1917)鈐印本

　　湖南

03349

沈氏印存不分卷 二册

　　〔清〕陳鴻壽 陳豫鍾等篆 沈炳政輯

　　民國六年(1917)鈐印本

　　上海 松蔭軒

03350

沈氏印譜 一册

　　〔清〕沈廷貴篆並輯

　　清鈐印本

　　南京 吳江

03351

沈氏印譜不分卷 三册

　　〔清〕沈廷貴篆並輯

　　清鈐印本

　　紹興

03352

沈氏遺印 一册

　　沈大榮篆並輯

　　鈐印本

　　揚州

03353

沈永泰刻印 一册

　　沈永泰篆 王翔輯

　　丁酉年(2017)鈐印本

　　免冑堂

03354

沈作喆語印譜 一册

　　（日本）梅舒適 中西庚南 川合東皋等篆（日本）篆社輯

　　鈐印本

　　松蔭軒 協會

03355

沈松生所藏集印 一册

　　〔清〕沈松生篆並輯

　　鈐印本

　　松蔭軒

03356

沈受覺印稿 一册

　　沈受覺篆並輯

　　鈐印本

　　松蔭軒 協會

03357

沈受覺印稿 一册

　　沈受覺篆（日本）玉林堂輯

　　鈐印本

　　協會

03358

沈秋帆氏治印不分卷 四册

　　〔清〕沈秋帆篆並輯

　　鈐印本

　　松蔭軒

03359

沈禹鐘印集　一册
　　鄧散木輯
　　鈐印本
　　私人藏

03360

沈筱莊先生印存（息庵印存）　一册
　　沈筱莊篆　沈均聞輯
　　民國二十九年（1940）鈐印本
　　鴻爪留痕館　國圖　松蔭軒

03361

沈樂平刻蘇東坡人生賞心十六樂事　一册
　　沈樂平篆　陸凌楓輯
　　壬寅年（2022）鈐印本
　　止水齋　朱艷萍　沈樂平　摘霞樓

03362

沈潤卿刻印譜（沈潤卿印譜、欣賞篇—印章圖譜）　一册
　　〔明〕沈津輯
　　明萬曆間鈐印本
　　南京

03363

沈潤卿刻譜　一册
　　〔明〕沈津輯
　　明正德十年（1515）鈐印本
　　珍秦齋

03364

沈蘊山印稿（印稿、張述賢印稿）　一册
　　〔清〕沈琛篆　〔清〕張述賢輯
　　清光緒三十一年（1905）鈐印本
　　松蔭軒

沉

03365

沉雲閣印存　一册
　　〔佚名〕篆並輯
　　鈐印本
　　安徽

沁

03366

沁硯齋常用印譜　一册
　　吳振華　張根源篆並輯
　　辛卯年（2011）鈐印本
　　片雲齋

03367

沁園春・雪印譜　一册
　　謝梅奴篆並輯
　　民國三十七年（1948）鈐印本
　　國圖

快

03368

快雪齋印意　一册
　　〔清〕吳鈞篆並輯
　　清乾隆三十九年（1774）鈐印本
　　私人藏

03369

快樂印言　一册
　　〔清〕石成金篆並輯
　　清光緒二十一年（1895）影印本
　　國圖

03370

快樂印言　一册
　　〔清〕石成金篆並輯
　　刊印本
　　國圖　松蔭軒

03371

快樂原快樂印　一册

〔清〕石成金篆（日本）入江石泉輯

日本明治十一年(1878)刊印本

岩瀬文庫

完

03372

完白山人印譜不分卷　二冊

〔清〕鄧琰篆　吳隱輯

民國五年(1916)西泠印社鋅版印本

大連　上海　文雅堂　四川　吉林　西泠　南京　鎮江　浙江　港大　義烏　煙臺　遼寧　鴻爪留痕館　蘭樓　鐵硯齋　長恩閣　松蔭軒　松丸東魚　東京博　協會　金谷文庫　京文研　漠南　關西大

03373

完白山人刻印　一冊

〔清〕鄧石如篆　郭望莘輯

鈐印本

松丸東魚

03374

完白山人陋室銘印譜　一冊

鄭家相輯

癸巳年(1953)鈐印本

松蔭軒

03375

完白山人篆刻偶存(鄧石如印存)不分卷　二冊

〔清〕鄧琰篆　有正書局重輯

民國八年(1919)有正書局鋅版印本(重輯本)

天一閣　吉林　安徽師大　金華博　南大　紹興　蘇州　芷蘭齋　松蔭軒　松丸東魚　國會山莊

03376

完白山人篆刻偶存　一冊

〔清〕鄧琰篆（日本）藤原楚水輯

日本昭和十七年(1942)鈐印本(大正本)

大連

03377

完白山人篆刻偶存　一冊

〔清〕鄧琰篆（日本）三省堂輯

日本昭和十七年(1942)三省堂影印本

松丸東魚

宋

03378

宋元印譜附明印　一冊

〔清〕董小池篆並輯

石壽軒鈐印本

鴻爪留痕館

03379

宋元明清官印拓本不分卷　二冊

[佚名]篆並輯

鈐印本

上博

03380

宋元明犀象璽印留真　六冊

葛昌楹輯

民國十四年(1925)鈐印本

國圖　上海　上博　山東大　天津　北師大　吉林　西泠　杭州　南京　哈爾濱　華東師大　蘇州　浙江　港大　遼寧　鴻爪留痕館　松蔭軒　東京博　漠南

03381

宋元官私印存　一冊

[佚名]篆並輯

鈐印本

上博

03382

宋心芝印譜　一冊

〔清〕宋心芝輯

鈐印本

臨海博

03383

宋司馬溫公真率銘印譜　一冊

（日本）奧谷九林篆並輯

日本平成四年(1992)鈐印本
協會

03384

宋君方用印集　一册

［佚名］篆並輯

鈐印本

松蔭軒

03385

宋官印　二葉

［佚名］篆並輯

鈐印本

私人藏

03386

宋柳江印稿不分卷　七册

宋梅春篆並輯

鈐印本

常熟

03387

宋厚之印稿　一册

宋厚之篆並輯

鈐印本

南通

03388

宋厚之治印　一册

宋厚之篆並輯

鈐印本

南通

03389

宋朗印存(宋朗篆刻)　一册

宋朗篆並輯

七十年代鈐印本

松蔭軒

03390

宋詞印譜　一册

邀梅軒輯

鈐印本

澂廬

宏

03391

宏勉印存　一册

陳宏勉篆並輯

鈐印本

松蔭軒

03392

宏齋藏印不分卷　四册

牛齋輯

沓古山房鈐印本

牛齋

良

03393

良山印據稿　一册

（日本）阿部良山篆並輯

日本寬政間鈐印本

漠南

03394

良山堂印譜不分卷　二十七册

（日本）阿部良山篆並輯

日本寬政間鈐印本

漠南

03395

良慶自用印存　一册

（日本）釋良慶輯

鈐印本

松蔭軒

03396

良觀治印　一册

唐良觀篆並輯

鈐印本

私人藏

初

03397
初日軒藏印　一册
　[佚名]篆並輯
　鈐印本
　松蔭軒

03398
初拓新見臨淄封泥四十種　一册
　平湖璽印篆刻博物館輯
　己亥年(2019)鈐印本
　見性簃

03399
初踐齋印存　一册
　湯兆基篆並輯
　鈐印本
　西泠

03400
初學百印　一册
　陳左高篆並輯
　鈐印本
　松蔭軒

君

03401
君山印函不分卷　十册
　（日本）小野君山篆並輯
　日本安永九年(1780)鈐印本
　岩瀨文庫

03402
君子館古銅印譜　一册
　吳隱輯
　民國二年(1913)鈐印本

浙江

03403
君印觀不分卷　三册
　（日本）[佚名]篆並輯
　日本寶永間鈐印本
　漠南

03404
君台官印　一册
　[佚名]篆並輯
　影印日本正保四年(1647)本
　西泠　日本國會　岩瀨文庫

03405
君長印存　一册
　[佚名]篆並輯
　鈐印本
　松蔭軒

03406
君匋印存不分卷　二册
　錢君匋篆並輯
　民國三十一年(1942)鈐印本
　私人藏　國會山莊

03407
君匋印跡　一册
　錢君匋篆並輯
　鈐印本
　松蔭軒

03408
君匋印選不分卷　二册
　錢君匋篆並輯
　甲午年(1954)鈐印本
　上海　南京　君匋藝院　協會　國會山莊

03409
君偉所得師曼印存　二册
　譚錫瓚篆　君偉輯
　鈐印本
　浙江

03410

君達印存　一册

　〔佚名〕篆並輯

　鈐印本

　松蔭軒

03411

君臺觀印譜　一册

　（日本）〔佚名〕篆並輯

　日本正保四年(1647)鈐印本

　早稻田

即

03412

即僊印存　一册

　（日本）溪僊篆並輯

　日本大正間鈐印本

　漢南

尾

03413

尾形流略印譜　一册

　（日本）中野其名篆並輯

　日本明治二十五年(1892)鈐印本

　天理大學　日本國會　中之島圖　早稻田　東京大
　東京藝大　岩瀨文庫　漢南　龍谷大

03414

尾崎紅葉印幅　一幅

　（日本）尾崎紅葉篆並輯

　日本明治間鈐印本

　漢南

阿

03415

阿育王寺勝跡印譜　一册

　盧静安篆並輯

　辛酉年(1981)鈐印本

　上博

03416

阿房宮賦　一册

　（日本）松原存齋篆並輯

　日本明治末鈐印本

　漢南

03417

阿房宮賦印譜不分卷　二册

　王錫庚篆並輯

　鈐印本

　松蔭軒

03418

阿部良山印片　一册

　（日本）阿部良山篆　（日本）園田湖城輯

　鈐印本

　協會

03419

阿蒙石蓺(紅杏書屋印稿)不分卷　二册

　〔清〕鄭修爵篆並輯

　清咸豐二年(1852)鈐印本

　松蔭軒

壯

03420

壯泉移印譜　一册

　沈中篆並輯

　鈐印本

　四川

03421

壯悔室印稿不分卷　二册

　朱貫成篆並輯

　民國十一年(1922)鈐印本

　上海

03422

壯陶閣收藏印蛻　一冊
　裴景福輯
　鈐印本
　京文研

妙

03423

妙香閣印存　一冊
　樊守忠篆並輯
　鈐印本
　上博

03424

妙香館印存　一冊
　〔佚名〕篆並輯
　鈐印本
　松蔭軒

03425

妙香館印譜　一冊
　〔佚名〕篆並輯
　鈐印本
　松蔭軒

03426

妙峰盦藏印　一冊
　〔清〕吳熙載　趙之謙等篆並輯
　鈐印本
　松蔭軒

邵

03427

邵氏藏近人印集　一冊
　邵裴子輯
　民國間鈐印本
　浙江

03428

邵長光集印稿　一冊
　邵裴子輯
　民國間鈐印本
　浙江

03429

邵章印存不分卷　八冊
　邵章輯
　民國間鈐印本
　國圖

03430

邵琦籙刻　一冊
　邵琦篆並輯
　鈐印本
　松蔭軒

03431

邵裴子長光所見各代印存　一冊
　邵裴子輯
　民國間鈐印本
　浙江

忍

03432

忍海上人印譜（白華印譜）　一冊
　（日本）忍海上人篆　（日本）三村清三郎輯
　日本元文三年（1738）鈐印本
　日本國會　漢南

03433

忍寒印存不分卷　二冊
　〔佚名〕篆並輯
　鈐印本
　松蔭軒

03434

忍齋百忍印譜　四冊
　〔清〕黃雲紀篆並輯

清宣統三年(1911)鈐印本(稿本)
港大 松蔭軒

八 畫

奉

03435
奉天省官印譜 一册
〔佚名〕輯
清乾隆十八年至宣統三年(1753—1911)鈐印本
大連

玩

03436
玩月草堂印存不分卷 四册
〔清〕馮士塽篆並輯
清光緒十六年(1890)鈐印本
國圖 北大 哈爾濱 徐州

03437
玩月草堂印存不分卷 六册
〔清〕馮士塽篆並輯
清光緒三十一年(1905)鈐印本
國圖 天津 安徽 長春 哈爾濱 首都 浙江 松蔭軒

03438
玩石山房印譜不分卷 二册
〔佚名〕篆並輯
鈐印本
松蔭軒

武

03439
武林五家印選附錄各家題識不分卷 八册
吳隱輯
鈐印本

南京

03440
武庫印集 一册
(日本)武庫印會篆並輯
日本昭和五年(1930)鈐印本
禪研所

03441
武進陶氏印譜 一册
陶湘輯
鈐印本
松蔭軒

03442
武進趙仲穆先生印存 一册
〔清〕趙仲穆篆並輯
鈐印本
常州

03443
武强賀培新印草 一册
賀培新篆並輯
民國十二年(1923)鈐印本
上海

青

03444
青山農摹印不分卷 二册
黃葆鉞篆並輯
民國八年(1919)鈐印本
西泠

03445
青玉山房印譜(青玉山房摹古印譜)不分卷 四册
〔清〕葛元燮篆並輯
清道光二十三年(1843)鈐印本
西泠 漢南

03446
青玉山房印譜(青玉山房摹古印譜)不分卷 三册

〔清〕葛元燮篆並輯
清光緒二十九年(1903)鈐印本
松蔭軒

03447

青玉山房摸古譜不分卷　四冊
〔清〕葛元燮篆並輯
清光緒二十三年(1897)鈐印本
東洋文庫

03448

青石印存　一冊
〔佚名〕篆並輯
鈐印本
松蔭軒

03449

青田子傳印譜不分卷　四冊
〔清〕吳步韓篆並輯
清道光間鈐印本
上博

03450

青芝田印稿　一冊
〔清〕龔倫篆並輯
鈐印本
福建

03451

青芙蓉堂印譜不分卷　四冊
〔清〕桂山氏輯
清咸豐間鈐印本
四川

03452

青岸印稿　一冊
〔佚名〕篆並輯
辛亥年(1971)鈐印本
松蔭軒

03453

青泥印集第十一集　一冊
（日本）梅舒適等篆（日本）奈良教育大學青泥會輯
日本昭和五十二年(1977)鈐印本
協會

03454

青泥印集第十二集　一冊
（日本）梅舒適等篆（日本）奈良教育大學青泥會輯
日本昭和五十三年(1978)鈐印本
協會

03455

青泥印集第四、五不分卷　二冊
（日本）梅舒適等篆（日本）奈良教育大學青泥會輯
日本昭和間鈐印本
協會

03456

青城石室印譜　一冊
〔清〕那木都魯榮敘篆並輯
清光緒四年(1878)鈐印本
南京

03457

青柯館竹根印存不分卷　二冊
周少白輯
鈐印本
首都

03458

青秋閣印譜　一冊
〔清〕吳廷選篆並輯
清鈐印本
國圖

03459

青莎館印章不分卷　四冊
〔清〕吳步韓篆並輯
清嘉慶十一年(1806)鈐印本
上博

03460

青桃山房金石　一册

〔佚名〕篆並輯

鈐印本

松陰軒

03461

青琅玕館印存　一册

〔清〕胡之森篆並輯

清道光二十一年(1841)鈐印本

國圖　港大　瓦翁　松陰軒

03462

青琅玕館印存　二册

〔清〕胡之森篆並輯

清道光二十一年(1841)鈐印本

北大　漠南

03463

青琅玕館印存　三册

〔清〕胡之森篆並輯

清道光二十一年(1841)鈐印本

宋文淶

03464

青琅玕館摹古印譜　四册

〔清〕胡之森篆並輯

清道光二十二年(1842)鈐印本

東京博　漠南

03465

青琅玕館摹古印譜　五册

〔清〕胡之森篆並輯

清道光二十二年(1842)鈐印本

國圖　寧夏　内蒙古　西泠　浙江　松陰軒

03466

青琅玕館摹古印譜　六册

〔清〕胡之森篆並輯

清道光二十二年(1842)鈐印本

上海　中遺院　哈爾濱　湖南　松陰軒　漠南

03467

青雀舫印章　一册

〔清〕吴廷選篆並輯

清鈐印本

南京

03468

青雲居南瓜蒂印譜　一册

（日本）清雲山人篆並輯

日本弘化四年(1847)鈐印本

漠南

03469

青蓮室印存　一册

〔清〕程士鼇篆並輯

清鈐印本

湖南

03470

青箱堂印雋(中州居士王鳳崗雋)不分卷　四册

〔清〕王健翔篆並輯

清光緒二年(1876)鈐印本

上海

03471

青寶樓古鑄百印　一册

小川浩藏

日本昭和八年(1933)影印本

西泠

玦

03472

玦亭印存不分卷　二册

易孺篆並輯

民國十二年(1923)鈐印本

松陰軒

03473

玦亭鉢印集不分卷　二册

易孺篆並輯

民國十二年(1923)鈐印本
港大

03474
玦亭璽印集不分卷　四冊
易孺篆並輯
民國十二年(1923)鈐印本
私人藏

抹

03475
抹雲樓印存　一冊
李少斌篆並輯
丙戌年(2006)鈐印本
兩然齋

長

03476
長三州印譜並稿本不分卷　四冊
（日本）[佚名]篆並輯
日本明治間鈐印本
漠南

03477
長州文氏印存　一冊
[明]文徵明篆 [佚名]輯
鈐印本
鴻爪留痕館　松蔭軒

03478
長州章氏用印　一冊
章鈺輯
民國間鈐印本
國圖

03479
長安出土古璽印記不分卷　二冊
傅嘉儀輯

鈐印本
協會

03480
長安崔雲松印譜　一冊
崔雲松篆並輯
鈐印本
松蔭軒

03481
長沙印卷不分卷　二冊
[佚名]篆並輯
清光緒十二年(1886)鈐印本
南京

03482
長沙虢筱非刻印　一冊
虢筱非篆並輯
鈐印本
松蔭軒

03483
長沙虢筱非刻印冊葉　一冊
虢筱非篆並輯
鈐印本(冊頁裝)
松蔭軒

03484
長青熹室藏古銅印　一冊
吳秉藻篆並輯
鈐印本
浙江

03485
長坪手拓印譜　一冊
（日本）[佚名]篆並輯
鈐印本
東京博

03486
長坪集古印不分卷　四冊
吳昌碩等篆　鹽谷長坪輯
鈐印本

東京博

03487

長征印譜　一册

錢君匋篆並輯

辛丑年(1961)鈐印本

人大　私人藏　山東　川大　天津　中大　內蒙古　北大　吉林　西泠　安徽　長春　河南大　南大　南京　南京師大　南開　華東師大　雲南　黑龍江　廣州美院　廣東　齊齊哈爾　鄭大　遼大　魯迅美院　錦州　松蔭軒　國會山莊

03488

長春花館印存　一册

吳秉藻篆並輯

鈐印本

浙江博

03489

長恨歌印譜　一册

［佚名］篆並輯

鈐印本

松蔭軒

03490

長野印譜不分卷　三十册

（日本）小原竹堂篆並輯

日本明治十一年(1878)鈐印本

漢南

03491

長順印集不分卷　四册

［佚名］篆並輯

鈐印本

松蔭軒

03492

長畣齋集印　八册

邱東霖　唐鴻慶　蕭順炳等篆　孔寶之輯

粘貼本

四川

03493

長壽印譜　一册

［佚名］篆並輯

鈐印本

上海

03494

長髮頭陀印存　一册

昌泳篆並輯

鈐印本

私人藏

03495

長樂吉祥室集印（長樂吉羊室集印、長樂吉羊室印譜）　三册

金宗瞪輯

民國七年(1918)鈐印本

南京　鐵硯齋

03496

長樂吉祥室集印（長樂吉羊室集印、長樂吉羊室印譜）　六册

金宗瞪輯

民國七年(1918)鈐印本

上海　上博　南京　浙江博　常熟　松蔭軒　漢南

03497

長樂岱峰閑雲篆刻　一册

李永選篆並輯

鈐印本

私人藏

03498

長嘯齋印稿　二册

〔清〕孫拔篆並輯

清乾隆三十六年(1771)鈐印本

國圖

03499

長嘯齋摹古小技　二册

〔清〕孫拔篆並輯

清康熙三十六年(1697)鈐印本

紹興　西泠　梵蒂岡

03500

長澤家遺印　一冊

（日本）長澤蘆雪篆並輯

鈐印本

東京博

03501

長澤累世遺印譜　一冊

（日本）長澤蘆雪篆並輯

日本明治間鈐印本

日本國會　東京藝大　岩瀨文庫　漠南　關西大

03502

長澤蘆雪印譜　一冊

（日本）長澤蘆雪篆並輯

鈐印本

東京博

卦

03503

卦象分宫印篆　一冊

〔清〕沈鴻藻篆並輯

清同治十三年(1874)鈐印本

上海　松蔭軒

拓

03504

拓齋臨淄封泥不分卷　三冊

［佚名］篆並輯

鈐印本

松蔭軒

坤

03505

坤皋鐵筆不分卷　四冊

〔清〕鞠履厚篆並輯

清乾隆二十年(1755)稿本

松蔭軒

03506

坤皋鐵筆不分卷　四冊

〔清〕鞠履厚篆並輯

清乾隆二十年(1755)鈐印本

東京博　漠南

03507

坤皋鐵筆不分卷　二冊

〔清〕鞠履厚篆並輯

清乾隆二十四年(1759)鈐印本

國圖　上海　上博　天津　中國美院　平湖　北師大
西泠　安徽　哈爾濱　重慶　湖南　蘇州大　私人藏
百樂齋　劉禹

03508

坤皋鐵筆不分卷　四冊

〔清〕鞠履厚篆並輯

清乾隆二十八年(1763)鈐印本

國圖　上博　平湖　西泠　浙江

03509

坤皋鐵筆不分卷　二冊

〔清〕鞠履厚篆並輯

清乾隆四十四年(1779)鈐印本

湖南

03510

坤皋鐵筆不分卷　五冊

〔清〕鞠履厚篆並輯

清乾隆四十四年(1779)鈐印本

北師大　百樂齋

03511

坤皋鐵筆不分卷　三冊

〔清〕鞠履厚篆並輯

清嘉慶二年(1797)鈐印本

百樂齋

03512

坤皋鐵筆餘集　一册

〔清〕鞠履厚篆並輯

清乾隆四十四年(1779)鈐印本

百樂齋

03513

坤皋鐵筆餘集不分卷　四册

〔清〕鞠履厚篆並輯

清乾隆四十四年(1779)鈐印本

漢南

03514

坤皋鐵筆餘集不分卷　五册

〔清〕鞠履厚篆並輯

清乾隆四十四年(1779)鈐印本

漢南

拊

03515

拊焦桐館印集不分卷　二册

蔡真篆並輯

民國十八年(1929)鈐印本

上海　川大　北大　西泠　吳江　別宥齋(天一閣)

南開　嘉興　蘭樓　松蔭軒　協會

抵

03516

抵鵲印賞　一册

〔佚名〕篆並輯

粘貼本

浙江

抱

03517

抱一上人印譜　一册

（日本）松本交山輯

日本安政元年(1854)鈐印本

岩瀨文庫

03518

抱存印稿(讀雪堂印譜)　一册

史喻盦篆並輯

鈐印本

松蔭軒

03519

抱冰廬印存(裒冰廬印存)　一册

朱其石篆並輯

民國二十二年(1933)鈐印本

上海

03520

抱冰廬印存不分卷　二册

朱其石篆並輯

民國二十二年(1933)鈐印本

松蔭軒

03521

抱冰廬印存不分卷　三册

朱其石篆並輯

民國二十二年(1933)鈐印本

松蔭軒

03522

抱冰廬印存不分卷　六册

朱其石篆並輯

民國二十二年(1933)鈐印本

松蔭軒

03523

抱冰廬印存不分卷　八册

朱其石篆並輯

民國二十二年(1933)鈐印本

松蔭軒

03524

抱冰廬印存不分卷　四册

朱其石篆並輯

03525

抱青居士印存(星五廬印存)　二册
　邢康隸篆並輯
　鈐印本
　松蔭軒

03526

抱華精舍印賸不分卷　二册
　錢君匋輯
　鈐印本
　君匋藝院

03527

抱華精舍印賸不分卷　四册
　錢君匋輯
　鈐印本
　君匋藝院

03528

抱經樓日課編(抱經樓日課編印譜)　四册
　〔清〕盧登焯篆並輯
　清乾隆四十四年(1779)鈐印本
　國圖　上海　上博　西泠

03529

抱經樓日課編(抱經樓日課編印譜)　四册
　〔清〕盧登焯篆並輯
　清乾隆四十六年(1781)鈐印本
　湖南　天一閣　中國美院　北大　浙江博　松蔭軒
　漢南　國會山莊　哈佛燕京

03530

抱經樓日課編(抱經樓日課編印譜)　十二册
　〔清〕盧登焯篆並輯
　清乾隆四十六年(1781)鈐印本
　百樂齋

03531

抱經樓日課編(抱經樓日課編印譜)　四册
　〔清〕盧登焯篆並輯

民國間鈐印本
　君匋藝院

清嘉慶四年(1799)鈐印本
　上海　天一閣　浙江博

03532

抱慇盦藏印　一册
　〔清〕劉安洔輯
　鈐印本
　松蔭軒

03533

抱鄭堂古今名家印匯　一册
　〔清〕李去疾輯
　鈐印本
　中國美院

03534

抱樓居印存　一册
　〔清〕陳叔和篆並輯
　清同治六年(1867)鈐印本
　港大

03535

抱影廬秦漢印譜　一册
　〔清〕胡柏年輯
　鈐印本
　山東

03536

抱膝堪印存　一册
　[佚名]篆　趙藩輯　趙宗瀚補輯
　民國間鈐印本
　雲南

03537

抱樸齋古印譜不分卷　八册
　周進輯
　民國二十六年(1937)鈐印本
　天津

03538

抱廬印存不分卷　二册
　[佚名]篆並輯
　鈐印本

松蔭軒

03539

抱廬印稿不分卷　二册

　周振篆並輯

　民國間鈐印本

　蘇州

拙

03540

拙多室印叢　一册

　呼煙散人輯

　鈐印本

　吳中

03541

拙吾齋印賞　一册

　〔清〕鄭基太篆〔清〕馬汝楓輯

　清道光二十三年(1843)鈐印本

　松蔭軒

03542

拙政園室名篆刻不分卷　二册

　張寒月篆並輯

　鈐印本

　松蔭軒　協會

03543

拙櫟山房印似　一册

　〔清〕程守中篆並輯

　清光緒二十六年(1900)7715

　上海

坡

03544

坡山印譜　一册

　〔清〕謝坡山篆並輯

　鈐印本

揚州

披

03545

披雲軒印譜不分卷　五册

　〔佚名〕篆並輯

　鈐印本

　南京

亞

03546

亞雄印存　一册

　陳國强篆並輯

　民國二十年(1931)鈐印本

　松蔭軒

其

03547

其石刻印附藏印　一册

　朱其石篆並輯

　鈐印本

　松蔭軒

03548

其角堂累代印譜　一册

　(日本)田邊機一輯

　日本大正五年(1916)鈐印本

　岩瀨文庫

03549

其雲印譜　一册

　(日本)雨宫其雲篆並輯

　日本明治四十五年(1912)鈐印本

　協會　漢南

苦

03550

苦炎蒸室私印　一册

江家珊輯

民國間鈐印本

上海

03551

苦葉盦印集不分卷　二册

張仁蠡篆並輯

民國間鈐印本

松蔭軒

03552

苦銕刻印不分卷　二册

吳昌碩篆　陸培之輯

民國十九年(1930)鈐印本

浙江　浙江博

03553

苦鐵印選不分卷　四册

吳昌碩篆　方約輯

庚寅年(1950)宣和印社原鈐印本

上海　上博　西泠　君匋藝院　哈爾濱　浙江　港大　松丸東魚　協會

03554

苦鐵印選不分卷　四册

吳昌碩篆　[佚名]輯

癸未年(2003)鋅版印本

松蔭軒　"中研院"文哲所

03555

苦鐵印選不分卷　十三册

吳昌碩篆　[佚名]輯

鈐印本

東京博

03556

苦鐵印選補遺不分卷　二册

吳昌碩篆　錢君匋輯

甲辰年(1964)粘貼本

君匋藝院

03557

苦鐵刻印不分卷　二册

吳昌碩篆並輯

民國十九年(1930)鈐印本

浙江博　私人藏

03558

苦鐵治印不分卷　二册

吳昌碩篆並輯

鈐印本

長恩閣

03559

苦鐵留真不分卷　二册

吳昌碩篆並輯

鈐印本

松蔭軒

昔

03560

昔則印存　一册

王光烈篆並輯

鈐印本

遼寧

03561

昔則印稿　一册

王光烈篆並輯

民國六年(1917)鈐印本

遼寧

03562

昔則廬古鉨印存　十册

王光烈輯

民國二十年(1931)鈐印本

國圖　上博　中國美院　北大　南開　松蔭軒　漢南

松丸東魚　國會山莊

03563

昔則廬古璽印存　八冊
　　王光烈輯
　　民國二十五年(1936)鈐印本
　　松丸東魚

03564

昔則廬古璽印存第二集　六冊
　　王光烈輯
　　民國二十五年(1936)鈐印本
　　松丸東魚　漠南

03565

昔則廬古璽印存第三集　六冊
　　王光烈輯
　　民國三十年(1941)鈐印本
　　松丸東魚　漠南

03566

昔則廬印存不分卷　四冊
　　王光烈篆並輯
　　民國四年(1915)鈐印本
　　上海　哈爾濱　黑龍江

03567

昔則廬印存不分卷　五冊
　　王光烈篆並輯
　　民國二十六年(1937)影印本
　　齊齊哈爾

03568

昔則廬印存不分卷　四冊
　　王光烈篆並輯
　　民國二十九年(1940)鈐印本
　　遼寧

03569

昔則廬印存　一冊
　　王光烈篆並輯
　　鈐印本
　　遼寧

03570

昔則廬印存第二集不分卷　四冊
　　王光烈篆並輯
　　民國二十年(1931)鈐印本
　　松蔭軒

03571

昔則廬印存第三集不分卷　十三冊
　　王光烈篆並輯
　　民國三十二年(1943)鈐印本
　　上海　遼寧

03572

昔則廬印存第四集不分卷　十冊
　　王光烈篆並輯
　　民國三十三年(1944)鈐印本
　　遼寧

03573

昔則廬印譜不分卷附昔則廬古璽印存　二冊
　　王光烈輯
　　民國二十九年(1940)鈐印本
　　浙江博

若

03574

若愚所見印存　二冊
　　郭若愚輯
　　鈐印本
　　上海

03575

若園印存不分卷　一冊
　　王邈達輯
　　民國五年(1916)王氏鈐印本
　　浙江

03576

若園印存不分卷　四冊
　　王邈達輯

民國二十八年(1939)鈐印本
　　松蔭軒

03577
若園印艸(志林室印艸)不分卷　四册
　　魏榮篆並輯
　　民國二十八年(1939)鈐印本
　　松蔭軒

英

03578
英印譜不分卷　二册
　　(日本)英一蝶篆並輯
　　日本昭和四年(1929)鈐印本
　　松丸東魚　漠南

03579
英弢印譜不分卷　二册
　　英弢篆　楊廣泰輯
　　庚午年(1990)鈐印本
　　上海

03580
英萃齋印譜不分卷　四册
　　[佚名]篆並輯
　　鈐印本
　　西泠

范

03581
范氏集古印譜　十册
　　〔明〕范汝桐篆並輯
　　明萬曆二十五年(1597)鈐印本
　　吉大　奎章閣

03582
范方度印存　一册
　　范方度篆並輯

鈐印本
　　松蔭軒

直

03583
直入山房印存不分卷　三册
　　(日本)田能村直入篆並輯
　　日本大正十三年(1924)鈐印本
　　松蔭軒　協會　漠南

03584
直入印譜　一册
　　(日本)田能村直入篆並輯
　　日本明治間鈐印本
　　漠南

03585
直入先生印譜　一册
　　(日本)田能村直入篆並輯
　　日本昭和間鈐印本
　　松丸東魚

03586
直追秦漢　一册
　　[佚名]篆並輯
　　鈐印本
　　中科院

苔

03587
苔園摸古印譜不分卷　四册
　　(日本)外山格篆並輯
　　日本昭和間鈐印本
　　松丸東魚

林

03588

林于山房印略不分卷　二册

〔清〕嚴孔法　姚塤篆並輯

鈐印本

上海

03589

林千石印存　一册

林千石篆　香港百粵印社輯

辛卯年(1951)鈐印本

松蔭軒

03590

林千石印存　一册

林千石篆　南越印社輯

甲午年(1954)鈐印本

松蔭軒

03591

林千石印集　一册

林千石篆　南越印社輯

丁酉年(1957)鈐印本

松蔭軒

03592

林司馬敬堂先生印譜　一册

〔清〕林梓敬篆並輯

清光緒二十一年(1895)鈐印本

松蔭軒

03593

林向秀印存　三册

〔清〕林向秀篆並輯

鈐印本

松蔭軒

03594

林谷山人印譜　一册

（日本）細川林谷篆並輯

日本明治五年(1872)鈐印本

早稻田

03595

林谷山人詩鈔印譜(詩鈔印譜)　一册

（日本）細川林谷篆並輯

日本嘉永三年(1850)鈐印本

日本國會　仙台　早稻田　東京藝大　協會　岩瀨文庫　漠南

03596

林谷山人歸去來印譜不分卷　二册

（日本）細川林谷篆並輯

日本文政十年(1827)鈐印本

漠南

03597

林谷山人歸去來印譜　一册

（日本）細川林谷篆並輯

日本明治十一年(1878)鈐印本

東京藝大　協會　漠南

03598

林季丞鑒藏名家印譜不分卷　二册

林宗毅輯

甲午年(1954)鈐印本（板橋林氏叔侄藏印選輯）

京文研

03599

林於山房印略不分卷　二册

姚塤輯

鈐印本

上海

03600

林泉四絶(林泉四絶印譜)不分卷　四册

〔清〕程芝華篆並輯

清道光十七年(1837)鈐印本

文雅堂

03601

林洵印稿(瓢道人印譜)不分卷　四册

林洵篆並輯

民國十一年(1922)鈐印本
松蔭軒

03602
林語分類不分卷　三册
〔佚名〕篆並輯
鈐印本
私人藏

03603
林齋印譜不分卷　二册
(日本)細川林齋篆並輯
日本嘉永四年(1851)鈐印本
漠南

03604
林鴻印集　一册
〔清〕林鴻篆並輯
鈐印本
松蔭軒

03605
林鶴田印譜　一册
〔清〕林皋篆並輯
清康熙五十五年(1716)鈐印本
南京　私人藏　東京博

03606
林鶴田印譜不分卷　四册
〔清〕林皋篆並輯
清康熙五十五年(1716)鈐印本
松蔭軒

03607
林鶴田自記印譜　一册
〔清〕林皋篆並輯
鈐印本
安徽

板

03608
板橋印存　一册
〔清〕鄭燮篆並輯
鈐印本
上博　松蔭軒

03609
板橋老人印存　一册
〔清〕鄭燮篆
鈐印本
浙江博

來

03610
來青山館金石商　一册
〔佚名〕篆並輯
鈐印本
浙江

03611
來青閣套印　一册
〔清〕張在戊篆並輯
清康熙四十九年(1710)鈐印本
文雅堂

03612
來楚生印存不分卷　四册
來楚生篆並輯
鈐印本
君匋藝院

03613
來楚生印存不分卷　五册
來楚生篆　衛東晨輯
鈐印本
瓦翁

03614

來楚生印痕　一册

　　來楚生篆　陳茗屋輯

　　壬申年(1992)鈐印本

　　百二扇面齋

03615

來楚生印集不分卷　二者册

　　來楚生篆並輯

　　鈐印本

　　君匋藝院

03616

來楚生印跡　一册

　　來楚生篆　張永愷輯

　　鈐印本

　　松蔭軒

03617

來楚生印譜不分卷　二册

　　來楚生篆並輯

　　民國三十七年(1948)鈐印本

　　百樂齋

03618

來楚生印譜　一册

　　來楚生篆（日本）丸山樂雲輯

　　日本昭和六十二年(1987)影印本

　　協會

03619

來楚生朱跡(然犀室肖形印集)　一册

　　來楚生篆　張永愷輯

　　戊辰年(1988)鈐印本

　　松蔭軒

03620

來楚生朱跡不分卷　二册

　　來楚生篆〔佚名〕輯

　　鈐印本

　　松蔭軒

03621

來楚生自用印存不分卷　五册

　　來楚生篆　朵雲軒輯

　　乙亥年(1995)鈐印本

　　秋水齋　松蔭軒　協會

03622

來楚生篆刻(來楚生印稿)不分卷　四册

　　來楚生篆　姚玉笙輯

　　甲寅年(1974)鈐印本

　　松蔭軒

03623

來楚生篆刻　一册

　　來楚生篆並輯

　　鈐印本

　　松蔭軒

03624

來楚生篆刻不分卷　三册

　　來楚生篆並輯

　　鈐印本

　　松蔭軒

03625

來鶴堂印存不分卷　二册

　　〔清〕于鼇圖篆並輯

　　鈐印本

　　松蔭軒

松

03626

松下清齋印集　四册

　　〔清〕吳敬賜篆並輯

　　清光緒二十四年(1898)鈐印本

　　上海　南京　浙江博　松蔭軒

03627

松丸長三郎初期刻印　一册

　　（日本）松丸東魚輯

日本大正末鈐印本
松丸東魚

03628
松丸長三郎初期刻印二　一册
（日本）松丸東魚輯
日本大正末鈐印本
松丸東魚

03629
松丸長三郎初期刻印三　一册
（日本）松丸東魚輯
日本大正末鈐印本
松丸東魚

03630
松月居士集印不分卷　八册
慶寬輯
民國十二年（1923）鈐印本
國圖

03631
松月居士集印不分卷　十二册
慶寬輯
民國十二年（1923）鈐印本
上海　上博

03632
松月居士集印不分卷　十六册
慶寬輯
民國十二年（1923）鈐印本
國圖　人大　上博　北大　吉林　西泠　東北師大
南京　黑大　蘇州　松蔭軒

03633
松本時彥輯印譜　一册
（日本）松本時彥輯
日本大正間鈐印本
漢南

03634
松石山房　二十三册
（日本）鄉純造輯

日本明治間鈐印本（含續集、隨意莊、法眼居）
漢南

03635
松石山房印拓　一册
俞吟狄輯
鈐印本
上海

03636
松石山房印賞　八册
（日本）鄉純造輯
日本明治十五年（1882）鈐印本
漢南

03637
松石山房印譜　六册
（日本）鄉純造輯
日本明治十五年（1882）鈐印本
上海　內蒙古　四川　秋水齋　臺故博　松蔭軒　岩瀨文庫　岡山　京文研

03638
松石山房印譜銅印之部　一册
（日本）鄉純造輯
日本明治三十六年（1903）鈐印本
國圖　紹興

03639
松石山房印譜續集　八册
（日本）鄉純造輯
日本明治二十四年（1891）鈐印本（稿本）
松蔭軒

03640
松石山房印譜續集　八册
（日本）鄉純造輯
日本明治二十七年（1894）鈐印本
上海　南京　松蔭軒　岩瀨文庫

03641
松石山房銅印考　四册
（日本）鄉純造輯

日本明治三十七年(1904)鈐印本

松蔭軒　漠南

03642

松石山房銅印考　一册

（日本）中井敬所輯

日本明治三十七年(1904)鈐印本

漠南

03643

松石刻印不分卷　二册

（日本）吉野正得篆並輯

日本大正二年(1913)鈐印本

上博

03644

松石刻印不分卷　二册

（日本）吉野正得篆並輯

日本昭和四十八年(1973)鈐印本

松丸東魚

03645

松石齋印譜　一册

〔清〕唐璉篆〔清〕唐儉輯

清道光二十年(1840)鈐印本

上博　甘肅　松蔭軒

03646

松石齋印譜　一册

〔清〕周懋泰篆並輯

清光緒十八年(1892)鈐印本

上博　西泠　安徽　松蔭軒

03647

松石齋集古印存　一册

〔清〕周懋泰輯

清光緒十八年(1892)鈐印本

西泠　安徽　安徽博　鎮江　松蔭軒

03648

松石廬印匯不分卷　二册

葉為銘篆並輯

清光緒二十五年(1899)鈐印本

漠南

03649

松年堂印譜　一册

（日本）松木松年輯

鈐印本

協會

03650

松竹齋倣古印存　一册

松竹齋主篆並輯

鈐印本

松蔭軒

03651

松花堂印譜(松華堂印譜)　一册

（日本）滝本坊昭乘篆並輯

日本大正九年(1920)影印本

松蔭軒　日本國會　東京藝大　協會　岩瀨文庫

03652

松谷印譜(松谷印遺)　一册

〔清〕項泰增篆〔清〕項懷述輯

清鈐印本

國圖

03653

松林桂月先生印譜　一册

（日本）松林桂月篆並輯

鈐印本

東京博

03654

松雨山房印譜不分卷　二册

（日本）趙陶齋　葛子琴篆（日本）賴元緒輯

日本明治四十五年(1912)鈐印本

岩瀨文庫

03655

松雨山房印譜不分卷　二册

（日本）趙陶齋　葛子琴篆（日本）賴元緒輯

日本大正七年(1918)鈐印本

松蔭軒　協會

03656

松風草廬　一册

　[佚名]篆並輯

　鈐印本

　松蔭軒

03657

松風軒印譜不分卷　二册

　[清]金耀篆並輯

　清光緒二十九年(1903)鈐印本

　上海

03658

松峰印譜　一册

　[佚名]篆並輯

　鈐印本

　法國國圖

03659

松峰遺印譜　一册

　(日本)佐藤松峰輯

　日本平成五年(1993)鈐印本

　協會

03660

松舫居士印譜不分卷　三册

　[清]胡宗姚篆並輯

　清道光十五年(1835)鈐印本

　哈爾濱

03661

松舫集名人印譜　一册

　[清]胡宗姚輯

　清道光十五年(1835)鈐印本

　浙江

03662

松浦印存(紀松浦印囊)不分卷　四册

　紀松浦篆並輯

　民國十六年(1927)鈐印本

　松蔭軒　協會

03663

松菊春畝聽雨印譜不分卷　八册

　(日本)[佚名]篆並輯

　日本大正三年(1914)鈐印本

　漠南

03664

松菊盦印譜不分卷　二册

　(日本)奧村鶴翁篆並輯

　日本昭和十六年(1941)鈐印本

　松蔭軒　協會

03665

松落存印　一册

　[清]伍德彝篆並輯

　清光緒三十二年(1906)鈐印本

　蒲阪文庫

03666

松雪堂印萃不分卷　四册

　[清]郭啓翼篆並輯

　清乾隆四十二年(1777)鈐印本

　上博

03667

松雪堂印萃　一册

　[清]郭啓翼篆並輯

　清乾隆五十年(1785)鈐印本

　湖南　天一閣　堪薩斯

03668

松雪堂印萃不分卷　二册

　[清]郭啓翼篆並輯

　清乾隆五十年(1785)鈐印本

　芷蘭齋

03669

松雪堂印萃不分卷　四册

　[清]郭啓翼篆並輯

　清乾隆五十年(1785)鈐印本

　國圖　上海　上博　天一閣　中國美院　中遺院　北大　北師大　四川　長春　南京　南開　哈爾濱　浙

江 貴州 無錫 寶雞 湖北 湖南博 遼寧 鴻爪留痕館 右文齋 松蔭軒 哈佛燕京 漢南

03670

松雪堂印萃不分卷　八冊

〔清〕郭啓翼篆並輯

清乾隆五十年(1785)鈐印本

上海 西泠 南開 哈爾濱 保定

03671

松雪堂印萃不分卷　四冊

〔清〕郭啓翼篆　掃葉山房輯

影印本

東洋文庫

03672

松雪廬印彙　一冊

〔清〕〔佚名〕篆並輯

清光緒二十五年(1899)鈐印本

國圖

03673

松雪廬藏印　一冊

〔清〕葉希明篆並輯

鈐印本

浙江

03674

松崖藏印(松崖書屋藏印)　五冊

〔清〕金械輯

清嘉慶二十一年(1816)鈐印本

國圖 大連 上博 中遺院 西泠 松蔭軒 太田孝太郎 松丸東魚 東京博 漢南

03675

松庵集印　一冊

〔佚名〕篆並輯

鈐印本

南通

03676

松巢辛亥印譜不分卷　二冊

(日本)中廿杜徵篆並輯

日本寬政三年(1791)鈐印本

漢南

03677

松雲閣印譜　一冊

〔佚名〕篆並輯

鈐印本

鴻爪留痕館

03678

松窗遺印不分卷　二冊

褚德彝篆　張咀英　秦康祥　褚保衡輯

民國三十一年(1942)鈐印本

上海 天一閣 西泠 浙江博 私人藏 鴻爪留痕館 松蔭軒 協會

03679

松窗遺印不分卷　三冊

褚德彝篆　張咀英　秦康祥　褚保衡輯

民國三十二年(1943)望雲草堂本

上博

03680

松蔭軒秦漢古印集不分卷　三冊

林章松輯

甲午年(2014)鈐印本

松蔭軒

03681

松園印譜不分卷　二冊

〔清〕賈永篆並輯

清乾隆四十八年(1783)鈐印本

山西 中遺院 內蒙古 北師大 吉林 重慶 陝師大 無錫 湖南 廣州 寧夏 遼寧 松蔭軒

03682

松園印譜不分卷　四冊

〔清〕賈永篆並輯

清乾隆四十八年(1783)鈐印本

人大 上博 山西 天津 中央戲院 中國美院 吉林 西泠 安徽 長春 東城 哈爾濱 徐州 浙江 紹興 遼寧 松蔭軒 國會山莊 奎章閣

03683

松園印譜不分卷　六冊

〔清〕賈永篆並輯

清乾隆四十八年(1783)鈐印本

國圖　吉林　哈爾濱　遼寧

03684

松園印譜不分卷　八冊

〔清〕賈永篆並輯

清乾隆四十八年(1783)鈐印本

漠南

03685

松園印譜七種不分卷　二冊

〔清〕賈永篆並輯

清乾隆四十八年(1783)鈐印本

浙江

03686

松園居士金石印存　一冊

空道堂主人輯

鈐印本

長春

03687

松筠桐蔭館印集　十冊

〔清〕郭偉勳輯

清乾隆四十三年(1778)鈐印本

鴻爪留痕館

03688

松筠桐蔭館印譜　八冊

〔清〕郭偉勳篆並輯

清乾隆四十二年(1777)鈐印本

哈佛燕京

03689

松筠桐蔭館印譜　四冊

〔清〕郭偉勳篆並輯

清乾隆四十三年(1778)鈐印本

遼寧　私人藏　民族圖　浙江　臺大　漠南

03690

松筠桐蔭館印譜　五冊

〔清〕郭偉勳篆並輯

清乾隆四十三年(1778)鈐印本

遼寧　哈爾濱

03691

松筠桐蔭館印譜　六冊

〔清〕郭偉勳篆並輯

清乾隆四十三年(1778)鈐印本

國圖　哈爾濱　浙江　湖南　松蔭軒

03692

松筠桐蔭館集印(百歲紀年印譜)　一冊

〔清〕郭偉勳輯

清乾隆四十三年(1778)鈐印本

國圖　右文齋　鴻爪留痕館　松蔭軒

03693

松筠桐蔭館集印　二冊

〔清〕郭偉勳輯

清乾隆四十三年(1778)鈐印本

漠南

03694

松筠桐蔭館集印補　一冊

〔清〕郭偉勳輯

清乾隆四十三年(1778)鈐印本

遼寧

03695

松溪艸堂印譜　一冊

[佚名]篆並輯

鈐印本

浙江博

03696

松溪摹印　一冊

[佚名]篆並輯

鈐印本

安徽

03697

松壽軒印譜　一冊
　曹鴻年篆並輯
　鈐印本
　松蔭軒

03698

松談閣印史　一冊
　〔明〕郭宗昌輯
　明萬曆四十三年(1615)鈐印本
　東京博

03699

松談閣印史　三冊
　〔明〕郭宗昌輯
　明萬曆四十三年(1615)鈐印本(稿本)
　西泠

03700

松隱廬印存　一冊
　秦康祥藏並輯
　鈐印本
　松蔭軒

03701

松霜閣印集不分卷　四冊
　〔清〕王璐篆並輯
　清同治七年(1868)鈐印本
　國圖　上博　長春　芷蘭齋　湖南　松蔭軒

03702

松齋古印集　一冊
　[佚名]篆並輯
　鈐印本
　浙江博

03703

松鐵庵印譜　一冊
　[佚名]篆並輯
　鈐印本
　芷蘭齋

03704

松巖印譜不分卷　四冊
　〔清〕金械篆並輯
　清嘉慶二十一年(1816)金械鈐印本
　西泠

03705

松巖印譜　一冊
　〔清〕聶際茂篆並輯
　清乾隆十八年(1753)鈐印本
　中大　淄博　湖南　漠南

03706

松巖印譜不分卷　二冊
　〔清〕聶際茂篆並輯
　清乾隆十八年(1753)鈐印本
　北大　湖南　百樂齋

杭

03707

杭八大家印譜不分卷　六冊
　〔清〕吳頌其　謝鏞輯
　粘貼本
　浙江

03708

杭州七家印譜不分卷　四冊
　方筠描摹並輯
　民國十三年(1924)描摹本(名人篆刻)
　松蔭軒

03709

杭郡印輯不分卷　八冊
　〔清〕丁良卯　陸惠　丁敬篆　丁仁輯
　清光緒三十一年(1905)西泠印社鋅版印本
　國圖　大連　上海　上博　私人藏　天津　北大　四川　西泠　哈爾濱　浙江博　紹興　鎮江　港大　鐵硯齋　松蔭軒　漠南

述

03710

述古堂印譜　四冊
　〔清〕程德椿篆〔清〕嚴熙豫輯
　清道光十九年(1839)鈐印本
　上海　北大　徐州　私人藏

03711

述古堂印譜　六冊
　〔清〕程德椿篆〔清〕嚴熙豫輯
　清道光十九年(1839)鈐印本
　吉大　吉林　松蔭軒

03712

述古堂印譜　十二冊
　〔清〕程德椿篆〔清〕嚴熙豫輯
　清道光十九年(1839)鈐印本
　上博　天津　四川　國圖　漢南

03713

述古堂印譜　二冊
　〔清〕程德椿篆〔清〕嚴熙豫輯
　張辰描摹本
　松蔭軒

03714

述古堂售出印不分卷附自存印　二冊
　〔佚名〕篆並輯
　鈐印本
　黑龍江

03715

述古閣印譜　一冊
　〔清〕董引之篆並輯
　清粘貼本(存九十三葉)
　安徽

03716

述盦集印　一冊
　丁二仲等篆　仇采輯
　鈐印本
　蘭樓

03717

述盦集印不分卷　二冊
　丁二仲等篆　仇采輯
　鈐印本
　松蔭軒

03718

述廬印存不分卷　二冊
　陳迺勛篆並輯
　民國七年(1918)鈐印本
　松蔭軒

枕

03719

枕雨印存不分卷　二冊
　〔佚名〕篆並輯
　鈐印本
　松蔭軒

03720

枕劍眠琴室漢印譜不分卷　四冊
　〔清〕郭景儀輯
　清乾隆五十二年(1787)鈐印本
　漢南

東

03721

東大寺正倉院古文書印集　一冊
　（日本）正倉院輯
　日本鈐印本
　日本國會　漢南

03722

東山草堂印林　一冊
　〔清〕徐中篆〔清〕黃捷山輯

清乾隆十年(1745)鈐印本
松蔭軒

03723

東山堂集印譜　一册
〔佚名〕篆並輯
鈐印本
松蔭軒

03724

東方印選不分卷　四册
（日本）東方印社社員篆（日本）東方印社輯
日本昭和八年(1933)鈐印本
漠南

03725

東方印選不分卷　六册
（日本）東方印社社員篆（日本）東方印社輯
日本昭和八年(1933)鈐印本
東京博

03726

東方印選不分卷　八册
（日本）東方印社社員篆（日本）東方印社輯
日本昭和八年(1933)鈐印本
遼寧　松蔭軒　松丸東魚

03727

東方印選第一集不分卷　二册
（日本）東方印社社員篆（日本）東方印社輯
日本昭和七年(1932)鈐印本
協會

03728

東方印選第二集不分卷　二册
（日本）東方印社社員篆（日本）東方印社輯
日本昭和八年(1933)鈐印本
協會

03729

東方印選第三集不分卷　二册
（日本）東方印社社員篆（日本）東方印社輯
日本昭和八年(1933)鈐印本
協會

03730

東北古印鈎沈　一册
金毓黻輯
民國三十三年(1944)影印本
上海　北大　吉大　吉林　吉林社科院　長春　東北師大　南大　南京　哈爾濱　黑龍江社科院　遼寧　私人藏　松蔭軒

03731

東池社刊　一册
黎澤泰等篆　東池印社輯
民國十三年(1924)鈐印本
黑龍江　中國美院　松蔭軒

03732

東池社刊第一二期不分卷　二册
黎澤泰等篆　東池印社輯
民國十三年(1924)鈐印本
國圖

03733

東池社刊第二期　一册
黎澤泰等篆　東池印社輯
民國十三年(1924)鈐印本
浙江

03734

東伯印粹　一册
〔佚名〕篆並輯
鈐印本
遼寧

03735

東華名公印譜　一册
（日本）福原尚修篆並輯
日本寬政八年(1796)鈐印本
漠南

03736

東莞印人傳　一册
容庚　容肇祖輯

八畫　283

民國十年(1921)鈐印本

國圖 雲南 文雅堂 松蔭軒

03737

東軒印草初集不分卷　四册

〔清〕韞生篆並輯

清光緒二十一年(1895)鈐印本

天津

03738

東皋印存　一册

（日本）川合東皋篆並輯

日本昭和五十一年(1976)鈐印本

東京博　協會

03739

東皋印存大印篇　一册

（日本）川合東皋篆並輯

日本昭和五十一年(1976)鈐印本

協會

03740

東皋印譜　一册

［佚名］篆並輯

鈐印本

國圖

03741

東魚印存不分卷　二册

（日本）松丸東魚篆並輯

日本昭和十四年(1939)鈐印本

松蔭軒

03742

東魚印存不分卷　八册

（日本）松丸東魚篆並輯

日本昭和十四年(1950)鈐印本

松丸東魚

03743

東魚印存第一至四集不分卷　二册

（日本）松丸東魚篆並輯

日本昭和五十年(1975)鈐印本

協會

03744

東魚自刻印譜　一册

（日本）松丸東魚篆並輯

鈐印本

松丸東魚

03745

東魚自刻菅野氏印譜　一册

（日本）松丸東魚篆並輯

鈐印本

松丸東魚

03746

東魚刻印不分卷　一百零一册

（日本）松丸東魚篆並輯

鈐印本

松丸東魚

03747

東魚刻印初集不分卷　二册

（日本）松丸東魚篆並輯

日本昭和二十二年(1947)鈐印本

松丸東魚

03748

東魚摹古印集不分卷　七册

（日本）松丸東魚篆並輯

鈐印本

松丸東魚

03749

東魚橅古印存不分卷　二册

（日本）松丸東魚篆並輯

日本昭和五十年(1975)影印本

日本國會　松丸東魚

03750

東魚橅古印存不分卷　六册

（日本）松丸東魚篆並輯

日本昭和五十年(1975)鈐印本

日本國會　松丸東魚　私人藏　松蔭軒

03751

東魚輯印　一冊

　（日本）松丸東魚篆並輯

　鈐印本

　松丸東魚

03752

東魚藏印不分卷　十冊

　（日本）松丸東魚輯

　日本昭和三十七年(1962)鈐印本

　松丸東魚

03753

東魚藏印不分卷　二冊

　（日本）松丸東魚輯

　日本昭和三十八年(1963)鈐印本

　松丸東魚　松蔭軒

03754

東魚聽泉刻印　一冊

　（日本）松丸東魚　谷聽泉篆　高峰輯

　日本平成二十四年(2012)鈐印本

　協會

03755

東游鴻雪　一冊

　［佚名］篆並輯

　民國二十五年(1936)鈐印本

　浙江

03756

東壁印譜　一冊

　［佚名］篆並輯

　清同治十三年(1874)鈐印本

　建鄴

03757

東壁全集(東壁集印譜)不分卷　四冊

　［佚名］輯

　鈐印本

　廣東　甘肅　松蔭軒

03758

東壁全集(東壁集印譜)不分卷　六冊

　［佚名］輯

　鈐印本

　蒲阪文庫

03759

東壁家藏不分卷　二冊

　逍遥主人輯

　鈐印本

　紹興

03760

東墅顯哉道人印譜　一冊

　（日本）源惟良篆並輯

　日本寶曆十四年(1764)鈐印本

　漢南

或

03761

或存齋獲古録　一冊

　蔡可權輯

　民國十年(1921)鈐印本

　吉林　松蔭軒

03762

或存齋獲古録不分卷　二冊

　蔡可權輯

　民國十年(1921)鈐印本

　國圖

卧

03763

卧石山人印存不分卷　二冊

　〔清〕張南陽篆並輯

　鈐印本

　松蔭軒

03764

卧桐軒主人鐵筆　一册

〔佚名〕篆並輯

鈐印本

松蔭軒

03765

卧雲山房金石　一册

（日本）梨岡素岳篆並輯

日本昭和八年（1933）鈐印本

西泠

03766

卧游齋集古銅印十集不分卷　八册

〔清〕金惟驥輯

鈐印本

浙江

03767

卧韜軒藏黄朗村詩品印譜　一册

〔清〕黄鵷篆　胡恩光輯

民國十六年（1927）鈐印本

國圖　湖南　遼寧　北大　松蔭軒

03768

卧韜軒藏黄朗村詩品印譜不分卷　二册

〔清〕黄鵷篆　胡恩光輯

民國十六年（1927）鈐印本

國圖　鴻爪留痕館

03769

卧韜軒藏黄朗村詩品印譜不分卷　四册

〔清〕黄鵷篆　胡恩光輯

民國十六年（1927）鈐印本

松蔭軒

兩

03770

兩吾軒印存　一册

〔佚名〕篆並輯

鈐印本

紹興

03771

兩京名人印録（兩京名賢印録）　一册

〔清〕許熊篆並輯

清嘉慶二十二年（1817）鈐印本

齊齊哈爾

03772

兩京職官印録附箋説　一册

〔清〕徐堅集〔清〕襄新館輯

清乾隆十一年（1746）原鈐印本

安徽

03773

兩京職官印録　一册

〔清〕徐堅集　上海商務印書館輯

民國二十四年（1935）鈐印本

天津

03774

兩浙印林　一册

〔清〕丁敬　黄易等篆　張魯盦輯

民國二十九年（1940）鈐印本

松蔭軒

03775

兩雀軒印集（兩鶴軒印集）　一册

（日本）石河正德篆（日本）瀬髮尾一良輯

日本昭和十一年（1936）鈐印本

松丸東魚

03776

兩集印（梁曉莊藏印）不分卷　八册

梁曉莊輯

戊戌年（2018）鈐印本

兩然齋

03777

兩渡村人藏印　一册

何澄輯

民國元年（1912）鈐印本

紹興 私人藏 漠南

03778
兩漢瓦當印譜、兩漢儒林印譜不分卷　四冊
〔清〕夏孫桰篆並輯
清光緒七年(1881)鈐印本
松蔭軒 東洋文庫 協會

03779
兩漢印帚　三冊
王獻唐輯
民國二十三年(1934)鈐印本
國圖 南京 北大 吉大 西泠 松蔭軒 漠南

03780
兩漢印萃不分卷　五冊
〔清〕鄭支宗篆並輯
清乾隆四十九年(1784)鈐印本
協會

03781
兩漢印萃不分卷　四冊
〔清〕鄭支宗篆並輯
清乾隆五十八年(1793)鈐印本
北大 西泠

03782
兩漢百家姓印譜不分卷　二冊
拾古堂輯
戊戌年(2018)鈐印本
知還印館 秋水齋 鹿鳴簃

03783
兩漢儒林印譜不分卷　二冊
〔清〕夏孫桰篆並輯
清光緒七年(1881)鈐印本
上博 哈爾濱 煙臺 清華

03784
兩藏印不分卷　二冊
梁曉莊輯
己亥年(2019)鈐印本
兩然齋

03785
兩罍軒古印譜　一冊
〔清〕吳雲輯
清儀閣鈐印本(清儀閣古印偶存稿)
鴻爪留痕館

03786
兩罍軒印考漫存　二冊
〔清〕吳雲輯
清光緒七年(1881)鈐印本(稿本)
蘇州

03787
兩罍軒印考漫存　二冊
〔清〕吳雲輯
清光緒七年(1881)鈐印本
天津

03788
兩罍軒印考漫存　四冊
〔清〕吳雲輯
清光緒七年(1881)鈐印本
國圖 上博 私人藏 天津 中國美院 吉林 西泠 百樂齋 南京 秋水齋 浙江 清華 港中大 "中研院"史語所 漠南 遼寧 劉禹 鎮江 蘇州 松蔭軒 松丸東魚 東洋文庫 協會

03789
兩罍軒印考漫存　五冊
〔清〕吳雲輯
清光緒七年(1881)鈐印本
蘇州 吉大 松蔭軒 國會山莊

03790
兩罍軒印考漫存　四冊
〔清〕吳雲輯
清光緒十五年(1889)鈐印本(重輯本)
上博 北大

03791
兩罍軒印考漫存　四冊
〔清〕吳雲輯

民國十四年(1925)吳縣丁氏補刊印本
四川

03792
兩罍軒秦漢官私銅印譜　八冊
〔清〕吳雲輯
清咸豐五年(1855)鈐印本
南京

雨

03793
雨邨集印　二冊
〔清〕衛鑄生　徐三庚等篆　(日本)雨村大倉輯
日本明治十一年(1878)鈐印本
松蔭軒

03794
雨花庵印存　一冊
〔佚名〕篆並輯
鈐印本
吳江

03795
雨亭印譜(雨亭繆篆)　一冊
〔清〕張錫珪篆並輯
清乾隆二十四年(1759)鈐印本
南京

03796
雨華菴抱一上人落款印譜　一包
(日本)古筆了信輯
日本昭和二年(1927)巧藝社影印本
松丸東魚

03797
雨荇欽印不分卷　八冊
石峰輯
庚子年(2020)鈐印本
見性簃

03798
雨荇欽印擴不分卷　四冊
石峰輯
庚子年(2020)鈐印本
見性簃

03799
雨荇欽印擴微不分卷　二冊
石峰輯
庚子年(2020)鈐印本
見性簃

03800
雨蒼印商(印商)　二冊
〔清〕林霪篆並輯
清嘉慶十年(1805)原鈐印本
上博　松蔭軒

03801
雨樓印譜　四冊
〔清〕范雨樓篆並輯
清道光三十年(1850)溯古山房鈐印本
哈佛燕京

03802
雨樓集古印譜不分卷　四冊
方清霖輯
鋅版印本
秦氏支祠(天一閣)

03803
雨聲書屋印譜(雨聲書室印譜)　一冊
〔清〕張溥輯
清鈐印本
南京

03804
雨齋印譜(菊雨齋連錦印譜)　一冊
(日本)成輔文篆並輯
日本安永四年(1775)鈐印本
岩瀬文庫

郁

03805

郁重今印存不分卷　二册
　郁重今篆並輯
　戊寅年(1998)影印本
　松蔭軒

奇

03806

奇勝堂印譜不分卷　三册
　（日本）細井九皋輯
　鈐印本
　早稻田

忞

03807

忞道人鐵筆手譯　二册
　史春荃篆並輯
　鈐印本
　復旦

非

03808

非翁遺印　一册
　陸抑非藏　陸凌楓輯
　辛丑年(2021)陸氏鈐印本（册頁裝）
　陸友蘭　陸公望　陸公讓

03809

非翁遺印不分卷　三册
　陸抑非藏　陸凌楓輯
　辛丑年(2021)陸氏鈐印本
　陸友蘭　陸公望　陸公讓

叔

03810

叔玉藏見印　一册
　戚叔玉輯
　鈐印本
　私人藏　松蔭軒

03811

叔玉藏見印不分卷　二册
　吳昌碩篆　戚叔玉輯
　鈐印本
　紅棉山房

03812

叔弢藏印　一册
　周叔弢輯
　鈐印本
　松蔭軒

虎

03813

虎丘印譜不分卷　二册
　［佚名］篆並輯
　民國十四年(1925)鈐印本
　協會

03814

虎丘印譜　一册
　張寒月篆並輯
　鈐印本
　西泠

03815

虎印集　一册
　矯毅篆並輯
　鈐印本
　西泠

尚

03816
尚友齋印存不分卷　二冊
　[佚名]篆並輯
　鈐印本
　松蔭軒

03817
尚文居印存　一冊
　[佚名]篆並輯
　鈐印本
　松蔭軒

03818
尚古堂印譜不分卷　二冊
　〔清〕秦垚奎篆並輯
　清道光九年(1829)鈐印本
　西泠　松蔭軒

03819
尚古館印譜不分卷　二冊
　（日本）片尚宣篆並輯
　日本延享二年(1745)鈐印本
　漠南

03820
尚古齋印稿不分卷　四冊
　〔清〕古岡渭叟篆並輯
　鈐印本
　廣東

03821
尚古齋鐵筆不分卷　四冊
　（日本）佐藤硯湖篆並輯
　日本明治十四年(1881)鈐印本
　岩瀨文庫

03822
尚符璽齋古印集存　一冊
　　羅福成輯
　　鈐印本
　　上博

03823
尚符璽齋古印集存不分卷　二冊
　羅福成輯
　鈐印本
　漠南

具

03824
具茨山房印稿　一冊
　〔清〕李有兆篆並輯
　清道光五年(1825)鈐印本
　浙江　西泠　蘇州

03825
具茨山房印稿不分卷　四冊
　〔清〕楸有兆篆並輯
　清道光五年(1825)鈐印本
　蘇州

味

03826
味古堂印譜(味古堂印存)　一冊
　〔清〕丁敬　錢松等篆〔清〕馮兆年輯
　清光緒十三年(1887)鈐印本
　上海　松蔭軒

03827
味古堂印譜(味古堂印存)　二冊
　〔清〕丁敬　錢松等篆〔清〕馮兆年輯
　清光緒十三年(1887)鈐印本
　廣東

03828
味古堂印譜(味古堂印存)不分卷　二冊
　〔清〕丁敬　錢松等篆〔清〕馮兆年輯

清光緒十四年(1888)馮兆年鈐印本
上海 廣州 港大 漠南 蒲阪文庫

03829
味古堂印譜(味古堂印存)不分卷　四册
〔清〕丁敬　錢松等篆〔清〕馮兆年輯
清光緒十四年(1888)鈐印本
西泠

03830
味芸閣印草　一册
〔清〕鄒信培篆並輯
鈐印本
吴江

03831
味茶官印集　一册
高式熊篆並輯
癸巳年(1953)鈐印本
協會

03832
味香室金石譜　一册
〔佚名〕篆並輯
鈐印本
私人藏

03833
味秋吟館紅書不分卷　二册
〔清〕谷清篆並輯
清咸豐四年(1854)鈐印本
上海　南京　雲南　蘇州　松蔭軒

03834
味秋吟館紅書不分卷　二册
〔清〕谷清篆並輯
清咸豐八年(1858)鈐印本
雲南

03835
味秋吟館紅書不分卷　二册
〔清〕谷清篆並輯
民國三年(1914)影印本

雲南

03836
味根散人印存　一册
王承先篆並輯
鈐印本
松蔭軒

03837
味崧盦藏印　一册
鄭全璧輯
民國二十四年(1935)鈐印本
浙江

03838
味琴印存　一册
潘德熙篆並輯
癸未年(2003)鈐印本
中嶽齋

03839
味琴印存不分卷　三册
潘德熙輯
鈐印本(自刻及自藏印)
松蔭軒

03840
味無味齋漢印存(味無味齋古印譜)　一册
〔清〕醉石道人篆並輯
清嘉慶十六年(1811)鈐印本
國圖

03841
味腴軒印存不分卷　三册
汪聲鐸篆並輯
鈐印本
松蔭軒

03842
味腴齋印存　一册
何廷俊篆並輯
鈐印本
國圖

03843

味經書室印存不分卷　三册
〔清〕張燮篆並輯
鈐印本
松蔭軒

03844

味蔗草堂印存不分卷　三册
〔佚名〕篆並輯
鈐印本
廣州

03845

味漢齋集印不分卷　二册
〔清〕王蘭坡篆並輯
清光緒二十六年(1900)鈐印本
松蔭軒

03846

味墨軒藏古今印譜附同好贈拓不分卷　四册
〔清〕孫汝梅輯
清光緒十六年(1890)鈐印本
"中研院"史語所

03847

味欖齋集印不分卷　二册
〔佚名〕篆並輯
鈐印本
南京

昆

03848

昆吾室印存　一册
曾紹傑篆並輯
鈐印本
松蔭軒

昌

03849

昌石齋印存　一册
（日本）金山鑄齋篆　林章松輯
庚子年(2020)鈐印本
復旦　港科大　秋水齋　松蔭軒

03850

昌石齋印存不分卷　四册
（日本）金山鑄齋篆並輯
鈐印本
松蔭軒

03851

昌羊室印譜(昌羊室印模)不分卷　四册
〔清〕陳鴻壽　趙次閑等篆〔清〕沈鏡臣輯
清宣統三年(1911)鈐印本
淮安　嘉興

03852

昌羊室印鑑　四册
〔清〕張廷濟輯
鈐印本
浙江

03853

昌碩手刻印集不分卷　二册
吳昌碩篆並輯
鈐印本
松蔭軒

03854

昌碩印集　一册
吳昌碩篆並輯
鈐印本
松蔭軒

03855

昌碩印集不分卷　三册
吳昌碩篆並輯

鈐印本

松蔭軒

明

03856

明人印譜　一冊

〔佚名〕篆並輯

民國間鈐印本

國圖

03857

明月蓮花室集印　一冊

〔清〕莫祁輯

清光緒八年(1882)鈐印本

上博

03858

明文彭刻石　一冊

〔明〕文彭篆並輯

鈐印本

松蔭軒

03859

明代名人印存　一冊

〔佚名〕篆並輯

鈐印本

復旦

03860

明印遺珠　一冊

〔佚名〕輯

鈐印本(明代印作)

松蔭軒

03861

明印膡痕　一冊

〔清〕朱世勛輯

清康熙三十二年(1693)鈐印本

松蔭軒

03862

明臣印譜　一冊

〔明〕詹荷篆並輯

明萬曆三十六年(1608)鈐印本

上海

03863

明臣印譜　二冊

〔明〕詹荷篆並輯

明萬曆三十六年(1608)鈐印本

南京　浙江博

03864

明存精舍印存不分卷　七冊

〔佚名〕篆並輯

鈐印本

私人藏

03865

明存精舍印存不分卷　四冊

王亦令篆並輯

庚子年(2020)鈐印本

王琨

03866

明宋懋澄集漢玉印百方　一冊

〔明〕宋懋澄輯

明萬曆二十九年(1601)鈐印本

浙江

03867

明拓集古印存不分卷　三冊

〔佚名〕篆並輯

鈐印本

鴻爪留痕館

03868

明治印人印譜不分卷　八冊

〔佚名〕篆並輯

日本昭和間鈐印本

松丸東魚

03869
明官印存　八册
　　［佚名］篆並輯
　　鈐印本
　　鴻爪留痕館

03870
明官印譜　二册
　　故宫博物院藏並輯
　　鈐印本
　　鴻爪留痕館

03871
明桂王玉璽印　一葉
　　［佚名］篆並輯
　　鈐印本
　　浙江

03872
明軒印存不分卷　二册
　　〔清〕王至道篆並輯
　　清光緒九年(1883)鈐印本
　　松蔭軒

03873
明清印譜不分卷　二册
　　［佚名］篆並輯
　　鈐印本
　　上博

03874
明清名人刻印彙存和序言　十四葉
　　高野侯輯
　　民國三十三年(1944)鈐印本
　　私人藏

03875
明清名人刻印彙存卷　一册
　　［佚名］篆並輯
　　鈐印本
　　百樂齋

03876
明清名人刻印精品彙存　十二册
　　明清名家篆　葛昌楹　胡洤輯
　　民國三十三年(1944)宣和印社鈐拓本
　　國圖　上博　天一閣　中遺院　吉大　西泠　南京
　　華東師大　浙江　復旦　温州　寶甓齋　紅棉山房

03877
明清名人篆刻選—小石山房藏印不分卷　二册
　　顧允元重輯
　　乙丑年(1985)鈐印本
　　松蔭軒

03878
明清名印　一册
　　［佚名］篆　易忠心輯
　　鈐印本
　　上博

03879
明清名印集　一册
　　［佚名］篆並輯
　　鈐印本
　　遼寧

03880
明清名印集拓　一册
　　［佚名］篆並輯
　　鈐印本
　　松蔭軒

03881
明清名家印痕　一册
　　［佚名］篆並輯
　　鈐印本
　　松蔭軒

03882
明清名家篆刻　一册
　　［佚名］篆並輯
　　鈐印本
　　松蔭軒

03883
明清名家篆刻集不分卷　四册
〔清〕趙之謙　徐三庚等篆　上海博物館藏並輯
鈐印本（三百餘開）
秋水齋

03884
明清名家篆刻選不分卷　二册
〔佚名〕篆並輯
鈐印本
松蔭軒

03885
明清名家篆刻選不分卷　二册
〔清〕趙之謙　徐三庚等篆　上海博物館藏並輯
鈐印本
松蔭軒

03886
明清兩代名印　一册
靈鶼　李㐁絢輯
民國十九年（1930）鈐印本
浙江博

03887
明清官印集　一册
〔佚名〕篆並輯
鈐印本
浙江博

03888
明清流派印譜　一册
方去疾輯
粘貼本（出版底稿）
紅棉山房

03889
明清書畫款識譜　四册
（日本）西田春耕鈎摹　（日本）栗原彝三輯
日本明治十三年（1880）影印本
松蔭軒

03890
明清畫家印鑑　一册
王季銓輯
民國二十九年（1940）商務印書館影印本
國圖　上海　南京　松蔭軒

03891
明無名氏稿本印譜　一册
〔佚名〕篆並輯
鈐印本
松蔭軒

03892
明御前密驗關防玉印　一張
汪志莊輯
民國三十二年（1943）鈐印本
浙江

03893
明精刻殘本集印　一册
〔佚名〕篆並輯
鈐印本
安徽

03894
明諸名家印識　一册
（日本）王嬴篆並輯
日本嘉永三年（1850）描摹本（册葉裝六十六開）
松蔭軒

易

03895
易大庵自用印存不分卷　二册
易孺篆並輯
鈐印本
私人藏

03896
易大庵溪石書屋印集不分卷　二册
易孺篆並輯

鈐印本
長恩閣

03897
易均室自用印存　一册
丁輔之　易均室輯
鈐印本
私人藏

03898
易庵印稿　一册
[佚名]篆並輯
鈐印本
松蔭軒

03899
易園印稿不分卷　二册
〔清〕楊宜復篆並輯
清同治二年(1863)鈐印本
松蔭軒

03900
易齋王丹百印存　一册
王丹篆並輯
丙子年(1996)影印本
協會

昂

03901
昂甫印存　一册
周軒篆　陸凌楓輯
壬寅年(2022)陸氏鈐印本
周軒

炅

03902
炅庵印存　一册
高迥篆　鍾臨輯

鈐印本
浙江

邵

03903
邵亭印存　一册
〔清〕莫友芝篆　吳仲坰輯
民國二十二年(1933)鈐印本
上博　中大　君匋藝院　華東師大　蘇州　港大　鐵硯齋　秋水齋　松蔭軒　松丸東魚

03904
邵亭印存　一册
〔清〕莫友芝篆　吳仲坰輯
民國二十五年(1936)鈐印本(重輯本)
上海　南京　哈爾濱　浙江　浙江博　遼寧　吉林　西泠　百二扇面齋　松蔭軒　私人藏

岡

03905
岡田桑里印譜不分卷　二册
[佚名]篆並輯
鈐印本
早稻田

03906
岡甫印存　一册
[佚名]篆並輯
鈐印本
松蔭軒

知

03907
知人印譜不分卷　八册
(日本)浦春齋篆並輯
日本明治三十二年(1899)鈐印本

漠南

03908

知丈印集不分卷　十四册

（日本）松丸東魚　山田桃源等篆　（日本）知丈印社輯

日本昭和三十至三十六年(1955—1961)鈐印本

松丸東魚

03909

知丈印集不分卷　十七册

（日本）松丸東魚　山田桃源等篆　（日本）知丈印社輯

日本昭和三十至三十六年(1955—1961)鈐印本

松丸東魚

03910

知丈印集不分卷　五册

（日本）松丸東魚　山田桃源等篆　（日本）知丈印社輯

日本昭和三十至四十七年(1955—1972)鈐印本

松丸東魚

03911

知幻齋藏名家印集　一册

〔清〕〔佚名〕篆並輯

清光緒三十二年(1906)鈐印本

松蔭軒

03912

知有漢齋印存不分卷　二册

江聲鑴篆並輯

民國三十五年(1946)鈐印本

上海

03913

知行軒印存　三册

上樂老人輯

鈐印本

天一閣

03914

知名印譜　一册

（日本）小出子恂篆並輯

日本寬政八年(1796)鈐印本

岩瀨文庫

03915

知足齋印存不分卷　二册

〔清〕顧恩詒篆並輯

清宣統三年(1911)鈐印本

西泠

03916

知希齋印選(印選)　一册

〔明〕王人鑑輯

明萬曆間鈐印本

蘇州大

03917

知服齋藏黃牧甫印存　一册

〔清〕黃士陵篆　知服齋輯

鈐印本

紅棉山房

03918

知邊印館散見古璽印　三册

李青輯

己亥年(2019)鈐印本(孤本)

知邊印館

03919

知邊印館藏古印秦印卷　四册

李青輯

庚子年(2020)鈐印本

鹿鳴簃　松蔭軒

03920

知邊印館藏古印漢印卷　四册

李青輯

庚子年(2020)鈐印本

秋水齋　鹿鳴簃　松蔭軒

03921

知邊印館藏何國門印集不分卷　三册

李青輯

丁酉年(2017)鈐印本
知還印館

03922

知還印館藏何國門印集臻選　一册

李青輯

丁酉年(2017)鈐印本

知還印館

垂

03923

垂柳草堂印存　一册

陳波篆並輯

壬午年(2002)鈐印本

松蔭軒

03924

垂棘山房藏印　六册

〔清〕梁登庸篆並輯

清乾隆二十七年(1762)鈐印本

國圖　上博　松蔭軒　漠南

牧

03925

牧父印存　一册

〔清〕黄士陵篆　梁曉莊輯

丁酉年(2017)鈐印本

兩然齋

03926

牧甫印存　一册

〔清〕黄士陵篆　王貴忱輯

辛亥年(1971)鈐印本

百樂齋

03927

牧甫印存不分卷　二册

〔清〕黄士陵篆並輯

鈐印本

紅棉山房　鴻爪留痕館

03928

牧甫晚年印存不分卷　四册

〔清〕黄士陵篆並輯

鈐印本

紅棉山房

03929

牧庵印稿　一册

二弩主人輯

鈐印本

上海

物

03930

物外印譜　一册

（日本）藤澤物外篆並輯

日本昭和五年(1930)鈐印本

漠南

和

03931

和而不流齋印譜不分卷　二册

（日本）宮阜山輯

日本昭和間鈐印本

漠南

03932

和亭印譜不分卷　二册

（日本）瀧和亭篆（日本）藝苑叢書輯

日本大正八年(1919)鈐印本

日本國會　東京央圖　東京藝大　協會　岩瀨文庫

03933

和亭印譜　一册

（日本）田中謙篆並輯

日本昭和間鈐印本

松丸東魚

03934

和亭先生印譜不分卷　二册

（日本）瀧精一輯

日本昭和十年（1935）鈐印本

漢南

03935

和敬清寂印譜　一册

林乾良　陳仲芳等篆　林乾良輯

壬辰年（2012）鈐印本

片雲齋

03936

和雍印集　一册

（日本）［佚名］輯

日本昭和九年（1934）鈐印本

漢南

03937

和漢印集　一册

（日本）田伊洲輯

日本明治間鈐印本

岩瀨文庫

03938

和漢印盡　一册

（日本）玉井富紀輯

日本寬文五年（1665）鈐印本

日本國文館　日本國會　早稻田　東京藝大　岩瀨文庫　國會山莊　愛知大

03939

和漢印盡　一册

（日本）玉井富紀輯

日本延寶三年（1675）鈐印本（增補本）

岩瀨文庫

03940

和漢書畫捃印補正不分卷　三册

（日本）細谷石隱輯

日本享和二年（1802）鈐印本

日本國會　内閣文庫　東京大　京文研　禪研所

03941

和漢書畫捃印補遺不分卷　三册

（日本）細谷石隱輯

日本文化七年（1810）鈐印本

大谷大　日本大學　早稻田　東京大　禪研所

03942

和漢落款印譜集不分卷　三册

（日本）佐藤一齋輯

日本明治間鈐印本

吉林

03943

和漢群印寶鑑　一册

（日本）［佚名］篆並輯

日本萬治間鈐印本

漢南

03944

和樂堂印譜　一册

（日本）野口幽谷篆並輯

日本大正七年（1918）鈐印本

漢南

03945

和樂遺印譜（幽谷遺印譜）　一册

（日本）野口幽谷篆並輯

鈐印本

東京博

03946

和齋藏古鉢印　一册

葉克勤藏　林章松輯

庚子年（2020）粘貼本

松蔭軒

03947

和齋藏古璽印不分卷　四册

葉克勤輯

己亥年（2019）鈐印本

知還印館

季

03948

季木藏印(季穆藏印)不分卷　四册

周進輯

民國六年(1917)鈐印本

國圖　天津　文雅堂　鴻爪留痕館　松蔭軒

03949

季木藏印(季穆藏印)不分卷　六册

周進輯

民國十六年(1927)鈐印本

遼寧　哈爾濱　秦氏支祠(天一閣)　天津　中大
"中研院"史語所　文雅堂　北大　北師大　百樂齋
君匋藝院　長恩閣　蘭樓　松蔭軒　協會

03950

季木藏陶不分卷　四册

孫潯　孫鼎輯

民國三十二年(1943)影印本

國圖　南京　吉大

03951

季氏古今印選　一册

季寧復輯

鈐印本

上海

秉

03952

秉三自用印存　一册

〔清〕秉三藏並輯

鈐印本

松蔭軒

03953

秉文印譜　一册

〔清〕秉文篆並輯

鈐印本

南京

佳

03954

佳印名跋　一册

〔佚名〕篆並輯

清鈐印本

西泠

03955

佳爽樓藏印不分卷　二册

陸廷綸　鄭德涵　應均　楊湜等篆並輯

民國間鈐印本

西泠

岱

03956

岱泗山房印輯　一册

〔佚名〕篆並輯

鈐印本

國圖

侶

03957

侶梅居藏印　一册

王雲輯

鈐印本

浙江

03958

侶廬印存　一册

王禔輯

清光緒二十五年(1899)鈐印本

松蔭軒

03959

侶鶴草堂印賞(侶雈艸堂印賞)不分卷　二册

（日本）山田内卿篆（日本）田中慶輯

日本大正六年(1917)鈐印本

臺大　松丸東魚　東京博　漢南

侃

03960

侃廬印存不分卷　二册

〔清〕陳彰壽篆並輯

鈐印本

松蔭軒

佩

03961

佩文齋印譜不分卷　三册

佩文齋輯

影印本

松蔭軒

03962

佩果齋印存　一册

薛一鶚篆並輯

民國十六年(1927)薛氏鈐印本

鐵硯齋

03963

佩果齋印存　一册

鍾華篆並輯

民國九年(1920)鈐印本

上海　松蔭軒

03964

佩果齋印存　一册

鍾華篆並輯

民國十二年(1923)鈐印本

西泠　湖南　松蔭軒

依

03965

依古廬篆痕不分卷　四册

童大年篆並輯

乙未年(1955)鈐印本

西泠

欣

03966

欣生堂撫古　一册

〔佚名〕篆並輯

鈐印本

松蔭軒

03967

欣欣印艸附燕臺藏印　一册

（日本）江木欣欣篆（日本）松丸東魚輯

日本昭和二十一年(1946)鈐印本

松丸東魚

03968

欣所遇齋印譜不分卷　四册

〔佚名〕篆並輯

粘貼本

廣東

03969

欣農藏印　一册

馮鶴鳴輯

民國十九年(1930)鈐印本

國圖

征

03970

征露詔速印譜　一册

（日本）菊池惺堂輯

日本明治三十七年(1904)鈐印本
漠南

徂

03971
徂徠印譜　一册
（日本）荻生徂來篆　（日本）佐藤恒二輯
日本大正九年(1920)鈐印本
松蔭軒　日本國會　岩瀨文庫

金

03972
金一甫印選　四册
〔明〕金光先篆並輯
明萬曆四十年(1612)鈐印本
東京博

03973
金一甫印選附論附　一册
〔明〕金光先篆並輯
明萬曆四十年(1612)鈐印本
私人藏

03974
金一甫印選附論附　二册
〔明〕金光先篆並輯
明萬曆四十年(1612)鈐印本
西泠　蘇州

03975
金山鑄齋篆刻集不分卷　二册
（日本）金山鑄齋篆　吳炬輯
戊戌年(2018)鈐印本
松蔭軒

03976
金氏印存
金天翮篆並輯

鈐印本(存十四葉)
吳江

03977
金氏家藏金石匯存　一册
金肇洛輯
鈐印本
松蔭軒

03978
金玉其相不分卷　二册
（日本）高野兼良篆並輯
日本寶曆四年(1754)鈐印本
漠南

03979
金石二妙(歌商頌室金石二妙)　一册
徐壽篆並輯
鈐印本
松蔭軒

03980
金石印存　一册
〔清〕俞遜篆並輯
鈐印本
浙江

03981
金石印藏　一册
［佚名］篆並輯
鈐印本
國圖

03982
金石印譜　一册
［佚名］篆並輯
鈐印本
港中大　松蔭軒

03983
金石百壽不分卷　二册
［佚名］篆並輯
丁卯年(1987)鈐印本

松蔭軒

03984

金石百壽不分卷　二冊
〔佚名〕篆並輯
鈐印本
松蔭軒

03985

金石同光　一冊
〔佚名〕篆並輯
鈐印本
松蔭軒

03986

金石同壽　一冊
〔佚名〕篆並輯
鈐印本
松蔭軒

03987

金石因緣印譜不分卷　四冊
〔清〕俞雲篆並輯
清光緒二十八年(1902)鈐印本
浙江　哈爾濱

03988

金石志　一冊
〔佚名〕篆並輯
鈐印本
松蔭軒

03989

金石社印存不分卷　二冊
金石社篆並輯
鈐印本
蘇州

03990

金石長壽之室印存　一冊
〔清〕周九篆篆並輯
鈐印本
嘉興

03991

金石苑古印偶存(嘉蔭簃藏印)　一冊
〔清〕劉喜海輯
清同治十三年(1874)鈐印本
天津

03992

金石刻畫　一冊
余紹宋輯
鈐印本
鴻爪留痕館

03993

金石珍存不分卷　三冊
〔清〕何昆玉　何伯瑜篆並輯
鈐印本
中國美院

03994

金石則效附鐫書八要　四冊
〔清〕梁登庸篆並輯
清乾隆二十七年(1762)鈐印本
國圖　中國美院

03995

金石紅文不分卷　二冊
〔佚名〕篆並輯
清光緒十八年(1892)鈐印本
松蔭軒

03996

金石紅文不分卷　二冊
〔清〕吳熙載篆〔清〕李繼烈輯
清康熙四十年(1701)鈐印本
遼寧

03997

金石紅文不分卷　六冊
〔清〕吳熙載篆〔清〕李繼烈輯
清康熙四十年(1701)鈐印本
國圖　遼寧　上海　上博　天津　北大　西泠　南京
岩瀨文庫

03998
金石留考不分卷　二册
　石顛生篆並輯
　民國二十八年(1939)鈐印本
　松蔭軒

03999
金石書屋舊藏鈐印貼本不分卷　二册
　[佚名]篆並輯
　鈐印本
　松蔭軒

04000
金石萃華　一册
　賓臣輯
　鈐印本
　上海

04001
金石壽世印譜　一册
　[佚名]篆並輯
　鈐印本
　紹興

04002
金石遺文附別錄　一册
　(日本)藤原貞幹輯
　日本明治二十年(1887)描摹本
　遼寧　日本國會　早稻田　岩瀨文庫

04003
金石彝器印存　一册
　黄濬輯
　鈐印本
　京文研

04004
金石癖印譜　一册
　[佚名]篆並輯
　鈐印本
　東台

04005
金石雜錦　一册
　朱子鶴篆並輯
　鈐印本
　松蔭軒

04006
金石譜　一册
　[佚名]篆並輯
　鈐印本
　天一閣

04007
金石鱗爪　一册
　林章松重輯
　描摹本(墨稿本,十八開)
　松蔭軒

04008
金北樓藏印譜不分卷　四册
　金城輯
　民國間鈐印本
　國圖

04009
金代官印不分卷　十册
　景愛　孫文政　王永成輯
　乙酉年(2005)影印本
　港中大　松蔭軒

04010
金印　一册
　周慶雲輯
　民國十三年(1924)鈐印本
　港大

04011
金阮堂印譜不分卷　七册
　(韓國)金正喜輯
　鈐印本
　哈佛燕京

八畫 305

04012
金昆玉友銑石□年印譜　一册
　〔佚名〕篆並輯
　鈐印本
　温州

04013
金明館印痕　一册
　容肇祖 魏建功等篆 王翔輯
　丙申年(2016)鈐印本
　免冑堂

04014
金采芝印存　一册
　〔清〕金肇華篆並輯
　清道光十八年(1838)鈐印本
　松蔭軒

04015
金承誥印存　一册
　〔清〕金承誥篆並輯
　鈐印本
　松蔭軒

04016
金函名譜　一册
　司馬彝（日本）江標藩篆並輯
　日本明和七年(1770)鈐印本
　西泠

04017
金拱北印存(藕廬戊午印存)　一册
　金城篆並輯
　民國七年(1918)鈐印本
　松蔭軒

04018
金拱北印存不分卷　二册
　金城篆並輯
　民國七年(1918)鈐印本
　私人藏

04019
金城自刻印譜　一册
　金城篆並輯
　鈐印本
　松蔭軒

04020
金城篆刻作品選　一册
　金城篆並輯
　鈐印本
　松蔭軒

04021
金星閣印譜　一册
　〔佚名〕篆並輯
　鈐印本
　松蔭軒

04022
金秋先生印譜不分卷　二册
　（日本）木村金秋篆並輯
　日本昭和十一年(1936)鈐印本
　漠南

04023
金禹民手拓壽石工印譜不分卷　四册
　壽璽篆 金禹民輯
　民國二十五年(1936)鈐印本
　松蔭軒

04024
金禹民先生印存　一册
　金禹民篆〔佚名〕輯
　鈐印本
　松蔭軒

04025
金禹民先生印存不分卷　二册
　金禹民篆並輯
　鈐印本
　松蔭軒

04026

金禹民先生印集　一册

　金禹民篆並輯

　鈐印本

　松蔭軒

04027

金禹民先生肖形印集　一册

　金禹民篆並輯

　鈐印本

　松蔭軒

04028

金陵楊浣石先生刻印直例　一册

　楊浣石篆並輯

　民國九年（1920）榮寶齋鈐印本

　天津

04029

金剪府　三册

　（日本）森本玄中篆並輯

　日本天文三年（1534）鈐印本

　西泠　漠南

04030

金提控印拓本　一册

　〔清〕袁廷檮輯

　清嘉慶四年（1799）鈐印本

　西泠

04031

金農印譜不分卷　二册

　〔清〕金農篆〔佚名〕輯

　鈐印本

　松蔭軒

04032

金壽石室印存　一册

　歐陽務耘輯

　鈐印本

　兩然齋

04033

金輪精舍藏古玉印　一册

　陶祖光輯

　民國九年（1920）影印本

　南京

04034

金篆齋藏古璽印輯存不分卷　八册

　沈春明輯

　戊戌年（2018）鈐印本

　見性簃　知還印館　鹿鳴簃　澂廬

04035

金薤留珍　二十四册

　故宫博物院輯

　民國十五年（1926）原鈐印本

　四川　吉大

04036

金薤留珍　二十五册

　故宫博物院輯

　民國十五年（1926）原鈐印本

　上博　西泠　南京　黑大　協會　太田孝太郎　漠南

04037

金薤留珍　五册

　故宫博物院輯

　民國二十年（1931）影印本

　人大　大連　上海　山東大　天津　中大　中國美院　內蒙古　文雅堂　北師大　四川　吉林　西泠　芷蘭齋　南大　南京　秦氏支祠（天一閣）　浙大　浙江博　清華　紹興　復旦　溫州　遼寧　鴻爪留痕館　蘇州　松蔭軒　松丸東魚　東京博　東洋文庫　國會山莊　漠南

04038

金戀初篆刻不分卷　二册

　金戀初並輯

　鈐印本

　私人藏

04039

金櫑山人印譜(金櫑道人印存)不分卷　三册

〔清〕徐三庚篆　吳隱輯

民國元年(1912)鋅版印本

上海　上博　文雅堂　西泠　百二扇面齋　長恩閣
兩然齋　華東師大　浙江　遼寧　鴻爪留痕館　蘇
州　鐵硯齋　松蔭軒　松丸東魚　東京博　漠南

04040

金櫑山民手刻印存(金罍山民印存)不分卷　四册

〔清〕徐三庚篆　有正書局輯

清宣統三年(1911)鋅版印本

國圖　大連　上海　上博　天津　中遺院　文雅堂
北師大　吉林　西泠　長恩閣　兩然齋　華東師大
湖南　遼寧　鴻爪留痕館　鎮江　蘭樓　鐵硯齋　松
蔭軒　東京博　協會　漠南

04041

金罍山人印存　一册

〔清〕徐三庚篆　吳隱輯

民國元年(1912)鋅版印本

廣東

04042

金罍山人印存不分卷　二册

〔清〕徐三庚篆　吳隱輯

民國元年(1912)鋅版印本

上海　吉林　西泠　安徽　別宥齋(天一閣)　南京
浙江博　廣東　港大　鴻爪留痕館　協會

04043

金罍山民印存　一册

〔清〕徐三庚篆並輯

清同治十二年(1873)鈐印本

人大　百二扇面齋　蘇州　松蔭軒　漠南

04044

金罍山民印存不分卷　四册

〔清〕徐三庚篆　西泠印社輯

民國元年(1912)鈐印本

廣東　上海　中國美院　西泠　南京　泰州　東京博

國會山莊

04045

金罍山民印存　一册

〔清〕徐三庚篆並輯

鈐印本

浙江　私人藏　東京博

04046

金罍山民印存不分卷　二册

〔清〕徐三庚篆並輯

鈐印本

安徽

04047

金罍山民印譜不分卷　四册

〔清〕徐三庚篆並輯

清宣統三年(1911)鋅版印本

國圖　南京　鎮江

04048

金罍印摭　一册

〔清〕徐三庚篆　張咀英輯

民國二十九年(1940)鈐印本

君匋藝院

04049

金罍印摭不分卷　四册

〔清〕徐三庚篆　張咀英輯

民國二十九年(1940)西泠印社鈐印本

國圖　西泠　嘉興　私人藏

04050

金罍道人印存　二册

〔清〕徐三庚篆並輯

清同治九年(1870)鈐印本

人大　蘇州　松蔭軒

04051

金鼇橋屋印譜　一册

劉燾篆　鄧昌成輯

鈐印本

松蔭軒

斧

04052
斧石痕不分卷　二册
　寧斧成篆並輯
　庚子年(1960)鈐印本
　松蔭軒

04053
斧成印稿　一册
　寧斧成篆並輯
　鈐印本
　松蔭軒

04054
斧成治印　一册
　寧斧成篆並輯
　鈐印本
　協會

采

04055
采柏園古印澤存不分卷　二册
　〔清〕凌壇輯
　清咸豐七年(1857)鈐印本
　上海　西泠　紅棉山房　松蔭軒　東京博　太田孝太郎

04056
采廬印稿　一册
　柳芸湄篆並輯
　民國二十五年(1936)鈐印本
　鎮江　松蔭軒

受

04057
受堂軒印章　一册
　〔清〕王兆興篆並輯
　清嘉慶十六年(1811)鈐印本
　南京

04058
受齋印存不分卷　四册
　〔清〕白采篆並輯
　清嘉慶十二年(1807)鈐印本
　首都　漠南

04059
受齋印存　一册
　〔清〕白采篆並輯
　清嘉慶十五年(1810)鈐印本
　西泠　南大　松蔭軒

04060
受齋印存不分卷　二册
　〔清〕白采篆並輯
　清嘉慶二十年(1815)鈐印本
　上海　上博　吉大　吉林　長春　南大　首都

04061
受齋印存不分卷　二册
　〔清〕白采篆並輯
　清嘉慶二十三年(1818)鈐印本
　國圖　吉林

04062
受齋所藏古印原拓珍本　一册
　〔清〕吳讓之　楊龍石等篆　受齋藏並輯
　鈐印本
　松蔭軒

念

04063
念劬山館珍藏印譜(治家格言印譜)　一册
　〔清〕許正紳篆並輯
　長沙許氏念劬山館鈐印本
　湖南

04064
念昔齋印存　一册
　　〔佚名〕篆並輯
　　鈐印本
　　松蔭軒

肥

04065
肥朱瘦白館印存　一册
　　陸宗海篆並輯
　　民國二十九年(1940)鈐印本
　　協會

服

04066
服古齋印存　一册
　　〔清〕丁可鈞篆並輯
　　清光緒十九年(1893)鈐印本
　　協會

周

04067
周大烈印譜不分卷　三册
　　齊白石　陳師曾　黃少牧　唐醉石　汪洛年等篆
　　〔佚名〕輯
　　鈐印本
　　私人藏

04068
周大烈先生自用印集(後來雨慶自用印集)　一册
　　陳巨來　單孝天　沈覺初等篆　吳格等輯
　　庚子年(2020)鈐印本
　　復旦　松蔭軒

04069
周小亭印録　一册
　　〔清〕周世紹篆　聽松樓輯
　　清乾隆四十九年(1784)鈐印本
　　中國美院　松蔭軒　國會山莊

04070
周少白家先生竹節印　一册
　　吳壽曾輯
　　民國間鈐印本
　　國圖

04071
周少白家族藏印及自用印不分卷　二册
　　張斌輯
　　甲午年(2014)鈐印本
　　松蔭軒

04072
周氏陰隲文印譜　一册
　　〔清〕周清繕篆並輯
　　清咸豐間鈐印本
　　哈爾濱

04073
周末各國瑗金考　一册
　　張丹斧輯
　　鈐印本
　　上海

04074
周句鑃齋印選(東武王氏古印譜)不分卷　六册
　　王緒祖輯
　　民國十九年(1930)鈐印本
　　右文齋

04075
周作人印譜　一册
　　〔佚名〕篆並輯
　　壬寅年(1962)鈐印本
　　漠南

04076
周希丁印稿不分卷　十册
　　周希丁篆並輯

钤印本
鴻爪留痕館

04077

周叔弢所藏璽印選（周叔弢先生璽印選）不分卷　十一册

　　林章松輯
　　乙酉年（2005）鈐印本
　　松蔭軒

04078

周叔弢藏印不分卷　十册

　　[佚名]篆並輯
　　鈐印本
　　君匋藝院

04079

周易象印册　一册

　　[清]黃知茉篆[清]石笙輯
　　清光緒二十年（1894）描摹粘貼本
　　松蔭軒

04080

周季瑩太史所藏印　一册

　　[佚名]篆並輯
　　鈐印本
　　廣東

04081

周珏良舊藏印譜不分卷　二册

　　周珏良輯
　　鈐印本
　　松蔭軒

04082

周秦玉印璽（陳介祺手題萬印樓玉印譜）　一册

　　[清]陳介祺輯
　　清光緒十年（1884）鈐印本（稿本）
　　國圖

04083

周秦玉印璽　一册

　　[清]陳介祺輯
　　鈐印本（稿本）
　　國圖

04084

周秦古鉥（周秦古璽、周秦古鉥集存）不分卷　二册

　　吳隱篆並輯
　　清光緒二十一年（1895）鋅版印本
　　國圖　三峽博　上博　天津　中大　"中研院"史語所　中國美院　内蒙古　文雅堂　北大　四川　西泠　安徽師大　南京　秋水齋　秦氏支祠（天一閣）　浙江　浙江博　清華　紹興　揚州大　温州　臺故博　綿竹　遼寧　鴻爪留痕館　鐵硯齋　松蔭軒　東京博　東洋文庫　協會　金谷文庫　漢南　國會山莊

04085

周秦古鉥（周秦古璽、周秦古鉥集存）不分卷　二册

　　吳隱篆並輯
　　清光緒三十一年（1905）鋅版印本（重輯本）
　　南京　松丸東魚　漢南　蘭樓

04086

周秦古鉥（周秦古璽、周秦古鉥集存）不分卷　四册

　　吳隱篆並輯
　　清光緒三十一年（1905）鋅版印本
　　浙江　松蔭軒

04087

周秦古鉥（黃龍硯周秦古鉥）不分卷　四册

　　（日本）園田穆輯
　　日本昭和十三年（1938）鈐印本
　　松蔭軒　松丸東魚　東京博

04088

周秦古鉥集存不分卷　二册

　　[佚名]輯
　　鈐印本
　　文雅堂　"中研院"史語所

04089
周秦古鉨續(黃龍硯齋周秦古鉨續)不分卷　二册
（日本）園田穆輯
日本昭和十五年(1940)鈐印本
百二扇面齋　松蔭軒　東京博

04090
周秦古璽不分卷　二册
（日本）園田穆輯
日本大正十三年(1924)鈐印本
大連　東北師大　哈師大　哈爾濱　松蔭軒

04091
周秦古璽印譜　一册
〔佚名〕輯
鈐印本
東京博

04092
周秦古璽集存　一册
吳隱並輯
清光緒三十一年(1905)鋅版印本
浙江　南京　蘇州　"中研院"史語所

04093
周秦印譜不分卷　四册
〔清〕陳介祺輯
清光緒十年(1884)鈐印本
國圖

04094
周秦兩漢名人印考　一册
〔清〕吳大澂輯
清光緒七年(1881)影印本
北京文物局　四川　西泠

04095
周秦兩漢名人印考　一册
〔清〕吳大澂輯
清光緒十九年(1893)影印本
北大　大連　上海　天津　南京　廈大　遼寧　鎮江
太田孝太郎　松丸東魚　蒲阪文庫

04096
周秦兩漢名人印考　一册
〔清〕吳大澂輯
清光緒十九年(1893)鈐印本(稿本)
上海

04097
周秦金玉古印譜不分卷　四册
童大年輯
民國間鈐印本
浙江

04098
周秦金玉璽文撫本　一册
童大年篆並輯
民國間鈐印本
西泠

04099
周秦銅璽　一册
童大年輯
民國間鈐印本
西泠

04100
周秦漢魏印集　一册
黃賓虹輯
鈐印本
浙江博

04101
周秦漢魏唐宋元印譜　一册
童大年輯
鈐印本
西泠

04102
周植桑印集不分卷　二册
周植桑篆並輯
鈐印本
松蔭軒

04103
周鈞印存　一册
〔清〕周鈞輯
鈐印本
廣州

04104
周湘臨錢松壺印存（松壺印存）　一册
周湘篆並輯
鈐印本
松蔭軒

04105
周夢坡印存不分卷　四册
周慶雲輯
清鈐印本
上海

04106
周銕衡先生印拓　一册
周銕衡篆並輯
民國十三年(1924)鈐印本
松蔭軒

04107
周端印譜不分卷　二册
〔清〕周端篆並輯
清鈐印本
上博

04108
周慶雲印譜不分卷　六册
周慶雲輯
清鈐印本
上海

04109
周樹堅印譜　一册
周樹堅篆並輯
鈐印本
松蔭軒

04110
周總理紀念印譜　一册
陳茗屋篆並輯
戊午年(1978)鈐印本
私人藏

04111
周櫟園印譜不分卷　二册
〔清〕周亮工藏並輯
鈐印本
山東

04112
周繼雲印存　一册
周繼雲篆並輯
鈐印本
松蔭軒

匋

04113
匋鈢室藏古印存　八册
（日本）尾崎蒼石輯
戊戌年(2018)鈐印本
見性簃　松蔭軒　知還印館　鹿鳴簃

04114
匋鈢室藏古印輯存　四册
（日本）尾崎蒼石輯
己亥年(2019)鈐印本
見性簃

04115
匋盦印存　一册
深甫篆並輯
戊辰年(1988)鈐印本
松蔭軒

04116
匋齋印存（匋齋藏印、陶齋藏印）不分卷　八册
〔清〕端方輯

民國元年(1912)有正書局影印本

國圖 平湖 四川 吳江 浙江博 湖州博 廈大 寧波 衢州博 瓦翁

04117

匋齋印存(匋齋藏印、陶齋藏印)不分卷 十册

〔清〕端方輯

民國元年(1912)有正書局影印本

上海

04118

匋齋印存四集(匋齋藏印、陶齋藏印)不分卷 十六册

〔清〕端方輯

民國元年(1912)有正書局影印本

國圖 大連 天津 中國美院 吉林 西泠 南大 南京 哈師大 哈爾濱 洛陽文考院 浙江博 紹興 景堂 黑龍江 廣東 齊齊哈爾 撫順 遼寧 鴻爪留痕館 鎮江 蘇州 港大 松蔭軒 太田孝太郎 松丸東魚 東京博 協會 國會山莊

04119

匋齋藏印(陶齋藏印)不分卷 二册

〔清〕端方輯

清宣統元年(1909)原鈐印本

安徽

04120

匋齋藏印(陶齋藏印) 一册

〔清〕端方輯

民國元年(1912)影印本

漠南

04121

匋齋藏印(陶齋藏印)不分卷 三册

〔清〕端方輯

民國元年(1912)影印本

松蔭軒

04122

匋齋藏印(陶齋藏印)不分卷 四册

〔清〕端方輯

民國元年(1912)有正書局影印本

上博 中國美院 文雅堂 四川 西泠 安徽 南京 萍鄉 景堂 鐵硯齋 松蔭軒 漠南 松丸東魚 協會 京文研

04123

匋齋藏印(陶齋藏印)不分卷 二册

〔清〕端方輯

民國二十四年(1935)原鈐印本

浙江

04124

匋齋藏印(陶齋藏印)不分卷 二册

〔清〕端方輯

民國二十四年(1935)鈐印本

北大 廈大 蘇州大

04125

匋齋藏印初集(匋齋藏印、陶齋藏印)不分卷 十六册

〔清〕端方輯

清宣統元年(1909)原鈐印本

清華 港中大

狙

04126

狙狹印譜不分卷 二册

(日本)〔佚名〕篆並輯

日本寶曆十三年(1763)鈐印本

漠南

匊

04127

匊隣印賸 一册

〔清〕胡钁篆並輯

鈐印本

秦氏支祠(天一閣)

京

04128

京兆房冀氏秘藏印譜　一軸
　〔佚名〕篆並輯
　鈐印本
　臺圖

郊

04129

郊處壬子印譜（壬子郊處印譜）　一冊
　（日本）八幡郊處篆並輯
　日本大正元年（1912）鈐印本
　漢南

庚

04130

庚午印存　一冊
　〔佚名〕篆並輯
　鈐印本
　松蔭軒

04131

庚辛雕蟲集　一冊
　王光烈篆並輯
　民國十年（1921）鈐印本
　遼寧

04132

庚辛雕蟲集　一冊
　王光烈篆並輯
　影印本
　遼寧

净

04133

净硯齋艦印錄（净硯齋艦選印譜）不分卷　三冊
　〔清〕周鑾詒藏並輯
　清光緒十一年（1885）鈐印本（殘本）
　松蔭軒

04134

净硯齋艦印錄（净硯齋艦選印譜）不分卷　六冊
　〔清〕周鑾詒輯
　清光緒十一年（1885）鈐印本
　浙江博

04135

净硯齋艦印錄（净硯齋艦選印譜）　三十冊
　〔清〕周鑾詒輯
　清光緒十一年（1885）鈐印本
　國圖　太田孝太郎

04136

净硯齋艦印續錄　六冊
　〔清〕周鑾詒藏並輯
　清光緒十九年（1893）鈐印本（殘本）
　國圖　太田孝太郎

04137

净碧居集印不分卷　二冊
　（日本）益田淳等篆並輯
　日本大正十年（1921）鈐印本
　松丸東魚　協會

04138

净樂窟印存不分卷　六冊
　徐粲章　楊昭雋篆並輯
　民國二十七年（1938）鈐印本
　上海

放

04139

放下集　一册
　邀梅軒輯
　鈐印本
　澂廬

04140

放齋印存賸稿　一册
　〔佚名〕篆並輯
　鈐印本
　松蔭軒

04141

放廬藏印　一册
　孟昭鴻輯
　民國十九年(1930)鈐印本
　國圖

刻

04142

刻竹治印式　一册
　張少丞篆並輯
　民國二十八年(1939)影印本
　遼寧　齊齊哈爾　松丸東魚

04143

刻竹治印無師自通　一册
　張志魚篆並輯
　民國二十七年(1938)影印本
　鴻爪留痕館

卷

04144

卷石阿印草　一册
　〔清〕張定並輯
　清光緒十一年(1885)鈐印本
　上海　南京　哈爾濱　浙江博　鴻爪留痕館　國會　山莊

04145

卷石阿印草　二册
　〔清〕張定並輯
　清光緒十一年(1885)鈐印本
　上海　哈爾濱

法

04146

法古山房印草不分卷　五册
　朱大寬篆並輯
　鈐印本
　上海

04147

法古山房印譜第一集　一册
　朱大寬篆並輯
　民國二十一年(1932)鈐印本
　松蔭軒

04148

法古齋印選(秦漢規模)不分卷　二册
　〔清〕傅文卿篆並輯
　清同治十二年(1873)鈐印本
　蘇州　哈爾濱　漢南　松蔭軒

04149

法家印譜　一册
　牛齋篆並輯
　乙卯年(1975)鈐印本
　擷霞樓　松蔭軒

04150

法眼居印章附錄　一册
　〔清〕陳豫鍾篆　（日本）鄉純造輯
　日本明治三十二年(1899)鈐印本
　岩瀨文庫

04151
法眼居印賞不分卷　二册
（日本）鄉純造篆並輯
日本明治二十九年(1896)鈐印本
西泠　松蔭軒　漠南

04152
法眼居印賞不分卷　五册
（日本）鄉純造篆並輯
日本明治三十年(1897)鈐印本
岩瀨文庫　漠南

04153
法眼居印賞不分卷　四册
（日本）鄉純造篆並輯
日本明治三十一年(1898)鈐印本
松蔭軒

04154
法喜齋印存不分卷　四册
曹蠡翔篆並輯
民國十八年(1929)鈐印本
湖南

河

04155
河西鴨村印譜不分卷　十三册
（日本）［佚名］篆並輯
日本明治二十二年(1889)鈐印本
漠南

04156
河南官印譜不分卷　五册
河南省府輯
鈐印本
漠南

泥

04157
泥封不分卷　五册
［佚名］輯
鈐印本
"中研院"史語所

04158
泥封集存不分卷　二册
劉博琴藏並輯
鈐印本(六十年代遭劫)
鴻爪留痕館

04159
泥封集存不分卷　六册
劉博琴藏並輯
鈐印本(六十年代遭劫)
鴻爪留痕館

04160
泥道人印存　一册
［佚名］篆並輯
描摹本
私人藏

04161
泥道人印存　一册
趙石篆　龐士龍輯
民國三十六年(1947)鈐印本
常熟

04162
泥道人印存不分卷　六册
趙石篆　龐士龍輯
民國三十六年(1947)鈐印本
南京　國圖　文雅堂

波

04163

波若波羅密多心經　一册
　蔣華　胡俊峰　楊帆　張愛國等篆　高永華藏並輯
　壬辰年(2012)鈐印本(高氏輯本)
　潋廬

04164

波若波羅密多心經　一册
　中國篆刻網輯
　壬辰年(2012)鈐印本
　潋廬

04165

波若波羅密多心經印譜　一册
　憬樓藏並輯
　庚子年(2020)鈐印本
　潋廬

04166

波齋印譜　一册
　〔清〕石爲垔輯
　古獲堂鈐印本
　中科院

04167

波齋百二甲子印　一册
　〔清〕姚覲篆並輯
　清康熙十八年(1679)鈐印本
　上海

04168

波齋百二甲子印　一册
　〔清〕姚覲篆並輯
　清乾隆五年(1740)粘貼本
　上海

04169

波羅密多龕印譜　一册
　〔佚名〕篆並輯
　鈐印本
　中嶽齋

治

04170

治家格言印文(朱子治家格言印譜)　一册
　毛承瀾篆並輯
　民國十六年(1927)鈐印本
　上海　松蔭軒

04171

治家格言印文(朱子治家格言印譜)不分卷　二册
　毛承瀾篆並輯
　民國十六年(1927)鈐印本
　松蔭軒

04172

治家格言印譜　一册
　〔佚名〕篆並輯
　鈐印本
　松蔭軒

04173

治家格言篆刻　一册
　〔佚名〕篆並輯
　鈐印本
　安徽

性

04174

性存堂印記　四册
　〔清〕成桂馨篆並輯
　清同治三年(1864)鈐印本
　西泠

怡

04175
怡古堂印譜　一册
〔佚名〕篆並輯
鈐印本
松蔭軒

04176
怡芳館印集（施氏怡芳館印集）不分卷　二册
〔清〕施瑞霖篆並輯
清光緒十五年(1889)鈐印本
國圖　天津　北大　松蔭軒

04177
怡性軒印譜不分卷　五册
〔佚名〕篆並輯
民國間鈐印本
國圖

04178
怡怡室印藏不分卷　二册
吳昌碩篆　潘德侯輯
鈐印本
松蔭軒

04179
怡怡室藏苦鐵印存　一册
吳昌碩篆並輯
鈐印本
松蔭軒

04180
怡香館印存不分卷　四册
〔佚名〕篆並輯
鈐印本
國圖

04181
怡香館印存不分卷　二册
〔清〕李儵篆並輯
鈐印本
松蔭軒

04182
怡紅詞館印譜不分卷　二册
蘇紹柄輯
鈐印本
南京

04183
怡雲齋印書不分卷　二册
〔清〕怡雲齋主人輯
鈐印本
上海　浙江

04184
怡詠精舍集印　一册
高燮輯
民國三十二年(1943)鈐印本
上海

04185
怡親王樂善堂印譜　一册
〔清〕莊永最輯
鈐印本
南京

04186
怡齋乞石　一册
王潔篆並輯
鈐印本
松蔭軒

04187
怡齋印稿　一册
〔佚名〕篆並輯
鈐印本
上海

04188
怡齋玩石　一册
王潔篆並輯
鈐印本

松蔭軒

04189
怡齋翫石　一冊
　王潔篆並輯
　鈐印本
　松蔭軒

宗

04190
宗工鐵筆不分卷　八冊
　〔清〕温□玉篆並輯
　清鈐印本
　國圖

04191
宗陳印存　一冊
　馮宗陳篆　許自強輯
　清鈐印本
　片雲齋

04192
宗陳自用印　一冊
　馮宗陳篆　許自強輯
　清鈐印本
　片雲齋

定

04193
定九先生印存　一冊
　胡定九篆〔佚名〕輯
　鈐印本
　松蔭軒

04194
定山刻石　一冊
　陳瀏篆並輯
　鈐印本

遼寧

04195
定武樓印累　一冊
　（日本）多治見久太郎輯
　日本明治四十年(1907)影印本
　協會

04196
定武樓印累　一冊
　（日本）細井廣澤　高芙蓉等篆（日本）平野夢華輯
　日本明治四十年(1907)鈐印本
　西泠　漢南　關西大

04197
定海董母陶太夫人六秩蟠慶紀念册　一冊
　張之病篆並輯
　民國三十一年(1942)影印本
　松蔭軒

宜

04198
宜我齋印存　一冊
　席素謙篆並輯
　民國十四年(1925)鈐印本
　北大

04199
宜長樂齋印學　一冊
　〔清〕李彥士篆並輯
　清光緒十九年(1893)鈐印本
　上海

04200
宜春軒印譜　一冊
　維新居士輯
　鈐印本
　吳江

04201
宜秋館集印　一册
〔佚名〕篆並輯
鈐印本
松蔭軒

04202
宜振書室印存不分卷　三册
〔清〕李承福篆〔清〕席素謙輯
清宣統三年(1911)鈐印本
河北

04203
宜振書室印存不分卷　四册
〔清〕李承福篆〔清〕席素謙輯
清宣統三年(1911)鈐印本
上海　北大　安徽　河北　南開　哈爾濱　首都　陝西　松蔭軒

04204
宜振書室印存不分卷　六册
〔清〕李承福篆〔清〕席素謙輯
清宣統三年(1911)鈐印本
上海

04205
宜軒印存　一册
〔清〕蕭隸生篆並輯
清道光二十六年(1846)鈐印本
西泠

04206
宜軒印娛　一册
〔清〕黃質輯
清光緒十九年(1893)鈐印本
南京

04207
宜翁叢印子遺　一册
姜筠篆　潘軾輯
民國八年(1919)鈐印本
松蔭軒

04208
宜園印稿不分卷　五册
〔清〕喬重禧篆並輯
清道光二十三年(1843)鈐印本
西泠

04209
宜齋印集　一册
〔佚名〕篆並輯
鈐印本
松蔭軒

官

04210
官印　一册
〔佚名〕篆並輯
鈐印本
浙江

04211
官印七十二章　一册
〔清〕趙穆篆並輯
鈐印本
松蔭軒

04212
官印拓本　一册
〔佚名〕篆並輯
鈐印本
私人藏

04213
官印偶存不分卷　二册
〔佚名〕篆並輯
鈐印本
漢南

04214
官印集　一册
〔清〕陳介祺　劉少博輯

鈐印本（十鐘山房印舉本）

鴻爪留痕館

04215

官印搨　一册

［佚名］篆並輯

鈐印本

浙江博

04216

官印譜　一册

［佚名］篆並輯

鈐印本

國圖

04217

官私印例　一册

（日本）松原九皋並輯

日本明治二十二年（1889）鈐印本（模本）

漠南

祈

04218

祈壽堂印存　一册

劉伯年篆並輯

鈐印本

松蔭軒

建

04219

建唐氏印譜　一册

〔清〕建唐氏篆並輯

清光緒十六年（1890）滇南鈐印本

雲南

04220

建國十周年印譜　一册

張咀英等篆並輯

鈐印本

西泠

04221

建德周氏藏古封泥拓影　一册

周明泰輯

民國十四年（1925）鈐印本

國圖

04222

建德周氏藏古封泥拓影目　一册

［佚名］篆並輯

鈐印本

松蔭軒

居

04223

居易印存不分卷　四册

［佚名］篆並輯

鈐印本

國圖

04224

居靜齋印存不分卷　二册

［佚名］篆並輯

鈐印本

哈爾濱

04225

居靜齋印稿　六册

［佚名］篆並輯

鈐印本

國圖

屈

04226

屈廬印稿　一册

朱葆慈篆並輯

民國八年(1919)鈐印本
　　松蔭軒

弢

04227
弢聿散人印存　一册
　　歐陽小杶篆並輯
　　民國四年(1915)鈐印本
　　廈大　臺大　臺圖　松蔭軒　岩瀬文庫

04228
弢翁續得印集　一册
　　巢章甫輯
　　民國三十年(1941)鈐印本
　　鴻爪留痕館

04229
弢瓿石刻存　一册
　　〔佚名〕篆並輯
　　鈐印本
　　南開

承

04230
承清館印譜　四册
　　〔明〕張灝輯
　　明萬曆四十三年(1615)鈐印本(母本)
　　上海　西泠　百樂齋　劉禹　漠南

04231
承清館印譜　二册
　　〔明〕張灝輯
　　明天啓六年(1626)鈐印本
　　百樂齋

04232
承清館印譜　四册
　　〔明〕張灝輯（日本）南岡主人描摹
　　日本文化元年(1804)描摹本
　　岩瀬文庫

04233
承清館印譜初集　一册
　　〔明〕張灝輯
　　明萬曆四十五年(1617)鈐印本
　　天一閣　中科院　平湖　北大　秦氏支祠(天一閣)
　　劉禹　私人藏

04234
承清館印譜初集　二册
　　〔明〕張灝輯
　　明萬曆四十五年(1617)鈐印本
　　國圖　上海　天一閣　常熟

04235
承清館印譜初續集　二册
　　〔明〕張灝輯
　　明萬曆四十五年(1617)鈐印本
　　國圖　上博　中遺院　北大　北京文物局　西泠　南京　浙江　蘇州　協會

04236
承清館印譜描摹　四册
　　〔明〕張灝輯（日本）南岡主人描摹
　　日本文化元年(1804)描摹本
　　御茶女大

04237
承清館印譜續集　一册
　　〔明〕張灝輯
　　明萬曆四十五年(1617)鈐印本
　　天一閣　平湖　北大　秦氏支祠(天一閣)　浙江博
　　蘇州　私人藏　松蔭軒

04238
承雷居印稿不分卷　四册
　　〔清〕陳湯奏篆並輯
　　清光緒二十五年(1899)鈐印本
　　國圖　西泠　哈爾濱　浙江

04239

承雷居印稿不分卷　三册

〔清〕陳湯奏篆並輯

清光緒二十六年(1900)7715

福建

孟

04240

孟堅印存　一册

孟堅篆並輯

鈐印本

松蔭軒

04241

孟雲印賞　一册

趙時棡篆並輯

鈐印本(孟雲即林漢如)

臺大

04242

孟蕃印影　一册

孟蕃篆並輯

鈐印本

松蔭軒

陋

04243

陋室銘　一册

〔清〕楊介壽篆並輯

清嘉慶二十五年(1820)鈐印本

南京

04244

陋室銘印譜　一册

(日本)石原幸作篆並輯

日本昭和八年(1933)鈐印本

臺大

04245

陋室銘印譜附讀書樂印譜　二册

〔清〕鍾石帆　王葵邨篆並輯

鈐印本

紹興

04246

陋室銘圖章(陋室銘印譜)　一册

〔清〕梁登庸篆並輯

清乾隆十九年(1754)鈐印本

中國美院　松蔭軒

04247

陋室銘篆稿　一册

(日本)永寧村篆並輯

鈐印本

松蔭軒

孤

04248

孤松室印譜　一册

[佚名]篆並輯

鈐印本

松丸東魚

04249

孤盦印存　一册

〔清〕沈次量篆並輯

清宣統二年(1910)鈐印本

天津

亟

04250

亟厂遺印　一册

[佚名]篆並輯

鈐印本

鴻爪留痕館

姓

04251

姓苑印章(印苑)　二册
〔明〕江萬全篆並輯
明崇禎二年(1629)鈐印本
西泠　蘇州

迦

04252

迦葉室印稿　一册
〔佚名〕篆並輯
鈐印本
松蔭軒

九　畫

契

04253

契齋印遺(契齋印遺)　一册
商承祚　鄧散木等篆　李景文輯
戊戌年(2018)鈐印本
免冑堂

奏

04254

奏新印存　一册
戴德瑞篆並輯
民國間鈐印本
南京

春

04255

春山印集　一册
（日本）奧谷春山篆（日本）奧村九林輯
鈐印本
協會

04256

春水先生遺印不分卷　二册
（日本）趙陶齋　三井善之篆（日本）賴彌次郎輯
日本大正元年(1912)影印本
松蔭軒

04257

春卉草堂印存　一册
〔清〕程士魁篆並輯
清嘉慶十四年(1809)鈐印本
浙江博

04258

春帆印譜不分卷　四册
〔佚名〕篆並輯
鈐印本
松蔭軒

04259

春江花月夜印玩　一册
（日本）篆社社員篆（日本）梅舒適輯
日本昭和四十年(1965)鈐印本
西泠　協會

04260

春芬堂印譜　四册
楊景霖輯
鈐印本
松蔭軒

04261

春步印存　一册

（日本）北村春步篆（日本）北村太一輯
日本平成二十年(2008)鈐印本
協會

04262
春步翁篆刻　一册
（日本）北村春步篆並輯
日本昭和二十五年(1950)鈐印本
協會

04263
春來閣印存　一册
朱子鶴篆並輯
甲寅年(1974)鈐印本
松蔭軒

04264
春雨堂印存　一册
朱學勤輯
鈐印本
内蒙古　蘭樓

04265
春夜宴桃李園序　一册
[佚名]篆並輯
民國間鈐印本
國圖　松蔭軒

04266
春夜宴桃李園序印譜　一册
[佚名]篆並輯
民國間鈐印本
國圖

04267
春夜宴桃李園序刻印　一册
〔清〕周芬篆並輯
清乾隆五十九年(1794)鈐印本
國圖

04268
春草堂印存不分卷　二册
謝耕石篆並輯
鈐印本
松蔭軒

04269
春草堂印譜　一册
謝耕石篆並輯
民國二十九年(1940)鈐印本
哈爾濱　松蔭軒

04270
春草堂印譜元集不分卷　二册
謝耕石篆並輯
民國二十九年(1940)鈐印本(稿本)
松蔭軒

04271
春草堂印譜元集不分卷　二册
謝耕石篆並輯
民國二十九年(1940)鈐印本
松蔭軒

04272
春草堂印譜亨集不分卷　二册
謝耕石篆並輯
民國二十九年(1940)鈐印本
松蔭軒

04273
春草廬印存(明清名印集揚)不分卷　四册
了因居士輯
民國二十三年(1934)鈐印本
南京

04274
春草廬印存　一册
謝磊明篆並輯
民國十八年(1929)鈐印本
浙江　浙江博　溫州

04275
春草廬印存不分卷　六册
謝磊明篆並輯
民國十八年(1929)鈐印本

西泠　哈爾濱　協會

04276

春秋閣印譜　一册

　〔佚名〕篆並輯

　民國間鈐印本

　國圖

04277

春秋館刻印　一册

　李佩成篆並輯

　甲午年(1954)鈐印本

　松蔭軒

04278

春秋廬印存　一册

　〔佚名〕篆並輯

　清光緒二十五年(1899)鈐印本

　松蔭軒

04279

春風念四印譜　一册

　〔清〕程奐輪篆並輯

　鈐印本

　安徽

04280

春耕印影　一册

　（日本）永阪石埭　足達疇邨篆　（日本）西田春耕輯

　日本明治四十二年(1909)鈐印本

　松蔭軒　協會　岩瀨文庫　漠南

04281

春浮書屋印譜不分卷　二册

　〔清〕沈皋篆並輯

　清乾隆二十年(1755)鈐印本

　南京　松蔭軒

04282

春琴印譜　一册

　〔佚名〕篆並輯

　鈐印本

東京藝大

04283

春雲秋月印譜不分卷　二册

　〔清〕何上法篆並輯

　鈐印本

　上博

04284

春暉草堂印始（印始）　一册

　〔清〕吳蒼雷篆並輯

　清乾隆十四年(1749)原鈐印本

　湖南

04285

春暉草堂印始（印始）　三册

　〔清〕吳蒼雷篆並輯

　清乾隆十四年(1749)原鈐印本

　溫州

04286

春暉草堂印始（印始）　四册

　〔清〕吳蒼雷篆並輯

　清乾隆十四年(1749)原鈐印本

　蘇州　西泠　芷蘭齋

04287

春暉堂印始（印始）　八册

　〔清〕吳倉雷篆　上海印學社輯

　民國十二年(1923)影印本

　國圖　上海　中國美院　吉林　安徽　吳江　南京　哈爾濱　常熟　清華　港中大　溫州　蘇州　松蔭軒　漠南　蒲阪文庫　國會山莊

04288

春暉堂印始（印始）　八册

　〔清〕吳蒼雷篆並輯

　清乾隆十四年(1749)原鈐印本

　天津　安徽　西泠　清華

04289

春暉堂藏印　一册

　〔清〕春暉草堂輯

清乾隆五十九年(1794)鈐印本
國圖

04290
春暉閣印存　一册
〔佚名〕篆並輯
鈐印本
嘉興

04291
春壽槐南詩家印譜　一册
（日本）森槐南輯
日本昭和十六年(1941)鈐印本
漢南

04292
春彝軒印譜不分卷　四册
〔清〕程士魁篆並輯
清嘉慶十四年(1809)鈐印本
上海

04293
春颿印存不分卷　十册
〔清〕張嘉祥篆並輯
清道光二十六年(1846)鈐印本(稿本)
松蔭軒

珏

04294
珏盦印志　一册
壽璽篆並輯
鈐印本
松蔭軒

04295
珏盦集印　一册
壽璽篆並輯
鈐印本
松蔭軒

珍

04296
珍秦齋古印存不分卷　七册
蕭春源藏　林章松輯
壬寅年(2022)張錦發鈐拓粘貼本
復旦　港科大　松蔭軒

04297
珍珠船印譜不分卷　四册
〔清〕金一疇篆並輯
清乾隆四年(1739)鈐印本
吉林

04298
珍珠船印譜不分卷　三册
〔清〕金一疇篆並輯
清乾隆十四年(1749)鈐印本
上海　哈佛燕京

04299
珍珠船印譜不分卷　三册
〔清〕金一疇篆並輯
清乾隆二十一年(1756)鈐印本
漢南

04300
珍珠船印譜二集不分卷　四册
〔清〕金一疇篆並輯
清雍正八年(1730)鈐印本
吉林　中國美院　西泠　國會山莊

04301
珍珠船印譜三集　二册
〔清〕金一疇篆〔清〕錢思臧輯
清乾隆二十一年(1756)鈐印本
上海　上博　吉林

04302
珍善齋印印　一册
〔明〕吳迥篆並輯

明萬曆四十六年(1618)鈐印本
臺圖

04303

珍善齋印印　二册

〔明〕吳迥篆並輯

明萬曆四十六年(1618)鈐印本

南京　西泠　臺圖

04304

珍善齋印印　四册

〔明〕吳迥篆並輯

明萬曆四十六年(1618)鈐印本

臺圖

玲

04305

玲瓏山館秦漢印譜　一册

〔清〕馬曰琯　馬曰璐輯

鈐印本

安徽

封

04306

封大受刻印不分卷　二册

〔清〕封大受篆並輯

鈐印本

松蔭軒

04307

封氏印譜　一册

〔清〕封大受篆並輯

鈐印本

上海

04308

封氏印譜　四册

〔清〕封大受篆並輯

鈐印本

上海　南京

04309

封氏印譜(封氏印章六種)　六册

〔清〕封大受篆並輯

鈐印本

安徽

04310

封泥　一册

〔佚名〕輯

鈐印本

"中研院"史語所

04311

封泥考略　十册

〔清〕吳式芬　陳介祺合輯

清光緒三十年(1904)鈐印本(稿本)

國圖

04312

封泥考略　十册

〔清〕吳式芬　陳介祺合輯

清光緒三十年(1904)影印本

國圖　人大　三峽博　大連　上海　川大　天津　天津博　中大　中科院新疆分院　內蒙古　丹東　北大　北師大　北碚　四川　民族圖　吉大　吉林　西泠　西南大　江蘇師大　安陽　安徽　安徽師大　別宥齋(天一閣)　青海　長春　東北師大　協會　河南大　南大　南開　哈爾濱　重慶　保定　首都　陝西　陝師大　華東師大　連雲港博　徐州　浙大　浙江博　清華　揚州大　復旦　湖南　湖南社科院　廈大　新鄉　鄭大　寧夏大　暨大　遼大　遼寧　魯迅美院　鎮江　蘇州　蘇州大　蘭大　鴻爪留痕館　松蔭軒

04313

封泥存真　一册

郭裕元藏　國立北京大學研究院文史部輯

民國二十三年(1934)鈐印本

九 畫 329

國圖 人大 上海 中大 中國美院 北大 北師大
吉大 吉林 東北師大 南大 南開 遼寧 文雅堂
松蔭軒 漠南 松丸東魚 牛津

04314

封泥拓本不分卷　八册

〔清〕陳介祺輯

鈐印本

上博

04315

封泥拓本不分卷　三册

〔清〕陳介祺輯

粘貼本

"中研院"史語所

04316

封泥拓本不分卷　五册

〔清〕陳介祺輯

粘貼本

"中研院"史語所

04317

封泥拓本册葉　一册

〔清〕陳介祺輯

鈐印本

寶甓齋

04318

封泥殘葉　一册

[佚名]輯

粘貼本

大連

04319

封泥集存不分卷　二册

[佚名]篆並輯

鈐印本

松蔭軒

04320

封泥集存　一册

林章松輯

鈐印本

松蔭軒

04321

封泥集拓不分卷　二册

[佚名]輯

鈐印本

國圖

04322

封泥集拓　一册

周慶雲輯

高野侯鈐印本

浙江

04323

封泥集拓帖不分卷　六册

（日本）松丸東魚輯

鈐印本

松丸東魚

04324

封泥彙編　一册

吳熊篆並輯

民國二十年（1931）鈐印本

人大 川大 中大 北師大 吉大 西泠 東北師大
浙江 蘇州 瓦翁 松蔭軒 鐵硯齋 漠南

拱

04325

拱月樓藏印　一册

錢松 王福盦等篆 陳華艾輯

丁亥年（2007）鈐印本

片雲齋

括

04326

括印彙痕不分卷　二册

〔佚名〕篆並輯
鈐印本
遼寧

拾

04327
拾玉印譜　一册
（日本）田邊玄玄篆並輯
日本天保二年(1831)鈐印本
漢南

04328
拾玉翠印藪　一册
（日本）〔佚名〕篆並輯
日本享和間鈐印本
漢南

04329
拾古印遺不分卷　三册
〔清〕夏一駒輯
清乾隆三十五年(1770)鈐印本
上博

04330
拾古印遺不分卷　二册
〔清〕夏一駒輯
清乾隆三十八年(1773)鈐印本
東京博　漢南

04331
拾古印遺不分卷　四册
〔清〕夏一駒輯
清乾隆三十八年(1773)鈐印本
上博　太田孝太郎

04332
拾古堂鈐印存秦印篇　一册
楊廣泰輯
丙申年(2016)鈐印本
松蔭軒

04333
拾古堂鈐印存漢印篇　一册
楊廣泰輯
戊戌年(2018)鈐印本
松蔭軒

04334
拾逸印集　四册
（日本）趣趣味同人會輯
日本昭和九年(1934)鈐印本
臺大

04335
拾遺印譜　一册
李坤篆並輯
鈐印本
雲南

某

04336
某虛草堂印存(梅墟草堂印存)　一册
朱復戡篆並輯
民國十四年(1925)鈐印本
泰州

荊

04337
荊溪家塾印存　一册
東美篆並輯
民國二十四年(1935)鈐印本

04338
荊溪家塾集印　一册
〔佚名〕篆並輯
鈐印本
浙江博

04339
荊溪家塾集印不分卷附曉社印集　二册

〔佚名〕篆並輯

鈐印本

浙江博

革

04340

革命勝跡印譜　五冊

　西泠印社同人篆　西泠印社輯

　己未年(1979)鈐印本

　國圖　上博　天津　中大　中科院　內蒙古　北大
　吉大　西泠　南大　南京　南京師大　南開　華東師
　大　清華　復旦　湖南　廈大　松蔭軒

04341

革命勝跡印譜　二十冊

　西泠印社同人篆　西泠印社輯

　己未年(1979)鈐印本

　清華

04342

革命樣板戲唱詞印譜　一冊

　上海書畫社輯

　癸丑年(1973)鈐印本(底稿)

　松蔭軒

草

04343

草印存　一冊

　〔清〕沈煦孫篆並輯

　鈐印本

　常熟

04344

草菴印譜　一冊

　〔佚名〕篆並輯

　日本昭和二年(1927)鈐印本

　協會

04345

草堂印談(雄風草堂印談)　一冊

　（日本）樋口銅牛輯

　日本大正三年(1914)鈐印本

　日本國會　協會　漠南

04346

草廬吳氏印譜不分卷　二冊

　〔清〕林皋　鄭燮　蔣仁等篆　〔佚名〕輯

　粘貼本

　瓦翁

荃

04347

荃乎集　一冊

　（日本）菌桂星篆並輯

　日本安永九年(1780)鈐印本

　漠南

04348

荃樓印存　一冊

　（日本）河井荃廬篆並輯

　日本昭和六年(1931)粘貼本

　中國美院

04349

荃樓印稿　一冊

　（日本）河井荃廬篆並輯

　日本明治二十八年(1895)鈐印本

　松蔭軒　國會山莊

04350

荃廬印存　二冊

　（日本）河井荃廬篆　（日本）松植香城輯

　日本昭和七年(1932)鈐印本

　松丸東魚　協會　漠南

04351

荃廬印譜附續集、再續　四冊

　（日本）河井荃廬篆　（日本）松丸東魚輯

日本昭和三十一年(1956)影印本
松丸東魚

04352
荃廬先生刻印存　一册
（日本）河井荃廬篆
鈐印本
協會

茶

04353
茶家印譜　一册
（日本）西村宗先輯
日本大正十年(1921)鈐印本
日本金澤　日本國會　中之島圖　東京科馬　東京博　東京藝大　岩瀨文庫　京文研　京都工大　森樹大

04354
茶經印譜　一册
高熊篆並輯
乙酉年(2005)鈐印本
協會

04355
茶禪印芨　一册
高茶禪篆並輯
民國十一年(1922)鈐印本
蒲阪文庫

04356
茶禪印存　一册
高茶禪篆並輯
民國十一年(1922)鈐印本
松蔭軒

04357
茶禪印存　一册
高茶禪篆並輯
鈐印本

松蔭軒

04358
茶禪治印不分卷　五册
高茶禪篆並輯
鈐印本
松蔭軒

04359
茶禪治印　一册
高茶禪篆並輯
鈐印本
松蔭軒

茗

04360
茗花山館印譜　四册
〔清〕張慶燾篆〔清〕徐以坤輯
清嘉慶三年(1798)鈐印本
上海　上博　静嘉堂

04361
茗花山館印譜　六册
〔清〕張慶燾篆〔清〕徐以坤輯
清嘉慶三年(1798)鈐印本
漠南

04362
茗柯印存不分卷　三册
李尹桑篆並輯
鈐印本
鴻爪留痕館

04363
茗屋自用印集　一册
陳茗屋篆並輯
庚午年(1990)鈐印本
協會

故

04364

故宮玉印譜　一冊
　〔佚名〕篆並輯
　鈐印本
　吉大

04365

故宮印研文印譜不分卷　四冊
　〔佚名〕篆並輯
　鈐印本
　松蔭軒

04366

故宮博物院官印鈐　一冊
　〔佚名〕篆並輯
　鈐印本
　松蔭軒

04367

故宮博物院藏印　四冊
　故宮博物院輯
　丙寅年(1986)鈐印本
　東京博　協會　澂廬

04368

故宮博物院藏璽印選　七冊
　故宮博物院輯
　壬申年(1992)鈐印本
　紅棉山房

04369

故宮匯寶　一冊
　〔佚名〕篆並輯
　鈐印本
　松蔭軒

04370

故宮漢印選　一冊
　劉博琴輯
　鈐印本
　鴻爪留痕館

04371

故宮藏印印譜不分卷　六冊
　故宮博物院輯
　鈐印本
　國圖

04372

故宮藏印集不分卷　六冊
　〔佚名〕篆並輯
　鈐印本
　松蔭軒

04373

故宮藏明清流派印選不分卷　六冊
　故宮博物院藏並輯
　乙酉年(2005)影印本
　復旦　松蔭軒

04374

故宮寶譜第一集　一冊
　故宮博物院圖書館文獻部輯
　民國十五年(1926)鈐印本
　天津　吉林市　東北師大　清華　復旦

胡

04375

胡子康藏印不分卷　二冊
　胡子康輯
　鈐印本
　松蔭軒

04376

胡元潔印存　一冊
　〔清〕胡元潔篆並輯
　鈐印本
　安徽

04377

胡公壽手選漢銅印存　一册

〔清〕胡公壽輯

清咸豐十年(1860)鈐印本

漢南

04378

胡公壽集銅印不分卷　四册

〔清〕胡公壽輯

清咸豐十一年(1861)鈐印本

西泠

04379

胡氏印存　一册

〔佚名〕篆並輯

鈐印本

上博

04380

胡氏印存　四册

〔清〕胡正言篆並輯

清順治四年(1647)鈐印本

四川　哈佛燕京

04381

胡氏印存殘帙　一册

〔清〕胡正言篆並輯

鈐印本

上博

04382

胡氏篆草　一册

〔清〕胡正言篆並輯

清順治四年(1647)鈐印本

蘇州　松蔭軒

04383

胡石查手稿印集(鮑子年胡石查手稿漢印)　一册

〔清〕胡義贊篆並輯

鈐印本

"中研院"史語所

04384

胡石查手稿秦漢印譜(鮑子年胡石查手稿漢印)　一册

〔清〕胡義贊篆並輯

鈐印本

"中研院"史語所

04385

胡伯年印譜　一册

胡年篆並輯

鈐印本

松蔭軒

04386

胡君實印雋　一册

〔清〕胡文淳篆並輯

明崇禎七年(1634)鈐印本

安徽　重慶

04387

胡君實印雋　二册

〔清〕胡文淳篆並輯

明崇禎七年(1634)鈐印本

安徽

04388

胡若川印譜　一册

〔清〕胡若川輯

鈐印本

陝師大

04389

胡若川金石刀法　一册

〔清〕胡若川輯

清同治十一年(1872)鈐印本

湖南博

04390

胡易印譜　一册

胡易篆　林章松重輯

鈐印本

松蔭軒

九畫 335

04391
胡匊鄰印存不分卷　二冊
　胡钁篆　方約輯
　民國二十五年(1936)宣和印社鈐印本
　上海　上博　中國美院　君匋藝院　浙江　溫州　嘉興　秋水齋　私人藏　松蔭軒　松丸東魚　協會　國會山莊

04392
胡匊鄰印存不分卷　八冊
　胡钁篆　宣和印社輯
　民國二十五年(1936)宣和印社鈐印本
　松蔭軒

04393
胡柏年印集　一冊
　胡柏年篆並輯
　鈐印本
　松蔭軒

04394
胡柏年印集不分卷　二冊
　胡柏年篆並輯
　鈐印本
　北大

04395
胡壽石齋印譜　一冊
　〔佚名〕篆並輯
　鈐印本
　上海

04396
胡鼻山人印集(胡鼻山人印譜)　一冊
　〔清〕胡震篆　吳隱輯
　民國二十五年(1936)西泠印社鋅版印本
　安慶　安徽

04397
胡鼻山人印集(胡鼻山人印譜)不分卷　二冊
　〔清〕胡震篆　吳隱輯
　民國二十五年(1936)西泠印社鋅版印本
　大連　天津　浙江　廣東　遼寧　港大　臺故博　百二扇面齋　松蔭軒　秋水齋　鴻爪留痕館　協會

04398
胡震印稿　一冊
　〔清〕胡震篆並輯
　鈐印本
　安徽

04399
胡毅生印譜(隋齋藏印)　一冊
　胡毅生篆並輯
　民國三十七年(1948)鈐印本
　松蔭軒

04400
胡澍印存(胡澍印譜)　一冊
　〔清〕趙之謙篆　〔清〕胡澍輯
　鈐印本
　中國美院　國會山莊

04401
胡潤芝刻印　一冊
　胡潤芝篆並輯
　鈐印本
　松蔭軒

04402
胡霖商印存不分卷　四冊
　胡霖商篆並輯
　民國八年(1919)鈐印本
　松蔭軒

04403
胡霖商印存不分卷　八冊
　胡霖商篆並輯
　民國八年(1919)鈐印本
　松蔭軒

04404
胡鎬元印存不分卷　五冊
　胡鎬元篆並輯
　鈐印本

松蔭軒

04405

胡鐵梅印存　一册

〔清〕胡璋篆並輯

鈐印本

松蔭軒

茹

04406

茹古齋印譜　一册

〔清〕潘駿德輯

清同治四年(1865)鈐印本

浙江博

荔

04407

荔仁印存　一册

黃荔仁篆並輯

民國二十三年(1934)鈐印本

鎮江　松蔭軒

04408

荔生印譜　一册

[佚名]篆並輯

清咸豐十一年(1861)鈎摹本

松蔭軒

04409

荔香樓印集　一册

[佚名]篆並輯

鈐印本

松蔭軒

04410

荔盦印選(荔庵藏印)　二册

〔清〕丁敬　趙次閑等篆　俞人萃輯

民國二十九年(1940)鈐印本

國圖　上海　上博　浙江　西泠　君匋藝院　私人藏
文雅堂　東京博　協會

南

04411

南皮張氏只齋印譜　八册

張厚谷輯

民國十六年(1927)鈐印本

上博　松蔭軒

04412

南皮張氏碧葭精舍印譜(碧葭精舍印譜己巳集)　八册

張厚谷輯

民國二十一年(1932)鈐印本

上博　吉大　文雅堂　松蔭軒

04413

南皮張氏碧葭精舍印譜己巳集(碧葭精舍印譜己巳集)　一册

張厚谷輯

民國二十一年(1932)鈐印本

文雅堂　松丸東魚

04414

南岡印譜　一册

〔清〕吳士卿篆並輯

鈐印本

松蔭軒

04415

南京博物院藏明清印選不分卷　六册

南京博物院輯

己巳年(1989)影印本

松蔭軒　港中大　廣東

04416

南河印怡　二册

〔清〕柳洲篆〔清〕汪啓淑　程芝華輯

清乾隆五十八年(1793)鈐印本

安徽博 玉海樓 私人藏

04417

南風印譜 一冊

〔佚名〕篆並輯

鈐印本

私人藏

04418

南洲先生遺印集 一冊

（日本）西鄉隆盛篆（日本）清水澄輯

日本大正十三年(1924)鈐印本

松丸東魚

04419

南原豹印存 一冊

陳波 袁慧敏等篆 陳波輯

日本平成十五年(2003)鈐印本

協會

04420

南海葉氏藏古璽印譜 一冊

〔清〕葉夢龍輯

鈐印本

松蔭軒

04421

南海馮氏小弇山堂藏印（小弇山堂藏印） 二冊

〔清〕南海馮氏輯

清光緒十六年(1890)鈐印本

上博 浙江

04422

南浮義渡印譜 一冊

〔清〕羅葆祺輯

清光緒三十二年(1906)鈐印本

上海 湖南社科院

04423

南通費氏藏印 一冊

費範九輯

民國三十六年(1947)鈐印本

南通

04424

南涯印譜 二冊

（日本）菅周監子篆並輯

日本天明三年(1783)鈐印本

東京藝大

04425

南張北溥印存不分卷 十冊

〔佚名〕篆並輯

鈐印本

紅棉山房

04426

南雅堂印譜 一冊

〔佚名〕篆並輯

鈐印本

內蒙古

04427

南無佛龕印譜 一冊

（日本）菅周監子篆並輯

日本天明三年(1783)鈐印本

東京博

04428

南園印譜不分卷 四冊

〔清〕楊熙芹篆並輯

清嘉慶十三年(1808)鈐印本

國圖 寧夏

04429

南園篆草 一冊

〔清〕聶品磊篆並輯

鈐印本

上博

04430

南薌印存不分卷 六冊

吳文徵篆並輯

民國三十六年(1947)鈐印本

浙江

04431
南蘋集印　一册
　周南蘋輯
　鈐印本
　松蔭軒

04432
南蘋遺印　一册
　陳巨來篆　陸凌楓輯
　庚子年(1960)陸氏鈐印本
　摛霞樓

04433
南蘭陵居士印禪印存(印禪印存)　一册
　〔清〕陶星如輯
　鈐印本
　常州

柯

04434
柯亭外史印集　一册
　胡柏年篆並輯
　鈐印本
　遼寧　哈爾濱

查

04435
查氏集印　一册
　[佚名]篆並輯
　鈐印本
　浙江

04436
查客印稿　一册
　[佚名]篆並輯
　鈐印本(張增熙自用印)
　私人藏

04437
查梅舫印譜　一册
　〔清〕查淳篆　石厂輯
　清光緒十年(1884)鈐印本
　松蔭軒

相

04438
相石齋印存　四册
　〔清〕陳德榮篆並輯
　清同治二年(1863)鈐印本
　西泠

04439
相石齋印存不分卷　二册
　〔清〕臧廷彦篆並輯
　清同治元年(1862)鈐印本
　吉大

04440
相石齋印譜(相石齋印存)　一册
　〔清〕咸士俊篆並輯
　清同治元年(1862)鈐印本
　天津　開封

04441
相印軒印存　六册
　〔清〕張在戊　張在辛　張在乙等篆　渠丘集印社輯
　民國二十四年(1935)鈐印本
　國圖

04442
相印軒印譜　一册
　〔清〕張在戊　張在辛　張在乙篆並輯
　清康熙四十三年(1704)鈐印本
　山東　文雅堂

04443
相印軒印譜　四册

〔清〕張在戊　張在辛　張在乙篆並輯

清康熙四十三年(1704)鈐印本

西泠

柞

04444

柞蘆印存不分卷　八册

（日本）保多孝三篆（日本）東京堂出版輯

日本昭和五十三年(1978)影印本

協會

柏

04445

柏香山館印存　一册

〔清〕楊鳳來篆並輯

清咸豐元年(1851)鈐印本

西泠

04446

柏庵印存　一册

〔清〕〔佚名〕篆並輯

清光緒三十一年(1905)鈐印本

南京

04447

柏葉盦印存不分卷　二册

〔清〕戈青侯篆並輯

清光緒二十一年(1895)鈐印本

國圖　北大　桂林　湖南　寧夏　百二扇面齋　松蔭軒

04448

柏葉盦印存不分卷　三册

〔清〕戈青侯篆並輯

清光緒二十七年(1901)鈐印本

上博　山西　漠南　哈佛燕京

04449

柏葉盦印存(浮芥亭印存)不分卷　二册

〔清〕戈青侯篆並輯

清宣統二年(1910)鈐印本

上博　首都　浙江　哈爾濱

04450

柏濤印稿　一册

徐柏濤篆並輯

鈐印本

松蔭軒

04451

柏濤治印　一册

徐柏濤篆　楊廣泰輯

丙寅年(1986)鈐印本

中嶽齋

柳

04452

柳石山房藏印　一册

〔佚名〕篆並輯

鈐印本

松丸東魚

04453

柳耐冬印存　一册

柳耐冬篆並輯

鈐印本

松蔭軒

04454

柳舫印集　六册

〔清〕許容篆〔清〕封保祺　羅維善摹並輯

清嘉慶二十二年(1817)鈐印本

國圖

04455

柳舫集印　二册

〔清〕許容篆〔清〕封保祺　羅維善摹並輯

清嘉慶二十二年(1817)許容鈐印本

上博　西泠　浙江　揚州大　漠南

04456

柳舫集印　四册

〔清〕許容篆〔清〕封保祺 羅維善摹並輯

清嘉慶二十二年(1817)鈐印本

國圖　上博　中遺院　松蔭軒　漢南

04457

柳橋先生印存　一册

吳春和篆並輯

鈐印本

松蔭軒

枹

04458

枹廬印稿不分卷　二册

杜鎮球篆並輯

鈐印本

松蔭軒

04459

枹廬印稿不分卷　六册

朱其石篆並輯

鈐印本

松蔭軒

柿

04460

柿葉齋兩漢印萃(兩漢印萃)不分卷　四册

〔清〕鄭支宗篆並輯

清乾隆四十九年(1784)鈐印本

上海　松蔭軒

04461

柿葉齋兩漢印萃(兩漢印萃)不分卷　四册

〔清〕鄭支宗篆並輯

清乾隆五十八年(1793)鈐印本(重輯)

上海　西泠

威

04462

威毅伯印略　一册

〔清〕曾國荃篆並輯

思補過齋鈐印本

湖南

研

04463

研山印草　一册

〔清〕王玉如篆〔清〕鞠履厚輯

清乾隆十六年(1751)鈐印本

上海　西泠　南京　哈爾濱　湖南　臺圖　松蔭軒

漠南

04464

研山印草　二册

〔清〕王玉如篆〔清〕鞠履厚輯

清乾隆十六年(1751)鈐印本

百樂齋　哈爾濱

04465

研山印草　四册

〔清〕王玉如篆〔清〕鞠履厚輯

清乾隆十六年(1751)鈐印本

浙江

04466

研山印草附印人姓氏　五册

〔清〕王玉如篆〔清〕鞠履厚輯

清乾隆二十二年(1757)鈐印本

北師大　西泠　南京

04467

研守堂印譜　一册

〔清〕吳二安篆並輯

清嘉慶十年(1805)鈐印本

常州

04468

研守堂印譜不分卷　四册

〔清〕吳一諤篆並輯

清嘉慶十年(1805)鈐印本

北大

04469

研妙室印略(犟妙室印略、研妙室印譜)　一册

〔清〕趙榮篆並輯

清咸豐九年(1859)鈐印本

上海　南京　遼寧　鴻爪留痕館　松蔭軒

04470

研妙室印略不分卷　二册

〔清〕趙榮篆並輯

清咸豐九年(1859)鈐印本

天津　西泠　遼寧　鴻爪留痕館

04471

研林鐵書　一册

〔清〕丁敬篆並輯

清鈐印本

蘇州

04472

研林鐵書　一册

〔清〕丁敬篆〔清〕魏稼生輯

清鈐印本

蘇州

04473

研理樓印存　一册

〔佚名〕篆並輯

鈐印本

芷蘭齋

04474

研聲池館印存　一册

〔清〕陳豫鍾等篆　研聲池館輯

鈐印本

中國美院　松蔭軒　國會山莊

04475

研齋印譜　一册

〔清〕鄭筜篆並輯

清康熙六十年(1721)鈐印本

福建

04476

研繆室印存　一册

陶石林篆並輯

辛丑年(1961)鈐印本

南京

04477

研露樓印譜(松筠書館印印)　一册

〔佚名〕篆並輯

鈐印本

吳江

耐

04478

耐青印譜　一册

錢松篆〔清〕丁丙輯

清光緒十一年(1885)鈐印本(殘本)

國圖　松蔭軒　東京大　京文研

04479

耐雪印存　一册

(日本)佐藤耐雪篆並輯

日本昭和五十四年(1979)鈐印本

協會

04480

耐廬印存　一册

〔清〕吳明達篆並輯

清同治八年(1869)鈐印本

協會

貞

04481

貞元室齋印存　一冊
　[佚名]篆並輯
　鈐印本
　文雅堂

04482

貞白治印存稿不分卷　二冊
　高貞白篆並輯
　鈐印本
　港大

04483

貞松堂唐宋以來官印集存　一冊
　羅振玉輯
　民國十二年(1923)鈐印本
　國圖　上海　天津　"中研院"史語所　中科院　北大　吉大　君匋藝院　南大　南京　重慶　浙大　清華　湖北　廈大　遼寧　太田孝太郎　東京大　東京博　京文研　蒲阪文庫　漢南　韓國中央

04484

貞松堂唐宋以來官印集存　一冊
　羅振玉輯
　民國十二年(1923)原鈐印本
　廣東

04485

貞松堂唐宋以來官印集存不分卷　二冊
　羅振玉輯
　民國十二年(1923)原鈐印本
　國圖　西泠　南大　東京藝大　東洋文庫

04486

貞松堂唐宋以來官印集存　一冊
　羅振玉輯
　民國二十五年(1936)影印本
　國圖　清華　上海　天津　中科院　北大　吉大　南京　重慶　浙大　湖北　廈大　遼寧　西泠　松蔭軒

04487

貞松堂藏印集存不分卷　二冊
　羅振玉輯
　民國間鈐印本
　大連

04488

貞明先生與各親友所刻印　一冊
　〔清〕貞明篆並輯
　鈐印本
　松蔭軒

省

04489

省鼓室集古印　一冊
　〔清〕莫繩孫輯
　民國間鈐印本
　南京博

04490

省齋印存　一冊
　汪英賓篆並輯
　民國五年(1916)鈐印本
　松蔭軒

削

04491

削觚廬印存　一冊
　吳昌碩篆並輯
　清光緒九年(1883)鈐印本
　浙江　蘇州　北師大　文雅堂　百二扇面齋　松蔭軒　東京博

04492

削觚廬印存不分卷　二冊
　吳昌碩篆並輯

清光緒十年(1884)鈐印本

上海 私人藏 西泠 廣東 蕭山 東京博

04493

削觚廬印存不分卷　四冊

吳昌碩篆〔清〕沈雲輯

清光緒十二年(1886)鈐印本

遼寧 吉林 瓦翁 百樂齋 松丸東魚

04494

削觚廬印存不分卷　二冊

吳昌碩篆（日本）比田井南谷輯

日本昭和十七年(1942)影印本(丁巳本)

協會

04495

削觚廬印存不分卷　二冊

吳昌碩篆（日本）松丸東魚輯

日本昭和五十二年(1977)鈐印本

港中大 協會

04496

削觚廬印存第一集不分卷　二冊

吳昌碩篆（日本）松丸東魚輯

日本昭和十九年(1944)影印本

松丸東魚 協會

04497

削觚廬印存第二集不分卷　二冊

吳昌碩篆（日本）小林斗盦輯

日本昭和五十八年(1983)影印本

協會

04498

削觚廬印存第二種(懷玉印室藏本)不分卷　二冊

吳昌碩篆（日本）小林斗盦輯

日本昭和五十五年(1980)影印本

臺圖

是

04499

是亦樓印學不分卷　四冊

〔清〕施庭佩篆並輯

清嘉慶二十二年(1817)鈐印本

浙江

眇

04500

眇視生印存　一冊

[佚名]篆並輯

鈐印本

紹興

映

04501

映雪山房印存　一冊

[佚名]篆並輯

鈐印本

松蔭軒

04502

映雪草堂印存不分卷　四冊

[佚名]篆並輯

鈐印本

港大

04503

映雪堂印譜　二冊

〔清〕孫履仁篆〔清〕孫汝舟輯

清嘉慶八年(1803)鈐印本

上海 浙江 芷蘭齋

04504

映雪齋圖書　一冊

〔清〕程贊清篆並輯

钤印本

松荫轩

星

04505

星洲印存(梁星堂印谱)不分卷　二册

　徐星洲篆　宣和印社辑

　钤印本

　松荫轩

04506

星堂印存(梁星堂印谱)　一册

　〔清〕梁星堂篆并辑

　清光绪七年(1881)钤印本

　国图　广东　松荫轩

04507

星堂印存(梁星堂印谱)　一册

　〔清〕梁星堂篆并辑

　清光绪二十三年(1897)钤印本

　国图　松荫轩　蒲阪文库

04508

星桥印存　一册

　(日本)泽谷俨篆并辑

　日本大正七年(1918)钤印本

　台大

04509

星岩印谱　一册

　(日本)梁川星岩篆　(日本)鸠居堂辑

　日本明治五年(1872)钤印本

　九州大　协会

04510

星岩印谱　一册

　(日本)梁川星岩篆并辑

　日本大正八年(1919)钤印本

　松荫轩　日本央大　早稻田　协会　岩濑文库　韩国中央

昨

04511

昨非盦印存　一册

　〔清〕汪之庆篆并辑

　清宣统三年(1911)钤印本

　上博　西泠

昵

04512

昵喃印谱　一册

　[佚名]篆并辑

　清道光间钤印本

　静嘉堂

昭

04513

昭和印谱　一册

　[佚名]篆并辑

　钤印本

　松荫轩

04514

昭和兰亭印集不分卷　二册

　(日本)森田绿山篆　(日本)松丸东鱼辑

　日本昭和四十八年(1973)永和堂株式会社影印本

　上海　松丸东鱼　协会

04515

昭和兰亭印集不分卷　二册

　(日本)森田绿山等篆　(日本)松丸东鱼辑

　日本昭和四十八年(1973)原钤印本

　东京博　松丸东鱼

04516

昭和兰亭印谱　一册

〔清〕水路石（日本）臺遠藤彊輯
日本昭和四十八年(1973)忘形社鈐印本
松丸東魚

畊

04517
畊石翁印影　一册
（日本）服部畊石篆並輯
日本大正十年(1921)鈐印本
協會

04518
畊先印譜不分卷　二册
〔清〕李榮曾篆並輯
清乾隆四十三年(1778)鈐印本
上博

04519
畊先印譜　一册
〔清〕李榮曾篆並輯
清乾隆五十三年(1788)鈐印本
上海　西泠　華東師大

04520
畊南堂印稿不分卷　二册
〔清〕葉澍篆並輯
清嘉慶二十二年(1817)鈐印本
上博

04521
畊硯庵印存不分卷　二册
［佚名］篆並輯
鈐印本
松蔭軒

畏

04522
畏齋藏鉢(畏齋藏璽)　一册

劉之泗輯
民國十三年(1924)鈐印本
紹興　蘇州　西泠　文雅堂　百二扇面齋　松蔭軒

04523
畏齋藏鉢(畏齋藏璽)不分卷　二册
劉之泗輯
民國十三年(1924)鈐印本
國圖　南京　浙江博　大連　上海　上博　私人藏
瓦翁　中國美院　文雅堂　松蔭軒　鹿鳴簃　松丸
東魚　東京博　漠南　國會山莊

04524
畏齋藏鉢(畏齋藏璽)不分卷　二册
劉之泗輯
民國二十八年(1939)鳴藝樓鈐印本
文雅堂

毘

04525
毘陵趙仲穆印譜　一册
〔清〕趙穆篆並輯
鈐印本
松蔭軒

虹

04526
虹橋印譜(虹橋印稿、虹橋先生篆刻)　一册
〔清〕沈祚昌篆〔清〕周孝坤輯
清乾隆十五年(1750)鈐印本
文雅堂

思

04527
思永堂印譜不分卷　二册
（日本）加藤肅敬輯

日本文化十年(1813)鈐印本
漢南

04528

思永齋印存 一册
思永齋輯
鈐印本
常州

04529

思問廬印存 一册
[佚名]篆並輯
鈐印本
杭州

04530

思敬室印叢 一册
(日本)山内敬齋篆並輯
日本大正元年(1912)鈐印本
漢南

04531

思敬室印稿 一册
(日本)山内敬齋篆並輯
日本大正間鈐印本
漢南

04532

思敬室印叢不分卷 二册
(日本)汲古印會同人篆並輯
日本大正三年(1914)鈐印本
松丸東魚

04533

思敬室印叢不分卷 三册
(日本)汲古印會同人篆並輯
日本大正四年(1915)鈐印本
日本國會 松丸東魚 松蔭軒 漢南

04534

思敬室印叢不分卷 五册
(日本)山内敬齋輯
日本大正四年(1915)鈐印本

東京博 漢南

04535

思復室印存不分卷 二册
陳亮疇輯
鈐印本
松蔭軒

04536

思善堂印存不分卷 三册
焦九嘉篆並輯
鈐印本
松蔭軒

04537

思翔印譜 一册
王思翔篆並輯
鈐印本
松蔭軒

04538

思補室藏石 一册
[佚名]篆並輯
鈐印本
紹興

04539

思補堂、蘭渚山房印存合璧 一册
[佚名]篆並輯
鈐印本
港大

04540

思補齋印集不分卷 四册
張鵬翎輯
鈐印本
國圖

04541

思嗜齋印存 一册
[佚名]篆並輯
鈐印本
吳江

04542

思慎齋秦漢鉨印選 三册
[佚名]篆並輯
鈐印本
紅棉山房

04543

思樂印存不分卷 二册
顧其篆並輯
鈐印本
哈爾濱

04544

思盦印存不分卷 二册
[佚名]篆並輯
鈐印本
私人藏

04545

思齋範石不分卷 二册
阮愷篆並輯
甲午年(1954)鈐印本
松蔭軒

04546

思齋堂印譜 一册
（日本）[佚名]篆並輯
日本昭和間鈐印本
松蔭軒

品

04547

品石簃印草 一册
湛華篆並輯
鈐印本
上海

04548

品石齋印稿 一册
〔清〕徐三庚篆並輯

鈐印本
松蔭軒

04549

品硯齋藏印 一册
[佚名]篆並輯
鈐印本
上海

幽

04550

幽谷印譜 一册
（日本）野口幽谷篆（日本）藝苑叢書輯
日本大正十三年(1924)鈐印本
日本國會 協會 岩瀬文庫

04551

幽谷遺印 一册
（日本）和樂堂輯
日本明治四十二年(1909)鈐印本
漠南

04552

幽篁館印集(幽篁館印譜)不分卷 二册
〔清〕王少山篆並輯
清光緒五年(1879)鈐印本
上博

04553

幽蘭室印蛻 一册
（日本）大橋醒僊篆並輯
日本明治三十五年(1902)鈐印本
漠南

拜

04554

拜丁館印存前編後編不分卷 九册
武鍾臨篆並輯

民國三十七年(1948)鈐印本
上海

04555
拜石山房印譜不分卷　二册
〔清〕范旭華篆並輯
清宣統元年(1909)鈐印本
安徽

04556
拜石山房印譜不分卷　四册
〔清〕范旭華篆並輯
清宣統元年(1909)鈐印本
安徽　松蔭軒

04557
拜石軒印存　一册
〔清〕黃士陵篆並輯
鈐印本
安徽

04558
拜石軒自用鉨封　一册
沈渚莽輯
鈐印本
松蔭軒

04559
拜缶廬印存不分卷　六册
趙石篆並輯
民國十八年(1929)鈐印本
常熟　松蔭軒

04560
拜缶廬印存不分卷　九册
趙石篆並輯
鈐印本
私人藏

看

04561
看篆樓古印存　一册
〔清〕潘有爲輯
清嘉慶十三年(1808)鈐印本
四川

04562
看篆樓古銅印譜不分卷　四册
〔清〕潘有爲輯
清乾隆五十二年(1787)鈐印本
南開　丙然齋　別宥齋(天一閣)　松蔭軒

04563
看篆樓古銅印譜不分卷　八册
〔清〕潘有爲輯
清乾隆五十二年(1787)鈐印本
北大　四川　南開

04564
看篆樓鑑藏古銅印譜不分卷　六册
〔清〕潘有爲輯
清乾隆五十二年(1787)鈐印本
上海　上博　四川　別宥齋(天一閣)　南開　港大
松蔭軒　太田孝太郎

04565
看篆樓鑑藏古銅印譜不分卷　六册
〔清〕潘有爲輯
清嘉慶十三年(1808)鈐印本
四川　南開　東京博　漢南

香

04566
香于印譜　一册
(日本)園田湖城篆並輯
鈐印本(湖城本)

九畫 349

協會

04567
香告齋印稿　一册
　　趙廣心篆並輯
　　鈐印本
　　松蔭軒

04568
香谷先生印譜（香谷村田印譜）　一册
　　（日本）香谷村田輯
　　日本明治間鈐印本
　　岩瀨文庫

04569
香居秀真先生印譜　一册
　　（日本）[佚名]篆並輯
　　日本昭和二十二年（1947）鈐印本
　　漢南

04570
香城印勝　一册
　　（日本）植松鎮篆並輯
　　日本昭和九年（1934）好古印社鈐印本
　　西泠

04571
香草印譜　二册
　　（日本）中村蘭台初世篆　（日本）中村蘭台二世輯
　　日本大正九年（1920）鈐印本
　　松丸東魚

04572
香草印譜三集　二册
　　（日本）中村蘭台初世篆　（日本）中村蘭台二世輯
　　日本昭和四年（1929）鈐印本
　　松丸東魚

04573
香草印譜續集　二册
　　（日本）中村蘭台初世篆　（日本）中村蘭台二世輯
　　日本大正十年（1921）鈐印本
　　臺大　松丸東魚　岩瀨文庫

04574
香南精舍印存　一册
　　[清]崇思輯
　　鈐印本
　　國圖

04575
香亭印譜　一册
　　[明]文彭篆[清]莫繩孫輯
　　鈐印本
　　國圖

04576
香海閣印譜不分卷　四册
　　[清]楊文斌輯
　　清同治六年（1867）古滇楊氏鈐印本
　　清華

04577
香乾印譜　一册
　　（日本）磯野秋渚輯
　　日本大正九年（1920）鈐印本
　　漢南

04578
香乾印譜不分卷　二册
　　（日本）磯野秋渚輯
　　日本大正九年（1920）鈐印本
　　中之島圖　漢南

04579
香雪山房印譜　一册
　　（日本）廣瀨東畝輯
　　日本鈐印本
　　漢南

04580
香雪莊藏印不分卷　二册
　　齊白石篆　陳之初輯

乙未年(1955)鈐印本
松蔭軒　臺圖

04581

香雪海堂印譜不分卷　二冊
〔清〕唐惇吉篆並輯
清光緒二十年(1894)鈐印本
山東　松蔭軒

04582

香雪齋印存　一冊
張志魚篆並輯
民國九年(1920)鈐印本
國圖

04583

香琴印譜不分卷　八冊
〔佚名〕篆並輯
鈐印本
松蔭軒

04584

香葉簃藏印　一冊
俞人萃輯
鈐印本
浙江

04585

香雲山房印譜　一冊
(日本)山田香雲篆　(日本)香雲山房輯
日本鈐印本
協會

04586

香雲印譜不分卷　二冊
(日本)山田香雲篆　(日本)久志本博石輯
日本大正十四年(1925)鈐印本
臺大　協會　漢南

04587

香遠印草不分卷　二冊
(日本)益田厚篆並輯
日本明治十七年(1884)鈐印本

臺大　漢南

04588

香嶠先生印譜　一冊
(日本)谷口香嶠
日本大正三年(1914)鈐印本
漢南

04589

香嶠先生印譜　一冊
(日本)谷口香嶠
日本大正末鈐印本
漢南

04590

香嚴印存　一冊
〔清〕陳德琛篆　〔清〕陳貞輯
清道光二十二年(1842)鈐印本
松蔭軒

04591

香鱗館藏印　一冊
〔佚名〕篆並輯
鈐印本
松蔭軒

秋

04592

秋水軒印存　二冊
〔清〕江湄篆並輯
清同治十年(1871)鈐印本
國圖　哈爾濱　松蔭軒

04593

秋水軒印存　三冊
〔清〕江湄篆並輯
清同治十年(1871)鈐印本
國圖

04594

秋水軒印存　四冊

〔清〕江湄篆並輯

清同治十年(1871)鈐印本

哈佛燕京

04595

秋水軒印存　三册

〔清〕江湄篆　林章松輯

戊戌年(2018)鈐印本(新輯本)

復旦　小緑天樓　文雅堂　秋水齋　松蔭軒

04596

秋水翁遺印(秋水翁遺印譜)　一册

(日本)簡井秋水藏並輯

日本大正十五年(1926)鈐印本

岩瀨文庫

04597

秋水園印譜　二册

〔清〕陳鍊篆〔清〕張維霑輯

清乾隆二十五年(1760)鈐印本

上海　天津　西泠　安徽　哈爾濱　浙江　復旦　松蔭軒　鐵硯齋　漢南　日本國會　東京博　東洋文庫　岩瀨文庫　京文研　蒲阪文庫

04598

秋水園印譜　二册

〔清〕陳鍊篆〔清〕張維霑輯

清乾隆二十六年(1761)鈐印本

國圖　上博

04599

秋水園印譜續集　二册

〔清〕陳鍊篆〔清〕張維霑輯

清乾隆三十五年(1770)鈐印本

西泠　安徽　松蔭軒　臺大　蒲阪文庫

04600

秋水齋藏印不分卷　二册

〔清〕趙之琛　鍾以敬等篆　戴叢潔輯

丁亥年(2007)鈐印本

秋水齋　私人藏　松蔭軒

04601

秋水齋藏印　一册

〔清〕鍾以敬等篆　戴叢潔輯

丁亥年(2007)鈐印本

秋水齋　松蔭軒

04602

秋田侯印譜　一册

(日本)松沛家藏並輯

鈐印本

漢南

04603

秋竹軒主人印蹟　一册

[佚名]篆並輯

鈐印本

松蔭軒

04604

秋伊印集不分卷　四册

[佚名]篆並輯

鈐印本

松蔭軒

04605

秋江印譜　一册

〔清〕王治本輯

清光緒五年(1879)鈐印本(小開本)

蓬左文庫

04606

秋好軒圖書譜　一册

[佚名]篆並輯

鈐印本

松蔭軒

04607

秋草堂印譜　一册

(日本)宮川寅雄輯

日本昭和五十四年(1932)鈐印本

日本國會

04608
秋草詩人姚茫父印存　一册
　姚華篆並輯
　民國二十一年(1932)鈐印本
　國圖

04609
秋風印譜　一册
　(日本)石庵居士
　日本大正五年(1916)鈐印本(小開本)
　漠南

04610
秋室印存不分卷　二册
　[佚名]篆並輯
　鈐印本
　私人藏

04611
秋室印存不分卷　二册
　(日本)園田湖城輯
　日本昭和七年(1932)鈐印本
　漠南

04612
秋室印剩　一册
　[清]汪啓淑輯
　清乾隆二十一年(1756)鈐印本
　上海　上博　天津

04613
秋室印剩　四册
　[清]汪啓淑輯
　清乾隆二十一年(1756)鈐印本
　芷蘭齋　劉禹　東京博

04614
秋室印剩　六册
　[清]汪啓淑輯
　清乾隆二十一年(1756)鈐印本
　石家莊

04615
秋室印剩　二册
　[清]汪啓淑輯
　清乾隆五十年(1785)鈐印本
　東京博　漠南

04616
秋室印剩　五册
　[清]汪啓淑輯
　清乾隆五十年(1785)鈐印本
　漠南

04617
秋室印粹　二册
　[清]汪啓淑輯
　清乾隆二十一年(1756)鈐印本
　安徽　吉大　東京博

04618
秋室印粹　四册
　[清]汪啓淑輯
　清乾隆二十一年(1756)鈐印本
　國圖　遼寧　上海　上博　北大　四川　吉林　南京
　芷蘭齋　松蔭軒　東京博

04619
秋室印粹所收漢印　一册
　[清]汪啓淑輯
　影印本
　東京博

04620
秋屏印草　一册
　[清]華文彬篆並輯
　鈐印本
　上海

04621
秋堂印譜不分卷　七册
　[清]陳豫鍾[清]丁丙輯
　清光緒十一年(1885)鈐印本
　蘇州

04622
秋堂印譜不分卷　七册
〔清〕陳豫鍾等篆並輯
清鈐印本
蘇州

04623
秋堂印譜　一册
〔清〕陳豫鍾篆〔佚名〕輯
鈐印本
國圖　京文研

04624
秋堂等印譜不分卷　四册
〔清〕陳豫鍾等篆並輯
清鈐印本
國圖

04625
秋陽刀法不分卷　二册
（日本）〔佚名〕篆並輯
日本寶曆十年(1760)鈐印本
漢南

04626
秋雲軒印譜　一册
〔佚名〕篆並輯
鈐印本
松蔭軒

04627
秋閒戲鐵　四册
（日本）〔佚名〕篆並輯
日本寶曆四年(1754)描摹本
漢南

04628
秋閒戲鐵　五册
（日本）〔佚名〕描摹並輯
日本明治間(1783)描摹本
漢南

04629
秋閒戲鐵　八册
（日本）井上氏描摹並輯
日本天明三年(1783)描摹本
松蔭軒

04630
秋閒戲鐵　一册
〔明〕嚴乘篆並輯
清雍正四年(1726)原鈐印本
上博

04631
秋閒戲鐵　三册
〔明〕嚴乘篆並輯
清雍正四年(1726)鈐印本(稿本)
浙江博

04632
秋閒戲鐵　八册
〔明〕嚴乘篆並輯
清雍正四年(1726)原鈐印本
國圖　西泠　松蔭軒　松丸東魚　哈佛燕京　國會
山莊　巴伐利亞

04633
秋閒戲鐵　十册
〔明〕嚴乘篆並輯
清雍正四年(1726)原鈐印本
協會　岩瀨文庫

04634
秋閒戲鐵　十册
〔明〕嚴乘篆並輯
日本寶曆十年(1760)原鈐印本
西泠

04635
秋景庵印譜(黃小松印譜)不分卷　四册
〔清〕黃易篆　吳隱輯
清宣統三年(1911鋅版印本(潛泉印叢本)
國圖　上海　上博　西泠　南京　蘇州　兩然齋

04636

秋景庵主印存　一册
〔清〕黃易篆〔清〕丁丙輯
鈐印本（稿本）
佛山　私人藏

04637

秋景庵主印譜（黃小松印譜）不分卷　四册
〔清〕黃易篆　吳隱輯
清宣統三年（1911）西泠印社鋅版印本
大連　上博　中國美院　四川　南京　哈爾濱　蘇州　浙江　浙江博　港大　臺故博　關西大　松蔭軒　松丸東魚　東京博　東洋文研　協會　京文研　漠南　國會山莊

04638

秋夢盦古印輯存（秋夢盦古印存）不分卷　二册
秋紹卿藏　葉衍蘭輯
民國二十一年（1932）鈐印本
中大

04639

秋碧印譜　一册
（日本）又保天隨藏並輯
鈐印本
早稻田

04640

秋曉庵古銅印譜不分卷　四册
〔清〕潘儀增輯
清光緒二十年（1894）鈐印本
廣州美院

04641

秋曉庵古銅印譜不分卷　五册
〔清〕潘儀增輯
清光緒二十年（1894）鈐印本
國圖

04642

秋曉庵古銅印譜不分卷　六册
〔清〕潘儀增輯
清光緒二十年（1894）鈐印本
廣東

04643

秋曉庵古銅印譜　一册
〔清〕潘儀增輯
清光緒二十六年（1900）7715
私人藏　松蔭軒

04644

秋曉盦古銅印譜不分卷　十一册
〔清〕潘儀增輯
清光緒二十年（1894）鈐印本
國圖　港大

04645

秋曉盦古銅印譜不分卷　十二册
〔清〕潘儀增輯
清光緒二十年（1894）鈐印本
廣東

04646

秋曉盦古銅印譜不分卷　十册
〔清〕潘儀增輯
清光緒二十九年（1903）鈐印本
廣東

04647

秋曉盦印存不分卷　五册
〔清〕潘儀增輯
清光緒二十年（1894）鈐印本
國圖

04648

秋曉盦印存不分卷　十册
〔清〕潘儀增輯
清光緒二十年（1894）鈐印本
港大

04649

秋曉盦印存不分卷　二册
〔清〕潘儀增輯
清光緒二十六年（1900）7715

港大

04650

秋聲賦印譜　一册

（日本）梅舒適等篆（日本）篆社輯

日本昭和四十五年(1970)鈐印本

西泠　松蔭軒　協會

04651

秋聲館印譜不分卷　二册

〔清〕季綸全篆並輯

季氏鈐印本

上海

04652

秋聲館印譜不分卷　二册

〔清〕沈元苞篆並輯

清乾隆五十一年(1786)鈐印本

四川　西泠

04653

秋聲館印譜不分卷　三册

〔清〕沈元苞篆並輯

清嘉慶十四年(1809)鈐印本

松蔭軒

04654

秋蘋印草(秋蘋印草正續集)　三册

〔清〕華文彬篆並輯

清道光十二年(1832)鈐印本

西泠

04655

秋蘋印草正集　二册

〔清〕華文彬篆並輯

清嘉慶二十一年(1816)鈐印本

國圖　上海　上博　私人藏　山西　天一閣　北大
西泠　南京　哈爾濱　無錫　鎮江　蘇州　百樂齋
松蔭軒　漢南　國會山莊

04656

秋蘋印草續集　二册

〔清〕華文彬篆並輯

清道光十二年(1832)鈐印本

國圖　上海　上博　山西　南京　北大　西泠　蘇州
私人藏　松蔭軒　漢南

04657

秋蘅池館印存不分卷　二册

〔清〕王薌泉輯

鈐印本

浙江

04658

秋籟閣印稿　一册

〔清〕黄瑞輯

鈐印本

臨海博

04659

秋籟閣印譜　一册

〔清〕黄瑞輯

鈐印本(稿本)

臨海博

重

04660

重華甲印册　一册

〔清〕黄知茉篆〔清〕石笙輯

清光緒二十年(1894)描摹粘貼本

松蔭軒

修

04661

修竹山房印存　一册

〔清〕石蘭氏篆並輯

清光緒三十年(1904)鈐印本

紹興

04662

修竹山館印存　一册

〔清〕李承運篆並輯
清宣統三年(1911)鈐印本
中科院

04663
修竹館印譜　一册
〔佚名〕篆並輯
鈐印本
松蔭軒

04664
修汲堂印譜　一册
〔清〕曾景鳳篆並輯
清雍正元年(1723)鈐印本
西泠

04665
修來印譜　二册
(日本) 森本玄中篆並輯
日本享保十八年(1733)鈐印本
西泠

04666
修來印譜　三册
(日本) 森本玄中篆並輯
日本享保十八年(1733)鈐印本
漠南

04667
修盦所見印存　二册
〔清〕陳鴻壽篆　楊延生輯
民國五年(1916)鈐印本(《修庵所見印存》本)
私人藏

04668
修盦所見印存　五十六册
楊延生輯
民國五年(1916)鈐印本(四函)
松蔭軒

保

04669
保陽篆草不分卷　六册
〔清〕聶際茂篆並輯
清乾隆三十二年(1767)鈐印本
西泠

04670
保粹齋印存　一册
〔佚名〕篆並輯
鈐印本
常州

信

04671
信天窩印賞(信天窩百印賞)　一册
(日本) 山中信天翁篆並輯
日本明治九年(1876)鈐印本
岩瀬文庫

04672
信古齋印存　一册
〔清〕孝安藏
鈐印本(孝安本)
安徽

04673
信古齋印存　一册
〔清〕徐中孚篆　徐中立輯
清光緒二十一年(1895)鈐印本
安慶

04674
信古齋印存不分卷　二册
〔清〕徐中孚篆　徐中立輯
清光緒二十一年(1895)鈐印本
國圖　西泠　松蔭軒

04675

信古齋印譜不分卷　二册

（日本）游龍輯

日本明治十三年(1880)鈐印本

國圖　松蔭軒　東洋文庫

04676

信初印存不分卷　二册

樊守忠篆並輯

民國間鈐印本

國圖

皇

04677

皇明印史　四册

〔明〕邵潛篆並輯

明萬曆四十六年(1618)鈐印本

上博

04678

皇明印史　一册

〔明〕邵潛篆並輯

明天啓元年(1621)鈐印本

北師大

04679

皇明印史　二册

〔明〕邵潛篆並輯

明天啓元年(1621)鈐印本

安徽

04680

皇明印史　三册

〔明〕邵潛篆並輯

明天啓元年(1621)鈐印本

中遺院　蘇州

04681

皇明印史　四册

〔明〕邵潛篆並輯

明天啓元年(1621)鈐印本

國圖　上海　上博　中央黨校　北大　北師大　西泠　蘇州　河南博　漠南　國會山莊

04682

皇國支那名刻印譜不分卷　四册

（日本）澀谷鐵司篆並輯

日本明治十五年(1882)鈐印本

早稻田　漠南

泉

04683

泉山石房印景　一册

陸和九輯

鈐印本

上海

04684

泉石小築印譜不分卷　六册

（日本）奧山金剛篆並輯

日本明治十六年(1883)鈐印本

漠南

04685

泉石小築戲鋟附泉石小築印册　五册

（日本）奧山金剛篆並輯

日本昭和十六年(1941)鈐印本

松丸東魚

04686

泉香印譜　一册

〔清〕陳夢鯤篆並輯

鈐印本

浙江

04687

泉唐丁氏八千卷樓印存　一册

〔清〕丁敬　黃易等篆〔清〕丁丙輯

清光緒十六年(1890)鈐印本

松蔭軒　京文研

04688

泉唐丁氏八家印譜不分卷　八册
〔清〕丁敬　黄易等篆　丁仁輯
清光緒三十一年(1905)鈐印本
西泠　紅棉山房

04689

泉唐丁氏八家印譜不分卷　二十四册
〔清〕丁敬　黄易等篆　丁仁輯
清光緒三十一年(1905)鈐印本
私人藏

04690

泉唐丁氏八家印譜不分卷　六册
〔清〕丁敬　黄易等篆　丁仁輯
清光緒三十三年(1907)鈐印本(殘本)
鎮江　松蔭軒

04691

泉唐丁氏八家印譜不分卷　二册
〔清〕趙之琛　黄易等篆　丁仁輯
清光緒三十三年(1907)鈐印本(殘本)
東京博

04692

泉唐趙哲士印存　一册
〔清〕趙廷寀篆並輯
清光緒十七年(1891)鈐印本
南京

04693

泉唐鶴廬居士印賞　一册
葉爲銘篆並輯
鈐印本
浙江

禹

04694

禹九印譜　一册
〔佚名〕篆並輯

鈐印本
上海

04695

禹民印拓　一册
金禹民篆並輯
鈐印本
松蔭軒

04696

禹民刻印　一册
金禹民篆　林章松輯
壬寅年(2022)鈐印本
松蔭軒

04697

禹民師印存　一册
金禹民篆並輯
鈐印本
松蔭軒

04698

禹洲印存　一册
王禹洲篆並輯
民國十九年(1930)鈐印本
上海

侯

04699

侯福昌自鈐印譜　一册
侯福昌篆　陸凌楓輯
丙辰年(1976)鈐印本
摘霞樓

04700

侯學書篆刻集不分卷　四册
侯學書篆並輯
丙辰年(1976)鈐印本

追

04701

追社印存　一册
　　[佚名]篆並輯
　　民國六年(1917)鈐印本
　　浙江博　海寧

待

04702

待時軒印存　一册
　　羅福頤篆並輯
　　民國十年(1921)鈐印本
　　遼寧　大連

04703

待時軒印存不分卷　十册
　　羅福頤篆並輯
　　民國十六年(1927)鈐印本
　　私人藏

04704

待時軒印存不分卷　十六册
　　羅福頤篆並輯
　　民國十六年(1927)鈐印本
　　"中研院"史語所

04705

待時軒印存不分卷　十八册
　　羅福頤篆並輯
　　民國十六年(1927)鈐印本
　　國圖

04706

待時軒印存不分卷　五册
　　羅福頤篆並輯
　　民國二十一年(1932)鈐印本
　　太田孝太郎

04707

待時軒印存第一集不分卷　十八册
　　羅福頤篆並輯
　　民國二十一年(1932)鈐印本
　　東京博

04708

待時軒印存第二集不分卷　七册
　　羅福頤篆並輯
　　民國二十一年(1932)鈐印本
　　東京博

04709

待時軒印存續集不分卷　十五册
　　羅福頤篆並輯
　　民國二十一年(1932)鈐印本
　　遼寧

04710

待時軒倣古印艸　一册
　　羅福頤篆並輯
　　民國十二年(1923)影印本
　　遼寧　鎮江　松蔭軒　東洋文庫

04711

待時軒倣古印艸不分卷　二册
　　羅福頤篆並輯
　　民國十二年(1923)鈐印本
　　上海　南京　西泠　私人藏　松蔭軒　松丸東魚　東京博

04712

待時軒倣古印艸不分卷　四册
　　羅福頤篆並輯
　　民國十二年(1923)鈐印本
　　西泠　松蔭軒

衍

04713

衍波閣印存　一册

〔清〕黃鞠篆並輯
清道光九年(1829)鈐印本
新疆 寧夏

04714

衍波閣印存不分卷　二冊
〔清〕黃鞠篆並輯
清道光九年(1829)鈐印本
漢南

04715

衍慶堂百壽印譜　一冊
〔清〕李其焜篆並輯
清乾隆二十四年(1759)鈐印本
上博

後

04716

後出師表印譜不分卷　三冊
高景山篆並輯
民國三十年(1941)鈐印本
上海　內蒙古　松蔭軒

04717

後飛鴻堂印輯　三冊
汪厚昌輯
清光緒三十年(1904)鈐印本
浙江

04718

後飛鴻堂印譜　一冊
汪厚昌輯
清光緒三十年(1904)鈐印本
蘭樓

04719

後飛鴻堂印譜　四冊
汪厚昌輯
清光緒三十年(1904)鈐印本
北大　遼寧

04720

後素印叢　十五冊
(日本)吉田謹輯
鈐印本
東京博

04721

後素印叢支那　六冊
(日本)吉田謹輯
鈐印本
東京博

04722

後彫軒印譜　二冊
(日本)石川巖輯
日本昭和六年(1931)鈐印本
蓬左文庫　漢南

04723

後庵印存　一冊
錢松篆並輯
鈐印本
私人藏

04724

後漢金印論(後漢黃金印圖章)　一冊
(日本)井田敬之輯
日本天明五年(1785)鈐印本
臺故博　早稻田　漢南

04725

後藤松陰印譜不分卷附後藤敏訥印譜　二冊
(日本)後藤松陰(日本)後藤敏訥篆並輯
日本大正元年(1912)鈐印本
西泠

俞

04726

俞氏爰園印藪(俞氏爰園印藪玉章)　一冊
〔明〕俞彥篆並輯

明崇禎十四年(1641)鈐印本

國圖 安徽 臺故博

04727

俞曲園遺印　一冊

〔清〕趙之謙 黃士陵等篆 衛東晨輯

粘貼本

瓦翁

04728

俞伯孫印存　一冊

〔清〕俞伯孫篆並輯

鈐印本

安徽

04729

俞弇珊印譜　一冊

俞鎮篆 止哉輯

辛卯年(1951)鈐印本

松蔭軒

04730

俞廉三印存　一冊

〔清〕俞廉三篆並輯

鈐印本

浙江

04731

俞瘦石印存　一冊

俞瘦石篆並輯

鈐印本

鴻爪留痕館

食

04732

食硯書屋印譜　一冊

〔清〕吳廷榮篆並輯

清道光二十五年(1845)鈐印本

松蔭軒

04733

食硯書屋印譜不分卷　二冊

〔清〕吳廷榮篆並輯

清道光二十五年(1845)鈐印本

寧夏 天一閣 秦氏支祠(天一閣) 松蔭軒

04734

食蓼翁印存(寒松印存)不分卷　八冊

吳欽揚篆並輯

戊戌年(1958)自存本

松蔭軒

勉

04735

勉行堂印存不分卷　六冊

董井篆並輯

民國二十四年(1935)鈐印本

"中研院"史語所

04736

勉行堂印存初集　一冊

董井篆並輯

民國二十四年(1935)鈐印本

"中研院"史語所 文雅堂

04737

勉强齋印譜　一冊

〔清〕曹世模篆並輯

清嘉慶二十五年(1820)鈐印本

松蔭軒

風

04738

風人餘藝　一冊

(日本)行德玉江篆並輯

日本安政元年(1854)鈐印本

漠南

04739
風先生印譜　一册
〔清〕吉亮工篆並輯
鈐印本
鐵硯齋

04740
風雨室印稿　一册
〔清〕李慈銘藏〔佚名〕輯
鈐印本（李氏用印）
浙江博

04741
風雨樓印譜　一册
〔佚名〕篆並輯
鈐印本
松蔭軒

04742
風野印痕　一册
〔佚名〕篆並輯
鈐印本
松蔭軒

04743
風滿樓古銅印譜不分卷　三册
〔清〕葉夢龍輯
鈐印本
廣州

狩

04744
狩野周信印譜（狩野典信印譜）　一册
（日本）狩野探幽篆（日本）狩野探道輯
日本大正十二年（1923）鈐印本
早稻田　岩瀨文庫

04745
狩野家印譜不分卷　二册
（日本）狩野探幽篆（日本）狩野探道輯
日本大正十一年（1922）鈐印本
日本國會　岩瀨文庫　漢南

04746
狩野探幽印譜　一册
（日本）狩野探幽篆並輯
鈐印本
日本國會　漢南

04747
狩野常信印譜不分卷　二册
（日本）狩野探幽篆（日本）狩野探道輯
日本大正十二年（1923）鈐印本
岩瀨文庫

亭

04748
亭林詩句印譜　一册
顧工　陸昱華輯
庚寅年（2010）鈐印本
北大

帟

04749
帟雲閣璽印集萃　一册
〔佚名〕篆並輯
鈐印本
松蔭軒

麻

04750
麻簠治印錄　一册
季修甫篆並輯
壬子年（1972）鈐印本
南通

音

04751
音德布印存　一册
〔清〕音德布篆並輯
鈐印本
松蔭軒

彥

04752
彥岐刻印　一册
楊彥岐篆並輯
鈐印本
南京

04753
彥沖印譜　一册
［佚名］篆並輯
鈐印本
松蔭軒

04754
彥齋印譜不分卷　四册
〔清〕儲家達篆並輯
鈐印本
浙江

帝

04755
帝君陰騭文刀法百種　一册
〔清〕孫漢南篆並輯
清道光二十一年(1841)鈐印本(稿本)
松蔭軒

04756
帝君感應陰騭文圖書譜　一册
〔清〕黃文鵬篆並輯
鈐印本
松蔭軒

施

04757
施氏怡芳館印集不分卷　二册
〔清〕施瑞霖篆並輯
清光緒十五年(1889)鈐印本
松蔭軒

姜

04758
姜紅日印稿　一册
［佚名］篆並輯
鈐印本
松蔭軒

前

04759
前田默鳳用印不分卷　二册
（日本）初世中村蘭台　前田默鳳篆　高峰輯
日本平成二十四年(2012)鈐印本
協會

04760
前赤壁賦印篆帖　一册
鄭成源輯
鈐印本
遼寧

04761
前禮部舊印不分卷　六册
〔清〕禮部輯
鈐印本
國圖

首

04762

首都博物館藏古璽印選　八册

中國首都博物館輯

壬申年(1992)鈐印本

百二扇面齋　松蔭軒　東京博

04763

首都博物館藏古璽印選　二册

中國首都博物館輯

鈐印本

協會

04764

首都博物館藏古璽印選圖像　一册

中國首都博物館輯

壬申年(1992)影印本

松蔭軒

洗

04765

洗研齋印存　一册

石香篆並輯

民國九年(1920)鈐印本

松蔭軒

04766

洗桐室印存不分卷　三册

〔清〕朱二悔篆並輯

清光緒三年(1877)影印本

鎮江

04767

洗桐齋藏本印譜(洗桐齋印存)不分卷　三册

〔清〕洗桐齋輯

清光緒六年(1880)鈐印本

天津

活

04768

活水軒印存　一册

〔佚名〕篆並輯

鈐印本

廣東

04769

活潑山房印譜　八册

〔清〕古學古篆並輯

清道光二十九年(1849)鈐印本

上博　湖南　松蔭軒

派

04770

派宗秦漢　一册

〔佚名〕輯

鈐印本

松蔭軒

染

04771

染倉室印存不分卷　二册

陳師曾篆　周桂堂輯

民國十三年(1924)原鈐印本

文雅堂

04772

染倉室印存不分卷　四册

陳師曾篆　周桂堂輯

民國十三年(1924)原鈐印本

天津　北大　君匋藝院　鴻爪留痕館　松蔭軒　協會　國會山莊

04773

染倉室印存不分卷　八册

陳師曾篆並輯

民國十三年(1924)原鈐印本

國圖 上博 私人藏 天津 南京 松蔭軒

04774

染倉室印存(槐堂爪痕)不分卷 四册

陳師曾篆 襄社輯

民國二十五年(1936)影印本

上海 中大 中國美院 北大 北師大 西泠 安徽 河南大 南京 哈爾濱 華東師大 浙江博 黑龍江 復旦 齊齊哈爾 蘭樓 芷蘭齋 長恩閣 松蔭軒 協會

04775

染倉集 一册

王光烈篆並輯

民國二十六年(1937)鈐印本

遼寧

洛

04776

洛泉軒藏古璽不分卷 三册

王健藏印 王凱輯

丙申年(2016)鈐印本

知還印館

津

04777

津西堂初選印券 二册

〔清〕李濬之輯

清光緒二十三年(1897)鈐印本

國圖 南京 浙江 安徽 中嶽齋 右文齋 漠南 松丸東魚

04778

津西堂初選印券 二册

〔清〕李濬之輯

清光緒三十二年(1906)鈐印本

松蔭軒 太田孝太郎

恒

04779

恒吉祥室印存不分卷 二册

〔佚名〕篆並輯

清光緒元年(1875)鈐印本

國圖

04780

恒盦印存不分卷 二册

〔清〕補闕齋輯

補闕齋鈐印本

嘉興

恬

04781

恬裕齋瞿氏鑒藏 一册

〔清〕瞿紹基藏並輯

鈐印本

松蔭軒

恨

04782

恨盦手刻印存不分卷 二册

〔清〕恨盦篆並輯

鈐印本

陝西

宣

04783

宣古愚藏印 一册

宣古愚輯

鈐印本

04784

宣和印存　一册

[佚名]篆並輯

鈐印本

上海

04785

宣和印社印譜　一册

宣和印社輯

鈐印本

蘇州

04786

宣和集古印史　一册

〔明〕來行學篆並輯

明萬曆二十四年(1596)鈐印本

上博

04787

宣和集古印史　四册

〔明〕來行學篆並輯

明萬曆二十四年(1596)來氏寶印齋鈐印本

國圖　吉大

04788

宣和集古印史　八册

〔明〕來行學篆並輯

明萬曆二十四年(1596)鈐印本

國圖　上海　上博　北師大　吉大　西泠　安徽　浙大　常熟　湖南社科院　福建　廣東　蘇州　東京博　漠南　國會山莊

04789

宣和集古印史　二册

（日本）山口延年篆並輯

日本享和元年(1801)描摹本

西泠　岩瀨文庫　漠南

04790

宣和集古印史秦璽考　二册

〔明〕來行學篆並輯

明萬曆二十四年(1596)來氏寶印齋鈐印本

湖南

04791

宣庵印存不分卷　六册

[佚名]篆並輯

鈐印本

松蔭軒

客

04792

客緣印萃　一册

〔清〕釋如意篆〔清〕醫俗齋藏〔清〕佟季亨輯

清光緒十年(1884)鈐印本

安徽　安慶

冠

04793

冠悔印譜不分卷　二册

〔清〕楊浚篆並輯

鈐印本

臺大

軍

04794

軍人勅諭耳印不分卷　八册

加藤氏（朝）輯

日本昭和七年(1932)鈐印本

松丸東魚

04795

軍榮手拓古印集不分卷　三册

梁軍榮鈐拓　林章松輯

己亥年(2019)鈐印本

松蔭軒

祖

04796
祖仁集印不分卷　四册
〔佚名〕篆並輯
鈐印本
松蔭軒

祝

04797
祝竹印稿　一册
祝竹篆　顧工輯
戊子年(2008)鈐印本
兩然齋

郡

04798
郡司楳所篆刻　一册
（日本）郡司楳所篆並輯
鈐印本
協會

退

04799
退省山房印存不分卷　二册
〔佚名〕篆並輯
鈐印本
南京

04800
退思書屋印存　一册
〔佚名〕篆並輯
清同治二年(1863)鈐印本
松蔭軒

04801
退思書屋印譜　一册
〔佚名〕篆並輯
鈐印本
浙江博

04802
退庵印存　一册
〔佚名〕篆並輯
鈐印本
紹興

04803
退庵印寄不分卷　四册
〔清〕趙之琛篆　張咀英輯
民國二十九年(1940)鈐印本
國圖　上海　上博　西泠　君匋藝院　哈爾濱　秋水齋

04804
退庵印寄不分卷　六册
〔清〕趙之琛篆　張咀英輯
民國二十九年(1940)鈐印本
松蔭軒

04805
退補齋印譜　四册
〔清〕盛育才輯
清光緒三十年(1904)鈐印本
上海　西泠

04806
退穎盦印存　一册
〔清〕奚世榮篆並輯
清光緒十九年(1893)鈐印本
松蔭軒

04807
退闇印存(格言印存)　一册
〔佚名〕篆並輯
鈐印本
國會山莊

04808

退闇印存不分卷　二册
　蕭蛻公篆並輯
　民國間鈐印本
　中國美院

04809

退齋三十六牙章印譜　一册
　史謙篆　瞿廷韶輯
　鈐印本
　松蔭軒

04810

退齋印類　一册
　〔清〕汪啓淑輯
　清乾隆三十二年(1767)鈐印本
　天一閣　瓦翁

04811

退齋印類　二册
　〔清〕汪啓淑輯
　清乾隆三十二年(1767)鈐印本
　安徽　天一閣

04812

退齋印類　三册
　〔清〕汪啓淑輯
　清乾隆三十二年(1767)鈐印本
　安徽

04813

退齋印類　四册
　〔清〕汪啓淑輯
　清乾隆三十二年(1767)鈐印本
　浙江　吉大　吉林　安徽　北大　臺圖　東京博

04814

退齋印類　六册
　〔清〕汪啓淑輯
　清乾隆三十二年(1767)鈐印本
　國圖　芷蘭齋　漠南

04815

退齋印類不分卷　九册
　〔清〕汪啓淑輯
　清乾隆三十二年(1767)鈐印本
　國圖

04816

退齋印類　十册
　〔清〕汪啓淑輯
　清乾隆三十二年(1767)鈐印本
　上海　上博　天一閣　天津　北大　吉林　西泠　安徽　南京　秦氏支祠(天一閣)　常熟　臺圖　劉禹　松蔭軒

既

04817

既琢齋印譜不分卷　二册
　〔清〕王恩重篆並輯
　清光緒十一年(1885)鈐印本
　上博　天津　天津社科院

咫

04818

咫尺蓬萊館印稿不分卷　二册
　馮康侯篆並輯
　民國十六年(1927)鈐印本
　兩然齋

04819

咫雲書巢印存　四册
　〔清〕耆壽篆並輯
　鈐印本
　國圖

韋

04820

韋丘印存　一册

呂祖銘 弘徵 陶四强等篆 陶四强 王翔輯
壬寅年(2022)鈐印本
免冑堂

眉

04821

眉庵印存　一册
　陳子彝並輯
　鈐印本
　上海

陜

04822

陜西官印譜　一册
　陝西燏省府輯
　民國間鈐印本
　漢南

04823

陝州衙齋二十一詠印章　一册
　〔清〕黄壝篆並輯
　清光緒二十二年(1896)上海點石齋影印本
　國圖　西泠　南通　私人藏　芷蘭齋　鴻爪留痕館
　松蔭軒

陵

04824

陵盦印譜　一册
　〔佚名〕篆並輯
　鈐印本
　天津

姚

04825

姚華印存　一册
　姚華輯
　鈐印本
　私人藏

04826

姚維鏡經售古印拓本　一册
　姚維鏡輯
　民國十五年(1926)鈐印本
　國圖

飛

04827

飛雲閣印存　一册
　芸芬篆並輯
　鈐印本
　鴻爪留痕館

04828

飛雲閣印譜(雲飛印稿)不分卷　四册
　金雲飛篆並輯
　民國十四年(1925)鈐印本
　四川　南京　松蔭軒

04829

飛鳳隨雲不分卷　二册
　(日本)園田湖城輯
　日本大正六年(1917)鈐印本
　漢南

04830

飛鴻印譜　一册
　淳菁閣輯
　民國間鈐印本
　國圖　南京

04831

飛鴻堂印萃　二册
　〔清〕董威篆並輯
　清同治九年(1870)鈐印本
　上海　蘇州

04832
飛鴻堂印餘　二册
　〔清〕汪啓淑輯
　清乾隆中期(1760前後)鈐印本
　重慶

04833
飛鴻堂印譜不分卷　五册
　〔佚名〕篆並輯
　鈐印本
　國圖

04834
飛鴻堂印譜　十二册
　〔清〕汪啓淑輯
　清乾隆十年(1745)原鈐印本
　上博　煙臺　蘭大　劉禹　鴻爪留痕館

04835
飛鴻堂印譜　十四册
　〔清〕汪啓淑輯
　清乾隆十年(1745)原鈐印本
　上博

04836
飛鴻堂印譜　二十四册
　〔清〕汪啓淑輯
　清乾隆十年(1745)原鈐印本
　上海　吉林　東京博

04837
飛鴻堂印譜　五集三十二册
　〔清〕汪啓淑輯
　清乾隆十年(1745)原鈐印本
　上博

04838
飛鴻堂印譜不分卷　八册
　〔清〕汪啓淑輯
　清乾隆十一年(1746)鈐印本
　吳江　芷蘭齋　東京大總

04839
飛鴻堂印譜　二十册
　〔清〕汪啓淑輯
　清乾隆十二年(1747)原鈐印本
　漠南

04840
飛鴻堂印譜　四册
　〔清〕汪啓淑輯
　清乾隆十二年(1747)鈐印本(汪啓淑手校)
　漠南

04841
飛鴻堂印譜　四册
　〔清〕汪啓淑輯
　清乾隆十三年(1748)原鈐印本
　國圖　安徽　遼寧　臺圖　早稻田

04842
飛鴻堂印譜　三册
　〔清〕汪啓淑輯
　清乾隆十四年(1749)鈐印本
　安徽　岩瀬文庫

04843
飛鴻堂印譜　四册
　〔清〕汪啓淑輯
　清乾隆十八年(1753)原鈐印本
　安徽　陝師大　清華　遼大　牛津

04844
飛鴻堂印譜不分卷　八册
　〔清〕汪啓淑輯
　清乾隆二十二年(1757)鈐印本
　安徽

04845
飛鴻堂印譜　十册
　〔清〕汪啓淑輯
　清乾隆四十一年(1776)原鈐印本
　西泠　百樂齋

04846

飛鴻堂印譜　十六册

〔清〕汪啓淑輯

清乾隆四十一年(1776)原鈐印本

臺圖　國會山莊

04847

飛鴻堂印譜　十八册

〔清〕汪啓淑輯

清乾隆四十一年(1776)原鈐印本

皖西學院

04848

飛鴻堂印譜　五集二十册

〔清〕汪啓淑輯

清乾隆四十一年(1776)原鈐印本

人大　上海　上博　山東　中科院新疆分院　北大　北師大　吉林　吉林市　西泠　安徽　安徽師大　安徽博　吳江　武大　東北師大　金陵　河南大　南京　南開　哈爾濱　重慶　陝西　浙江　浙江博　常熟　揚州大　朝城　湖南　臺大　臺故博　臺圖　鴻爪留痕館　松蔭軒　大英圖　東洋文庫　京文研　華盛頓　普林斯頓　漠南　静嘉堂　維多利亞

04849

飛鴻堂印譜　五集三十二册

〔清〕汪啓淑輯

清乾隆四十一年(1776)鈐印本

哈佛燕京

04850

飛鴻堂印譜　十六册

〔清〕汪啓淑輯　中國書店重輯

清光緒三十四年(1908)有正書局影印本

上海　天津　西北師大　國會山莊

04851

飛鴻堂印譜　五集二十册

〔清〕汪啓淑輯　中國書店重輯

清光緒三十四年(1908)有正書局影印本

人大　大連　上海　上博　山東　中大　中國美院　內蒙古　平湖博　北大　北師大　四川　吉大　吉林　安徽　長春　金陵　河南大　南開　哈爾濱　重慶　陝西　陝師大　華東師大　浙江博　常熟　國圖　清華　揚州　揚州大　雲南　景堂　港大　港中大　廈大　煙臺　嘉興　臺故博　鄭大　鄭州　寧波檔　寧夏　遼寧　黎州　錦州　韓城　鎮江　蘇州　松蔭軒　大阪府立　日本國會　中之島圖　東京大　東京央圖　東京博　都立大學　國會山莊　普林斯頓

04852

飛鴻堂印譜　八册

〔清〕汪啓淑輯

日本大正十年(1921)影印本

協會

04853

飛鴻堂印譜　二十册

〔清〕汪啓淑輯

日本大正十一年(1922)影印本

遼寧　大連　臺大　岩瀬文庫

04854

飛鴻堂印譜　五集二十册

〔清〕汪啓淑輯　中國書店重輯

乙丑年(1985)中國書店影印本

中科院　松蔭軒

04855

飛鴻堂印譜　一册

〔清〕汪啓淑輯

抄本

上海

04856

飛鴻堂秦漢印存　十册

〔清〕汪啓淑輯

清乾隆中期(1760前後)鈐印本

漠南

04857

飛鴻樓集古印章　一册

〔佚名〕篆並輯

鈐印本
安徽

04858
飛鴻遺跡(飛鴻印跡)不分卷　二冊
　程聖修篆　王家鼎輯
　民國二十六年(1937)原鈐印本
　遼寧　松蔭軒　漢南

04859
飛鴻遺跡不分卷　二冊
　程聖修篆並輯
　民國二十六年(1937)影印本
　遼寧　中國美院　東北師大　南開　松蔭軒　東京博　國會山莊

癸

04860
癸丑仲春第一日　一冊
　[佚名]篆並輯
　鈐印本
　松蔭軒

04861
癸申郵傳印存　一冊
　[清]鄒福保篆並輯
　清光緒二十一年(1895)鈐印本
　蘇州

紅

04862
紅朮軒山水篆冊二之上　一冊
　[清]汪鎬京篆並輯
　清康熙二十二年(1683)鈐印本(稿本)
　上博

04863
紅皮印存　一冊

　[佚名]篆並輯
　鈐印本
　南京師大

04864
紅杏書屋印稿　四冊
　[清]鄭修爵篆並輯
　清咸豐元年(1851)鈐印本
　浙江

04865
紅豆山房集印不分卷　二冊
　[清]盧中倫篆並輯
　清光緒二十五年(1899)鈐印本(稿本)
　松蔭軒

04866
紅珊閣印存不分卷　六冊
　[佚名]篆並輯
　鈐印本
　東洋文庫

04867
紅柏山莊藏印　一冊
　[佚名]篆並輯
　鈐印本
　黑龍江

04868
紅柳室藏古璽印不分卷　四冊
　傅嘉儀輯
　鈐印本
　松蔭軒

04869
紅雪山房墨譜印格　一冊
　[清]項道暐篆並輯
　石壺山館鈐印本
　安徽

04870
紅術軒山水篆冊　一冊
　[清]汪鎬京篆並輯

清康熙二十二年(1683)鈐印本(稿本)

安徽　安徽博　西泠

04871

紅術軒印範　一册

〔清〕汪鎬京篆並輯

清康熙三十五年(1696)鈐印本(稿本)

鐵硯齋

04872

紅葉山樵印譜不分卷　四册

〔清〕敬文〔廉階〕輯

清道光間粘貼本(稿本)

普林斯頓

04873

紅葉印幅　一軸

(日本)尾崎紅葉篆並輯

日本昭和間鈐印本

漠南

04874

紅棲館印選　一册

〔明〕吳忠篆並輯

明萬曆四十三年(1615)鈐印本

西泠

04875

紅蕙山房藏印譜不分卷　二册

(日本)黃時敏(橫井時敏)輯

日本明治十二年(1879)鈐印本

私人藏　松蔭軒　岩瀨文庫

04876

紅蕉吟館印記　一册

〔清〕陳嘉澍篆並輯

清光緒五年(1879)鈐印本

重慶　遼寧

04877

紅樓人竟集西廂記詞句合璧不分卷　八册

趙仲穆篆並輯

民國三十五年(1946)鈐印本

國圖　上海　私人藏

04878

紅樓人竟集西廂詞句合璧印譜不分卷　二册

穆合龍篆並輯

鈐印本

上博

04879

紅樓夢人名西廂記詞句印玩不分卷　四册

〔清〕趙仲穆　葉爲銘篆〔清〕季厚燾輯

清光緒三十年(1904)鈐印本

國圖　清華　上海　中國美院　西泠　南京　浙江

常州　黎州　港中大　松蔭軒　協會　國會山莊

04880

紅樓夢人名西廂記詞句印玩不分卷　六册

〔清〕趙仲穆　葉爲銘篆〔清〕季厚燾輯

清光緒三十年(1904)鈐印本

漠南

04881

紅樓夢人名西廂記詞句印玩　一册

趙仲穆篆　高翰承輯

民國三十五年(1946)翰文印書館影印本

上海　南京　松蔭軒　秋水齋

04882

紅樓夢人名西廂記詞句合璧印譜不分卷　二册

趙仲穆篆　高翰承輯

民國三十五年(1946)翰文印書館影印本

上海　上博　揚州

04883

紅樓夢印譜不分卷　二册

〔佚名〕篆並輯

鈐印本

揚州

04884

紅霞山房印賞　六册

〔佚名〕篆並輯

鈐印本

早稻田

04885
紅藥草堂集印　二册
〔清〕封貽祺藏
鈐印本
芷蘭齋

04886
紅薇館印譜　一册
〔清〕程庭鷺篆並輯
清道光三年(1823)鈐印本(有題跋)
私人藏

04887
紅薇館印譜　四册
〔清〕程庭鷺篆並輯
清道光三年(1823)鈐印本
西泠

紀

04888
紀年印譜　一册
〔佚名〕篆並輯
鈐印本
南京

04889
紀伊亞相公印譜　一册
(日本)阿部良山篆並輯
鈐印本
關西大

紉

04890
紉芳簃印存不分卷　二册
陳運彰篆並輯
民國二十年(1931)鈐印本

松蔭軒

04891
紉芳簃印歷不分卷　六册
陳運彰輯
民國二十年(1931)鈐印本
松蔭軒

04892
紉佩齋集印不分卷　二册
〔清〕沈祥龍篆〔清〕張白于輯
清光緒十四年(1888)鈐印本
松蔭軒

04893
紉佩齋集印不分卷　四册
〔清〕沈祥龍篆〔清〕張白于輯
清光緒十四年(1888)鈐印本
上海　哈爾濱　首都　浙江　寧夏　二松學舍

04894
紉秋蘭室漢郡國印存　一册
葉華鋆篆並輯
民國十二年(1923)鈐印本
上博

04895
紉秋蘭室漢郡國百官印存不分卷　四册
葉華鋆篆並輯
民國十二年(1923)鈐印本
松蔭軒

十　畫

耕

04896
耕古精舍印存不分卷　二册
〔佚名〕篆並輯
鈐印本
松蔭軒

十畫 375

04897

耕石半田二翁印影不分卷　二册
（日本）服部耕石（日本）半田篆並輯
日本大正十年(1921)鈐印本
京都女大　漠南

04898

耕石所獲　一册
（日本）服部要輯
日本昭和間鈐印本
松丸東魚

04899

耕石室印稿不分卷　十册
鄧散木　齊白石篆［佚名］輯
鈐印本
松蔭軒

04900

耕石軒印存　一册
孫苑林篆並輯
民國三十六年(1947)鈐印本
松蔭軒

04901

耕石集　一册
［佚名］篆並輯
鈐印本
松蔭軒

04902

耕先印譜不分卷　二册
〔清〕李榮曾篆並輯
清乾隆四十三年(1778)鈐印本
上博

04903

耕先印譜　一册
〔清〕李榮曾篆並輯
清乾隆五十三年(1788)鈐印本
上海　西泠

04904

耕南堂印稿不分卷　二册
〔清〕葉澍篆並輯
清嘉慶二十二年(1817)鈐印本
上博　漠南

04905

耕硯齋印稿　一册
［佚名］篆並輯
鈐印本
國圖

04906

耕雲書屋印存(耕雲書屋印譜)不分卷　二册
〔清〕邢德厚篆並輯
清乾隆十六年(1751)鈐印本
上海　蘇州　蘇州大

04907

耕筆庵集印不分卷　二册
〔清〕王庸齋篆並輯
清光緒二十年(1894)鈐印本
松蔭軒

耘

04908

耘石山房印存　一册
［佚名］篆並輯
鈐印本
松蔭軒

挈

04909

挈齋古印存(挈齋古印存)不分卷　八册
商承祚輯
民國二十三年(1934)鈐印本
國圖　北大　南京　浙江博　"中研院"史語所　東京博　太田孝太郎

04910
契齋古印存(契齋古印存)不分卷　五册
　商承祚輯
　民國二十五年(1936)鈐印本
　南大

04911
契齋古印存(契齋古印存)不分卷　六册
　商承祚輯
　民國二十五年(1936)鈐印本
　遼寧　南大

04912
契齋古印存(契齋古印存)不分卷　八册
　商承祚輯
　民國二十五年(1936)鈐印本
　南京　南大　中大　"中研院"史語所　松丸東魚

04913
契齋古印存(契齋古印存)不分卷　十册
　商承祚輯
　民國二十五年(1936)鈐印本
　國圖　上海　上博　私人藏　天津　中大　內蒙古
　北大　南大　南京　拳石山房　蘇州　協會　京文研

04914
契齋古印存(契齋古印存)不分卷　十册
　商承祚輯
　戊戌年(1958)鈐印本
　協會

泰

04915
泰崖篆印集不分卷　二册
　〔清〕周禮篆並輯
　清道光九年(1829)鈐印本
　廣東

04916
泰源總公司印譜不分卷　二册
　泰源總公司輯
　鈐印本
　國圖

秦

04917
秦氏養志軒印存　一册
　錢衡成篆　秦康祥輯
　民國二十年(1931)鈐印本
　私人藏

04918
秦更年用印存不分卷　四册
　秦更年篆並輯
　民國二十二年(1933)鈐印本
　松蔭軒

04919
秦官印封泥聚不分卷　二册
　楊廣泰輯
　己卯年(1999)文雅堂粘貼本
　澂廬　松蔭軒

04920
秦淮印舫　一册
　秦淮篆並輯
　民國二十六年(1937)鈐印本
　松蔭軒

04921
秦漢丁氏印緒不分卷　二册
　丁仁輯
　民國五年(1916)西泠印社鈐印本
　上海　上博　天津　西泠　百二扇面齋　南京　浙江
　鹿鳴簃　湖南　溫州　鴻爪留痕館　松蔭軒　松丸
　東魚

04922
秦漢三十體印證　一册
　〔清〕李陽篆並輯

清道光二十年(1840)鈐印本
臺大

04923

秦漢三十體印證　二册
〔清〕李陽篆並輯
清道光二十年(1840)鈐印本
國圖　上海　上博　天津博　中國美院　西泠　南京　哈爾濱　浙江　港大　福建　臺大　松蔭軒　蒲阪文庫　漠南

04924

秦漢三十體印證　四册
〔清〕李陽篆並輯
清道光二十年(1840)鈐印本
浙江

04925

秦漢小私印選不分卷　二册
張咀英輯
民國三十三年(1944)孝水望雲草堂本
國圖　上海　上博　天津　中國美院　南京　秦氏支祠(天一閣)　浙江　嘉興　鹿鳴簃　鐵硯齋　私人藏　百樂齋　松蔭軒　東京博　國會山莊

04926

秦漢玉印十方印譜　一册
〔清〕張祥河輯
清咸豐元年(1851)鈐印本
西泠

04927

秦漢玉印圖錄　一册
倪玉書輯
民國三十一年(1942)原鈐印本
紅棉山房

04928

秦漢玉印圖錄　一册
倪玉書輯
民國三十一年(1942)影印本
國圖　人大　私人藏　天津　中國美院　北大　吉大　吉林　長春　南京　南開　鄭大　浙江博　松蔭軒　紅棉山房　松丸東魚　漠南　國會山莊

04929

秦漢古鉨印彙存不分卷　十册
〔佚名〕篆並輯
鈐印本
上博

04930

秦漢古鉨印選不分卷　二册
〔佚名〕輯
鈐印本
松蔭軒

04931

秦漢古銅印譜不分卷　四册
吳榮光輯
文雅堂鈐印本
秦氏支祠(天一閣)　港大

04932

秦漢古銅印譜不分卷　二册
嚴厚信輯
鈐印本
吉林

04933

秦漢古璽印選　一册
〔佚名〕輯
鈐印本
京文研

04934

秦漢印存　一册
〔佚名〕篆並輯
鈐印本
中國美院

04935

秦漢印存不分卷　八册
〔佚名〕篆並輯
鈐印本

松丸東魚

04936

秦漢印存　一册
〔清〕吳大澂輯
吳大澂鈐印本
上海

04937

秦漢印存(芷生藏印選)不分卷　二册
〔清〕吳峻輯
清同治四年(1865)吳峻鈐印本
浙江博　廈門　鎮江　蘭樓　鐵硯齋　松蔭軒　國會　山莊

04938

秦漢印存不分卷　四册
吳永輯
鈐印本
松蔭軒

04939

秦漢印存　一册
〔清〕吳雲輯
吳雲鈐印本
上海

04940

秦漢印存不分卷　五册
〔清〕吳雲輯
鈐印本
上海

04941

秦漢印存　一册
〔清〕吳芷生輯
清同治三年(1864)吳氏鈐印本(題贈本)
松蔭軒

04942

秦漢印存不分卷　二十六册
〔清〕謝春生輯
清咸豐六年(1856)鈐印本

西泠

04943

秦漢印存不分卷　四册
〔清〕張廷濟輯
清咸豐六年(1856)鈐印本
國圖

04944

秦漢印存　一册
蟄廬主人輯
民國元年(1912)鈐印本
浙江博

04945

秦漢印玩　一册
〔清〕徐熙輯
鈐印本
百樂齋

04946

秦漢印型　一册
〔清〕陸元珪　翁大年摹並輯
清道光十七年(1837)鈐印本
浙江

04947

秦漢印真蹟不分卷　四册
［佚名］篆並輯
鈐印本
上博

04948

秦漢印郵不分卷　四册
［佚名］篆並輯
文古齋鈐印本
浙江博

04949

秦漢印萃不分卷　三册
〔清〕月巖輯
清光緒二十七年(1901)鈐印本
天津

十畫 379

04950

秦漢印章　一冊

（日本）[佚名]輯

鈐印本

東洋文庫

04951

秦漢印章拾遺　三冊

高慶齡輯

民國十三年(1924)鈐印本

國圖　南京"中研院"史語所

04952

秦漢印章拾遺　四冊

高慶齡輯

民國十三年(1924)鈐印本

南開

04953

秦漢印章要覽　一冊

[佚名]篆並輯

鈐印本

松蔭軒

04954

秦漢印集不分卷　二冊

[佚名]篆並輯

鈐印本

松蔭軒

04955

秦漢印集不分卷　十三冊

童大年輯

鈐印本

浙江

04956

秦漢印集不分卷　五冊

[清]吳好禮輯

清乾隆七年(1742)囗氏世德堂刊印本

上博

04957

秦漢印統　二冊

[明]羅王常輯

明萬曆三十四年(1606)吳氏樹滋堂刊印本

上海　文雅堂

04958

秦漢印統　六冊

[明]羅王常輯

明萬曆三十四年(1606)吳氏樹滋堂刊印本

上海　南開　西南大

04959

秦漢印統　八冊

[明]羅王常輯

明萬曆三十四年(1606)吳氏樹滋堂刊印本

國圖　上海　上博　山西師大　山東　天津　"中研院"史語所　中科院　北師大　吉林　西泠　西南大　安徽　青島博　南京　南開　哈師大　哈爾濱　清華　黑大　黑龍江　復旦　湖南　廈大　福建　臺故博　廣東博　歷史博物館　鎮江　內閣文庫　巴伐利亞　柏克萊

04960

秦漢印統　十冊

[明]羅王常輯

明萬曆三十四年(1606)吳氏樹滋堂刊印本

南京

04961

秦漢印統　十四冊

[明]羅王常輯

明萬曆三十四年(1606)吳氏樹滋堂刊印本

吉林　哈爾濱

04962

秦漢印統　八冊

[明]羅王常輯

明萬曆三十六年(1608)吳氏樹滋堂刊印本

安徽　東京博

04963
秦漢印統　十二冊
〔明〕羅王常輯
明萬曆三十六年(1608)吳氏樹滋堂刊印本
廈大　漠南

04964
秦漢印賞不分卷　二冊
(日本)〔佚名〕輯
日本明治三十六年(1903)鈐印本
漠南

04965
秦漢印影　一冊
寄帆輯
鈐印本
國圖

04966
秦漢印範不分卷　二冊
馬光楣篆並輯
民國二十九年(1940)鈐印本
南大　松蔭軒

04967
秦漢印範　五冊
〔明〕潘雲潔　陸鑨輯〔明〕楊當時　蘇爾宣等摹
明萬曆二十五年(1597)鈐印本
蘇州　臺圖

04968
秦漢印範　二冊
〔明〕潘雲潔　陸鑨輯〔明〕楊當時　蘇爾宣等摹
明萬曆三十三年(1605)鈐印本
南大　臺故博　哈佛燕京

04969
秦漢印範　三冊
〔明〕潘雲潔　陸鑨輯〔明〕楊當時　蘇爾宣等摹
明萬曆三十三年(1605)鈐印本
南大　臺故博

04970
秦漢印範　三冊
〔明〕潘雲潔　陸鑨輯〔明〕楊當時　蘇爾宣等摹
明萬曆三十五年(1607)鈐印本
吉大

04971
秦漢印範　六冊
〔明〕潘雲潔　陸鑨輯〔明〕楊當時　蘇爾宣等摹
明萬曆三十五年(1607)吳氏樹滋堂刊印本
上海　上博　故宮　南京　遼寧

04972
秦漢印範　八冊
〔明〕潘雲潔　陸鑨輯〔明〕楊當時　蘇爾宣等摹
明萬曆三十五年(1607)吳氏樹滋堂刊印本
上海　上博　中科院　遼寧　臺故博

04973
秦漢印範　十四冊
〔明〕潘雲潔　陸鑨輯〔明〕楊當時　蘇爾宣等摹
明萬曆三十五年(1607)吳氏樹滋堂刊印本
國圖

04974
秦漢印選不分卷　三冊
釜陽張氏輯
鈐印本
松蔭軒

04975
秦漢印選不分卷　六冊
〔清〕西泠印社輯
清光緒三十一年(1905)鈐印本
國圖　北大　臺故博

04976
秦漢印選　一冊
西泠印社輯
鈐印本
上海

04977
秦漢印簡　一册
　高漢庠輯
　鈐印本
　鐵硯齋

04978
秦漢印譜不分卷　四册
　[佚名]篆並輯
　鈐印本
　國圖　長恩閣

04979
秦漢印譜不分卷　八册
　[佚名]篆並輯
　鈐印本
　鎮江

04980
秦漢印譜　一册
　〔清〕程從龍輯
　清乾隆三年(1738)師意齋鈐印本
　國圖　上海　常熟　松蔭軒

04981
秦漢印譜不分卷　三册
　〔清〕程從龍輯
　清乾隆三年(1738)師意齋鈐印本
　國圖

04982
秦漢印譜　六册
　〔清〕程從龍輯
　清乾隆三年(1738)師意齋鈐印本(程從龍本)
　上海　西泠　湖北

04983
秦漢印譜不分卷　二册
　〔清〕程從龍篆並輯
　鈐印本
　國圖

04984
秦漢印譜　四册
　〔清〕季豐篆並輯
　清同治十年(1871)季氏鈐印本
　安徽

04985
秦漢印譜不分卷　十册
　〔清〕片石山房輯
　鈐印本
　芷蘭齋

04986
秦漢印譜不分卷　二册
　童大年輯
　童氏鈐印本
　浙江

04987
秦漢印譜不分卷　十二册
　童大年輯
　鈐印本
　國圖　浙江

04988
秦漢印譜不分卷　二册
　〔清〕吳式芬輯
　吳氏鈐印本
　國圖

04989
秦漢印譜　一册
　悅古齋輯
　清乾隆三年(1738)師意齋鈐印本
　國圖　上海　常熟　松蔭軒

04990
秦漢印譜(碧葭精舍印存己巳集)　一册
　張厚谷輯
　民國十六年(1927)碧葭精舍鈐印本
　天津

04991
秦漢百壽印聚不分卷　二册
　吳隱輯
　民國六年(1917)鈐印本(潛泉印叢本)
　國圖　清華　遼寧　人大　上海　吉林　西泠　南京
　哈爾濱　秋水齋　秦氏支祠(天一閣)　浙江　松蔭
　軒　松丸東魚

04992
秦漢百壽印聚不分卷　四册
　吳隱輯
　民國六年(1917)鈐印本(潛泉印叢本)
　南京　臺圖

04993
秦漢各式奇鈕及名人印　一册
　吳湖帆輯
　壬辰年(1952)鈐印本
　上博

04994
秦漢宋元印存不分卷　八册
　[佚名]篆並輯
　鈐印本
　松蔭軒

04995
秦漢初古印聚不分卷　四册
　楊廣泰輯
　己卯年(1999)文雅堂鈐印本
　松蔭軒

04996
秦漢官印譜　一册
　何秀峰輯
　民國十七年(1928)粘貼本
　中大

04997
秦漢官印類選　一册
　〔清〕陳介祺輯
　清道光間鈐印本(稿本)
　浙江博

04998
秦漢官私印　一册
　淳青輯
　鈐印本
　吉林

04999
秦漢官私印存　一册
　[佚名]篆並輯
　鈐印本
　松蔭軒

05000
秦漢官私印譜不分卷　三册
　[佚名]篆並輯
　鈐印本
　上海

05001
秦漢官私鉢印不分卷　二册
　〔清〕童二樹輯
　清乾隆五十四年(1789)鈐印本
　上博

05002
秦漢官私銅印譜不分卷　二册
　〔清〕吳雲輯
　清同治間鈐印本
　漠南

05003
秦漢規模不分卷　二册
　傅文卿篆並輯
　民國間影印本
　西泠

05004
秦漢集萃　一册
　林章松重輯
　己亥年(2019)鈐印本
　松蔭軒

05005

秦漢鉢印　一册
　（日本）[佚名]輯
　日本大正十一年(1923)粘貼本
　漠南

05006

秦漢鉢印拓　一册
　[佚名]篆並輯
　鈐印本
　遼寧

05007

秦漢鉢印拓本(秦漢璽印拓本)　一册
　[佚名]篆並輯
　鈐印本
　遼寧

05008

秦漢鉢印彙存不分卷　十册
　[佚名]篆並輯
　鈐印本
　上博

05009

秦漢銅印　一册
　[佚名]輯
　鈐印本
　松陰軒

05010

秦漢銅印　一册
　[清]黄易輯
　清乾隆五十九年(1794)黄易鈐印本
　上博

05011

秦漢銅印　一册
　[清]汪彦份輯
　清咸豐八年(1858)鈐印本
　上博　浙江

05012

秦漢銅印不分卷　六册
　[清]汪彦份輯
　清咸豐八年(1858)鈐印本
　漠南

05013

秦漢銅印譜不分卷　二册
　[清]嚴信厚輯
　清光緒二十七年(1901)鈐印本
　國圖　北大　浙江博　漠南

05014

秦漢銅印譜不分卷　四册
　[清]嚴信厚輯
　清光緒二十七年(1901)鈐印本
　國圖　漠南

05015

秦漢銅印譜附七家名人印譜　十二册
　[清]嚴信厚輯
　清光緒二十七年(1901)鈐印本
　浙江

05016

秦漢銅印譜不分卷　十六册
　[清]嚴信厚輯
　清光緒二十七年(1901)鈐印本
　國圖

05017

秦漢銅章撮集不分卷　四册
　[清]潘正煒藏並輯
　清道光十二年(1832)番禺潘氏汲古齋鈐印本
　浙江　中遺院

05018

秦漢魏晉官印譜　一册
　[明]汪關藏並輯
　明萬曆四十二年(1614)鈐印本
　近墨堂

05019

秦漢璽印存不分卷　二册

〔佚名〕篆並輯

清乾隆嘉慶間鈐印本

西泠

05020

秦齋魏齋鉥印合稿　一册

易孺　李尹桑篆並輯

民國七年(1918)鈐印本

港大

05021

秦璽漢印匯選不分卷　二册

穆達民輯

鈐印本

蘭樓

05022

秦璽漢印藪　一册

〔佚名〕篆並輯

鈐印本

鴻爪留痕館

珠

05023

珠聯合璧百將百美合璧印譜　八册

〔清〕趙穆篆〔清〕趙釗輯

清同治四年(1865)鈐印本

協會

05024

珠聯合璧百將百美合璧印譜　八册

〔清〕趙穆篆〔清〕趙釗輯

清光緒二十年(1894)鈐印本

國圖　臺大　西泠　私人藏　松蔭軒　秋水齋　協會
國會山莊

05025

珠聯合璧百將百美合璧印譜　二十册

〔清〕趙穆篆〔清〕趙釗輯

清光緒二十年(1894)鈐印本

松蔭軒

05026

珠聯合璧合璧印譜不分卷　四册

張錫基篆並輯

張氏鈐印本

南京

05027

珠聯合璧合璧印譜　一册

〔清〕趙穆篆〔清〕趙釗輯

清光緒二十年(1894)鈐印本

西泠

素

05028

素心草堂印存　一册

馬龍篆並輯

民國二十六年(1937)鈐印本

溫州

05029

素心室印選　一册

吳子玉　吳泰　方介堪等篆　王翔輯

丁酉年(2017)鈐印本(吳泰用印)

免冑堂

05030

素白衛士印譜　一册

(日本)鈴木信太郎篆並輯

日本昭和二十五年(1950)鈐印本

漢南

05031

素岳印存　一册

(日本)梨岡素岳篆(日本)尾崎蒼石輯

日本平成三十年(2018)鈐印本

協會

05032
素岳印存不分卷　四冊
（日本）梨岡素岳篆（日本）尾崎蒼石輯
日本平成三十年(2018)鈐印本
協會

05033
素岳翁印存　一冊
（日本）梨岡素岳篆並輯
日本昭和八年(1933)鈐印本
松丸東魚

05034
素庵印存　一冊
郭蘭枝篆　沈曾植輯
鈐印本
上海　浙江博

05035
素園印存　一冊
〔清〕朱其鏡篆並輯
清乾隆二十五年(1760)鈐印本
西泠

匪

05036
匪石居印存(匪石居秦漢官私印存)不分卷　四冊
秦遇賡篆並輯
民國四年(1915)鈐印本
上海　上博　西泠　秦氏支祠（天一閣）　松蔭軒
松丸東魚　漢南

馬

05037
馬元熙印存　一冊
馬元熙篆並輯
鈐印本
溫州

05038
馬氏印譜不分卷　四冊
〔佚名〕篆並輯
鈐印本
浙江

05039
馬文英用印集　一冊
張祥凝　李鳳公等篆　林章松輯
庚子年(2020)鈐印本
松蔭軒　秋水齋　復旦　港科大

05040
馬家桐印集　一冊
〔清〕馬家桐篆並輯
鈐印本
芷蘭齋

05041
馬惟遵印譜　一冊
〔佚名〕篆並輯
鈐印本
紹興

05042
馬寄塵集印　一冊
馬寄塵輯
鈐印本
松蔭軒

05043
馬景韓先生印存不分卷　二冊
〔清〕馬家桐篆並輯
鈐印本
松蔭軒

05044
馬傅岩集明清印譜　一冊
〔明〕文徵明　何震〔清〕梁千秋等篆〔清〕馬起鳳輯
鈐印本
國圖

05045

馬瑞軍印集　一册
　馬瑞軍篆並輯
　鈐印本
　松蔭軒

05046

馬澤山印譜　一册
　〔清〕馬咸篆並輯
　清乾隆三十九年(1774)鈐印本
　西泠

起

05047

起盦印譜(起盦遺愛印譜)不分卷　二册
　〔清〕徐嗣光輯
　清道光十九年(1839)鈐印本
　漠南

貢

05048

貢玉堂印集　一册
　[佚名]篆並輯
　鈐印本
　松蔭軒

埋

05049

埋麝發香　一册
　（日本）穗井田忠友篆並輯
　日本天保十一年(1840)影印本
　西泠　臺故博　三重大　日本國文館　日本國會
　弘前　松丸東魚　岩瀨文庫　蓬左文庫　漠南

05050

埋麝發香寫本　一册
　（日本）穗井田忠友篆並輯
　日本天保十一年(1840)寫本
　漠南

捉

05051

捉月空影不分卷　二册
　（日本）高田綠雲篆　（日本）北大路魯山人輯
　日本明治十六年(1883)鈐印本
　漠南

袁

05052

袁靜嫺印存　一册
　〔清〕袁靜嫺輯
　鈐印本
　常州

挹

05053

挹青軒印存　一册
　[佚名]篆並輯
　鈐印本
　松蔭軒

都

05054

都廬集印　一册
　周大輔輯
　鈐印本
　温州

十畫 387

耄

05055

耄年印跡　一册

　陸樹基篆並輯

　壬寅年(1962)鈐印本

　松蔭軒

捃

05056

捃印補正　六册

　（日本）鳥羽石隱輯

　日本享和二年(1802)鈐印本

　松蔭軒　日本國會　北海道大　早稻田　東京博

　東洋文庫　京都女大　鹿兒島　愛媛大　漢南

05057

捃印補正附捃印補遺　三册

　（日本）天玉寺屋市郎兵衛等輯

　日本文化七年(1810)影印本

　西泠

盍

05058

盍齋藏印不分卷　二册

　陳巨來篆　楊慶簪輯

　民國三十七年(1948)鈐印本

　廣東　西泠　私人藏　百二扇面齋　松蔭軒　臺圖

05059

盍齋藏印不分卷　二册

　楊朋之輯

　民國三十三年(1944)鈐印本

　西泠　哈爾濱

埃

05060

埃及古印譜　一册

　［佚名］篆並輯

　鈐印本

　上博

05061

埃及畫印　一册

　衛東晨輯

　粘貼本

　瓦翁

耻

05062

耻富堂古印選存不分卷　七册

　誠勤輯

　鈐印本

　遼寧

耽

05063

耽古堂印譜　一册

　［佚名］篆並輯

　鈐印本

　松蔭軒

華

05064

華山印影　一册

　（日本）渡邊華山篆並輯

　日本明治末鈐印本

　岩瀨文庫　漢南

05065
華山印譜　一冊
（日本）渡邊華山篆並輯
日本大正九年(1920)鈐印本
日本國會　松蔭軒　東京藝大　岩瀨文庫　漢南
慶應大　關西大

05066
華月令印譜　一冊
〔清〕封保祺篆並輯
清嘉慶二十二年(1817)鈐印本
松蔭軒

05067
華月令印譜　一冊
〔清〕封保祺篆並輯
清道光十五年(1835)鈐印本
山東　浙江　松蔭軒

05068
華石印譜　一冊
（日本）渡邊華石篆（日本）高畑持隆輯
日本昭和五年(1930)鈐印本
松丸東魚　協會

05069
華延年室印集　四冊
劍廬輯
民國三十一年(1942)剪貼本
浙江

05070
華延年室集印　一冊
〔明〕何震〔清〕程邃等篆〔清〕傅栻輯
清光緒三年(1877)鈐印本
江守仁

05071
華延年室集印　四冊
〔明〕何震〔清〕程邃等篆〔清〕傅栻輯
清光緒三年(1877)鈐印本
國圖

05072
華延年室集印　四冊
〔明〕何震〔清〕程邃等篆〔清〕傅栻輯
清光緒二十六年(1900)鈐印本
百樂齋

05073
華刻　一冊
（日本）河西笛洲（日本）北村春步等篆
鈐印本
協會

05074
華刻一、二、三不分卷　三冊
（日本）河西笛洲　北村春步等篆
鈐印本
協會

05075
華城印集　一冊
（日本）河西笛洲　北村春步等篆（日本）華城印社輯
鈐印本
協會

05076
華鳥春秋印譜　一冊
（日本）岡村梅軒篆並輯
日本昭和五年(1930)鈐印本
漢南

05077
華陽喬大壯先生印譜　一冊
喬大壯篆並輯
鈐印本
湖南

05078
華黍齋集印　二冊
〔清〕張學宗輯
清道光三十年(1850)鈐印本
孔子博　湖南　臺大　蒲阪文庫

05079

華黍齋集印(華黍齋集印譜) 四册

〔清〕張學宗輯

清咸豐二年(1852)鈐印本

國圖 上博 西泠 河北 南京 臺大 松蔭軒

05080

華篆樓鳥蟲書印譜 一册

侯福昌篆並輯

丙辰年(1976)鈐印本

以風樓

05081

華潭老人印存 一册

[佚名]篆並輯

鈐印本

西泠

莆

05082

莆田名家印藏(莆田名家印存)不分卷 二册

〔明〕魏植等篆〔清〕游觀瀾輯

清光緒二十七年(1901)鈐印本

松蔭軒

05083

莆田郭氏印存 一册

〔清〕郭尚先篆並輯

清光緒二十四年(1898)鈐印本

福建

恭

05084

恭壽齋集印譜不分卷 二册

[佚名]篆並輯

鈐印本

蘇州

05085

恭親王印譜 一册

[佚名]篆並輯

鈐印本

漢南

莫

05086

莫子偲印存 一册

〔清〕楊大受 莫友芝等篆〔清〕劉位坦輯

鈐印本

松蔭軒

05087

莫武印選 一册

莫武篆 李青 閻風齋輯

己亥年(2019)鈐印本

知還印館

05088

莫長民印譜 一册

莫長民篆並輯

鈐印本

廣東

05089

莫輪夫集印 一册

莫輪夫篆並輯

鈐印本

莫氏莊園

荷

05090

荷香印譜 一册

(日本)郡司楳所篆並輯

日本大正十年(1921)影印本

松丸東魚 漢南

莘

05091

莘垇印留　一冊

　王敬篆並輯

　鈐印本

　雲南

真

05092

真山集古印存　一冊

　（日本）上田真山輯

　日本昭和六十三年(1988)鈐印本

　私人藏　松蔭軒

05093

真山集古印存不分卷　二冊

　（日本）上田真山（日本）真鍋井蛙輯

　日本平成二年(1990)鈐印本

　鹿鳴篴　協會

05094

真賞齋印林　一冊

　〔清〕董士標篆〔清〕郎遂輯

　清雍正三年(1725)鈐印本

　清華

05095

真樂軒華甲壽譜不分卷　二冊

　（日本）雨宮其雲篆並輯

　日本大正十二年(1923)鈐印本

　西泠　松蔭軒　協會　漢南

05096

真樂軒華甲壽譜不分卷　二冊

　（日本）雨宮其雲篆並輯

　日本大正十二年(1923)影印本

　西泠　松蔭軒

05097

真蹟落款譜不分卷　三冊

　（日本）〔佚名〕篆並輯

　日本大正昭和間粘貼本

　早稻田　漢南

05098

真鐵林磊砢先生印譜　一冊

　（日本）羽倉良信篆並輯

　日本昭和間鈐印本

　松丸東魚

莊

05099

莊氏印譜　一冊

　莊劍鳴篆並輯

　鈐印本

　上海

05100

莊慕陵藏印拓　一冊

　〔佚名〕篆並輯

　鈐印本

　松蔭軒

05101

莊慕陵藏印拓存　一冊

　〔佚名〕篆並輯

　鈐印本

　松蔭軒

05102

莊譚印譜　一冊

　〔清〕丁桂芬篆並輯

　清康熙元年(1662)鈐印本

　南京　松蔭軒

桂

05103

桂山印膶　一冊

〔清〕孫三錫篆〔清〕孫振麟輯

平湖孫氏雪映廬鈐印本

君匋藝院

05104

桂山印膶(桂山印賸原六冊)　二冊

〔清〕孫三錫篆〔清〕孫振麟輯

平湖孫氏雪映廬鈐印本

上海　上博　浙江　唐存才

05105

桂月先生印譜　一冊

（日本）松林桂月篆（日本）白井烟巖輯

鈐印本

東京博

05106

桂舟印譜　一冊

（日本）武內桂舟篆（日本）晚香社輯

日本昭和十五年(1940)鈐印本

協會

05107

桂堂印存不分卷　十二冊

[佚名]篆並輯

鈐印本

松蔭軒

栖

05108

栖鳳印存不分卷　二冊

（日本）北大路魯山人篆並輯

日本昭和五十六年(1981)影印本

協會

05109

栖鳳印存不分卷　二冊

（日本）竹內栖鳳篆並輯

日本大正八年(1919)鈐印本

日本國會　漠南

05110

栖鳳印譜　一冊

（日本）北大路魯山人篆並輯

日本大正九年(1920)鈐印本

松丸東魚

05111

栖霞堂印譜　一冊

（日本）[佚名]篆並輯

日本幕末鈐印本

漠南

桐

05112

桐岡草堂印稿不分卷　二冊

〔清〕胡之光篆並輯

清嘉慶元年(1796)鈐印本

浙江博

05113

桐鄉印人傳不分卷　二冊

[佚名]篆並輯

鈐印本

松蔭軒

05114

桐雲印娛不分卷　二冊

〔清〕項鳳書篆並輯

清同治四年(1865)鈐印本

西泠

05115

桐蔭堂印圭不分卷　二冊

〔清〕唐宗沅篆並輯

清光緒二十三年(1897)鈐印本
南京

05116
桐齋印存　一册
麥興漢篆　梁曉莊輯
己丑年(2009)鈐印本
兩然齋

桃

05117
桃花源記印譜　一册
（日本）篆社社員等篆　（日本）篆社輯
日本明治二十年(1887)影印本
西泠

05118
桃花源記印譜　一册
（日本）篆社社員等篆　（日本）篆社輯
日本昭和四十六年(1971)影印本
百二扇面齋　協會

05119
桃李園序印譜　一册
[佚名]篆並輯
鈐印本
松蔭軒

05120
桃巷摹刻印譜不分卷　二册
（日本）佐藤壽定篆並輯
日本昭和二十九年(1954)鈐印本
日本國會

05121
桃巷摹刻印譜不分卷　十册
（日本）佐藤壽定篆並輯
日本昭和二十九年(1954)鈐印本
日本國會

05122
桃巷摹刻印譜不分卷　十五册
（日本）佐藤壽定篆並輯
日本昭和二十九年(1954)鈐印本
日本國會

05123
桃巷摹刻印譜不分卷　十八册
（日本）佐藤壽定篆並輯
日本昭和二十九年(1954)鈐印本
日本國會

05124
桃巷摹刻印譜不分卷　二十册
（日本）佐藤壽定篆並輯
日本昭和二十九年(1954)鈐印本
日本國會

05125
桃巷摹刻印譜不分卷　二十五册
（日本）佐藤壽定篆並輯
日本昭和二十九年(1954)鈐印本
日本國會

05126
桃巷摹刻印譜不分卷　二十六册
（日本）佐藤壽定篆並輯
日本昭和二十九年(1954)鈐印本
日本國會

05127
桃巷摹刻印譜不分卷　二十七册
（日本）佐藤壽定篆並輯
日本昭和二十九年(1954)鈐印本
日本國會

05128
桃巷摹刻印譜不分卷　三十四册
（日本）佐藤壽定篆並輯
日本昭和二十九年(1954)鈐印本
日本國會

05129

桃巷摹刻印譜不分卷　四十九册

（日本）佐藤壽定篆並輯

日本昭和二十九年(1954)鈐印本

日本國會

05130

桃巷摹刻印譜不分卷　五十二册

（日本）佐藤壽定篆並輯

日本昭和二十九年(1954)鈐印本

日本國會

05131

桃巷摹刻印譜不分卷　五十三册

（日本）佐藤壽定篆並輯

日本昭和二十九年(1954)鈐印本

日本國會

05132

桃巷摹刻印譜不分卷　五十八册

（日本）佐藤壽定篆並輯

日本昭和二十九年(1954)鈐印本

日本國會

05133

桃巷摹刻印譜不分卷　八十六册

（日本）佐藤壽定篆並輯

日本昭和二十九年(1954)鈐印本

松丸東魚

05134

桃巷摹刻印譜不分卷　九十四册

（日本）佐藤壽定篆並輯

日本昭和二十九年(1954)鈐印本

松丸東魚

05135

桃巷摹刻印譜不分卷　九十六册

（日本）佐藤壽定篆並輯

日本昭和二十九年(1954)鈐印本

松丸東魚

05136

桃巷摹刻印譜不分卷　九十八册

（日本）佐藤壽定篆並輯

日本昭和二十九年(1954)鈐印本

松蔭軒

05137

桃源印林不分卷　二册

［佚名］篆並輯

鈐印本

松蔭軒

格

05138

格言印譜　一册

［佚名］篆並輯

清乾隆四十六年(1781)鈐印本

上海

05139

格言印譜　一册

［佚名］篆並輯

鈐印本

哈爾濱　松蔭軒

栘

05140

栘林館印譜　一册

〔清〕黃佐臣篆並輯

鈐印本

松蔭軒

根

05141

根香館主印存不分卷　四册

林介侯篆並輯

己亥年(1959)鈐印本
松蔭軒

栩

05142
栩園鴻雪　一册
〔清〕趙穆篆〔清〕季綸全輯
清道光十二年(1832)鈐印本
松蔭軒

索

05143
索又靖印存　一册
索又靖篆並輯
鈐印本
松蔭軒

連

05144
連元印譜　一册
〔佚名〕篆並輯
鈐印本
松蔭軒

05145
連珠印譜　一册
（日本）釋悟心元明篆並輯
日本寬保三年(1743)鈐印本
金谷文庫　漠南

05146
連珠集不分卷　二册
（日本）圭海余璋篆並輯
日本天明元年(1781)鈐印本
松丸東魚　漠南

栗

05147
栗翁鐵筆　一册
〔清〕沈栗仲篆並輯
鈐印本
雲南

05148
栗廬藏印　一册
〔清〕楊澥篆並輯
民國十三年(1924)鈐印本
上海

夏

05149
夏小正印譜　一册
〔清〕封有祺篆並輯
清道光十五年(1835)鈐印本
浙江　松蔭軒

05150
夏小正印譜不分卷　二册
〔清〕金在恒篆〔清〕封保祺篆並輯
清道光十五年(1835)鈐印本
國圖　上博

05151
夏氏半閣拾古印遺(拾古印遺)不分卷　二册
〔清〕夏犀輯
清乾隆三十五年(1770)鈐印本
上博

05152
夏氏半閣拾古印遺(拾古印遺)不分卷　四册
〔清〕夏犀輯
清乾隆三十八年(1773)鈐印本
西泠

05153

夏雨印存　一册
　[佚名]篆並輯
　鈐印本
　松蔭軒

破

05154

破戒印譜　一册
　陸淵雷篆並輯
　民國九年(1920)鈐印本
　松蔭軒

05155

破荷亭印存不分卷　二册
　吳昌碩篆
　己巳年(1989)上海古籍書店輯印本
　百二扇面齋　松蔭軒　協會

05156

破硯齋珍賞　一册
　[佚名]篆並輯
　鈐印本(册葉裝四十二開)
　紅棉山房

悪

05157

悪厂印存　一册
　周明錦篆　周進輯
　民國五年(1916)鈐印本
　國圖　上海　私人藏　天津　中大　中國美院　北大　北師大　南京　南開　哈爾濱　浙江博　清華　黑龍江　遼寧　鴻爪留痕館　蘭樓　松蔭軒　漢南　國會山莊

原

05158

原器漢印譜　一册
　[佚名]篆並輯
　鈐印本
　松蔭軒

逐

05159

逐庵印存(遜庵印存)　一册
　〔清〕丁敬等篆　吳隱輯
　清光緒二十一年(1895)鈐印本
　浙江　秋水齋

致

05160

致齋戲鐵印譜不分卷　二册
　〔清〕李天釗篆並輯
　清雍正九年(1731)鈐印本
　國圖

晉

05161

晉風印存不分卷　三册
　趙林篆並輯
　鈐印本
　協會

05162

晉唐以來書畫家鑑藏家款印譜　五册
　莊嚴等主編
　甲辰年(1964)香港藝文出版社影印本
　京文研

05163

晉銅鼓齋印存不分卷　四册

〔清〕吳熙載篆〔清〕李培楨輯

清光緒二年(1876)鈐印本

北大　西泠　南京　鎮江　江守仁　松陰軒

05164

晉銅鼓齋印存補不分卷　二册

王光烈雙鈎並輯

民國十二年(1923)雙鈎描摹本

遼寧

05165

晉齋印存　一册

盧煒圻篆　梁曉莊輯

庚辰年(2000)鈐印本

兩然齋

05166

晉齋印留　一册

盧煒圻篆　梁曉莊輯

庚辰年(2000)鈐印本

兩然齋

05167

晉齋印稿　一册

〔清〕廉甫氏篆並輯

清道光間鈐印本

臺圖

05168

晉齋印譜　一册

（日本）佐藤晉齋並輯

日本文化間鈐印本

漢南

05169

晉齋印譜不分卷　二册

（日本）佐藤晉齋並輯

日本天保間鈐印本

漢南

柴

05170

柴田果印譜二集　一册

（日本）池田政太郎篆（日本）岡田魯卿輯

日本昭和四十八年(1973)影印本

松丸東魚

05171

柴田果印譜初集　一册

（日本）池田政太郎篆（日本）岡田魯卿輯

日本昭和四十七年(1972)影印本

松丸東魚

時

05172

時人鐵筆合編　一册

邢康輯

鈐印本

松陰軒

05173

時賢印集　一册

［佚名］篆並輯

鈐印本

中國美院　哈爾濱　國會山莊

05174

時盦刻印不分卷　五册

伊齊賢篆並輯

鈐印本

國圖

晃

05175

晃龕印蛻不分卷　三册

（日本）關谷義男篆（日本）松丸東魚輯

日本昭和四十九年(1974)鈐印本
松丸東魚

05176
晃龕刻印　一册
（日本）關谷義男篆並輯
日本昭和間鈐印本
松丸東魚

晏

05177
晏平印存不分卷　三册
晏平篆並輯
鈐印本
上海

05178
晏芬齋印選　一册
邱東霖　唐鴻逵　唐鴻昌等篆　邱東霖輯
鈐印本
四川

05179
晏芬齋集印不分卷　五册
〔清〕趙之謙　趙之琛篆　邱東霖輯
鈐印本
松蔭軒

05180
晏芬齋輯印　一册
邱東霖　唐鴻逵　唐鴻昌等篆　邱東霖輯
民國三十五年(1946)鈐印本
四川

哦

05181
哦松堂印賞　一册
（日本）山口平八篆並輯

日本昭和十六年(1941)鈐印本
松丸東魚

豈

05182
豈齋拓安處樓印存　一册
來楚生篆　豈齋輯
鈐印本
協會

05183
豈齋集各家所刻印　一册
錢君匋　陳巨來　吳子建等篆　豈齋輯
鈐印本
協會

峰

05184
峰青館印存　一册
［佚名］篆並輯
鈐印本
復旦

峻

05185
峻齋印存不分卷　二册
〔清〕伊立勳篆並輯
鈐印本
私人藏

剛

05186
剛齋印痕　一册
黃文寬篆　王翔輯

丙申年(2016)鈐印本

免冑堂　兩然齋

05187

剛齋印痕二集　一册

黃文寬篆　王翔輯

壬寅年(2022)鈐印本

免冑堂　松蔭軒

05188

剛齋藏黃牧甫印存　一册

〔清〕黃士陵篆　楊廣泰輯

癸酉年(1993)鈐印本

松蔭軒

乘

05189

乘槎印譜　一册

(朝鮮)金台錫篆並輯

日本明治四十一年(1908)鈐印本

大連　松蔭軒　臺大

笑

05190

笑盦自製印存　一册

鮑超篆並輯

民國三十三年(1944)鈐印本

黑龍江

借

05191

借山館印存　一册

齊璜篆並輯

民國十五年(1926)鈐印本

鴻爪留痕館

05192

借碧簃集印　一册

〔清〕顧廷熙輯

鈐印本

上博　南京

05193

借碧簃集印不分卷　四册

〔清〕顧廷熙輯

鈐印本

私人藏

倚

05194

倚石山房藏古璽印譜不分卷　二册

吳硯君輯

戊戌年(2018)鈐印本

知還印館

05195

倚石山房藏戰國古璽不分卷　四册

吳硯君輯

丙申年(2016)鈐印本(戊戌本)

見性簃　知還印館　鹿鳴簃

05196

倚石山房藏戰國古璽不分卷　四册

吳硯君輯

己亥年(2019)鈐印本

知還印館

05197

倚石山房藏戰國古璽不分卷　五册

吳硯君輯

己亥年(2019)鈐印本

鹿鳴簃

05198

倚石山房藏戰國古璽甲編不分卷　六册

吳硯君輯

辛丑年(2021)鈐印本
　知還印館　瀞廬

俳

05199
俳諧印譜不分卷　二册
　（日本）[佚名]篆並輯
　日本寶曆三年(1753)鈐印本
　日本國會　漢南

05200
俳諧諸流三十六歌撰　一册
　（日本）金子竹亭篆並輯
　日本明治十八年(1885)鈐印本
　漢南

個

05201
個簃印恉(個簃印旨)　一册
　王賢篆並輯
　民國十年(1921)鈐印本
　南京　南通　松蔭軒

05202
個簃印恉(個簃印旨)不分卷　二册
　王賢篆並輯
　民國十一年(1922)鈐印本
　中國美院　鎮江

倫

05203
倫池齋印譜　一册
　倫池齋輯
　民國間鈐印本
　私人藏

05204
倫池齋印譜不分卷　十册
　倫池齋輯
　民國間鈐印本
　國圖

倣

05205
倣古印存不分卷　四册
　[佚名]篆並輯
　鈐印本
　松蔭軒

05206
倣古印集(菊園印譜)不分卷　四册
　[清]奎聚五篆並輯
　清光緒三十三年(1907)鈐印本
　松蔭軒

05207
倣古萃編(倣古粹編)不分卷　四册
　[清]徐桂蟾篆並輯
　清宣統元年(1909)鈐印本
　上海　吉林　保定　右文齋　松蔭軒

05208
倣古齋名賢印譜(集古圖書譜)　一册
　（日本）倣古齋主人輯
　日本元治元年(1864)鈐印本
　岩瀬文庫

05209
倣古璽印譜(菊園印譜)不分卷　四册
　羅福頤篆並輯
　民國十年(1921)鈐印本
　漢南

05210
倣封泥集　一册
　[佚名]篆並輯

十畫　399

鈐印本
松蔭軒

05211

倣漢吉語印譜　一冊

張樸篆並輯

民國二十二年(1933)鈐印本

芷蘭齋　松蔭軒

05212

倣漢吉語印譜(古璽印譜)不分卷　四冊

張樸篆並輯

民國二十二年(1933)鈐印本

天津　哈爾濱　松蔭軒　漠南

05213

倣漢百姓印譜　一冊

劉少博增補

鈐印本

鴻爪留痕館

皋

05214

皋蘭印譜不分卷　四冊

（日本）林惠君米篆並輯

日本明和三年(1766)鈐印本

漠南

息

05215

息翁藏印不分卷　四冊

李息輯

民國七年(1918)鈐印本

南京

05216

息雷軒印存　一冊

〔清〕黃士陵等篆並輯

清光緒二十三年(1897)鈐印本

協會

05217

息樓吉金集印譜不分卷　二冊

［佚名］篆並輯

鈐印本

四川

05218

息影蓬廬印存不分卷　二冊

黃禹銘篆並輯

鈐印本

港大

05219

息廬印譜　一冊

［佚名］篆並輯

鈐印本

松蔭軒

島

05220

島僊子印譜　三冊

（日本）永田島僊篆並輯

日本寬永三年(1626)鈐印本

漠南

05221

島僊子印譜　三冊

（日本）永田島僊篆並輯

日本寶曆二年(1752)鈐印本

漠南

05222

島僊子印譜　一冊

（日本）永田島僊篆並輯

日本昭和五年(1930)鈐印本

西泠

烏

05223
烏石山房藏印　一册
〔清〕龔易圖篆並輯
鈐印本
福建

05224
烏石山房藏印不分卷　三册
〔清〕龔易圖篆並輯
鈐印本
福建

05225
烏石山房藏印不分卷　四册
〔清〕龔易圖篆並輯
鈐印本
福建

師

05226
師子印存　一册
王師子篆並輯
民國三十四年(1945)鈐印本
上海　芷蘭齋　松蔭軒

05227
師未齋集古印存　一册
〔佚名〕篆並輯
鈐印本
松蔭軒

05228
師古堂印譜　四册
〔清〕李宜開篆並輯
清乾隆四十六年(1781)鈐印本(李宜開本)
國圖　上海　上海辭書

05229
師古堂印譜　三册
〔清〕劉紹黎篆並輯
清嘉慶二十四年(1819)鈐印本
浙江博　四川　私人藏　松蔭軒

05230
師古堂印譜　四册
〔清〕劉紹黎篆並輯
清嘉慶二十四年(1819)鈐印本
上博　北大　安徽　漠南

05231
師古堂印譜　六册
〔清〕劉紹黎篆並輯
清嘉慶二十四年(1819)鈐印本
北大　南京　浙江

05232
師古堂印譜　八册
〔清〕劉紹黎篆並輯
清嘉慶二十四年(1819)鈐印本
南京

05233
師古堂印譜附印説　五册
〔清〕李宜開篆並輯
清乾隆四十七年(1782)鈐印本
西泠　芷蘭齋

05234
師竹齋印存　一册
〔清〕金鎔篆並輯
鈐印本
川大

05235
師竹齋印存不分卷　八册
〔清〕金鎔篆並輯
鈐印本
松蔭軒

05236
師竹齋印存不分卷　十冊
〔清〕金鎔篆並輯
鈐印本
四川

05237
師竹齋印譜（師竹齋篆稿）　一冊
〔清〕毛復垨篆並輯
清光緒六年(1880)鈐印本(稿本)
松蔭軒

05238
師竹齋百壽圖印譜　一冊
〔清〕師竹齋篆並輯
鈐印本
國圖

05239
師米齋所藏古銅印不分卷　二冊
沈煦孫輯
民國間鈐印本
蘇州大

05240
師米齋集古印存（師米齋所藏古銅印）不分卷　四冊
〔清〕沈煦孫輯
清宣統三年(1911)鈐印本
南京　常熟　"中研院"史語所

05241
師米齋集古印存（師米齋所藏古銅印）不分卷　六冊
〔清〕沈煦孫輯
清宣統三年(1911)鈐印本
私人藏

05242
師米齋集古印存　一冊
沈煦孫輯
民國三十一年(1942)鈐印本
松蔭軒

05243
師松堂印譜不分卷　二冊
吳炬輯
戊戌年(2018)鈐印本
松蔭軒

05244
師房北游作印　一冊
［佚名］篆並輯
鈐印本
南京

05245
師曼制印　一冊
〔清〕譚錫瓚篆並輯
鈐印本
遼寧

05246
師許室印存不分卷　六冊
汪標篆並輯
清行我素齋鈐印本
蘇州

05247
師曾集印小冊　一冊
陳師曾篆並輯
鈐印本
松蔭軒

05248
師意齋印存不分卷　二冊
林章松重輯
丁酉年(2018)鈐印本
松蔭軒

05249
師意齋秦漢印譜　一冊
〔清〕程從龍重輯
清乾隆三年(1738)鈐印本
東京博

05250
師意齋秦漢印譜　二册
〔清〕程從龍重輯
清乾隆三年(1738)鈐印本
漠南

05251
師意齋秦漢印譜　五册
〔清〕程從龍重輯
清乾隆三年(1738)鈐印本
私人藏

05252
師意齋秦漢印譜　六册
〔清〕程從龍重輯
清乾隆三年(1738)鈐印本
西泠　太田孝太郎　漠南

05253
師意齋秦漢印譜不分卷　二册
〔清〕潘毅堂輯
潘氏鈐印本
大連

05254
師慎軒印存不分卷　二册
〔清〕吳讓之篆並輯
清咸豐八年(1858)鈐印本
拳石山房

05255
師慎軒印存不分卷　二册
〔清〕吳讓之篆〔清〕林鈞輯
清宣統三年(1911)鈐印本
浙江

05256
師慎軒印存不分卷　四册
〔清〕吳讓之篆〔清〕林鈞輯
清宣統三年(1911)鈐印本
私人藏　松蔭軒

05257
師慎軒印存不分卷　八册
〔清〕吳讓之篆　林鈞輯
清宣統三年(1911)鈐印本
華東師大　浙江　松蔭軒　松丸東魚

05258
師讓庵漢銅印存不分卷　三册
〔清〕丁丙輯
清光緒二十七年(1901)鈐印本
北大　"中研院"史語所　京文研

05259
師讓庵漢銅印存不分卷　四册
〔清〕丁丙輯
清光緒二十七年(1901)鈐印本
浙江　中國美院　北大　西泠　私人藏　鴻爪留痕館　東京博　漠南　國會山莊　哈佛燕京

05260
師讓庵漢銅印存不分卷　六册
〔清〕丁丙輯
清光緒二十七年(1901)鈐印本
國圖　太田孝太郎　松丸東魚

徐

05261
徐乃昌集封泥印　一册
〔清〕徐乃昌輯
清光緒二十六年(1900)7715
漠南

05262
徐三庚印存　一册
〔清〕徐三庚篆並輯
清咸豐五年(1855)鈐印本(殘本)
秋水齋

05263
徐三庚印集不分卷　二册

〔清〕徐三庚篆 西泠印社輯
庚午年(1990)鈐印本
協會

05264
徐三庚印稿　一册
〔清〕徐三庚篆 梁曉莊輯
丁酉年(2017)粘貼本
兩然齋

05265
徐三庚印譜　一册
〔清〕徐三庚篆（日本）松丸東魚輯
日本昭和三十三年(1958)影印本
松丸東魚

05266
徐三庚系譜印譜不分卷　二册
〔清〕徐三庚 圓山大迂等篆（日本）謙慎書道會輯
日本平成二十三年(2011)鈐印本
協會

05267
徐三庚門人印譜　一册
〔佚名〕篆並輯
鈐印本
私人藏

05268
徐三庚原拓印稿不分卷　四册
〔清〕徐三庚篆並輯
鈐印本
東京博

05269
徐三庚補遺印稿不分卷　二册
〔清〕徐三庚篆並輯
鈐印本
松蔭軒

05270
徐子靜印譜　一册

吳昌碩篆並輯
鈐印本
私人藏

05271
徐氏石簡不分卷　二册
〔明〕徐東彥篆並輯
明崇禎十四年(1641)鈐印本
漠南

05272
徐氏印譜　一册
〔清〕徐灝篆並輯
鈐印本
松蔭軒

05273
徐氏集近人私印不分卷　六册
〔佚名〕篆並輯
鈐印本
劉禹

05274
徐文鏡印存　一册
徐文鏡篆並輯
鈐印本
港大

05275
徐正濂篆刻　二册
徐正濂篆 李青 葉輝輯
戊戌年(2018)鈐印本
知還印館

05276
徐世華篆刻集　一册
徐世華篆並輯
鈐印本
松蔭軒

05277
徐光濟印集　一册
〔清〕徐光濟篆並輯

鈐印本

松蔭軒

05278

徐州楚王陵出土漢印印譜精選　一册

〔佚名〕篆並輯

鋅版印本

松蔭軒　協會

05279

徐金罍刻印　一册

〔清〕徐三庚篆　吳昌碩輯

清光緒九年（1883）鈐印本

松丸東魚

05280

徐星州印存第一集（徐星洲印存）不分卷　二册

〔清〕徐新周篆　方約輯

民國二十六年（1937）宣和印社鈐印本

上海　中大　安徽　秦氏支祠（天一閣）　私人藏　松蔭軒　松丸東魚

05281

徐星州印存第二集（徐星洲印存）不分卷　二册

〔清〕徐新周篆　方約輯

民國二十六年（1937）宣和印社鈐印本

中大　安徽　秦氏支祠（天一閣）　松蔭軒　松丸東魚

05282

徐星州印存第三集（徐星洲印存）不分卷　二册

〔清〕徐新周篆　方約輯

民國二十六年（1937）宣和印社鈐印本

中大　安徽　秦氏支祠（天一閣）　秋水齋　松蔭軒　松丸東魚

05283

徐星州印存第五集（徐星洲印存）不分卷　二册

〔清〕徐新周篆　方約輯

民國二十六年（1937）宣和印社鈐印本

安徽　哈爾濱　秦氏支祠（天一閣）　魯迅美院　松蔭軒　秋水齋　松丸東魚

05284

徐星州印存第四集（徐星洲印存）不分卷　二册

〔清〕徐新周篆　方約輯

民國二十六年（1937）宣和印社鈐印本

中大　中國美院　安徽　秦氏支祠（天一閣）　秋水齋　松蔭軒　松丸東魚　國會山莊

05285

徐星州印選　一册

徐星州篆　（日本）井谷五雲輯

日本平成十七年（2005）鈐印本

協會

05286

徐星洲印存不分卷　二册

〔清〕徐新周篆　方約輯

民國二十六年（1937）宣和印社鈐印本

上海　君匋藝院　秋水齋　紅棉山房　東京博

05287

徐星洲印存不分卷　四册

〔清〕徐新周篆　方約輯

民國二十六年（1937）宣和印社鈐印本

上海

05288

徐星洲印存不分卷　六册

〔清〕徐新周篆　方約輯

民國二十六年（1937）宣和印社鈐印本

上海

05289

徐秋查印存　一册

〔清〕徐璘篆並輯

鈐印本

鐵硯齋

05290

徐袖海印存　一册

〔清〕徐三庚篆〔清〕萊根香館輯

鈐印本

兩然齋

05291
徐袖海吳昌碩印譜　一册
〔清〕徐三庚　吳昌碩篆並輯
鈐印本
遼寧

05292
徐異僎印存　一册
〔清〕徐鄂篆並輯
鈐印本
遼寧

05293
徐鄂印譜　一册
〔清〕徐鄂篆並輯
民國六年(1917)鈐印本
浙江博　松蔭軒

05294
徐森玉所用印譜　一册
徐森玉輯
鈐印本
上博

05295
徐森玉藏鉢印不分卷　十四册
徐文鏡篆並輯
鈐印本
上博

05296
徐森玉舊藏銅印譜不分卷　十四册
徐森玉篆並輯
鈐印本
上博

05297
徐紫明印存不分卷　三册
徐之明篆並輯
民國三十六年(1947)鈐印本
松蔭軒

05298
徐渭仁漢璽印存　一册
〔清〕徐渭仁輯
鈐印本
松蔭軒

05299
徐頌閣遺印　一册
〔清〕徐郙篆　殷宇定輯
鈐印本
松蔭軒

05300
徐新周印聚不分卷　三册
徐星州篆　楊廣泰輯
丙子年(1996)鈐印本
私人藏　松蔭軒　協會

05301
徐璞生篆刻　一册
徐璞生篆並輯
鈐印本
松蔭軒

05302
徐續印譜　一册
黄文寬　黄大同　李平等篆　王翔輯
庚寅年(2010)鈐印本
免冑堂

殷

05303
殷用霖印存　一册
〔清〕殷用霖篆並輯
清光緒二年(1876)鈐印本
松蔭軒

05304
殷如璋手鈐漢銅印　一册
殷如璋輯

清光緒二十一年(1895)鈐印本
紹興

05305
殷秋樵手鈐漢印　一册
〔清〕殷秋樵輯
鈐印本
紹興

般

05306
般若心經印譜　一册
〔清〕〔佚名〕篆並輯
清光緒元年(1875)鈐印本
國圖

05307
般若心經印譜　一册
（日本）島田洗耳篆並輯
日本昭和十六年(1941)鈐印本
漢南

05308
般若波羅密多心經印譜不分卷　二册
〔佚名〕篆並輯
鈐印本
上海

05309
般若波羅密多心經印譜　一册
方介堪篆並輯
庚寅年(1950)鈐印本
松蔭軒

05310
般若波羅密多心經印譜不分卷　二册
觀代廬篆並輯
鈐印本
湖南

05311
般若波羅密多心經印譜　一册
朱貫成篆並輯
民國十四年(1925)朱氏鈐印本
浙江　雲南　松蔭軒

05312
般若波羅蜜多心經　一册
〔清〕陳曼生篆並輯
陳曼生鈐印本(僞譜)
松蔭軒

05313
般若波羅蜜多心經印譜　一册
〔清〕吳潯源篆並輯
清咸豐八年(1858)鈐印本
松蔭軒

05314
般陽路氏印存　一册
路大荒篆並輯
鈐印本
松蔭軒

奚

05315
奚世榮印存不分卷　二册
〔清〕奚世榮篆並輯
鈐印本
松蔭軒

05316
奚岡印存　一册
〔清〕奚岡篆並輯
鈐印本
湖南

倉

05317
倉石印譜不分卷　四册
吳昌碩篆並輯
鈐印本
松蔭軒

05318
倉籀心法　二册
〔清〕芮維新篆並輯
清康熙元年(1662)鈐印本
上博

05319
倉籀心法不分卷　四册
〔清〕芮維新篆並輯
清康熙元年(1662)鈐印本
上博

翁

05320
翁之琴印存不分卷　二册
〔清〕翁之琴篆並輯
鈐印本
松蔭軒

05321
翁宜泉藏古銅印不分卷　四册
〔清〕翁樹培輯
鈐印本
國圖

05322
翁晉鈎堂藏印　一册
（日本）松丸東魚篆並輯
鈐印本
松丸東魚

留

05323
留公印存不分卷　二册
劉慶崧篆並輯
鈐印本
鴻爪留痕館

05324
留玉印譜　一册
（日本）田中良庵篆並輯
日本寬政二年(1790)鈐印本
漠南

05325
留畊堂印存　一册
劉家謨篆並輯
民國二十二年(1933)影印本
天津　北大　西泠　湖南　廣東

05326
留香齋印譜　一册
李思綬篆並輯
鈐印本
南通

05327
留耕書屋印存不分卷　四册
〔佚名〕篆並輯
鈐印本
泰州

05328
留雲儷館印譜　一册
〔佚名〕篆並輯
鈐印本
松蔭軒

05329
留園印存　一册
〔佚名〕篆並輯

鈐印本

松蔭軒

05330

留餘軒印譜不分卷　七册

〔佚名〕篆並輯

鈐印本

松蔭軒

記

05331

記響拓玉印譜　一册

雙圓輯

民國二十年(1931)鈐印本

北大　國圖

訒

05332

訒佩齋集印譜　一册

〔清〕沈祥龍輯

清光緒十四年(1888)鈐印本

松蔭軒

05333

訒菴集古印存(訒葊集古印存)　十六册

〔清〕汪啓淑輯

清乾隆二十三年(1758)開萬樓鈐印本

國圖　上海　上博　天津　西泠　西南大　安徽博　重慶　浙江博　揚州　復旦　百樂齋　臺故博　臺圖　東京博

05334

訒菴集古印存(訒葊集古印存)　十六册

〔清〕汪啓淑輯

清乾隆二十五年(1760)開萬樓鈐印本

國圖　上博　天津　天津博　中大　平湖博　北大　四川　吉大　西泠　西南大　西南師大　松蔭軒　南京　南京博　南開　重慶　華東師大　揚州　復旦　湖北　遼寧　湖南社科院　福建師大　港大　港中大　臺故博　臺圖　太田孝太郎　英國國圖　東京博　柏克萊　漠南

05335

訒菴集古印存(訒葊集古印存)　二十册

〔清〕汪啓淑輯

清乾隆二十五年(1760)開萬樓鈐印本

芷蘭齋

05336

訒菴集古印存(訒葊集古印存)　三十二册

〔清〕汪啓淑輯

清乾隆二十五年(1760)開萬樓鈐印本

三峽博　上博　中大　北大　重慶　華東師大　浙江　浙江博　雲南　復旦　遼寧　臺圖

05337

訒菴集古印存(訒葊集古印存)　二十册

〔清〕汪啓淑輯

清乾隆二十五年(1760)鈐印本(稿本)

中大

05338

訒庵集古印選　一册

〔清〕汪啓淑輯

鈐印本

松蔭軒

05339

訒葊集古印存不分卷　四册

〔清〕沈瑩摹本

清咸豐元年(1851)鈐印本

中大　安徽　清華　鴻爪留痕館

05340

訒葊集古印存　二册

〔清〕汪啓淑輯

清乾隆二十五年(1760)開萬樓鈐印本

安陽　臺故博

05341

訒葊集古印存　四册

〔清〕汪啓淑輯
清乾隆二十五年(1760)開萬樓鈐印本
國圖 上海 浙江 安陽 芷蘭齋 東京博 鴻爪留痕館 漢南

05342
訒葊集古印存　五册
〔清〕汪啓淑輯
清乾隆二十五年(1760)開萬樓鈐印本
芷蘭齋

05343
訒葊集古印存　六册
〔清〕汪啓淑輯
清乾隆二十五年(1760)開萬樓鈐印本
國圖 鴻爪留痕館

05344
訒葊集古印存　八册
〔清〕汪啓淑輯
清乾隆二十五年(1760)開萬樓鈐印本
上海 中遺院 吉大 湖南社科院 漢南

05345
訒葊集古印存　十册
〔清〕汪啓淑輯
清乾隆二十五年(1760)開萬樓鈐印本
臺故博

05346
訒葊集古印存　十二册
〔清〕汪啓淑輯
清乾隆二十五年(1760)開萬樓鈐印本
浙江博 中遺院

05347
訒葊集古印存　十三册
〔清〕汪啓淑輯
清乾隆二十五年(1760)開萬樓鈐印本
中遺院

05348
訒葊集古印存　四册
〔清〕汪啓淑輯
清道光二十六年(1846)開萬樓鈐印本
岩瀨文庫

05349
訒盦集古印存　四册
〔清〕汪啓淑輯
鈐印本（殘本）
松蔭軒

05350
訒盦集古印存不分卷　二册
〔清〕汪啓淑藏（日本）[佚名]重輯
影印本
松蔭軒

05351
訒盦集古印所收印不分卷　八册
〔清〕汪啓淑藏（日本）[佚名]重輯
影印本
東京博

凌

05352
凌杏邨先生藏印集　一册
凌杏鄒輯
鈐印本
中嶽齋

05353
凌雪印存　一册
（日本）今井凌雪篆（日本）書法研究雪心會輯
日本平成二十六年(2014)影印本
日本國會

05354
凌雲軒印草　一册
[佚名]篆並輯
鈐印本
松蔭軒

05355

凌雲堂集印不分卷　四册

〔清〕笏山輯

清道光三十年(1850)鉤摹本

泰州

05356

凌紫氣館藏印　一册

巢鳳初輯

鈐印本

上海

高

05357

高士傳不分卷　二册

〔清〕趙穆篆並輯

鈐印本

松蔭軒

05358

高士傳印譜不分卷　二册

鄧散木篆並輯

民國三十八年(1949)廁簡樓鈐印本

私人藏

05359

高士傳印譜不分卷　四册

鄧散木篆並輯

民國三十八年(1949)廁簡樓鈐印本

上海　哈爾濱　港大　百樂齋

05360

高士傳印譜不分卷　四册

鄧散木篆　上海古籍書店輯

癸亥年(1983)鈐印本

秋水齋　協會

05361

高士傳印譜不分卷　四册

鄧散木篆　上海古籍書店輯

己巳年(1989)鈐印本(重輯本)

廣東　私人藏　秋水齋　松蔭軒　協會

05362

高久靄厓印集　一册

(日本)高久靄厓藏並輯

鈐印本

松蔭軒

05363

高氏昆仲印存　一册

高野侯　高絡園等篆　片雲齋輯

乙酉年(2005)鈐印本

片雲齋

05364

高氏家藏印章　一册

〔明〕何震等篆　高師謙輯

鈐印本

浙江　港大　松蔭軒

05365

高芙蓉印譜　一册

(日本)高芙蓉篆並輯

鈐印本

松蔭軒

05366

高芙蓉印譜不分卷　二册

(日本)高芙蓉篆　(日本)阪田習軒輯

鈐印本

漢南

05367

高芙蓉印譜不分卷　五册

(日本)高芙蓉篆並輯

鈐印本

漢南

05368

高野侯自刻用印不分卷　九册

高時顯篆並輯

鈐印本

浙江

05369

高景山印存不分卷　三册

　高景山篆並輯

　鈐印本

　松蔭軒

05370

高鳳翰印譜　一册

　〔清〕高鳳翰輯

　鈐印本（十一開）

　山東博

05371

高學治印譜　一册

　〔清〕高學治篆並輯

　鈐印本

　浙江

05372

高澹園集拓古銅印不分卷　八册

　〔清〕高澹園輯

　清光緒十六年(1890)鈐印本

　松蔭軒

郭

05373

郭氏古銅印選　一册

　郭蘭祥輯

　清道光五年(1825)鈐印本

　東京博

05374

郭氏印譜　一册

　郭蘭祥輯

　鈐印本

　嘉興

05375

郭氏金石譜録　一册

　郭蘭祥輯

　清光緒二十三年(1897)鈐印本

　浙江

05376

郭幼嵐印存　一册

　郭幼嵐篆並輯

　鈐印本

　私人藏

05377

郭若愚舊藏元押印譜　一册

　郭若愚輯

　民國三十六年(1947)鈐印本

　私人藏

05378

郭沫若同志詩詞印譜　一册

　田叔達篆並輯

　癸卯年(1963)鈐印本

　私人藏　松蔭軒

05379

郭偉紅文　一册

　郭偉篆並輯

　鈐印本

　松蔭軒

05380

郭頻迦印存　一册

　〔清〕郭麐篆並輯

　民國三年(1914)鈐印本

　上海　内蒙古　浙江　湖南　廣東　遼寧　鴻爪留痕館

05381

郭頻迦印存不分卷　二册

　〔清〕郭麐篆　褚德彝輯

　民國三年(1914)鈐印本

　北大　吉林　哈爾濱

05382

郭頻迦印存　一册

〔清〕郭麐篆　神州國光社輯
民國間影印本
黑龍江

席

05383

席氏玉照堂藏秦漢印譜　一册
〔清〕席鑑輯
清康熙六十一年(1722)鈐印本
百二扇面齋

病

05384

病維摩室藏印　一册
顔潤篆並輯
鈐印本
揚州大

05385

病鶴印存　一册
金鶴翔篆　周吉輯
鈐印本
松蔭軒

唐

05386

唐人佳句印譜　一册
黄嘗銘篆並輯
影印本
松蔭軒

05387

唐太宗百字文印譜附朱子格言印譜　一册
〔佚名〕篆並輯
鈐印本
佛山

05388

唐友于先生印存　一册
唐友于篆並輯
丁丑年(1997)鈐印本
松蔭軒

05389

唐少泉自用印一集不分卷　二册
鄧爾雅　馮康侯　張祥凝等篆　王翔輯
丁酉年(2017)鈐印本
免冑堂

05390

唐少泉自用印二集　一册
鄧爾雅　馮康侯　張祥凝等篆　王翔　紅棉山房
同輯
戊戌年(2018)鈐印本
免冑堂　紅棉山房

05391

唐百里印存不分卷　二册
唐百里篆並輯
鈐印本
松蔭軒

05392

唐名賢印册　一册
〔清〕黄知苿篆〔清〕石笙輯
清光緒二十年(1894)描摹粘貼本
松蔭軒

05393

唐宋以來官印集　一册
羅振玉輯
民國二十六年(1937)鈐印本
鴻爪留痕館

05394

唐起一印稿　一册
唐起一篆並輯
鈐印本
松蔭軒

05395
唐詩印譜　一册
　（日本）鷄鳴庵篆並輯
　日本明和四年(1767)鈐印本
　漢南

05396
唐詩印譜　一册
　（日本）笠間侯篆並輯
　日本文化十四年(1817)鈐印本
　漢南

05397
唐詩篆刻第二集不分卷　四册
　〔佚名〕篆並輯
　鈐印本
　港中大　松蔭軒

05398
唐源鄴印稿不分卷　二册
　唐源鄴篆　曾紹傑輯
　民國間鈐印本
　鴻爪留痕館

05399
唐醉石印存　一册
　唐源鄴篆並輯
　鈐印本
　東台

05400
唐醉石印存(醉石印稿)　四册
　唐源鄴篆並輯
　鈐印本
　松蔭軒

05401
唐醉石印稿(醉石山麓印稿)不分卷　二册
　唐源鄴篆並輯
　民國三十七年(1948)鈐印本
　鴻爪留痕館　松蔭軒

05402
唐醉石印譜不分卷　三册
　唐源鄴篆並輯
　辛酉年(1981)鈐印本
　協會

05403
唐醉石印譜　一册
　唐源鄴篆並輯
　鈐印本
　私人藏

05404
唐醉石先生印粹　一册
　唐源鄴篆　曾紹傑輯
　民國間鈐印本
　臺圖

旅

05405
旅盫所見印存不分卷　四册
　〔清〕趙之琛篆並輯
　鈐印本
　哈爾濱　松蔭軒

瓶

05406
瓶水篆刻　一册
　江瓶水篆並輯
　民國元年(1912)鈐印本
　松蔭軒

益

05407
益堂印存　一册
　〔佚名〕篆並輯

鈐印本

松蔭軒

05408

益齋集印　一冊

沈振中篆並輯

鈐印本

蘇州大

浙

05409

浙西名印不分卷　六冊

丁仁輯

鈐印本

上博　松蔭軒

05410

浙江博物館藏印　一冊

吳昌碩篆　浙江博物館輯

壬午年(2002)鈐印本

兩然齋

05411

浙邑印集　一冊

[佚名]篆並輯

鈐印本

松蔭軒

05412

浙派印人集不分卷　三冊

[佚名]篆並輯

鈐印本

松蔭軒

05413

浙皖名家印存不分卷　二冊

[佚名]篆並輯

鈐印本

松蔭軒

酒

05414

酒井抱一先生印譜　一冊

(日本)酒井抱一篆並輯

鈐印本

早稻田

05415

酒庚祥治印不分卷　二冊

酒庚祥篆並輯

鈐印本

松蔭軒

05416

酒鉤歌扇總無聊(再來人印存)　一冊

鄭時篆並輯

民國八年(1919)鈐印本

松蔭軒

05417

酒餘亭陶泥合刊　一冊

周曉陸輯

壬辰年(2012)鈐印本

見性簃

涉

05418

涉園印存　一冊

王冰鐵篆並輯

鈐印本

私人藏

05419

涉園印抒　一冊

陶湘輯

鈐印本

私人藏

娑

05420

娑羅花樹館藏印不分卷　四册
　周肇祥輯
　民國五年(1916)鈐印本
　北大　西泠　浙江博　松陰軒

05421

娑羅花樹館藏印不分卷　六册
　周肇祥輯
　民國五年(1916)鈐印本
　國圖　上海　上博　廣東

05422

娑羅華盦印譜　一册
　〔清〕王祖光篆並輯
　鈐印本
　中科院

消

05423

消夏印存不分卷　六册
　〔清〕哈布芬篆並輯
　清光緒四年(1878)鈐印本
　國圖　上海　西泠

05424

消夏偶興　一册
　（日本）山本竹雲篆並輯
　日本明治十七年(1884)鈐印本
　漠南

05425

消遥長生記印譜　一册
　〔清〕黄幼耕篆並輯
　清光緒二十六年(1900)7715
　安徽

海

05426

海上名人圖章譜　一册
　〔佚名〕篆並輯
　鈐印本
　松陰軒

05427

海上精舍藏印不分卷　六册
　〔清〕王懿榮輯
　清光緒九年(1883)鈐印本
　東京博　漠南

05428

海上墨石齋印痕　一册
　〔佚名〕篆並輯
　鈐印本
　松陰軒

05429

海山僊館印存(海山僊館集)不分卷　四册
　〔清〕潘仕成輯
　鈐印本
　廣東

05430

海山僊館印譜不分卷　三册
　〔清〕潘仕成輯
　鈐印本
　港大

05431

海天樓印譜(海天樓印存)　一册
　巢章甫輯
　民國三十年(1941)鈐印本
　臺圖

05432

海天樓印譜(海天樓印存)不分卷　十六册
　巢章甫輯

民國三十年(1941)鈐印本
上海 北大 徐州 復旦 臺圖 松丸東魚

05433

海天樓集拓知交所藏秦漢玉印　一册
巢章甫輯
鈐印本
松蔭軒　京文研

05434

海天樓藏印　一册
巢章甫輯
鈐印本
松蔭軒

05435

海天樓藏印(印譜)不分卷　二册
巢章甫輯
鈐印本
天津

05436

海天樓藏秦漢印譜(海天樓藏秦漢印)不分卷　十六册
巢章甫輯
民國三十年(1941)鈐印本
國圖　京文研

05437

海日廔印存　一册
沈曾植藏印　沈氏後人輯
鈐印本(沈曾植用印)
松蔭軒

05438

海日樓印存　一册
沈曾植輯
鈐印本
松蔭軒

05439

海月盦印賸　十册
錢君匋輯
鈐印本
君匋藝院

05440

海西草堂集古印譜　一册
賀孔才輯
民國間鈐印本
國圖

05441

海舟印譜　一册
(日本)勝海舟篆並輯
鈐印本
日本國會

05442

海舟先生印譜　一册
(日本)勝海舟篆並輯
日本昭和二十九年(1954)鈐印本
漢南

05443

海陵銕畊齋印存不分卷　二册
臧克柔篆並輯
民國十三年(1924)鈐印本
中國美院

05444

海陵銕耕齋印存　一册
臧克柔篆並輯
民國十三年(1924)鈐印本
松蔭軒

05445

海庵印存　一册
張惟廉篆並輯
鈐印本
松蔭軒

05446

海隅錢蓮士集印　一册
〔清〕錢善慶篆並輯
清道光十三年(1833)鈐印本

松蔭軒

05447

海虞李鍾印存　一册
李鍾篆並輯
民國九年(1920)鈐印本
上海

05448

海壽篆稿不分卷　二册
〔清〕姚大源篆並輯
清乾隆六十年(1795)鈐印本
上博

05449

海壽篆稿不分卷　四册
〔清〕姚大源篆並輯
清乾隆六十年(1795)鈐印本
松蔭軒　漢南

05450

海嶠印集第一輯　一册
王壯爲　王北嶽等篆並輯
壬寅年(1962)影印本
東海大　松丸東魚

05451

海嶠印集第二輯　一册
王壯爲　王北嶽等篆並輯
己酉年(1969)影印本
北大　臺圖　松丸東魚

05452

海録書堂印存不分卷　二册
潘海鶻輯
鈐印本
中國美院　國會山莊

05453

海藏軒印存不分卷　四册
〔佚名〕篆並輯
鈐印本
松蔭軒

05454

海豐吳氏藏漢封泥　四册
〔清〕吳式芬輯
清光緒二十五年(1899)鈐印本
漢南

05455

海豐吳氏雙虞壺齋印譜　六册
〔清〕吳式芬輯
鈐印本
上海

05456

海鹽朱氏藏舊印譜　一册
〔清〕朱秋尹輯
鈐印本
浙江博

05457

海鹽狀元朱昌頤印存　一册
〔清〕朱昌頤藏
鈐印本
海鹽博

05458

海鹽查海寰印存　一册
〔清〕查海寰輯
鈐印本
海鹽博

浮

05459

浮介亭印存　一册
〔清〕戈履徵篆並輯
清宣統二年(1910)鈐印本
上博　首都

流

05460

流石印譜　一册

（日本）石井雙石　石川蘭八等篆（日本）書人社輯

日本昭和三十九年(1964)鈐印本

協會

05461

流雲居印譜　一册

〔佚名〕篆並輯

鈐印本

松蔭軒

浣

05462

浣月軒印譜　一册

〔佚名〕篆並輯

鈐印本

松蔭軒

05463

浣月齋印譜不分卷　四册

〔清〕程鴻緒輯

清嘉慶二十五年(1820)鈐印本

安徽

浪

05464

浪華印集　一册

（日本）北村春步　河西笛洲等篆並輯

日本昭和間鈐印本

協會　漢南

05465

浪華陶園印譜　一册

〔佚名〕篆並輯

鈐印本

松蔭軒

05466

浪越同壽雅集不分卷　二册

（日本）阪井吳城　酒井康堂等篆（日本）同壽印會輯

日本昭和七年(1932)鈐印本

協會

05467

浪僊印存　一册

〔清〕熊燾篆並輯

清光緒十九年(1893)鈐印本

嘉興

浸

05468

浸月樓印記(浸月樓圖書印記)不分卷　四册

〔清〕楊介壽篆並輯

清嘉慶二十五年(1820)鈐印本

南京

05469

浸月樓印記(浸月樓圖書印記)　一册

〔清〕楊介壽篆並輯

清道光十五年(1835)鈐印本

南京　松蔭軒

05470

浸月樓印稿詩存　一册

〔清〕楊介壽篆並輯

清嘉慶二十五年(1820)鈐印本

南京

悟

05471

悟雲軒藏印　一册

潘德熙 謝庚等篆 悟雲軒主人輯
鈐印本
松蔭軒

05472

悟樓印存 一册
〔清〕樊廷英篆並輯
清光緒二十七年(1901)鈐印本
温州

悔

05473

悔堂印外 一册
〔清〕汪啓輯
清乾隆五十三年(1788)鈐印本
安徽

05474

悔堂印外 四册
〔清〕汪啓輯
清乾隆五十三年(1788)鈐印本
西泠

05475

悔遲齋印存 十六册
〔清〕謝繩祖篆並輯
清光緒二十四年(1898)鈐印本
國圖 哈爾濱

05476

悔遲齋印存 一册
〔清〕許榮桂篆〔清〕李春華輯
清光緒二十四年(1898)鈐印本
松蔭軒 蒲阪文庫

05477

悔盦印稿(悔盦印存稿) 一册
〔清〕趙宗抃篆並輯
民國二十年(1931)鈐印本
南京 浙江 遼寧 鎮江 松蔭軒

05478

悔盦刻石 一册
趙宗抃篆並輯
民國二十一年(1932)影印本
南京 湖南 松蔭軒

悦

05479

悦圃軒藏印 一册
〔佚名〕篆並輯
鈐印本
浙江

家

05480

家訓印譜不分卷 二册
〔清〕邢德厚篆並輯
清乾隆十五年(1750)鈐印本
上博

05481

家藏漢印譜 一册
〔佚名〕篆並輯
鈐印本
松蔭軒

容

05482

容庚印存精選 一册
容庚 商承祚 金禹民 吳子建等篆 王翔輯
己亥年(2019)鈐印本
免胄堂

05483

容齋印譜 一册
（日本）菊池武保篆（日本）菊池武秀輯

日本昭和十年(1935)鈐印本

日本國會 松丸東魚 協會 岩瀨文庫 漠南

案

05484

案頭清玩　一册

〔清〕馬静遠輯

鈐印本

上博

朗

05485

朗村印譜　六册

〔清〕黄鵷篆並輯

清道光二十八年(1848)鈐印本

首都

05486

朗村印譜　八册

〔清〕黄鵷篆並輯

清道光二十八年(1848)鈐印本

上博

05487

朗庵印存　一册

林熊光輯

日本昭和間鈐印本

臺大

05488

朗庵所用印存影　一册

林熊光輯

日本昭和十八年(1943)鈐印本

松丸東魚

扇

05489

扇影印草不分卷　三十册

〔佚名〕篆並輯

鈐印本

松蔭軒

袖

05490

袖石齋自藏古今印存　一册

〔佚名〕篆並輯

鈐印本

松蔭軒

05491

袖石齋集成古今印存不分卷　四册

〔佚名〕篆並輯

鈐印本

松蔭軒

05492

袖珍印品　一册

〔清〕王禹襄篆　仲光勛輯

鈐印本

松蔭軒

05493

袖珍印賞　四册

〔清〕汪啓淑輯

清乾隆二十一年(1756)鈐印本

上博　吉大　西泠

05494

袖珍印賞　二册

〔清〕汪啓淑輯

清乾隆三十六年(1771)鈐印本

中遺院　松蔭軒　東京博　漠南

05495
袖海軒印蛻　一册
　〔佚名〕篆並輯
　鈐印本
　　上海

05496
袖海軒摹古印蛻不分卷　二册
　葉香渠篆並輯
　民國二年(1913)鈐印本
　　蘇州

05497
袖海樓印存　一册
　〔佚名〕篆並輯
　鈐印本
　　中嶽齋

祥

05498
祥止印草不分卷　二册
　羅祥止篆　張佩琳輯
　民國二十二年(1933)鈐印本
　　國圖　南京　鴻爪留痕館

05499
祥止印草癸丑集　一册
　羅祥止篆　尹壽全輯
　癸丑年(1973)粘貼本
　　養閒室

書

05500
書中屋印稿　二册
　〔清〕汪大基篆並輯
　清嘉慶八年(1803)鈐印本
　　國圖　浙江

05501
書中屋印稿　四册
　〔清〕汪大基篆並輯
　清嘉慶八年(1803)鈐印本
　　國圖

05502
書版掇英　一册
　趙林　葉潞淵　單孝天等篆　上海市出版工作者協會輯
　乙丑年(1985)鈐印本
　　私人藏　松蔭軒

05503
書法刻印　一册
　韓天衡　徐志偉等篆　上海書畫出版社輯
　乙丑年(1985)鈐印本(批林批孔專輯)
　　松蔭軒

05504
書香儇館印存　一册
　〔佚名〕篆並輯
　鈐印本
　　松蔭軒

05505
書帶堂印略(二台印略)　一册
　〔清〕鄭基成篆並輯
　清乾隆三十三年(1768)鈐印本
　　南京　平湖博

05506
書畫印譜　一册
　(日本)狩野榮壽輯
　鈐印本
　　臺圖

05507
書學印譜　一册
　〔清〕王紓篆並輯
　清乾隆四十二年(1777)雲南曝書堂鈐印本
　　國圖　上海　中科院　四川　吉大　西泠　浙江　雲

南 湖北 煙臺 蘇州 東京大

05508

書學印譜　二册

〔清〕王崧篆並輯

清乾隆四十二年(1777)雲南曝書堂鈐印本

雲南

05509

書學印譜　四册

〔清〕王崧篆並輯

清乾隆四十九年(1784)曝書堂鈐印本

國圖

05510

書學印譜　一册

〔清〕王崧篆　趙藩　陳榮昌等輯

民國四年(1915)影印本(雲南叢書本)

上海　雲南

05511

書體篆印譜(書體篆印譜司空圖詩品二十四則)不分卷　四册

〔清〕郝裕衡篆並輯

清道光三年(1823)鈐印本

上海　山東　北大　安徽　桂林　臺圖　松蔭軒

陸

05512

陸青崖印集　一册

陸青崖篆並輯

鈐印本

松蔭軒

05513

陸和九先生印存　一册

陸和九篆並輯

鈐印本

松蔭軒

05514

陸和九先生印存不分卷　三册

陸和九篆並輯

鈐印本

松蔭軒

05515

陸海天自用印集不分卷　二册

唐積聖　孔平孫等篆　林章松輯

庚子年(2020)鈐印本

復旦　港科大　秋水齋　松蔭軒

05516

陸庵晉古錄　一册

〔佚名〕篆並輯

鈐印本

松蔭軒

05517

陸廉夫名印稿本　一册

陸恢輯

鈐印本(稿本)

吳中

05518

陸樹基印集　一册

陸樹基篆並輯

鈐印本

松蔭軒

05519

陸龍自用印集　一册

陸龍篆並輯

鈐印本

松蔭軒

05520

陸離光怪　一册

〔清〕趙霽嵐等篆並輯

粘貼本

松蔭軒

05521

陸離萬狀　一冊

（日本）板倉緝篆並輯

日本明治十三年(1880)鈐印本

松丸東魚

陳

05522

陳子清印譜　一冊

陳子清篆並輯

鈐印本

私人藏

05523

陳子奮印譜　一冊

陳子奮篆並輯

民國二十九年(1940)鈐印本

上海

05524

陳子彝印存　一冊

陳華鼎篆並輯

鈐印本

松蔭軒

05525

陳巨來印譜　一冊

陳巨來篆並輯

鈐印本

私人藏

05526

陳巨來刻牙集存　一冊

陳巨來篆　王北嶽輯

戊寅年(1998)鈐印本

靜齋

05527

陳少梅自用印廿八鈕　一冊

金禹民　張志魚等篆〔佚名〕輯

鈐印本

松蔭軒　協會

05528

陳介祺自用印存　一冊

王石經等篆並輯

鈐印本

右文齋

05529

陳氏石墨樓藏印附鳳藏室藏印印存　一冊

〔清〕徐三庚　錢叔蓋　胡匊鄰等篆　陳伯衡輯

乙卯年(1975)粘貼本

蘭樓

05530

陳氏印存　一冊

〔佚名〕篆並輯

鈐印本

浙江博

05531

陳氏萬印樓古玉印存　一冊

何昆玉輯

民國五年(1916)影印本

上海

05532

陳氏集古印選　一冊

〔明〕陳鉅昌篆並輯

明萬曆三十二年(1604)鈐印本

上博

05533

陳氏藏印　一冊

〔佚名〕篆並輯

鈐印本

紹興

05534

陳左夫印存　一冊

陳左夫篆並輯

丙辰年(1976)鈐印本

片雲齋

05535

陳左黃篆刻　一册

陳左黃篆

影印本

松蔭軒

05536

陳半丁印存不分卷　二十三册

陳半丁篆並輯

自存本

松蔭軒

05537

陳半丁常用印譜　一册

陳半丁篆　陳半丁家屬輯

鈐印本

紅棉山房

05538

陳老秋印譜　一册

陳老秋篆並輯

鈐印本

私人藏

05539

陳多鼎印譜　一册

[佚名]篆並輯

鈐印本

紹興

05540

陳池秀用印集不分卷　四册

羅瑛　鄧爾雅等篆　林章松輯

丁酉年(2018)鈐印本

松蔭軒

05541

陳東塾藏潘氏看篆樓印譜　六册

[清]潘有爲輯

鈐印本

鴻爪留痕館

05542

陳和棟藏印譜不分卷　四册

陳和棟篆並輯

鈐印本

松蔭軒

05543

陳金爔手橅層香閣集印　一册

費龍丁篆並輯

民國八年(1919)鈐印本

浙江

05544

陳秋堂印存　一册

[清]陳豫鍾篆並輯

鈐印本

上博

05545

陳風子甲辰百印集　一册

陳風子篆並輯

甲辰年(1964)鈐印本

社科院考古所　松蔭軒

05546

陳炯明印　一張

陳淦篆並輯

粘貼本

浙江

05547

陳姚印存　一册

陳師曾　姚華篆並輯

民國二十一年(1932)鈐印本

上海

05548

陳師曾印留　一册

陳師曾篆並輯

民國十九年(1930)鈐印本

百二扇面齋

05549

陳師曾印譜不分卷　二册
　陳師曾篆並輯
　民國二十四年(1935)鈐印本
　天津

05550

陳師曾印譜原拓　一册
　陳師曾篆並輯
　鈐印本
　松蔭軒

05551

陳師曾先生印譜不分卷　二册
　陳師曾篆並輯
　民國二十三年(1934)鈐印本
　私人藏　芷蘭齋

05552

陳師曾先生印譜不分卷　二册
　陳師曾篆並輯
　民國二十三年(1934)影印本
　西泠　哈爾濱

05553

陳虛舟印譜　一册
　（日本）前川利涉篆並輯
　日本安永四年(1775)鈐印本
　松丸東魚

05554

陳曼生印存不分卷　四册
　〔清〕陳豫鍾篆　吳隱輯
　清光緒三十四年(1908)鈐印本
　吉林　浙江　哈爾濱　常州

05555

陳曼生印存不分卷　二册
　〔清〕陳豫鍾篆　翠雲唫館輯
　鈐印本
　上博

05556

陳曼生印譜不分卷　三册
　〔清〕陳豫鍾篆並輯
　鈐印本
　蘇州

05557

陳曼生陋室銘　一册
　〔清〕陳豫鍾篆並輯
　鈐印本
　浙江

05558

陳曼壽印存不分卷　四册
　〔清〕陳豫鍾篆並輯
　民國三十一年(1942)鈐印本
　上海

05559

陳曼壽印剩　一册
　〔清〕陳豫鍾篆並輯
　鈐印本(病梅館集印之一)
　上海

05560

陳寄生圖書苑不分卷　三册
　〔明〕陳旅輯
　明萬曆三十二年(1604)鈐印本
　國圖

05561

陳郢印存　一册
　陳郢篆並輯
　鈐印本(册葉裝十開)
　松蔭軒

05562

陳運彰用印集　一册
　陳運彰等篆〔佚名〕輯
　鈐印本
　松蔭軒

05563

陳群曆偤職官印譜　一册

　　[佚名]篆並輯

　　鈐印本

　　南京

05564

陳語山印存不分卷　二册

　　陳語山篆　陳用輯

　　庚子年(2020)鈐印本

　　免冑堂

05565

陳語山印集　一册

　　陳語山篆　陳用輯

　　丁巳年(1977)鈐印本

　　松蔭軒

05566

陳語山篆刻原鈐　一册

　　陳語山篆　陳用輯

　　戊午年(1978)鈐印本

　　松蔭軒　兩然齋

05567

陳齊印存不分卷　二册

　　陳師曾　齊白石篆並輯

　　鈐印本

　　鴻爪留痕館

05568

陳漢弟自用印存不分卷　二册

　　[佚名]篆並輯

　　鈐印本

　　松蔭軒

05569

陳漢弟家藏印譜不分卷　二册

　　陳漢弟藏[佚名]輯

　　鈐印本(陳氏用印)

　　松蔭軒

05570

陳敷民印存不分卷　二册

　　陳敷民輯

　　鈐印本

　　國圖

05571

陳毅元帥詩句印譜不分卷　二册

　　田叔達篆並輯

　　辛丑年(1961)鈐印本

　　松蔭軒

05572

陳毅元帥詩詞印譜　一册

　　田叔達篆並輯

　　辛丑年(1961)鈐印本

　　中嶽齋

05573

陳豫鍾印譜　一册

　　〔清〕陳豫鍾篆並輯

　　鈐印本

　　湖南　松蔭軒

05574

陳衡恪用印　一册

　　黃耀忠輯

　　己卯年(1999)鈐印本

　　兩然齋

05575

陳衡恪印存不分卷　三册

　　陳衡恪篆並輯

　　民國間鈐印本

　　臺圖

05576

陳衡恪印存(陳寅恪印存)　一册

　　黃耀忠輯

　　壬午年(2002)鈐印本

　　松蔭軒　紅棉山房

05577

陳衡恪自用印存　一册

沈永泰輯

乙未年(2015)鈐印本

兩然齋

05578

陳錫鈞印譜　二册

陳錫鈞篆並輯

粘貼本

浙江

05579

陳鍊印存　一册

〔清〕陳鍊篆並輯

影印本

松蔭軒

05580

陳簠齋手拓古印集不分卷　四册

〔清〕陳介祺輯

清光緒七年(1881)鈐印本

吉林　東京博

05581

陳簠齋手注印譜不分卷　四册

〔清〕陳介祺輯

清光緒十年(1884)鈐印本

東京博

05582

陳簠齋印譜不分卷　四册

〔清〕陳介祺輯

鈐印本

中遺院

05583

陳簠齋先生藏秦漢印選粹不分卷　三册

陳君善（陳介祺玄孫）輯

鈐印本（萬印樓舊藏印）

右文齋

05584

陳齡振印譜　一册

陳齡振篆並輯

鈐印本

安徽

05585

陳纘思印存不分卷　二册

〔清〕陳祖望篆　西泠印社輯

清宣統二年(1910)鈐印本

浙江　哈爾濱　協會

孫

05586

孫小平刻印　一册

孫小平篆並輯

鈐印本

松蔭軒

05587

孫小泉藏印　一册

沙孟海　韓登安等篆　孫小泉輯

乙未年(2015)鈐印本

片雲齋

05588

孫子雲印存　二册

孫子雲篆並輯

鈐印本

鴻爪留痕館

05589

孫氏養正樓福禄壽印譜（養正樓印存、孫氏養正樓印存）　六册

〔清〕孟介臣篆　孫阜昌輯

清道光二十一年(1841)鈐印本

國圖　人大　上海　上博　山西　天津　甘肅　北大　西泠　長春　南開　哈爾濱　保定　首都　浙江　湖南　遼寧　漠南　松蔭軒　普林斯頓　岩瀨文庫　奎

章閣 哈佛燕京 國會山莊

05590

孫伯恒藏印不分卷　二册
　孫伯恒輯
　清秘閣鈐本
　大連

05591

孫怡堂印譜（竹根印譜）　一册
　〔清〕孫漱石篆並輯
　清嘉慶九年（1804）鈐印本
　私人藏

05592

孫春山先生製印集　二册
　〔清〕孫春山篆並輯
　鈐印本
　上海

05593

孫祖培印存不分卷　二册
　孫祖培篆並輯
　鈐印本
　哈爾濱

05594

孫梁印稿不分卷　三册
　〔清〕戴以恒等篆並輯
　鈐印本
　浙江

05595

孫鼎自用印存　一册
　孫鼎輯
　鈐印本
　私人藏

05596

孫煜峰自用印譜　一册
　孫煜峰輯
　鈐印本
　私人藏

05597

孫静子印存　一册
　孫静子篆並輯
　民國三十四年（1945）鈐印本
　松蔭軒

05598

孫漱石印存不分卷　四册
　〔清〕孫漱石篆並輯
　清嘉慶九年（1804）鈐印本
　廣東

05599

孫漱石印譜（竹根印譜）　二册
　〔清〕孫漱石篆並輯
　清咸豐八年（1858）鈐印本
　上海

05600

孫慰祖甲申製印選不分卷　二册
　孫慰祖篆並輯
　甲申年（2004）鈐印本
　松蔭軒

05601

孫慰祖印譜　一册
　孫慰祖篆並輯
　乙酉年（2005）鈐印本
　兩然齋

陰

05602

陰隲文印言　一册
　〔清〕王兆興篆並輯
　清道光二十年（1840）鈐印本
　上海　上博

05603

陰隲文譜印　一册
　〔清〕袁鍾慧篆並輯

十畫　429

清道光元年(1821)原鈐印本
　河南　重慶

05604
陰騭文印文(陰騭文圖章)　一册
　王錫光篆　郝敦輯
　民國十四年(1925)影印本
　黑龍江　寧波　鴻爪留痕館　松蔭軒　漠南

05605
陰騭文印本　一册
　〔清〕楊慎菴篆　〔清〕楊冶廬輯
　鈐印本
　中國美院

05606
陰騭文印存　一册
　〔清〕方芝孫篆並輯
　清光緒二十六年(1900)方氏鈐印本
　上海　內蒙古

05607
陰騭文印存　一册
　〔清〕張心淵篆並輯
　鈐印本
　平湖

05608
陰騭文印章　一册
　〔清〕胡圻篆並輯
　清道光二十三年(1843)胡圻鈐印本
　四川　松蔭軒

05609
陰騭文印章　一册
　〔清〕王虬松篆並輯
　清乾隆二十六年(1761)鈐印本
　上博

05610
陰騭文印譜　一册
　〔佚名〕輯
　鈐印本

　天津　松蔭軒　重慶　遼寧

05611
陰騭文印譜　一册
　誠父篆並輯
　誠父鈐印本
　松蔭軒

05612
陰騭文印譜　一册
　〔明〕何震篆並輯
　何震鈐印本
　松蔭軒

05613
陰騭文印譜　一册
　〔清〕孔筠谷篆並輯
　清道光三十年(1850)鈐印本
　山東

05614
陰騭文印譜　一册
　〔清〕孔憲英篆並輯
　清道光三十年(1850)孔憲英鈐印本
　上博

05615
陰騭文印譜　一册
　〔清〕藍本曉篆並輯
　種玉堂鈐印本
　重慶

05616
陰騭文印譜　一册
　〔清〕藜青篆並輯
　藜青鈐印本
　松蔭軒

05617
陰騭文印譜　一册
　〔清〕李文沐篆並輯
　清嘉慶十八年(1813)李文沐鈐印本
　芷蘭齋　松蔭軒

05618

陰騭文印譜（明文三橋先生篆刻陰騭文印譜）　一冊
　〔明〕文彭篆　王吉源輯
　民國十二年（1923）王吉源影印本
　上海　松蔭軒

05619

陰騭文印譜　一冊
　〔清〕邢德厚篆並輯
　清乾隆十六年（1751）邢德厚鈐印本
　西泠　松蔭軒

05620

陰騭文印譜　一冊
　〔清〕于化鯤篆並輯
　清道光二十三年（1843）于化鯤鈐印本
　上博

05621

陰騭文印譜　一冊
　〔清〕郁青篆並輯
　清乾隆十四年（1749）鈐印本（郁青本）
　松蔭軒

05622

陰騭文印譜　一冊
　〔清〕張仁鑫篆並輯
　清光緒三十四年（1908）張仁鑫鈐印本
　國圖

05623

陰騭文印譜　一冊
　朱紫篆並輯
　朱紫雲鈐印本
　南通

05624

陰騭文模本印譜　一冊
　〔清〕丁雲藻篆並輯
　清咸豐六年（1856）鈐印本
　松蔭軒

05625

陰騭文篆章　一冊
　〔清〕吳粲篆　王烜輯
　鈐印本
　松蔭軒

陶

05626

陶山印餘　一冊
　〔清〕紀大復篆並輯
　清乾隆五十六年（1791）鈐印本
　百樂齋

05627

陶印般若心經　一冊
　（日本）加藤智良篆　（日本）柿原琢郎輯
　日本昭和九年（1934）鈐印本
　協會

05628

陶丞印譜　一冊
　〔清〕陶丞篆並輯
　鈐印本
　桂林

05629

陶佛龕鉢印彙存　三十二冊
　〔清〕黃濬藏並輯
　粘貼本
　中遺院

05630

陶制廬藏印不分卷　四冊
　〔清〕陳鴻壽等篆　陶制廬輯
　鈐印本
　上博

05631

陶峰小課不分卷　二冊
　〔清〕朱其鏡篆並輯

清乾隆五十九年(1794)鈐印本
漠南

05632
陶峰小課不分卷　二册
〔清〕朱其鏡篆並輯
清光緒二十九年(1903)鈐印本
上海　西泠　東北師大　松蔭軒

05633
陶峰小課印譜　一册
〔清〕朱其鏡篆並輯
清道光七年(1827)鈐印本
松蔭軒

05634
陶峰刻朱子家訓　一册
〔清〕朱其鏡篆並輯
清光緒二十九年(1903)鈐印本
松蔭軒

05635
陶庵清玩　一册
（日本）中井陶庵篆並輯
日本明治初鈐印本
漠南

05636
陶雲汀宮保印存　一册
〔佚名〕篆並輯
鈐印本
浙江

05637
陶湘自用印印譜　一册
〔佚名〕篆並輯
鈐印本
私人藏

05638
陶磁印譜　一册
〔佚名〕篆並輯
鈐印本

日本國會

05639
陶潛歸去來辭印譜　一册
〔佚名〕篆並輯
鈐印本
松蔭軒

05640
陶齋古玉印存(陶齋藏古玉印印存)　一册
周作鎔藏印　衛東晨輯
民國三十四年(1945)鈐印本
瓦翁

05641
陶齋藏鉢　一册
〔清〕端方藏　〔佚名〕輯
鈐印本
松蔭軒

05642
陶寶如印印(見南山人印印)　一册
〔清〕陶瑢篆並輯
鈐印本
常州　松蔭軒

娛

05643
娛清館印譜不分卷　二册
〔佚名〕篆並輯
民國元年(1912)鈐印本
國圖

通

05644
通介堂印箋不分卷　二册
〔清〕徐學幹篆並輯
清道光六年(1826)鈐印本

松蔭軒

能

05645

能爾齋印譜　四冊

〔清〕錢禎篆並輯

清康熙四十三年(1704)鈐印本

浙江博　港中大

05646

能爾齋印譜　五冊

〔清〕錢禎篆並輯

民國間鈐印本

"中研院"史語所

桑

05647

桑愉印選不分卷　三冊

桑愉篆並輯

己未年(1979)鈐印本

協會

納

05648

納庵印譜　一冊

張蔡篆並輯

鈐印本

上海

紙

05649

紙帳銅缾室集印　一冊

〔明〕文徵明　何震等篆　鄭逸梅輯

鈐印本

松蔭軒

十一畫

現

05650

現代印人印稿不分卷　二冊

梁曉莊輯

丁酉年(2017)影印本

兩然齋

05651

現代名家印薈不分卷　二冊

梁曉莊輯

壬午年(1989)影印本

兩然齋

05652

現代作家印存　一冊

（日本）石原幸作輯

日本大正五年(1916)粘貼本

臺大

05653

現代畫家落款印譜不分卷　二冊

（日本）［佚名］輯

日本昭和八年(1933)鈐印本

臺大

05654

現代篆刻不分卷　八冊

王禔　趙時棡　孔雲白等篆　吳振平輯

民國二十四年(1935)影印本

鴻爪留痕館

05655

現代篆刻不分卷　九冊

王禔　趙時棡　孔雲白等篆　吳振平輯

民國二十四年(1935)影印本

遼寧　泰州　義烏　嘉興　鎮江　松蔭軒

05656

現代篆刻不分卷　二册

王禔　趙時棡　孔雲白等篆　吳振平輯

民國二十四年(1935)影印本(合訂本)

義烏　港中大　松蔭軒

05657

現代篆刻合輯不分卷　二册

區建公　趙鶴琴　何印廬等篆並輯

戊戌年(1958)影印本

松蔭軒

05658

現代篆刻名家展覽會印譜　一册

（日本）石井雙石　北村春步等篆　（日本）松丸東魚輯

日本昭和三十二年(1957)鈐印本

松丸東魚　協會

05659

現代篆刻名家展覽會印譜不分卷　二册

（日本）石井雙石　北村春步等篆　（日本）松丸東魚輯

日本昭和三十二年(1957)原鈐印本

松丸東魚

05660

現代篆刻第二集　一册

趙時棡篆　吳振平輯

民國二十一年(1932)影印本

協會

05661

現代篆刻第八集　一册

童大年篆　吳振平輯

民國二十一年(1932)影印本

協會

05662

現代篆刻第四集　一册

馬公愚　葉潞淵等篆　吳振平輯

民國二十一年(1932)影印本

協會

05663

現代篆刻選不分卷　二册

韓天衡　王運天等篆　林章松重輯

壬寅年（2022）鈐印本（册葉裝四十八開，底稿本）

松蔭軒

琉

05664

琉璃廠散佚古鉢輯存不分卷　五册

楊廣泰輯

鈐印本

松蔭軒

琅

05665

琅盦藏印　一册

（日本）松丸東魚篆　（日本）稻垣重厚輯

日本昭和三十六年(1961)鈐印本

松丸東魚

05666

琅嬛僊館印譜　一册

〔清〕王篔客篆並輯

鈐印本

揚州大

描

05667

描摹本望雲軒印集　一册

［佚名］篆並輯

鈐印本

松蔭軒

十一畫　435

05668
描摹名家印稿　一册
　[佚名]篆並輯
　鈐印本
　松蔭軒

掀

05669
掀華盦印存不分卷　四册
　[佚名]篆並輯
　己未年(1979)鈐印本
　協會

採

05670
採珍舫印譜　一册
　[佚名]篆並輯
　鈐印本
　浙江

教

05671
教育勅語印譜　一册
　(日本)高澤壽篆並輯
　日本昭和五年(1930)鈐印本
　臺大

探

05672
探幽印影　一册
　(日本)狩野探道篆並輯
　日本昭和六年(1931)鈐印本
　漠南

05673
探幽印譜　一册
　(日本)狩野探幽篆並輯
　日本明治十八年(1885)鈐印本
　岩瀨文庫

05674
探幽印譜　一册
　(日本)狩野探幽篆並輯
　日本大正八年(1919)鈐印本
　日本國會　東京藝大　漠南

05675
探梅軒藏印不分卷　四册
　[佚名]篆並輯
　鈐印本
　哈爾濱

埽

05676
埽石山房印譜　一册
　(日本)梛川玄壽篆　(日本)梛川銀輯
　日本大正七年(1918)鈐印本
　遼寧　協會

05677
埽花僊館印存不分卷　三册
　[佚名]篆並輯
　清道光二十二年(1842)鈐印本
　寧夏

05678
埽雲山館印集不分卷　六册
　〔明〕文彭篆並輯
　鈐印本
　國圖

掃

05679

掃石山房印譜不分卷　二冊

（日本）梛川玄壽篆並輯

日本大正七年(1918)鈐印本

西泠　松蔭軒　都立大學　漢南

聊

05680

聊且居印賞　一冊

〔清〕史惟德篆並輯

清道光十四年(1834)鈐印本

上海

05681

聊自娛齋印存不分卷　四冊

〔清〕容作恭輯

清光緒二十九年(1903)鈐印本

哈爾濱　私人藏　松蔭軒　漢南　國會山莊

05682

聊自娛齋印存不分卷　二冊

〔清〕趙之謙篆〔清〕容作恭輯

清光緒二十九年(1903)鈐印本

上海　浙江

05683

聊自娛齋印存不分卷　四冊

〔清〕趙之謙篆〔清〕容作恭輯

清光緒二十九年(1903)趙之謙鈐印本

天津　浙江

05684

聊自娛齋印存不分卷　六冊

〔清〕趙之謙篆〔清〕容作恭輯

清光緒二十九年(1903)鈐印本

中國美院

05685

聊自娛齋印譜不分卷　十冊

〔清〕趙之謙篆〔清〕容作恭輯

清光緒二十九年(1903)鈐印本

上海　湖南　臺圖

05686

聊自娛齋主人自刊印　一冊

〔佚名〕篆並輯

鈐印本

吳江

菁

05687

菁園印存　一冊

陸昌寅篆並輯

民國間鈐印本

南京

菘

05688

菘翁印譜　一冊

（日本）貫名菘翁篆（日本）藝苑叢書輯

日本大正八年(1919)鈐印本

日本國會　東京藝大　協會　岩瀨文庫　新潟大　應慶大

05689

菘翁印譜不分卷　三冊

（日本）貫名菘翁篆並輯

日本昭和五十四年(1979)鈐印本(集殘本)

松蔭軒

05690

菘翁印譜集不分卷　四冊

（日本）貫名菘翁篆並輯

日本昭和五十四年(1979)鈐印本

協會　新潟大

05691

菘翁印譜補　一册

（日本）貫名菘翁篆（日本）書學院出版部輯

日本明治五年(1872)鈐印本

新潟大

05692

菘翁印譜補　一册

（日本）貫名菘翁篆（日本）書學院出版部輯

日本大正八年(1919)鈐印本

日本國會　岩瀨文庫

05693

菘翁先生印譜　一册

（日本）貫名菘翁篆並輯

日本明治五年(1872)鈐印本

松蔭軒　協會　新潟大

05694

菘翁遺印　一册

（日本）貫名菘翁篆（日本）鳩居堂主人輯

日本明治五年(1872)鈐印本

西泠　日本國會　松丸東魚　東京博　協會　漢南

堇

05695

堇廬印存　一册

［佚名］篆並輯

鈐印本

義烏

黄

05696

黄士陵印存　一册

〔清〕黄士陵篆　黄大同輯

癸酉年(1993)鈐印本

百二扇面齋

05697

黄士陵印存不分卷　三册

〔清〕黄士陵篆　林明　謝光輝輯

庚寅年(2010)影印本

松蔭軒　港中大

05698

黄士陵印存不分卷　四册

〔清〕黄士陵篆並輯

鈐印本

廣東

05699

黄士陵印存不分卷　六册

〔清〕黄士陵篆並輯

鈐印本

廣東

05700

黄小松刊印　一册

〔清〕黄小松篆並輯

鈐印本

松蔭軒

05701

黄小松印存　一册

〔清〕黄小松篆　吳隱輯

清宣統三年(1911)西泠印社鋅版印本

上海　吉林　西泠　東京博

05702

黄小松印譜　一册

〔清〕黄小松篆　神州國光社輯

影印本

上海　上博　西泠　別宥齋（天一閣）　南京　常熟
黑龍江　遼寧　長恩閣　鴻爪留痕館　國會山莊

05703

黄山七十二峰印譜　一册

劉友石篆並輯

丁卯年(1987)鈐印本

協會

05704
黃山印藪不分卷　二冊
〔清〕項懷述篆並輯
清乾隆四十一年(1776)伊蔚齋本
國圖　安徽博　浙江

05705
黃山印藪不分卷　四冊
〔清〕項懷述篆並輯
清乾隆四十一年(1776)伊蔚齋本
國圖

05706
黃山印藪不分卷　二冊
〔清〕項懷述篆並輯
清嘉慶二十二年(1817)伊蔚齋本
西泠　衢州博

05707
黃氏秦漢印譜　一冊
〔清〕黃易輯
清乾隆五十九年(1794)鈐印本
上博

05708
黃文寬印存　一冊
黃文寬篆並輯
辛卯年(1951)鈐印本
百二扇面齋

05709
黃文寬印存　一冊
黃文寬篆並輯
庚午年(1990)鈐印本
百二扇面齋

05710
黃文寬印譜　一冊
黃文寬篆　楊廣泰輯
庚午年(1990)鈐印本
松蔭軒

05711
黃文寬先生印稿　一冊
黃文寬篆並輯
粘貼本
兩然齋

05712
黃文寬治可居用印　一冊
黃文寬篆　王大文輯
己亥年(2019)鈐印本
免胄堂

05713
黃文寬鐵筆小集　一冊
黃文寬篆並輯
粘貼本
兩然齋

05714
黃幼松印存　一冊
黃賢篆並輯
鈐印本
南通

05715
黃幼華篆刻　一冊
黃幼華篆並輯
鈐印本
松蔭軒

05716
黃幼華篆刻藝術　一冊
黃幼華篆並輯
鈐印本
松蔭軒

05717
黃幼華臨古印　一冊
黃幼華篆並輯
癸亥年(1983)鈐印本
松蔭軒

05718
黃花瘦生印　一册
〔佚名〕篆並輯
鈐印本
上海

05719
黃易印稿　一册
〔清〕黃易篆並輯
鈐印本
君匋藝院

05720
黃易自存印譜　一册
〔清〕黃易篆並輯
鈐印本
蘇州

05721
黃牧父印存　一册
〔清〕黃士陵篆並輯
鈐印本
鴻爪留痕館

05722
黃牧父印存　二册
〔清〕黃士陵篆並輯
鈐印本
港大　鴻爪留痕館

05723
黃牧父治印　一册
〔清〕黃士陵篆並輯
鈐印本
上海

05724
黃牧甫印存(黃穆甫印存續補)不分卷　十三册
〔清〕黃士陵篆並輯
清光緒三十四年(1908)鈐印本(自存稿本)
松蔭軒

05725
黃牧甫印存不分卷　二册
〔清〕黃士陵篆　張咀英輯
民國二十六年(1937)鈐印本
上博　南京　復旦　百二扇面齋　百樂齋　長恩閣
兩當齋　松蔭軒

05726
黃牧甫印存不分卷　二册
〔清〕黃士陵篆　易孺輯
民國二十六年(1937)鈐印本
松蔭軒

05727
黃牧甫印存不分卷　二册
〔清〕黃士陵篆　黃文寬輯
庚子年(1960)瓦存室鈐印本
君匋藝院

05728
黃牧甫印存不分卷　二册
〔清〕黃士陵篆　李育中輯
庚子年(1960)粘貼本
紅棉山房

05729
黃牧甫印存　一册
〔清〕黃士陵篆　黃大同輯
辛丑年(2021)鈐印本
紅棉山房

05730
黃牧甫印存　一册
〔清〕黃士陵篆並輯
粘貼本
紅棉山房　浙江博

05731
黃牧甫印存　一册
〔清〕黃士陵篆並輯
鈐印本
君匋藝院

05732
黃牧甫印存不分卷　四册
〔清〕黃士陵篆並輯
鈐印本
西泠　君匋藝院

05733
黃牧甫印集　一册
〔佚名〕篆並輯
鈐印本（集古印）
君匋藝院

05734
黃牧甫印聚不分卷　四册
〔清〕黃士陵篆　楊廣泰輯
甲申年（2004）鈐印本
郭鵬宇

05735
黃牧甫印賸不分卷　二册
〔清〕黃士陵篆　休休堂輯
丁酉年（2017）鈐印本
近墨堂　松蔭軒

05736
黃牧甫印譜不分卷　七册
〔清〕黃士陵等篆　陳融輯
民國二十四年（1935）陳融鈐印本
南京

05737
黃牧甫印譜　一册
〔清〕黃士陵篆　符驥良輯
丙午年（1966）符氏鈐印本
近墨堂

05738
黃牧甫印譜　一册
〔清〕黃士陵篆並輯
鈐印本
中大

05739
黃牧甫印譜不分卷　四册
〔清〕黃士陵篆並輯
鈐印本
紅棉山房　蒲阪文庫

05740
黃牧甫先生印存　一册
〔清〕黃士陵篆　黃文寬輯
庚子年（1960）鈐印本
紅棉山房

05741
黃牧甫先生印存　一册
〔清〕黃士陵篆並輯
鈐印本
廣東

05742
黃牧甫先生印譜不分卷　二册
〔清〕黃士陵篆　馮康侯輯
民國二十四年（1935）鈐印本
私人藏　港中大

05743
黃牧甫先生印譜不分卷附少牧印附　四册
〔清〕黃士陵篆　黃少牧輯
民國二十四年（1935）影印本
國圖　上海　港中大　松蔭軒

05744
黃承韶印存　一册
黃承韶篆並輯
鈐印本
松蔭軒

05745
黃秋庵印譜　一册
〔清〕黃易篆〔清〕何夢華輯
清道光五年（1825）鈐印本
中科院　瑞安文物局　玉海樓　百樂齋

05746

黃秋盦印存不分卷　三册

〔清〕黃易篆　吳隱輯

清宣統三年(1911)鈐印本

中國美院　國會山莊

05747

黃秋盦印存不分卷　四册

〔清〕黃易篆　西泠印社輯

清宣統三年(1911)鈐印本

浙江博　港大

05748

黃高年藏古印　一册

黃高年輯

民國二十四年(1935)鈐印本

上博　中大

05749

黃朗村印存手卷一卷　一册

〔清〕黃朗篆並輯

鈐印本

中嶽齋

05750

黃朗村印譜　一册

〔清〕黃朗篆〔清〕彝倫摹

清光緒十六年(1890)鈐印本

民族圖

05751

黃梅花屋印存不分卷　六册

陳融輯

鈐印本

廣東

05752

黃國□印譜　一册

黃國□篆並輯

鈐印本

湖南

05753

黃楚橋印稿(楚橋印稿)　二册

〔清〕黃楚橋篆並輯

清乾隆五十三年(1788)鈐印本

國圖　寧夏

05754

黃楚橋印稿(楚橋印稿)不分卷　四册

〔清〕黃楚橋篆並輯

清道光六年(1826)鈐印本

上博　中國美院　西泠　南通

05755

黃稚松印集　一册

黃賢篆並輯

乙亥年(1995)鈐印本

南通

05756

黃輔世先生印譜　一册

〔清〕馮譽驄篆　黃輔世輯

清光緒二十二年(1896)鈐印本

松蔭軒

05757

黃賓虹印集不分卷　五册

黃賓虹輯

鈐印本

私人藏

05758

黃賓虹常用印集　一册

李尹桑　鄧爾雅等篆　浙江美術學院輯

戊午年(1978)鋅版印本

天津　北師大　君匋藝院　松蔭軒　臺圖　東京大

東京博　協會

05759

黃賓虹藏古鉢印(黃賓虹藏古璽印)不分卷　四册

浙江省博物館藏　朵雲軒輯

癸酉年(1993)鈐印本

松蔭軒　協會

05760

黃賓虹藏印　一冊
　黃賓虹輯
　鈐印本
　浙江

05761

黃縣丁氏藏印（周璽漢印）　一冊
　（日本）園田湖城輯
　日本大正五年（1916）鈐印本
　京文研

05762

黃穆甫印拓　一冊
　〔清〕黃士陵篆　勞天庇輯
　辛卯年（1951）鈐印本
　兩然齋

05763

黃穆甫印賞不分卷　二冊
　〔清〕黃士陵篆　梁曉莊輯
　丁酉年（2017）鈐印本
　兩然齋

05764

黃穆甫印稿　一冊
　〔清〕黃士陵篆並輯
　鈐印本
　遼寧

05765

黃穆甫刻印　一冊
　〔清〕黃士陵等篆並輯
　鈐印本
　安徽　安徽博

05766

黃龍硯齋藏鉨（黃龍硯齋藏周秦古鉨）不分卷　二冊
　（日本）田園湖城輯
　日本昭和十三年（1938）鈐印本
　松蔭軒　漠南

05767

黃龍硯齋藏鉨（黃龍硯齋藏周秦古鉨）不分卷　四冊
　（日本）田園湖城輯
　日本昭和十三年（1938）鈐印本
　京文研

05768

黃龍硯齋藏鉨（黃龍硯齋藏周秦古鉨）　一冊
　（日本）田園湖城輯
　日本昭和十七年（1942）鈐印本
　松丸東魚

05769

黃龍硯齋藏鉨續集（黃龍硯齋藏周秦古鉨續集）　一冊
　（日本）田園湖城輯
　日本昭和十五年（1940）鈐印本
　京文研

05770

黃龍硯齋藏鉨續集（黃龍硯齋藏周秦古鉨續集）不分卷　二冊
　（日本）田園湖城輯
　日本昭和十五年（1940）鈐印本
　松蔭軒　漠南

05771

黃澹盦先生印譜　一冊
　〔清〕黃梓庠篆　黃曾樾輯
　民國四年（1915）重慶綠蔭山館原鈐印本
　國圖　上海　哈爾濱　湖南

05772

黃澹盦先生印譜　一冊
　〔清〕黃梓庠篆　黃曾樾輯
　民國二十八年（1939）影印本
　中科院　北大　南京　浙江博　松蔭軒

05773

黃濟叔印集（黃濟叔印譜）　一冊
　〔清〕黃經篆並輯

清道光二十五年(1845)鈐印本

西泠

菌

05774

菌閣藏印　二册

〔明〕朱簡篆〔明〕韓霖輯

明天啓五年(1625)鈐印本

上博　私人藏

菜

05775

菜香書屋印存　一册

〔清〕汪浚川篆並輯

清光緒三十三年(1907)鈐印本

楚州

05776

菜根香館印存不分卷　十四册

〔清〕徐吉篆並輯

鈐印本

上博

莒

05777

莒居印粹不分卷　二册

（日本）中井敬所篆（日本）竹内龜吉輯

日本明治三十三年(1900)鈐印本

東京博

菊

05778

菊池惺堂居士選印粹　一册

〔明〕文彭 何震等篆（日本）佐藤耐雪後援

會輯

鈐印本

協會

05779

菊園印譜不分卷　六册

〔清〕奎聚五輯

清光緒三十三年(1907)鈐印本

國圖　内蒙古　四川　首都　寧夏　松蔭軒

05780

菊盦印存不分卷　二册

〔佚名〕篆並輯

鈐印本

松蔭軒

萍

05781

萍寄室印存（泉唐丁氏八家印譜、西泠八家印選）
不分卷　七册

〔清〕趙之琛篆 丁仁輯

清光緒三十年(1904)鈐印本

松蔭軒

05782

萍園藏印（苹園藏印）　二册

丁二仲篆並輯

鈐印本

鎮江

05783

萍蹤初印集　一册

〔清〕徐琪輯

清光緒二十九年(1903)鈐印本

吉林

菅

05784

菅野梁川用印　一册

（日本）初世中村蘭台 石川蘭八等篆 高峰輯

日本平成二十四年(2012)鈐印本

協會

乾

05785

乾修齋古印集存（古印集存） 二册

〔清〕崔鴻圖輯

清光緒二十七年(1901)鈐印本

天津博 松蔭軒

05786

乾修齋古印集存 四册

〔清〕崔鴻圖輯

清光緒二十七年(1901)鈐印本

上博 浙江博 "中研院"史語所 松蔭軒 岩瀨文庫

05787

乾修齋古印集存（古印集存） 十二册

〔清〕崔鴻圖輯

清光緒二十七年(1901)鈐印本

國圖 南京 哈爾濱 黑龍江 "中研院"史語所 遼寧 太田孝太郎 漢南 普林斯頓

05788

乾修齋集錦印譜（乾修齋集錦譜） 二册

〔清〕崔家澍輯

清光緒十五年(1889)鈐印本

上海 首都 天一閣 中大

05789

乾修齋集錦印譜（乾修齋集錦譜） 四册

〔清〕崔家澍輯

清光緒十七年(1891)鈐印本

岩瀨文庫

05790

乾堂印譜 一册

（日本）小曾根乾堂篆 （日本）小曾根均次郎輯

日本昭和十二年(1937)鈐印本

松丸東魚

05791

乾堂印譜不分卷 二册

（日本）小曾根乾堂篆 （日本）小曾根均次郎輯

日本昭和十二年(1937)鈐印本

日本國會 松丸東魚 東京博 漢南

05792

乾堂藏古璽印輯存不分卷 四册

焦新帥輯

庚子年(2020)鈐印本

鹿鳴簃

05793

乾隆年印模簿不分卷 六册

〔清〕禮部印鑄局輯

清乾隆間鈐印本

國圖

05794

乾隆寶譜附清内府藏古玉印 一册

金頲輪精舍輯

民國十九年(1930)影印本

國圖 清華 上海 天津 中科院 甘肅 北大 吉林 青海 東北師大 南京 復旦 湖北 遼大 遼寧

菉

05795

菉竹軒圖章集賞 八册

〔清〕陳啓運輯

清嘉慶十五年(1810)鈐印本

上博

菡

05796

菡萏居印存　二册

（日本）中井兼之篆並輯

日本明治三十六年(1903)影印本

漠南

05797

菡萏居印粹　三册

（日本）田中逸所篆並輯

日本明治三十六年(1903)鈐印本（書入本）

漠南

05798

菡萏居印粹附菡萏居遺影、菡萏居印粹餘諧　四册

（日本）中井兼之篆並輯

日本明治四十二年(1909)影印本

西泠　九州大　漠南

05799

菡菡居印粹不分卷　二册

（日本）中井敬所等篆並輯

日本明治三十三年(1900)影印本

臺圖　日本國會　東京博　協會　岩瀬文庫

05800

菡菡居印藪　一册

（日本）高芙蓉（日本）前川虛舟等篆並輯

鈐印本

協會

05801

菡菡居印譜　一册

（日本）高芙蓉篆並輯

日本寶曆九年(1759)鈐印本

東京文化財　協會

05802

菡菡居印譜　一册

（日本）高芙蓉篆（日本）荷溪堂輯

荷溪堂鈐印本

協會

05803

菡菡居遺影　一册

（日本）中井敬所篆（日本）田口逸所輯

日本明治四十三年(1910)鈐印本

日本國會　松丸東魚　岩瀬文庫

菑

05804

菑畬書屋印存　一册

[佚名]篆並輯

鈐印本

上海

梧

05805

梧竹先生印譜　一册

（日本）中林隆經篆（日本）竹蔭輯

鈐印本

早稻田

05806

梧雨山房印譜不分卷　二册

[佚名]篆並輯

鈐印本

山西

05807

梧園印蛻　一册

[清]胥倫篆並輯

清光緒十七年(1891)鈐印本

玉海樓　鴻爪留痕館　松蔭軒

05808

梧園印蛻不分卷　二册

〔清〕胥倫篆並輯
清光緒十七年(1891)鈐印本
上博

梅

05809
梅石印譜(梅石庵印鑒)不分卷　二册
〔清〕謝庸篆並輯
清光緒十五年(1889)鈐印本
文雅堂

05810
梅石印譜(梅石庵印鑒)不分卷　四册
〔清〕謝庸篆並輯
清光緒十五年(1889)鈐印本
遼寧　長春　松蔭軒

05811
梅石盦印稿不分卷　二册
〔清〕謝庸篆並輯
清光緒十九年(1893)鈐印本
松蔭軒

05812
梅石臨百二古銅印譜(網羅秦漢、印鑑)不分卷　二册
〔清〕謝庸篆並輯
清光緒十九年(1893)鈐印本
山東　南京　哈爾濱　松蔭軒　漢南

05813
梅石臨百二古銅印譜(網羅秦漢、印鑑)不分卷　四册
〔清〕謝庸篆並輯
清光緒十九年(1893)鈐印本
私人藏　東京博

05814
梅白印存　一册
李息篆並輯
民國三十七年(1948)鈐印本
浙江博

05815
梅奴印存不分卷　二册
謝翰華篆並輯
民國二十四年(1935)鈐印本
國圖　湖南

05816
梅奴印稿　一册
謝梅奴篆並輯
民國三十七年(1948)鈐印本
國圖

05817
梅奴謝翰華印稿　一册
謝翰華篆並輯
鈐印本
中大

05818
梅奴謝韡華篆刻　一册
謝梅奴篆並輯
民國二十五年(1936)鈐印本
國圖

05819
梅竹印存　一册
(日本)梅逸竹洞篆　(日本)兼松蘆門輯
日本明治四十三年(1910)鈐印本
松蔭軒　岩瀨文庫　漢南

05820
梅花小屋集印不分卷　三册
〔佚名〕篆並輯
鈐印本
松蔭軒

05821
梅花印譜　一册
邀梅軒輯
鈐印本

澂廬

05822
梅花老屋瓦當文縮譜　一册
〔清〕劉維善篆並輯
清光緒二十五年(1899)鈐印本
松蔭軒

05823
梅花堂集古印存不分卷　六册
金興祥輯
民國十二年(1923)鈐印本
國圖

05824
梅花詩夢庵印存　一册
〔清〕胡栻篆並輯
清光緒二十四年(1898)鈐印本
上海

05825
梅里古印譜　一册
〔清〕錢栽輯
清乾隆五十七年(1792)鈐印本
德國柏林

05826
梅里古印譜不分卷　四册
〔清〕錢栽輯
清乾隆五十七年(1792)鈐印本
哈佛燕京

05827
梅谷藏匋不分卷　四册
周梅谷輯
鈐印本
文雅堂

05828
梅華印集　一册
（日本）園田湖城輯
日本大正六年(1917)鈐印本
溟南

05829
梅華草堂白石印存不分卷　二册
齊白石篆　朱屺瞻輯
民國間鈐印本(齊白石題跋)
私人藏

05830
梅華草堂集古印存　一册
羅振玉輯
民國十二年(1923)鈐印本(殘本)
松蔭軒

05831
梅華草堂集古印存不分卷　十册
羅振玉輯
民國十二年(1923)鈐印本
私人藏

05832
梅華草堂集古印存不分卷　八册
羅振玉輯
民國三十六年(1947)鈐印本
上博

05833
梅華草堂集古印存不分卷　十六册
羅振玉輯
民國三十六年(1947)鈐印本(殘本)
秦氏支祠(天一閣)

05834
梅華草堂集古印存　一扎
羅振玉輯
鈐印本(散葉)
浙江

05835
梅華堂印賞　一册
（日本）大谷瑩誠輯
日本大正十三年(1924)鈐印本
松蔭軒

05836
梅華堂印賞不分卷　十冊
（日本）大谷瑩誠輯
日本大正十三年(1924)鈐印本
松蔭軒　大谷大　松丸東魚　協會　漢南

05837
梅華堂藏古官印不分卷　二冊
（日本）大谷瑩誠輯
日本大正十三年(1924)鈐印本
松蔭軒　松丸東魚　協會

05838
梅華庵印存(歸安梅華盦印存)不分卷　四冊
丁廉訪輯
民國十四年(1925)鈐印本
"中研院"史語所

05839
梅軒遺篆不分卷　二冊
（日本）岡村梅軒篆　（日本）岡村恒男輯
日本大正十三年(1924)鈐印本
臺大　松蔭軒　協會　漢南　静岡

05840
梅雪堂印譜不分卷　六冊
〔清〕駱枃垣篆並輯
鈐印本
浙江

05841
梅崗書屋印稿集　一冊
〔佚名〕篆並輯
鈐印本
松蔭軒

05842
梅逸印譜　一冊
（日本）山本梅逸篆　（日本）藝苑叢書輯
日本大正十二年(1923)鈐印本
日本國會　東京藝大　協會　岩瀬文庫

05843
梅景書屋印蛻不分卷　六冊
葉豐等篆　吳述歐輯
戊辰年(1988)鈐印本
紅棉山房　松蔭軒

05844
梅景書屋印選　一冊
吳湖颿輯
民國二十二年(1933)鈐印本
上博

05845
梅景書屋印選不分卷　二冊
吳湖颿輯
民國二十二年(1933)鈐印本
松蔭軒　漢南

05846
梅景書屋自用印選不分卷　六冊
汪黎特鈐拓
丁酉年(2017)鈐印本
湖山寄廬

05847
梅舒適印存不分卷　二冊
（日本）梅舒適篆　（日本）稻田和子輯
日本平成二十年(2008)鈐印本
協會

05848
梅盦印譜　一冊
葉翰儇　峭然　葉澹宜藏並輯
鈐印本
松蔭軒

05849
梅龍盦集印不分卷　三冊
〔清〕鄧石如　吳讓之等篆　梅龍盦輯
鈐印本
松蔭軒

05850

梅稼集印　一册

　　趙良桐篆　[佚名]輯

　　鈐印本

　　松蔭軒

05851

梅鶴山房印譜(某鶴山房印譜)　一册

　　王大炘篆並輯

　　鈐印本

　　浙江博

05852

梅鶴山房印譜(某鶴山房印譜)不分卷　四册

　　王大炘篆　顧榮輯

　　鈐印本

　　浙江

麥

05853

麥漢興篆刻　一册

　　麥漢興　彭錦雄輯

　　壬子年(1972)鈐印本

　　兩然齋

桴

05854

桴亭印存　一册

　　[佚名]篆並輯

　　鈐印本

　　浙江

05855

桴堂印稿　一册

　　鍾剛中篆並輯

　　鈐印本

　　私人藏

梓

05856

梓賓室藏石留印　一册

　　[佚名]篆並輯

　　鈐印本

　　松蔭軒

05857

梓潼帝君陰騭文印譜　一册

　　[佚名]篆並輯

　　鈐印本

　　首都

曹

05858

曹世模集拓印册不分卷　二册

　　〔清〕曹世模篆並輯

　　鈐印本

　　上博

05859

曹汝霖印存　一册

　　曹汝霖篆並輯

　　民國二十九年(1940)鈐印本

　　天津

05860

曹錫九印譜　一册

　　曹恩壽篆並輯

　　鈐印本

　　上博

區

05861

區大爲印選　一册

　　區大爲篆　凌翔　頻鶴達輯

戊戌年（2018）鈐印本
十七草堂　松蔭軒

05862
區大爲印選　一册
區大爲篆並輯
戊戌年（2018）粘貼本
免胄堂

堅

05863
堅白齋集印譜　一册
秦康祥藏並輯
鈐印本
松蔭軒

05864
堅匏廬古銅印存不分卷　二册
〔清〕沈譜琴輯
清光緒十八年（1892）鈐印本
南京

帶

05865
帶星堂印譜　一册
〔清〕姜燨亭篆並輯
清嘉慶元年（1796）鈐印本
中國美院

05866
帶經堂印譜　一册
〔清〕王啓沂輯
鈐印本
淄博

戛

05867
戛玉山房印存　一册
（日本）榊原小年輯
日本昭和三年（1928）鈐印本
協會

厠

05868
厠簡樓印存不分卷　四册
鄧散木篆並輯
民國三十二年（1943）鈐印本
私人藏　南京

05869
厠簡樓印存不分卷　十六册
鄧散木篆並輯
庚寅年（1950）鈐印本（自存本）
松蔭軒

05870
厠簡樓印存不分卷　三十册
鄧散木篆並輯
乙酉年（2005）鋅版印本
松蔭軒

05871
厠簡樓印存不分卷　五十册
鄧散木篆並輯
乙酉年（2005）鋅版印本
松蔭軒

05872
厠簡樓課徒稿不分卷　二册
鄧散木篆並輯
鈐印本（油印鈐本）
松蔭軒

復旦大學圖書館
特藏出版系列

公私藏印譜綜錄【下卷】

主　編　林章松
副主編　吳格　龍向洋

復旦大學出版社

瓠

05873

瓠廬集印　一册

　　[佚名]篆並輯

　　鈐印本

　　松蔭軒

05874

瓠廬藏印印譜　一册

　　瓠廬輯

　　鈐印本

　　南京

匏

05875

匏庵印稿　一册

　　〔清〕訂頑篆並輯

　　清光緒六年(1880)鈐印本

　　浙江　浙江博　紹興

05876

匏庵印稿不分卷　六册

　　〔清〕訂頑篆並輯

　　清光緒六年(1880)鈐印本

　　上海

05877

匏庵印稿不分卷　二册

　　〔清〕訂頑篆並輯

　　清光緒七年(1881)鈐印本

　　河北　漢南

05878

匏齋古銅印脫本　一册

　　[佚名]篆並輯

　　鈐印本

　　松蔭軒

05879

匏廬停雲印集　一册

　　（日本）關正人篆並輯

　　日本大正九年(1920)鈐印本

　　上博

05880

匏廬集印　一册

　　〔清〕沈重鄉輯

　　清同治間鈐印本

　　大連

盛

05881

盛世散珍集續不分卷　二册

　　盛世收藏網輯

　　丙申年(2016)鈐印本

　　知還印館

05882

盛京官印譜　一册

　　奉天省府輯

　　民國間鈐印本

　　漢南

雪

05883

雪山堂印存不分卷　四册

　　[佚名]篆並輯

　　鈐印本

　　松蔭軒

05884

雪中庵累代印譜　一册

　　（日本）[佚名]輯

　　鈐印本

　　岩瀬文庫

05885

雪老遺作不分卷　二冊

　　王雪民篆並輯

　　民國三十五年(1946)鈐印本

　　松蔭軒

05886

雪州印譜　一冊

　　(日本)美術俱樂部輯

　　日本昭和間鈐印本

　　漢南

05887

雪江印略不分卷　二冊

　　戴鳳篆並輯

　　鈐印本

　　國圖

05888

雪泥一印草　一冊

　　王小航輯

　　民國二十年(1931)粘貼本

　　國圖

05889

雪泥一印草刪存不分卷　九十八冊

　　王小航輯

　　民國十四年(1925)影印本

　　東京大

05890

雪泥鴻爪　一冊

　　[佚名]篆並輯

　　鈐印本

　　松蔭軒

05891

雪泥鴻爪　一冊

　　沈振中篆並輯

　　沈氏鈐印本

　　蘇州大

05892

雪香堂百壽印章　一冊

　　[佚名]篆並輯

　　鈐印本

　　南京

05893

雪軒印存不分卷　二冊

　　朱文濤篆　榮厚輯

　　民國十八年(1929)影印本

　　上海　北大　吉大　長春　東北師大　黑龍江　廣東

　　遼寧　松蔭軒　松丸東魚

05894

雪軒印存不分卷　二冊

　　朱文濤篆並輯

　　原鈐印本

　　哈爾濱　魯迅美院　松蔭軒

05895

雪軒印譜不分卷　二冊

　　[清]徐浩篆並輯

　　清康熙五十二年(1713)鈐印本

　　上博

05896

雪軒遺印　一冊

　　朱文濤篆並輯

　　鈐印本

　　松蔭軒

05897

雪浪齋集印　一冊

　　[佚名]篆並輯

　　鈐印本

　　松蔭軒

05898

雪堂印痕　二冊

　　蕭文立輯

　　鈐印本

　　浙大　浙師大

05899

雪堂印譜　五冊

　羅振玉輯

　民國間鈐印本

　漠南

05900

雪堂製印　一冊

　羅振玉篆　羅福頤輯

　鈐印本

　東京博

05901

雪堂藏古璽印　一冊

　陳邦福輯

　民國十五年(1926)鈐印本

　南京

05902

雪扉印　一冊

　[佚名]篆並輯

　鈐印本

　上博

05903

雪園藏印不分卷　三冊

　孫壯輯

　民國十一年(1922)鈐印本

　國圖　"中研院"史語所　鴻爪留痕館

05904

雪園藏吉語印　一冊

　[佚名]篆並輯

　鈐印本

　上博　私人藏　松蔭軒

05905

雪漁印存不分卷　二冊

　[佚名]篆並輯

　鈐印本(僞輯本)

　松蔭軒

05906

雪漁印譜　一冊

　[明]何震篆並輯

　鈐印本

　國圖　南通

05907

雪漁先生印譜不分卷　二冊

　[明]何震篆並輯

　鈐印本

　漠南

05908

雪橋印存　一冊

　黃建篆並輯

　鈐印本

　松蔭軒

05909

雪樵居士留印藏　一冊

　[佚名]篆並輯

　粘貼本

　浙江

05910

雪樵軒留印不分卷　二冊

　[佚名]篆並輯

　粘貼本

　浙江

05911

雪齋印選　一冊

　[清]李鵬篆並輯

　清康熙二十年(1681)鈐印本(殘本)

　松蔭軒

05912

雪鴻印存　一冊

　(日本)佐藤桃巷篆　(日本)龍舞印會輯

　日本昭和三十四年(1959)影印本

　西泠　松丸東魚　東京博　協會

05913

雪鴻印存續集　一冊

（日本）佐藤桃巷篆（日本）龍舞印會輯

鈐印本

東京博

05914

雪鴻印譜第二集　一冊

童雪鴻篆並輯

民國二十五年（1936）鈐印本

安徽

05915

雪鴻軒印存　一冊

張紹艮篆並輯

鈐印本

湖南

05916

雪廬百印不分卷　六冊

〔清〕葉墨卿　丁二仲篆〔清〕王琛輯

清光緒二十五年（1899）鈐印本

上海

05917

雪廬百印不分卷　二冊

〔清〕葉墨卿　丁二仲篆〔清〕王琛輯

清光緒二十七年（1901）鈐印本

國圖　上博　天津　中國美院　南京　哈爾濱　浙江
常州　溫州　福建　嘉興　鴻爪留痕館　松蔭軒

05918

雪廬百印不分卷　八冊

〔清〕葉墨卿　丁二仲篆〔清〕王琛輯

清光緒三十二年（1906）影印本

南京　松蔭軒

05919

雪廬百印續冊不分卷　二冊

〔清〕葉墨卿　丁二仲篆〔清〕王琛輯

清光緒二十八年（1902）鈐印本

國圖　上博　天津　南京　哈爾濱　浙江　海寧　紹興　溫州　鴻爪留痕館　松蔭軒

05920

雪廬紅書　一冊

〔清〕王紓篆並輯

清乾隆五十八年（1793）鈐印本

松蔭軒

虛

05921

虛白齋印廠不分卷　二冊

〔明〕王應騏篆並輯

明萬曆三十六年（1608）鈐印本

臺圖　蘇州

05922

虛無有齋摹輯漢印不分卷　十二冊

施謝捷輯並摹篆

甲午年（2014）影印本

港中大　松蔭軒

虖

05923

虖勺山人鐵筆　二冊

〔清〕祝良篆並輯

鈐印本

常州

雀

05924

雀亭印存　二冊

（日本）益田厚篆並輯

日本昭和間鈐印本

松丸東魚

常

05925
常州趙仲穆印存不分卷　五冊
〔清〕趙仲穆篆並輯
鈐印本
私人藏

05926
常暉室印錄不分卷　四冊
〔佚名〕篆並輯
鈐印本
松蔭軒

05927
常熟印人傳（常熟印人錄）　一冊
龐士龍輯
庚子年(1960)鈐印本
南京　松蔭軒

05928
常熟歷史名人印譜　一冊
〔佚名〕篆並輯
鈐印本
松蔭軒

野

05929
野原櫻州印譜集　一冊
（日本）山田永俊輯
日本昭和八年(1933)鈐印本
協會

問

05930
問可齋印章　一冊
〔明〕周官篆並輯
明崇禎八年(1635)鈐印本
松蔭軒

05931
問奇亭印譜不分卷　五冊
（日本）〔佚名〕篆並輯
日本描摹本
漠南

05932
問奇亭印譜　一冊
〔清〕陸廷槐篆並輯
清嘉慶十四年(1809)鈐印本
松丸東魚

05933
問奇亭印譜不分卷　八冊
〔清〕陸廷槐篆並輯
清嘉慶十四年(1809)鈐印本
漠南

05934
問奇亭印譜不分卷　四冊
〔清〕陸廷槐篆並輯
清嘉慶十七年(1812)鈐印本
國圖　上海　中國美院　北大　西泠　南京　首都
松蔭軒　静嘉堂　早稻田　國會山莊

05935
問楳華館印存　一冊
〔佚名〕篆並輯
鈐印本
海寧

05936
問經堂印譜　六冊
〔清〕包桂生篆並輯
清道光二十九年(1849)鈐印本
哈佛燕京

05937
問經堂印譜　六冊
〔清〕包桂生篆並輯

清咸豐元年(1851)鈐印本

南京 上博 西泠 協會 漠南

05938

問經堂印譜 三冊

〔清〕包桂生篆並輯

甲子年(1984)影印本

臺圖 "中研院"文哲所 政大 臺師大

05939

問經堂印譜三集 四冊

〔清〕包桂生篆並輯

清咸豐元年(1851)鈐印本

"中研院"文哲所 政大

05940

問經堂印譜初二集 八冊

〔清〕包桂生篆並輯

清咸豐元年(1851)鈐印本

蘇州

05941

問經堂印譜初集 三冊

〔清〕包桂生篆並輯

清咸豐元年(1851)鈐印本

松蔭軒

05942

問禮盦古今印存 一冊

〔清〕吳廷康篆並輯

清光緒十四年(1888)鈐印本

上博

婁

05943

婁師白印艸手拓不分卷 二冊

婁師白篆 楊廣泰輯

丙寅年(1986)鈐印本

協會

曼

05944

曼生印譜 一冊

〔清〕陳鴻壽篆 吳隱輯

清光緒十一年(1885)鈐印本

長春 南京博

05945

曼生印譜不分卷 二冊

〔清〕陳鴻壽篆 吳隱輯

鈐印本

浙江

05946

曼陀花館印存 一冊

〔清〕虞葦輯

鈐印本

西泠 桂林

05947

曼陀花館印存不分卷 二冊

〔清〕虞葦輯

鈐印本

廣東

05948

曼陀羅室印學 一冊

〔清〕何汝鴻篆並輯

鈐印本

松蔭軒

05949

曼盦石趣不分卷 四冊

〔佚名〕篆並輯

鈐印本

松蔭軒

晚

05950

晚成廬集印　一册
　鍾器輯
　民國二十六年(1937)影印本
　上海

05951

晚翁印譜　一册
　都子猶篆並輯
　癸巳年(1953)鈐印本(有板框)
　松蔭軒

05952

晚翁印譜　一册
　都子猶篆並輯
　乙巳年(1963)鈐印本
　松蔭軒

05953

晚悔堂印識　六册
　(日本)濱村藏六四世篆並輯
　日本明治十年(1877)鈐印本
　西泠　松蔭軒　港大　臺大　遼大　協會　漠南

05954

晚悔堂印識三集附續集三集　六册
　(日本)濱村藏六四世篆並輯
　日本明治十一年(1878)鈐印本
　西泠　松丸東魚

05955

晚清三家印集不分卷　四册
　〔清〕吳讓之　趙撝叔　吳倉碩等篆　錢君匋輯
　鈐印本
　紅棉山房

05956

晚清中下級軍官印　一册
　〔佚名〕篆並輯
　鈐印本
　浙江博

05957

晚清四大家印稿　一册
　〔清〕吳讓之　趙撝叔　胡匊鄰　吳倉碩等篆並輯
　鈐印本
　私人藏

05958

晚清四大家印譜不分卷　四册
　〔清〕吳讓之　趙撝叔　胡匊鄰　吳倉碩等篆　西泠印社輯
　辛卯年(1951)鋅版印本
　國圖　浙江　港大　臺圖　秋水齋　松蔭軒　漠南

05959

晚清民國六家印譜不分卷　二册
　〔清〕吳讓之　趙撝叔　吳倉碩等篆　西泠印社輯
　戊寅年(1998)鈐印本
　上海　北大　"中研院"文哲所　秋水齋　松蔭軒

05960

晚清宗室用印集不分卷　六册
　〔清〕盛昱輯
　清宣統三年(1911)鈐印本
　松蔭軒

05961

晚晴樓印影不分卷　二册
　(日本)村田香石篆並輯
　日本大正二年(1913)鈐印本
　漠南

05962

晚翠亭印意不分卷　四册
　〔清〕胡钁篆並輯
　清宣統三年(1911)鈐印本
　浙江

05963

晚翠亭印稿　一册
　〔清〕胡钁輯

鈐印本

浙江

05964

晚翠亭長治印不分卷　二十二册

〔清〕胡钁篆並輯

鈐印本

浙江

05965

晚翠亭集古印裘　一册

〔清〕胡钁輯

清宣統二年(1910)鈐印本

上博

05966

晚翠軒鞠花譜不分卷　二册

吳笠僊篆並輯

鈐印本

松蔭軒

國

05967

國父遺訓印譜　一册

煬重于篆並輯

民國三十五年(1946)鈐印本

湖南

05968

國立國會圖書館藏藏書印譜　一册

(日本)國立國會圖書館監修並輯

日本昭和六十年(1985)影印本

臺圖 "中研院"史語所

05969

國朝七大家印存　十册

〔清〕劉善渥輯

清光緒十六年(1890)鈐印本

大連

05970

國朝七家印譜不分卷　八册

〔清〕鄭燮等篆並輯

鈐印本(册葉裝)

廣東

05971

國朝公私古印譜　三册

(日本)藤原貞幹輯

日本寬政十二年(1800)鈐印本

岩瀨文庫

05972

國朝名人印存　一册

〔佚名〕輯

粘貼本(所錄均僞印)

松蔭軒

05973

國強印稿　一册

(日本)遲樂齋篆 (日本)玉林堂輯

鈐印本

協會

05974

國際歌印譜　一册

任小田篆並輯

鈐印本

西泠

唅

05975

唅花盦印譜　一册

〔清〕勾章孫篆並輯

鈐印本

天一閣　別宥齋(天一閣)

05976

唅香閣譜　一册

〔清〕吳綏篆並輯

清乾隆五十四年(1789)鈐印本
鐵硯齋　松蔭軒

唳

05977

唳鶴山房印存　一册
〔清〕雪孫輯
鈐印本
保定

崎

05978

崎陽印譜　一册
〔清〕徐大晉篆並輯
鈐印本
東京央圖　都立大學

崔

05979

崔子石印譜不分卷　四册
〔清〕崔國麟篆並輯
清光緒二十五年(1899)鈐印本
南京　松蔭軒

崇

05980

崇雅堂印賞　一册
〔清〕楊汝諧篆並輯
清乾隆二十六年(1761)鈐印本
內閣文庫　漠南

05981

崇雅堂印賞不分卷　四册
〔清〕楊汝諧篆並輯

清乾隆二十六年(1761)鈐印本
東京博

過

05982

過日齋陰騭文印存　一册
蔣慰曾篆並輯
鈐印本
湖南

05983

過眼名印錄　一册
〔佚名〕篆並輯
鈐印本
松蔭軒

05984

過雲樓印存　一册
〔佚名〕篆並輯
鈐印本
私人藏

甜

05985

甜心治印偶存　一册
高甜心篆並輯(秦康祥藏本)
鈐印本
松蔭軒

梨

05986

梨村印存　一册
鄭偉業篆並輯
鈐印本
雲南

05987

梨堂印譜不分卷　二册

（日本）三條實美篆（日本）中井兼之輯

日本明治二十四年(1891)鈐印本

加州大學　岩瀨文庫　漢南　静嘉堂

05988

梨雲夢館印存　一册

［佚名］篆並輯

鈐印本

松陰軒

秬

05989

秬園印蜻　四册

李銘柯　唐醉石等篆　徐無聞輯

丁未年(1967)鈐印本

松陰軒

動

05990

動物集成　一册

張寒月　喬毅等篆並輯

鈐印本

蘇州　松陰軒

笛

05991

笛州印存　一册

（日本）河西笛洲篆（日本）梅舒適輯

日本昭和六十四年(1989)鈐印本

協會

05992

笛州印存　一册

（日本）河西笛洲篆（日本）真鍋井蛙輯

日本昭和六十四(1989)年鈐印本(真鍋本)

協會

05993

笛州印存　一册

（日本）河西笛洲篆（日本）河西和郎輯

鈐印本

協會

05994

笛州印范　一册

（日本）河西笛洲篆並輯

鈐印本

協會

05995

笛州過眼印存　一册

（日本）河西笛洲篆

鈐印本

協會

符

05996

符子琴印譜不分卷　二册

〔清〕符子琴篆並輯

鈐印本

百二扇面齋

05997

符驥良印存　一册

符驥良篆並輯

己卯年(1999)鈐印本

私人藏

笠

05998

笠父印存　一册

［佚名］篆並輯

鈐印本
松蔭軒

05999
笠澤印譜不分卷　十二册
（日本）笠澤田良篆並輯
鈐印本
協會

06000
笠澤印譜　一册
（日本）田中良庵篆並輯
日本安永二年(1773)鈐印本
漠南

06001
笠澤印譜不分卷　二册
（日本）田中良庵篆並輯
日本寬政六年(1794)鈐印本
漠南

06002
笠澤印譜不分卷　七册
（日本）田中良庵篆並輯
日本寬政六年(1794)鈐印本
漠南

06003
笠澤印譜　一册
（日本）田中良庵篆並輯
日本寬政十年(1798)鈐印本
西泠

06004
笠澤印譜　一册
（日本）田中良庵篆並輯
日本寬政十二年(1800)鈐印本
松丸東魚

敏

06005
敏求軒印存不分卷　二册
〔清〕管又坪篆並輯
清宣統元年(1909)鈐印本
上海

悠

06006
悠然堂印稿　一册
〔清〕姚濟篆並輯
清咸豐四年(1854)鈐印本
中國美院　國會山莊

進

06007
進修齋印存不分卷　二册
葉化成篆並輯
民國十七年(1928)鈐印本
四川　松蔭軒

停

06008
停琴小舍印存　一册
〔清〕何朝圭篆並輯
清光緒二十三年(1897)鈐印本
寧夏

06009
停琴館雜印存　一册
〔佚名〕篆並輯
鈐印本
吳江

06010

停雲小憩印賸不分卷附詩中畫　二冊
〔清〕馬濤篆並輯
清光緒十一年(1885)影印本
湖南

06011

停雲山房藏印不分卷　二冊
（日本）藤重夫輯
日本大正四年(1915)鈐印本
漠南

06012

停雲山房藏印不分卷　二冊
（日本）竹之内道英輯
日本昭和十三年(1938)影印本
松丸東魚

06013

停雲館印譜　一冊
〔明〕文徵明篆〔清〕〔佚名〕輯
清乾隆三年(1738)鈐印本(册葉九開)
松蔭軒

06014

停雲館藏印不分卷　二冊
（日本）竹之内道英輯
鈐印本
東京博

偏

06015

偏愛集印　一冊
單孝天　葉元卿　潘仲和篆並輯
民國二十九年(1940)鈐印本
松蔭軒

鳥

06016

鳥蟲書印集　一冊
容庚輯
民國三十一年(1942)鋅版鈐印本
陳進

廖

06017

廖翁印存　一冊
〔清〕黃士陵篆並輯
民國三年(1914)鈐印本
上博

偉

06018

偉軍印存　一冊
夏偉軍篆並輯
壬子年(1972)鈐印本
松蔭軒

得

06019

得自然齋印譜不分卷　二冊
〔佚名〕篆並輯
鈐印本
松蔭軒

06020

得壺山房印寄　一冊
〔清〕李佐賢輯
清光緒二年(1876)鈐印本
右文齋

06021
得壺山房印寄不分卷　二册
〔清〕李佐賢輯
清光緒二年(1876)鈐印本
文雅堂　東京博　漠南

06022
得壺山房印寄不分卷　四册
〔清〕李佐賢輯
清光緒二年(1876)鈐印本
浙江博　鴻爪留痕館　"中研院"史語所

06023
得壺山房印寄不分卷　六册
〔清〕李佐賢輯
清光緒二年(1876)鈐印本
上海　上博　中大　北大　浙江博

06024
得壺山房印寄不分卷　八册
〔清〕李佐賢輯
清光緒二年(1876)鈐印本
國圖　栔齋

06025
得賢精舍藏古璽印不分卷　四册
郭加慶輯
己亥年(2019)鈐印本
知還印館

06026
得賢精舍藏印不分卷　五册
郭加慶輯
戊戌年(2018)鈐印本
知還印館

從

06027
從宇治印　一册
［佚名］篆並輯
鈐印本
松蔭軒

06028
從好軒印彙　一册
〔清〕沈河清篆並輯
鈐印本
雲南

06029
從好廬集錄不分卷　三册
［佚名］篆並輯
鈐印本
松蔭軒

釖

06030
釖春義刻印稿　一册
〔清〕奚岡篆並輯
鈐印本
協會

豚

06031
豚齋印痕　一册
葉隱谷篆並輯
鈐印本
私人藏

魚

06032
魚泉印璽　一册
［佚名］篆並輯
鈐印本
松蔭軒

06033

魚軒印選不分卷　二册

　（日本）宮田魚軒篆並輯

　日本昭和三十一年(1956)鈐印本

　　松丸東魚

06034

魚軒藏印　一册

　（日本）松丸東魚輯

　鈐印本

　　松丸東魚

象

06035

象乾印存　一册

　[佚名]篆並輯

　鈐印本

　　芷蘭齋

06036

象鹿騰馥不分卷　二册

　（日本）濱村無咎篆　（日本）濱村藏六輯

　日本平成二十八年(2016)鈐印本

　　協會

逸

06037

逸所遺篆　一册

　（日本）田口逸所篆並輯

　日本明治四十五年(1912)鈐印本

　　協會　漠南

06038

逸園印存　一册

　鍾以敬篆並輯

　鈐印本

　　私人藏

06039

逸園印輯(逸園印譜)不分卷　六册

　〔明〕文彭　何震等篆　葉爲銘輯

　清光緒三十年(1904)鈐印本

　　浙江　私人藏　別宥齋(天一閣)　松蔭軒

06040

逸園印輯(逸園印譜)不分卷　四册

　〔明〕文彭　何震等篆　葉爲銘輯

　清宣統元年(1909)西泠印學社鈐印本

　　國圖　上海　天津　天津博　哈爾濱　浙江　湖南

　　遼寧　私人藏　漠南

06041

逸園印譜不分卷　二册

　〔清〕楊蕉孫篆並輯

　清光緒二十九年(1903)楊氏鈐印本

　　浙江　私人藏　臺大

06042

逸園印譜　一册

　〔清〕趙之謙篆並輯

　鈐印本

　　黑龍江

06043

逸廬印存　一册

　潘衍篆並輯

　鈐印本

　　上海　松蔭軒

06044

逸廬印存四集不分卷附印識　五册

　[佚名]篆並輯

　鈐印本

　　上海

06045

逸廬印集　一册

　[佚名]篆並輯

　鈐印本

　　上海

06046
逸廬集印　一册
　[佚名]篆並輯
　鈐印本
　上海

訥

06047
訥盦印印　一册
　〔清〕張曾疇篆並輯
　鈐印本
　松蔭軒

許

06048
許大鈞篆刻選不分卷　二册
　許大鈞篆　戴叢潔輯
　壬寅年(2022)鈐印本
　秋水齋　松蔭軒

06049
許氏古印集存　四册
　〔清〕許梿篆並輯
　清康熙二十一年(1682)鈐印本
　北大

06050
許氏説篆　二册
　〔清〕許容篆並輯
　清康熙十四年(1675)鈐印本
　國圖　巴伐利亞

06051
許氏説篆　四册
　〔清〕許容篆並輯
　清康熙十五年(1676)鈐印本
　國圖　巴伐利亞

06052
許氏説篆　四册
　〔清〕許容篆並輯
　清康熙二十一年(1682)鈐印本
　松蔭軒

06053
許默公印譜　四册
　〔清〕許容篆並輯
　清順治四年(1647)鈐印本
　上海

康

06054
康民集古印存不分卷　十册
　蕭康民輯
　民國三十一年(1942)鈐印本
　浙江博　契齋　松蔭軒　漠南

06055
康朮先生印存　一册
　康朮篆並輯
　影印本
　上海

06056
康定樓印存不分卷　四册
　[佚名]篆並輯
　鈐印本
　松蔭軒

06057
康侯印集　一册
　馮康侯篆　梁曉莊輯
　壬午年(2002)粘貼本
　兩然齋

庸

06058

庸翁遺印　一册

　　高野侯　高絡園等篆　鍾久安輯

　　丙戌年(2006)鈐印本

　　　片雲齋

06059

庸翁遺印　一册

　　鍾毓龍篆並輯

　　戊子年(2008)鈐印本

　　　松蔭軒

06060

庸齋印存　一册

　　何庸齋篆並輯

　　民國二十九年(1940)鈐印本

　　　免冑堂

06061

庸齋印存　一册

　　孫煥崙輯

　　庚寅年(1950)孫氏鈐印本

　　　鑒堂

06062

庸齋印集　一册

　　何庸齋篆並輯

　　民國二十四年(1935)鈐印本

　　　協會

06063

庸齋印集不分卷　八册

　　何庸齋篆並輯

　　民國二十四年(1935)鈐印本

　　　協會

鹿

06064

鹿喧堂感應篇陰騭文印譜　一册

　　〔佚名〕篆並輯

　　鈐印本

　　　私人藏

06065

鹿鳴簃印摭不分卷　十册

　　劉垚輯

　　壬寅年(2022)鈐印本

　　　鹿鳴簃

裦

06066

裦鄭堂古今名家印彙不分卷　二册

　　〔清〕李去疾輯

　　鈐印本

　　　中國美院　國會山莊

章

06067

章石先生印存　一册

　　（日本）河井章石輯

　　鈐印本

　　　東京博

06068

章石作印集　一册

　　（日本）河井章石篆（日本）金聲印社輯

　　日本昭和三十三年(1958)影印本

　　　東京博　松丸東魚

06069

章江泥爪　一册

　　〔清〕厚滋篆並輯

清光緒十年(1884)鈐印本
拳石山房

06070
章蘭舫印存　一冊
〔清〕章大經篆並輯
清光緒二十五年(1899)鈐印本
上博

商

06071
商盉堂王氏印存　一冊
王維樸家印
鈐印本
鴻爪留痕館

望

06072
望古遙集　一冊
〔清〕程棪篆並輯
清康熙二十九年(1690)鈐印本
上海

06073
望古遙集不分卷　四冊
〔清〕程棪篆並輯
清康熙二十九年(1690)鈐印本
國圖

06074
望杏花館印草(礪卿印草)　一冊
〔清〕徐基德篆並輯
清同治四年(1865)鈐印本
上海　松蔭軒

06075
望杏花館印草(礪卿印草)　四冊
〔清〕徐基德篆並輯

清同治四年(1865)鈐印本
平湖

06076
望美人兮天一方印譜　一冊
〔佚名〕篆並輯
民國間鈐印本
臺圖

06077
望華樓印匯　四冊
〔清〕張在辛篆並輯
清雍正四年(1726)鈐印本
漢南

06078
望華樓印譜不分卷　二冊
〔清〕朱崇典輯
鈐印本
吉大

06079
望華樓朱氏印譜　一冊
〔清〕朱敘園輯
清乾隆十二年(1747)鈐印本
山東

06080
望益居印稿不分卷　二冊
〔清〕劉紹虞篆並輯
清道光二十一年(1841)鈐印本
國圖　松蔭軒

06081
望益齋古印偶存不分卷　二冊
〔清〕蔣石秀輯
清光緒六年(1880)鈐印本
浙江博

06082
望益齋印得不分卷　二冊
〔清〕蔣石秀篆並輯
清光緒五年(1879)鈐印本

西泠

06083

望堂集古官印譜不分卷　四册
〔清〕楊守敬藏並輯
清康熙二十九年(1690)鈐印本
四川

06084

望堂集古官印譜不分卷　二册
〔清〕楊守敬藏並輯
清光緒二年(1876)鈐印本
四川

06085

望雲草堂所藏印　一册
[佚名]篆並輯
鈐印本
上海

06086

望雲軒印存不分卷　十三册
〔清〕鄭煒篆並輯
清宣統二年(1910)鈐印本
上海

06087

望雲軒印集不分卷　四册
〔清〕吳熙載篆　陳瀏輯
民國七年(1918)鈐印本
浙江　西泠　松蔭軒

06088

望雲軒印集不分卷　十册
徐星洲　譚師曼　童大年　潛泉等篆　陳瀏輯
民國七年(1918)鈐印本
國圖　常熟　遼寧　鎮江　松蔭軒　東京博

06089

望雲軒印集祝竹題識本不分卷　二册
〔清〕吳熙載篆　陳瀏輯
民國七年(1918)鈐印本
松蔭軒

06090

望廬劫餘印存　一册
劉文儼篆並輯
民國三年(1914)鈐印本
哈佛燕京

眷

06091

眷秋學刻　一册
[佚名]篆並輯
鈐印本
松蔭軒

06092

眷秋廬印存　一册
〔清〕王謙輯
清光緒二十五年(1899)鈐印本
松蔭軒

煥

06093

煥盦藏印　一册
朱賢輯
己亥年(2019)鈐印本
鹿鳴簃

烽

06094

烽火印存　一册
[佚名]篆並輯
鈐印本
松蔭軒

清

06095

清心印存不分卷　二册

　　焦九嘉篆並輯

　　鈐印本

　　松蔭軒

06096

清心印存不分卷　十一册

　　焦九嘉篆並輯

　　鈐印本

　　松蔭軒

06097

清末名人用印集不分卷　四册

　　[佚名]篆並輯

　　鈐印本

　　松蔭軒

06098

清代玉璽譜　一册

　　上海會文堂新記書局輯

　　民國十九年(1930)影印本

　　上海　平湖　西泠　杭州　東北師大　華東師大　浙江博　紹興　嘉興　鄭大　松蔭軒　漢南

06099

清代甘肅官印集存　一册

　　馬衡輯

　　鈐印本

　　吉林

06100

清代有款銅印集　一册

　　[佚名]篆並輯

　　鈐印本

　　秦氏支祠(天一閣)

06101

清代名人印存　一册

　　[佚名]篆並輯

　　鈐印本

　　復旦

06102

清代名印印譜雜掇　一册

　　[佚名]篆並輯

　　鈐印本

　　松蔭軒

06103

清代名印拾遺　一册

　　〔清〕徐三庚　趙之琛等篆並輯

　　鈐印本

　　松蔭軒

06104

清代名家印存　一册

　　〔明〕蘇宣〔清〕張鏐等篆並輯

　　鈐印本

　　松蔭軒

06105

清代名家印集　一册

　　[佚名]篆並輯

　　鈐印本

　　松蔭軒

06106

清代名家印叢不分卷　十册

　　〔清〕黄易等篆　[佚名]輯

　　清同治十一年(1872)鈐印本

　　松蔭軒

06107

清代名家印譜　一册

　　〔清〕丁敬　鄧琰等篆　[佚名]輯

　　鈐印本

　　松蔭軒

06108

清代名家印譜不分卷　四册

　　〔清〕丁敬　鄧琰等篆　[佚名]輯

钤印本
哈爾濱

06109
清代名家篆刻　一册
〔清〕陳鴻壽等篆　蘇州文物商店輯
钤印本
松蔭軒

06110
清代官印集存　一册
〔佚名〕輯
钤印本
北大

06111
清代官印集粹　一册
王崇焕輯
民國十六年(1927)钤印本
國圖

06112
清代陝西省官印集存不分卷　二册
〔佚名〕輯
钤印本
大連

06113
清代浙派活葉印譜(西泠八家印譜)　一册
〔清〕丁敬　蔣仁　奚鐵生等篆　中國印學社輯
民國二十六年(1937)影印本
蘭樓

06114
清代浙派活葉印譜(西泠八家印譜)不分卷　三册
〔清〕丁敬　蔣仁　奚鐵生等篆　中國印學社輯
民國二十六年(1937)影印本
上海　中國美院　鎮江　松蔭軒　漠南

06115
清代無名印譜　一册
〔佚名〕篆並輯
钤印本
中嶽齋

06116
清代臺灣職官印録　一册
臺北圖書館輯
丁酉年(1957)影印本
臺北大　東京大

06117
清代縣印存譜　一册
〔佚名〕篆並輯
钤印本
浙江

06118
清代寶譜　一册
故宫博物院圖書館文獻部輯並钤拓
民國十九年(1930)影印本
湖南　文雅堂

06119
清名人印　一册
吴隱輯
钤印本
秋水齋

06120
清名印集　一册
〔佚名〕篆並輯
钤印本
上博

06121
清芬吟廬印譜　一册
高世浩篆並輯
民國三十年(1941)钤印本
吴江

06122
清芬堂名印集不分卷　十册
〔佚名〕篆並輯
钤印本
國圖

06123

清芬樓印存不分卷　二册
　〔佚名〕篆並輯
　鈐印本
　松陰軒

06124

清吟書屋印譜不分卷　三册
　笪錫康篆並輯
　鈐印本
　松陰軒

06125

清吟閣古印隅不分卷　六册
　〔清〕瞿世瑛輯
　清道光三十年(1850)鈐印本
　太田孝太郎

06126

清官印存不分卷　二册
　李國森輯
　民國二十年(1931)鈐印本
　上博

06127

清官印存　一册
　李國森輯
　民國三十二年(1943)鈐印本
　上博　私人藏　松陰軒

06128

清官印集不分卷　三册
　〔佚名〕篆並輯
　鈐印本
　松陰軒

06129

清官印集存不分卷　二册
　楊紹廉輯
　鈐印本
　浙江

06130

清承堂印賞　二册
　〔佚名〕篆並輯
　清嘉慶十九年(1814)鈐印本
　上海　上博　南京

06131

清承堂印賞　八册
　〔清〕張孝翿篆並輯
　清嘉慶十八年(1813)鈐印本
　松陰軒　漠南

06132

清承堂印賞初集　四册
　〔清〕張孝翿篆並輯
　清嘉慶十九年(1814)鈐印本
　國圖　吳中　吳江

06133

清承堂印賞初集二集　八册
　〔清〕張孝翿篆並輯
　清嘉慶十九年(1814)鈐印本
　首都　吳中　南京　浙江　浙江博　復旦

06134

清宮汗印譜不分卷　四册
　〔清〕魏璋篆並輯
　鈐印本
　國圖

06135

清宮漢印選不分卷　四册
　魏璋輯
　民國間粘貼本
　國圖

06136

清華堂七十二侯印譜　一册
　〔清〕蔡錫康篆並輯
　清光緒八年(1882)鈐印本
　南通

06137

清華堂印稿不分卷　四册

〔清〕蔡錫康篆並輯

清光緒八年(1882)鈐印本

上海　西泠

06138

清高宗印譜不分卷　四册

〔清〕〔佚名〕篆並輯

鈐印本

國圖

06139

清虛中人印譜不分卷　四册

嚴大鈞篆並輯

民國間鈐印本

國圖

06140

清虛中人集印不分卷　二册

嚴大鈞篆並輯

民國間鈐印本

南京

06141

清虛中人集印雜存　一册

嚴大鈞篆並輯

民國間鈐印本

南京

06142

清國官印譜　一册

〔佚名〕輯

鈐印本

東京央圖　都立大學

06143

清朝名人印景不分卷　四册

〔佚名〕篆並輯

鈐印本

東京博

06144

清硯堂所藏印譜　一册

〔佚名〕篆並輯

鈐印本

廣東

06145

清閑奇賞不分卷　二册

（日本）佐藤左憲篆（日本）佐藤清孝輯

日本寬政十二年(1800)鈐印本

松丸東魚

06146

清間餘興續　一册

（日本）趙陶齋篆並輯

日本寶曆五年(1755)鈐印本

漠南

06147

清間餘興續不分卷　二册

（日本）趙陶齋篆並輯

日本寶曆五年(1755)鈐印本

漠南

06148

清嵐印譜不分卷　二册

〔清〕李晴南篆並輯

清光緒元年(1875)鈐印本

韓國中央

06149

清黑龍江官印存　一册

張朝墉輯

民國九年(1920)鈐印本

國圖

06150

清游印譜　一册

（韓國）金台錫篆並輯

清光緒三十四年(1908)鈐印本

韓國中央

06151
清游印譜不分卷　二册
（韓國）金台錫篆並輯
清光緒三十四年(1908)鈐印本
松蔭軒　日本央大　韓國國會

06152
清儀閣古印附注(徐籀莊手寫清儀閣古印攷釋)　一册
〔清〕徐同柏輯
清道光八年(1828)鈐印本(手稿本)
"中研院"史語所

06153
清儀閣古印附注(徐籀莊手寫清儀閣古印攷釋)　一册
〔清〕徐同柏輯
民國六年(1917)影印本
鎮江　清華　東京大　漢南

06154
清儀閣古印偶存　三册
〔清〕張廷濟輯
清道光八年(1828)鈐印本
上博　溫州

06155
清儀閣古印偶存　六册
〔清〕張廷濟輯
清道光八年(1828)鈐印本(稿本)
上博

06156
清儀閣古印偶存　四册
〔清〕張廷濟輯
清道光十五年(1835)鈐印本
國圖　平湖　平湖博　首都　復旦　湖南　私人藏

06157
清儀閣古印偶存　六册
〔清〕張廷濟輯
清道光十五年(1835)鈐印本
國圖　湖南　漢南

06158
清儀閣古印偶存　六册
〔清〕張廷濟輯
清咸豐六年(1856)鈐印本
國圖　大連　上海　北大　西泠　溫州　漢南　太田孝太郎

06159
清儀閣印存　一册
〔清〕沈鏡臣輯
清光緒二十年(1894)昌羊室鈐印本
上博　西泠　金陵　南京　哈爾濱　重慶　浙江博　東京博

06160
清儀閣印存　二册
〔清〕張廷濟輯
清道光十五年(1835)鈐印本
平湖　文雅堂

06161
清儀閣印存　四册
〔清〕張廷濟輯
清道光十五年(1835)鈐印本
嘉興

06162
清儀閣印存　一册
〔清〕張廷濟輯
民國三年(1914)神州國光社影印本
上海　上博　秦淮　浙江　浙江博　港大　遼寧　松丸東魚

06163
清儀閣藏名人遺印　一册
〔清〕張廷濟輯
清道光二十七年(1847)原鈐印本
上海　上博

06164
清儀閣藏名人遺印　一册

〔清〕張廷濟輯
民國三年(1914)神州國光社影印本
上海　上博　南京　哈爾濱　遼寧　港大　鴻爪留痕館　松蔭軒　東京博

06165

清樂居印娛不分卷　四册
（日本）〔佚名〕篆並輯
日本明治間描摹本
漠南

06166

清慶堂印譜　二册
〔清〕秦小游輯
清光緒十四年(1888)鈐印本
陝西

06167

清興印林　一册
（日本）中西興爾篆並輯
日本昭和間鈐印本
東京博

06168

清學部所屬印集　一册
〔佚名〕篆並輯
民國間鈐印本
國圖

添

06169

添茅小屋古銅印譜　一册
〔清〕楊永衍輯
清道光三十年(1850)鈐印本
港大　松蔭軒

淇

06170

淇園印譜　一册

（日本）柳里恭篆並輯
日本明治十四年(1881)鈐印本
西泠　松蔭軒

06171

淇園印譜　一册
（日本）柳里恭篆（日本）辻本朔次郎輯
日本明治四十年(1907)鈐印本
日本國會　京都女大　漠南　静岡

渠

06172

渠亭印選　四册
〔明〕文彭　何雪漁等篆　渠亭集印社同人輯
民國二十九年(1940)鈐印本
國圖　松蔭軒

淺

06173

淺井抑塘先生遺印譜　一册
（日本）〔佚名〕篆並輯
日本昭和間鈐印本
漠南

06174

淺净齋印譜（千鄭樓印譜）　一册
張謙篆並輯
庚寅年(1950)鈐印本
松蔭軒

淑

06175

淑芳軒印集不分卷　八册
〔佚名〕篆並輯
鈐印本
松蔭軒

06176

淑度印草不分卷　二册
　劉淑度篆
　民國二十年(1931)鈐印本
　國圖

06177

淑度印草不分卷　三册
　劉淑度篆
　民國二十年(1931)鈐印本
　松蔭軒

06178

淑度印草不分卷　四册
　劉淑度篆
　民國二十年(1931)鈐印本
　國圖

06179

淑度印譜不分卷　八册
　劉淑度篆
　民國二十年(1931)鈐印本
　國圖

淛

06180

淛西四家印譜不分卷　四册
　〔清〕屠倬　趙懿　徐楙　江尊篆　吳隱輯
　清宣統二年(1910)西泠印社鋅版印本
　上海　北大　四川　浙江　浙江博　遼寧　鴻爪留痕館　文雅堂　松蔭軒

淳

06181

淳清閣印譜　一册
　王光烈輯
　鈐印本
　廣州美院

06182

淳清閣印譜不分卷　二册
　王光烈輯
　鈐印本
　遼寧　大連

06183

淳盦印存不分卷　四册
　〔佚名〕篆並輯
　鈐印本
　松蔭軒

淡

06184

淡一齋章譜(澹一齋章譜)　一册
　〔清〕孫璵篆　上海書店輯
　影印本(雲南叢書本)
　南京

06185

淡遠堂印譜(澹遠堂印譜)　一册
　〔佚名〕篆並輯
　鈐印本
　南京

深

06186

深柳堂圖書譜　一册
　〔清〕傅陛篆並輯
　清康熙十一年(1672)鈐印本
　百樂齋

涵

06187

涵芬樓印存　一册
　涵芬樓刻印社篆並輯

鈐印本（秦康祥藏本）
松蔭軒

06188
涵星硯齋印譜不分卷　二册
〔佚名〕篆並輯
鈐印本
北大

06189
涵碧堂百福壽印譜不分卷　二册
〔清〕郭碩士　沈少石摹篆　〔清〕朱鏡湖輯
清光緒七年(1881)鈐印本
南京　松蔭軒

婆

06190
婆娑小景不分卷　五册
（日本）婆娑洋印會輯
日本大正十二至昭和二年(1923—1927)鈐印本
臺大

梁

06191
梁于渭印譜不分卷　二册
〔清〕梁于渭篆　黃耀忠輯
壬午年(2002)鈐印本
紅棉山房　松蔭軒

06192
梁于渭印譜不分卷　四册
〔清〕梁于渭篆　黃耀忠輯
鈐印本
松蔭軒

06193
梁川星巖先生舊藏印譜不分卷　六册
（日本）梁川星巖篆

日本安政間(1898)鈐印本
漠南

06194
梁氏十二石齋印存　一册
沈冰泰篆並輯
壬辰年(2012)鈐印本
兩然齋

06195
梁氏印譜　一册
梁國棟輯
鈐印本
中科院

06196
梁孝昌印譜　一册
〔清〕梁孝昌篆並輯
鈐印本
山東

06197
梁岵廬印譜　一册
梁曉莊輯
壬辰年(2002)鈐印本
兩然齋

06198
梁星堂百壽印譜　一册
梁星堂篆　梁曉莊輯
壬辰年(2002)鈐印本
兩然齋

06199
梁植培印稿不分卷　二册
梁植培篆並輯
鈐印本
松蔭軒

06200
梁登庸印譜　一册
〔清〕梁登庸篆並輯
清乾隆十八年(1753)鈐印本

長春

06201

梁園印存　一冊
　黃耀忠輯
　癸巳年(2013)鈐印本
　紅棉山房

06202

梁園印譜不分卷　六冊
　〔清〕[佚名]篆並輯
　清光緒二十四年(1898)鈐印本
　上博

06203

梁溪秦祖永印譜　一冊
　〔清〕秦祖永篆並輯
　鈐印本
　常熟

06204

梁燕愚印存不分卷　二冊
　梁燕愚篆並輯
　民國二十一年(1932)鈐印本
　上海　哈爾濱　松蔭軒

惜

06205

惜分陰齋印譜不分卷　二冊
　〔清〕李棻篆並輯
　鈐印本
　上博　松蔭軒

06206

惜分齋印譜　一冊
　〔清〕封大受篆並輯
　清嘉慶八年(1803)鈐印本
　松蔭軒

06207

惜石山房印譜不分卷　二冊
　王丹實篆並輯
　鈐印本
　哈爾濱

06208

惜紅軒印存不分卷　十冊
　鍾靈主人輯
　鈐印本
　上海

06209

惜陰堂印譜不分卷　二冊
　〔清〕陳介祺篆並輯
　清道光二十九年(1849)鈐印本
　湖南

06210

惜陰樓印存(摘醒齋五種曲句)　一冊
　〔清〕吳元臣篆並輯
　清乾隆四十九年(1784)鈐印本
　漠南

06211

惜陰樓印存(摘醒齋五種曲句)不分卷　二冊
　〔清〕吳元臣篆並輯
　清乾隆四十九年(1784)鈐印本
　上海

06212

惜陰樓印存(摘醒齋五種曲句)不分卷　四冊
　〔清〕吳元臣篆並輯
　清乾隆四十九年(1784)鈐印本
　上海　平湖博　南京　芷蘭齋　松蔭軒

06213

惜陰樓印譜　一冊
　[佚名]篆並輯
　日本天保八年(1837)描摹本
　漠南

06214

惜篆館印存不分卷　二冊
　吳昌碩　丁仁等篆　王錫琪藏並輯

十一畫　477

鈐印本（原四册）

張葆石

06215

惜廬印彙不分卷　二册

〔佚名〕篆並輯

鈐印本

浙江

惕

06216

惕庵印譜附鐫書八要　六册

〔清〕梁登庸篆並輯

清乾隆二十七年(1762)鈐印本

國圖　中遺院

寅

06217

寅齋手集牧父印譜不分卷　二册

〔清〕黄士陵篆　寅齋輯

鈐印本

港大

寄

06218

寄亭印課　一册

〔佚名〕篆並輯

鈐印本

松蔭軒

06219

寄舫藏印　一册

〔清〕寄舫居士輯

鈐印本

別宥齋（天一閣）

06220

寄庵印存不分卷　十一册

單孝天篆並輯

鈐印本

私人藏

06221

寄情于此印譜　一册

〔佚名〕輯

描摹本（熊燾印作）

松蔭軒

06222

寄寄庭印賞不分卷　二册

〔清〕鞠鄰道篆並輯

清同治五年(1866)鈐印本

漠南

06223

寄斯庵印痕（印痕）　一册

張志魚篆　張樹芳輯

民國二十年(1931)影印本

北大

06224

寄斯庵印痕不分卷　四册

張志魚篆　張樹芳輯

民國二十五年(1936)影印本

上海　中國美院　吉林市　長春　南京　哈爾濱　遼寧　港大　鴻爪留痕館　松蔭軒　協會　漠南

06225

寄斯庵印痕　一册

張志魚篆　張樹芳輯

民國三十年(1941)影印本

四川

06226

寄斯庵印痕不分卷　二册

張志魚篆　張樹芳輯

民國三十年(1941)影印本

天津

06227

寄斯庵印痕不分卷　四册

　張志魚篆並輯

　民國三十六年(1947)影印本

　中國美院

06228

寄斯盦印存　一册

　張志魚篆並輯

　民國二十一年(1932)鈐印本

　松蔭軒

06229

寄斯盦印存　一册

　張志魚篆並輯

　民國三十六年(1947)影印本

　港大　松蔭軒　鴻爪留痕館

06230

寄斯盦印譜　一册

　張志魚篆並輯

　鈐印本

　松蔭軒

06231

寄斯盦製印譜不分卷　二册

　張志魚篆並輯

　鈐印本

　松蔭軒

06232

寄雲儠館印印不分卷　四册

　孫仲文篆並輯

　鈐印本

　上博

06233

寄静軒印存不分卷　八册

　〔清〕李柳溪篆並輯

　清道光十年(1830)鈐印本

　松蔭軒

06234

寄塵印稿　一册

　〔佚名〕篆並輯

　鈐印本

　協會

06235

寄齋印存　一册

　〔清〕黄士陵篆　俞旦輯

　鈐印本

　廣東

06236

寄齋印存不分卷　二册

　俞旦輯

　鈐印本

　鴻爪留痕館

06237

寄廬印蜕不分卷　六册

　孫仲文篆並輯

　粘貼本

　松蔭軒

宿

06238

宿梧印賞(悟積草堂印賞)不分卷　二册

　〔清〕俞朝暘輯

　鈐印本

　上海

啓

06239

啓榮齋印譜　一册

　（日本）井口卓所篆（日本）田口逸所輯

　日本明治二十年(1887)鈐印本

　岩瀬文庫

06240

啓齋藏印　二册

朱屺瞻等篆　錢君匋輯

丁丑年(1997)影印本

廣東　君匋藝院　松蔭軒　協會　京文研

畫

06241

畫錦堂　一册

〔佚名〕篆並輯

鈐印本

松蔭軒

06242

畫錦堂格言印存　一册

〔佚名〕篆並輯

鈐印本

松蔭軒

06243

畫錦堂記印譜　一册

〔清〕馨山輯

清同治三年(1864)鈐印本

南京

張

06244

張一川印集不分卷　二册

〔清〕張克淳篆並輯

清嘉慶十二年(1807)鈐印本

松蔭軒

06245

張一川印譜　一册

〔清〕張克淳篆並輯

清嘉慶十年(1805)鈐印本

南京　松蔭軒

06246

張一揖印存　一册

張一揖篆並輯

鈐印本

安徽

06247

張士秀印集不分卷　四册

張士秀篆並輯

鈐印本

松蔭軒

06248

張大經印存　一册

張大經篆　劉錫亮輯

丁酉年(2017)鈐印本

松蔭軒

06249

張大經先生印稿　一册

張大經篆　梁曉莊輯

丁酉年(2017)鈐印本

兩然齋

06250

張大經先生治印　一册

張大經篆　王翔輯

丁酉年(2017)鈐印本

兩然齋

06251

張大經先生治印選　一册

張大經篆　王翔輯

丁酉年(2017)鈐印本

松蔭軒

06252

張天師印拓本　一册

熊武民輯

民國十七年(1928)鈐印本

天津

06253
張少丞刻竹治印式　一册
　　張少丞篆並輯
　　民國二十五年(1936)影印本
　　黑龍江　鴻爪留痕館　松蔭軒

06254
張中源印存　一册
　　張中源篆並輯
　　鈐印本
　　松蔭軒

06255
張氏印譜　六册
　　〔清〕張氏相印軒輯
　　清嘉慶十六年(1811)相印軒鈐印本
　　國圖

06256
張氏印譜　一册
　　張鍾並輯
　　張鍾鈐印本
　　浙江

06257
張氏所藏埃及古代甲蟲佩印　一册
　　張鳳輯
　　民國二十六年(1937)鈐印本
　　浙江

06258
張氏家族用印集　一册
　　〔清〕張氏輯
　　鈐印本
　　松蔭軒

06259
張氏碧葭精舍印譜己巳集　一册
　　〔清〕張厚谷輯
　　清光緒三十一年(1905)相印軒鈐印本
　　中科院

06260
張氏藏古印存　一册
　　〔清〕張氏輯
　　清嘉慶十六年(1811)鈐印本
　　上博

06261
張氏藏印　三册
　　〔清〕張氏相印軒輯
　　清嘉慶十六年(1811)相印軒鈐印本
　　浙江

06262
張丹斧印存　一册
　　張宸篆並輯
　　鈐印本
　　揚州　瓦翁

06263
張石園印存　一册
　　張石園篆並輯
　　鈐印本
　　協會

06264
張石園撫古印存　一册
　　張石園篆並輯
　　鈐印本
　　百二扇面齋

06265
張用博印選　一册
　　張用博篆並輯
　　壬辰年(2012)鈐印本
　　松蔭軒

06266
張印三印譜不分卷　二册
　　〔清〕張印三篆並輯
　　清道光三年(1823)鈐印本(稿本)
　　松蔭軒

06267
張永愷自用印集不分卷　二冊
　徐雲叔等篆　張永愷輯
　庚戌年(1970)鈐印本
　松蔭軒

06268
張老薑印稿不分卷　四冊
　〔清〕張鏐篆並輯
　鈐印本(稿本)
　松蔭軒

06269
張廷濟藏名家刻印　一冊
　〔清〕張廷濟輯
　神州國光社鈐印本
　港大

06270
張竹君先生印譜　一冊
　〔佚名〕篆並輯
　鈐印本
　松蔭軒

06271
張安保印存不分卷　四冊
　張安保篆並輯
　鈐印本
　鴻爪留痕館

06272
張如忭印存不分卷　四冊
　〔清〕張如忭篆並輯
　鈐印本
　松蔭軒

06273
張志魚印譜不分卷　二冊
　張志魚篆並輯
　鈐印本
　鴻爪留痕館

06274
張志魚辛巳印痕　一冊
　張志魚篆並輯
　鈐印本
　鴻爪留痕館

06275
張志魚刻竹製印　一冊
　張志魚篆並輯
　民國二十一年(1932)影印本
　上海　南京　遼寧

06276
張志魚治印　一冊
　張志魚篆並輯
　鈐印本
　鴻爪留痕館　松蔭軒

06277
張叔未印存　一冊
　張廷濟輯
　鈐印本
　上海　鴻爪留痕館

06278
張叔未徐袖海先生印譜　一冊
　〔清〕張廷濟〔清〕徐三庚篆並輯
　鈐印本
　鐵硯齋

06279
張叔平印譜　一冊
　張叔平篆並輯
　鈐印本
　松蔭軒

06280
張叔田篆刻歸去來辭　一冊
　〔清〕張叔田篆並輯
　鈐印本
　松蔭軒

06281
張虎子印譜　一册
〔日本〕奧村竹亭輯
日本昭和元年(1926)鈐印本
西泠

06282
張宗祥藏印集　一册
張宗祥輯
戊戌年(1958)鈐印本
西泠

06283
張宗祥藏印集二不分卷　二册
張宗祥輯
戊戌年(1958)鈐印本
西泠

06284
張省印譜不分卷　四册
〔清〕張氏輯
鈐印本
上博

06285
張奕辰刻繩齋用印不分卷　二册
張奕辰篆並輯
鈐印本
松蔭軒

06286
張晉篆刻集不分卷　四册
張晉篆並輯
鈐印本
松蔭軒

06287
張晉篆刻選集　一册
張晉篆並輯
鈐印本
蘇州

06288
張遜先刻印　一册
〔清〕張祖翼篆　張立凡輯
清光緒二十三年(1897)鈐印本
上博

06289
張容園印譜不分卷　二册
〔清〕張德寶輯
清咸豐十一年(1861)鈐印本
西泠

06290
張祥凝印存　一册
張祥凝篆　王翔輯
壬寅年(2022)鈐印本
免冑堂

06291
張祥凝印稿　一册
張祥凝篆　梁曉莊輯
壬午年(2002)鈐印本
兩然齋

06292
張純初自用印存　一册
鄧爾雅　馮康侯　張祥凝等篆　黃耀忠輯
鈐印本
紅棉山房

06293
張敏求印譜　一册
〔清〕張敏求篆並輯
清光緒二十三年(1897)鈐印本
上博

06294
張綱伯舊藏官印存　一册
張綱伯輯
鈐印本
私人藏

06295

張紹先印譜　一册
〔清〕張紹先篆並輯
鈐印本
四川

06296

張寒月印存　一册
張寒月篆並輯
鈐印本
松蔭軒

06297

張嗣初印譜（嗣初集古銅印譜）不分卷　四册
〔清〕張嗣初輯
清光緒十九年(1893)鈐印本
南京

06298

張靖良藏印　一册
張靖良輯
叢玉堂鈐印本
南京

06299

張壽丞印存　一册
張壽丞篆並輯
鈐印本
哈爾濱

06300

張瘦石格言印譜不分卷　二册
張瘦石篆並輯
民國二十二年(1933)影印本
松蔭軒

06301

張魯庵印存不分卷　二册
張咀英篆並輯
鈐印本
浙江

06302

張魯庵印存不分卷　十册
張咀英篆並輯
鈐印本
私人藏

06303

張魯庵印譜　一册
張咀英篆並輯
鈐印本
私人藏

06304

張魯庵集蝶戀花　一册
張咀英篆並輯
鈐印本
私人藏

06305

張魯庵藏印　一册
張咀英篆並輯
鈐印本（稿本）
私人藏

06306

張魯盦藏秦漢印譜不分卷　四册
張咀英輯
民國三十三年(1944)鈐印本
松蔭軒

06307

張毅自用印印譜　一册
張宬篆　傅毓剛輯
鈐印本
養闇室

06308

張樾承印譜　一册
張樾承篆並輯
鈐印本
私人藏　中嶽齋

06309

張繼垔藏印鈐存　一册

吳昌碩 陳師曾等篆 張佛昆輯

鈐印本

鐵硯齋

06310

張鶴賓先生鐵筆彙印　一册

張鶴賓篆並輯

鈐印本

天津

郼

06311

郼庵倣古印草　一册

羅福頤篆並輯

民國十年(1921)鈐印本

瓦翁

06312

郼龕印艸(郼龕倣古印艸)　二册

羅福頤篆並輯

民國十年(1921)鈐印本

大連　北大　南京"中研院"史語所

06313

郼齋宋元押印存不分卷　三册

金同祖輯

民國二十五年(1936)鈐印本

國圖

06314

郼齋宋元押印存不分卷　二册

金同祖輯

民國三十年(1941)鈐印本

上海　上博　中國美院　浙江　私人藏　松蔭軒　漠南　國會山莊

隋

06315

隋唐以來官印集存附附録　一册

羅振玉輯

民國五年(1916)影印本

人大　中大　内蒙古　北大　北師大　南京　南開　華東師大　清華　湖南　廈大　廣東　文雅堂　松蔭軒　東京大　協會　京文研　漠南

06316

隋唐以來官印集存不分卷附附録　二册

羅振玉輯

民國五年(1916)影印本

吉大　松丸東魚

06317

隋唐以來官印集存不分卷附附録　三册

羅振玉輯

民國五年(1916)影印本

國圖　大連　天津　内蒙古　吉大　吉林　西泠　長春　東北師大　哈師大　哈爾濱　黑龍江　鞍山　遼寧　瀋陽　臺師大　松蔭軒　東京大　東洋文庫　京文研

陽

06318

陽光治印不分卷　四册

[佚名]篆並輯

鈐印本

松蔭軒

06319

陽湖趙氏印存　一册

〔清〕鄧石如〔清〕趙之琛等篆〔清〕趙熙文輯

清光緒二十一年(1895)鈐印本

漠南

習

06320

習軒印存不分卷　二册

（日本）阪田習軒篆並輯

日本昭和三年(1928)鈐印本

西泠　松蔭軒　協會　漠南

貫

06321

貫名松翁印譜　一册

（日本）貫名菘翁篆並輯

日本文久間鈐印本

漠南

06322

貫名海客印譜　一册

（日本）貫名菘翁篆並輯

日本昭和五十四年(1979)影印本

松蔭軒

06323

貫名海屋印譜　一册

（日本）貫名菘翁篆並輯

鈐印本

東京藝大

06324

貫翁印林不分卷　二册

（日本）中井敬所等篆並輯

日本昭和間鈐印本

東京博

紺

06325

紺雪齋集印譜不分卷　二册

〔清〕陳懋淦輯

清嘉慶二十三年(1818)鈐印本

湖南　蘇州　復旦

06326

紺雪齋集印譜不分卷　四册

〔清〕陳懋淦輯

清嘉慶二十三年(1818)鈐印本

上海　上博　山東　中遺院　吳中　哈爾濱　華東師

大　復旦　遼寧　蘇州　松蔭軒

細

06327

細川林齋印譜（林齋印譜）　一册

（日本）細川林齋篆並輯

日本嘉永四年(1851)鈐印本

西泠

06328

細井氏印譜　一册

〔佚名〕篆並輯

鈐印本

東京博

紹

06329

紹周印譜　一册

陳文斌篆並輯

民國間鈐印本

北師大

06330

紹庭印譜　一册

〔清〕紹庭篆並輯

清光緒二十五年(1899)鈐印本

浙江博

06331

紹極印譜　一册

曾紹傑篆並輯
民國三十八年(1949)鈐印本
松蔭軒

巢

06332

巢章甫海天樓古印集不分卷　三册
巢章甫輯
民國三十年(1941)鈐印本
西泠

06333

巢鳳初許谷人印譜　一册
巢元瑞　許浩基輯
鈐印本
上海

十二畫

栞

06334

栞銘餘韻　一册
〔清〕胡竹漁篆並輯
清咸豐九年(1859)鈐印本
安徽

06335

栞銘餘韻　二册
〔清〕胡竹漁篆並輯
清咸豐九年(1859)鈐印本
浙江

琴

06336

琴川印譜不分卷　二册
[佚名]篆並輯

鈐印本
松蔭軒

06337

琴石山房印譜不分卷　六册
湯綬名輯
民國十二年(1923)鈐印本
上海　北大　吉林　安徽　吳江　金華博　南開　哈
爾濱　湖南　遼寧　松蔭軒　協會　漠南　蒲阪文庫

06338

琴堂印叢不分卷　三册
(日本)藤原寬篆並輯
日本寬政七年(1795)鈐印本
漠南

06339

琴硯齋漢銅印譜不分卷　二册
〔清〕汪桐生輯
鈐印本
浙江

06340

琴齋印存不分卷　二册
簡經綸篆　黃耀忠輯
壬午年(2002)鈐印本
松蔭軒　兩然齋　紅棉山房

06341

琴齋印存　一册
簡經綸篆並輯
鈐印本
廣東

06342

琴齋印存不分卷　四册
簡經綸篆並輯
鈐印本
四川　松蔭軒

06343

琴齋印拓不分卷　七册
簡經綸篆並輯

民國三十二年(1943)鈐印本
港大

06344

琴齋印拓不分卷　七冊
簡經綸篆並輯
鈐印本
松蔭軒

06345

琴齋印拓大風堂本不分卷　七冊
簡經綸篆　大風堂輯
鈐印本
港大

06346

琴齋印留　一冊
簡經綸篆並輯
民國二十四年(1935)鈐印本
廣東　松蔭軒

06347

琴齋印留不分卷　四冊
簡經綸篆並輯
民國二十四年(1935)鈐印本
浙江博　港大　西泠　私人藏　百二扇面齋

06348

琴齋印留二集不分卷　四冊
簡經綸篆　西泠印社輯
民國二十七年(1938)鈐印本
中國美院　哈爾濱　私人藏　松蔭軒　港大　國會山莊

06349

琴齋印留初、續編不分卷　四冊
簡經綸篆　西泠印社輯
民國二十七年(1938)鈐印本
港大

06350

琴齋印留初集不分卷　四冊
簡經綸篆　西泠印社輯

民國二十四年(1935)鈐印本
上博　中國美院　西泠　哈爾濱　港大　松蔭軒　協會　國會山莊

06351

琴齋印選　一冊
簡經綸篆並輯
剪報粘貼本
蘭樓

06352

琴齋印譜　一冊
簡經綸篆並輯
影印本
協會

06353

琴鏡山房印存不分卷　二冊
〔佚名〕篆並輯
鈐印本
浙江

06354

琴鶴堂印譜　一冊
〔清〕繼良輯
清光緒二十七年(1901)鈐印本
松蔭軒

06355

琴鶴堂印譜　八冊
〔清〕繼良輯
清光緒二十七年(1901)鈐印本
國圖　上博　私人藏　天津　中國美院　内蒙古　平湖博　北大　北師大　北碚　四川　民族圖　金華博　河北　建德　南開　哈爾濱　首都　陝西　桂林　浙江　浙江博　清華　湖南　義烏　衢州博　港大　港中大　松蔭軒　日本龍野　漢南　國會山莊　普林斯頓

06356

琴鶴堂印譜　十二冊
〔清〕繼良輯

十二畫 489

清光緒二十七年(1901)鈐印本
國圖

06357
琴鶴堂摹本 一冊
〔佚名〕篆並輯
描摹本
松蔭軒

06358
琴鶴堂藏印不分卷 四冊
〔清〕趙冠儒篆並輯
清乾隆三十六年(1771)鈐印本
西泠

琢

06359
琢華堂印譜 一冊
（日本）椿椿山篆並輯
日本明治十六年(1883)鈐印本
日本國會 漢南

06360
琢齋印存 一冊
徐璞生篆並輯
乙卯年(1975)鈐印本
松蔭軒 協會

06361
琢齋印存不分卷 二冊
徐璞生篆並輯
鈐印本
松蔭軒

06362
琢齋印集 一冊
徐璞生篆並輯
辛亥年(1971)鈐印本
松蔭軒

06363
琢齋印譜 一冊
（日本）新井琢齋篆（日本）香川鳳輯
日本昭和四十七年(1972)鈐印本
松丸東魚 協會

瑯

06364
瑯嬛僊館印譜 一冊
〔清〕王篁客輯
鈐印本
揚州大

琛

06365
琛如印譜(朱子家訓格言印譜) 一冊
〔清〕釋成珍篆並輯
清乾隆四十三年(1778)鈐印本
松蔭軒

款

06366
款識拾趣 一冊
〔佚名〕篆並輯
鈐印本
松蔭軒

06367
款識録印譜 一冊
〔明〕黃子環篆並輯
明崇禎十四年(1641)鈐印本
上海

項

06368

項季翰集印　一册

　項季翰輯

　鈐印本

　松蔭軒

06369

項懷述印譜　一册

　〔清〕項懷述篆並輯

　鈐印本（册葉裝）

　松蔭軒

越

06370

越生印拓　一册

　〔佚名〕篆並輯

　鈐印本

　浙江

06371

越廬集印不分卷　四册

　〔佚名〕篆並輯

　鈐印本

　松蔭軒

超

06372

超然印林　二册

　〔清〕程邃篆並輯

　清康熙四十七年（1708）鈐印本

　私人藏

06373

超然樓印賞　八册

　〔清〕陳鍊篆〔清〕盛宜梧輯

　清乾隆二十七年（1762）鈐印本

　上海　東京博　漠南

06374

超然樓印賞　八册

　〔清〕陳鍊篆〔清〕盛宜梧輯

　清乾隆二十七年（1762）鈐印本（小開本）

　漠南

06375

超然樓印賞　二册

　〔清〕陳鍊篆〔清〕盛宜梧輯

　清乾隆二十八年（1763）鈐印本

　百樂齋

06376

超然樓印賞　四册

　〔清〕陳鍊篆〔清〕盛宜梧輯

　清乾隆二十八年（1763）鈐印本

　上博　遼寧　南京　私人藏　百二扇面齋　松蔭軒

　哈佛燕京　密歇根

06377

超然樓印賞　一册

　〔清〕陳鍊篆〔清〕盛宜梧輯

　抄本

　東京藝大

06378

超然樓印賞　四册

　〔清〕楊再春描摹本

　清乾隆五十七年（1792）描摹本

　松蔭軒

提

06379

提四印齋印集　一册

　〔佚名〕篆並輯

　鈐印本

　黑龍江

揚

06380
揚州古今名印譜　一冊
　　桑寶松篆並輯
　　癸卯年(1963)鈐印本(存世六十套)
　　鐵硯齋　松蔭軒

06381
揚州現代篆刻　一冊
　　蔡易庵　孫龍父等篆並輯
　　癸卯年(1963)鈐印本(存世六十套)
　　鐵硯齋

06382
揚州現代篆刻不分卷　三冊
　　王家明等篆並輯
　　庚申年(1980)鈐印本
　　協會

博

06383
博山氏印譜　一冊
　　[佚名]篆並輯
　　鈐印本
　　西泠

06384
博山居印譜不分卷　五冊
　　[佚名]篆並輯
　　鈐印本
　　早稻田

06385
博古印譜　一冊
　　〔明〕資旭暘篆並輯
　　明萬曆間鈐印本
　　北大　蘇州

06386
博古齋印譜　一冊
　　(日本)殿子方篆並輯
　　日本寶曆六年(1756)鈐印本
　　漢南

06387
博我堂印譜　一冊
　　〔清〕文廉篆並輯
　　清同治七年(1868)鈐印本
　　上博

06388
博琴少年刻印　一冊
　　劉博琴篆並輯
　　影印本
　　鴻爪留痕館

06389
博琴中年刻印不分卷　三冊
　　劉博琴篆並輯
　　影印本
　　鴻爪留痕館

06390
博琴中年治印不分卷　四冊
　　劉博琴篆並輯
　　影印本
　　鴻爪留痕館

06391
博琴批閱古印存不分卷　六冊
　　劉博琴輯
　　鈐印本
　　鴻爪留痕館

06392
博琴剪集印譜　一冊
　　劉博琴輯
　　鈐印本
　　鴻爪留痕館

06393
博琴剪集詞語印存 一冊
　劉博琴輯
　鈐印本
　鴻爪留痕館

06394
博琴集宋元明清印 一冊
　劉博琴輯
　鈐印本
　鴻爪留痕館

06395
博琴鐵書不分卷 二冊
　劉博琴篆並輯
　丁酉年(1957)影印本
　鴻爪留痕館

06396
博喜齋橅古印存 一冊
　[佚名]篆並輯
　鈐印本
　松蔭軒

06397
博愛堂集古印譜不分卷 六冊
　(日本)長谷川延年輯
　日本萬延元年(1860)鈐印本
　松蔭軒　日本國會　早稻田　漠南　静岡大

06398
博愛堂集古印譜第十一 一冊
　(日本)長谷川延年輯
　日本萬延元年(1860)鈐印本
　慶應大

喜

06399
喜字壽印譜 一冊
　(日本)石井雙石篆(日本)長思印會輯
　日本昭和二十七年(1952)鈐印本
　松蔭軒　松丸東魚　協會　漠南

彭

06400
彭刊五柳先生傳 一冊
　[清]彭玉書篆並輯
　清光緒二十一年(1895)鈐印本
　松蔭軒

煮

06401
煮石山房印存 一冊
　[清]吳念中篆並輯
　清光緒十七年(1891)鈐印本
　松蔭軒　國會山莊

06402
煮石山房印譜 一冊
　[佚名]篆並輯
　鈐印本
　中國美院

達

06403
達述印存 一冊
　欒士達篆並輯
　鈐印本
　鎮江

06404
達堂印存 一冊
　馬國權藏　梁曉莊輯
　壬午年(2002)鈐印本
　兩然齋

06405
達堂篆刻　一册
　馬國權篆　梁曉莊輯
　壬午年(2002)鈐印本
　兩然齋

06406
達寬印譜　一册
　達寬篆並輯
　鈐印本
　哈爾濱

06407
達盦印集　一册
　[佚名]篆並輯
　鈐印本
　鎮江　秦氏支祠(天一閣)

揮

06408
揮雲閣印稿(揮雲閣印藁)　一册
　[清]薛麐輯
　清宣統三年(1911)鈐印本
　南京

壺

06409
壺心印蛻不分卷　六册
　(日本)足達彥篆並輯
　日本明治四十一年(1908)鈐印本
　松丸東魚

06410
壺心印蛻不分卷　六册
　(日本)足立疇邨篆並輯
　日本明治四十一年(1908)鈐印本
　漠南

06411
壺廬印存　一册
　[佚名]篆並輯
　鈐印本
　松蔭軒

06412
壺廬印存　一册
　盛光偉篆並輯
　鈐印本
　松蔭軒

斯

06413
斯要堂印譜　二册
　[清]許倬篆並輯
　清雍正三年(1725)鈐印本
　上博　中國美院　浙江　私人藏　國會山莊

06414
斯翼堂印譜　四册
　[清]吳青震篆並輯
　清乾隆十四年(1749)鈐印本
　西泠　蘇州

葉

06415
葉玉山印存　一册
　[佚名]篆並輯
　鈐印本
　松蔭軒

06416
葉延琯印譜不分卷　二册
　[佚名]篆並輯
　鈐印本
　東京博

06417

葉舟印存　一册
〔清〕葉舟篆　許自强輯
鈐印本
片雲齋

06418

葉舟所見印偶存　一册
〔清〕丁敬等篆　葉爲銘輯
清光緒三十一年(1905)鈐印本
松蔭軒

06419

葉叔達印存　一册
葉慶垣篆並輯
影印本
上博

06420

葉昌熾方朔自用印印存　一册
錢太初輯
甲子年(1984)鈐印本
松蔭軒

06421

葉金貴章存不分卷　三册
〔清〕葉金貴篆並輯
鈐印本
蘇州大

06422

葉品三摹印集存不分卷　四册
葉爲銘篆並輯
清光緒十七年(1891)剪貼本
西泠

06423

葉退庵集印　一册
〔清〕葉期篆並輯
清光緒二十七年(1901)鈐印本
蒲阪文庫

06424

葉産鑫先生篆刻集存　一册
葉産鑫篆並輯
戊戌年(1958)影印本
松蔭軒

06425

葉聖陶先生治印偶存　一册
葉聖陶篆並輯
清光緒二十七年(1901)鈐印本
鴻爪留痕館

06426

葉語山房集古印存　一册
〔佚名〕篆並輯
鈐印本
松蔭軒

06427

葉劍英攻關詩印譜　一册
田叔達篆並輯
鈐印本
中嶽齋

06428

葉劍英詩印集不分卷　四册
野泥篆並輯
鈐印本
松蔭軒

06429

葉慶垣自用印譜　一册
葉慶垣篆並輯
鈐印本
松蔭軒

06430

葉懷古齋印存　一册
葉鴻翰篆並輯
鈐印本
温州

06431

葉潞淵先生刻印精拓　一冊
　　葉潞淵篆並輯
　　鈐印本
　　松蔭軒

散

06432

散木印集　一冊
　　鄧散木篆　方約輯
　　癸巳年(1953)宣和印社本
　　西泠　君匋藝院

06433

散木印集不分卷　二冊
　　鄧散木篆　方約輯
　　癸巳年(1953)宣和印社本
　　南京　上海　私人藏　松蔭軒

06434

散朗軒印存　一冊
　　徐粲章篆並輯
　　民國二十三年(1934)鈐印本
　　國圖

06435

散朗軒印存不分卷　五冊
　　徐粲章篆並輯
　　民國二十三年(1934)鈐印本
　　國圖

06436

散朗軒刻印留痕第一集(散朗軒印存)不分卷　五冊
　　徐粲章篆　楊昭雋輯
　　民國二十一年(1932)鈐印本
　　國圖

萬

06437

萬六千古鉨齋印存(萬六千古鉨齋印譜)不分卷　二冊
　　周庚壽輯
　　清光緒三十年(1904)鈐印本
　　四川

06438

萬六千古鉨齋印攈(萬六千古鉨齋印譜)　一冊
　　周貞亮輯
　　民國四年(1915)鈐印本
　　東北師大　南大

06439

萬石山房印草　一冊
　　〔清〕陳苾篆並輯
　　清嘉慶二十二年(1817)鈐印本
　　國圖

06440

萬石山房印譜不分卷　二冊
　　〔佚名〕篆並輯
　　鈐印本
　　浙江

06441

萬石山房印譜不分卷　四冊
　　陳苾篆　許崇熙輯
　　民國三十年(1941)鈐印本
　　湖南

06442

萬石山房詩品印譜　一冊
　　〔清〕陳苾篆並輯
　　清同治九年(1870)影印本
　　上博

06443

萬石印存　一冊

十二畫　495

〔清〕萬石篆並輯
清乾隆十年(1745)鈐印本
上博

06444
萬石樓印存　一册
〔佚名〕篆並輯
鈐印本
私人藏

06445
萬印樓印選　七册
〔清〕陳介祺後人輯　齊燕銘藏
鈐印本
松蔭軒

06446
萬印樓印譜不分卷　四册
〔清〕陳介祺輯
鈐印本
山東　山東博　漢南

06447
萬印樓印譜不分卷　十四册
〔清〕陳介祺輯
鈐印本
鴻爪留痕館

06448
萬印樓第一集不分卷　四册
濰坊工藝美術研究所輯
丁卯年(1987)鋅版印本
松蔭軒　協會

06449
萬印樓第二集不分卷　四册
濰坊工藝美術研究所輯
丁卯年(1987)鋅版印本
松蔭軒

06450
萬竹廬印存　一册
吳孝仁篆並輯

辛卯年(1951)鈐印本
松蔭軒

06451
萬松樓印存　一册
李祖壽篆並輯
民國八年(1919)影印本
上海　松蔭軒

06452
萬卷樓印賞(東壁含輝)　一册
〔清〕項士松篆並輯
清乾隆三十九年(1774)鈐印本
浙江　私人藏　松蔭軒

06453
萬華邨樵印譜　一册
〔佚名〕篆並輯
鈐印本
松蔭軒

06454
萬壽印譜　一册
(日本)河西笛洲　(日本)北村春步篆並輯
日本昭和九年(1934)影印本
西泠　協會　漢南

葛

06455
葛昌枌自用印存　一册
〔佚名〕篆並輯
鈐印本
私人藏

董

06456
董巴胡王會刻印譜(董巴王胡會刻印集)　四册
〔清〕董洵　巴慰祖　胡唐　王聲篆　吳隱輯

民國六年(1917)鈐印本

國圖 大連 上海 天津 中科院 北大 西泠 長恩閣 南京 溫州 遼寧 哈爾濱 浙江 紹興 港大 臺大 文雅堂 鴻爪留痕館 蘭樓 鐵硯齋 松蔭軒 松丸東魚 東京博 協會

葆

06457

葆真堂印譜 一册

〔清〕董蓮篆並輯

鈐印本

甘肅

06458

葆静齋印存 一册

張巽篆並輯

鈐印本

松蔭軒

敬

06459

敬止齋印存 一册

蕭敷詠輯

鈐印本

湖南

06460

敬修堂印譜 一册

〔清〕童昌齡篆並輯

清康熙四十七年(1708)鈐印本

國圖 南京

06461

敬恕齋印譜 一册

〔清〕金純篆並輯

鈐印本

浙江

06462

敬敬齋古鉥印集不分卷 三册

張延禮輯

民國十一年(1922)鈐印本

上博

06463

敬敬齋古鉥印集不分卷 四册

張延禮輯

民國十一年(1922)鈐印本

國圖 天津 浙江博 瓦翁 漢南

06464

敬敬齋印存 一册

張延禮輯

鈐印本

瓦翁

06465

敬愛山房古印存 一册

羅福成輯

民國三十年(1941)鈐印本

東京博

06466

敬愛堂圖書 十二册

〔清〕王成璐篆並輯

鈐印本

松蔭軒

06467

敬愛齋印譜不分卷 二册

[佚名]篆並輯

鈐印本

松蔭軒

06468

敬齋心印 一册

(日本)山内敬齋篆並輯

日本大正十一年(1922)鈐印本

西泠 松蔭軒 東京博 松丸東魚 漢南

06469

敬齋印譜　一冊
（日本）山內敬齋篆並輯
日本大正間鈐印本（大開本）
漠南

06470

敬齋印譜　一冊
（日本）山內敬齋篆並輯
日本大正間鈐印本（小開本）
漠南

06471

敬齋印譜不分卷　二冊
（日本）山內敬齋篆並輯
日本大正間鈐印本（大開本）
漠南

06472

敬齋影鈔古銅印譜　一冊
（日本）山內敬齋篆並輯
日本大正間鈐印本（大開本）
漠南

06473

敬齋篆學自勉書不分卷　二十冊
（日本）山內敬齋篆並輯
日本大正間鈐印本（大開本）
漠南

落

06474

落款印章之心得　一冊
（日本）雄山閣編輯局輯
日本昭和十年（1935）影印本
松蔭軒

朝

06475

朝鮮畫人落款印影不分卷　四冊
〔佚名〕篆並輯
摹寫本
漠南

葭

06476

葭汀鐵筆　一冊
〔清〕錢良源篆並輯
鈐印本
松蔭軒

06477

葭軒印略　一冊
〔清〕杜世柏篆〔清〕杜文琯輯
隱竹居鈐印本
上海

楮

06478

楮葉集（草木名印楮葉集）　二冊
〔清〕趙野篆並輯
清嘉慶二十一年（1816）鈐印本
天津

06479

楮葉集印譜不分卷　四冊
〔清〕趙墅篆並輯
清嘉慶二十二年（1817）錦石山房鈐印本
清華

十二畫　499

棋

06480

棋所遺篆　一册

（日本）郡司楳所篆並輯

日本昭和十一年(1936)鈐印本

協會

森

06481

森玉堂家訓印譜　一册

〔清〕張錫圭輯

鈐印本

秦氏支祠(天一閣)

焚

06482

焚香運甓廬印存　一册

［佚名］篆並輯

鈐印本

國圖

06483

焚餘印存不分卷　二册

〔清〕郭容光篆並輯

鈐印本

嘉興

棲

06484

棲鳳印譜不分卷　二册

（日本）竹内棲鳳篆並輯

日本大正八年(1919)鈐印本

西泠

椒

06485

椒木印稿　一册

［佚名］篆並輯

鈐印本

大連

棣

06486

棣華軒印存　一册

〔清〕單爲濂篆並輯

鈐印本

中國美院　文雅堂

軼

06487

軼庵藏印不分卷　三册

楊思康輯

鈐印本

國圖

惠

06488

惠石印存　一册

［佚名］篆並輯

鈐印本

私人藏

06489

惠南樓印譜不分卷　二册

（日本）峰須賀篆（日本）峰須賀家輯

日本昭和四年(1929)鈐印本

協會　漠南

06490

惠南樓茂韶公印譜　一册

（日本）峰須賀篆（日本）峰須賀家輯

日本昭和四年(1929)鈐印本

漠南

06491

惠風和暢室印譜不分卷　二册

（日本）谷聽泉篆並輯

鈐印本

協會

06492

惠遠軒印譜不分卷　三册

呂亦鴻篆並輯

鈐印本

浙江

覃

06493

覃藻閣印存　一册

〔清〕巴慰祖篆並輯

鈐印本

私人藏

粟

06494

粟香行篋印存　一册

金氏輯

江陰金氏鈐印本（江陰金氏家藏稿之一）

國圖

06495

粟盦印存　一册

〔清〕張新篆並輯

清光緒二十二年(1896)鈐印本

上博

棗

06496

棗花軒印譜　一册

〔佚名〕篆並輯

鈐印本

首都

06497

棗華書屋藏印摭存不分卷　八册

〔清〕朱之璣輯

鈐印本

北大

06498

棗槐軒印譜不分卷　四册

〔佚名〕篆並輯

鈐印本

孔子博

酣

06499

酣古集　一册

〔明〕黃宸篆並輯

清康熙三十八年(1699)鈐印本

上博

06500

酣古集印譜　一册

（日本）成瀨米城篆（日本）鑾谿學會輯

鈐印本

協會

06501

酣古集印譜（酣古集）　三册

〔明〕蘇曉〔明〕黃宸篆並輯

明崇禎九年(1636)鈐印本

松丸東魚

06502

酣古集印譜(酣古集)　四冊
　〔明〕蘇曉〔明〕黃宸篆並輯
　明崇禎九年(1636)承啟堂鈐印本
　上博　松蔭軒　臺圖　八户　東京大總　東洋文庫
　漢南

06503

酣古集印譜(酣古集)　四冊
　〔明〕蘇曉〔明〕黃宸篆並輯
　日本明治六年(1873)永晶堂鈐印本
　松蔭軒　日本國會　早稻田　東京大　岩瀨文庫

06504

酣古集印譜(酣古集)　四冊
　〔明〕蘇曉〔明〕黃宸篆（日本）成瀨米城輯
　日本明治十年(1877)永晶堂本
　日本國會　漢南

06505

酣古齋書畫印章　一冊
　[佚名]篆並輯
　鈐印本
　上海

皕

06506

皕印廬印存不分卷　四冊
　〔清〕馬家桐輯
　清宣統二年(1910)鈐印本
　松蔭軒　太田孝太郎　漢南

硯

06507

硯田農舍印譜　一冊
　（日本）田崎草雲篆並輯
　日本大正七年(1918)鈐印本
　漢南

06508

硯林印存(泉唐丁氏八家印譜、西泠八家印選)不分卷　六冊
　〔清〕丁敬篆　丁仁輯
　清光緒三十年(1904)鈐印本
　松蔭軒

06509

硯耕草廬印譜　一冊
　衛東晨篆並輯
　甲寅年(1974)粘貼本
　瓦翁

06510

硯耕廬石庵隱集印　一冊
　矯毅　張寒月篆　衛東晨輯
　粘貼本
　瓦翁

06511

硯雲山館所藏名人印　一冊
　張克龢輯
　民國二十七年(1938)鈐印本
　上博

雁

06512

雁漵半癡印存　一冊
　包柏筠篆並輯
　鈐印本
　寧波

06513

雁蕩印集不分卷　三冊
　謝磊明篆並輯
　壬寅年(1962)鈐印本
　松蔭軒

殘

06514
殘匋封泥輯存　一册
童大年輯
鈐印本
浙江

06515
殘泥硯齋印稿不分卷　三册
孔昭來篆並輯
鈐印本
松蔭軒

06516
殘泥硯齋自製印稿不分卷　六册
孔昭來篆並輯
鈐印本
松蔭軒

雄

06517
雄藩史印不分卷　四册
（日本）小澤助輯
日本昭和八年(1933)鈐印本
日本國會　漠南

雲

06518
雲厂印稿不分卷　四册
徐菑青篆並輯
粘貼本
芷蘭齋

06519
雲水山房藏匋不分卷　二册
［佚名］篆並輯

鈐印本
鴻爪留痕館

06520
雲斤精機不分卷　四册
（日本）源義亮篆並輯
日本寬延二年(1749)鈐印本
漠南

06521
雲石山房印寄不分卷　八册
［佚名］篆並輯
鈐印本
遼寧

06522
雲在印譜　一册
（日本）源亥吉篆並輯
鈐印本
松蔭軒

06523
雲江印存　一册
［佚名］篆並輯
鈐印本
松蔭軒

06524
雲谷公御印譜　一册
（日本）勤齋等篆並輯
日本文化間鈐印本
漠南

06525
雲谷堂印譜　一册
〔明〕李根篆並輯
明崇禎六年(1633)鈐印本
上博

06526
雲林書屋印存　一册
［佚名］篆並輯
鈐印本

松蔭軒

06527

雲門山樵手刊印章不分卷　二冊

〔清〕胡圻篆並輯

鈐印本

四川

06528

雲岫篆印譜不分卷　四冊

〔清〕蘭隱生篆並輯

清同治三年(1864)鈐印本

國圖

06529

雲居印譜　一冊

〔佚名〕篆並輯

鈐印本

松丸東魚

06530

雲南官廳印譜　一冊

雲南省府輯

民國間鈐印本

漢南

06531

雲南博物館藏印　一冊

容庚輯

鈐印本

"中研院"史語所

06532

雲香閣古印存不分卷　二冊

〔清〕趙允中輯

清光緒十七年(1891)鈐印本

國圖

06533

雲香館印譜不分卷　二冊

〔清〕蘭葆篆並輯

鈐印本

吉林

06534

雲笈印範不分卷附附錄　八冊

（日本）木邨鐵畊輯

日本明治三十五年(1902)鈐印本

秋水齋　私人藏　松蔭軒　九州大　日本國會　西泠　松丸東魚　協會　岩瀨文庫　京都女大　都立大學　漢南　關西大

06535

雲飛印存　一冊

金雲飛篆並輯

民國十四年(1925)鈐印本

中大

06536

雲根山房印譜　一冊

黃葆楨篆　姚江黃氏輯

民國十二年(1923)鈐印本

黎州

06537

雲根山館秦漢印集　一冊

〔清〕鈕還聞輯

鈐印本

瓦翁

06538

雲峰書屋集印譜不分卷　十冊

〔清〕趙錫綬篆並輯

清嘉慶六年(1801)德潤堂鈐印本

重慶

06539

雲峰書屋集印譜不分卷　十二冊

〔清〕趙錫綬篆並輯

清嘉慶六年(1801)德潤堂鈐印本

上海

06540

雲峰書屋集印譜　一冊

〔清〕趙錫綬篆並輯

清嘉慶九年(1804)鈐印本

南京 浙江

06541

雲峰書屋集印譜不分卷　四冊
〔清〕趙錫綬篆並輯
清嘉慶九年(1804)鈐印本
山東　中國美院

06542

雲峰書屋集印譜不分卷　六冊
〔清〕趙錫綬篆並輯
清嘉慶九年(1804)鈐印本
北大

06543

雲峰書屋集印譜不分卷　八冊
〔清〕趙錫綬篆並輯
清嘉慶九年(1804)鈐印本
哈佛燕京　國會山莊

06544

雲留小住印譜　二冊
〔清〕徐學幹篆並輯
清嘉慶二十一年(1816)鈐印本
普林斯頓

06545

雲留小住印譜　三冊
〔清〕徐學幹篆並輯
清嘉慶二十一年(1816)鈐印本
上博

06546

雲留小住印譜　四冊
〔清〕徐學幹篆並輯
清嘉慶二十一年(1816)鈐印本
上博　天津　南京　臺大

06547

雲留小住印譜　一冊
〔清〕徐學幹篆並輯
清道光六年(1826)鈐印本
浙江　寧夏　松蔭軒

06548

雲留小住印譜　二冊
〔清〕徐學幹篆並輯
清道光六年(1826)鈐印本
河南　哈爾濱　重慶　京都大

06549

雲留小住印譜　四冊
〔清〕徐學幹篆並輯
清道光六年(1826)鈐印本
臺大　漢南

06550

雲留草堂印譜(坦齋程松印譜)　一冊
〔清〕華昌朝　程松篆〔清〕程松輯
鈐印本
松蔭軒

06551

雲浦印章不分卷　八冊
〔清〕劉濰坊篆並輯
鈐印本
右文齋

06552

雲孫印存題詠　一冊
[佚名]篆並輯
鈐印本
松蔭軒

06553

雲庵集印譜　一冊
[佚名]篆並輯
鈐印本
松蔭軒

06554

雲深處印存　一冊
〔清〕史致篆〔清〕湯成彥輯
清咸豐九年(1859)鈐印本
常州

06555
雲巢印譜　一册
（日本）梛川雲巢篆並輯
鈐印本
公文館

06556
雲間漫游雜存印本　一册
金龔源篆並輯
鈐印本
上博

06557
雲間漫游雜存印本不分卷　三册
金龔源篆並輯
鈐印本
上博　松蔭軒

06558
雲渥堂印譜不分卷　二册
〔清〕楊鉽篆並輯
清嘉慶六年(1801)鈐印本
西泠　松蔭軒

06559
雲蔭印存　一册
黄慕韓篆並輯
鈐印本
紅棉山房

06560
雲煙家印譜　一册
（日本）清兵衛藏並輯（清兵衛用印）
鈐印本
岩瀨文庫

06561
雲煙過眼金石影　一册
〔清〕張燕昌　黄易等篆並輯
粘貼本
松蔭軒

06562
雲僑老人印譜　一册
潘丕炎篆並輯
民國間鈐印本
國圖

06563
雲隱印稿不分卷　二册
〔清〕謝景卿篆並輯
清乾隆四十五年(1780)鈐印本
兩然齋

06564
雲隱印稿不分卷　十册
〔清〕謝景卿篆並輯
清乾隆六十年(1795)鈐印本
廣東　芷蘭齋

06565
雲隱印稿不分卷　二十五册
〔清〕謝景卿篆並輯
清乾隆六十年(1795)鈐印本
漢南

06566
雲隱廬篆刻　一册
［佚名］篆並輯
鈐印本
廣東

06567
雲霞閣印譜不分卷　二册
〔清〕雲霞閣主篆並輯
清光緒二十六年(1900)7715
松蔭軒

06568
雲齋自用印(龐氏印集)　一册
〔清〕龐裁　龐士龍篆　龐士龍輯
甲子年(1984)鈐印本
常熟　私人藏　瓦翁　松蔭軒

06569

雲齋自用印　一册

龐士龍篆　龐氏後人及門生輯

庚午年(1990)鈐印本

松蔭軒

06570

雲齋刻印　一册

龐士龍篆並輯

民國三十年(1941)鈐印本

中國美院　南京　蘇州　常熟　協會　國會山莊

06571

雲齋篆刻不分卷　二册

龐士龍篆並輯

丁巳年(1977)鈐印本

私人藏

06572

雲歸草堂印稿　一册

徐苠青篆並輯

鈐印本

浙江博

06573

雲巖印譜　一册

〔清〕伊霖篆並輯

鈐印本

上博

06574

雲露齋名家印集　一册

〔佚名〕篆並輯

鈐印本

松蔭軒

06575

雲鶴山房印譜不分卷　二册

〔清〕蔡以筦篆並輯

清光緒三十年(1904)鈐印本

上海

雯

06576

雯菴印譜　一册

〔清〕程朝瑞篆並輯

清康熙四十四年(1705)鈐印本

臺圖

雅

06577

雅印藏印印影集　一册

（日本）磯部鎮雄輯

日本昭和二十一年(1946)鈐印本

漠南　關西大

06578

雅雨樓漢銅印譜不分卷　四册

〔清〕潘毅堂輯

清嘉慶間鈐印本

太田孝太郎

06579

雅常印藏　一册

〔佚名〕篆並輯

鈐印本

松蔭軒

06580

雅語印譜　一册

〔佚名〕篆並輯

鈐印本

松蔭軒

06581

雅藏閣印譜不分卷　二册

朱劍心篆並輯

鈐印本

浙江

06582

雅藏閣書畫印印譜　一册

〔佚名〕篆並輯

鈐印本

安徽

斐

06583

斐然館印存不分卷　六册

〔清〕徐中立篆並輯

清光緒二十七年(1901)鈐印本

國圖

06584

斐然館印存不分卷　三册

〔清〕徐中立篆並輯

鈐印本

松蔭軒

06585

斐然齋印存　一册

〔清〕徐中立篆並輯

清光緒十三年(1887)鈐印本

中國美院　西泠　河北　紹興

06586

斐然齋印存不分卷　十二册

〔清〕徐中立篆並輯

清光緒二十三年(1897)鈐印本

南京

06587

斐然齋印存不分卷　二册

〔清〕徐中立篆並輯

清光緒二十七年(1901)鈐印本

上海　西泠　南京　秦氏支祠(天一閣)　浙江博

常熟　松蔭軒　協會　漢南　國會山莊

06588

斐然齋印存不分卷　十册

〔清〕徐中立篆並輯

清光緒二十七年(1901)鈐印本

松蔭軒

06589

斐然齋印存　一册

〔清〕徐中立篆並輯

清宣統三年(1911)鈐印本

中國美院

06590

斐然齋印存張祖翼題識本不分卷　三册

〔清〕徐中立篆並輯

清光緒二十六年(1900)7715

松蔭軒

06591

斐然齋菊花印譜　一册

〔清〕徐中立篆並輯

清光緒十三年(1887)鈐印本

西泠　松蔭軒

悲

06592

悲盦印存不分卷　二册

〔清〕趙之謙篆　宣和印社輯

民國十年(1921)鈐印本

上海　中國美院　浙江博　松蔭軒

06593

悲盦印存不分卷　二册

〔清〕趙之謙篆　宣和印社輯

民國三十二年(1943)影印本

温州　嘉興　私人藏　臺圖

06594

悲盦印迹不分卷　二册

〔清〕趙之謙篆　〔清〕胡石查輯　劉子重輯　錢君匋藏

清光緒二年(1876)粘貼本

君匋藝院

06595

悲盦印迹不分卷　三册
〔清〕趙之謙篆　錢君匋藏並輯
鈐印本
君匋藝院

06596

悲盦印款　一册
〔清〕趙之謙篆　（日本）松丸東魚輯
日本昭和四十四年（1969）影印本
松丸東魚

06597

悲盦印補　一册
〔清〕趙之謙篆　王光烈雙鈎本
民國間雙鈎本
遼寧

06598

悲盦印蜕不分卷　四册
〔清〕趙之謙篆並輯
日本昭和間鈐印本
東京博

06599

悲盦印賸不分卷　三册
〔清〕趙之謙篆　丁仁輯
民國三年（1914）西泠印社鋅版印本（西泠印社鑒藏）
國圖　大連　上海　四川　西泠　百二扇面齋　近墨堂　杭州　莫氏莊園　浙江　義烏　廣東　鴻爪留痕館　松蔭軒　松丸東魚　東京博　協會　蒲阪文庫

06600

悲盦印賸不分卷　四册
〔清〕趙之謙篆　西泠印社輯
民國十年（1921）鈐印本
西泠

06601

悲鴻用印（悲鴻小私）不分卷　四册
徐悲鴻藏〔佚名〕輯
庚辰年（2000）鋅版印本（册葉裝，徐氏自用印）
松蔭軒

06602

悲鴻集印　一册
徐悲鴻輯〔佚名〕輯
鈐印本
松蔭軒

紫

06603

紫才印痕　一册
〔佚名〕篆並輯
鈐印本
松蔭軒

06604

紫芝山房印譜　一册
〔清〕俞臨篆〔清〕李熙垣輯
清嘉慶二年（1797）鈐印本
松蔭軒

06605

紫竹山房引印存　一册
〔佚名〕篆並輯
鈐印本
天一閣

06606

紫荊花館印存　一册
〔清〕李聰篆並輯
鈐印本
國圖

06607

紫庵印集　一册
衛東晨輯
鈐印本
瓦翁

06608

紫璃琴館印譜不分卷　二册

　紫璃琴館主篆並輯

　鈐印本

　松蔭軒

晴

06609

晴蝸廬印譜　一册

　（日本）幸野梅嶺篆並輯

　日本明治三十年(1897)鈐印本

　松蔭軒　東京藝大　協會　漠南

暎

06610

暎雪堂印賞　八册

　〔清〕孫履仁篆〔清〕孫汝舟輯

　清嘉慶八年(1803)鈐印本

　浙江

06611

暎雪堂印譜　二册

　〔清〕孫履仁篆〔清〕孫汝舟輯

　清嘉慶八年(1803)鈐印本

　浙江

貽

06612

貽笑方家　一册

　[佚名]篆並輯

　鈐印本

　浙江博

鼎

06613

鼎齋印賸不分卷　四册

　[佚名]篆並輯

　鈐印本

　松蔭軒

06614

鼎齋集印之册（隨手拾來）　一册

　吳昌碩　王禔等篆　柳鴻生輯

　壬寅年(1962)鈐印本

　松蔭軒

閑

06615

閑印集册　一册

　蔣寶篆並輯

　鈐印本

　松蔭軒

06616

閑存治印存稿不分卷　四册

　[佚名]篆並輯

　鈐印本

　松蔭軒

06617

閑雲閣印譜　四册

　〔清〕方若徽篆並輯

　清道光二十年(1840)鈐印本

　南京

06618

閑雲閣印譜　四十册

　〔清〕方若徽篆並輯

　清道光二十九年(1849)鈐印本

　南京

06619
閑園印存　一册
　［佚名］篆並輯
　民國十年（1921）鈐印本
　浙江　諸暨

閒

06620
閒中弄筆　一册
　〔清〕沈策銘篆並輯
　清乾隆十六年（1751）鈐印本
　松蔭軒

06621
閒中弄筆不分卷　四册
　〔清〕沈策銘篆並輯
　清乾隆十六年（1751）鈐印本
　上海

06622
閒中弄筆不分卷　二册
　〔清〕沈策銘篆並輯
　清乾隆十七年（1752）鈐印本
　西泠　湖南　松蔭軒　漢南

06623
閒中弄筆不分卷　六册
　〔清〕沈策銘篆並輯
　清乾隆十七年（1752）鈐印本
　松蔭軒

06624
閒文印草不分卷　六册
　〔清〕文林輯
　鈐印本（稿本）
　普林斯頓

06625
閒章秘要　一册
　葉爲銘篆並輯
　鈐印本
　私人藏

06626
閒章集存　一册
　［佚名］篆並輯
　鈐印本
　松蔭軒

06627
閒雲閣印譜不分卷　八册
　〔清〕方若徽篆並輯
　清道光二十二年（1842）鈐印本
　上博

06628
閒雲閣印譜不分卷　二十册
　〔清〕方若徽篆並輯
　清道光二十二年（1842）鈐印本
　浙江

06629
閒賞齋集印譜不分卷　二册
　〔清〕張守峒輯
　鈐印本
　松蔭軒

遇

06630
遇廬藏印　一册
　［佚名］篆並輯
　鈐印本
　松蔭軒

景

06631
景木清承堂印賞稿存　一册
　［佚名］篆並輯

鈐印本
吳江

06632
景石印集　一册
　李光啓篆並輯
　丁酉年(1957)鈐印本
　臺圖

06633
景石印集　一册
　李光啓篆並輯
　戊戌年(1958)鈐印本
　東海大

06634
景石印集　一册
　李光啓篆並輯
　己亥年(1959)鈐印本
　臺師大

06635
景行行止不分卷　二册
　吳昌碩篆（日本）松丸東魚輯
　日本昭和二十年(1945)鈐印本
　松丸東魚

06636
景行樓印藏　一册
　吳樸等篆並輯
　鈐印本
　松蔭軒

06637
景南山館印存　三册
　丁善寶　丁因龍篆　丁怡輯
　民國二十年(1931)鈐印本
　松蔭軒

06638
景昭刻印　一册
　[佚名]篆並輯
　鈐印本
　上海

06639
景桐印草不分卷　五册
　馬景桐等篆並輯
　民國二十二年(1933)鈐印本
　國圖

06640
景陶館印譜　一册
　〔清〕樊鴻錫篆並輯
　清光緒十一年(1885)鈐印本
　上博

06641
景雪軒印述(結古歡室印述)　二册
　〔清〕張文鳳篆並輯
　清光緒十八年(1892)鈐印本
　漠南

06642
景雪軒印述(結古歡室印述)　二册
　〔清〕張文鳳篆並輯
　清光緒二十二年(1896)鈐印本
　松蔭軒

06643
景博手摹印稿不分卷　三册
　溫景博摹篆並輯
　墨摹臨本
　松蔭軒

06644
景博刻印不分卷　二册
　溫景博篆　林章松輯
　壬寅年(2022)粘貼本
　松蔭軒

06645
景博刻印不分卷　十五册
　溫景博篆並輯
　鈐印本
　松蔭軒

06646

景博集印　一册
　　温景博輯　林章松重輯
　　壬寅年(2022)鈐印本
　　松蔭軒

06647

景慶堂印譜　一册
　　〔清〕李燠篆並輯
　　鈐印本
　　安徽

06648

景籀宧印存　一册
　　〔佚名〕篆並輯
　　鈐印本
　　松蔭軒

06649

景廬印譜不分卷　二册
　　顧夏農篆並輯
　　鈐印本
　　上海

貴

06650

貴山子印譜　一册
　　（日本）貴山子篆並輯
　　日本明治間鈐印本
　　岩瀨文庫

06651

貴池姚氏印存　二册
　　姚肇昌篆並輯
　　民國七年(1918)鈐印本
　　上海

06652

貴筑楊氏印存不分卷　二册
　　楊通輯
　　鈐印本
　　浙江

單

06653

單孝夫印稿集不分卷　十册
　　單曉天篆並輯
　　鈐印本
　　松蔭軒

06654

單孝夫篆刻不分卷　二册
　　單曉天篆並輯
　　乙丑年(1985)鈐印本
　　百二扇面齋　協會

06655

單孝夫篆刻　一册
　　單曉天篆並輯
　　鈐印本
　　協會

黑

06656

黑龍江印存　一册
　　〔清〕宋小濂輯
　　鈐印本
　　吉林市

無

06657

無名印集第一集　一册
　　（日本）無名印社輯
　　日本昭和四十四年(1969)鈐印本
　　松丸東魚

06658
無名印譜　一册
　[佚名]篆並輯
　鈐印本
　　松蔭軒　松丸東魚

06659
無名印譜不分卷　二册
　[佚名]篆並輯
　鈐印本
　　松蔭軒

06660
無名印譜不分卷　四册
　[佚名]篆並輯
　鈐印本
　　松蔭軒

06661
無名印譜不分卷　十二册
　[佚名]篆並輯
　鈐印本
　　松蔭軒

06662
無名閣印譜　一册
　（朝鮮）黃鉝篆並輯
　鈐印本
　　佐野市博

06663
無佛齋古私古印譜　一册
　（日本）藤原貞幹篆並輯
　日本安永二年(1773)鈐印本
　　漠南

06664
無咎齋印彙不分卷　二册
　〔清〕黃士陵篆　潘元永輯
　鈐印本
　　松蔭軒

06665
無律不音室印存　一册
　[佚名]篆並輯
　鈐印本
　　松蔭軒

06666
無倦苦齋印賸　一册
　錢君匋輯
　鈐印本
　　君匋藝院

06667
無倦苦齋印賸不分卷　三册
　錢君匋輯
　鈐印本
　　君匋藝院

06668
無倦苦齋印賸不分卷　六册
　錢君匋輯
　鈐印本
　　君匋藝院

06669
無倦苦齋印賸乙卯編不分卷　四册
　錢君匋輯
　乙卯年(1975)鈐印本
　　君匋藝院

06670
無倦苦齋印賸丁巳編(無絶終古齋)不分卷　二册
　錢君匋輯
　丁巳年(1977)鈐印本
　　君匋藝院

06671
無隅集印　一册
　〔清〕方爾謙輯
　鈐印本
　　松蔭軒

06672

無棣吳氏陶嘉書屋藏印　一册

〔清〕吳式芬輯

鈐印本

浙江

06673

無量壽佛堂印譜不分卷　五册

（日本）富岡鐵齋篆並輯

日本大正十五年（1926）寸紅堂鈐印本

上海　松蔭軒　日本國會　松丸東魚　協會　漠南

06674

無閑室印存不分卷　二册

陳仲芳篆並輯

乙亥年（1995）鈐印本

松蔭軒

06675

無爲庵印譜　一册

（日本）演田青陵篆（日本）住友寬一輯

日本昭和二年（1927）鈐印本

協會　調布

06676

無絕終古齋　一册

［佚名］篆並輯

鈐印本

松蔭軒

06677

無聞用印集拓（無聞行笈藏石）不分卷　二册

方介堪　王福盦等篆　徐無聞輯

甲子年（1984）鈐印本

松蔭軒

06678

無樓宋元古印輯不分卷　四册

［佚名］輯

民國二十三年（1934）鈐印本

協會

06679

無墨堂印譜　一册

（日本）村上剛齋篆並輯

日本大正間鈐印本

漠南

06680

無聲室印存　一册

［佚名］篆並輯

鈐印本

松蔭軒

06681

無雙印譜　一册

童大年篆　鍾啓恒輯

鈐印本（鍾久安輯本）

西泠　私人藏　片雲齋　松蔭軒

06682

無雙印譜、劍俠印譜、列僊印譜、瓦當印譜不分卷　四册

〔清〕童大年篆並輯

清光緒十九年（1893）鈐印本

浙江　浙江博　西泠　松蔭軒

06683

無雙譜印玩　一册

〔清〕葉希明篆並輯

清光緒二十五年（1899）鈐印本

松蔭軒

06684

無雙譜印則（無雙印譜）　一册

〔清〕陸蔚篆並輯

清乾隆五十年（1785）鈐印本

松蔭軒

06685

無雙譜印篆　一册

〔清〕戚祖華篆並輯

清乾隆二十七年（1762）鈐印本

文雅堂　松蔭軒

缾

06686

缾室印存　一册

　〔佚名〕篆並輯

　鈐印本

　浙江

程

06687

程少峰印譜不分卷　四册

　〔清〕程銘篆並輯

　清同治十二年(1873)鈐印本

　上海

06688

程氏印譜　一册

　〔明〕程大憲輯

　明萬曆三十六年(1608)滋蕊館鈐印本

　中遺院

06689

程氏印譜　二册

　〔明〕程大憲輯

　明萬曆三十六年(1608)滋蕊館鈐印本

　上博　浙江博　漢南

06690

程芝華印譜(海陽程芝華印譜、海陽由溪瑶原怡園各景印譜)　四册

　〔清〕程芝華篆並輯

　清道光二十四年(1844)鈐印本

　國圖　西泠　松蔭軒

06691

程荔江印譜(師意齋秦漢印譜)　一册

　〔清〕程從龍輯

　清乾隆三年(1738)鈐印本

　東京博

06692

程荔江印譜(師意齋秦漢印譜)　二册

　〔清〕程從龍輯

　清乾隆三年(1738)原鈐印本

　上博　川大　保定　常熟　漢南

06693

程荔江印譜(師意齋秦漢印譜)　二册

　涵芬樓輯

　民國十三年(1924)涵芬樓影印本

　國圖　清華　上海　私人藏　山東大　川大　天津　中大　中科院　中國美院　北大　北師大　西泠　東北師大　河南大　南京　哈爾濱　華東師大　湖南　義烏　遼寧　鎮江　浙江博　港大　港中大　鴻爪留痕館　鐵硯齋　松蔭軒　東京博　國會山莊

06694

程俊卿刻印遺稿　一册

　程俊卿篆並輯

　鈐印本

　浙江博

06695

程逸漁印譜　一册

　〔清〕程逸漁篆並輯

　清乾隆三十四年(1769)鈐印本

　安徽

06696

程淯印存　一册

　程淯篆　壽璽輯

　庚寅年(1950)鈐印本

　松蔭軒

06697

程潛自用印存　一册

　程潛藏印〔佚名〕輯

　鈐印本

　松蔭軒

06698

程濟孫自用印集（程濟孫集印）不分卷　二冊
　程濟孫藏並輯
　粘貼本
　松蔭軒

犁

06699

犁盦印存　一冊
　（日本）北村春步篆並輯
　日本昭和三十六年（1961）鈐印本
　西泠　松蔭軒　協會

喬

06700

喬大壯印集不分卷　十冊
　喬大壯篆　喬無彊輯
　乙亥年（1995）影印本
　松蔭軒

06701

喬大壯印蛻不分卷　二冊
　喬大壯篆　秦康祥輯
　庚寅年（1950）影印本
　上海　南京　秦氏支祠（天一閣）　華東師大　浙江博　蘇州　私人藏　松蔭軒　協會　法國國圖

06702

喬大壯佚印不分卷　五冊
　喬大壯篆並輯
　鈐印本
　松蔭軒

06703

喬氏集古印存不分卷　十冊
　喬氏輯
　民國間鈐印本
　中大

筐

06704

筐衍印捃　一冊
　王煥之輯
　鈐印本
　遼寧

傅

06705

傅公印譜　一冊
　〔清〕許兆熊篆並輯
　鈐印本
　上博

06706

傅氏家藏石刻不分卷　二冊
　〔清〕傅文卿輯
　清同治十二年（1873）鈐印本
　松蔭軒

06707

傅文卿集印不分卷　二冊
　〔清〕傅文卿篆並輯
　清同治十二年（1873）鈐印本
　上海

06708

傅立布印譜不分卷　四冊
　傅立布篆並輯
　鈐印本
　松蔭軒

06709

傅抱石所造印稿不分卷　二冊
　傅抱石篆　葉宗鎬輯
　甲申年（2004）影印本
　廣東"中研院"文哲所　松蔭軒

十二畫 517

06710
傅栻題陳豫鍾印譜　一册
〔清〕陳豫鍾篆並輯
鈐印本
松蔭軒

06711
傅雷印存　一册
傅雷藏〔佚名〕輯
鈐印本（傅氏用印）
松蔭軒

順

06712
順德黃氏印集不分卷　二册
黃銘勛輯
宣和印社鈐印本
上博

傑

06713
傑寶齋集印譜　一册
〔佚名〕篆並輯
鈐印本
松蔭軒

集

06714
集古十種印章不分卷　七册
（日本）松平定信
日本明治三十七年（1904）影印本
三重博　早稻田　岩瀨文庫　漠南

06715
集古十種印章不分卷　八册
（日本）松平定信

日本明治三十七年（1904）影印本
日本國會　漠南

06716
集古十種印章類　一册
（日本）松平定信輯
日本明治十九年（1886）鈐印本
國圖　松蔭軒　日本國會　德國柏林

06717
集古十種印章類　一册
（日本）松平定信輯
日本明治三十六年（1903）鈐印本（重輯本）
三重博　漠南

06718
集古印　一册
〔佚名〕篆並輯
鈐印本
浙江

06719
集古印史　一册
〔佚名〕篆並輯
日本慶應二年（1866）鈐印本
東京博

06720
集古印存　一册
〔佚名〕篆並輯
清光緒十三年（1887）鈐印本
松蔭軒

06721
集古印存　一册
〔佚名〕篆並輯
民國間鈐印本
浙江博

06722
集古印存　一册
〔佚名〕篆並輯
鈐印本

松蔭軒

06723
集古印存　一冊
〔佚名〕篆並輯
雙鉤本
安徽

06724
集古印存不分卷　六冊
〔佚名〕篆並輯
鈐印本
南京

06725
集古印存不分卷　十五冊
〔佚名〕篆並輯
鈐印本
鴻爪留痕館

06726
集古印存不分卷　五冊
丁仁輯
丁氏鈐印本
南京

06727
集古印存不分卷　二冊
孫壯輯
民國十七年(1928)鈐印本(孫壯集本)
松蔭軒

06728
集古印存不分卷　二冊
孫壯輯
鈐印本(孫壯輯本)
松蔭軒

06729
集古印存不分卷　三十二冊
〔清〕汪啓淑輯
清乾隆二十三年(1758)雙鉤本
安徽

06730
集古印存　二冊
〔清〕汪啓淑輯
清乾隆二十五年(1760)鈐印本(疑即訒菴集古印存殘本)
常熟

06731
集古印存　一冊
温廷寛輯
温廷寛鈐印本
松蔭軒

06732
集古印存(秦漢印存)不分卷　三冊
吳炎輯
鈐印本
松蔭軒

06733
集古印存　一冊
〔清〕趙之琛等篆並輯
民國間粘貼本
浙江

06734
集古印拓　一冊
〔佚名〕輯
鈐印本(册葉裝)
松蔭軒

06735
集古印萃
温廷寛輯
鈐印本
松蔭軒

06736
集古印略　一冊
〔清〕趙熙文輯
清光緒十六年(1890)鈐印本
漢南

06737

集古印集　一册

　〔佚名〕篆並輯

　鈐印本

　松蔭軒

06738

集古印集　一册

　温廷寬輯

　粘貼本

　松蔭軒

06739

集古印蛻不分卷　二册

　石峰輯

　甲申年(2004)鈐印本

　見性簃

06740

集古印綴不分卷　二册

　石峰輯

　庚子年(2020)鈐印本

　見性簃

06741

集古印範　一册

　〔明〕蘇宣等篆〔明〕潘雲杰輯

　明萬曆三十五年(1607)鈐印本

　國圖

06742

集古印範　二册

　〔明〕蘇宣等篆〔明〕潘雲杰輯

　明萬曆三十五年(1607)鈐印本

　巴伐利亞

06743

集古印範　六册

　〔明〕蘇宣等篆〔明〕潘雲杰輯

　明萬曆三十五年(1607)鈐印本

　松丸東魚

06744

集古印範(潘氏集古印範)　八册

　〔明〕蘇宣等篆〔明〕潘雲杰輯

　明萬曆三十五年(1607)鈐印本

　東京博　漠南

06745

集古印範(潘氏集古印範)　十册

　〔明〕蘇宣等篆〔明〕潘雲杰輯

　明萬曆三十五年(1607)鈐印本

　上海　西泠　南京　漠南

06746

集古印範　十四册

　〔明〕蘇宣等篆〔明〕潘雲杰輯

　明萬曆三十五年(1607)鈐印本

　國圖

06747

集古印選　四册

　〔清〕吳元滿輯

　明萬曆二十五年(1597)鈐印本

　漠南

06748

集古印緣　一册

　〔清〕李濬之輯

　清光緒三十二年(1906)鈐印本

　遼寧

06749

集古印叢(漢皋焦氏集古印叢)不分卷　四册

　漢皋焦氏輯

　鈐印本

　"中研院"史語所

06750

集古印譜　一册

　〔佚名〕篆並輯

　鈐印本

　松蔭軒

06751
集古印譜不分卷　二册
　　〔佚名〕輯
　　鈐印本
　　松蔭軒

06752
集古印譜不分卷　三册
　　〔佚名〕篆並輯
　　鈐印本
　　松蔭軒

06753
集古印譜不分卷　十八册
　　〔佚名〕輯
　　摹抄本
　　北大

06754
集古印譜　一册
　　〔清〕曹世模輯
　　清宣統元年(1909)莫繩孫鈐印本
　　南京

06755
集古印譜　一册
　　〔清〕曹世模輯
　　曹世模鈐印本
　　上博

06756
集古印譜　一册
　　〔清〕巢農藏並輯
　　清雍正二年(1724)鈐印本
　　中遺院

06757
集古印譜(范氏集古印譜)　十册
　　〔明〕范汝桐輯
　　明萬曆二十五年(1597)鈐印本
　　吉大　西泠

06758
集古印譜　八册
　　〔明〕甘暘篆並輯
　　明萬曆二十四年(1596)原鈐印本
　　南京　浙江　國會山莊

06759
集古印譜　十册
　　〔明〕顧從德輯
　　明萬曆三十九年(1611)鈐印本
　　南京

06760
集古印譜　四册
　　〔明〕顧從德輯
　　顧氏刊印本
　　國圖

06761
集古印譜　一册
　　（日本）山内敬齋輯
　　日本大正間鈐印本
　　漢南

06762
集古印譜　四册
　　〔明〕王常輯
　　明萬曆三年(1575)刊印本
　　港中大　國會山莊

06763
集古印譜不分卷　八册
　　〔明〕王常輯
　　明萬曆三年(1575)刊印本
　　上博

06764
集古印譜　一册
　　〔清〕張欽輯
　　張欽鈐印本
　　常州

06765

集古百二壽印不分卷　二册

〔清〕成桂馨篆並輯

清道光二十七年(1847)鈐印本

南京　湖南

06766

集古百二壽印不分卷　二册

〔清〕成桂馨輯

清同治間性存堂鈐印本

南京

06767

集古名人印譜不分卷　四册

趙浩公輯

癸丑年(1973)鈐印本

紅棉山房

06768

集古官印考證　二册

〔清〕瞿中溶輯

清道光十一年(1831)瞿樹鎬鈐印本

上海　蘇州大　臺圖　松蔭軒

06769

集古官印考證　四册

〔清〕瞿中溶輯

清道光十一年(1831)鈐印本

天津　南京　清華　淮安　松蔭軒　陳進　漠南

06770

集古官印考證　一册

〔清〕瞿中溶輯

清同治十三年(1874)鈐印本

韓國中央

06771

集古官印考證附集古虎符魚符考　六册

〔清〕瞿中溶輯

清同治十三年(1874)鈐印本

山東博　南京　鴻爪留痕館

06772

集古官印考證附集古虎符魚符考　八册

〔清〕瞿中溶輯

清同治十三年(1874)鈐印本

上海　四川　吉大　南京

06773

集古官印考證附集古虎符魚符考　十三册

〔清〕瞿中溶輯

清同治十三年(1874)鈐印本

山東

06774

集古官印譜不分卷　十八册

方清霖輯

民國二十二年(1933)鈐印本

松蔭軒

06775

集古官印譜不分卷　二十五册

方清霖輯

民國二十二年(1933)鋅版印本

國圖

06776

集古官印譜　六册

〔明〕王常輯

明萬曆三年(1575)顧氏芸閣刊印本

國圖　上海　上博　山東博　天津　中科院　北大
故宮　南京　開封　復旦　遼寧　松蔭軒

06777

集古官印譜影存　一册

王光烈

民國二十七年(1938)鈐印本

遼寧

06778

集古鉢印存(集古璽印譜)不分卷　四册

黃濱虹輯

鈐印本

上海　哈爾濱　松蔭軒

06779
集古壽言印章印譜　一册
　［佚名］篆並輯
　鈐印本
　松蔭軒

06780
集古圖書譜　一册
　［佚名］篆並輯
　鈐印本
　松蔭軒

06781
集古圖書譜（倣古齋名賢印譜）　一册
　〔清〕倣古齋主人輯
　清同治三年（1864）鈐印本
　岩瀨文庫

06782
集古圖畫譜　一册
　［佚名］篆並輯
　鈐印本
　松蔭軒

06783
集古銅印十集　八册
　〔清〕金惟駿輯
　鈐印本
　浙江

06784
集古銅印存　一册
　［佚名］輯
　鈐印本
　遼寧

06785
集古綴存不分卷　二册
　劉垚輯
　庚子年（2020）鈐印本
　見性簃　鹿鳴簃

06786
集古篆籀不分卷　二册
　［佚名］篆並輯
　鈐印本
　松蔭軒

06787
集古齋藏印不分卷　十四册
　［佚名］篆並輯
　癸酉年（1993）鈐印本
　紅棉山房

06788
集古齋藏印　一册
　曾榮光篆　林章松輯
　己亥年（2019）鈐印本
　復旦　港科大　文雅堂　松蔭軒

06789
集古璽印存　一册
　黄濱虹輯
　鈐印本
　松蔭軒

06790
集古璽印譜不分卷　三册
　蔡守輯
　民國十六年（1927）鈐印本
　國圖

06791
集印　一册
　［佚名］篆並輯
　鈐印本
　浙江博　西泠　吳江

06792
集印　一册
　劉伯年篆並輯
　丁酉年（1957）劉氏鈐印本
　哈爾濱

06793
集印　一册
〔清〕徐三庚　吳昌碩等篆並輯
鈐印本（鐵硯齋藏本）
鐵硯齋

06794
集印譜不分卷　二册
［佚名］篆並輯
鈐印本
南京

06795
集印譜　四册
林楸淦輯
清嘉慶二十三年(1818)鈐印本
中遺院

06796
集印譜不分卷　二册
〔清〕陶萬清輯
清道光二十九年(1849)鈐印本
松蔭軒

06797
集存舊印譜　一册
［佚名］篆並輯
鈐印本
松蔭軒

06798
集成印譜不分卷　十册
趙石篆並輯
民國間鈐印本
常熟

06799
集成搜匯印譜不分卷　十二册
［佚名］篆並輯
鈐印本
上海

06800
集名人刻印　一册
〔明〕何震　文嘉等篆［佚名］輯
鈐印本
松蔭軒

06801
集名家印　一册
榮寶齋輯
鈐印本
私人藏

06802
集名家印存　一册
［佚名］篆並輯
鈐印本
松蔭軒

06803
集名家刻印　一册
［佚名］篆並輯
鈐印本
松蔭軒

06804
集何雪漁印譜　二册
〔明〕何震篆〔明〕金賢輯
明崇禎十四年(1641)鈐印本
國圖　安徽　韓國國會

06805
集何雪漁印譜　一册
〔明〕全賢摹並輯
明萬曆四年(1576)鈐印本
上博　天津

06806
集何雪漁印譜　二册
〔明〕全賢摹並輯
明崇禎十四年(1641)鈐印本
國圖

06807
集金印存　一册
　[佚名]篆並輯
　鈐印本
　松蔭軒

06808
集前人刻印小册　一册
　〔清〕沈亦香輯
　清咸豐六年(1856)鈐印本(册葉裝)
　漠南　近墨堂

06809
集虛草堂印存　一册
　[佚名]篆並輯
　鈐印本
　私人藏

06810
集虛草堂印存吳昌碩集　一册
　吳昌碩篆並輯
　鈐印本
　私人藏

06811
集雅軒印存　二册
　〔清〕李氏集雅軒輯
　清鈐印本
　常州

06812
集鈐印叢不分卷　六册
　〔清〕王圻篆並輯
　清咸豐十年(1860)鈐印本
　松蔭軒

06813
集腋成裘不分卷　八册
　〔清〕[佚名]篆並輯
　清鈐印本
　國圖

06814
集壽言印譜不分卷　四册
　[佚名]篆並輯
　鈐印本
　松蔭軒

06815
集漢印存　一册
　榮寶齋輯
　鈐印本
　遼寧

06816
集樓印存　一册
　[佚名]篆並輯
　鈐印本
　復旦

06817
集諸名家印　一册
　〔清〕薛麐輯
　清鈐印本
　南京

06818
集錦印譜不分卷　四册
　〔清〕杜文瑄等篆並輯
　鈐印本
　上博

06819
集藏印存　一册
　[佚名]篆並輯
　鈐印本
　松蔭軒

焦

06820
焦桐盦印稿　四册
　〔清〕凌夢松篆並輯

清咸豐四年(1854)鈐印本
吳江

06821
焦清心印存不分卷　九冊
　焦清心篆並輯
　鈐印本
　松蔭軒

傍

06822
傍華居印存　一冊
　[佚名]篆並輯
　鈐印本
　松蔭軒

皖

06823
皖浙名家印集　一冊
　[清]丁敬　錢松等篆並輯
　鈐印本
　松蔭軒

衆

06824
衆芳軒印譜　一冊
　(日本)小野蘭山篆並輯
　日本寶曆四年(1754)鈐印本
　漠南

粵

06825
粵人印存　一冊
　[佚名]篆並輯

鈐印本
紅棉山房

06826
粵人印集　一冊
　梁曉莊輯
　乙未年(2015)鈐印本
　兩然齋

06827
粵東印輯　三冊
　[佚名]篆並輯
　民國三十六年(1947)鈐印本
　港大

奧

06828
奧付檢印集不分卷　三冊
　[佚名]篆並輯
　鈐印本
　早稻田

06829
奧村竹亭用印　一冊
　[佚名]篆並輯
　鈐印本
　東京博

遁

06830
遁庵印存不分卷　二冊
　吳昌碩篆　吳隱輯
　清光緒二十一年(1895)鈐印本
　兩然齋

06831
遁盦印存不分卷　四冊
　[清]丁敬　陳鴻壽　陳豫鍾等篆　吳隱輯

清光緒二十一年(1895)鈐印本
　　松蔭軒

御

06832
御制九字回文圖書譜不分卷　二册
　　[佚名]篆並輯
　　鈐印本
　　國圖

06833
御當家御花押　一册
　　(日本)[佚名]篆並輯
　　寫本
　　漢南

06834
御璽官印譜　一册
　　(日本)[佚名]篆並輯
　　描摹本
　　宮内廳

06835
御璽譜　一册
　　金梁輯
　　民國元年(1912)鈐印本
　　國圖　吉林　遼寧　浙江　大連　天津　私人藏　瓦翁　東北師大　松蔭軒　宮内廳　哈佛燕京

復

06836
復丁堂印存不分卷　二册
　　張大經篆　梁曉莊輯
　　己未年(1979)鈐印本
　　兩然齋

06837
復翁遺印　一册
　　白蕉藏並輯（白蕉用印）
　　丙申年(2016)鈐印本
　　遲齋

06838
復戡印集(復戡爲疁城汪氏治印集)不分卷　二册
　　朱復戡篆並輯
　　辛卯年(1951)鈐印本
　　松蔭軒　私人藏　協會

06839
復戡印集　一册
　　朱復戡篆並輯
　　辛卯年(1951)鈐印本
　　西泠　松蔭軒

循

06840
循陔室印存　一册
　　翁百謙篆並輯
　　鈐印本
　　松蔭軒

須

06841
須曼羅室集印　一册
　　〔清〕張凱篆並輯
　　清道光二十四年(1844)鈐印本
　　上博

鉢

06842
鉢印剪存　一册
　　王光烈輯
　　粘貼本
　　遼寧

06843
鉢印集存不分卷　四冊
〔佚名〕篆並輯
民國二十二年(1933)鈐印本
北大　國圖

06844
鉢印集存　一冊
〔佚名〕篆並輯
鈐印本
遼寧

06845
鉢印集林不分卷　四冊
林廷勘集　童大年輯
民國二十七年(1938)影印本
國圖　上海　天津　中國美院　北大　西泠　南大
哈爾濱　鴻爪留痕館　國會山莊

06846
鉢苑(璽苑)不分卷　二冊
田有章輯
民國十三年(1924)鋅版印本
國圖　大連　上博　中國美院　安徽　浙江　浙江博
松蔭軒　國會山莊

鈍

06847
鈍丁老人刻印輯拓　一冊
〔清〕丁敬篆並輯
民國間影印本
四川

06848
鈍伯印存　一冊
馮鉦篆並輯
民國十一年(1922)鈐印本
松蔭軒

06849
鈍根留印　一冊
〔清〕鈍根輯
鈐印本
保定

06850
鈍闇印存　一冊
吳隱篆並輯
民國間鈐印本
松蔭軒

鈐

06851
鈐印廬集拓百家印選(百家印選)不分卷　六冊
明文等篆　徐熊飛等輯
民國三十四年(1945)鈐印本
嘉興

06852
鈐拓吳讓之印譜　一冊
〔清〕吳讓之篆並輯
鈐印本
張葆石

鈎

06853
鈎沈集不分卷　二冊
鈎沉篆學社輯
丙寅年(1986)鈐印本
松蔭軒

鈕

06854
鈕小雲印譜　一冊
〔清〕鈕永慶輯
鈐印本
南京

爲

06855

爲人忙　一册
〔清〕老牟篆並輯
清光緒十一年(1885)鈐印本
雲南

舜

06856

舜僧印集不分卷　二册
俞家俊篆並輯
鈐印本
上海

飯

06857

飯山印存不分卷　六册
（日本）村川飯山篆並輯
日本昭和間鈐印本
國圖

06858

飯山印譜　一册
（日本）村川飯山篆並輯
鈐印本
協會

飲

06859

飲中八僊・秀女十傑印玩　一册
（日本）梅舒適篆並輯
日本平成四年(1992)鈐印本
協會

06860

飲中八僊歌印　一册
（日本）田邊豐篆並輯
日本昭和間鈐印本（田邊本）
松丸東魚

06861

飲中八僊歌印譜　一册
（日本）稻毛屋山篆並輯
日本天明七年(1787)鈐印本
漠南

06862

飲中八僊歌印譜　一册
（日本）山下方亭篆並輯
日本昭和五十七年(1982)鈐印本（山下本）
協會

06863

飲冰室印存　一册
梁啓超輯
民國間鈐印本
國圖

06864

飲流齋印存　一册
許之衡篆並輯
民國二十五年(1936)鈐印本
松蔭軒

觚

06865

觚廬印稿不分卷　八册
［佚名］篆並輯
鈐印本
松蔭軒

然

06866

然犀室印痕不分卷　二册

　來楚生篆並輯

　鈐印本

　松蔭軒

06867

然犀室肖形印存　一册

　來楚生篆　浙江美院輯

　己未年(1979)鋅版印本

　天津　私人藏　松蔭軒　東京大　協會　澂廬

鄒

06868

鄒夢禪治印癸酉集　一册

　鄒夢禪篆並輯

　民國二十二年(1933)鈐印本

　君匋藝院

06869

鄒夢禪篆刻(瑞安鄒夢禪篆刻)　一册

　鄒夢禪篆並輯

　民國二十六年(1937)影印本

　中國美院　國會山莊

06870

鄒魯印存　一册

　梁曉莊輯

　丁酉年(2017)鈐印本

　兩然齋

詠

06871

詠蕈樓印帙　一册

　〔清〕張載篆並輯

　清乾隆二十七年(1762)鈐印本

　天一閣

馮

06872

馮氏印譜(馮氏集古印譜)　三册

　〔清〕馮一麐輯

　清康熙五十三年(1714)鈐印本

　松蔭軒

06873

馮氏印譜(馮氏集古印譜)　四册

　〔清〕馮一麐輯

　清康熙五十三年(1714)鈐印本

　太田孝太郎　漢南

06874

馮建吳印稿(太虞印稿)不分卷　二册

　馮建吳篆並輯

　民國二十四年(1935)鈐印本

　四川

06875

馮師韓印譜不分卷　一册

　馮師韓篆並輯

　民國二十八年(1939)鈐印本

　松蔭軒

06876

馮康侯印作　一册

　馮康侯篆　梁曉莊輯

　壬午年(2002)鈐印本

　兩然齋

06877

馮康侯印稿　一册

　馮康侯篆　馮裔輯

　民國二十四年(1935)鈐印本

　兩然齋

06878

馮康侯印藁(潁川家寶印譜)不分卷　三册
　馮康侯篆並輯
　民國二十四年(1935)鈐印本(稿本)
　　松蔭軒

敦

06879

敦仁堂印珍　一册
　周海斌輯
　戊戌年(2018)鈐印本(第一輯)
　　知還印館　鹿鳴簃

06880

敦仁堂印珍賞　一册
　周海斌輯
　庚子年(2020)鈐印本(第一輯)
　　知還印館

06881

敦仁堂輯古印　一册
　周海斌輯
　鈐印本
　　知還印館

06882

敦仁堂藏印不分卷　四册
　周海斌輯
　戊戌年(2018)鈐印本
　　知還印館　鹿鳴簃

06883

敦仁堂藏印己亥卷　一册
　周海斌輯
　己亥年(2019)鈐印本
　　知還印館

06884

敦復齋藏印　一册
　〔清〕段持鼎輯

　清康熙四十九年(1710)鈐印本
　　天津　松蔭軒

廋

06885

廋辭印譜　一册
　吳銘泉篆並輯
　鈐印本
　　松蔭軒

童

06886

童大年印譜　一册
　童大年輯
　鈐印本
　　浙江　協會

06887

童大年印譜不分卷　四册
　童大年輯
　鈐印本
　　協會

06888

童大年墨註印譜　一册
　童大年輯
　鈐印本
　　松蔭軒

06889

童子雕篆(童子彫琢)不分卷　四册
　童大年篆並輯
　民國三十三年(1944)鈐印本
　　吉林　西泠　君匋藝院　哈爾濱　浙江　私人藏　松蔭軒

06890

童心龕印存　一册

童大年篆　吳幼潛輯
民國二十一年(1932)影印本(現代篆刻第八集)
　上海

06891

童真印會印集不分卷　三冊
　(日本)童真印會同人篆並輯
　日本昭和三年(1928)鈐印本
　早稻田　漢南

06892

童真印會印集不分卷　四冊
　(日本)童真印會同人篆並輯
　日本昭和五年(1930)鈐印本
　早稻田

06893

童致祥先生自用印集　一冊
　童致祥篆並輯
　鈐印本
　松蔭軒

06894

童雪鴻印集　一冊
　童雪鴻輯
　民國三十年(1941)鈐印本
　浙江

06895

童雪鴻藏印　一冊
　童雪鴻輯
　鈐印本
　浙江

06896

童穆如印存　一冊
　童穆如篆並輯
　鈐印本
　松蔭軒

棄

06897

棄觚閣印刪不分卷　二冊
　巴成舉輯
　鈐印本
　安徽

善

06898

善田張氏印存　一冊
　〔清〕張鍾篆並輯
　鈐印本
　上海

06899

善吾印譜　一冊
　[佚名]篆並輯
　鈐印本
　松蔭軒

06900

善吾廬印譜　一冊
　金銓篆　金鉞輯
　民國八年(1919)鈐印本
　國圖　大連　天津　中科院　西泠　安徽　東北師大
　哈爾濱　松蔭軒

06901

善業堂印存　一冊
　[佚名]篆並輯
　鈐印本
　黑龍江

06902

善樞印存　一冊
　[佚名]篆並輯
　鈐印本

松蔭軒

06903
善齋印錄　一册
　劉體智輯
　民國十九年(1930)鈐印本
　遼寧　中國美院

06904
善齋印錄不分卷　七册
　劉體智輯
　民國十九年(1930)鈐印本
　上博

06905
善齋集古印存不分卷　四册
　劉體智輯
　鈐印本
　松蔭軒

06906
善齋璽印錄不分卷　十五册
　劉體智輯
　民國十九年(1930)鈐印本
　蘭樓

06907
善齋璽印錄不分卷　十六册
　劉體智輯
　民國十九年(1930)鈐印本
　國圖　大連　上海　上博　天津　中大　中國美院
　内蒙古　北大　吉大　吉林　西泠　安徽　君匋藝院
　南開　揚州　蘇州　港大　臺圖　文雅堂　松蔭軒
　鐵硯齋　太田孝太郎　漠南　國會山莊

翔

06908
翔鶴山房印集不分卷　八册
　王炳奎篆並輯
　鈐印本

松蔭軒

06909
翔鶴鷗心印集　一册
　李甫晨輯
　民國二十六年(1937)鈐印本
　北大

尊

06910
尊古齋玉印不分卷　二册
　黄濬輯
　民國間鈐印本
　上博　松蔭軒

06911
尊古齋古玉印選(古玉印選)　一册
　黄濬輯
　民國間鈐印本
　文雅堂

06912
尊古齋古璽集林合集(古鉨集林)不分卷　十二册
　黄濬輯
　民國二十六年(1937)影印本
　東京博　松丸東魚

06913
尊古齋古璽集林第一集(古鉨集林)不分卷　六册
　黄濬輯
　民國十七年(1928)影印本
　上海　上博　中大　中國美院　吉大　西泠　南京
　哈師大　哈爾濱　浙江博　紹興　遼大　遼寧　鐵硯
　齋　文雅堂　松蔭軒　松丸東魚　協會　國會山莊

06914
尊古齋古璽集林第一集(古鉨集林原鈐本)不分卷　六册
　黄濬輯
　民國二十六年(1937)原鈐印本

西泠　南大　清華

06915

尊古齋古璽集林第二集(古鉢集林)不分卷　六冊
　黃濬輯
　民國十七年(1928)影印本
　大連　上海　南京　遼寧　中大　吉大　吉林　西泠
　鐵硯齋　松蔭軒　協會　漠南

06916

尊古齋古璽集林第二集(古鉢集林)不分卷　六冊
　黃濬輯
　民國二十六年(1937)原鈐印本
　南大　漠南

06917

尊古齋印存(尊古齋集印)不分卷　四十冊
　黃濬輯
　民國二十年(1931)鈐印本
　吉大　太田孝太郎

06918

尊古齋印存(尊古齋集印)不分卷　六十冊
　黃濬輯
　民國二十六年(1937)鈐印本
　南京

06919

尊古齋印存第一輯不分卷　十六冊
　黃濬輯
　民國十六年(1927)影印本
　中大

06920

尊古齋印選不分卷　三冊
　黃濬輯
　民國間鈐印本
　鴻爪留痕館

06921

尊古齋集印不分卷　六十冊
　黃濬輯
　民國十六年(1927)鈐印本
　國圖　南京　上博　東京博

06922

尊古齋集印　一冊
　黃濬輯
　民國間鈐印本
　天津

06923

尊古齋漢印選存不分卷　五冊
　黃濬輯
　民國間鈐印本
　文雅堂

06924

尊漢閣印存　一冊
　顧沅輯
　民國二十六年(1937)影印本
　上海　中國美院　內蒙古　哈爾濱　揚州大　鎮江
　孔子博　私人藏　松蔭軒

06925

尊彝閣藏小印集　一冊
　(日本)山下方亭輯
　日本平成七年(1995)鈐印本
　協會

06926

尊彝閣藏印初集　一冊
　(日本)山下方亭輯
　日本平成九年(1997)鈐印本
　協會

06927

尊彝閣藏西泠印社社人二十二撰譜　一冊
　(日本)山下方亭輯
　日本平成八年(1996)鈐印本
　協會

06928

尊彝閣藏宋元印集　一冊
　(日本)山下方亭輯
　日本平成九年(1997)鈐印本

協會

06929

尊彝閣藏景教銅十字印集　一册
（日本）山下方亭輯
日本平成九年(1997)鈐印本
協會

道

06930

道古軒印譜　一册
〔清〕張石篆並輯
清光緒六年(1880)鈐印本
天津

06931

道古軒印譜不分卷　三册
〔清〕張石篆並輯
清光緒六年(1880)鈐印本
國圖

06932

道古軒集白石印譜　一册
齊白石篆　道古軒輯
鈐印本
松蔭軒

06933

道生印存　一册
張道生篆並輯
鈐印本
黑龍江

06934

道生印艸不分卷　二册
〔清〕夏孫桐篆並輯
清光緒七年(1881)鈐印本
松蔭軒

06935

道州何氏頤素園藏古印譜　一册

〔清〕何紹基輯
鈐印本
湖南

06936

道州何氏藏印不分卷　十册
〔清〕何紹基輯
清光緒十二年(1886)鈐印本
天津

06937

道德經印譜不分卷　十册
（日本）鹽谷彌壽次篆並輯
日本大正十四年(1925)鈐印本
臺大

06938

道德經印譜不分卷　三册
（日本）鹽谷彌壽次篆並輯
日本昭和間鈐印本
臺圖

遂

06939

遂厂印存不分卷　二册
〔清〕趙之謙 吳昌碩等篆　吳隱輯
鈐印本
鴻爪留痕館

06940

遂在樓印存　一册
單孝天篆並輯
庚子年(1960)鈐印本
私人藏　松蔭軒

06941

遂在樓印存不分卷　二十四册
單孝天篆並輯
鈐印本
上博

06942
遂在樓印存二集　一册
　單孝天篆並輯
　庚子年(1960)鈐印本
　松蔭軒

06943
遂高園園額印章　四册
　〔清〕王興堯輯
　清乾隆四十九年(1784)梅影草堂本
　國圖　南京　浙江

06944
遂庵印存　一册
　〔明〕何震　文彭〔清〕劉衛卿等篆　吳隱輯
　鈐印本
　私人藏　百二扇面齋

06945
遂庵印存不分卷　四册
　〔明〕何震　文彭〔清〕劉衛卿等篆　吳隱輯
　鈐印本
　上海

06946
遂庵集古印存　一册
　〔清〕趙之謙　吳昌碩等篆　吳隱輯
　鈐印本
　私人藏

06947
遂園印稿不分卷　四册
　徐宗浩篆並輯
　民國五年(1916)鈐印本
　北大　西泠　松蔭軒　鴻爪留痕館

06948
遂園漢印偶存　一册
　〔清〕徐養吾輯
　清宣統元年(1909)鈐印本
　河北　浙江博

06949
遂盦印存不分卷　八册
　〔明〕何震〔明〕文彭　劉衛卿等篆　吳隱輯
　鈐印本
　松蔭軒

06950
遂盦集印　一册
　陳巨來　高心夔等篆　吳隱輯
　鈐印本
　松蔭軒

曾

06951
曾右石治印　一册
　曾右石篆並輯
　鈐印本
　松蔭軒

06952
曾威印稿(曾葳印稿)不分卷　二册
　楊曾威篆並輯
　丁卯年(1987)鈐印本
　中嶽齋　協會

06953
曾紹杰印存　一册
　曾紹杰篆並輯
　丙辛年(1956)影印本
　臺圖　東海大　松蔭軒　松丸東魚　東京大

勞

06954
勞氏在山堂印譜　一册
　勞仲晃篆並輯
　辛卯年(1951)鈐印本
　中大

湛

06955

湛華閣印譜　一册

〔清〕王應綬等篆〔清〕孫慧翼輯

鈐印本

松蔭軒

湖

06956

湖山印存　一册

（日本）下村湖山篆並輯

日本昭和六十三年(1988)鈐印本

協會

06957

湖城手拓古璽印不分卷　四册

（日本）園田湖城輯

鈐印本

松丸東魚

06958

湖城印譜　一册

（日本）園田湖城篆並輯

日本大正間鈐印本

漠南

06959

湖城刻印　一册

（日本）園田湖城篆（日本）松丸東魚輯

日本昭和四十年(1965)鈐印本

松丸東魚

06960

湖城刻並寺印譜　二册

（日本）園田湖城篆並輯

日本大正間鈐印本

漠南

06961

湖城春步印存　一册

（日本）園田湖城 北村春步篆（日本）梅舒適輯

日本平成二年(1990)鈐印本

協會

06962

湖南名人用印集存　一册

［佚名］藏並輯

鈐印本（清何紹基、左宗棠等用印）

松蔭軒

湘

06963

湘潭名人用印集　一册

［佚名］輯

民國間鈐印本（湘潭陳嘉言、洪蔭遠等用印）

松蔭軒

06964

湘潭袁氏印譜不分卷　十二册

湘潭袁氏輯

民國間鈐印本

臺圖

渤

06965

渤海高氏印存不分卷　四册

［佚名］篆並輯

鈐印本

上海

渚

06966

渚葺印存　一册

沈愨篆並輯
鈐印本
松蔭軒

渺

06967

渺一齋刻印自存稿不分卷　十一冊
　　楊仲子篆並輯
　　民國間鈐印本
　　國圖

06968

渺栗齋印存　一冊
　　〔清〕朱霞峰篆並輯
　　鈐印本
　　安徽

温

06969

温廷寬印譜不分卷　四冊
　　温景博篆並輯
　　鈐印本（倫池齋印稿箋紙）
　　松蔭軒

06970

温州戴氏藏秦印五十品　一冊
　　豐雅齋輯
　　庚子年（2020）鈐印本
　　知還印館

06971

温景博印譜不分卷　十四冊
　　温景博篆並輯
　　民國三十三年（1944）鈐印本
　　松蔭軒

06972

温景博刻印　一冊

温景博篆並輯
鈐印本
松蔭軒

渴

06973

渴齋印集（渴齋印草）　一冊
　　姚宜孔篆並輯
　　民國二十二年（1933）鈐印本
　　安徽

06974

渴齋印集（渴齋印草）不分卷　八冊
　　姚宜孔篆並輯
　　民國二十二年（1933）鈐印本
　　松蔭軒

06975

渴齋印集（渴齋印草）不分卷　六冊
　　姚宜孔篆並輯
　　民國二十七年（1938）鈐印本
　　周植桑

06976

渴齋藏印不分卷　八冊
　　姚宜孔篆並輯
　　民國三十一年（1942）鈐印本（重輯本）
　　中國美院　國會山莊

淵

06977

淵靜室印存不分卷　二冊
　　〔佚名〕篆並輯
　　鈐印本
　　國圖

游

06978

游戲三昧不分卷　四册

〔清〕釋竹禪篆並輯

清光緒元年(1875)鈐印本

國圖　上海　上博　中大　中科院　中國美院　北大

四川　吉大　西泠　安徽　浙大　浙江　復旦　臺大

松蔭軒　漠南

06979

游戲墨池　一册

朱養浩篆並輯

鈐印本

松蔭軒

06980

游藝齋印譜　一册

〔清〕王潤翰篆並輯

清嘉慶二十二年(1817)鈐印本

松蔭軒

06981

游廬印存　一册

〔佚名〕篆並輯

鈐印本

義烏

惺

06982

惺惺廬主人印存　一册

尹承綖篆並輯

鈐印本

松蔭軒

寒

06983

寒士印賞　一册

（日本）藤本鐵石篆並輯

日本明治五年(1872)影印本

松蔭軒

06984

寒山寺勝跡石刻　一册

王永生篆並輯

鈐印本

松蔭軒

06985

寒月印存　一册

蔡守　談月色藏　梁曉莊輯

丁酉年(2017)鈐印本(蔡氏夫婦用印)

兩然齋

06986

寒月藏印　一册

蔡守　談月色藏　梁曉莊輯

丁酉年(2017)鈐印本(蔡氏夫婦用印)

兩然齋

06987

寒月齋主印存不分卷　二册

張寒月篆並輯

民國十八年(1929)鈐印本(大開本)

上海　西泠　松蔭軒

06988

寒月齋主印存不分卷　二册

張寒月篆並輯

民國十八年(1929)鈐印本(小開本)

松蔭軒

06989

寒月齋主印存　一册

張寒月篆並輯

民國十九年(1930)鈐印本

人大 上海 芷蘭齋 鹿鳴簃 蘭樓 松蔭軒

06990

寒月齋主印存不分卷　二冊

張寒月篆並輯

民國十九年(1930)鈐印本

中國美院 吉林 西泠 南京 哈爾濱 紹興 臺大 松蔭軒

06991

寒玉堂印譜　四冊

溥儒輯

鈐印本

上海

06992

寒香書屋金石拓本不分卷　二冊

〔清〕郭承勳輯

鈐印本

吳振武

06993

寒猗館印選　一冊

陳定可篆並輯

民國二十九年(1940)鈐印本

中國美院 松蔭軒 國會山莊

06994

寒雲山館印存不分卷　二冊

〔佚名〕輯

鈐印本

北大 松蔭軒

06995

寒碧山莊印譜不分卷　二冊

〔清〕劉恕篆並輯

清嘉慶元年(1796)鈐印本

上海

06996

寒碧山莊劉氏自鈐印譜　一冊

〔清〕劉蓉峰篆並輯

鈐印本

蘇州

06997

寒碧印存　一冊

羅叔重篆並輯

鈐印本

松蔭軒

06998

寒碧印蛻　一冊

羅叔重篆並輯

鈐印本

松蔭軒

06999

寒碧詞人印蛻　一冊

羅叔重篆並輯

鈐印本

松蔭軒

07000

寒齋印存　一冊

梁冰篆

鈐印本

兩然齋

富

07001

富文書屋印譜　一冊

〔佚名〕篆並輯

鈐印本

紹興

07002

富古閣印存不分卷　四冊

〔佚名〕篆並輯

鈐印本

松蔭軒

07003
富平李氏印存　一冊
〔清〕李自棠輯
鈐印本
陝師大

運

07004
運甓亭印存不分卷　二冊
〔佚名〕篆並輯
鈐印本
松蔭軒

07005
運甓軒古印存　一冊
〔清〕呂佺孫輯
清咸豐二年(1852)鈐印本
天津

07006
運甓齋印述　一冊
〔清〕史載坤篆並輯
清乾隆十一年(1746)鈐印本
松蔭軒

補

07007
補刻歸去來印譜　一冊
（日本）細川林谷　佐藤硯湖篆　（日本）尚古齋輯
日本明治十一年(1878)鈐印本
協會

07008
補砌軒印譜不分卷　四冊
〔清〕譚丕業篆並輯
清咸豐八年(1858)鈐印本
四川

07009
補藤花館印存　一冊
〔清〕葉景葵輯
鈐印本
上海

07010
補闕齋印譜不分卷　二冊
〔佚名〕篆並輯
鈐印本
中國美院　國會山莊

07011
補羅迦室印存(補羅迦室印譜)　一冊
〔清〕趙之琛篆　有正書局輯
有正書局鈐印本
百樂齋

07012
補羅迦室印存(補羅迦室印譜)　一冊
〔清〕趙之琛篆並輯
鈐印本(秦彥冲藏本)
瓦翁　松蔭軒

07013
補羅迦室印拓不分卷　四冊
〔清〕趙之琛篆並輯
清道光八年(1828)鈐印本
天津

07014
補羅迦室印斑(賓鴻堂藏印)不分卷　四冊
〔清〕趙之琛篆　朱鴻達輯
民國二十四年(1935)鈐印本
上博　文雅堂　西泠　松蔭軒

07015
補羅迦室印譜不分卷　四冊
〔清〕趙之琛篆〔清〕林大宗輯
清道光八年(1828)鈐印本
浙江　協會　漢南

07016
補羅迦室印譜不分卷　十冊
〔清〕趙之琛篆〔清〕林大宗輯
清道光八年(1828)鈐印本
中遺院

07017
補羅迦室印譜不分卷　十二冊
〔清〕趙之琛篆〔清〕林大宗輯
清道光八年(1828)鈐印本
四川

07018
補羅迦室印譜不分卷　四冊
〔清〕趙之琛篆　吳隱輯
清光緒十年(1884)鈐印本
北大　浙江博　鴻爪留痕館　東京博

07019
補羅迦室印譜不分卷　六冊
〔清〕趙之琛篆　葉爲銘輯
清光緒十年(1884)鋅版印本
松丸東魚

07020
補羅迦室印譜不分卷　十二冊
〔清〕趙之琛篆並輯
清光緒十一年(1885)鈐印本
湖南

07021
補羅迦室印譜　一冊
〔清〕趙之琛篆並輯
清光緒十三年(1887)鈐印本
浙江　中大　北大

07022
補羅迦室印譜　一冊
〔清〕趙之琛篆並輯
清光緒二十五年(1899)鈐印本
佛山　蘇州

07023
補羅迦室印譜不分卷　四冊
〔清〕趙之琛篆　葉爲銘輯
清光緒三十年(1904)鋅版印本
天津　文雅堂　北大　四川　吉林　西南大　安徽　黎州　松蔭軒　私人藏　國會山莊

07024
補羅迦室印譜不分卷　六冊
〔清〕趙之琛篆　葉爲銘輯
清光緒三十年(1904)鋅版印本
北師大　西泠　南京　復旦　松蔭軒

07025
補羅迦室印譜不分卷　八冊
〔清〕趙之琛篆　葉爲銘輯
清光緒三十年(1904)鋅版印本
港大　松蔭軒

07026
補羅迦室印譜不分卷　十二冊
〔清〕趙之琛篆〔清〕西泠印社輯
清光緒三十四年(1908)鋅版印本
上海

07027
補羅迦室印譜不分卷　二冊
〔清〕趙之琛篆〔清〕西泠印社輯
清宣統元年(1909)西泠印社鋅版印本
浙江

07028
補羅迦室印譜不分卷　二冊
〔清〕趙之琛篆　吳隱輯
清宣統二年(1910)西泠印社重輯鋅版印本
國圖　大連　上海　私人藏　吉林　西泠　南京　哈爾濱　浙江　浙江博　鐵硯齋　松蔭軒

07029
補羅迦室印譜不分卷　十八冊
〔清〕趙之琛篆　吳隱輯
清宣統二年(1910)西泠印社重輯鋅版印本

南京

07030
補羅迦室印譜不分卷　二十册
〔清〕趙之琛篆　吳隱輯
清宣統二年(1910)西泠印社重輯鋅版印本
國圖　上海　上博　西泠　浙江博

07031
補羅迦室印譜不分卷　三册
〔清〕趙之琛篆　吳隱輯
鈐印本
浙江博　松蔭軒

07032
補羅迦室印譜不分卷　五册
〔清〕趙之琛篆並輯
鈐印本
浙江

07033
補羅迦室印譜附名人印集　一册
〔清〕雙鳳絛館主摹本　葉爲銘輯
清光緒三十年(1904)描摹本
港大

07034
補羅迦室印譜二集不分卷　四册
〔清〕趙之琛篆〔清〕王如金輯
清道光十一年(1831)鈐印本
南京　蒲阪文庫

07035
補蘿庵印存　一册
郭頤篆並輯
鈐印本
國圖

畫

07036
畫印　一册

〔佚名〕篆並輯
鈐印本
鐵硯齋

07037
畫印刀法　一册
〔佚名〕篆並輯
描摹本(稿本)
普林斯頓

07038
畫印集存　一册
〔佚名〕篆並輯
鈐印本
松蔭軒

07039
畫神堂印譜不分卷　三册
(日本)田能村直入輯
日本明治四十三年(1910)鈐印本
松蔭軒　協會　漢南　蝸牛廬

07040
畫神堂印譜不分卷　二册
(日本)田能村直入輯
日本昭和五年(1930)鈐印本
協會

07041
畫神堂印譜不分卷　三册
(日本)田能村直入輯
鈐印本
協會

07042
畫家印譜不分卷　十三册
〔佚名〕篆並輯
鈐印本
東京博

07043
畫梅樓摹古印存　一册
〔清〕湯綬名篆並輯

清道光六年(1826)鈐印本

上博　西泠

07044

畫梅樓摹古印存不分卷　二册

〔清〕湯綬名篆並輯

清道光六年(1826)鈐印本

漢南

07045

畫餘庵秦漢印存　一册

顧駿叔輯

鈐印本

浙江博

07046

畫餘盦印存　一册

吳湖颿輯

民國八年(1919)鈐印本

松蔭軒

07047

畫緣盦印譜　二册

〔佚名〕篆並輯

鈐印本

港大

強

07048

強易窗印稿　一册

〔清〕強行健篆並輯

明萬曆三十二年(1604)鈐印本

西泠

07049

強易窗印譜　一册

〔清〕強行健篆並輯

清乾隆十四年(1749)鈐印本(稿本)

西泠

07050

強勉齋印譜(彊勉齋印存)不分卷　二册

〔清〕曹世模篆並輯

清道光五年(1825)鈐印本

上博　山東　浙江

07051

強勉齋印譜(彊勉齋印存)不分卷　三册

〔清〕曹世模篆並輯

清道光五年(1825)鈐印本

早稻田

費

07052

費白日宧印存　一册

蔣維崧篆並輯

民國三十二年(1943)鈐印本

南京　松蔭軒

07053

費白日宧印存　一册

蔣維崧篆並輯

民國三十二年(1943)鈐印本

松蔭軒

07054

費範九先生遺印　一册

〔佚名〕篆並輯

鈐印本

南通

07055

費璋士庵印存　一册

費璋篆〔佚名〕輯

鈐印本

松蔭軒

07056

費龍丁印譜　一册

費龍丁篆並輯

鈐印本（吳昌碩題跋）

私人藏

07057

費龍丁印譜不分卷　十三册

費龍丁篆並輯

鈐印本

私人藏

靭

07058

靭庵印譜　一册

〔清〕程頌萬篆並輯

清宣統二年（1910）鈐印本

松蔭軒

媚

07059

媚清居印閑　一册

〔清〕金允迪篆並輯

鈐印本

中遺院

賀

07060

賀天健集印不分卷　二册

賀天健篆並輯

鈐印本

松蔭軒

07061

賀公印存不分卷　二册

〔佚名〕篆並輯

鈐印本

松蔭軒

07062

賀孔才印課不分卷　十册

賀孔才篆並輯

鈐印本

鴻爪留痕館

07063

賀聖山用印集存　一册

賀平篆並輯

鈐印本

松蔭軒

07064

賀壽印譜　一册

（日本）園田湖城輯

日本昭和二十二年（1947）鈐印本

漠南

登

07065

登安印稿（登安印稿初集）不分卷　二册

韓登安篆並輯

民國三十三年（1944）鈐印本

上海　中國美院　松蔭軒

07066

登堂趙明司空圖詩品印撮　一册

趙明篆並輯

己丑年（2009）粘貼本（册葉裝）

澂廬

07067

登善印存　一册

武超篆　林章松重輯

壬寅年（2022）粘貼本

松蔭軒

07068

登盦印存不分卷　二册

韓登安篆並輯

民國三十四年(1945)鈐印本
浙江 國會山莊

結

07069

結古歡室印存不分卷　二冊

〔清〕張文鳳篆並輯

清光緒二十二年(1896)鈐印本

天津

07070

結古觀室印存不分卷　二冊

〔清〕鈕嘉蔭篆並輯

鈐印本

吉林

07071

結金石緣不分卷　二冊

(日本)濱村藏六五世篆並輯

日本明治三十五年(1902)鈐印本

西泠　蘇州　漠南

07072

結金石緣　一冊

(日本)濱村藏六五世篆並輯

日本明治中期鈐印本

漠南

07073

結金石緣館印玩　一冊

〔佚名〕篆並輯

鈐印本

松蔭軒

絳

07074

絳雪齋印賞不分卷　四冊

馮端揆篆並輯

鈐印本

國圖

07075

絳雲樓印拓本題辭　一冊

〔清〕沈濤輯

鈐印本

"中研院"文哲所

絡

07076

絡園老人印存不分卷　二冊

高絡園篆並輯

戊午年(1978)鈐印本

協會

07077

絡園老人印存　一冊

高絡園篆　高氏家屬輯

己巳年(1989)鈐印本

片雲齋

07078

絡園老人印輯不分卷　十冊

高絡園篆　劉西棣輯

辛酉年(1981)鈐印本

松蔭軒

07079

絡園老人書畫常用印不分卷　二冊

高氏後人輯

辛酉年(1981)鈐印本

私人藏　松蔭軒　協會

07080

絡園篆刻　一冊

高絡園篆並輯

鈐印本

松蔭軒

絲

07081

絲印集譜 一册

（日本）杉浦丘園輯

日本明治四十一年(1908)鈐印本

漢南

07082

絲印譜（糸印譜） 一册

（日本）[佚名]輯

鈐印本

早稻田

十三畫

瑟

07083

瑟齋存印選 一册

吳昌碩 徐新州等篆 李平書藏 寶氏輯

乙未年(2015)鈐印本(李氏用印)

私人藏

瑁

07084

瑁湖書屋印存 一册

〔清〕周晉恒篆並輯

清道光九年(1829)鈐印本

西泠

瑞

07085

瑞芝生印存 一册

〔清〕程士爽篆〔清〕紫薇華館輯

鈐印本

安徽

07086

瑞安林氏印存（里安林氏印存） 一册

〔清〕趙之琛篆 林大同輯

鈐印本

天一閣 西泠 南京 秦氏支祠（天一閣） 浙江博
海鹽博 紹興 溫州 遼寧 松蔭軒

07087

瑞安林劍秋庋藏印 一册

陳章甫輯

民國二十九年(1940)鈐印本

松蔭軒

07088

瑞甫印存 一册

[佚名]篆並輯

鈐印本

松蔭軒

07089

瑞香閣印存 一册

[佚名]篆並輯

鈐印本

松蔭軒

07090

瑞凰洞印譜 一册

[佚名]篆並輯

鈐印本

私人藏

07091

瑞雲集 一册

（日本）日本印刻會同人篆並輯

日本大正四年(1915)鈐印本

漢南

07092

瑞雲集不分卷 三册

（日本）日本印刻會同人篆並輯

日本大正四年(1915)鈐印本
松蔭軒

07093
瑞寶齋藏秦漢古璽印譜不分卷　四冊
　　陳瑞江輯
　　壬辰年(2012)粘貼本
　　見性簃

頑

07094
頑翁印譜不分卷　二冊
　　(日本)源伯民篆並輯
　　日本寬政七年(1795)鈐印本
　　漠南

摸

07095
摸本何雪漁印譜　一冊
　　(日本)三好長親輯
　　日本明治十八年(1885)鈐印本(模本)
　　日本國會

07096
摸缶廬印存　一冊
　　(日本)竹齋篆並輯
　　日本昭和八年(1933)鈐印本
　　協會

遠

07097
遠邨印譜不分卷　二冊
　　〔清〕施象坤篆並輯
　　清乾隆二十八年(1763)鈐印本
　　國圖　中國美院　西泠　私人藏　國會山莊

07098
遠村印譜不分卷　四冊
　　〔清〕施象坤篆並輯
　　清乾隆四十一年(1776)鈐印本
　　國圖

蜇

07099
蜇廬印集不分卷　八冊
　　張伯倩篆　韓夔龍輯
　　鈐印本
　　揚州

塙

07100
塙齋印最不分卷　四冊
　　陳巨來篆並輯
　　鈐印本
　　秋水齋

07101
塙齋印最　一冊
　　陳巨來篆並輯
　　鈐印本
　　秋水齋

07102
塙齋印賸　一冊
　　陳巨來篆並輯
　　鈐印本
　　以風樓

摛

07103
摛霞樓印賞甲集不分卷　四冊
　　陸凌楓輯

庚子年(2020)陸氏鈐印本
摘霞樓

07104
摘霞樓印賞甲集不分卷　四册
陸凌楓輯
辛丑年(2021)陸氏鈐印本
摘霞樓

聖

07105
聖經篆章　一册
〔清〕林文超篆並輯
清乾隆二十一年(1756)鈐印本
岩瀨文庫

07106
聖廟祀典爵里姓氏印譜不分卷　六册
〔清〕趙穆篆並輯
清同治六年(1867)鈐印本
國圖　上海　南京　浙江　秋水齋　協會

07107
聖廟祀典爵里姓氏印譜不分卷　八册
〔清〕趙穆篆並輯
民國十四年(1925)鈐印本
南京　溫州　哈爾濱　秋水齋　松蔭軒　協會

07108
聖諭十六條印譜(聖諭印譜)　一册
〔清〕孫思敬篆並輯
清光緒十九年(1893)鈐印本
上海　浙江　西泠　私人藏　松蔭軒　漠南

07109
聖諭十六條圖印　一册
〔清〕韓世昌篆並輯
清道光十九年(1839)鈐印本
松蔭軒

勤

07110
勤善印譜　一册
〔清〕伏景春篆〔清〕洪大業輯
清同治七年(1868)鈐印本
東北師大

07111
勤補居印譜　一册
〔清〕朱葆楨藏
清光緒十七年(1891)鈐印本
秦氏支祠(天一閣)

07112
勤齋印譜　一册
(日本)益田勤齋篆並輯
日本文化十三年(1816)鈐印本
漠南

07113
勤齋印譜　一册
(日本)益田勤齋篆並輯
日本明治初鈐印本
漠南

蓮

07114
蓮華庵印譜　一册
姚華輯
鈐印本
上海

07115
蓮舫印存　一册
〔清〕王萃仁篆並輯
清同治九年(1870)鈐印本
福建

07116
蓮湖集古印譜(古印存、蓮湖集古銅印)不分卷 二册
〔清〕王蓮湖輯
清乾隆六十年(1795)鈐印本
國圖 東京博 漢南

07117
蓮湖集古印譜(蓮湖古集銅印譜)不分卷 四册
〔清〕王蓮湖輯
清乾隆六十年(1795)鈐印本
國圖 太田孝太郎

07118
蓮薌館印存 一册
〔清〕周慶咸輯
清光緒十年(1884)鈐印本
紹興

靳

07119
靳翬印譜不分卷 三册
靳翬篆並輯
鈐印本
松蔭軒

蓽

07120
蓽門儒館印譜不分卷 二册
〔清〕顧錦標輯
清道光三十年(1850)鈐印本(稿本)
松蔭軒

夢

07121
夢一道人印譜 一册
〔佚名〕篆並輯
鈐印本
松蔭軒

07122
夢月齋集印不分卷 二册
〔佚名〕篆並輯
鈐印本
松丸東魚

07123
夢月齋集印不分卷 四册
〔佚名〕篆並輯
鈐印本
上海 安徽 南京 松蔭軒

07124
夢坡室金玉印痕 一册
周慶雲輯
民國十三年(1924)鈐印本
南京 臺大 松蔭軒

07125
夢坡室金玉印痕 二册
周慶雲輯
民國十三年(1924)鈐印本
浙江 私人藏

07126
夢坡室金玉印痕不分卷 五册
周慶雲輯
民國十三年(1924)鈐印本
國圖 華東師大

07127
夢坡室金玉印痕不分卷 八册
周慶雲輯
民國十三年(1924)鈐印本
秋水齋

07128
夢坡室金玉印痕不分卷 九册
周慶雲輯

民國十三年(1924)鈐印本
浙江　西泠　私人藏

07129
夢坡室金玉印痕不分卷　十册
　周慶雲輯
　民國十三年(1924)鈐印本(重輯本)
　上海　上博　中國美院　北大　吉大　吉林　東北師大　南大　南京　哈爾濱　華東師大　清華　溫州　廈大　嘉興　廣東　鎮江　鐵硯齋　長恩閣

07130
夢坡室金玉印痕不分卷　六册
　周慶雲輯
　民國二十三年(1934)鈐印本(重輯本)
　南京

07131
夢坡室金玉印痕戊辰重編不分卷　十一册
　周慶雲輯
　民國十七年(1928)鉛印本(重輯本)
　上海　天津　南京　浙大　廣州美院　松蔭軒　臺圖　漢南　國會山莊

07132
夢松書屋印譜　一册
　〔佚名〕篆並輯
　鈐印本
　松蔭軒

07133
夢柏山房印存　一册
　〔佚名〕篆並輯
　鈐印本
　松蔭軒

07134
夢華吟館印存　一册
　張守訓篆並輯
　鈐印本
　松蔭軒

07135
夢華盦印集　一册
　夢華輯
　鈐印本
　浙江

07136
夢華廬印稿　二册
　〔清〕江湄篆並輯
　鈐印本
　松蔭軒

07137
夢得雙魚館印稿不分卷　四册
　〔清〕強運開篆並輯
　清光緒二十七年(1901)鈐印本
　上博

07138
夢得雙魚館印藁不分卷　二册
　〔清〕強運開篆並輯
　清光緒二十七年(1901)鈐印本
　松蔭軒

07139
夢得雙魚館印藁不分卷　二册
　〔清〕強運開篆並輯
　清光緒二十七年(1901)鈐印本(無題耑本)
　松蔭軒

07140
夢蓮生室印存　一册
　釋開悟輯
　民國二十二年(1933)鈐印本
　湖南

07141
夢滇道人印譜　一册
　〔清〕李齋篆並輯
　鈐印本
　鐵硯齋

07142

夢影艸堂印痕　一册
　倪品之篆並輯
　民國九年(1920)鈐印本
　松蔭軒

07143

夢蝶軒印存　一册
　王祗栩篆並輯
　民國二十二年(1933)影印本
　河南大　鎮江

07144

夢盦自用印　一册
　(日本)太田孝太郎輯
　日本昭和間鈐印本
　東京博

07145

夢盦自用印不分卷　八册
　(日本)太田孝太郎輯
　日本昭和間鈐印本
　漠南

07146

夢盦金石小品　一册
　(日本)太田孝太郎輯
　日本昭和二十四年(1949)鈐印本
　早稻田

07147

夢盦藏印不分卷　八册
　(日本)太田孝太郎輯
　日本大正九年(1920)鈐印本
　大連　松蔭軒　太田孝太郎　松丸東魚　東京博
　協會　南京　漠南

07148

夢盦藏印不分卷　八册
　(日本)太田孝太郎輯
　日本大正十五年(1926)鈐印本(重輯本)
　上博　西泠

07149

夢盦藏陶　一册
　(日本)太田孝太郎輯
　日本大正十一年(1922)鈐印本
　"中研院"史語所　漠南

07150

夢禪印存　一册
　鄒夢禪篆並輯
　民國二十年(1931)鈐印本
　上海　南京　松蔭軒

07151

夢禪印存　一册
　鄒夢禪篆並輯
　民國二十五年(1936)影印本
　南京

07152

夢禪治印　一册
　鄒夢禪篆並輯
　民國二十年(1931)鈐印本
　上海

07153

夢禪治印集不分卷　二册
　鄒夢禪篆並輯
　民國二十七年(1938)鈐印本
　中國美院　松蔭軒　國會山莊

07154

夢麓堂集古今印譜(夢麓堂集古今印藪)　十册
　〔明〕劉乾明摹輯
　明萬曆三十九年(1611)鈐印本
　南開

07155

夢廬印影(夢廬印錄)不分卷　二册
　胡霖商篆並輯
　民國二十五年(1936)鈐印本
　松蔭軒

蒼

07156

蒼石樵古印存不分卷　四册
（日本）尾崎蒼石篆並輯
鈐印本
松蔭軒

07157

蒼石齋篆印　一册
吳昌碩篆並輯
清同治十三年(1874)鈐印本
國圖　海寧

07158

蒼谷印譜　一册
〔清〕楊晦篆並輯
清乾隆三十年(1765)鈐印本
浙江

07159

蒼松書屋印存　一册
〔佚名〕篆並輯
鈐印本
松蔭軒

07160

蒼茫獨立樓印選不分卷　四册
〔清〕丁敬　黃易等篆　〔清〕孫思敬輯
清光緒二十四年(1898)鈐印本
松蔭軒　國會山莊

07161

蒼莽獨立樓印選不分卷　二册
〔清〕丁敬　黃易等篆　〔清〕孫思敬輯
清光緒二十四年(1898)鈐印本
國圖　浙江　湖南　蘭樓　早稻田　松蔭軒

07162

蒼浪閣印譜　一册
（日本）伊藤博文篆　（日本）藝苑叢書輯

日本大正十年(1921)鈐印本
日本國會　早稻田　協會　岩瀨文庫　秋田

07163

蒼雪齋印譜不分卷　四册
（日本）惠藕橋篆並輯
日本明治三十四年(1901)鈐印本
哈爾濱

07164

蒼涵閣印譜　一册
〔清〕許文興篆並輯
清道光八年(1828)鈐印本
義烏

07165

蒼筤軒印存　一册
黃文瀚篆　吳夏峰輯
民國十五年(1926)鈐印本
松蔭軒

07166

蒼筤軒印存　一册
黃文瀚篆並輯
民國二十三年(1934)鈐印本（殘本）
松蔭軒

07167

蒼筤閣所藏印譜　一册
（日本）伊藤博文輯
日本大正九年(1920)鈐印本
漠南

蒯

07168

蒯緱館十一草　一册
〔清〕薛始亨篆　商務印書館輯
民國三十七年(1948)影印本
國圖　人大　内蒙古　北大　澳門大　松蔭軒　英屬哥倫比亞

蓬

07169

蓬居印存　一册

方紹勛篆並輯

鈐印本

廣東

07170

蓬萊印譜不分卷　二册

瀛僊輯

民國二十四年(1935)鈐印本

紹興

07171

蓬乾舍印譜不分卷　二册

(日本)木村充恒篆 (日本)瀨尾一郎輯

日本昭和十一年(1936)影印本

松丸東魚

07172

蓬園印萃　四册

〔清〕王贊勛篆並輯

清道光十五年(1835)鈐印本

國圖　松蔭軒

蒲

07173

蒲作英用印集存不分卷　二册

蒲華藏　方約輯

民國二十五年(1936)鈐印本(蒲氏自用印)

浙江　温州　私人藏　文雅堂　百二扇面齋　松蔭軒　東京博

蓉

07174

蓉桂軒印譜不分卷　四册

〔清〕徐荻村篆並輯

清道光二十四年(1844)鈐印本

寧夏

蒙

07175

蒙安自用印存(孺齋自刻印存)不分卷　二册

易孺　沙孟海　陳夷同　陳運彰等篆　易孺編輯

民國二十四年(1935)鈐印本

松蔭軒

07176

蒙所資聞不分卷　三册

(日本)新興蒙所篆並輯

日本寬延三年(1750)鈐印本

漢南

07177

蒙泉外史印譜(冬花菴印譜)　一册

〔清〕奚岡篆　葉爲銘輯

清光緒三十一年(1905)上海西泠印社鈐印本

廣東　鴻爪留痕館　松蔭軒　國會山莊

07178

蒙泉外史印譜不分卷　二册

〔清〕奚岡篆　上海西泠印社重輯

清宣統三年(1911)鋅版印本

國圖　大連　上海　天津博　中國美院　西泠　南京　哈爾濱　寧夏　蘇州　浙江博　港大　臺師大　松蔭軒　協會　松丸東魚

07179

蒙泉外史印譜不分卷　十册

〔清〕奚岡篆　上海西泠印社重輯

清宣統三年(1911)鋅版印本

國圖

07180

蒙泉外史印譜西泠不分卷　二册

〔清〕奚岡篆　西泠印社重輯

癸未年(2003)鋅版印本(重輯本)

松蔭軒　協會

07181

蒙袠標題印章　一册

（日本）凝雲堂子春輯

日本鈐印本

漠南

蔭

07182

蔭竹廬印譜不分卷　二册

〔清〕寶鳳藻篆並輯

鈐印本

松蔭軒

07183

蔭堂慶典福壽印章不分卷　二册

〔佚名〕篆並輯

鋅版印本

松蔭軒

椿

07184

椿山印譜　一册

（日本）椿椿山篆　（日本）渡邊華石輯

日本明治十六年(1883)鈐印本

日本國會　見性簃　松蔭軒　東京藝大　岩瀨文庫
京都女大　都立大學　漠南

07185

椿山印譜　一册

（日本）椿椿山篆　（日本）椿愛輯

日本大正八年(1919)鈐印本

日本國會　早稻田　見性簃　協會　岩瀨文庫

07186

椿山翁遺印譜　一册

〔佚名〕篆並輯

鈐印本

岩瀨文庫

楳

07187

楳竹印存　一册

（日本）兼松龜吉郎輯

日本明治四十二年(1909)鈐印本

西泠

07188

楳花庵印存不分卷　二册

〔清〕丁彥臣輯

鈐印本

重慶

07189

楳所印粹不分卷　二册

（日本）郡司楳所篆　（日本）中澤廣勝輯

日本明治四十三年(1910)鈐印本

日本國會　都立大學　漠南

07190

楳所印粹二集　一册

（日本）郡司楳所篆　（日本）中澤廣勝輯

日本大正四年(1915)鈐印本

西泠

07191

楳所印粹第一、二集不分卷　二册

（日本）郡司楳所篆　（日本）中澤廣勝輯

日本大正四年(1915)鈐印本

協會

07192

楳所遺篆　一册

（日本）郡司楳所篆　（日本）郡司貞教輯

日本昭和十一年(1936)鈐印本

松丸東魚　漠南

07193
楳華樓印存　一冊
〔清〕汪道存輯
清嘉慶五年(1800)鈐印本
漠南

07194
楳華盦藏印不分卷　二冊
〔清〕葉翰僊輯
鈐印本
松蔭軒

07195
楳廬印影　一冊
〔佚名〕篆並輯
鈐印本
南京

楠

07196
楠山印譜不分卷　二冊
（日本）蘆野朗篆（日本）高畑持隆輯
日本昭和十一年(1936)鈐印本
松丸東魚

07197
楠瀨日年印譜不分卷　九冊
（日本）楠瀨日年篆並輯
日本大正七年(1918)鈐印本
漠南

楚

07198
楚石印存　一冊
〔佚名〕篆並輯
鈐印本
松蔭軒

07199
楚生石印集　一冊
來楚生篆〔佚名〕輯
鈐印本
松蔭軒

07200
楚翁印存　一冊
來楚生篆　陳茗屋輯
壬申年(1992)鈐印本
松蔭軒　協會

07201
楚游印存　一冊
〔清〕賈蒼注篆並輯
清光緒二十八年(1902)鈐印本
暨大

07202
楚橋印稿不分卷　二冊
〔清〕黃楚橋篆並輯
清道光六年(1826)雪聲堂鈐印本
國圖　泰州

07203
楚橋印稿不分卷　四冊
〔清〕黃楚橋篆並輯
清道光六年(1826)鈐印本
國會山莊

楊

07204
楊大受印譜　一冊
〔清〕楊大受篆　吳隱輯
清宣統元年(1909)鋅版印本(潛泉印叢本)
文雅堂

07205
楊千里印存手稿不分卷　五冊
楊千里篆並輯

钤印本
鴻爪留痕館

07206
楊千里印譜　一册
　楊千里篆並輯
　钤印本
　松蔭軒

07207
楊天林印集　一册
　[佚名]篆並輯
　钤印本
　松蔭軒

07208
楊天驥印存　一册
　楊天驥篆並輯
　民國六年(1917)钤印本
　松蔭軒

07209
楊氏家藏銅引譜不分卷　二册
　〔清〕楊守敬輯
　清光緒六年(1880)钤印本
　太田孝太郎

07210
楊氏家藏銅印譜不分卷　二册
　〔清〕楊守敬輯
　清光緒六年(1880)钤印本
　日本國會　東京大　漠南

07211
楊氏集古印章(楊氏集古印譜)　二册
　〔明〕楊元祥輯
　明萬曆十五年(1587)钤印本
　西泠

07212
楊廷珍印存　一册
　〔清〕楊廷珍篆並輯
　钤印本(册葉裝二十六開)
　松蔭軒

07213
楊仲子印譜　一册
　楊仲子篆並輯
　钤印本
　私人藏　松蔭軒

07214
楊仲子印譜不分卷　二册
　楊仲子篆並輯
　钤印本
　松蔭軒

07215
楊東山子秋賓用印集存　一册
　[佚名]篆並輯
　钤印本
　浙江

07216
楊晉自用印存　一册
　楊晉篆並輯
　钤印本
　私人藏

07217
楊晉自用印存不分卷　三册
　楊晉篆並輯
　钤印本
　松蔭軒

07218
楊浣石印存　一册
　楊祚職篆並輯
　北平榮寶齋钤印本
　國圖　上海　泰州　松蔭軒

07219
楊浣石印存不分卷　二册
　楊祚職篆並輯
　钤印本
　國圖　上海　松蔭軒

07220

楊雪滄印稿不分卷　二冊
　楊晉篆並輯
　鈐印本
　臺大

07221

楊惠嘉印譜　一冊
　楊惠嘉輯
　鈐印本
　蘇州大

07222

楊惺吾印譜　一冊
　〔清〕楊守敬輯
　鈐印本
　東京央圖　都立大學

07223

楊新見篆刻選　一冊
　楊新見篆並輯
　鈐印本
　松蔭軒

07224

楊廣泰刻心經印譜不分卷　二冊
　楊廣泰篆並輯
　丁卯年(1987)鈐印本
　松蔭軒

07225

楊嘯邨印集(楊嘯村印譜)不分卷　二冊
　〔清〕楊大受篆　吳隱輯
　清宣統元年(1909)鉨版印本(潛泉印叢本)
　大連　天津　吉林　西泠　金陵　浙江　浙江博　臺大　臺故博　松蔭軒　松丸東魚　東京博　協會

07226

楊龍石印存不分卷　二冊
　〔清〕楊瀚篆　吳隱輯
　清光緒三十四年(1908)西泠印社鉨版印本
　大連　上海　川大　天津　四川　西泠　長恩閣　松丸東魚　松蔭軒　東京博　協會　南大　哈爾濱　首都　陝師大　浙江博　國圖　清華　港大　煙臺　蘇州　漢南　臺故博　臺師大　寧夏　鴻爪留痕館　鐵硯齋

07227

楊龍石印存　一冊
　〔清〕楊瀚篆　有正書局輯
　清宣統三年(1911)鈐印本
　文雅堂

07228

楊龍石印存不分卷　二冊
　〔清〕楊瀚篆　有正書局輯
　清宣統三年(1911)有正書局鉨版印本
　川大　天津　中國美院　西泠　安徽　吳江　南大　南京　首都　秦氏支祠(天一閣)　浙江　港大　溫州　煙臺　蘇州　私人藏　百二扇面齋　松蔭軒　蘭樓　東京博　協會　香川大　國會山莊

07229

楊鵬升印譜　四冊
　楊鵬升篆並輯
　民國十五年(1926)鈐印本
　松蔭軒

07230

楊鵬升印譜　四冊
　楊鵬升篆並輯
　民國二十三年(1934)鈐印本
　上海　南大

07231

楊鵬升印譜不分卷　十二冊
　楊鵬升篆並輯
　民國二十四年(1935)鈐印本
　國圖

07232

楊鵬升印譜建寧集　一冊
　楊鵬升篆並輯
　民國二十四年(1935)鈐印本

清華

07233

楊鵬升印譜泰寧縣集　一册

楊鵬升篆並輯

民國二十四年(1935)鈐印本

清華

07234

楊鵬升印譜第二十一至二十四卷　四册

楊鵬升篆並輯

民國二十三年(1934)鈐印本

國圖　上海　四川　南大　港大

07235

楊鵬升印譜第二十五至二十八卷　四册

楊鵬升篆並輯

民國二十四年(1935)鈐印本

國圖　中科院　北大　南大

07236

楊鵬升印譜第三十七至四十卷　四册

楊鵬升篆並輯

民國二十五年(1936)鈐印本

國圖　上海　松蔭軒　南大

07237

楊鵬升印譜第五十七至六十卷　四册

楊鵬升篆並輯

民國二十六年(1937)鈐印本

協會

07238

楊鵬升印譜第五十三至五十六卷　四册

楊鵬升篆並輯

民國二十五年(1936)鈐印本

國圖

07239

楊鵬升印譜第六十一至六十四卷　四册

楊鵬升篆並輯

民國二十六年(1937)鈐印本

松蔭軒　協會

07240

楊鵬升印譜將樂縣集　一册

楊鵬升篆並輯

民國二十四年(1935)鈐印本

清華

07241

楊鵬升印譜廬山集　一册

楊鵬升篆並輯

民國二十一年(1932)鈐印本

清華　松蔭軒

07242

楊聾石印存不分卷　二册

〔清〕楊瀚篆並輯

清乾隆四十六年(1781)鈐印本

國圖　鴻爪留痕館　鐵硯齋　東京博

07243

楊聾石印譜　一册

〔清〕楊瀚篆　中國印學社輯

民國二十五年(1936)影印本

松丸東魚

槐

07244

槐堂印存　一册

陳師曾篆並輯

民國十九年(1930)鈐印本

國圖　百二扇面齋　松蔭軒

07245

槐堂摹印淺説　一册

陳師曾篆　王道遠輯

壬寅年(1962)影印本

松蔭軒　漠南

07246

槐蔭山房印存　一册

〔佚名〕篆並輯

鈐印本
浙江博

07247

槐蔭書屋集印　一冊

〔佚名〕篆並輯

鈐印本

上海

07248

槐蔭書樓印譜不分卷　四冊

（日本）姬島竹外輯

日本大正九年（1920）鈐印本

大連　松蔭軒　協會　漠南

07249

槐蔭堂印譜不分卷　二冊

〔清〕孟介臣篆並輯

清道光八年（1828）鈐印本

上博

07250

槐蔭層暉廬藏印選　一冊

趙古泥篆　王哲言輯

鈐印本

常熟　私人藏　松蔭軒

07251

槐廬印譜　一冊

〔清〕吳讓之篆〔清〕朱記榮輯

鈐印本

浙江

07252

槐廬印譜不分卷　十二冊

〔清〕吳讓之篆〔清〕朱記榮輯

鈐印本

上海

07253

槐廬集古印譜　八冊

〔清〕朱記榮輯

清光緒十年（1884）鈐印本

松蔭軒

榆

07254

榆園藏印　一冊

〔清〕許增輯

鈐印本

浙江

楓

07255

楓園集古印譜　十冊

（日本）太田孝太郎輯

日本昭和三年（1928）鈐印本

上博　西泠　私人藏　松蔭軒　東京博　太田孝太郎　松丸東魚　協會

07256

楓園集古印譜　二冊

（日本）太田孝太郎輯

日本昭和七年（1932）鈐印本

中大　西泠　松蔭軒　松丸東魚　東京博　太田孝太郎

07257

楓園集古印譜正續集　十二冊

（日本）太田孝太郎輯

日本昭和七年（1932）鈐印本

中大　松蔭軒

07258

楓園集古印譜續集　十冊

（日本）太田孝太郎輯

日本昭和七年（1932）鈐印本

松蔭軒

楹

07259

楹聯印珍藏不分卷　二册

[佚名]篆並輯

鈐印本

松蔭軒

甄

07260

甄古齋印譜　一册

王石經篆　涵芬樓輯

民國十二年(1923)涵芬樓影印本

上海　山東　瓦翁　中國美院　内蒙古　玉海樓　右文齋　北大　四川　吉大　西泠　君匋藝院　長春　東北師大　常熟　雲南　港中大　湖南　齊齊哈爾　黎州　鴻爪留痕館　蘇州　蘭樓　鐵硯齋　松蔭軒　英屬哥倫比亞　松丸東魚　協會　京文研　國會山莊　熊本大　關西大

感

07261

感應經印譜　一册

[佚名]篆並輯

鈐印本

國圖　臺圖

07262

感應經印譜　一册

〔清〕汪積山篆〔清〕多澤厚輯

清乾隆五十年(1785)汪積山鈐印本

松蔭軒

07263

感應經印譜　一册

〔清〕汪學成篆〔清〕多澤厚輯

清乾隆五十年(1785)汪學成鈐印本

南京　松蔭軒

07264

感應篇印譜(太上感應篇印譜程德壽本)不分卷　二册

〔清〕程德壽篆並輯

清道光二十六年(1846)鈐印本(程德壽輯本)

松蔭軒

07265

感應篇印譜不分卷附陰隲文印譜、覺世寶訓印譜　四册

〔清〕程德壽篆並輯

清道光二十六年(1846)鈐印本

中國美院　西泠

碑

07266

碑龕先生刻印譜　一册

(日本)西川寧篆並輯

日本昭和二十年(1945)鈐印本

協會

碎

07267

碎璧零珠　一册

〔清〕西泠八家篆〔佚名〕輯

鈐印本

紅棉山房

匯

07268

匯姓印苑　二册

〔明〕王夢弼篆並輯

明萬曆四十七年(1619)鈐印本

國圖

頓

07269

頓立夫印聚不分卷　二册
　頓立夫篆　楊廣泰輯
　丁丑年(1997)鈐印本
　松蔭軒

07270

頓立夫印稿初集　一册
　頓立夫篆並輯
　民國二十七年(1938)鈐印本
　南京　温州

07271

頓立夫印譜遺作集不分卷　二册
　頓立夫篆　楊廣泰輯
　戊辰年(1988)鈐印本
　松蔭軒　協會

07272

頓立夫治印(頓立夫印存)不分卷　四册
　頓立夫篆　楊廣泰輯
　庚申年(1980)鈐印本
　松蔭軒　協會

07273

頓立夫治印　一册
　頓立夫篆
　鈐印本
　松蔭軒

07274

頓立夫篆刻作品集不分卷　二册
　頓立夫篆　楊廣泰輯
　丁卯年(1987)鈐印本
　松蔭軒　協會

虞

07275

虞山十八景印譜　一册
　王壽仁等篆並輯
　丙申年(1956)鈐印本
　常熟

07276

虞山趙古泥印譜　一册
　趙古泥篆並輯
　鈐印本
　松蔭軒

07277

虞山嘯石軒戲輯石印不分卷　二册
　〔清〕徐三庚篆　〔清〕秦祖永輯
　鈐印本
　松蔭軒

07278

虞集澄泉結翠研文印譜　一册
　[佚名]篆並輯
　民國二十年(1931)鈐印本
　黑龍江　松蔭軒

07279

虞集澄泉結翠研文印譜不分卷　五册
　[佚名]篆並輯
　民國二十年(1931)鈐印本
　上海

業

07280

業精於勤印譜　一册
　[佚名]篆並輯
　鈐印本
　海寧

當

07281
當代六名家印譜不分卷　六册
　來楚生　桑愉等篆並輯
　鈐印本
　松蔭軒

07282
當代名家刻印　一册
　[佚名]篆並輯
　鈐印本
　松蔭軒

07283
當歸草堂印集不分卷　二册
　何庸齋篆　何天喜輯
　丙辰年(1976)鈐印本
　兩然齋

07284
當歸草堂西泠印存不分卷　五册
　[佚名]篆並輯
　鈐印本
　紅棉山房

07285
當歸草堂漢銅印存(漢銅印存)　四册
　〔清〕丁丙輯
　清光緒十年(1884)鈐印本
　太田孝太郎　漢南

睫

07286
睫巢軒集印不分卷　二册
　〔清〕吳諮篆並輯
　鈐印本
　蘇州

07287
睫園印譜　一册
　王成憲篆並輯
　鈐印本
　泰州

嗜

07288
嗜古山房印存不分卷　二册
　[佚名]篆並輯
　鈐印本
　松蔭軒

07289
嗜古軒印存　一册
　于葆貞篆並輯
　鈐印本
　上博　松蔭軒

07290
嗜古齋印譜(嗜古印存)　一册
　〔清〕胡聚左篆並輯
　鈐印本
　芷蘭齋

愚

07291
愚公自用印存　一册
　李鍾篆並輯
　鈐印本
　松蔭軒

07292
愚軒印存不分卷　四册
　〔清〕李愛黃篆並輯
　鈐印本
　廈大

07293

愚庵鐵眼遺印　一册
　（日本）釋鐵眼篆並輯
　日本明治間鈐印本
　漠南

07294

愚園印存不分卷　四册
　[佚名]篆並輯
　鈐印本
　黑龍江　松蔭軒

07295

愚盦印存不分卷　八册
　沈輔俊篆並輯
　民國二十三年(1934)鈐印本
　松蔭軒

07296

愚盦印存不分卷　四册
　沈輔俊篆並輯
　民國二十四年(1935)鈐印本(稿本)
　松蔭軒

07297

愚譜不分卷　二册
　〔清〕姚弘儞篆並輯
　清康熙四十八年(1709)鈐印本
　黑龍江

暖

07298

暖廬摹印集　一册
　黃保鉞篆並輯
　民國八年(1919)鈐印本
　私人藏

07299

暖廬摹印集不分卷　二册
　黃保鉞篆並輯
　民國八年(1919)鈐印本
　西泠

照

07300

照讀樓用印存箋　一册
　[佚名]篆並輯
　日本昭和十九年(1944)鈐印本
　協會

路

07301

路東之夢齋秦封泥留真　一册
　路東之輯
　戊寅年(1998)鈐印本
　松蔭軒　協會

蛻

07302

蛻園印影　一册
　瞿宣穎篆並輯
　鈐印本
　黑龍江

畹

07303

畹香小築藏印不分卷　四册
　〔清〕張杞生輯
　清光緒二十四年(1898)鈐印本
　上海

農

07304

農業學大寨　一册

田叔達篆並輯

辛丑年(1961)鈐印本

松蔭軒

嗣

07305

嗣初壬辰以前所見銅印集存不分卷　四册

〔清〕張雲錦輯

清光緒十九年(1893)鈐印本

百樂齋

蜀

07306

蜀中印人集存不分卷　二册

徐無聞　羅止祥等篆　養闇室輯

鈐印本

私人藏

07307

蜀漢諸葛武侯玉印　一軸

〔佚名〕篆並輯

清咸豐六年(1856)鈐印本

浙江

嵩

07308

嵩洛軒印譜　一册

〔清〕黃家積輯

鈐印本

芷蘭齋

07309

嵩雲居藏印不分卷　四册

徐夢華輯

乙卯年(1975)鈐印本

國圖　廣東　遼寧　西泠　浙江博　松蔭軒

圓

07310

圓山大迂篆刻集　一册

（日本）圓山大迂篆並輯

鈐印本

松蔭軒

07311

圓石集不分卷　二册

（日本）中和道齋篆並輯

日本寶曆八年(1758)鈐印本

漠南

筠

07312

筠清室漢銅印譜不分卷　八册

〔清〕吳榮光輯

清光緒二十一年(1895)鈐印本

湖南

筱

07313

筱品印略　一册

〔清〕顏小嚴篆並輯

清道光元年(1821)原鈐印本

西泠

07314

筱園藏印初稿　一册

〔清〕朱庭珍輯

鈐印本（秦康祥藏本）
松蔭軒

節

07315

節山印存　一册
（日本）節山篆並輯
日本昭和間鈐印本
松丸東魚

07316

節堂印藪不分卷　四册
（日本）石川節堂篆並輯
鈐印本
松丸東魚　岩瀨文庫

07317

節盦印泥印輯　一册
孔雲白　王仁輔等篆　方約輯
辛卯年(1951)宣和印社鈐印本
上海　上博　哈爾濱　浙江　松蔭軒　國會山莊

與

07318

與古爲新室印述　一册
〔清〕吳希札輯
清光緒二十九年(1903)鈐印本
松蔭軒

07319

與古鄰印譜不分卷　三册
〔清〕張明棟篆並輯
清乾隆十三年(1748)鈐印本
臺大

傳

07320

傳公印譜　一册
〔清〕許兆熊篆並輯
鈐印本
上博

07321

傳古齋印譜不分卷　二册
〔佚名〕篆並輯
鈐印本
松蔭軒

07322

傳後印譜不分卷　二册
（日本）大阪印刻會輯
日本大正七年(1918)鈐印本
漢南

07323

傳家寶狐白　一册
〔清〕石成金篆（日本）森修來删輯
日本寶曆十三年(1763)刊印本
松蔭軒　日本國會　漢南

07324

傳經堂收藏印譜(傳經堂印集)上中下續集　四册
〔明〕汪關〔清〕汪泓等篆〔清〕劉運齡輯
清嘉慶二十三年(1818)傳經堂鈐印本
國圖　西泠　松蔭軒

07325

傳經堂劉氏家藏古印集　一册
〔清〕劉小峰篆並輯
清嘉慶二十三年(1818)鈐印本
松蔭軒

07326

傳樸堂印屛　六張
〔明〕文彭等篆　葛昌楹　葛昌枌同輯

民國三十六年(1947)鈐印本
　　浙江

07327
傳樸堂印譜　一册
　　葛昌楹　葛昌枌同輯
　　鈐印本
　　私人藏

07328
傳樸堂藏印菁華　十二册
　　〔明〕文彭等篆　葛昌楹　葛昌枌同輯
　　民國十四年(1925)鈐印本
　　國圖　浙江　大連　上海　中大　吉林　遼寧　蘇州
　　西泠　揚州大　兩然齋　協會　松蔭軒　漠南

衙

07329
衙署印存　一册
　　〔佚名〕篆並輯
　　鈐印本
　　松蔭軒

微

07330
微子名譜　一册
　　(日本)小野均篆並輯
　　日本寬延四年(1751)鈐印本
　　漠南

鈖

07331
鈖印集　一册
　　〔佚名〕篆並輯
　　鈐印本
　　松蔭軒

07332
鈖印會存(璽印會存)不分卷　六册
　　黃濬輯
　　民國二十四年(1935)鈐印本
　　松蔭軒

07333
鈖泉堂古印存不分卷　二册
　　鈖泉堂父子輯
　　乙未年(2015)鈐印本
　　見性簃

遥

07334
遥雲樓印存不分卷　四册
　　〔清〕汪泓篆並輯
　　鈐印本
　　浙江

愛

07335
愛日居印存不分卷　二册
　　(日本)山內敬齋篆並輯
　　日本大正間鈐印本
　　漠南

07336
愛日居藏印　一册
　　(日本)長曾我部木人篆並輯
　　鈐印本
　　松蔭軒

07337
愛日樓印譜　一册
　　(日本)佐藤一齋篆　(日本)西村佃輯
　　日本大正十四年(1925)影印本
　　臺圖

07338

愛日樓印譜不分卷　二冊

　（日本）佐藤一齋篆並輯

　日本大正十四年(1925)鈐印本

　港大　松蔭軒

07339

愛古樓印譜　一冊

　〔清〕朱勇鈞篆並輯

　清乾隆二十七年(1762)鈐印本

　上海

07340

愛古樓印鑑　六冊

　〔明〕文彭　何震等篆　陳俊賢輯

　清光緒十一年(1885)鈐印本

　南京　松蔭軒

07341

愛石山房印存不分卷　二冊

　高益篆並輯

　鈐印本

　浙江　松蔭軒

07342

愛石生印存不分卷　三冊

　下帷室篆並輯

　鈐印本

　松蔭軒

07343

愛石軒印存　一冊

　趙文卿篆並輯

　民國元年(1912)鈐印本

　上海　松蔭軒

07344

愛石軒印集不分卷　二冊

　趙文卿篆並輯

　民國元年(1912)鈐印本

　浙江　溫州　諸暨

07345

愛吾鼎齋印存不分卷　四冊

　〔清〕郭慎行篆並輯

　清光緒二十四年(1898)鈐印本

　福建　松蔭軒

07346

愛梅樓主印譜　一冊

　［佚名］篆並輯

　鈐印本

　松蔭軒

07347

愛堂印譜不分卷　二冊

　〔清〕李僡篆並輯

　鈐印本

　上博　松蔭軒

07348

愛静廎印譜　一冊

　［佚名］篆並輯

　鈐印本

　松蔭軒

07349

愛廬摹印　一冊

　陳健篆　王光烈雙鉤並輯

　雙鉤蓍鈐印本

　遼寧

飼

07350

飼鶴園印藏　一冊

　徐永基篆並輯

　鈐印本

　松蔭軒

頌

07351
頌和氏刊石章印存　一册
〔清〕頌和篆並輯
清光緒十年(1884)鈐印本
廣東

07352
頌音印存　一册
黄承韶篆　周吉輯
民國三十五年(1946)鈐印本
松蔭軒

07353
頌齋印存不分卷　四册
〔清〕陳鴻壽　黄士陵等篆　容庚後人輯
鈐印本
北大　廣州藝博

07354
頌齋印存不分卷　三册
容庚藏印　沈永泰輯
己丑年(2009)鈐印本
兩然齋

07355
頌齋印存不分卷　四册
容庚　商承祚　金禹民　吴子建等篆　王翔輯
己亥年(2019)鈐印本
免胄堂

07356
頌齋印存　一册
王貴忱輯
民國三十八年(1949)鈐印本
吉大

解

07357
解弢書屋印譜不分卷　四册
〔佚名〕篆並輯
鈐印本
上博

試

07358
試篆印存(試篆存稿)　四册
〔清〕黄鷛篆並輯
清道光二十七年(1847)刊行本
國圖　松蔭軒　奎章閣

07359
試篆印存(試篆存稿)不分卷　八册
〔清〕黄鷛篆並輯
清道光二十七年(1847)鈐印本
上博　哈佛燕京

07360
試篆印存(試篆存稿)不分卷　八册
〔清〕黄鷛篆並輯
清道光二十七年(1847)鈐印本(稿本)
松蔭軒

詩

07361
詩品印譜　一册
〔清〕程小畲篆並輯
清道光十年(1830)程氏鈐印本
西泠　安徽　鐵硯齋

07362
詩品印譜　四册
〔清〕翁壽虞篆並輯

清宣統元年(1909)影印本

國圖 上海 天一閣 中國美院 北大 西泠 安徽 哈爾濱 首都 華東師大 浙江 浙江博 紹興 新疆 寧波 寧夏 松蔭軒 漠南 國會山莊

07363

詩品印譜　一册

〔清〕吳江元篆並輯

清道光二十一年(1841)鈐印本

松蔭軒

07364

詩品印譜　一册

〔清〕熊寶壽篆並輯

熊氏鈐印本

海寧

07365

詩婢家集印　一册

鄭伯英輯

鈐印本

四川

07366

詩鈔印譜　一册

（日本）細川潔篆並輯

日本嘉永二年(1849)鈐印本

松蔭軒

07367

詩鈔印譜　一册

（日本）細川林谷篆並輯

日本弘化三年(1846)鈐印本

日本國會 漠南

07368

詩經印艸　一册

（日本）梅舒適等篆（日本）篆社輯

鈐印本

協會

07369

詩經篇目印譜　一册

〔清〕陳友甡篆並輯

鈐印本

復旦

07370

詩僊印譜　一册

（日本）林正典篆並輯

日本天明六年(1786)林氏芸閣鈐印本

日本國會 西泠 漠南

07371

詩僊印譜　一册

（日本）園田湖城 島田洗耳等篆（日本）園田湖城輯

日本昭和元年(1926)鈐印本

日本國會 協會

誠

07372

誠齋印彙(誠齋印集)　四册

宋煜篆並輯

民國七年(1918)鈐印本

上海 上博 松蔭軒

話

07373

話山艸堂印存　一册

〔清〕沈道寬篆並輯

鈐印本

松蔭軒

07374

話雨樓鉢印選編　一册

[佚名]篆並輯

鈐印本

松蔭軒

廉

07375
廉甫印存不分卷　二册
　徐仁鍔篆並輯
　己亥年(1959)鈐印本
　松蔭軒

07376
廉静鐫印不分卷　二册
　張愷輯
　民國十三年(1924)鈐印本
　松蔭軒

新

07377
新心別館印存不分卷　二册
　〔清〕王肇基篆並輯
　清同治三年(1864)鈐印本
　浙江　河南大

07378
新心別館印存不分卷　四册
　〔清〕王肇基篆並輯
　清同治三年(1864)鈐印本
　廣東　西泠　普林斯頓

07379
新心別館印存不分卷　六册
　〔清〕王肇基篆並輯
　清同治三年(1864)省吾堂鈐印本
　天津　遼寧　松蔭軒

07380
新印譜　一册
　〔佚名〕篆並輯
　鈐印本(革命樣板戲唱詞選刊)
　松蔭軒

07381
新出封泥彙編不分卷　四册
　楊廣泰輯
　庚寅年(2010)鈐印本
　見性簃

07382
新安休邑程衙發刻古今印章　一册
　〔明〕宋侃篆並輯
　明萬曆四十一年(1613)鈐印本
　上博　中科院

07383
新見先秦璽選印　一册
　楊廣泰輯
　戊戌年(2018)鈐印本
　松蔭軒

07384
新刻名公印雋(精刻名公筆法草書重珍登集、步集)　二册
　〔明〕熊經篆並輯
　明萬曆間鈐印本
　上博

07385
新刻名公印雋儒林重珍　一册
　〔明〕熊經篆並輯
　鈐印本
　安徽

07386
新選古鑄百印　一册
　(日本)三村竹清輯
　日本昭和二十年(1945)鈐印本
　松蔭軒

07387
新疆出土古玉印譜　一册
　〔佚名〕篆並輯
　鈐印本
　東北師大

意

07388

意園古今官印勻　四册

　侯汝承輯

　民國十四年(1925)鈐印本

　中大

07389

意園古今官印勻　八册

　侯汝承輯

　民國十七年(1928)鈐印本

　國圖　上博　天津　北大　北師大　西泠　河南大
　南京　南開　哈爾濱　魯迅美院　華東師大　浙江
　清華　"中研院"史語所　松蔭軒　協會　漢南

07390

意園古印存　一册

　〔清〕侯汝承輯

　鈐印本

　天津

07391

意園印石錄　一册

　〔清〕侯汝承輯

　民國二十三年(1934)鈐印本

　北大考古所　港大

07392

意園印存　一册

　李文濤篆並輯

　鈐印本

　張葆石

07393

意園印譜　一册

　李文濤篆並輯

　鈐印本

　松蔭軒

07394

意園印譜　一册

　〔清〕宋人龍篆並輯

　宋氏鈐印本

　哈爾濱

07395

意薌印存　一册

　陳子奮篆並輯

　民國二十一年(1932)鈐印本

　上海　哈爾濱

07396

意薌篆刻(頤諼樓水滸姓氏印譜)　一册

　陳子奮篆並輯

　民國二十一年(1932)鈐印本

　上海

慈

07397

慈厂印存　一册

　支慈厂篆並輯

　鈐印本

　私人藏

07398

慈雨樓新製封泥存　一册

　(日本)加藤慈雨樓輯

　日本昭和四十五年(1970)鈐印本

　松丸東魚

07399

慈蔭山房印譜　一册

　來楚生篆　王誓言輯

　鈐印本

　松蔭軒

煙

07400

煙岫相珍　一册
　（日本）中村蘭台初世篆並輯
　日本明治二十年(1887)鈐印本
　協會

07401

煙雲印賞不分卷　二册
　（日本）山本拜石篆並輯
　日本明治三十五年(1902)鈐印本
　松蔭軒　漢南

07402

煙雲供養　一册
　［佚名］篆並輯
　鈐印本
　松蔭軒

煉

07403

煉印集不分卷　二册
　［佚名］篆並輯
　鈐印本
　臺師大

煒

07404

煒圻篆刻　一册
　盧煒圻篆並輯
　乙卯年(1975)鈐印本
　松蔭軒

溥

07405

溥雪齋自用印　一册
　吳昌碩　陳巨來等篆　傅大卣輯
　鈐印本
　松蔭軒

07406

溥雪齋等書畫印不分卷　二册
　［佚名］篆並輯
　鈐印本
　松蔭軒

滌

07407

滌硯齋藏印不分卷　六册
　邵裴子輯
　民國八年(1919)鈐印本
　浙江

溪

07408

溪山書屋藏印　一册
　［佚名］篆並輯
　鈐印本
　南京

滄

07409

滄海遺珠不分卷　二册
　［佚名］篆並輯
　鈐印本
　松蔭軒

滂

07410

滂喜齋印集　一册
〔佚名〕篆並輯
鈐印本
浙江

溢

07411

溢山堂印譜　一册
（日本）小西青峰輯
日本昭和間鈐印本
漠南

溯

07412

溯頡居士印存不分卷　二册
〔佚名〕篆並輯
鈐印本
松蔭軒

溶

07413

溶溶齋藏印選　三册
（日本）渡邊華石輯
鈐印本
秋水齋

慎

07414

慎思堂印譜不分卷　二册
〔清〕黃鵷篆〔清〕張學宗輯
清咸豐五年(1855)鈐印本
上海　上博　南京　浙江　新鄉　松蔭軒

07415

慎思堂印譜不分卷　四册
〔清〕黃鵷篆〔清〕張學宗輯
清咸豐五年(1855)鈐印本
上博

07416

慎思堂印譜不分卷　二册
〔清〕錢地宜篆並輯
錢氏鈐印本
中科院

07417

慎密齋印正　一册
〔清〕陸台篆並輯
清雍正五年(1727)鈐印本
四川　浙江

07418

慎餘齋印譜　一册
〔清〕吳敏篆並輯
清鈐印本
華東師大

寬

07419

寬牛山房印印　一册
（日本）〔佚名〕篆並輯
鈐印本
協會

07420

寬齋印稿　一册
李剛田篆　吳宏亮輯
庚子年(2020)鈐印本
閬風齋

07421

寬齋森翁本影　一册

（日本）森寬齋篆並輯

鈐印本

協會

憲

07422

憲齋藏印　三册

〔清〕吳大澂輯

清光緒十三年(1887)鈐印本

北大　南京

07423

憲齋藏印　四册

〔清〕吳大澂輯

清光緒十三年(1887)鈐印本

南京

07424

憲齋藏印　十二册

〔清〕吳大澂輯

清光緒十三年(1887)鈐印本

私人藏

07425

憲齋藏印　二十六册

〔清〕吳大澂輯

清光緒十三年(1887)鈐印本

南京

福

07426

福厂印存不分卷　二册

王禔篆並輯

鈐印本

松蔭軒

07427

福厂印稿不分卷　四册

王禔篆並輯

民國十七年(1928)鈐印本

國圖　松蔭軒

07428

福厂印稿(福庵印稿)不分卷　一百另一册

王禔篆並輯

民國三十四年(1945)鈐印本

上博

07429

福厂印稿不分卷　五册

王禔篆並輯

鈐印本

國圖　松蔭軒

07430

福厂印稿不分卷　八册

王禔篆並輯

鈐印本

浙江

07431

福厂印稿不分卷　二册

王禔篆　智葊輯

民國三十一年(1942)鈐印本

百二扇面齋　松蔭軒

07432

福山王氏劫餘印存　一册

河北第一博物館輯

民國十七年(1928)鋅版印本

國圖　天津　南京　雲南　右文齋　紅棉山房　松蔭軒

07433

福山王氏劫餘印存　一册

王崇焕輯　河北第一博物館重輯

民國二十二年(1933)鋅版印本

東京大

07434

福山王氏劫餘印存不分卷　四册

〔佚名〕篆　王氏後人輯

民國十七年(1928)鋅版印本(自用印)

天津　松蔭軒

07435

福臣鐵筆　一册

〔清〕福臣篆並輯

粘貼本(册葉裝)

松蔭軒

07436

福庵印稿　一册

王禔篆　智義輯

民國三十一年(1942)鈐印本

上海　私人藏

07437

福庵老人印集　一册

王禔輯

鈐印本

上海

07438

福庵所藏印存　二册

王禔輯

清光緒三十二年(1906)鈐印本

國圖

07439

福庵所藏印存　四册

王禔輯

清光緒三十二年(1906)鈐印本

上海　上博

07440

福庵藏印(柴子英批福庵藏西泠八家印存)　一册

王禔篆　柴子英批註

鈐印本

私人藏

07441

福祿壽印譜　一册

(日本)中村石農篆並輯

日本明治三十五年(1902)鈐印本

關西大

07442

福祿壽印譜不分卷　四册

(日本)中村石農篆並輯

日本明治三十五年(1902)鈐印本

日本國會　西泠　東北師大　松蔭軒　協會　岩瀨文庫

07443

福壽(百福百壽圖)　一册

鄭耀祖篆並輯

民國十九年(1930)鈐印本

哈爾濱　松蔭軒

07444

福壽印譜(蒙所資閒)不分卷　二册

(日本)新宇光鏡篆並輯

日本鈐印本

金谷文庫

07445

福盦老人印集　一册

王禔篆　宣和印社輯

癸巳年(1953)宣和印社鈐印本

上博　君匋藝院

07446

福盦老人遺印　一册

王禔篆　宣和印社輯

宣和印社鈐印本

私人藏

07447

福盦藏印不分卷　十二册

王禔輯

清光緒三十二年(1906)鈐印本

中遺院

07448

福盦藏印(福盦藏印六集)　二十四册
　　王禔輯
　　清光緒三十二年(1906)鈐印本
　　國會山莊　哈佛燕京

07449

福盦藏印　十六册
　　王禔輯
　　清宣統元年(1909)鈐印本(松蔭軒存十一册)
　　國圖　遼寧　上海　上博　中大　浙江　西泠　松蔭軒　松丸東魚　東京博　協會

07450

福盦藏印初二集本不分卷　八册
　　王禔輯
　　清光緒三十二年(1906)鈐印本
　　浙江

群

07451

群印寶鑑不分卷　三册
　　(日本)淺野彌兵衛篆並輯
　　日本萬治二年(1659)鈐印本
　　日本國文館　漢南

07452

群集印正　一册
　　京師公立第一中學輯
　　民國七年(1918)鈐印本
　　國圖

07453

群儒高會賦　一册
　　〔清〕毛豐篆並輯
　　清道光三年(1823)鈐印本
　　松蔭軒

辟

07454

辟支迦羅集印　一册
　　〔清〕陳介祺藏　陳子清輯
　　民國九年(1920)鈐印本(重輯本)
　　近墨堂

遜

07455

遜摩齋印存　一册
　　〔佚名〕篆並輯
　　鈐印本
　　南京

經

07456

經利彬藏印　一册
　　經利彬輯
　　民國間鈐印本
　　國圖

07457

經野堂印稿　一册
　　〔佚名〕篆並輯
　　鈐印本
　　松蔭軒

07458

經貽堂印譜　一册
　　〔清〕馬忠毅篆並輯
　　鈐印本
　　中科院

07459

經畬樓印譜　一册
　　孫儆輯

民國間鈐印本
國圖

07460
經畲樓印譜不分卷　四冊
孫儆輯
民國間鈐印本
上海

07461
經窗軒印譜　一冊
〔清〕徐少農篆並輯
鈐印本
安徽

覡

07462
覡夢盧篆刻　一冊
〔佚名〕篆並輯
鈐印本
松蔭軒

十四畫

静

07463
静厂集印不分卷　二冊
朱復戡篆並輯
鈐印本
浙江

07464
静之印存不分卷　三冊
謝静之篆並輯
鈐印本
松蔭軒

07465
静之室印存不分卷　四冊
謝静之篆並輯
鈐印本
松蔭軒

07466
静中一樂　一冊
〔清〕馬永寧篆並輯
清乾隆間鈐印本
上博

07467
静文堂印集不分卷　二冊
〔佚名〕篆並輯
鈐印本
松丸東魚

07468
静生集印　一冊
〔清〕孫鑄篆並輯
鈐印本
雲南

07469
静邨印集不分卷　二冊
（日本）新關懽篆（日本）松丸東魚輯
日本昭和二十二年(1947)鈐印本
松丸東魚

07470
静邨刻印　一冊
（日本）新關懽篆並輯
日本昭和間鈐印本
松丸東魚

07471
静邨篆刻印譜不分卷　四冊
（日本）新關懽篆並輯
日本昭和十六年(1941)鈐印本
松丸東魚

07472
静安室主人作陋室銘篆稿印存　一冊
〔佚名〕篆並輯

钤印本
松蔭軒

07473

静谷山房印存不分卷　三册
　　〔佚名〕篆並輯
　　钤印本
　　松蔭軒

07474

静怡居印存　二册
　　〔清〕李椿篆〔清〕李尚暲輯
　　清道光十七年(1837)钤印本
　　松蔭軒

07475

静娱室集印印存不分卷　四册
　　〔清〕張伯克 徐三庚 張喜謨 張崇光篆〔清〕張伯克輯
　　钤印本
　　紅棉山房

07476

静娱室藏張崇光篆刻印譜不分卷　二册
　　〔清〕張崇光篆並輯
　　钤印本
　　松蔭軒

07477

静娱室藏張嘉謨篆刻印譜不分卷　十册
　　〔清〕張嘉謨篆並輯
　　清光緒三年(1877)钤印本
　　紅棉山房

07478

静娱軒印存　一册
　　〔佚名〕篆並輯
　　钤印本
　　松蔭軒

07479

静遠齋書畫印　一册
　　静遠齋輯

民國七年(1918)钤印本
嘉興

07480

静戡印集　一册
　　朱復戡篆並輯
　　民國十一年(1922)钤印本
　　人大　北大　松蔭軒　協會

07481

静戡印集不分卷　二册
　　朱復戡篆並輯
　　民國十四年(1925)钤印本
　　中國美院　哈爾濱　松蔭軒　協會　鴻爪留痕館

07482

静樂居印娱　四册
　　〔清〕汪啓淑輯
　　清乾隆四十三年(1778)钤印本
　　上海　西泠　復旦　芷蘭齋　松蔭軒　東京博　漠南

07483

静樂宧印存　四册
　　楊昭雋篆並輯
　　钤印本
　　國圖

07484

静樂宧刻印留痕　四册
　　楊昭雋篆並輯
　　钤印本
　　國圖

07485

静樂簃印存　一册
　　葉潞淵篆　高式熊輯
　　壬辰年(1952)钤印本
　　上博　西泠

07486

静樂簃印蜕不分卷　二册
　　葉潞淵篆並輯
　　钤印本

十四畫 579

松蔭軒

07487

静學主人印譜不分卷　二册
　〔佚名〕篆並輯
　鈐印本
　臺故博

07488

静盦印存不分卷　二册
　〔清〕朱葆慈篆並輯
　清光緒三十二年(1906)鈐印本
　松蔭軒

07489

静盦印存不分卷　四册
　朱復戡篆並輯
　鈐印本
　松蔭軒

07490

静齋印存　一册
　(日本)静齋篆 (日本)小文素文輯
　日本平成十二年(2000)鈐印本
　協會

07491

静齋治印存稿不分卷　四册
　玄光乃篆並輯
　乙丑年(1985)鈐印本
　松蔭軒

07492

静廬精舍印譜　一册
　〔清〕胡本琪篆並輯
　清光緒二十七年(1901)鈐印本
　安徽

07493

静廬精舍印譜　一册
　〔清〕胡本琪篆並輯
　鈐印本
　安徽

07494

静龕印集　一册
　朱復戡篆並輯
　民國十一年(1922)鈐印本
　大連　中國美院　玉海樓　松蔭軒　國會山莊

07495

静龕印稿不分卷　二册
　朱復戡篆並輯
　民國二十六年(1937)影印本
　私人藏

07496

静觀自得齋藏印不分卷　四册
　巢章甫輯
　民國三十年(1941)鈐印本
　天津　松蔭軒

07497

静觀自得齋藏印黄壽承輯本　三册
　黄壽承篆並輯
　民國二十五年(1936)鈐印本
　松蔭軒

07498

静觀書屋印言　二册
　葉爲銘　高野侯　王福厂　吳樸堂等篆　張綬葆輯
　鈐印本
　私人藏

07499

静觀樓印存　一册
　〔佚名〕篆並輯
　鈐印本
　松蔭軒

07500

静觀樓印言　二册
　〔清〕王睿章篆並輯
　清乾隆十一年(1746)鈐印本
　中國美院

碧

07501
碧玉壺印寄(碧玉壺印存)不分卷　二册
〔清〕蔡鴻鑑輯
鈐印本
浙江

07502
碧玉壺集古印存　一册
〔清〕蔡鴻鑑輯
清光緒元年(1875)鈐印本
浙江

07503
碧玉壺集古印存不分卷　二册
〔清〕蔡鴻鑑輯
清光緒元年(1875)鈐印本
浙江

07504
碧芙蕖館藏印不分卷　四册
〔清〕王定保輯
清同治十三年(1874)鈐印本
上海　漠南

07505
碧梧山館印存
［佚名］篆並輯
鈐印本
國會山莊

07506
碧梧舊館金石刻畫　一册
〔清〕羅振鏞篆並輯
清光緒二十七年(1901)鈐印本
松蔭軒

07507
碧痕香館印存　一册
［佚名］篆並輯
清光緒三年(1877)鈐印本
上海

07508
碧葭精舍印存(南皮張氏碧葭精舍印存戊辰集、南皮張氏碧葭精舍印存)不分卷　八册
張厚谷輯
民國十六年(1927)鈐印本
國圖　上海　上博　私人藏　天津　北大　西泠　"中研院"史語所　松丸東魚　東京博　太田孝太郎　漠南

07509
碧雲山館集古今名人印譜　一册
［佚名］篆並輯
鈐印本
上博

07510
碧雲印譜不分卷　二册
徐星州（日本）園田湖城等篆（日本）河西笛洲輯
鈐印本
協會

07511
碧雲僊館印譜　一册
（日本）江上印社輯
日本大正十二年(1923)鈐印本
西泠

07512
碧雲僊館藏印第一集　一册
（日本）磯野秋渚輯
日本大正間鈐印本
漠南

07513
碧雲僊館藏印第二集　一册
（日本）磯野秋渚輯
日本大正間鈐印本
漠南

07514

碧廬簃印存　一册

蔣維崧篆　黃孝紓輯

鈐印本

松蔭軒

07515

碧霞精舍印譜不分卷　四册

張厚谷輯

民國十六年(1927)鈐印本

浙江博　天一閣　秦氏支祠(天一閣)

07516

碧霞精舍印譜己巳集　一册

張厚谷輯

民國十八年(1929)鈐印本

國圖　上博

07517

碧霞精舍藏印　一册

張厚谷輯

民國十八年(1929)鈐印本

上海　漠南

瑶

07518

瑶草堂圖章譜　一册

〔清〕陳秉乾篆並輯

清乾隆二十七年(1762)鈐印本

西泠

07519

瑶原十六景印譜(瑶原十六景)　一册

〔清〕程鴻緒篆並輯

清嘉慶六年(1801)鈐印本

哈爾濱　鐵硯齋

趙

07520

趙凡夫古印譜不分卷　四册

〔明〕趙宧光篆（日本）松丸東魚重輯

日本昭和四十一年(1966)鈐印本

協會

07521

趙凡夫先生印譜　八册

〔明〕趙宧光篆〔清〕章範良輯

清雍正十三年(1735)鈐印本(缺上聲册)

東京博　漠南

07522

趙凡夫先生印譜　十册

〔明〕趙宧光篆〔清〕章範良輯

清乾隆十年(1745)鈐印本

漠南

07523

趙凡夫先生印譜　十二册

〔明〕趙宧光篆〔清〕章範良輯

清乾隆十年(1745)鈐印本

港大　西泠　百樂齋　私人藏　松蔭軒　日本國會　內閣文庫　公文館　松丸東魚　東京大　東京大總　東京博　東洋文庫　協會　京文研　哈佛燕京　關西大

07524

趙凡夫先生印譜　二册

〔明〕趙宧光篆（日本）松丸東魚輯

日本明治三十五年(1902)鈐印本

漠南

07525

趙凡夫先生印譜　四册

〔明〕趙宧光篆（日本）明治川邨應心輯

日本昭和四十一年(1966)鈐印本

漠南

07526
趙凡夫先生模古摹古印譜不分卷　二册
〔明〕趙宧光篆（日本）［佚名］重輯
日本明治三十五年(1902)摹刊本
漠南

07527
趙凡夫摹古印存(趙凡夫摹古印選)不分卷　四册
〔明〕趙宧光篆（日本）松丸東魚重輯
日本昭和四十一年(1966)鈐印本
松蔭軒　松丸東魚　協會　漠南

07528
趙之琛印譜不分卷　二册
〔清〕趙之琛篆　王秀仁輯
民國二十八年(1939)聽雨樓鈐印本
松蔭軒

07529
趙之琛印譜　一册
〔清〕趙之琛篆並輯
鈐印本(未裝訂)
西泠

07530
趙之謙、齊白石諸家印選　一册
〔清〕趙之謙　齊白石等篆［佚名］輯
庚申年(1980)鈐印本
松蔭軒

07531
趙之謙印存不分卷　四册
〔清〕趙之謙篆並輯
清同治三年(1864)鈐印本
上博　松蔭軒

07532
趙之謙印存　一册
〔清〕趙之謙篆　王錫琪輯
鈐印本(惜篁館藏本)
張葆石

07533
趙之謙印集不分卷　二册
〔清〕趙之謙篆並輯
鈐印本
君匋藝院

07534
趙之謙印譜不分卷　三册
〔清〕趙之謙篆（日本）松丸東魚輯
日本昭和四十四年(1969)影印本
松丸東魚

07535
趙之謙印譜不分卷　二册
〔清〕趙之謙篆　君匋藝術院輯
癸酉年(1993)鈐印本
協會

07536
趙之謙印譜　一册
〔清〕趙之謙篆並輯
鈐印本
上博　浙江　中國美院

07537
趙之謙印譜不分卷　三册
〔清〕趙之謙篆並輯
鈐印本
浙江

07538
趙之謙百印集不分卷　二册
〔清〕趙之謙篆　君匋藝術院輯
戊辰年(1988)鈐印本
私人藏　松蔭軒

07539
趙之謙法寶　一册
鄭全璧倣刻並輯
鈐印本
松蔭軒

07540
趙之謙徐三庚印譜不分卷　六冊
〔清〕趙之謙〔清〕徐三庚篆並輯
鈐印本(夢花室總店製箋)
紅棉山房

07541
趙王印集不分卷　四冊
趙叔孺　王禔篆並輯
鈐印本
松蔭軒

07542
趙少昂印存不分卷　五冊
趙少昂輯
鈐印本
紅棉山房

07543
趙氏四世印譜　一冊
高時敷輯
民國二十八年(1939)鈐印本
上博

07544
趙氏印譜不分卷　二冊
〔明〕趙宧光篆　(日本)趙陶齋輯
日本明治五年(1872)鈐印本
中嶽齋　松蔭軒　東京博　漢南

07545
趙氏松泉治印　一冊
趙松泉篆並輯
鈐印本
松蔭軒

07546
趙氏摹古印存不分卷　二冊
〔明〕趙凡夫篆　(日本)川邨應心輯
日本明治十一年(1878)鈐印本
松蔭軒

07547
趙古泥印存不分卷　二冊
趙古泥篆　蘭石軒輯
民國二十七年(1938)鈐印本
鴻爪留痕館

07548
趙古泥印存不分卷　四冊
趙古泥篆　蘭石軒輯
民國二十七年(1938)鈐印本
南京　松蔭軒　協會　孫龍父

07549
趙古泥印存不分卷　二冊
趙古泥篆　蘭石軒輯
民國三十年(1941)鈐印本
國圖　南京　私人藏　瓦翁

07550
趙古泥印存(增訂趙古泥印存)不分卷　二冊
趙古泥篆　蘭石軒輯
民國三十年(1941)鈐印本(增補本)
南京　西泠　松蔭軒

07551
趙古泥印存不分卷　四冊
趙古泥篆　蘭石軒輯
民國三十年(1941)鈐印本
西泠　常熟

07552
趙古泥印存　一冊
趙古泥篆　曾虞民輯
民國三十八年(1949)鈐印本
私人藏　瓦翁

07553
趙古泥印存不分卷　十九冊
趙古泥篆並輯
鈐印本
私人藏

07554

趙古泥印存不分卷　二十七册

　　趙古泥篆並輯

　　鈐印本

　　私人藏

07555

趙古泥印集不分卷　二册

　　趙古泥篆並輯

　　民國二十六年(1937)鈐印本

　　浙江　私人藏　松蔭軒

07556

趙古泥印譜不分卷　二册

　　趙古泥篆並輯

　　民國二十七年(1938)鈐印本

　　南京

07557

趙古泥印譜不分卷　八册

　　趙古泥篆　常熟畫院輯

　　己未年(1979)鋅版印本

　　協會

07558

趙古泥先生印集不分卷　二册

　　趙古泥篆並輯

　　鈐印本

　　協會

07559

趙石印存不分卷　三册

　　趙古泥篆並輯

　　民國間鈐印本

　　松蔭軒

07560

趙仲穆印存不分卷　二册

　　〔清〕趙穆篆　鄧散木輯

　　民國三十年(1941)鈐印本

　　百二扇面齋

07561

趙仲穆印存　一册

　　〔清〕趙穆篆並輯

　　鈐印本

　　私人藏

07562

趙仲穆印集　一册

　　〔清〕趙穆篆並輯

　　鈐印本

　　秋水齋

07563

趙仲穆印譜不分卷　二册

　　〔清〕趙穆篆　鄧散木輯

　　民國三十年(1941)鈐印本

　　上海　哈爾濱　中國美院　松蔭軒　私人藏

07564

趙仲穆印譜　一册

　　〔清〕趙穆篆並輯

　　鈐印本

　　浙江博　松蔭軒　國會山莊

07565

趙仲穆印譜不分卷　三十二册

　　〔清〕趙穆篆並輯

　　鈐印本(五種)

　　北大

07566

趙仲穆姓名印譜(隱廬小印)不分卷　九册

　　〔清〕趙穆篆並輯

　　鈐印本

　　上海

07567

趙次閑印存不分卷　四册

　　〔清〕趙之琛篆　吳隱輯

　　清光緒三十四年(1908)上海西泠印社潛泉印泥發行所鈐印本

　　南京　松丸東魚　東京博

07568
趙次閑印存不分卷　三冊
〔清〕趙之琛篆　吳隱輯
鈐印本
松蔭軒

07569
趙次閑印存　一冊
〔清〕趙之琛篆並輯
鈐印本（秦彥沖藏本）
松蔭軒

07570
趙次閑印存不分卷　二冊
〔清〕趙之琛篆並輯
鈐印本
私人藏

07571
趙次閑印譜不分卷　二冊
〔清〕趙之琛篆　有正書局輯
清宣統三年(1911)鋅版印本
協會

07572
趙次閑印譜不分卷　四冊
〔清〕趙之琛篆　有正書局輯
清宣統三年(1911)鋅版印本
國圖　上海　天津　片雲齋　四川　吉林　西泠　百二扇面齋　芷蘭齋　吳江　長春　杭州　南大　南京　南通　哈爾濱　重慶　浙江　清華　港中大　溫州　嘉興　齊齊哈爾　德清博　鴻爪留痕館　鎮江　瀋陽　蘭樓　松蔭軒　東京博　協會　漠南

07573
趙叔孺印存不分卷　二冊
趙叔孺篆　朵雲軒輯
庚午年(1990)鈐印本
私人藏　松蔭軒　協會

07574
趙叔孺印存不分卷　四冊
趙叔孺篆並輯
鈐印本
松蔭軒

07575
趙叔孺存用印　一冊
趙叔孺篆並輯
鈐印本
私人藏

07576
趙叔孺刻古璽自用印不分卷　四冊
趙叔孺篆並輯
鈐印本
私人藏

07577
趙祖歡印存　一冊
〔清〕趙祖歡篆並輯
鈐印本（冊葉裝）
松蔭軒

07578
趙耿印存　一冊
趙耿篆並輯
鈐印本
松蔭軒

07579
趙浩公印草　一冊
趙浩公篆　梁曉莊輯
己卯年(1999)鈐印本
兩然齋

07580
趙陶齋印譜　一冊
（日本）趙陶齋篆並輯
日本安永二年(1773)鈐印本
漠南

07581
趙悲庵印存　一冊
〔清〕趙之謙篆並輯

民國三年(1914)影印本
上海 遼寧 南通

07582

趙悲庵印存不分卷　二册

〔清〕趙之謙篆　王秀仁鈐拓

鈐印本

私人藏

07583

趙悲庵印譜　一册

方善竟摹輯

民國間鈐印本

别宥齋(天一閣)

07584

趙悲盦印存　一册

〔清〕趙之謙篆〔清〕朱遂生輯

清同治四年(1865)鈐印本

港大

07585

趙遂之印存(一個軒印存)不分卷　二册

趙遂之篆並輯

鈐印本

上海

07586

趙煦自存印册　一册

〔清〕楊澥　趙懿　馮承輝　趙大晉等篆〔清〕趙煦輯

清道光八年(1828)粘貼本(册頁裝)

松蔭軒

07587

趙熙文印譜　一册

〔清〕趙熙文篆並輯

清光緒二十一年(1895)鈐印本

蘇州

07588

趙撝叔大令印存　一册

(日本)山内敬齋篆並輯

日本大正間描摹本

東京博　漠南

07589

趙撝叔手刻印存不分卷　二册

〔清〕趙之謙篆　有正書局輯

清宣統三年(1911)鋅版印本

國圖　清華　新鄉　廣東　鎮江　大連　上博　天津　吉林　西泠　安徽　南大　南京　嘉興　秦氏支祠(天一閣)　臺師大　臺圖 "中研院" 史語所　松蔭軒　東京博　協會　漠南

07590

趙撝叔印存不分卷　二册

〔清〕趙之謙篆　有正書局輯

清宣統三年(1911)鋅版印本

國圖　上海　中國美院　安徽　南大　南通　重慶　浙江　常熟　清華　紹興　百二扇面齋　松蔭軒

07591

趙撝叔印存　一册

〔清〕趙之謙篆　中國印學社輯

民國二十五年(1936)影印本

遼寧　上海　鴻爪留痕館　松蔭軒　漠南

07592

趙撝叔印存　一册

〔清〕趙之謙篆並輯

鈐印本

松蔭軒

07593

趙撝叔印存　一册

〔清〕趙之謙篆〔清〕朱遂生輯

朱氏鈐印本

廣東

07594

趙撝叔印存不分卷　二册

〔清〕趙之謙篆並輯

鈐印本

國圖　遼寧　上海　紅棉山房

07595

趙撝叔印留　一冊

〔清〕趙之謙篆並輯

鈐印本

百樂齋

07596

趙撝叔印集不分卷附吳讓之印集　二冊

〔清〕趙之謙 吳讓之篆〔清〕吳壽昌輯

鈐印本

浙江博

07597

趙撝叔印譜　一冊

〔清〕趙之謙篆 吳隱輯

民國六年(1917)西泠印社鋅版印本(重輯本)

上博　紹興

07598

趙撝叔印譜不分卷　二冊

〔清〕趙之謙篆 吳隱輯

民國六年(1917)西泠印社鋅版印本(重輯本)

文雅堂

07599

趙撝叔印譜不分卷　四冊

〔清〕趙之謙篆 吳隱輯

民國六年(1917)西泠印社鋅版印本(重輯本)

四川　文雅堂

07600

趙撝叔印譜不分卷　八冊

〔清〕趙之謙篆 吳隱輯

民國六年(1917)西泠印社鋅版印本(潛泉重輯本)

國圖　秦氏支祠(天一閣)　華東師大　湖州博　港中大　臺故博　臺圖　長恩閣　兩然齋　鴻爪留痕館　蘭樓　松蔭軒　東京博　協會

07601

趙撝叔印譜　一冊

〔清〕趙之謙篆　中國印學社輯

民國二十五年(1936)影印本

上海　松丸東魚

07602

趙撝叔印譜一不分卷　八冊

〔清〕趙之謙篆 吳隱輯

民國六年(1917)西泠印社鋅版印本

國圖　大連　上海　中大　中國美院　北大　西泠　君匋藝院　南京　哈爾濱　華東師大　浙江　紹興　揚州大　溫州　臺故博　蘇州　蘇州大　鐵硯齋　松蔭軒　協會　京文研　國會山莊　漢南　關西大

07603

趙撝叔印譜二不分卷　八冊

〔清〕趙之謙篆 吳隱輯

民國六年(1917)西泠印社鋅版印本

山東　紹興　港大　松蔭軒　臺故博

07604

趙撝叔先生爲周昀叔季貺兄弟刻印　一冊

〔清〕趙之謙篆 吳仲坰輯

鈐印本

松蔭軒

07605

趙撝叔刻印　一冊

〔清〕趙之謙篆並輯

鈐印本

國會山莊

07606

趙撝叔刻印存　一冊

〔清〕趙之謙篆並輯

鈐印本

廣東

07607

趙增恪藏印　一冊

(日本)石原幸作輯

日本安永二年(1773)鈐印本

臺大

07608

趙慰祖印存不分卷　三册
　趙慰祖篆並輯
　民國二十五年(1936)鈐印本
　哈爾濱

07609

趙慰祖印存不分卷　三册
　趙慰祖篆並輯
　民國三十六年(1947)鈐印本
　松蔭軒

07610

趙穆父印存　一册
　〔清〕趙穆篆並輯
　鈐印本
　私人藏

07611

趙穆父印賸　一册
　〔清〕趙穆篆並輯
　鈐印本
　港大

07612

趙穆祭祀印譜不分卷　二册
　〔清〕趙穆篆並輯
　鈐印本
　私人藏

07613

趙蘇傳印存　一册
　趙蘇傳篆並輯
　鈐印本
　東台

07614

趙霽嵐印存　一册
　〔清〕趙清泰篆並輯
　鈐印本
　松蔭軒

嘉

07615

嘉定周振先生印存不分卷　六册
　周振篆並輯
　鈐印本
　松蔭軒

07616

嘉蔭簃漢銅印譜　一册
　〔清〕劉喜海輯
　清咸豐二年(1852)鈐印本
　上博

07617

嘉蔭簃藏印　一册
　〔清〕劉喜海輯
　清咸豐二年(1852)鈐印本
　松蔭軒

07618

嘉樂印譜　一册
　（日本）清晟嘉樂篆並輯
　日本大正九年(1920)鈐印本
　松蔭軒

07619

嘉樹堂印譜　一册
　柳棄疾篆並輯
　鈐印本
　上海

07620

嘉顯堂圖書會要　一册
　〔清〕何劍湖篆並輯
　清乾隆二十四年(1759)鈐印本
　國圖　中國美院

赫

07621
赫冰廬印存　一冊
　［佚名］篆並輯
　鈐印本
　協會

07622
赫連泉館古印存　一冊
　羅振玉輯
　民國四年(1915)鈐印本
　大連　上海　上博　私人藏　中大　"中研院"史語所　北大　吉林　西泠　百樂齋　南京　哈師大　哈爾濱　港大　港中大　廈大　遼寧　鴻爪留痕館　松蔭軒　太田孝太郎　東京大　東京博　東洋文庫　協會　京文研　漢南　韓國中央

07623
赫連泉館古印續存　一冊
　羅振玉輯
　民國五年(1916)鈐印本
　大連　上博　私人藏　中大　北大　吉林　西泠　百樂齋　南京　哈師大　哈爾濱　港大　港中大　廈大　遼寧　鴻爪留痕館　松蔭軒　太田孝太郎　東京大　東洋文庫　協會　京文研　漢南

壽

07624
壽丁藏印　一冊
　［佚名］篆並輯
　鈐印本
　上海

07625
壽山石品名印譜　一冊
　陳石篆並輯
　壬戌年(1982)鈐印本
　松蔭軒

07626
壽山印存　一冊
　〔清〕穆雲谷篆並輯
　民國二十六年(1937)鈐印本
　松蔭軒　臺大

07627
壽山印存不分卷　五冊
　〔清〕穆雲谷篆並輯
　民國二十六年(1937)鈐印本
　漢南

07628
壽山印譜不分卷　四冊
　〔清〕穆雲谷篆並輯
　清宣統三年(1911)鈐印本
　山西　天津

07629
壽山印譜不分卷　五冊
　〔清〕穆雲谷篆並輯
　清宣統三年(1911)鈐印本
　國圖

07630
壽山印譜不分卷　六冊
　〔清〕穆雲谷篆並輯
　清宣統三年(1911)鈐印本
　天津

07631
壽山試印　一冊
　〔清〕穆雲谷篆並輯
　鈐印本
　松蔭軒

07632
壽山樵古璽印不分卷　四冊
　［佚名］篆並輯
　鈐印本
　哈爾濱

07633
壽石工甲戌刻印　一册
　壽石工篆並輯
　民國二十三年(1934)鈐印本
　國圖

07634
壽石工印存　一册
　壽石工篆並輯
　鈐印本
　私人藏　鐵硯齋

07635
壽石工印存不分卷　二册
　壽石工篆並輯
　鈐印本
　百二扇面齋

07636
壽石工印跡不分卷　六册
　壽石工篆並輯
　鈐印本
　松蔭軒

07637
壽石工印譜　一册
　壽石工篆並輯
　鈐印本
　松蔭軒

07638
壽石工印譜　一册
　壽石工篆並輯
　鈐印本(小開本)
　松蔭軒

07639
壽石工印譜不分卷　五册
　壽石工篆並輯
　鈐印本
　松蔭軒

07640
壽石工印譜不分卷　六册
　壽石工篆並輯
　鈐印本(小開本)
　松蔭軒

07641
壽石工印譜不分卷　六册
　壽石工篆並輯
　鈐印本
　松蔭軒

07642
壽石工印譜不分卷　七册
　壽石工篆並輯
　鈐印本
　松蔭軒

07643
壽石工印譜不分卷　七册
　壽石工篆並輯
　鈐印本(欣生堂穰紙)
　松蔭軒

07644
壽石工印譜不分卷　八册
　壽石工篆並輯
　榮寶齋鈐印本(印穰紙)
　松蔭軒

07645
壽石工印譜不分卷　十五册
　壽石工篆並輯
　鈐印本
　協會

07646
壽石工先生印存　一册
　壽石工篆並輯
　鈐印本
　松蔭軒

07647

壽石工刻印　一册

壽石工篆並輯

鈐印本

松蔭軒

07648

壽石工治印不分卷　四册

壽石工篆並輯

鈐印本（汪序本）

松蔭軒

07649

壽石工篆刻選集　一册

壽石工篆並輯

鈐印本

協會

07650

壽石工鑄夢廬印存（鑄夢廬印存別集）不分卷　二十八册

壽石工篆並輯

鈐印本

松蔭軒

07651

壽石山人鈐紅　一册

〔清〕汪鑅篆並輯

鈐印本

西泠

07652

壽石山房印譜　一册

[佚名]篆並輯

鈐印本

秦氏支祠（天一閣）

07653

壽石山房摹秦範漢印存　二册

〔清〕童晏　童大年篆並輯

鈐印本

上海　遼寧

07654

壽石山房摹秦範漢印存　四册

〔清〕童晏　童大年篆並輯

鈐印本

上海　浙江

07655

壽石山房撫秦範漢印存　十册

童大年篆並輯

鈐印本

松蔭軒

07656

壽石印譜不分卷　三册

（日本）鹽谷彌壽次篆並輯

日本昭和間鈐印本

臺圖

07657

壽石室印譜　一册

壽石工篆並輯

鈐印本

協會

07658

壽石齋印存　一册

（日本）金山鑄齋篆並輯

鈐印本

上海　松蔭軒

07659

壽石齋印存　一册

壽石工篆並輯

壽氏鈐印本

協會

07660

壽石齋印存　一册

許麐篆並輯

民國九年（1920）許麐鈐印本

松蔭軒

07661

壽石齋印存　一冊

周容篆並輯

周容鈐印本

上海　中國美院　松蔭軒

07662

壽石齋印譜(風雲際會法)　一冊

〔清〕胡圻篆並輯

清同治九年(1870)鈐印本

四川　遼寧

07663

壽石齋印譜不分卷　四冊

〔清〕胡圻篆並輯

清同治九年(1870)鈐印本

湖南

07664

壽石齋印譜不分卷　十冊

〔清〕胡圻篆並輯

清同治九年(1870)鈐印本

湖南

07665

壽石齋所得壽石　一冊

[佚名]篆並輯

鈐印本

松蔭軒

07666

壽石齋袖珍印存　一冊

〔清〕芝泉氏輯

鈐印本

浙江

07667

壽同金石　一冊

陳鳴鏐篆並輯

鈐印本

松蔭軒

07668

壽竹齋印譜　一冊

〔清〕老廷光篆並輯

清道光二十四年(1844)鈐印本

廣州

07669

壽花山館印稿　一冊

陸昌寅篆並輯

民國間鈐印本

南京

07670

壽言印譜　一冊

[佚名]篆並輯

鈐印本

浙江　松蔭軒

07671

壽金石室印存　一冊

〔清〕徐仲衡篆並輯

鈐印本

松蔭軒

07672

壽海印存　一冊

吳立崇篆並輯

民國十三年(1924)鈐印本

廣東

07673

壽梅印存　一冊

[佚名]篆並輯

鈐印本

上海

07674

壽鼎齋印存　一冊

〔清〕齊學裘篆並輯

民國二十六年(1937)鈐印本

哈佛燕京

07675

壽壽初稽　四冊
　〔清〕楊燮篆〔清〕楊森輯
　清道光六年(1826)鈐印本
　天津　松蔭軒

07676

壽巖印草不分卷　六冊
　〔清〕程椿篆並輯
　清道光二十三年(1843)鈐印本
　湖南

07677

壽巖印草不分卷　二冊
　〔清〕程椿篆並輯
　清道光二十八年(1848)鈐印本
　內蒙古　私人藏

07678

壽巖印草不分卷　十二冊
　〔清〕程椿篆並輯
　清道光二十八年(1848)鈐印本
　西泠

07679

壽鑠印存　一冊
　張咀英　秦彥冲等篆　嚴壽鑠輯
　民國三十三年(1944)鈐印本
　松蔭軒

聚

07680

聚石印譜(聚石齋印譜)不分卷　四冊
　〔清〕聚石生篆並輯
　清光緒九年(1883)鈐印本
　國圖　上博　汕頭　海寧　寧波　松蔭軒　漠南　大英圖

07681

聚好印林不分卷　二冊
　（日本）汲古印會輯
　日本大正間鈐印本
　臺大　東京博

07682

聚好印林不分卷　五冊
　（日本）山內敬齋篆並輯
　日本大正間鈐印本
　漠南

07683

聚星山房藏中國古印不分卷　二冊
　[佚名]篆並輯
　鈐印本
　松蔭軒

07684

聚學軒印存　一冊
　〔清〕劉世珩篆並輯
　鈐印本
　遼寧

慕

07685

慕古齋印草不分卷　五冊
　王懸保篆並輯
　民國間鈐印本
　南京

07686

慕園印譜不分卷附瑞瓜堂印譜　三冊
　冒廣生輯
　民國間鈐印本
　中科院

摹

07687

摹古印式附目錄　一冊

〔清〕謝燡篆並輯
清咸豐五年(1855)鈐印本
蒲阪文庫

07688
摹古印章　一册
〔清〕嚴明篆並輯
清康熙二年(1663)鈐印本
松蔭軒

07689
摹古印集不分卷　二册
〔佚名〕篆並輯
鈐印本
鴻爪留痕館

07690
摹古印彙　一册
小飛文館輯
鈐印本
黑龍江

07691
摹古印譜　二册
〔清〕胡之森篆並輯
清道光二十二年(1842)鈐印本
國圖　松蔭軒

07692
摹古印譜　五册
〔清〕胡之森篆並輯
清道光二十二年(1842)鈐印本
國圖　松蔭軒

07693
摹古印譜　六册
〔清〕胡之森篆並輯
清道光二十二年(1842)鈐印本
湖南　哈爾濱

07694
摹古室印譜　一册
〔清〕國德秬輯

清康熙二年(1663)鈐印本
蒲阪文庫

07695
摹印十二體　一册
〔清〕梁登庸篆並輯
清乾隆十六年(1751)鈐印本
松蔭軒

07696
摹印千字文(千字文印譜)　一册
〔明〕馮文魁篆並輯
明萬曆二十年(1592)鈐印本
南京

07697
摹雕秋閒戲鐵　二册
(日本)韜玉支煥篆並輯
日本寶曆三年(1753)鈐印本
漢南

蔓

07698
蔓廬印集　一册
沓古山房輯
庚子年(2020)鈐印本
沓古山房　澹簡齋

蔡

07699
蔡易庵自評印譜　一册
蔡巨川篆並評　桑寶松輯
鈐印本
鐵硯齋

07700
蔡國頌自用印譜　一册
黃文寬篆　沈冰泰輯

乙酉年(2005)鈐印本
兩然齋

07701
蔡寒瓊藏時賢製印　一册
蔡寒瓊輯
鈐印本
遼寧

07702
蔡嘉題識印　一册
〔清〕蔡嘉篆並輯
鈐印本
安徽

蔗

07703
蔗翁賸印　一册
唐慶彭輯
民國二十九年(1940)鈐印本
松蔭軒

07704
蔗翁賸印　一册
唐慶彭篆並輯
民國二十九年(1940)鈐印本
松蔭軒

蔽

07705
蔽草廬印存不分卷　二册
蔽草廬主人篆並輯
民國七年(1918)鈐印本
上海

藁

07706
藁吟館印存不分卷　六册
吕鳳癡篆並輯
民國二年(1913)鈐印本
上海

蔚

07707
蔚堂印譜不分卷　九册
（日本）村田蔚堂篆並輯
日本大正間鈐印本
松丸東魚

嘏

07708
嘏庵印譜　一册
〔佚名〕篆並輯
鈐印本
紹興

蔣

07709
蔣山堂印譜(吉羅居士印譜)不分卷　二册
〔清〕蔣仁篆　吳隱輯
清宣統三年(1911)鈐印本(潛泉印叢本)
上海　西泠　南京　重慶　廣東　松蔭軒　松丸東魚

07710
蔣山堂印譜(吉羅居士印譜)不分卷　二册
〔清〕蔣仁篆　吳隱輯
民國元年(1912)鈐印本(潛泉印叢本)
重慶　松蔭軒

07711

蔣奚金三家印譜附印譜補訂　一冊
〔清〕蔣仁　奚岡　金農等篆　丁夢白輯
鈐印本
浙江

07712

蔣黃楊趙四家影搨印譜附諸名家印譜　一冊
〔清〕黃禹銘摹本
鈐印本
港大

07713

蔣鳳白用印集存不分卷　二冊
蔣鳳白篆並輯
鈐印本
松蔭軒

07714

蔣鳳白印存　一冊
蔣鳳白篆並輯
鈐印本
松蔭軒

07715

蔣維嵩印存　一冊
蔣維嵩篆並輯
鈐印本
私人藏

07716

蔣毅印存不分卷　四冊
蔣毅篆並輯
鈐印本
松蔭軒

07717

蔣毅印選不分卷　二冊
蔣毅篆並輯
鈐印本
松蔭軒

07718

蔣霞倩紅樓華景印譜（紅廎花影印譜、石華館印集）不分卷　四冊
〔清〕蔣武祖篆並輯
清光緒二十六年（1900）鈐印本
上海　中國美院　南京　浙江　松蔭軒

07719

蔣霞倩紅樓華景印譜（紅廎花影印譜、石華館印集）不分卷　五冊
〔清〕蔣武祖篆並輯
清光緒二十六年（1900）鈐印本
漢南

蕗

07720

蕗夢菴印存　一冊
〔清〕趙之琛等篆　〔清〕張凱輯
鈐印本
松蔭軒

模

07721

模印譜　一冊
〔佚名〕篆並輯
鈐印本
松蔭軒

07722

模刻古今印選不分卷　三冊
（日本）島本鳳泉篆並輯
日本文化六年（1809）鈐印本
漢南

07723

模刻飛鴻堂印譜　二冊
（日本）加藤不及篆並輯
日本文正六年（1823）鈐印本

十四畫　597

漠南

07724
模刻飛鴻堂印譜　二册
（日本）加藤不及篆並輯
日本明治十五年(1882)鈐印本
漠南

07725
模寫飛鴻堂印譜　四册
（日本）桐陰居士篆並輯
日本文久元年(1861)描摹本
漠南

榴

07726
榴雲石室印存　一册
〔清〕李升瑶輯
清宣統元年(1909)鈐印本
三峽博　松蔭軒

07727
榴蔭山房印譜　一册
葉鴻翰篆並輯
清光緒三十四年(1908)鈐印本
福建

07728
榴蔭山房印譜(榴蔭山房杜詩印)不分卷　二册
〔清〕葉鴻翰篆並輯
清光緒三十四年(1908)鈐印本
國圖　上海　中國美院　平陽　西泠　浙江博　溫州　楚州　福建　諸暨　松蔭軒　日本國會　東京大　國會山莊

07729
榴蔭山房印譜　一册
葉鴻翰篆並輯
民國二十三年(1934)影印本
溫州

榕

07730
榕城將軍章不分卷　二册
吳子建篆　平湖璽印篆刻博物館輯
己亥年(2019)鈐印本
以風樓

07731
榕城將軍章小譜　一册
吳子建篆　平湖璽印篆刻博物館輯
己亥年(2019)鈐印本
鹿鳴簃　澂廬

歌

07732
歌商頌室印存　一册
徐壽輯
鈐印本
松蔭軒

07733
歌商頌室集印　一册
徐壽輯
丙辰年(1976)鈐印本
松蔭軒

07734
歌商頌室藏印　一册
徐壽輯
辛丑年(1961)鈐印本
松蔭軒

碩

07735
碩果印存　一册
（日本）河西笛洲篆並輯

鈐印本

協會

07736

碩果印存　一冊

徐星州　錢瘦鐵等篆（日本）河西笛洲篆並輯

鈐印本

協會

07737

碩果印譜不分卷　二冊

（日本）河西笛洲篆並輯

鈐印本

協會

07738

碩果室藏印（笛洲自用印集）　一冊

（日本）河西笛洲篆並輯

鈐印本

協會

07739

碩鼠洞印存不分卷　二冊

（日本）稻田葭洲篆（日本）稻田印室輯

鈐印本

協會

爾

07740

爾雅印可　一冊

鄧爾雅篆並輯

鈐印本

兩然齋

07741

爾雅印存　一冊

鄧爾雅篆〔佚名〕輯

民國二十七年（1938）鈐印本

兩然齋

臧

07742

臧輝廬主印存不分卷　三冊

趙鶴琴篆並輯

鈐印本

私人藏

睿

07743

睿識閣古銅印譜　一冊

秦唐祥輯

民國三十七年（1948）鈐印本

松蔭軒

07744

睿識閣集古印存　一冊

秦唐祥輯

民國三十七年（1948）鈐印本

松蔭軒

對

07745

對山印稿　一冊

〔清〕楊爕篆〔清〕楊森輯

清道光六年（1826）鈐印本

上博

07746

對山印稿　四冊

〔清〕楊爕篆〔清〕楊森輯

清道光六年（1826）鈐印本

國圖　紹興　湖南　福建　中國美院　松蔭軒

07747

對山印稿　六冊

〔清〕楊爕篆〔清〕楊森輯

清道光六年(1826)鈐印本
浙江 安徽 河南大

07748
對山印稿　三册
〔清〕楊燮篆〔清〕楊森輯
清道光七年(1827)鈐印本
湖南

07749
對山印稿　四册
〔清〕楊燮篆〔清〕楊森輯
清道光九年(1829)墨稿本
松蔭軒

07750
對山印稿不分卷　八册
〔清〕楊燮篆〔清〕楊森輯
清道光九年(1829)鈐印本
國圖 上海 上博 孔子博 北碚 四川 吉林 吉林市 安徽 長春 南京 南開 重慶 保定 陝師大 華東師大 浙江 湖南 松蔭軒 岩瀨文庫 漢南 奎章閣 哈佛燕京 普林斯頓 萊比錫

07751
對山印譜　一册
(日本)日根對山篆並輯
日本大正五年(1916)鈐印本
東京藝大 協會 岩瀨文庫

07752
對山印譜　一册
(日本)日根對山篆並輯
日本大正八年(1919)鈐印本
日本國會 岩瀨文庫

07753
對山印譜補　一册
(日本)日根對山篆並輯
日本大正十二年(1923)鈐印本
岩瀨文庫

07754
對山吟稿　一册
〔清〕楊燮篆〔清〕楊森輯
清道光六年(1826)鈐印本
浙江

07755
對山吟稿不分卷　三册
〔清〕楊燮篆〔清〕楊森輯
清道光六年(1826)鈐印本
浙江

07756
對山草堂印譜　一册
徐照篆並輯
清康熙五十九年(1720)鈐印本
上博

07757
對山堂印譜　一册
(日本)前田對山篆並輯
日本明治十九年(1886)鈐印本
漢南

07758
對山堂印譜　二册
(日本)前田對山篆並輯
日本明治十九年(1886)鈐印本
松丸東魚 岩瀨文庫

07759
對山樓印譜不分卷　二册
(日本)日根對山篆(日本)野口小蘋輯
日本大正元年(1912)鈐印本
松蔭軒 東京文化財 協會 實踐女大

07760
對山遺印　一册
(日本)日根對山篆並輯
鈐印本
松蔭軒

07761

對竹軒印存不分卷　四冊

　　曾鈞篆並輯

　　民國八年(1919)鈐印本

　　　上海　松蔭軒

07762

對螺山館印存　一冊

　　章嶔篆並輯

　　民國二十四年(1935)鈐印本

　　　國圖　上海　北大　武大　南大　浙江　遼大

07763

對嶽山房印譜(對嶽山房印蛻)　一冊

　　(日本)石井雙石篆並輯

　　日本昭和二十九年(1954)鈐印本

　　　松蔭軒

07764

對嶽山房金石不分卷　二冊

　　(日本)石井雙石篆並輯

　　日本大正十二年(1923)鈐印本

　　　漠南

07765

對嶽山樵近業不分卷　二冊

　　(日本)石井雙石篆並輯

　　日本大正十二年(1923)鈐印本

　　　協會

07766

對鷗莊印賞　二冊

　　(日本)三條梨堂等篆　(日本)中井兼之輯

　　日本明治十一年(1878)鈐印本

　　　臺大　日本國會　東京博　岩瀨文庫　漠南　慶應大

聞

07767

聞琴閣集印不分卷　二冊

　　鈕承慶篆並輯

　　鈐印本

　　　港大

閩

07768

閩中賴氏印譜　三冊

　　〔清〕賴熙朝篆並輯

　　鈐印本

　　　松蔭軒

蜨

07769

蜨缶廬印譜　一冊

　　(日本)長曾我部木人篆並輯

　　日本昭和間鈐印本

　　　漠南

07770

蜨燕齋甲戌六月七月所治印存　一冊

　　壽璽篆並輯

　　民國二十三年(1934)鈐印本

　　　鑒堂

07771

蜨燕齋印存　一冊

　　壽璽篆並輯

　　民國二十四年(1935)鈐印本

　　　中國美院　松蔭軒　國會山莊

07772

蜨燕齋印譜不分卷　二冊

　　壽璽篆並輯

　　民國三十一年、三十二年(1942、1943)鈐印本

　　　上海　松蔭軒

07773

蜨燕齋自製印逐年存稿不分卷　十三冊

壽璽篆 巢章甫 潘叔威 金禹民等輯
民國二十五年(1936)鈐印本(不全本)
協會

07774
蜨盦齋自製印逐年存稿不分卷　二十册
壽璽篆 巢章甫 潘叔威 金禹民等輯
民國二十五年(1936)鈐印本
國圖　遼寧　天津　北大　私人藏　松蔭軒

07775
蜨盦齋自製印逐年存稿不分卷　四册
壽璽篆並輯
民國三十一年(1942)鈐印本
鴻爪留痕館

07776
蜨盦齋藏印　一册
壽璽篆並輯
民國二十五年(1936)鈐印本
松蔭軒

蝸

07777
蝸角齋印譜　一册
〔清〕馬鶴齡篆並輯
清光緒三十年(1904)鈐印本
松蔭軒

07778
蝸角齋印譜　一册
〔清〕馬鶴齡篆並輯
清宣統二年(1910)鈐印本
陝師大

07779
蝸寄館印譜　一册
劉崇熙篆並輯
鈐印本
揚州大

07780
蝸篆居摹印　一册
〔佚名〕篆並輯
民國間影印本
安徽

07781
蝸廬印存　一册
〔清〕張延奐篆並輯
清光緒三十一年(1905)鈐印本
鴻爪留痕館

07782
蝸廬印存不分卷　二册
〔清〕張延奐篆並輯
清光緒三十一年(1905)鈐印本
私人藏

07783
蝸廬印存不分卷　四册
〔清〕張延奐篆並輯
清光緒三十一年(1905)鈐印本
浙江　西泠　松蔭軒

07784
蝸廬印存不分卷　四册
張延奐篆並輯
民國五年(1916)鈐印本
浙江

07785
蝸廬印譜不分卷　二册
(日本)中村蘇香篆並輯
日本明治十六年(1883)鈐印本
松丸東魚

雌

07786
雌彝山房印存不分卷　三册
〔清〕李明超篆並輯

清光緒十四年(1888)鈐印本(稿本)

松蔭軒

嘘

07787

嘘雲閣印存　一册

徐觀篆並輯

民國間鈐印本

松蔭軒

㮈

07788

㮈陀集印不分卷　三册

姚明章篆並輯

鈐印本

漠南

鳴

07789

鳴玉山房印存不分卷　二十册

〔明〕文彭　何震等篆〔清〕王同烈輯

清光緒二十五年(1899)鈐印本

浙江

07790

鳴玉山房印存不分卷　三册

〔明〕文彭　何震等篆〔清〕王同烈輯

清光緒三十四年(1908)鈐印本

北大

07791

鳴玉山房印存不分卷　四册

〔明〕文彭　何震等篆〔清〕王同烈輯

清光緒三十四年(1908)鈐印本

上博　西泠　紹興　松蔭軒

07792

鳴玉山房印存不分卷　八册

〔明〕文彭　何震等篆〔清〕王同烈輯

清光緒三十四年(1908)鈐印本

北大

07793

鳴玉山房印存不分卷　十册

〔明〕文彭　何震等篆〔清〕王同烈輯

清光緒三十四年(1908)鈐印本

上博

07794

鳴玉山房印存不分卷　三十六册

〔明〕文彭　何震等篆〔清〕王同烈輯

清光緒三十四年(1908)鈐印本

浙江

07795

鳴秋館集印　一册

〔清〕樊恩照篆並輯

鈐印本

上博

07796

鳴海平氏印譜不分卷　二册

（日本）池永道雲　高芙蓉等篆（日本）尾張鳴海輯

日本明治十四年(1881)鈐印本

岩瀨文庫

07797

鳴琴堂印藪　一册

（日本）鍋島直與輯

日本天保間鈐印本

佐賀

07798

鳴藝樓集印　一册

〔清〕丁敬　鄧石如等篆（日本）長尾大仁輯

日本平成四年(1992)鈐印本

協會

07799
鳴藝樓集印不分卷　七冊
　高時敷輯
　民國二十七年(1938)鈐印本
　上博

07800
鳴鶴先生印譜　一冊
　(日本)日下部鳴鶴篆 (日本)書道教育會輯
　日本昭和四十年(1965)鈐印本
　漠南

07801
鳴鶴堂印譜　一冊
　〔佚名〕篆並輯
　鈐印本
　松蔭軒

嗷

07802
嗷飯齋印藁(嗷飯齋印稿)　二冊
　〔清〕徐保篆並輯
　清乾隆三十六年(1771)鈐印本
　西泠

圖

07803
圖書府　一冊
　〔清〕李茀青篆並輯
　清光緒二十六年(1900)鈐印本
　蒲阪文庫

07804
圖書府不分卷　四冊
　〔清〕林樹棠篆並輯
　清道光元年(1821)影印本
　泰州

07805
圖書府　十冊
　〔明〕釋自彥篆並輯
　明萬曆四十年(1612)鈐印本
　"中研院"史語所

07806
圖書府印譜　六冊
　〔明〕釋户彥篆並輯
　明萬曆四十一年(1613)鈐印本
　西泠　岩瀨文庫

07807
圖書府印譜(圖書府)　六冊
　〔明〕釋自彥篆並輯
　明萬曆四十年(1612)鈐印本
　國圖　西泠　重慶　臺圖

07808
圖書集成　一冊
　秀峰輯
　鈐印本
　兩然齋

07809
圖書癖　一冊
　(日本)河村茗谿篆並輯
　日本寶曆十二年(1762)鈐印本
　漠南

07810
圖書癖不分卷　二冊
　(日本)河村茗谿篆並輯
　日本寶曆十二年(1762)影印本
　西泠

07811
圖章不分卷　三冊
　〔清〕葉金貴輯
　鈐印本
　蘇州大

07812
圖章印珍　一冊
　〔佚名〕篆並輯
　鈐印本
　安徽

07813
圖章集印　一冊
　〔佚名〕篆並輯
　鈐印本
　松蔭軒

舞

07814
舞雲軒印鉢集萃　一冊
　〔佚名〕篆並輯
　鈐印本
　松蔭軒

鄄

07815
鄄齋印稿　一冊
　易孺篆並輯
　民國八年（1919）鈐印本
　廣東

種

07816
種玉山莊鐵筆　一冊
　〔清〕高崇齡篆並輯
　鈐印本
　上海

07817
種玉堂陰騭文印譜　一冊
　〔清〕藍本曉篆並輯

　清道光元年（1821）鈐印本
　重慶

07818
種松書屋集古印不分卷　五冊
　〔佚名〕篆並輯
　鈐印本
　遼寧

07819
種榆僊館印存不分卷　二冊
　〔佚名〕篆並輯
　鈐印本（僞刻本）
　松蔭軒

07820
種榆僊館印存不分卷　二冊
　〔清〕陳鴻壽篆　慶寬輯
　民國二年（1913）鈐印本
　松蔭軒

07821
種榆僊館印選　一冊
　〔清〕陳鴻壽篆　雙鳳條館主輯
　清光緒三十一年（1905）鈐印本
　港大

07822
種榆僊館印譜不分卷　四冊
　〔清〕陳鴻壽篆〔清〕郭宗泰輯
　清道光元年（1821）原鈐印本
　國圖　上海　上博　私人藏　山西　天一閣　中科院
　中遺院　北大　四川　吉林　西泠　南大　南京　哈
　爾濱　浙江　遼寧　百樂齋　松蔭軒

07823
種榆僊館印譜不分卷　四冊
　〔清〕陳鴻壽篆〔清〕郭宗泰輯
　清道光元年（1821）鈐印本（犀泉題本）
　上海　松蔭軒　東京博

07824
種榆僊館印譜不分卷　八冊

〔清〕陳鴻壽篆〔清〕郭宗泰輯

清道光元年(1821)鈐印本

國圖 湖南 中國美院 四川 西泠

07825

種榆僊館印譜不分卷　八册

〔清〕陳鴻壽篆〔清〕郭宗泰輯

清道光二年(1822)鈐印本

港大 西泠 百樂齋 松蔭軒 國會山莊

07826

種榆僊館印譜(陳曼生印譜)不分卷　四册

〔清〕陳鴻壽篆 吳隱輯

清光緒三十四年(1908)鋅版印本

天津 天津博 西泠 安徽 南京 秦氏支祠(天一閣) 常州 鴻爪留痕館 鐵硯齋 松蔭軒 協會

07827

種榆僊館印譜(陳曼生印譜)不分卷　四册

〔清〕陳鴻壽篆 吳隱輯

清宣統二年(1910)鋅版印本(潛泉印叢本)

港大 蘇州 西泠 松丸東魚 松蔭軒

07828

種榆僊館印譜(陳曼生印譜)不分卷　六册

〔清〕陳鴻壽篆 吳隱輯

清宣統二年(1910)西泠印社鋅版印本

國圖 上海

07829

種榆僊館印譜　一册

〔清〕陳鴻壽篆 西泠印社輯

鋅版印本

湖南 蘇州 秋水齋

07830

種榆僊館摹印不分卷　五册

〔清〕陳鴻壽篆 雙鳳條館主輯

清道光元年(1821)鈐印本

浙江

07831

種德堂集印　一册

〔清〕黃易輯

清乾隆五十二年(1787)鈐印本

漠南

毓

07832

毓慶宫藏漢銅印不分卷　二册

馬衡輯

民國十六年(1927)鈐印本(松蔭軒存下册)

西泠 鴻爪留痕館 松蔭軒 太田孝太郎

07833

毓慶宫藏漢銅印譜不分卷　二册

故宫博物院輯

民國十六年(1927)鈐印本

大連 上博 西泠 鴻爪留痕館 松蔭軒 漠南

僊

07834

僊游閣印譜　一册

(日本)滕玄益篆並輯

日本延享四年(1747)鈐印本

西泠

07835

僊嘯老人快哉心事不分卷　四册

(日本)三雲孝篆 (日本)上田元沖輯

日本弘化元年(1844)鈐印本

松丸東魚

銅

07836

銅玉磁石古印集　一册

羅振常輯

民國三年(1914)鈐印本

松蔭軒

07837
銅印彙存不分卷　二册
　［佚名］篆並輯
　鈐印本
　松蔭軒

07838
銅印彙編不分卷　二册
　［佚名］篆並輯
　鈐印本
　松蔭軒

07839
銅印雜拓　一册
　吳通輯
　鈐印本
　松蔭軒

07840
銅印譜不分卷　六册
　［佚名］篆並輯
　鈐印本
　港大

銅

07841
銅章印譜　一册
　［佚名］篆並輯
　鈐印本
　紹興

07842
銅鼓山房印存不分卷　四册
　［佚名］篆並輯
　鈐印本
　國圖

07843
銅鼓書室藏印　一册
　［佚名］篆並輯
　鈐印本
　南京

07844
銅鼓書堂藏印　一册
　〔清〕查淳輯
　清嘉慶四年（1799）鈐印本
　國圖　清華　上海　湖南

07845
銅鼓書堂藏印不分卷　二册
　〔清〕查淳輯
　清嘉慶四年（1799）鈐印本
　南大

07846
銅鼓書堂藏印不分卷　四册
　〔清〕查淳輯
　清嘉慶四年（1799）鈐印本
　國圖　上博　天津　中遺院　北師大　四川　西泠　百樂齋　南大　南京　重慶　清華　湖北　漠南　遼寧　寶甓齋　松蔭軒　松丸東魚　東京博　哈佛燕京

07847
銅鼓書堂藏印不分卷　八册
　〔清〕查淳輯
　清嘉慶四年（1799）鈐印本
　漠南

銘

07848
銘泉閣印譜　一册
　［佚名］篆並輯
　鈐印本
　私人藏

07849
銘雀硯齋印存　一册
　〔清〕黃笠葊篆並輯
　清光緒二十二年（1896）鈐印本

內蒙古　港大

07850

銘雀硯齋印存　二冊
〔清〕黃笠薌篆並輯
清光緒二十二年(1896)鈐印本
湖南　廣東　哈爾濱　港大

07851

銘雀硯齋印存　四冊
〔清〕黃霖澤篆並輯
清光緒二十一年(1895)鈐印本
廣州

07852

銘雀硯齋印存　五冊
〔清〕黃霖澤篆並輯
清光緒二十一年(1895)鈐印本
英屬哥倫比亞

07853

銘鼎室所藏　一冊
〔清〕林承弼篆並輯
鈐印本
松蔭軒

銀

07854

銀黃小史　一冊
〔明〕姜思經篆並輯
明崇禎六年(1633)鈐印本
上博

遯

07855

遯社印存(遯社集古、遁社集古印)不分卷　六冊
遯社社員藏　馬光楣輯
民國七年(1918)粘貼本(稿本)

松蔭軒

07856

遯社印存(遯社集古、遁社集古印)不分卷　二冊
遯社社員藏　馬光楣輯
民國七年(1918)刊行本
上海　中國美院　私人藏　松蔭軒　國會山莊

07857

遯社集古印(遯社印存)不分卷　二冊
遯社社員藏　馬光楣輯
民國七年(1918)刊行本
東北師大　蘇州　蘭樓　松蔭軒　蒲阪文庫

07858

遯叟印賞　一冊
鄭耀祖描摹
民國十七年(1928)描摹本
松蔭軒

07859

遯庵印剩　一冊
陳湘濤篆並輯
鈐印本
溫州

07860

遯庵秦漢古銅印譜不分卷　十冊
吳隱輯
清光緒三十四年(1908)西泠印社鈐印本(鑒藏本)
港中大

07861

遯庵秦漢古銅印譜不分卷　十六冊
吳隱輯
清光緒三十四年(1908)西泠印社鈐印本(鑒藏本)
南通

07862

遯庵秦漢古銅印譜不分卷　二十四冊
吳隱輯

清光緒三十四年（1908）西泠印社鈐印本（鑒藏本）
港大

07863
遯庵藏印　一冊
吳隱藏印　衛東晨輯
民國三十八年（1949）鈐印本
瓦翁

07864
遯盦古陶存（三代古陶存）　二冊
吳隱輯
民國二年（1913）鈐印本
協會

07865
遯盦古陶存（三代古陶存）　四冊
吳隱輯
民國二年（1913）鈐印本
協會

07866
遯盦印存　一冊
〔明〕文彭〔清〕程邃 丁雲公等篆　吳隱輯
清光緒二十一年（1895）鈐印本
浙江　私人藏　瓦翁　東京博　協會　漢南

07867
遯盦印存不分卷　六冊
〔明〕文彭〔清〕程邃 丁云公等篆　吳隱輯
清光緒二十一年（1895）鈐印本
蘇州大　百樂齋　松蔭軒

07868
遯盦印存不分卷　四冊
〔清〕楊澥 屠倬 王素等篆　吳隱輯
清光緒二十一年（1895）鈐印本
松蔭軒　漢南

07869
遯盦秦漢古銅印譜不分卷　八冊
吳隱輯

清光緒三十四年（1908）西泠印社鈐印本（鑒藏本）
國圖　上海　上博　天津　中遺院　內蒙古　北師大　東北師大　浙江　清華　貴州　港中大　廣東　綿竹　遼大　遼寧　鴻爪留痕館　松蔭軒　太田孝太郎　松丸東魚　東京博　協會　漢南

07870
遯盦秦漢古銅印譜不分卷　二冊
吳隱輯
清宣統元年（1909）西泠印社鈐印本（西泠印社藏印）
廣東

07871
遯盦秦漢古銅印譜不分卷　三冊
吳隱輯
清宣統元年（1909）西泠印社鈐印本（西泠印社藏印）
文雅堂

07872
遯盦秦漢古銅印譜不分卷　六冊
吳隱輯
清宣統元年（1909）西泠印社鈐印本（西泠印社藏印）
天津　松蔭軒

07873
遯盦秦漢印選不分卷　六冊
吳隱輯
清宣統元年（1909）西泠印社鈐印本（輯本）
浙江博　臺大　文雅堂　百二扇面齋　松蔭軒　漢南

07874
遯盦秦漢印選不分卷　八冊
吳隱輯
民國三年（1914）西泠印社鈐印本（輯本）
大連　上博　四川　西泠　長春　哈爾濱　浙江　浙江博　港中大　溫州　遼大　魯迅美院　鴻爪留痕

館 松蔭軒 日本國會 東京大 京文研 國會山莊

07875

遯盦秦漢印選 十二冊

吳隱輯

民國三年(1914)西泠印社鈐印本(輯本)

浙江

07876

遯盦秦漢印選 二十四冊

吳隱輯

民國三年(1914)西泠印社鈐印本(輯本)

上海 天津 "中研院"史語所 北大 西泠 協會 南京 陝師大 徐州 港大 港中大 臺故博 遼寧 鴻爪留痕館 鐵硯齋 松蔭軒 太田孝太郎 松丸 東魚 東京博 漠南

07877

遯盦秦漢印選不分卷 四冊

吳隱輯

民國十二年(1923)鈐印本

浙江博 中國美院 西泠 南京 鎮江

07878

遯盦集古印存(遁盦集古印存五冊本)不分卷 五冊

〔明〕文嘉〔清〕萬壽祺 程邃等篆 吳隱輯

清光緒二十一年(1895)鈐印本

瓦翁

07879

遯盦集古印存(遁盦集古印存四冊本)不分卷 十六冊

〔明〕文嘉〔清〕萬壽祺 程邃等篆 吳隱輯

清光緒三十四年(1908)鈐印本

上博 天津博 北大 浙江博 遼寧 鎮江 松蔭軒 松丸 東魚 漠南

07880

遯盦集古印存 八冊

〔元〕趙子昂 吳昌碩等篆 吳隱輯

清光緒三十四年(1908)鈐印本

松蔭軒 東京博 港大 蘇州

07881

遯盦集古印存五集 十冊

〔元〕趙子昂 吳昌碩等篆 吳隱輯

民國六年(1917)鈐印本

中大

07882

遯盦集古印存初集(遁盦集古印存四冊本)不分卷 四冊

〔明〕文嘉〔清〕萬壽祺 程邃等篆 吳隱輯

清光緒二十一年(1895)鈐印本

上海 天津博 文雅堂 北師大 吳江 南京 哈爾濱 浙江 港大 湖南 臺大 鎮江 蘇州 松蔭軒

07883

遯盦遺跡 一冊

吳隱篆 葉爲銘輯

民國十二年(1923)鈐印本

漠南

07884

遯齋印存 一冊

吳隱篆並輯

清光緒二十五年(1899)鈐印本

松蔭軒

鳳

07885

鳳山樓印誌 八冊

宋澤元 宋岐篆 宋岐輯

民國五年(1916)鈐印本

國圖 上海 西泠 港大 兩然齋 松蔭軒 漠南

07886

鳳公印稿 一冊

李鳳公篆並輯

民國間鈐印本

廣州美院

07887
鳳汀印草　一册
　（日本）梨岡素岳篆並輯
　日本大正八年(1919)鈐印本
　西泠

07888
鳳皇邨印譜　一册
　〔清〕徐易篆並輯
　清康熙二十六年(1687)鈐印本
　西泠

07889
鳳峪殘石樓主人印存　一册
　張斌篆並輯
　民國十六年(1927)鈐印本
　上海

07890
鳳陽遺印譜不分卷　二册
　（日本）神山鳳陽篆（日本）神山甲次郎輯
　日本明治二十七年(1894)鈐印本
　西泠　松蔭軒　日本國會　漠南

07891
鳳巢印存　一册
　戴瑞篆並輯
　民國二十四年(1935)鈐印本
　安徽

疑

07892
疑然室印存　一册
　易元九篆並輯
　鈐印本
　湖南

語

07893
語石印譜　一册
　劉炳照輯
　民國三十三年(1944)鈐印本
　上海

07894
語石軒集印不分卷　二册
　〔清〕李文沐篆並輯
　清嘉慶十八年(1813)鈐印本
　國圖

07895
語石軒集印不分卷　八册
　〔清〕李文沐篆〔清〕封保祺摹刻並輯
　清嘉慶十八年(1813)鈐印本
　國圖

07896
語石軒集印　一册
　〔清〕李文沐篆並輯
　清嘉慶二十二年(1817)鈐印本
　南京　浙江　上博　文雅堂　芷蘭齋　松蔭軒

07897
語石簃印痕　一册
　索又靖篆並輯
　民國三十三年(1944)鈐印本
　松蔭軒

説

07898
説劍盦印存(説劍盦印肆)不分卷　四册
　〔清〕葉熙鋸篆並輯
　清光緒十八年(1892)鈐印本
　吳江　天一閣　別宥齋(天一閣)　松蔭軒

07899

說廬印存　一册

　　[佚名]篆並輯

　　鈐印本

　　松蔭軒

誦

07900

誦清芬室印譜　一册

　　易孺篆　屈向邦輯

　　民國二十六年(1937)鈐印本

　　上海　上博　私人藏　松蔭軒　漠南

07901

誦清芬室印譜不分卷　二册

　　易孺篆　屈向邦輯

　　民國二十六年(1937)鈐印本

　　廣東　南京　紅棉山房

07902

誦清芬室印譜不分卷　三册

　　易孺篆　屈向邦輯

　　民國二十六年(1937)鈐印本

　　上海　港大　松蔭軒　漠南

07903

誦清芬室藏印　一册

　　易孺篆　屈向邦輯

　　民國十七年(1928)鈐印本

　　廣東

廣

07904

廣東佚名氏印譜不分卷　四册

　　[佚名]篆並輯

　　鈐印本

　　港大

07905

廣堪齋印譜　二册

　　〔清〕畢瀧輯

　　清道光十九年(1839)鈐印本

　　西泠　京文研　漠南

07906

廣業印譜　二册

　　(日本)中村蘭台　益田香遠等篆　(日本)支崎廣載輯

　　日本明治十三年(1880)鈐印本

　　松蔭軒

瘦

07907

瘦山石館印稿　一册

　　〔清〕殷用霖篆並輯

　　鈐印本

　　常熟

07908

瘦石山館印稿不分卷　二册

　　〔清〕伯棠篆　〔清〕陳星涵輯

　　清同治七年(1868)鈐印本

　　山西

07909

瘦石印譜　一册

　　[佚名]篆並輯

　　鈐印本

　　湖南

07910

瘦竹印譜　一册

　　[佚名]篆並輯

　　鈐印本

　　嘉興

07911

瘦梅篆刻不分卷　二册

張瘦梅篆並輯
鈐印本
　鴻爪留痕館

07912

瘦鐵印存　一册
　錢瘦鐵篆　商務印書館輯
　民國十三年(1924)影印本
　上海　南京　哈爾濱　港大　瓦翁　松蔭軒　鴻爪留痕館

07913

瘦鐵印存不分卷　二册
　錢瘦鐵篆　上海西泠印社輯
　民國十三年(1924)影印本
　浙江

07914

瘦鐵印存不分卷　四册
　錢瘦鐵篆　上海西泠印社輯
　民國二十四年(1935)影印本
　松丸東魚　東京博　協會

07915

瘦鐵印存不分卷　二册
　錢瘦鐵篆並輯
　甲辰年(1964)鈐印本
　君匋藝院

07916

瘦鐵印存不分卷　二册
　錢瘦鐵篆並輯
　鈐印本
　瓦翁　松蔭軒

07917

瘦鐵印集不分卷　二册
　錢瘦鐵篆並輯
　甲辰年(1964)鈐印本
　君匋藝院

塵

07918

塵華净根精舍印集不分卷　六册
　〔清〕吳雲輯
　鈐印本
　上海

廖

07919

廖寶强篆刻集　一册
　廖寶强篆並輯
　癸卯年(1963)鈐印本
　松蔭軒

韶

07920

韶石自用印集不分卷　三册
　張祥凝　馮康侯等篆　林章松輯
　庚子年(2020)鈐印本
　復旦　港科大　松蔭軒　秋水齋

端

07921

端木蕻良印譜　一册
　錢君匋　林健　曹辛之　陳壽榮等篆　王翔輯
　己亥年(2019)鈐印本
　免胄堂

07922

端州何昆玉印譜(端州何昆玉印藁)　一册
　何昆玉篆並輯
　清同治五年(1866)鈐印本
　廣東

07923

端州何昆玉印譜(端州何昆玉印藁)不分卷　二册
何昆玉篆並輯
清同治五年(1866)鈐印本
廣東

07924

端州何昆玉印譜(端州何昆玉印藁)不分卷　四册
〔清〕何昆玉篆並輯
清光緒十四年(1888)鈐印本
港大

適

07925

**適園印印(適園印存、吳聖俞先生印譜)不分卷
四册**
〔清〕吳咨篆〔清〕陳式金輯
清道光三十年(1850)鈐印本
中遺院

07926

適園印印(適園印存、吳聖俞先生印譜)　一册
〔清〕吳咨篆〔清〕陳式金輯
清宣統三年(1911)影印本
上海　天一閣　中國美院　吉林　西泠　浙江　常
州　煙臺　嘉興　遼寧　瀋陽　松蔭軒　國會山莊
漢南

07927

適園印存不分卷　二册
李文翔篆並輯
民國二十三年(1934)鈐印本
吉大　高知大

07928

適園印存　一册
〔清〕吳咨篆並輯
清道光十八年(1838)原鈐印本
上海　遼寧　嘉興

07929

適園印存不分卷附印印一册　三册
〔清〕吳咨篆〔清〕汪洵重輯
清道光十八年(1838)鈐印本
西泠

07930

適園印存不分卷　二册
〔清〕吳咨篆〔清〕陳以和輯
清道光三十年(1850)鈐印本
遼寧　鴻爪留痕館

07931

適園印存不分卷　二册
〔清〕吳咨篆〔清〕汪洵重輯
清宣統三年(1911)影印本
遼寧　甘肅　吉林　西泠　私人藏　蒲阪文庫

07932

適園印存不分卷　四册
〔清〕吳咨篆〔清〕王國均輯
清宣統三年(1911)鈐印本
南京　西泠　鴻爪留痕館

07933

適園印存不分卷　八册
〔清〕吳咨篆〔清〕汪洵重輯
清宣統三年(1911)影印剪貼本
松蔭軒

07934

適盦印粹　一册
〔清〕陳適盦輯
清光緒二十九年(1903)鈐印本
松蔭軒

07935

適盦印粹不分卷　八册
〔清〕陳適盦輯
清光緒二十九年(1903)鈐印本
蘇州　北大　首都　太田孝太郎　東京博　漢南

07936

適盦印粹不分卷　十二册
〔清〕陳適盦輯
清光緒二十九年(1903)鈐印本
上博　松丸東魚

齊

07937

齊白石三百石印不分卷　十册
齊白石篆　天津楊柳青畫社輯
戊辰年(1988)鋅版印本
松蔭軒

07938

齊白石手批師生印集第一集不分卷　四册
徐自强　張聰貴輯
庚辰年(2000)影印本
湖南　華東師大　松蔭軒　協會

07939

齊白石手批師生印集第二集不分卷　四册
齊白石篆　天津楊柳青畫社輯
戊辰年(1988)鋅版印本
湖南　華東師大　松蔭軒　協會

07940

齊白石手批師生印集第三集不分卷　四册
齊白石篆　天津楊柳青畫社輯
戊辰年(1988)鋅版印本
湖南　華東師大　松蔭軒　協會

07941

齊白石手批師生印集第五集不分卷　四册
齊白石篆　天津楊柳青畫社輯
戊辰年(1988)鋅版印本
湖南　華東師大　松蔭軒　協會

07942

齊白石手批師生印集第四集不分卷　四册
齊白石篆　天津楊柳青畫社輯

戊辰年(1988)鋅版印本
湖南　華東師大　松蔭軒　協會

07943

齊白石印存不分卷　二册
齊璜篆並輯
壬寅年(1962)鈐印本
鴻爪留痕館　松蔭軒　漢南

07944

齊白石印存　一册
齊璜篆並輯
鈐印本
君匋藝院　浙江

07945

齊白石印集不分卷　二册
齊璜篆並輯
民國三十八年(1949)鈐印本
君匋藝院

07946

齊白石印集不分卷　二册
齊璜篆並輯
庚午年(1990)鈐印本
北大　私人藏　松蔭軒　協會

07947

齊白石印集不分卷　二册
齊璜篆並輯
鈐印本
松蔭軒

07948

齊白石印集第一集不分卷　二册
齊璜篆　楊廣泰輯
戊辰年(1988)鈐印本
松蔭軒

07949

齊白石印集第二集不分卷　二册
齊璜篆　楊廣泰輯
戊辰年(1988)鈐印本

松蔭軒

07950

齊白石印集第十集不分卷　二册
　　齊璜篆　楊廣泰輯
　　戊辰年(1988)鈐印本
　　松蔭軒

07951

齊白石印集第七集不分卷　二册
　　齊璜篆　楊廣泰輯
　　戊辰年(1988)鈐印本
　　松蔭軒

07952

齊白石印集第八集不分卷　二册
　　齊璜篆　楊廣泰輯
　　戊辰年(1988)鈐印本
　　松蔭軒

07953

齊白石印集第九集不分卷　二册
　　齊璜篆　楊廣泰輯
　　戊辰年(1988)鈐印本
　　松蔭軒

07954

齊白石印集第三集不分卷　二册
　　齊璜篆　楊廣泰輯
　　戊辰年(1988)鈐印本
　　松蔭軒

07955

齊白石印集第五集不分卷　二册
　　齊璜篆　楊廣泰輯
　　戊辰年(1988)鈐印本
　　松蔭軒

07956

齊白石印集第六集不分卷　二册
　　齊璜篆　楊廣泰輯
　　戊辰年(1988)鈐印本
　　松蔭軒

07957

齊白石印集第四集不分卷　二册
　　齊璜篆　楊廣泰輯
　　戊辰年(1988)鈐印本
　　松蔭軒

07958

齊白石印譜　一册
　　齊璜篆　朱屺瞻輯
　　民國三十五年(1946)鈐印本
　　上海

07959

齊白石印譜　一册
　　齊璜篆　朵雲軒輯
　　辛酉年(1981)鈐印本
　　私人藏

07960

齊白石印譜不分卷　二册
　　齊璜篆　朵雲軒輯
　　辛酉年(1981)鈐印本
　　上海　百二扇面齋

07961

齊白石印譜不分卷　二册
　　齊璜篆　北京文物商店輯
　　庚午年(1990)鈐印本
　　協會

07962

齊白石印譜不分卷　二册
　　齊璜篆　蕭憶源輯
　　己亥年(2019)鈐印本
　　興庵

07963

齊白石印譜　一册
　　齊璜篆並輯
　　鈐印本
　　協會

07964

齊白石先生印草　一册

齊璜篆並輯

鈐印本

松蔭軒

07965

齊白石作品集　一册

齊璜篆並輯

癸卯年(1963)膠印本

漠南

07966

齊白石作品集不分卷　三册

齊璜篆並輯

癸卯年(1963)膠印本

北大

07967

齊白石陳師曾等人印譜不分卷　三册

齊璜　陳師曾等篆並輯

鈐印本

松蔭軒

07968

齊白石爲日本人士治印集不分卷　二册

齊璜篆並輯

戊辰年(1988)木板水印本

松蔭軒

07969

齊白石爲當代名人治印　一册

齊璜篆　齊良遲輯

木板水印本

松蔭軒　協會

07970

齊白石詩文篆刻集　一册

齊璜篆輯

辛丑年(1961)鈐印本

漠南

07971

齊治源篆刻集　一册

齊治源篆　林章松重輯

壬寅年(2022)粘貼本(重輯本)

松蔭軒

07972

齊治源篆刻集　一册

齊治源篆並輯

鈐印本

松蔭軒

07973

齊陳吳三家印存　三册

齊璜　陳師曾等篆並輯

鈐印本

協會

07974

齊國文字博物館古璽印存稿不分卷　六册

王令波輯

戊戌年(2018)鈐印本

知還印館　鹿鳴簃

07975

齊國古陶文略　一册

[佚名]篆並輯

鈐印本

松蔭軒

07976

齊雲館印譜　一册

吳昌碩篆並輯

清光緒二年(1876)鈐印本

東京博

07977

齊智園印稿　一册

齊智園篆並輯

鈐印本

松蔭軒

07978

齊璜印集　一册

齊璜篆並輯

鈐印本

廣東

07979

齊魯古印不分卷　二册

〔清〕高鴻裁輯

清光緒九年(1883)鈐印本

遼寧

07980

齊魯古印　四册

〔清〕高鴻裁輯

清光緒九年(1883)鈐印本

國圖

07981

齊魯古印粹　二册

〔清〕高慶齡輯

清光緒七年(1881)鈐印本

國圖

07982

齊魯古印攈附續一卷　五册

〔清〕高慶齡輯

清光緒七年(1881)鈐印本

國圖　上博　天津　天津博　中大　"中研院"史語所　西泠　百樂齋　鴻爪留痕館

07983

齊魯古印攈　二册

〔清〕高慶齡輯

清光緒九年(1883)鈐印本

鴻爪留痕館

07984

齊魯古印攈　四册

〔清〕高慶齡輯

清光緒九年(1883)鈐印本

國圖　上海　上博　中國美院　中遺院　北大　北京文物局　四川　吉林　西泠　浙江　浙江博　嘉興　臺故博　太田孝太郎　松丸東魚　漢南

07985

齊魯古印攈選拓　二册

〔清〕高慶齡輯

清光緒九年(1883)鈐印本

國圖

07986

齊魯封泥　一册

方天沛輯

鈐印本

松蔭軒

07987

齊魯封泥印存(齊魯封泥集存)　一册

羅振玉輯

民國二年(1913)影印本

南京　東京博

07988

齊魯封泥考存　一册

〔清〕羅振玉輯

清光緒間鈐印本

北京文物局

07989

齊魯封泥集存　一册

羅振玉輯

民國二年(1913)影印本

國圖　遼寧　大連　東北師大　南京　松蔭軒

養

07990

養心求己之居丙寅印存　一册

[佚名]篆並輯

民國五年(1916)鈐印本

芷蘭齋

07991
養竹山房印稿　六册
〔清〕曹鼎元篆並輯
清同治六年(1867)鈐印本
鎮江　西泠　松蔭軒　岩瀨文庫　漢南

07992
養自然齋印存　二册
〔清〕陳雷篆　吳隱輯
清宣統二年(1910)西泠印社鑒藏本
上海　浙江　松蔭軒　兩然齋　秋水齋

07993
養志軒印存不分卷　三十一册
〔佚名〕篆並輯
民國十九年(1930)鈐印本
秦氏支祠(天一閣)

07994
養吾廬印集不分卷　五册
曹浩篆並輯
鈐印本
松蔭軒

07995
養拙齋印存不分卷　二册
〔清〕趙曾望篆並輯
清同治十三年(1874)鈐印本
雲南

07996
養拙齋印存不分卷　四册
〔清〕趙曾望篆並輯
清同治十三年(1874)鈐印本
四川　大連　西泠　松蔭軒　協會

07997
養性軒印留不分卷　六册
吳際凱篆並輯
鈐印本
松蔭軒

07998
養性齋印可　一册
〔佚名〕篆並輯
鈐印本
蒲阪文庫

07999
養晦印章　一册
〔佚名〕篆並輯
鈐印本
松蔭軒

08000
養晦軒摹古氏印存　一册
摹古氏篆並輯
民國十三年(1924)鈐印本
松蔭軒

08001
養晦齋印章　一册
吳果綱篆並輯
民國十二年(1923)鈐印本
松蔭軒

08002
養雲山莊藏印　一册
〔清〕劉芝田輯
清光緒二十七年(1901)鈐印本
中國美院　國會山莊

08003
養廉居印稿　一册
馮英篆並輯
民國二十四年(1935)鈐印本
上海

08004
養豬印譜　一册
吳樸　方去疾等篆並輯
庚子年(1960)鈐印本
西泠　秦氏支祠(天一閣)　松蔭軒

08005

養餘齋藏印不分卷　二冊
〔佚名〕篆並輯
鈐印本
松蔭軒

精

08006

精搨王仁達先生印譜　一冊
〔清〕王仁達篆並輯
鈐印本
河北

鄰

08007

鄰古閣印存　一冊
〔清〕戴景遷篆　戴譽輯
民國二十七年(1938)鈐印本(前半印刷)
上海　中國美院　西泠　紹興　哈爾濱　華東師大
松蔭軒　協會　國會山莊

08008

鄰華館印存　一冊
〔佚名〕篆並輯
粘貼本
浙江

08009

鄰蘇園漢印譜　一冊
〔佚名〕篆並輯
鈐印本
法國國圖

鄭

08010

鄭氏印考　一冊

（日本）山田虞州篆並輯
日本明治三年(1870)鈐印本
漠南

08011

鄭文焯印存　一冊
吳昌碩　王大炘等篆　鄭文焯輯
民國七年(1918)鈐印本
松蔭軒

08012

鄭弘佑印譜　一冊
〔明〕鄭基相篆並輯
明崇禎六年(1633)鈐印本
安徽

08013

鄭東府藏印選　一冊
鄭東璧輯
民國二十五年(1936)鈐印本
芷蘭齋

08014

鄭荊璞印譜　一冊
〔清〕鄭荊璞篆並輯
鈐印本
哈爾濱

08015

鄭樹伯藏印　一冊
鄭樹伯輯
鈐印本
港大

08016

鄭頻篆刻選　一冊
鄭頻篆　邀梅軒輯
辛卯年(2011)鈐印本
澂廬

08017

鄭盦所藏泥封不分卷　二冊
〔清〕潘祖蔭藏　羅振玉輯

清光緒二十九年(1903)影印本

天津 中國美院 玉海樓 吉大 東北師大 浙江 博 鎮江 鴻爪留痕館 國會山莊 蒲阪文庫

08018

鄭濤自鈐印譜　一册

鄭濤鈐輯

庚午年(1990)鈐印本

紅棉山房

榮

08019

榮寶印存　一册

榮寶齋輯

鈐印本

安徽

08020

榮寶齋印存　一册

王仁山篆並輯

鈐印本

上海 中大 南大 遼寧 松蔭軒

08021

榮寶齋印選　一册

榮寶齋輯

鈐印本

紹興 嘉興

08022

榮寶齋印譜　一册

榮寶齋輯

鈐印本

上海 遼寧

08023

榮寶齋印譜不分卷　十册

榮寶齋輯

鈐印本

南大

08024

榮寶齋藏三家印譜　一册

吳昌碩 陳師曾 齊白石等篆 榮寶齋輯

鈐印本

松蔭軒

08025

榮寶齋藏印　二册

榮寶齋輯

鈐印本

中國美院 國會山莊

08026

榮寶齋藏版印譜　一册

榮寶齋輯

鈐印本

漢南

漢

08027

漢十八侯印　一張

成鐵穎篆並輯

鈐印本

浙江

08028

漢三十二將繡像印譜　一册

陳苾篆〔清〕李濬之輯

民國二十三年(1934)鈐印本

松蔭軒

08029

漢土歷代帝王印譜　一册

〔佚名〕篆並輯

鈐印本

内閣文庫

08030

漢瓦研齋印稿　一册

〔清〕袁修益篆並輯

清道光二十六年(1846)鈐印本
松蔭軒

08031
漢瓦硯齋古印叢　一冊
　〔清〕任熹曉篆並輯
　清鈐印本
　國圖

08032
漢瓦集存　一冊
　[佚名]篆並輯
　鈐印本
　松蔭軒

08033
漢瓦當研齋印存不分卷　二冊
　〔清〕胡養元篆並輯
　鈐印本
　甘肅　松蔭軒

08034
漢玉合符齋印譜不分卷　二冊
　〔清〕諸匡鼎輯
　清光緒十六年(1890)鈐印本
　上博　松蔭軒

08035
漢玉鈎室印不分卷　四冊
　〔清〕吳趙穆篆並輯
　鈐印本
　上海

08036
漢玉鈎室印存不分卷　六冊
　吳昌碩　王大炘等篆　顧麟士輯
　清光緒二十六年(1900)鈐印本
　國圖

08037
漢玉鈎室印存不分卷　二冊
　吳昌碩等篆　顧麟士輯
　民國九年(1920)鈐印本

西泠

08038
漢玉鈎室印存不分卷　四冊
　吳昌碩等篆　顧麟士輯
　民國九年(1920)鈐印本
　北大

08039
漢玉鈎室印存不分卷　七冊
　〔清〕趙穆　王大炘等篆　顧麟士輯
　清光緒二十六年(1900)7715
　蘇州

08040
漢印　一冊
　[佚名]篆並輯
　鈐印本
　天津"中研院"史語所

08041
漢印不分卷　二冊
　[佚名]篆並輯
　鈐印本
　海鹽博　松蔭軒

08042
漢印二袋　二袋
　[佚名]篆並輯
　鈐印本
　浙江

08043
漢印九十方　一冊
　[佚名]篆並輯
　鈐印本
　百樂齋

08044
漢印本　一冊
　〔清〕[佚名]輯
　鈐印本(陳介祺題識)
　天津

08045
漢印印存不分卷　四册
　李宣聞輯
　鈐印本
　"中研院"史語所

08046
漢印存　一册
　[佚名]篆並輯
　鈐印本
　蘇州

08047
漢印存不分卷　四册
　[佚名]篆並輯
　鈐印本
　鴻爪留痕館

08048
漢印存　六册
　[佚名]篆並輯
　鈐印本
　蘇州

08049
漢印存殘稿　二册
　[佚名]篆並輯
　鈐印本
　國圖

08050
漢印珍存　一册
　蘇志賢輯
　民國二十年(1931)鈐印本
　見性簃

08051
漢印拾存　一册
　[佚名]篆並輯
　鈐印本
　大連

08052
漢印拾貝　一册
　[佚名]篆並輯
　鈐印本
　松蔭軒

08053
漢印拾遺　一册
　[佚名]篆並輯
　鈐印本
　君匋藝院

08054
漢印拾遺　五册
　[佚名]篆並輯
　鈐印本
　國圖

08055
漢印留真　一册
　[佚名]篆並輯
　鈐印本
　國圖

08056
漢印菁華　一册
　〔清〕何昆玉輯
　清同治十一年(1872)鈐印本
　紅棉山房

08057
漢印萃珍不分卷　六册
　[佚名]輯
　鈐印本
　松蔭軒

08058
漢印過眼本　一册
　〔清〕童大年輯
　清光緒二十七年(1901)鈐印本
　浙江

08059

漢印偶存　一册
　[佚名]輯
　鈐印本
　上博

08060

漢印偶存(姚氏印存)　一册
　〔清〕姚覲元輯
　清光緒元年(1875)鈐印本
　國圖　上博　天津　中大　四川　河北　重慶　浙江博　楚州　蘇州　鹽城　鴻爪留痕館　松蔭軒　"中研院"史語所　漠南

08061

漢印偶存不分卷　二册
　〔清〕姚覲元輯
　清光緒元年(1875)鈐印本
　"中研院"史語所　松丸東魚　法國國圖　漠南　慶應大

08062

漢印偶存(姚氏印存)不分卷　三册
　〔清〕姚覲元輯
　清光緒元年(1875)鈐印本
　大連　天津　天津博　"中研院"史語所　中國美院　西泠　南京　重慶　泰州　浙江　蘇州　松蔭軒　太田孝太郎　國會山莊

08063

漢印集存　一册
　[佚名]篆並輯
　全形拓本
　私人藏　鴻爪留痕館

08064

漢印集存不分卷　四册
　[佚名]篆並輯
　鈐印本
　天津　南京　大連

08065

漢印集錦　一册
　玉壺山房主人輯
　鈐印本
　遼寧

08066

漢印選存不分卷　六册
　[佚名]篆並輯
　鈐印本(缺册六)
　松蔭軒

08067

漢印臨存不分卷　四册
　劉家謨篆　劉樹聲輯
　民國二十四年(1935)影印本
　人大　上海　川大　北大　四川　西泠　東北師大　南大　南京　哈爾濱　華東師大　復旦　廣東　蘇州　松蔭軒

08068

漢印賸不分卷　二册
　〔清〕葉熙鋸輯
　清光緒十四年(1888)鈐印本
　吉大

08069

漢印譜　一册
　[佚名]篆並輯
　鈐印本
　上海　上博　山東　浙江博　溫州　大連

08070

漢印譜不分卷　二册
　挣學主人輯
　鈐印本
　臺故博

08071

漢印譜不分卷　四册
　挣學主人輯
　鈐印本

東海大

08072

漢私印存　一册

　劉博琴輯

　鈐印本(劉氏藏六十年代遭劫)

　鴻爪留痕館

08073

漢季章譜不分卷　二册

　(日本)都賀庭鐘篆並輯

　日本寬政三年(1791)鈐印本

　東京央圖　岩瀨文庫　漢南

08074

漢金石印譜不分卷　六册

　[佚名]篆並輯

　鈐印本

　吉林

08075

漢匋庵印集　一册

　[清]菊儕篆並輯

　鈐印本

　上海

08076

漢匋盦主人印集　一册

　[佚名]篆並輯

　鈐印本

　吉林

08077

漢官私印泥封考　三册

　[清]吳式芬　陳介祺同輯

　清道光十七年(1837)鈐印本

　上海　濰坊博

08078

漢官私印集存　一册

　決定不移軒篆並輯

　鈐印本

　浙江博　大連

08079

漢官私印譜　一册

　王麗生輯

　民國間鈐印本

　漢南

08080

漢封泥考略　一册

　陳直輯

　民國二十年(1931)鈐印本

　黑龍江　大連　松蔭軒

08081

漢封泥考略　二册

　[清]吳式芬　[清]陳介祺同輯

　鈐印本

　山東

08082

漢封泥拓本册葉　一册

　[清]釋六舟輯

　清道光十七年(1837)鈐印本

　寶甓齋

08083

漢貞閣印存不分卷　十册

　唐翔雄篆並輯

　民國十四年(1925)鈐印本

　松蔭軒

08084

漢秋印存　一册

　胡曼篆並輯

　鈐印本

　松蔭軒

08085

漢軍許氏煦堂藏印不分卷　四册

　[清]王廉生輯

　鈐印本

　徐州

08086

漢眉印存(三省堂季宣聞藏印、漢印眉存)不分卷　四冊

〔清〕季宣聞輯

鈐印本

"中研院"史語所

08087

漢馬荊館印存(漢馬荊館閒章)　二冊

朱士林篆並輯

民國元年(1912)鈐印本

松蔭軒

08088

漢馬荊館印留不分卷　十冊

朱士林篆並輯

民國二年(1913)鈐印本

遼寧　松蔭軒　漢南

08089

漢晉六朝帝王紀元印史不分卷　四冊

〔清〕郭瑛篆並輯

清光緒二十三年(1897)鈐印本

西泠　哈爾濱

08090

漢晉印章圖譜(印章圖譜、漢晉印譜)　一冊

〔宋〕王厚之撰〔元〕吳孟思重輯

明萬曆八年(1580)刊印本

國圖　人大　上海　上海辭書　上博　川大　中大　"中研院"文哲所　中科院　北大　四川　西安文管會　武漢　故宮　南京　南京博　浙江　復旦　臺故博　臺圖　廣東　遼寧　鴻爪留痕館　公文館　松蔭軒　東京大　東京博　金谷文庫　京文研

08091

漢唐閣藏古璽印譜　一冊

李廣輯

壬辰年(2012)原鈐印本

見性簃　松蔭軒

08092

漢唐閣藏古璽印譜　一冊

李廣輯

影印本

松蔭軒

08093

漢慎鄉石印　一冊

〔佚名〕篆並輯

鈐印本

"中研院"史語所

08094

漢銅印　六冊

〔清〕汪啓淑輯

清乾隆三十四年(1769)鈐印本(原缺本)

松蔭軒

08095

漢銅印五十品　一冊

(日本)〔佚名〕輯

日本鈐印本

協會

08096

漢銅印存不分卷　四冊

〔清〕丁丙輯

清光緒二十七年(1901)丁氏鈐印本

西泠　鴻爪留痕館

08097

漢銅印存不分卷　二冊

馬加齡輯

民國二年(1913)鈐印本

國圖

08098

漢銅印原不分卷　十六冊

〔清〕李陽篆並輯

清道光十九年(1839)李陽鈐印本

廣州　松蔭軒

08099

漢銅印原　十六冊

〔清〕汪啟淑輯

清乾隆三十四年(1769)鈐印本

國圖　上海　私人藏　西泠　芷蘭齋　港大　臺大
漠南

08100

漢銅印偶存不分卷　三冊

(日本)〔佚名〕輯

日本昭和間粘貼本

漠南

08101

漢銅印得　一冊

〔清〕湯燧輯

清嘉慶元年(1796)鈐印本

上海

08102

漢銅印集不分卷　六冊

〔佚名〕篆並輯

鈐印本

廣東

08103

漢銅印集不分卷　四冊

〔清〕程若遠輯

清光緒二十八年(1902)鈐印本

松蔭軒

08104

漢銅印彙　一冊

陽湖汪氏輯

鈐印本

松蔭軒

08105

漢銅印粹不分卷　四冊

〔清〕胡公壽輯

清咸豐十一年(1861)鈐印本

西泠

08106

漢銅印選不分卷　二冊

〔佚名〕篆並輯

鈐印本

松蔭軒

08107

漢銅印叢不分卷　二冊

〔佚名〕輯

鈐印本(佚名輯本)

松蔭軒

08108

漢銅印叢　四冊

〔清〕汪啟淑輯

清乾隆十七年(1752)鈐印本

吉林　西泠　吳江　松蔭軒　松丸東魚　東京博　岩瀨文庫　漠南　蒲阪文庫

08109

漢銅印叢　六冊

〔清〕汪啟淑輯

清乾隆十七年(1752)鈐印本

四川　吉林　安徽博　芷蘭齋　長恩閣　南京　浙江　湖南　鴻爪留痕館　松蔭軒　松丸東魚　東京博　法國國圖　漠南

08110

漢銅印叢　八冊

〔清〕汪啟淑輯

清乾隆十七年(1752)鈐印本(無序跋)

國圖　湖南　浙江　天津博　吉大　臺故博　松蔭軒　澳洲國立

08111

漢銅印叢　八冊

〔清〕汪啟淑輯

清乾隆十七年(1752)鈐印本(有序跋)

松蔭軒

08112

漢銅印叢　十冊

〔清〕汪啟淑輯
清乾隆十七年(1752)鈐印本
南京

08113
漢銅印叢　十二册
〔清〕汪啟淑輯
清乾隆十七年(1752)鈐印本
國圖　清華　上海　上博　山東　四川　遼寧　吉大　西泠　南大　南京　泰州　太田孝太郎　臺故博　松蔭軒　東京大　岩瀨文庫　蒲阪文庫　漢南

08114
漢銅印叢　四册
〔清〕汪啟淑輯　商務印書館編
民國二十四年(1935)商務印書館影印汪啟淑原輯本
人大　大連　上海　天津　中大　中國美院　內蒙古　玉海樓　北大　北師大　吉大　吉林　東北師大　南大　南京　南開　哈爾濱　華東師大　浙江博　清華　紹興　復旦　廈大　義烏　嘉興　臺師大　廣東　遼寧　魯迅美院　鎮江　鹽城　松蔭軒　東京大　東京博　京文研

08115
漢銅印叢　四册
〔清〕汪啟淑輯　中華書局編
壬寅年(1962)中華書局影印汪啟淑原輯本
川大　中大　北大　吉大　吉林　長春　河南大　南京　雲南　港中大　鄭大　錦州　松蔭軒　東洋文庫協會

08116
漢銅印叢不分卷　八册
〔清〕徐士愷藏印　西泠印學社輯
清光緒二十四年(1898)鈐印本
北大　遼寧　港大　松蔭軒

08117
漢銅印叢不分卷　四册
〔清〕徐子静氏輯

清光緒二十四年(1898)鈐印本
吉林　遼寧　鴻爪留痕館

08118
漢銅印譜　一册
〔佚名〕篆並輯
鈐印本
上博　東京博

08119
漢銅印譜不分卷　二册
〔佚名〕篆並輯
鈐印本
上博　私人藏

08120
漢銅印譜不分卷　四册
〔佚名〕篆並輯
鈐印本
松蔭軒

08121
漢銅印譜不分卷　八册
〔清〕番禺潘氏輯
清道光八年(1828)鈐印本
松蔭軒

08122
漢銅印譜　一册
〔清〕施紹武輯
清嘉慶十三年(1808)鈐印本
上博

08123
漢銅印譜　一册
童大年輯
童氏鈐印本
西泠

08124
漢銅印譜不分卷　二册
〔清〕王書常輯
清咸豐六年(1856)王氏鈐印本

太田孝太郎

08125

漢銅印譜　一册
　雪巢主人藏
　雪巢鈐印本
　浙江博

08126

漢銅印譜不分卷　二册
　周湘雲輯
　周氏鈐印本
　私人藏

08127

漢銅官印存不分卷　三册
　[佚名]篆並輯
　鈐印本
　松蔭軒

08128

漢銅官印譜　一册
　[佚名]篆並輯
　鈐印本
　漠南

08129

漢銅官私印存不分卷　六册
　[清]阮元輯
　清道光二十四年(1844)鈐印本
　上博

08130

漢銅官私印摹本　一册
　童大年輯
　鈐印本
　西泠

08131

漢銅僊室印譜(漢銅僊室西泠八家印譜)不分卷　二册
　[佚名]篆並輯
　清光緒三十四年(1908)鈐印本
　上海　蘇州

08132

漢銅僊室印譜(漢銅僊室西泠八家印譜)不分卷　十二册
　[清]丁敬　錢松等篆並輯
　清光緒三十四年(1908)鈐印本
　漠南

08133

漢學齋倣古印譜不分卷　二册
　[清]吳貞卿　吳小華篆並輯
　清道光十二年(1832)鈐印本
　國圖

08134

漢學齋倣古印譜不分卷　四册
　[清]吳貞卿　吳小華篆並輯
　清道光十二年(1832)鈐印本
　西泠

08135

漢燈　二册
　[清]薛銓篆並輯
　清順治十七年(1660)鈐印本
　上博

08136

漢魏六朝印不分卷　八册
　[佚名]輯
　鈐印本
　"中研院"史語所

08137

漢魏六朝私印不分卷　八册
　[佚名]輯
　粘貼本
　"中研院"史語所

08138

漢魏六朝將軍官印　一册
　吳湖帆輯
　鈐印本

上博

08139

漢魏私印選不分卷　二册
　　天津市藝術博物館輯
　　庚申年(1980)鈐版印本
　　松蔭軒　協會

08140

漢魏官印選不分卷　二册
　　天津市藝術博物館輯
　　庚申年(1980)鈐版印本
　　松蔭軒

08141

漢魏唐宋元印譜　一册
　　童大年輯
　　鈐印本
　　西泠

08142

漢魏畫像印集(矯毅畫像印集)　一册
　　矯毅篆並輯
　　鈐印本
　　松蔭軒

08143

漢魏畫像印集(矯毅畫像印集)　一册
　　矯毅篆並輯
　　鈐印本(有款本)
　　松蔭軒　協會

08144

漢谿書屋印存不分卷　二册
　　曾榮光篆　林章松輯
　　己亥年(2019)鈐印本
　　松蔭軒

08145

漢璽印存　一册
　　〔清〕徐渭仁輯
　　鈐印本
　　松蔭軒

滿

08146

滿江紅詞　一册
　　〔佚名〕篆並輯
　　鈐印本
　　松蔭軒

08147

滿洲官印譜不分卷　二册
　　〔佚名〕篆並輯
　　鈐印本
　　遼寧

漱

08148

漱芳書屋集古(漱芳書屋集古印譜)　一册
　　〔清〕孫思敬輯
　　清光緒十九年(1893)鈐印本
　　哈爾濱　松蔭軒

08149

漱芳書屋集古(漱芳書屋集古印譜)　四册
　　〔清〕孫思敬輯
　　清光緒二十六年(1900)鈐印本
　　上博　西泠

漱

08150

漱石山房印存不分卷　二册
　　〔清〕李祖章篆並輯
　　清光緒六年(1880)鈐印本
　　雲南　貴州　湖南　松蔭軒

08151

漱石山房印譜不分卷　二册
　　〔清〕郎際昌篆並輯

清鈐印本

浙江博

08152

漱石印集不分卷　四冊

　王大椿篆並輯

　鈐印本

　松蔭軒

08153

漱石印譜　一冊

　（日本）夏目漱石篆並輯

　日本大正八年(1919)鈐印本

　臺圖　日本國會

08154

漱石艸堂集古印存　一冊

　〔佚名〕篆並輯

　鈐印本

　見性簃

08155

漱石吟廬藏印　一冊

　〔清〕王廉篆並輯

　鈐印本

　揚州大

08156

漱石軒印存不分卷　三冊

　〔清〕鍾權篆並輯

　清光緒元年(1875)鈐印本

　秋水齋

08157

漱石軒印集(漱石軒印存)不分卷　四冊

　〔清〕鍾權篆並輯

　清同治十三年(1874)鈐印本

　上海　浙江　遼寧　蘇州　西泠　秋水齋　普林斯頓

08158

漱石軒印集(漱石軒印存)不分卷　五冊

　〔清〕鍾權篆並輯

　清同治十三年(1874)鈐印本

　浙江　湖南

08159

漱石軒印集(漱石軒印存)不分卷　六冊

　〔清〕鍾權篆並輯

　清同治十三年(1874)鈐印本

　君匋藝院

08160

漱石軒印集(漱石軒印存)不分卷　八冊

　〔清〕鍾權篆並輯

　清同治十三年(1874)鈐印本

　上海　上博　吉林　君匋藝院　哈爾濱　浙江　清華
　湖南　諸暨　松蔭軒　普林斯頓

08161

漱石軒印集(漱石軒印存)　一冊

　〔清〕鍾權篆並輯

　清光緒元年(1875)鈐印本

　上海

08162

漱石詩集附印譜不分卷　二冊

　（日本）夏目漱石篆並輯

　日本大正八年(1919)鈐印本

　松蔭軒　日本國會　岩瀨文庫　漠南

08163

漱石齋印存　一冊

　王大椿篆並輯

　民國九年(1920)鈐印本

　蒲阪文庫

08164

漱芳室印存　一冊

　黃壽承篆並輯

　民國二十五年(1936)鈐印本

　廣東

08165

漱芳室印存　三冊

　黃壽承篆並輯

　民國二十五年(1936)鈐印本(稿本)

松蔭軒

08166

漱芳書屋格言印譜　一冊

〔清〕孫思敬篆並輯

清光緒十八年(1892)鈐印本

南京　哈爾濱　東北師大　松蔭軒

08167

漱芳書屋集古印譜(漱芳書屋集古)　四冊

〔清〕孫思敬輯

清光緒二十年(1894)鈐印本

國圖　上海　上博　南京　浙江　天一閣　"中研院"史語所　中國美院　北大　吉大　吳江　別宥齋(天一閣)　福建　臺圖　松蔭軒　日本國會　東京大協會　漠南　國會山莊

08168

漱香讀畫室鑑藏　一冊

[佚名]篆並輯

鈐印本

松蔭軒

潋

08169

潋園秦漢印譜不分卷　四冊

[佚名]篆並輯

鈐印本

哈佛燕京

08170

潋園秦漢印譜(潋園印譜)　四冊

〔清〕秦沁尹輯

鈐印本

哈佛燕京

漪

08171

漪蘭館古今印選(古今印選)　一冊

〔明〕張夢錫篆並輯

明崇禎十四年(1641)鈐印本

浙江

08172

漪蘭館印選　二冊

〔明〕張楚錫輯

明萬曆十五年(1587)鈐印本

上海

演

08173

演雅樓印存初編　一冊

趙叔孺　方介堪　陳巨來篆　潘然輯

鈐印本

私人藏　松蔭軒

08174

演露堂印賞　一冊

〔明〕夏樹芳輯

明崇禎六年(1633)鈐印本

百樂齋

08175

演露堂印賞　二冊

〔明〕夏樹芳輯

明崇禎六年(1633)鈐印本

湖南　遼寧

08176

演露堂印賞　四冊

〔明〕夏樹芳輯

明崇禎六年(1633)鈐印本

上博　遼寧

08177

演露堂印賞　八冊

〔明〕夏樹芳輯

明崇禎六年(1633)鈐印本

漠南

澈

08178

澈浦畢氏祖孫印譜　一册
〔清〕張兆柟輯
清嘉慶八年(1803)春暉草堂鈐印本
上博

慢

08179

慢語篆説　一册
高式熊　劉江等篆　西泠印社輯
辛卯年(2011)鈐印本
澈廬

賓

08180

賓虹印譜　一册
黃質輯
鈐印本
松蔭軒

08181

賓虹艸堂藏古璽印　一册
黃賓虹輯
民國十八年(1929)鈐印本
上海　南京

08182

賓虹艸堂藏古璽印不分卷　四册
黃賓虹輯
民國二十九年(1940)鈐印本
南京　港大

08183

賓虹艸堂藏古璽印不分卷　十二册
黃賓虹輯
民國二十九年(1940)鈐印本
安徽

08184

賓虹草堂璽印釋文　一册
黃賓虹著　吳樸輯
戊戌年(1958)鈐印本
上海　安徽　鐵硯齋　松蔭軒

08185

賓虹集印　一册
黃質輯
鈐印本
浙江博

08186

賓虹藏印二集不分卷　八册
黃質輯
民國十八年(1929)鈐印本
上博　湖山寄廬

08187

賓園藏印(蕡園藏印)　一册
丁二仲篆　朱節嶽輯
民國七年(1918)鈐印本
揚州　松蔭軒

08188

賓園藏印(蕡園藏印)不分卷　二册
丁二仲篆　朱節嶽輯
民國七年(1918)鈐印本
鎮江　松蔭軒

08189

賓園藏印(蕡園藏印)不分卷　四册
丁二仲篆　朱節嶽輯
民國七年(1918)鈐印本
鎮江　十七草堂　協會

08190

賓銕藏印不分卷　十二册
黃賓虹輯
清宣統二年(1910)鈐印本

港大

08191

賓鴻堂藏印(補羅迦室印班)　四冊
〔清〕趙之琛篆　朱鴻達輯
民國二十四年(1935)鈐印本
上博　浙江博　西泠　南京

08192

賓鴻堂藏印　十二冊
朱鴻達輯
民國二十三年(1934)鈐印本
國圖　上海　遼寧　西泠　哈爾濱　港大　松蔭軒
東京博　漢南

察

08193

察哈爾省古代藩印官印匯拓　一冊
[佚名]篆並輯
影印本
鐵硯齋

寧

08194

寧斧成印譜不分卷　六冊
寧斧成篆　楊廣泰輯
己巳年(1989)鈐印本
松蔭軒　協會

08195

寧静廬印存　一冊
寧斧成篆並輯
民國二十三年(1934)鈐印本
遼寧　協會

08196

寧齋手拓甘露堂箴言璽不分卷　二冊
周建亞輯

癸巳年(2013)鈐印本
松蔭軒

08197

寧齋藏古印　一冊
朱春磊藏　平湖璽印篆刻博物館輯
己亥年(2019)鈐印本
知還印館

08198

寧廬印譜不分卷　六冊
寧斧成篆並輯
乙亥年(1995)鈐印本
協會

實

08199

實事求是齋印譜　一冊
〔清〕章梅坨篆並輯
清同治二年(1863)鈐印本
上海　福建

08200

實齋印存(友石軒印存)　一冊
〔清〕楊秉信篆並輯
清光緒三十年(1904)鈐印本
上海　甘肅　安徽　哈爾濱　保定　雲南　廣東　遼寧　蘇州

08201

實齋印存(友石軒印存)　一冊
〔清〕楊秉信篆並輯
清宣統元年(1909)鈐印本
國圖　上海　上博　天津　北大　四川　西泠　安徽
長春　南京　陝西　貴州　湖南　新疆　福建　寧夏
蘇州　松蔭軒　法國國圖

褐

08202
褐筠山舘印輯　一册
　〔佚名〕篆並輯
　鈐印本
　浙江

隨

08203
隨所見印存　一册
　〔清〕滿生輯
　鈐印本
　嘉興

08204
隨喜室集印初編不分卷　二册
　滿生　齊璜篆　謝健廷輯
　民國二十二年(1933)鈐印本
　上海　漠南

08205
隨園印譜　一册
　〔佚名〕篆並輯
　鈐印本
　四川

08206
隨園詩話印識　一册
　〔清〕談炎衡輯
　清嘉慶十三年(1808)鈐印本
　芷蘭齋

08207
隨意莊印賸不分卷　四册
　（日本）鄉純造輯
　日本明治二十九年(1896)鈐印本
　臺大　秋水齋　松蔭軒　漠南

翟

08208
翟兆和藏印　一册
　翟兆和篆並輯
　鈐印本
　松蔭軒

翠

08209
翠石印林二集　二册
　（日本）高畑持隆篆並輯
　日本昭和間鈐印本
　松丸東魚

08210
翠石印藪　二册
　（日本）高畑持隆篆並輯
　日本昭和間鈐印本
　松丸東魚

08211
翠石喜壽印譜不分卷　二册
　（日本）高畑翠石篆並輯
　日本昭和三十年(1955)鈐印本
　協會

08212
翠竹山房印譜不分卷　三册
　曹君健篆並輯
　民國三十六年(1947)鈐印本
　松蔭軒

08213
翠竹紅榴僊館印譜不分卷　四册
　〔清〕潘丹宬篆並輯
　清道光二十二年(1842)鈐印本
　西泠

08214
翠琅玕室印譜　一册
　（日本）釋德基篆並輯
　日本明治間鈐印本
　漢南

08215
翠筠軒印存　一册
　［佚名］篆並輯
　鈐印本
　松蔭軒

熊

08216
熊伯齊印集　一册
　熊伯齊篆並輯
　甲子年（1984）鈐印本
　松蔭軒

08217
熊伯齊治印　一册
　熊伯齊篆並輯
　鈐印本
　松蔭軒

鄧

08218
鄧之成所刻戊辰印存　一册
　鄧之誠篆並輯
　民國十七年（1928）鈐印本
　松蔭軒

08219
鄧氏四韻堂印存　一册
　鄧春樹篆並輯
　民國間鈐印本
　常州

08220
鄧石如印存不分卷　二册
　〔清〕鄧琰篆　西泠印社輯
　清光緒二十六年（1900）鋅版印本
　協會　鴻爪留痕館

08221
鄧石如印存（完白山人印譜）不分卷　二册
　〔清〕鄧琰篆　有正書局輯
　清宣統三年（1911）鋅版印本
　上虞　天一閣　天津　中大　玉海樓　北大　四川
　西泠　安徽　安徽師大　南京　桂林　紹興　揚州大
　雲南　湖南　新鄉　嘉興　臺大　廣西　遼寧　諸暨
　蘭樓　芷蘭齋　君匋藝院　松蔭軒　東京博

08222
鄧石如印存（完白山人篆刻偶存）不分卷　二册
　〔清〕鄧琰篆　有正書局輯
　民國八年（1919）有正書局影印本
　大連　中大　北大　哈師大　哈爾濱　黑龍江　新鄉
　遼寧　臺大　鴻爪留痕館　松蔭軒　協會

08223
鄧石如印集　一册
　［佚名］篆並輯
　鈐印本（僞譜）
　松蔭軒

08224
鄧石如印鈎本　一册
　［佚名］篆並輯
　鈎摹本
　君匋藝院

08225
鄧石如印譜　一册
　〔清〕鄧石如篆　武鍾臨輯
　鈐印本
　上博

08226
鄧石如印譜不分卷　二册

〔清〕鄧石如篆並輯
鈐印本
上海 南開 松蔭軒

08227
鄧石如先生刻石不分卷 二冊
〔清〕鄧石如篆並輯
鈐印本
中科院

08228
鄧石如篆刻畫集 一冊
〔清〕鄧石如篆並輯
鈐印本
協會

08229
鄧印存真不分卷 二冊
〔清〕鄧石如篆 葛昌楹輯
民國三十三年(1944)鈐印本
國圖 南京 私人藏 西泠 近墨堂 兩然齋 秦氏支祠(天一閣) 松蔭軒

08230
鄧印賸存 一冊
〔清〕鄧石如篆 [佚名]輯
民國間鈐印本
松蔭軒

08231
鄧炎靈印存 一冊
鄧炎靈篆並輯
鈐印本
松蔭軒

08232
鄧散木印譜 一冊
鄧散木篆並輯
癸巳年(1953)鈐印本
協會

08233
鄧萬歲綠綺園印稿 一冊

鄧爾雅篆並輯
鈐印本
松蔭軒

08234
鄧爾疋印可 一冊
鄧爾雅篆輯
己未年(1979)鈐印本
紅棉山房

08235
鄧爾疋印集不分卷 五冊
鄧爾雅篆並輯
鈐印本
秋水齋

08236
鄧爾雅印存(鄧爾疋印存) 一冊
鄧爾雅篆 黃耀忠輯
壬午年(2002)鈐印本
松蔭軒 兩然齋

08237
鄧爾雅印蛻附匋印 一冊
鄧爾雅篆並輯
鈐印本
港大

08238
鄧爾雅印稿不分卷 三冊
鄧爾雅篆並輯
鈐印本
港大

08239
鄧爾雅先生印存 一冊
鄧爾雅篆並輯
鈐印本
兩然齋

08240
鄧爾雅先生印稿 一冊
鄧爾雅篆並輯

壬午年(2002)鈐印本
兩然齋

08241
鄧爾雅先生治印　一册
　鄧爾雅篆　梁曉莊輯
　戊戌年(2018)鈐印本
　兩然齋

08242
鄧熾昌印譜　一册
　徐星州等篆並輯
　鈐印本
　私人藏

08243
鄧齋印可不分卷　二册
　鄧爾雅篆並輯
　民國二十九年(1940)鈐印本
　免冑堂

08244
鄧齋印可　六册
　鄧爾雅篆　黃耀忠輯
　己亥年(2019)鈐印本
　松蔭軒　知還印館　紅棉山房

08245
鄧齋印可　一册
　鄧爾雅篆並輯
　鈐印本
　紅棉山房　溫州

08246
鄧齋印賞不分卷　三册
　鄧爾雅篆　梁曉莊輯
　戊戌年(2018)鈐印本
　兩然齋

網

08247
網師園室名印譜　一册
　張寒篆　蘇州工藝美術館輯
　鈐印本
　協會

08248
網師園家名印譜　一册
　張寒篆並輯
　鈐印本
　協會

維

08249
維堅印集　一册
　[佚名]篆並輯
　鈐印本
　松蔭軒

08250
維縞印存　一册
　朱維縞篆並輯
　鈐印本
　哈爾濱

綏

08251
綏青印譜　一册
　[佚名]篆並輯
　民國三十三年(1944)鈐印本
　港大

緑

08252

緑天庵印集　一册
　董璠篆並輯
　民國十三年(1924)鈐印本
　西泠

08253

緑天館印集　二册
　(日本)織田杏齋篆 (日本)瀬尾一良輯
　日本昭和間影印本
　松丸東魚

08254

緑邨印存不分卷　二册
　(日本)三宅緑邨篆並輯
　日本昭和三年(1928)鈐印本
　協會　漠南

08255

緑杉軒集印不分卷　四册
　〔清〕伍德彝輯
　清光緒三十二年(1906)鈐印本
　廣州

08256

緑肥紅瘦詞館印賞　一册
　〔清〕邵鼎臣篆並輯
　鈐印本
　松蔭軒

08257

緑秋盦集印　二册
　〔清〕殳恩鑒輯
　清道光二十八年(1848)鈐印本
　國圖

08258

緑野印草不分卷　二册
　〔清〕馮葆光篆並輯
　清道光二十三年(1843)鈐印本
　上海　松蔭軒

08259

緑野印草不分卷　四册
　〔清〕馮葆光篆並輯
　清道光二十三年(1843)鈐印本
　上博

08260

緑雲山館印譜　一册
　〔佚名〕篆並輯
　鈐印本
　松蔭軒

08261

緑雲庵印剩　一册
　周質筠篆並輯
　鈐印本
　蘇州大

08262

緑槐草堂印存不分卷　四册
　〔佚名〕篆並輯
　鈐印本
　松蔭軒

08263

緑綺園印景　一册
　鄧爾雅篆　王貴忱輯
　庚子年(1960)鈐印本
　紅棉山房

08264

緑觀堂所用印譜　一册
　〔佚名〕篆並輯
　鈐印本
　廣東

十五畫

慧

08265
慧茂齋印譜　一冊
　費師洪輯
　民國三十八年(1949)鈐印本
　上海

耦

08266
耦花盦印存不分卷　四冊
　徐新周篆並輯
　民國七年(1918)鈐印本
　蘇州　松蔭軒

08267
耦花盦印蛻　一冊
　徐新周篆並輯
　鈐印本
　松蔭軒

08268
耦廬藏印　一冊
　耦廬輯
　鈐印本
　常州

駒

08269
駒陰戲削　一冊
　(日本)里見東白篆並輯
　日本寶永三年(1706)鈐印本
　漠南

駐

08270
駐景軒印存不分卷　四冊
　陳曾杰篆並輯
　鈐印本
　浙江

趣

08271
趣味同人會出品小印　一冊
　〔清〕趙之謙　胡震等篆（日本）石原幸作輯
　鈐印本
　臺大

頡

08272
頡頏樓藏印不分卷　二冊
　〔清〕黃士陵篆〔清〕潘飛聲藏　曾仲鳴　方君璧輯
　鈐印本
　私人藏　秋水齋　協會

08273
頡頏樓藏印不分卷　四冊
　〔清〕黃士陵　余仲嘉等篆　潘飛聲藏　曾仲鳴　方君璧輯
　鈐印本
　上博　哈爾濱　秋水齋　松蔭軒

撫

08274
撫州李氏印存　一冊
　〔清〕趙之琛篆　李翊勳輯

鈐印本(三十三開)

松蔭軒

08275

撫庵赤壁賦印存　一册

洪撫今篆並輯

民國十九年(1930)鈐印本

湖南

08276

撫庵赤壁賦印存　二册

洪撫今篆並輯

民國十九年(1930)鈐印本

上海　北大　紹興

撝

08277

撝叔印稿不分卷　二册

〔清〕趙之謙篆並輯

鈐印本

松蔭軒

08278

撝叔攷藏秦漢印存不分卷　二册

〔清〕趙之謙輯

清光緒十五年(1889)鈐印本(僞)

國圖　上海　上博　山東　天津博　瓦翁 "中研院"
史語所　中國美院　中遺院　文雅堂　北大　百樂
齋　兩然齋　浙江　浙江博　煙臺　鴻爪留痕館　松
蔭軒　京文研　國會山莊

08279

撝叔攷藏秦漢印存不分卷　四册

〔清〕趙之謙輯

清光緒十五年(1889)鈐印本

上海　上博　中大　吉大 "中研院" 史語所　漠南

08280

撝叔攷藏秦漢印存不分卷　六册

〔清〕趙之謙輯

清光緒十五年(1889)鈐印本

國圖

08281

撝叟印存　一册

〔清〕趙之謙篆並輯

鈐印本

東京博

08282

撝庵手集古印　一册

〔清〕馬撝庵篆並輯

清乾隆四十二年(1777)鈐印本

東京博　漠南

增

08283

增補金石遺文　三册

(日本)伴信近輯

日本文政二年(1819)鈐印本

日本國會　岩瀨文庫

蕙

08284

蕙風宧遺印　一册

吳昌碩　唐醉石等篆　況維琦等輯（秦康祥鈐拓）

乙未年(1955)鈐印本

浙江　私人藏　澹簡齋

薶

08285

薶草堂印譜不分卷　二册

[佚名]篆並輯

鈐印本

松蔭軒

賣

08286

賣進齋印譜集成　一册
　封章煊輯
　民國十九年(1930)鈐印本
　上海

08287

賣盦印存不分卷　三十册
　朱其石篆並輯
　民國二十年(1931)鈐印本
　嘉興　國會山莊

08288

賣盦印存不分卷　二册
　朱其石篆並輯
　鈐印本
　君匋藝院

蕪

08289

蕪村印譜　一册
　(日本)與謝蕪村篆　(日本)京都博物館輯
　日本昭和七年(1932)鈐印本
　日本國會　漢南

08290

蕪廬印存　一册
　李繼輝篆並輯
　民國三十年(1941)鈐印本
　松蔭軒

蕉

08291

蕉鹿軒印譜　一册
　〔清〕吳跂周篆並輯

　清光緒十年(1884)鈐印本(稿本)
　松蔭軒

08292

蕉葉山房印存不分卷　十册
　〔佚名〕篆並輯
　清同治十年(1871)鈐印本
　協會

08293

蕉露館印存不分卷　二册
　〔佚名〕篆並輯
　鈐印本
　秦氏支祠(天一閣)

蒲

08294

蒲廬古銅印存不分卷　十三册
　金城輯
　民國四年(1915)鈐印本
　南京

蔬

08295

蔬香印譜　一册
　(日本)市原光憲篆並輯
　日本明治三十一年(1898)鈐印本
　松蔭軒　日本國會　漢南

08296

蔬香印譜　一册
　(日本)市原光憲篆並輯
　日本明治三十三年(1900)鈐印本
　松丸東魚

08297

蔬筍館印存　一册
　〔清〕符翕篆並輯

清光緒二年(1876)鈐印本

國圖　廣州　中大　紅棉山房　松蔭軒

08298

蔬筍館印存不分卷　二册

〔清〕符翕篆並輯

清光緒二年(1876)鈐印本

上海　港大　松蔭軒

08299

蔬筍館印存不分卷　二册

〔清〕符翕篆並輯

民國二十五年(1936)影印本

上海

橫

08300

橫雲山民用印集　一册

〔佚名〕篆並輯

民國十七年(1928)鈐印本

松蔭軒

08301

橫雲山民印聚不分卷　二册

胡遠篆　張咀英輯

民國二十四年(1935)鈐印本(望雲艸堂藏印)

國圖　上海　上博　私人藏　中國美院　西泠　松丸　東魚　哈爾濱　秦氏支祠(天一閣)　浙江　浙江博　松蔭軒　國會山莊

08302

橫雲閣主印存　一册

〔清〕陳曾言篆並輯

鈐印本

松蔭軒

樓

08303

樓辛壺印存　一册

樓辛壺篆　樓浩之輯

癸丑年(1973)鈐印本

片雲齋

樊

08304

樊晉陽手翰章　一册

〔佚名〕篆並輯

鈐印本

紹興

樣

08305

樣板戲唱詞印譜　一册

上海書畫社輯

壬子年(1972)影印本

松蔭軒

橄

08306

橄欖軒印譜　一册

〔清〕鄭燮篆〔清〕嚴信厚輯

清光緒二十七年(1901)鈐印本

關西大　松蔭軒

歐

08307

歐硯齋印存不分卷　二册

王吉源輯

鈐印本

大連

醉

08308
醉夫容軒印存不分卷　四冊
　（日本）服部轍篆並輯
　日本昭和十二年(1937)鈐印本
　松丸東魚

08309
醉月山房印存　一冊
　〔清〕醉月山房主人篆並輯
　清同治間鈐印本
　南京

08310
醉石山房印存(劉及山印存)不分卷　四冊
　〔清〕劉潤澤篆並輯
　清同治九年(1870)鈐印本
　上海　桂林　松蔭軒　漠南

08311
醉石山房印草　四冊
　〔清〕劉緒曾篆並輯
　清光緒十八年(1892)鈐印本
　右文齋　芷蘭齋　松蔭軒

08312
醉石山房印譜　一冊
　〔佚名〕篆並輯
　鈐印本
　松蔭軒

08313
醉石山農印稿不分卷　二冊
　唐醉石篆並輯
　鈐印本
　鴻爪留痕館

08314
醉石山農印稿　一冊
　唐醉石篆並輯
　民國三十七年(1948)鈐印本
　西泠　港中大　協會

08315
醉石山農印稿不分卷　三冊
　唐醉石篆並輯
　民國三十七年(1948)鈐印本
　協會

08316
醉石印集　一冊
　唐源鄴篆並輯
　鈐印本
　浙江

08317
醉石印稿佚編不分卷　三冊
　唐醉石篆　唐達聰輯
　辛卯年(2011)粘貼本
　松蔭軒

08318
醉石印藁　一冊
　唐醉石篆
　鈐印本
　松蔭軒

08319
醉石印藁不分卷　四冊
　唐醉石篆
　鈐印本
　協會

08320
醉竹軒印譜　一冊
　林起峰輯
　民國間鉛印本(醉竹軒叢稿本)
　國圖

08321
醉翁亭印集　一冊
　〔佚名〕篆並輯
　鈐印本

黑龍江

08322

醉翁亭記印譜(愛石生存印)　一册
〔清〕愛石生輯
鈐印本
松蔭軒

08323

醉翁亭記印譜　一册
（日本）河西笛洲篆並輯
日本大正十二年(1923)鈐印本
西泠　松蔭軒　協會　漠南

08324

醉翁亭記圖章　一册
〔佚名〕篆並輯
鈐印本
松蔭軒

08325

醉紙齋集紙號印集　一册
繆延豐輯
戊戌年(2018)鈐印本
松蔭軒

08326

醉愛居印賞　二册
〔清〕王睿章篆並輯
清乾隆五年(1740)鈐印本
國圖　北大　北師大　漠南

08327

醉愛居印賞　三册
〔清〕王睿章篆並輯
清乾隆五年(1740)鈐印本
國圖

08328

醉愛居印賞　一册
〔清〕王睿章篆並輯
清乾隆七年(1742)鈐印本
上海　上博　北師大　四川　哈爾濱　蘇州大

08329

醉愛居印賞不分卷　四册
〔清〕王睿章篆並輯
清乾隆七年(1742)鈐印本
北大　中遺院

08330

醉愛居印賞　三册
〔清〕王睿章篆並輯
清乾隆二十一年(1756)原鈐印本
國圖　上海　上博　中國美院　北師大　西泠　西南大　南京　哈爾濱　宣武　浙江　蘇州大　松蔭軒　哈佛燕京

08331

醉愛居印賞　二册
〔清〕王睿章篆並輯
清乾隆二十八年(1763)鈐印本
國圖　寧夏　西南大　哈佛燕京

08332

醉愛居印賞(花影集印譜)　三册
〔清〕王睿章篆　王祖慎輯　紫芳閣重輯
紫芳閣影印本
天一閣　南京　浦江　嘉善　黎州　松蔭軒　國會　山莊

08333

醉愛居印賞　一册
〔清〕趙煦摹並輯
清道光五年(1825)鈐印本
上博

08334

醉經書館印譜不分卷　四册
〔清〕吳祺篆並輯
清道光十六年(1836)寸耕軒鈐印本
西泠　重慶　漠南

08335

醉經書館印譜　一册
〔清〕吳祺篆並輯

清道光十六年(1836)寸耕軒鈐印本

上海

08336

醉經書館印譜不分卷　六冊

〔清〕吳祺篆並輯

清道光十六年(1836)寸耕軒鈐印本

南京

08337

醉儂樓印稿　一冊

〔清〕李同春篆並輯

鈐印本

松蔭軒

08338

醉漢堂印存　一冊

(日本)中村蘭台篆並輯

日本明治四十四年(1911)鈐印本

松蔭軒　漠南

08339

醉蘇簃印存不分卷　二冊

梁錦漢篆並輯

民國七年(1918)鈐印本

松蔭軒

08340

醉鶴印存不分卷　二冊

李慶榮篆並輯

鈐印本

人大

磕

08341

磕齋藏印(陳巨來印譜)　一冊

陳巨來篆　楊慶簪輯

民國三十七年(1948)鈐印本

私人藏

磊

08342

磊明印玩　一冊

謝磊明篆並輯

民國三十六年(1947)鈐印本

哈爾濱　温州

08343

磊盦印存　一冊

〔清〕張祖翼篆並輯

鈐印本

松蔭軒

08344

磊齋印脱　一冊

白伊鶴篆並輯

鈐印本

松蔭軒

08345

磊齋自用印存　一冊

林熊光輯

鈐印本

松蔭軒

08346

磊齋鉢印選存(磊齋小璽選存)不分卷　六冊

林熊光藏（日本）鹽谷壽石輯

日本昭和六年(1931)鈐印本

西泠　松蔭軒　東京博

08347

磊齋鉢印選存不分卷　十冊

林熊光藏（日本）鹽谷壽石輯

日本昭和六年(1931)鈐印本

國圖　天津　臺大　臺圖　松蔭軒　太田孝太郎　松丸東魚　東京博　漠南

08348

磊齋鉢印選存不分卷　十四冊

林熊光藏（日本）鹽谷壽石輯
日本昭和六年（1931）鈐印本
上博　清華

08349
磊齋鉢印選存（磊齋古銅印譜）不分卷　三十一册
林熊光藏（日本）鹽谷壽石輯
日本昭和六年（1931）鈐印本
臺大

08350
磊齋鉢印選存（磊齋璽印選存續集）不分卷　四册
林熊光藏（日本）鹽谷壽石輯
日本昭和九年（1934）鈐印本
大連　中大　清華　遼寧　私人藏　松蔭軒　松丸
東魚

08351
磊廬印存不分卷　四册
謝磊明篆並輯
民國三十六年（1947）鈐印本
浙江　西泠

08352
磊廬印譜一至五集不分卷　十八册
謝磊明篆並輯
民國三十六年（1947）鈐印本
上博

遼

08353
遼金元明古印　一册
賀孔才輯
民國十六年（1927）鈐印本
國圖

08354
遼雲片影　一册
〔佚名〕輯
日本明治二十八年（1895）鈐印本（日清戰役收印）

漢南

08355
遼寧省博物館藏秦漢印存不分卷　二册
遼寧省博物館藏並輯
庚申年（1980）鈐印本
松蔭軒

鬧

08356
鬧枝山房鐵筆　一册
宋霄周篆並輯
鈐印本
松蔭軒

齒

08357
齒鐵齋印存　一册
〔佚名〕篆並輯
鈐印本
松蔭軒

鄴

08358
鄴城印陶集不分卷　四册
焦智勤輯
丁丑年（1997）鈐印本
松蔭軒　協會

賞

08359
賞心十六事印　一册
〔清〕少農篆並輯
清光緒三年（1877）鈐印本

浙江博

08360

賞心十六事印譜　一冊

（日本）岡村贇男篆並輯

日本明治二十六年(1893)鈐印本

日本國會

08361

賞古齋秦漢印存不分卷　四冊

〔清〕王瓘輯

清光緒二十四年(1898)鈐印本

國圖　中大　北大　福建　浙江博　西泠　秋水齋

松蔭軒　太田孝太郎　漠南

08362

賞古齋秦漢印存不分卷　十冊

〔清〕王瓘輯

清光緒二十四年(1898)鈐印本

中大

08363

賞雨樓印存不分卷　二冊

〔佚名〕篆並輯

鈐印本

諸暨

賜

08364

賜平安如意室印譜不分卷　三冊

〔清〕陳允升輯

鈐印本

松蔭軒

08365

賜書堂印譜　一冊

〔清〕胡之祈篆並輯

鈐印本

松蔭軒

閱

08366

閱滄樓印存　一冊

〔清〕查海寰輯

鈐印本

海鹽博　松蔭軒

數

08367

數白記紅印集　一冊

許自强篆並輯

乙未年(2015)鈐印本

片雲齋

影

08368

影印歷朝史印預約簡章　一冊

會文堂書局輯

民國間會文堂書局影印本

天津

蝶

08369

蝶蕪齋印譜　一冊

壽璽篆並輯

鈐印本

上海

蝠

08370

蝠亭匋印譜　一冊

朱脈輯

鈐印本
紹興

墨

08371
墨厂印存　一册
　陸和九輯
　民國五年(1916)鈐印本(册葉裝十開)
　鴻爪留痕館

08372
墨石齋印存　一册
　〔佚名〕篆並輯
　鈐印本
　松蔭軒

08373
墨石齋印痕　一册
　〔佚名〕篆並輯
　鈐印本
　松蔭軒

08374
墨石齋印稿　一册
　〔清〕俞琦篆並輯
　清同治七年(1868)鈐印本
　重慶

08375
墨花軒印譜不分卷　二册
　〔清〕徐中立篆並輯
　鈐印本
　上博

08376
墨花禪印稿　二册
　〔清〕釋續行篆並輯
　清乾隆二十年(1755)鈐印本
　遼寧　哈爾濱　上博　十七草堂　松蔭軒　漠南

08377
墨花禪印稿　三册
　〔清〕釋續行篆並輯
　清乾隆三十年(1765)鈐印本
　西泠

08378
墨花禪印稿　四册
　〔清〕釋續行篆　釋本曜重輯
　清乾隆三十七年(1772)鈐印本
　國圖　上海　上博　天津　蘇州　南大　哈爾濱　松蔭軒　國會山莊

08379
墨狂印譜　一册
　(日本)松本三餘篆並輯
　日本文化十年(1813)鈐印本
　漠南

08380
墨妙樓鐵筆　二册
　〔清〕溫純篆並輯
　清乾隆六十年(1795)鈐印本
　上博　中大

08381
墨妙樓鐵筆　二册
　〔清〕溫純篆並輯
　清嘉慶元年(1796)鈐印本
　中大

08382
墨雨堂印存　一册
　〔清〕釋湛福篆並輯
　清康熙三十五年(1696)鈐印本
　上博

08383
墨雨堂印餘不分卷　二册
　〔清〕釋湛福篆並輯
　清乾隆十一年(1746)稿本
　西泠

08384

墨香盦印稿　二册

〔清〕張文彬篆並輯

清光緒十一年(1885)鈐印本

西泠

08385

墨香齋印法　一册

墨香齋輯

民國五年(1916)鈐印本(册葉裝十開)

松蔭軒

08386

墨華小莊印册不分卷　二册

〔清〕劉鴻勛篆並輯

清光緒十一年(1885)鈐印本

漠南

08387

墨華堂集印不分卷　二册

〔佚名〕篆並輯

鈐印本

哈爾濱

08388

墨稿集存　一册

温景博等篆　林章松重輯

壬寅年(2022)粘貼本(册葉裝八開)

松蔭軒

08389

墨盦竹印選(墨庵竹印譜)　一册

陸和九篆並輯

民國三十年(1941)鈐印本

國圖　中國美院　北大　哈爾濱　"中研院"史語所

松蔭軒

08390

墨盦竹印選(墨庵竹印譜)不分卷　二册

陸和九篆並輯

民國三十年(1941)鈐印本

私人藏

08391

墨齋描印　一册

黄載安篆並輯

鈐印本(二十開)

松蔭軒

08392

墨廬印存　一册

〔佚名〕篆並輯

鈐印本

私人藏

稽

08393

稽古山房印譜　一册

〔清〕劉弘通篆並輯

清康熙三十七年(1698)鈐印本

内蒙古

08394

稽古印史　一册

(日本)前川虛舟篆並輯

日本安永七年(1778)鈐印本

東洋文庫　御茶女大　漠南

08395

稽古印史不分卷　二册

(日本)前川虛舟篆並輯

日本安永七年(1778)鈐印本

漠南

08396

稽古印鑑　三册

〔明〕程齊篆並輯

明崇禎元年(1628)鈐印本

中大

08397

稽古印鑑　四册

〔明〕程齊篆並輯

明崇禎元年(1628)鈐印本

上海 浙江 嘉興 別宥齋(天一閣) 松蔭軒

08398

稽古堂印存不分卷 二册

〔清〕陵堅叟篆並輯

清光緒二十五年(1899)鈐印本

協會

08399

稽古堂印略 一册

〔清〕宋侃篆並輯

清嘉慶十八年(1813)鈐印本

浙江博

08400

稽古齋古印譜 五册

〔清〕吳觀均輯

清康熙二十三年(1684)鈐印本

國圖 太田孝太郎

08401

稽古齋古印譜 十册

〔清〕吳觀均輯

清康熙二十三年(1684)鈐印本

國圖 松丸東魚

08402

稽古齋印存 一册

〔清〕畢炳蔚篆並輯

鈐印本

安徽

08403

稽古齋印譜 四册

〔清〕吳觀均輯

清康熙二十三年(1684)鈐印本

四川 百樂齋 鴻爪留痕館

08404

稽留山民印譜不分卷 二册

〔清〕金農篆 嚴厚信輯

清光緒二十七年(1901)鈐印本

松蔭軒

08405

稽庵古印箋(齊魯古印箋)不分卷 四册

〔清〕孫文楷藏〔清〕孫延賓輯

清光緒十一年(1885)鈐印本

上博 天津 清華 中大 鴻爪留痕館 文雅堂 太田孝太郎 漠南

08406

稽庵古印箋(齊魯古印箋) 八册

〔清〕孫文楷藏〔清〕孫延賓輯

清光緒十一年(1885)鈐印本

東京博

08407

稽庵古印箋(齊魯古印箋) 十册

〔清〕孫文楷藏〔清〕孫延賓輯

清光緒十一年(1885)鈐印本

協會

08408

稽庵古印箋(齊魯古印箋) 二册

〔清〕孫文楷藏〔清〕孫延賓輯

清光緒十三年(1887)鈐印本

北大 北師大 右文齋 松蔭軒 漠南

08409

稽庵古印箋(齊魯古印箋) 二册

〔清〕孫文楷藏〔清〕孫延賓輯

清宣統二年(1910)鈐印本

漠南

08410

稽庵古印箋(齊魯古印箋)不分卷 四册

〔清〕孫文楷藏〔清〕孫延賓輯

民國元年(1912)鈐印本

大連 上博 天津 北大 西泠 南京 浙江博 清華 遼寧 "中研院"史語所 松蔭軒 東京博

08411

稽庵古印箋(齊魯古印箋) 一册

〔清〕孫文楷藏〔清〕孫延賓輯

鈐印本
文雅堂

稼

08412

稼軒詞清平樂　一册

　[佚名]篆並輯

　鈐印本

　中嶽齋

簹

08413

簹州先生印纂　一册

　（日本）榊原簹州篆並輯

　日本元禄十二年（1699）鈐印本

　漠南

08414

簹洲印譜　一册

　（日本）榊原簹州篆並輯

　日本元禄十二年（1699）鈐印本

　岩瀨文庫

篆

08415

篆石山房藏印　二册

　宣一亭輯

　鈐印本

　國圖

08416

篆社金石叢書不分卷　六册

　篆社書法篆刻研究會輯

　影印本

　松蔭軒

08417

篆府　一册

　（日本）同風印社輯

　日本昭和六年（1931）鈐印本

　松丸東魚　協會

08418

篆府　一册

　（日本）同風印社輯

　鈐印本

　協會

08419

篆府古那近古　一册

　（日本）同風印社輯

　日本昭和六年（1931）鈐印本

　協會

08420

篆府印粹　一册

　（日本）谷惠太郎輯

　日本昭和六年（1931）鈐印本

　松丸東魚

08421

篆刻印譜　一册

　[佚名]篆並輯

　鈐印本

　開封

08422

篆刻百舉　一册

　[佚名]篆並輯

　鈐印本

　松蔭軒

08423

篆刻金石治印譜　一册

　[佚名]篆並輯

　鈐印本

　松蔭軒

08424

篆刻草　二册
〔清〕何爾塾篆並輯
清乾隆五十六年(1791)鈐印本
蘇州

08425

篆刻思源　一册
（日本）圓山大迂篆並輯
日本明治三十二年(1899)鈐印本
日本國會　漠南

08426

篆刻思源不分卷　四册
（日本）圓山大迂篆並輯
日本明治三十二年(1899)鈐印本
岩瀬文庫

08427

篆刻第一集　一册
〔佚名〕篆並輯
鈐印本
鴻爪留痕館

08428

篆刻第一集　一册
南京高等師範篆刻會篆並輯
民國八年(1919)鈐印本
南大

08429

篆刻偶存　一册
〔清〕朱清泰篆並輯
清乾隆四十三年(1778)鈐印本
西泠

08430

篆刻集　一册
〔佚名〕篆並輯
鈐印本
黑龍江

08431

篆刻滕王閣序　二册
〔佚名〕篆並輯
鈐印本
紹興

08432

篆游不分卷　二十二册
（日本）汴游會輯
日本昭和四十八年(1977)鈐印本
松丸東魚

08433

篆籀斯遺意印譜　一册
〔清〕王宜秋篆並輯
鈐印本
上海

樂

08434

樂山印存　一册
（日本）槌谷樂山篆並輯
鈐印本
協會

08435

樂山印存第一集　一册
（日本）槌谷樂山篆並輯
鈐印本
協會

08436

樂山印存第二集　一册
（日本）槌谷樂山篆並輯
鈐印本
協會

08437

樂山印存第三集　一册
（日本）槌谷樂山篆並輯

鈐印本

協會

08438

樂山印萃不分卷　二冊

〔清〕劉維坊篆並輯

清道光二十三年(1843)鈐印本

松蔭軒

08439

樂山印萃不分卷　四冊

〔清〕劉維坊篆並輯

清道光二十九年(1849)鈐印本

國圖　西泠　松蔭軒　漠南

08440

樂山印萃不分卷　八冊

〔清〕劉維坊篆並輯

清道光二十九年(1849)鈐印本

松蔭軒

08441

樂山印譜　一冊

（日本）河西笛洲篆並輯

鈐印本

協會

08442

樂山印譜金石樂石　一冊

（日本）槌谷樂山輯

鈐印本

協會

08443

樂氏藏古璽印集不分卷　四冊

樂守勛藏　故宮博物院輯

乙丑年(1985)鈐印本

松蔭軒

08444

樂氏藏古璽印選不分卷　十冊

樂守勛藏　故宮博物院輯

乙丑年(1985)鈐印本

百二扇面齋　松蔭軒　協會

08445

樂石社印存　一冊

樂石社輯

民國五年(1916)鈐印本

浙江

08446

樂石集不分卷　四冊

樂石社輯

民國五年(1916)鈐印本

松蔭軒

08447

樂石集不分卷　七冊

樂石社輯

民國五年(1916)鈐印本

浙江博

08448

樂石集十集不分卷　十冊

樂石社輯

民國五年(1916)鈐印本

上海　浙江博

08449

樂石集附輯社員藏印不分卷　一冊

樂石社輯

民國五年(1916)鈐印本

浙江博

08450

樂石集第二集　一冊

樂石社輯

民國五年(1916)鈐印本

諸暨

08451

樂石集第十集　一冊

樂石社輯

民國五年(1916)鈐印本

上海　浙江

08452

樂石集第九集　一册

　樂石社輯

　民國四年(1915)鈐印本

　兩然齋

08453

樂石集第九集不分卷　七册

　樂石社輯

　民國五年(1916)鈐印本

　上海　浙江博

08454

樂石集第五集　一册

　樂石社輯

　民國五年(1916)鈐印本

　諸暨

08455

樂石齋印存　一册

　〔清〕周世銘篆並輯

　清光緒十五年(1889)鈐印本

　哈爾濱　松蔭軒

08456

樂石齋印存不分卷　二册

　〔清〕周世銘篆並輯

　清光緒十五年(1889)鈐印本

　雲南

08457

樂石齋印譜　一册

　〔清〕何昆玉篆並輯

　清同治五年(1866)鈐印本

　四川　浙江　西泠　廣東　鐵硯齋

08458

樂石齋印譜不分卷　四册

　〔清〕何昆玉篆並輯

　清同治五年(1866)鈐印本

　廣州　浙江　天一閣　西泠

08459

樂石齋名賢印譜　一册

　〔佚名〕篆並輯

　鈐印本

　國圖

08460

樂只室古璽印存(樂只室銅印選)不分卷　十册

　高時敷輯

　民國三十三年(1944)鈐印本

　國圖　上海　天一閣　中大　文雅堂　西泠　百二扇面齋　君匋藝院　杭州　秋水齋　紅棉山房　浙江　溫州　松蔭軒

08461

樂只室印存　二十四册

　〔清〕丁敬　蔣仁等篆　高時敷輯

　民國三十三年(1944)鈐印本

　私人藏

08462

樂只室印譜不分卷　十一册

　〔清〕丁敬　蔣仁等篆　高時敷輯

　民國三十三年(1944)鈐印本

　上海　上博　西泠　皖西學院　溫州　私人藏　秋水齋

08463

樂只室吳讓之印集　一册

　〔清〕吳讓之篆　高時敷輯

　民國二十七年(1938)鈐印本

　上博

08464

樂只室秦漢印譜不分卷　十六册

　高時敷輯

　民國三十一年(1942)鈐印本

　上海

08465

樂只室藏趙次閑印集　一册

　〔清〕趙之琛篆　浙江美術學院輯

己未年(1979)鈐印本

天津　港中大　百二扇面齋　秋水齋　松蔭軒　協會

08466

樂老堂百廿壽印譜(熙朝純嘏)　二冊

〔清〕孫蟠篆並輯

清乾隆四十九年(1784)鈐印本

上海　上博　松蔭軒　漠南

08467

樂老堂百廿壽印譜(熙朝純嘏)　六軸

〔清〕孫蟠篆並輯

清乾隆四十九年(1784)捲軸裝鈐印本

安徽

08468

樂志山居集印　一冊

〔清〕徐鄂　胡菊鄰等篆　朱景錫輯

清光緒二十六年(1900)鈐印本

松蔭軒

08469

樂是幽居　一冊

〔清〕沈淮輯

鈐印本

松蔭軒

08470

樂時齋印存　一冊

樂時齋篆　遇安廬輯

鈐印本

遼寧　松蔭軒

08471

樂個庵印集　一冊

〔佚名〕篆並輯

鈐印本

蘇州大

08472

樂唐印存　一冊

魏樂唐篆並輯

民國三十七年(1948)鈐印本

國圖　上海　復旦　私人藏　鐵硯齋　松蔭軒

08473

樂唐印存不分卷　二冊

魏樂唐篆並輯

庚戌年(1970)鈐印本

百二扇面齋　協會

08474

樂唐印存　一冊

魏樂唐篆並輯

辛酉年(1981)鈐印本

臺圖　松蔭軒

08475

樂道堂珍藏石章不分卷　二冊

〔清〕愛新覺羅・奕訢輯

鈐印本

松蔭軒

08476

樂壽堂印譜不分卷　十冊

〔佚名〕篆並輯

鈐印本

上海

08477

樂齋印存　一冊

顧振樂篆並輯

戊辰年(1988)鈐印本

松蔭軒

08478

樂齋印稿　一冊

孟剛輯

乙未年(2016)鈐印本

松蔭軒

08479

樂齋自用印存　一冊

孟剛輯

鈐印本

松蔭軒

質

08480
質莊親王印譜　一册
〔清〕愛新覺羅・永容輯
鈐印本
鴻爪留痕館

08481
質盦印存　一册
陳榦篆並輯
鈐印本
松蔭軒

08482
質盦藏印　一册
［佚名］篆並輯
清咸豐三年(1853)鈐印本
上博

08483
質廬印稿　一册
陳鳴鏐篆並輯
鈐印本
松蔭軒

德

08484
德九存匋不分卷　六册
方德九輯
民國十五年(1926)鈐印本
漠南

08485
德川十五代將軍印譜集　一册
（日本）田村鐵之助輯
鈐印本

都立大學

08486
德南印存不分卷　二册
［佚名］篆並輯
鈐印本
松蔭軒

08487
德香小榭印譜　一册
［佚名］篆並輯
鈐印本
鎮江

08488
德祥印稿不分卷　四册
［佚名］篆並輯
鈐印本
松蔭軒

08489
德遠集印　一册
［佚名］篆並輯
鈐印本
松蔭軒

08490
德隣堂欣賞　一册
吳昌碩篆（日本）松尾謙三輯
日本昭和二十七年(1952)鈐印本
紅棉山房　漠南

08491
德齋印艸不分卷　四册
［佚名］篆並輯
影印本
吉林

徵

08492
徵古印要不分卷　二册

（日本）杜澂篆　（日本）中井松窠輯

日本天明二年(1782)鈐印本

漢南

08493

徵賞齋古銅印存(徵賞齋秦漢古銅印存)　一冊

黃徵輯

民國九年(1920)鈐印本

廣東

08494

徵賞齋古銅印存(徵賞齋秦漢古銅印存)不分卷　四冊

黃徵輯

民國九年(1920)鈐印本

浙江　浙江博　遼寧　大連　天一閣　西泠　百樂齋　松蔭軒　契齋　"中研院"史語所　漢南

08495

徵賞齋古銅印存(徵賞齋秦漢古銅印存)不分卷　五冊

黃徵輯

民國九年(1920)鈐印本

國圖　上博　文雅堂　北大　西泠　南京　華東師大　蘇州　太田孝太郎　中大　"中研院"史語所　東京博

08496

徵賞齋古銅存(秦漢古銅印存)不分卷　六冊

黃徵輯

民國九年(1920)鈐印本

華東師大　蘇州

銷

08497

銷毀官印留痕　一冊

〔清〕〔佚名〕輯

鈐印本

松蔭軒

鋤

08498

鋤月軒印譜　二冊

〔清〕鋤月山農蔭南氏篆並輯

清光緒十二年(1886)鈐印本

浙江

08499

鋤月廬倣古印集　二冊

周佑然篆並輯

民國二十四年(1935)鈐印本

國圖　西泠　浙江　溫州　松蔭軒

08500

鋤某小舍印錄　二冊

莊公燈篆並輯

民國間鈐印本

南京

08501

鋤經書屋印存不分卷　八冊

鋤經書屋輯

民國十一年(1922)鈐印本

蘇州

08502

鋤經堂集古印譜　一冊

〔清〕朱爲弼輯

清嘉慶二十五年(1820)鈐印本

東京博

08503

鋤經堂集古印譜不分卷　二冊

〔清〕朱爲弼輯

清嘉慶二十五年(1820)鈐印本

太田孝太郎

劍

08504
劍秋印書（古今百二甲子印譜）　二册
〔清〕董威篆並輯
清同治十年（1871）鈐印本
上海　上博　北大　西泠　安徽　常州　臺大　松蔭軒

08505
劍室銅印譜不分卷　四册
〔清〕汪劍室輯
清光緒十一年（1885）鈐印本
西泠　太田孝太郎

08506
劍庵印存　一册
李歿光輯
民國三十年（1941）鈐印本
北大

08507
劍漁鐵筆　一册
段麒篆並輯
鈐印本
松蔭軒

虢

08508
虢筱非治印　一册
虢筱非篆並輯
癸巳年（2013）鈐印本
松蔭軒

餘

08509
餘印　一册
〔佚名〕篆並輯
鈐印本
松蔭軒

08510
餘延年印譜　一册
（日本）山口墨山篆並輯
日本文政間鈐印本
漢南

08511
餘庵印存　一册
〔佚名〕篆並輯
鈐印本
天津

08512
餘閑齋印譜不分卷　二册
〔清〕江兆錕輯
鈐印本
西泠

08513
餘蔭堂慶典福壽印章不分卷　二册
〔清〕餘蔭堂主輯
鈐印本
松蔭軒

08514
餘慶堂印存　一册
〔清〕愛新覺羅・載齡輯
鈐印本
上博

08515
餘廬所存心庵琢刻不分卷　二册
余紹宋輯
民國七年（1918）鈐印本
漢南

滕

08516

滕王閣序印章(蘇齋篆刻滕王閣序印章)　一冊
〔清〕錢文霈篆並輯
清光緒二十年(1894)鈐印本
松蔭軒

08517

滕王閣序印譜不分卷　三冊
〔佚名〕篆並輯
鈐印本
松蔭軒

08518

滕王閣序印譜　一冊
陳仲美篆並輯
陳仲美鈐印本
中國美院

08519

滕王閣序印譜　一冊
陳拙子篆並輯
陳拙子鈐印本
松蔭軒

08520

滕王閣序印譜　一冊
〔清〕劉潤澤篆並輯
清同治七年(1868)鈐印本
內蒙古

08521

滕王閣序印譜不分卷　二冊
〔清〕劉潤澤篆並輯
清同治七年(1868)鈐印本
西泠　松蔭軒

08522

滕王閣序印譜　一冊
許自強　莫小不等篆　許自強輯

壬申年(1992)鈐印本
片雲齋

膠

08523

膠貼爛封印譜　一冊
〔佚名〕篆並輯
鈐印本
松蔭軒

魯

08524

魯山人作瓷印譜不分卷　二冊
(日本)北大路魯卿篆並輯
日本昭和八年(1933)鈐印本
日本國會

08525

魯山人作瓷印譜不分卷　二冊
(日本)北大路魯卿篆並輯
日本昭和八年(1933)鈐印本(重輯本)
協會

08526

魯迅印譜不分卷　二冊
錢君匋篆並輯
戊午年(1978)鈐印本
天津　中科院　湖南

08527

魯迅印譜　一冊
錢君匋篆並輯
己未年(1979)鈐印本
君匋藝院

08528

魯迅著譯書名印譜不分卷　二冊
方去疾　葉潞淵等篆　西泠印社輯

辛酉年(1981)鈐印本
松蔭軒 協會

08529

魯迅筆名印集　二册
錢君匋篆並輯
庚申年(1980)鈐印本
西泠 秋水齋 港中大 松蔭軒 協會

08530

魯迅筆名印譜　一册
陳茗屋篆並輯
戊午年(1978)陳茗屋鈐印本
私人藏

08531

魯迅筆名印譜　一册
錢瘦鐵 馬公愚等篆 人民美術出版社輯
丙申年(1956)鈐印本
山東 吉大 吉林社科院 哈師大 哈爾濱 黑大 黑龍江 湖南 協會

08532

魯迅筆名印譜不分卷　二册
郁重今篆 西泠印社輯
丙辰年(1976)鈐印本
上博 私人藏 天津 中大 吉林 西泠 華東師大 黑龍江 齊齊哈爾 復旦 廈大 松蔭軒 協會 金谷文庫 漢南

08533

魯迅筆名印譜　一册
張寒月篆並輯
辛亥年(1971)鈐印本(册葉裝)
松蔭軒

08534

魯迅筆名印譜　一册
中國金石篆刻研究社籌備會編輯
戊戌年(1958)影印本
中大 中科院 内蒙古 北大 四川 吉大 吉林 安徽 芷蘭齋 東北師大 河南大 南大 南開 華東師大 浙師大 復旦 齊齊哈爾 鄭大 遼大 松蔭軒 一橋大 東洋文庫

08535

魯菴小印不分卷　二册
張咀英篆並輯
鈐印本
浙江

08536

魯庵小印　一册
錢瘦鐵 金鐵芝 趙叔孺等篆 張咀英輯
鈐印本
私人藏

08537

魯庵小印不分卷　六册
張咀英輯
民國三十三年(1944)鈐印本
松蔭軒

08538

魯庵印存不分卷　二册
何魯篆並輯
民國七年(1918)鈐印本
松蔭軒

08539

魯庵藏秦漢印集不分卷　六册
張咀英輯
鈐印本(足本)
私人藏

08540

魯學齋自用印譜　一册
柯昌泗輯
民國九年(1920)鈐印本
國圖

08541

魯盦小印不分卷　四册
張咀英輯
民國三十三年(1944)鈐印本

松蔭軒

08542

魯盦印稿　二十二冊

張咀英輯

民國三十三年(1944)鈐印本

私人藏

08543

魯盦印選(慈谿張氏魯盦印選)　六冊

張咀英輯

民國十七年(1928)鈐印本

上博　四川

08544

魯盦印選(慈谿張氏魯盦印選)　六冊

張咀英輯

民國二十八年(1939)鈐印本(丙子本)

上海　上博　北大　吉林　西泠　南京　哈爾濱　秦氏支祠(天一閣)　百樂齋　松蔭軒　漠南

08545

魯盦印譜　一冊

張咀英篆並輯

民國三十五年(1946)鈐印本

松蔭軒

08546

魯盦做完白山人印譜不分卷　二冊

張咀英篆並輯　王秀仁鈐拓

民國三十一年(1942)鈐印本

上海　溫州　廈大　哈爾濱　西泠　君匋藝院　松蔭軒　東京博　協會　秦氏支祠(天一閣)　私人藏

08547

魯盦做完白山人印譜不分卷　二冊

張咀英篆並輯　王秀仁鈐拓

民國三十四年(1945)鈐印本(增補本)

上博　玉海樓　浙江　浙江博　私人藏　鴻爪留痕館　兩然齋　松蔭軒　協會

08548

魯盦藏印　一冊

張咀英篆並輯

民國三十三年(1944)鈐印本

浙江　西泠

08549

魯盦藏印不分卷　五冊

張咀英篆並輯

民國三十三年(1944)鈐印本

西泠

08550

魯盦藏秦漢古銅印譜不分卷　六冊

張咀英輯

鈐印本

松蔭軒

劉

08551

劉一聞刻心經　一冊

劉一聞篆並輯

辛巳年(2001)影印本

協會

08552

劉小亭印稿　一冊

劉作桐篆並輯

鈐印本

松蔭軒

08553

劉友石印跡不分卷　二冊

劉友石篆並輯

壬辰年(2012)鈐印本

松蔭軒

08554

劉公伯印存　一冊

劉公伯篆並輯

民國二十三年(1934)影印本

南京　哈爾濱　常州

08555
劉公濤印存　一册
　劉公濤篆並輯
　民國間鈐印本
　常州

08556
劉氏印存　一册
　〔佚名〕篆並輯
　影印本
　湖南

08557
劉氏輯印不分卷　二册
　〔清〕劉栻輯
　清嘉慶十四年(1809)影印本
　"中研院"史語所

08558
劉丙窟印存　一册
　劉丙窟篆並輯
　鈐印本
　松蔭軒

08559
劉石開百花印集　一册
　劉石開篆並輯
　鈐印本
　松蔭軒

08560
劉冰庵印譜不分卷　二册
　劉冰庵篆並輯
　鈐印本
　松蔭軒

08561
劉佳明治印　一册
　劉佳明篆並輯
　鈐印本
　松蔭軒

08562
劉承植印存　一册
　劉承植輯
　鈐印本
　私人藏

08563
劉貞晦印存　一册
　劉景晨篆　方巖輯
　民國二十三年(1934)影印本
　國圖

08564
劉禹銘拓印　一册
　劉禹銘篆並輯
　鈐印本
　鎮江

08565
劉耆齡印存　一册
　劉耆齡篆並輯
　鈐印本
　松蔭軒

08566
劉海天印譜不分卷　四册
　劉飛篆並輯
　鈐印本
　上海

08567
劉海粟自用印存　一册
　吳子健篆並輯
　鈐印本
　私人藏

08568
劉海粟常用印集　一册
　西湖畫苑輯
　壬戌年(1982)鋅版印本
　松蔭軒　協會

08569

劉家謨印存　一冊

　劉家謨篆並輯

　鈐印本

　松蔭軒

08570

劉淑度金陵治印集　一冊

　劉淑度篆

　鈐印本

　揚州大

08571

劉淑度刻石殘存集不分卷　三冊

　劉淑度篆

　壬戌年(1982)鈐印本

　松蔭軒

08572

劉博琴金石書法集存不分卷　四冊

　劉博琴篆　劉蔭曾輯

　甲申年(2004)影印本

　松蔭軒

08573

劉葆珊常用印　一冊

　韓登安　高絡園等篆　許自強輯

　鈐印本

　片雲齋

08574

劉筠集印　一冊

　劉筠篆並輯

　鈐印本(十開)

　松蔭軒

08575

劉綏莊印存　一冊

　〔清〕劉體億篆並輯

　清道光二十一年(1841)鈐印本

　大連

08576

劉錦藻印存　一冊

　〔清〕劉錦藻輯

　鈐印本

　私人藏

08577

劉錦藻雜印存　一冊

　〔清〕劉錦藻輯

　鈐印本

　私人藏

諸

08578

諸井華畦藏印　一冊

　（日本）中村蘭台二世篆（日本）諸井家輯

　鈐印本

　協會

08579

諸家印存　一冊

　吳澤篆　方善境輯

　鈐印本

　中國美院

08580

諸家印存不分卷　二冊

　吳澤篆　方善境輯

　鈐印本

　秦氏支祠(天一閣)

08581

諸家印存　一冊

　星北輯

　鈐印本(星北本)

　紹興

08582

諸家印集　一冊

　[佚名]篆並輯

钤印本
大连

08583

诸家印影　一册

［佚名］篆并辑

钤印本

松荫轩

08584

诸家印谱不分卷　十六册

（日本）［佚名］篆

日本大正间钤印本

漠南

08585

诸家印谱　一册

［佚名］篆并辑

钤印本（册页装）

松荫轩

08586

诸家印谱　一册

〔清〕陈鸿寿等篆［佚名］辑

钤印本

松荫轩

08587

诸家印谱　一册

（日本）林谷等篆

日本大正八年（1919）钤印本

早稻田　东京艺大　漠南

08588

诸家留朱不分卷　四册

［佚名］篆并辑

钤印本

松荫轩

08589

诸国社寺朱印等印谱　一册

［佚名］篆并辑

钤印本

早稻田

08590

诸葛武侯前后出师表印谱不分卷　四册

高景山篆并辑

民国三十年（1941）钤印本

上海　私人藏　中国美院　湖南　四川　辽宁　哈师大　松荫轩　漠南　港中大　国会山庄

08591

诸乐三印存不分卷　二册

诸乐三篆并辑

民国二十年（1931）钤印本

协会

08592

诸乐三印谱不分卷　二册

诸乐三篆并辑

钤印本

松荫轩

08593

诸乐三篆刻　一册

诸乐三篆并辑

钤印本

松荫轩

诺

08594

诺山印草　一册

味芸阁辑

钤印本

吴江

课

08595

课耕草堂印谱　一册

［佚名］篆并辑

鈐印本
紹興

鈐印本
遼寧

誰

08596
誰堂瓜蒂印存　一册
　吳汶勇篆　陸凌楓輯
　癸卯年(2023)鈐印本
　私人藏

論

08597
論印詩印譜　一册
　(日本)關正人篆並輯
　日本昭和五十八年(1983)鈐印本
　上博

08598
論語印集　二册
　(日本)松宜鎮輯
　日本大正十二年(1923)鈐印本
　松丸東魚

調

08599
調琴室印存　一册
　〔清〕黃士陵篆並輯
　鈐印本
　松蔭軒

談

08600
談月色手刻木印　一册
　談月色篆並輯

摩

08601
摩印　一册
　〔佚名〕篆並輯
　鈐印本
　紹興

08602
摩陀羅室印存　一册
　〔清〕高頌禾輯
　粘貼本
　松蔭軒

08603
摩兜堅室印存　二册
　〔清〕張澤仁篆　〔清〕張人駿輯
　清光緒元年(1875)粘貼本
　松蔭軒

08604
摩訶輯揚古鈢印擇　一册
　高峰輯
　甲午年(2014)鈐印本
　見性簃

08605
摩齋印譜　一册
　(日本)金本明觀篆並輯
　日本明治四年(1870)鈐印本
　漠南

褒

08606
褒清堂游藝集　一册
　〔清〕江星羽篆並輯

清康熙二十七年(1688)鈐印本
南京

慶

08607
慶堂藏古印菁華不分卷　二冊
　孫家潭輯
　戊戌年(2018)鈐印本
　見性簃

08608
慶雲堂印痕　一冊
　王禔篆　慶雲堂主人輯
　鈐印本
　協會

蒻

08609
蒻霞館印譜　六冊
　〔清〕張尚禮　周柱篆並輯
　清道光七年(1827)鈐印本
　西泠

潛

08610
潛江易均室穭園印精不分卷　二冊
　李尹桑　易孺　唐醉石等篆　徐壽輯
　丙辰年(1976)鈐印本
　養闇室

08611
潛廬印存　一冊
　殷葆鳳篆並輯
　民國間鈐印本
　南京

潭

08612
潭西草堂印存　一冊
　馬文蔚篆並輯
　鈐印本
　海寧

08613
潭西書屋集古印譜（潭西書屋集印）　一冊
　賀孔才篆並輯
　鈐印本
　國圖

潤

08614
潤石齋印譜　一冊
　[佚名]篆並輯
　鈐印本（冊頁裝）
　松蔭軒

澂

08615
澂秋館印存　四冊
　陳寶琛輯
　民國十四年(1925)鈐印本
　松蔭軒

08616
澂秋館印存　六冊
　陳寶琛輯
　民國十四年(1925)鈐印本
　北大

08617
澂秋館印存　八冊
　陳寶琛輯

民國十四年(1925)鈐印本
漢南

08618

澂秋館印存　十册
　陳寶琛輯
　民國十四年(1925)鈐印本
　國圖　遼寧　大連　上海　上博　私人藏　天津　南京　中大　"中研院"史語所　北大　西泠　百樂齋　紅棉山房　鴻爪留痕館　松蔭軒　松丸東魚　東京博

08619

澂秋館封泥考存　一册
　陳寶琛輯
　民國十五年(1926)鈐印本
　松丸東魚　漢南

08620

澂秋館漢印存　二册
　〔清〕陳承裘輯
　清光緒四年(1878)陳承裘鈐印本
　松蔭軒　太田孝太郎　漢南

08621

澂秋館漢印存　四册
　〔清〕陳承裘輯
　清光緒四年(1878)鈐印本
　中遺院

08622

澂秋館藏古封泥　五册
　陳寶琛輯
　民國十五年(1926)鈐印本
　大連　北大　西泠　文雅堂　華東師大　浙江　協會

08623

澂齋集印　一册
　吳昌碩篆〔清〕謝觀輯
　鈐印本
　松蔭軒

潘

08624

潘天壽印存不分卷　二册
　潘天壽篆　西泠印社輯
　丁亥年(2007)鈐印本
　松蔭軒　協會

08625

潘天壽常用印集　一册
　潘天壽　錢君匋等篆　西湖藝苑輯
　丁巳年(1977)鋅版印本
　上博　天津　君匋藝院　臺圖　松蔭軒　東京大　協會

08626

潘氏印譜　一册
　〔佚名〕篆並輯
　鈐印本
　嘉興　松蔭軒

08627

潘氏家藏漢印不分卷　八册
　〔清〕潘有爲輯
　清嘉慶二十二年(1817)鈐印本
　禮堂

08628

潘主蘭印存　一册
　潘主蘭篆並輯
　鈐印本
　松蔭軒

08629

潘伯鷹自用印存　一册
　陳巨來　葉潞淵等篆　符驥良輯
　鈐印本
　私人藏

08630

潘君諾自用印篆刻選集　一册

陳巨來　葉潞淵等篆　潘然輯
鈐印本
私人藏

08631
潘衍印譜　一冊
潘衍篆並輯
鈐印本
松蔭軒

08632
潘飛聲自用印存不分卷　四冊
徐星洲　黃賓虹　王福厂等篆　潘飛聲藏　黃耀忠輯
己丑年(2009)鈐印本(潘飛聲用印)
紅棉山房

08633
潘時雨藏印　一冊
潘承霖輯
民國三十七年(1948)鈐印本
上海

08634
潘恩元印譜　一冊
〔清〕潘恩元藏〔佚名〕輯
鈐印本(潘氏用印)
松蔭軒

08635
潘淇印集　一冊
潘淇篆並輯
鈐印本
松蔭軒

08636
潘喜陶印譜　一冊
吳昌碩篆　潘喜陶輯
鈐印本
私人藏

08637
潘稚亮家印譜不分卷　三冊

潘稚亮篆並輯
民國二十二年(1933)鈐印本
南京

08638
潘錦印存　一冊
〔清〕潘錦篆並輯
鈐印本
松蔭軒

08639
潘蘭史自用印　一冊
潘飛聲篆並輯
鈐印本
哈爾濱

澄

08640
澄江堂句集附印譜　二冊
（日本）芥川龍之介輯
日本昭和二年(1927)影印本
協會

08641
澄江堂句集附印譜　二冊
（日本）芥川龍之介輯（日本）名著複刻全集委員會重輯
日本昭和五十二年(1977)影印本(重輯本)
日本國會　茨城大

08642
澄泉結篆　一冊
故宮博物院輯
鈐印本
天津

08643
澄懷軒筆印　一冊
劉振疆篆　陸銓輯
壬辰年(1952)鈐印本

松陰軒 泰州

08644

澄懷堂印剩　一册

〔清〕陳筱春輯

清光緒間鈐印本

國圖

08645

澄懷堂印譜　五册

〔清〕王玉如篆〔清〕葉錦輯

清乾隆九年(1744)鈐印本

上海　西泠　岩瀨文庫

08646

澄懷堂印譜　四册

〔清〕王玉如篆〔清〕葉錦輯

清乾隆十一年(1746)鈐印本

上海　上博　鹽城　天一閣　私人藏　靜嘉堂

08647

澄懷堂印譜　五册

〔清〕王玉如篆〔清〕葉錦輯

清乾隆十一年(1746)鈐印本

漠南

08648

澄懷堂印譜　九册

〔清〕王玉如篆〔清〕葉錦輯

清乾隆十一年(1746)鈐印本

浙江

08649

澄懷堂印譜　十册

〔清〕王玉如篆〔清〕葉錦輯

清乾隆十一年(1746)鈐印本

國圖

08650

澄懷堂藏印　一册

吳昌碩等篆並輯

鈐印本

東京博

憬

08651

憬齋印存　一册

蕭文澄篆並輯

鈐印本

中嶽齋

寫

08652

寫山樓印譜　一册

（日本）谷文晁輯

日本大正七年(1918)鈐印本

日本國會　岩瀨文庫

08653

寫韻樓印譜　一册

〔清〕吳芳珍篆並輯

鈐印本

鴻爪留痕館

窳

08654

窳龕留痕（泉唐鶴廬居士印賞）不分卷　十二册

鍾以敬篆　丁仁輯

民國三年(1914)鈐印本

浙江博

遲

08655

遲畊小築存印　一册

［佚名］篆並輯

鈐印本

松陰軒

劈

08656

劈石山館印存　一册
　[佚名]篆並輯
　鈐印本
　松蔭軒

履

08657

履厂藏印選(履齋藏印)不分卷　二册
　江成之藏印　勞黎華輯
　乙亥年(1995)鈐印本
　松蔭軒　秋水齋

08658

履冰室集印不分卷　二册
　[佚名]篆並輯
　鈐印本(一輯、二輯)
　松蔭軒

08659

履園印選　一册
　[清]錢泳篆並輯
　清道光十五年(1835)鈐印本
　西泠

08660

履盦藏印選(履齋藏印)不分卷　二册
　江成之藏並輯
　丁酉年(2017)鈐印本
　雲峰齋

彈

08661

彈月軒印譜　一册
　[清]芮序儀輯
　鈐印本
　松蔭軒

選

08662

選堂用印集　一册
　饒宗頤藏　[佚名]輯
　鈐印本(册葉裝七開，饒氏自用印)
　松蔭軒

豫

08663

豫堂所見印錄不分卷　二册
　[清]趙之謙　黃士陵　吳昌碩等篆　錢君匋輯
　壬寅年(1962)鈐印本
　君匋藝院

08664

豫堂藏印不分卷　二册
　[清]趙之謙　吳昌碩等篆　錢君匋輯
　壬寅年(1962)鈐印本
　西泠

08665

豫堂藏印不分卷　六册
　[清]趙之謙　黃士陵　吳昌碩等篆　錢君匋輯
　壬寅年(1962)鈐印本
　君匋藝院

08666

豫堂藏印乙集　一册
　吳昌碩等篆　錢君匋輯
　壬寅年(1962)鈐印本
　君匋藝院

08667

豫堂藏印甲集　一册
　[清]趙之謙篆　錢君匋輯

壬寅年(1962)鈐印本
君匋藝院

08668

豫章鴻雪 一册
〔清〕方予楬輯
清光緒九年(1883)鈐印本
拳石山房

緝

08669

緝雅堂印影 二册
〔清〕潘元長輯
清光緒二十九年(1903)南海潘氏緝雅堂鈐印本
西泠

緣

08670

緣閑堂古璽印輯存不分卷 二册
杜傑輯
丁酉年(2017)鈐印本
知還印館 鹿鳴簃

08671

緣閑堂古璽印輯存不分卷 三册
杜傑輯
戊戌年(2018)鈐印本
見性簃

十六畫

璞

08672

璞生印痕 一册
徐琢篆並輯
鈐印本

松蔭軒

聲

08673

聲牙齋印存 一册
(日本)土井恪篆並輯
日本昭和二年(1927)鈐印本
西泠

璃

08674

璃笁儸館印譜不分卷 二册
〔清〕吳廷康 吳祥麟篆並輯
清光緒十四年(1888)鈐印本
上博

據

08675

據梧尋夢室藏印 一册
馮康侯等篆 黎暢九輯
庚寅年(1950)鈐印本
百二扇面齋

磬

08676

磬閣集拓 一册
[佚名]篆並輯
鈐印本
松蔭軒

燕

08677

燕申堂印譜 一册

（日本）細川林齋 田邊玄玄等篆 （日本）田園穆輯
日本大正七年(1918)鈐印本
協會

08678
燕申堂集印不分卷　三册
（日本）山本竹雲 安部井櫟堂等篆 （日本）田園穆輯
日本大正七年(1918)鈐印本
臺故博　協會　漠南

08679
燕孫刻印初選　一册
徐燕孫篆並輯
鈐印本
松蔭軒

08680
燕舲印存　一册
齊燕銘篆並輯
民國十五年(1926)鈐印本
國圖

08681
燕舲印譜　一册
柯昌泗輯
民國間鈐印本
國圖

08682
燕舲藏印　一册
柯昌泗輯
民國二十六年(1937)鈐印本
國圖

薛

08683
薛文麟印稿不分卷　三册
〔清〕薛文麟篆並輯

清光緒二十二年(1896)鈐印本
蘇州大

08684
薛佛影印譜　一册
薛光照篆並輯
鈐印本
松蔭軒

薇

08685
薇寄廬藏印　一册
〔清〕張溥輯
鈐印本
常熟

蔆

08686
蔆棠軒印章　一册
〔清〕王兆興篆並輯
清嘉慶十六年(1811)鈐印本
上博　南京

翰

08687
翰石山房印存不分卷　二册
〔清〕霞章氏篆
鈐印本
安徽

08688
翰苑印林　二册
〔明〕吳日章輯
明崇禎七年(1634)鈐印本
南京　西泠

08689

翰苑印林　四册
〔明〕吳日章輯
明崇禎七年(1634)鈐印本
西泠　哈佛燕京

08690

翰林緣印譜　一册
〔清〕許葉芬　張集馨篆　張儀徵輯
鈐印本
松蔭軒

08691

翰振堂印譜不分卷　十二册
汪鐘奇輯
鈐印本
上海

08692

翰雲樓印存　一册
李夏篆　麥漢興輯
癸丑年(1973)鈐印本
兩然齋

08693

翰雲樓印存　一册
李夏篆　麥漢興輯
丙寅年(1986)鈐印本
兩然齋　松蔭軒

08694

翰雲樓印存　一册
李夏篆　梁曉莊輯
己丑年(2009)鈐印本
兩然齋

08695

翰墨因緣館印存不分卷　四册
〔清〕賈月銘輯
清宣統三年(1911)鈐印本
漠南

08696

翰墨因緣館印存不分卷　八册
〔清〕賈月銘輯
清宣統三年(1911)鈐印本
浙江博　松蔭軒

08697

翰墨因緣館印存不分卷　五十册
〔清〕賈月銘輯
清宣統三年(1911)鈐印本
上海

08698

翰墨游戲不分卷　十册
(日本)濱村藏六　(日本)圓山大迂等篆
日本明治十八年(1885)鈐印本
漠南

蕭

08699

蕭閑居張氏印草不分卷　二册
〔清〕張模等篆並輯
清嘉慶五年(1800)鈐印本
上海　上博

08700

蕭儒懷印集不分卷　二册
蕭儒懷篆並輯
民國八年(1919)鈐印本
松蔭軒

08701

蕭齋印集　一册
蕭子飛篆並輯
鈐印本
揚州

頤

08702
頤素軒印存不分卷　二册
〔清〕何紹基輯
民國二十四年(1935)鈐印本
浙江博

08703
頤素軒印存不分卷　八册
〔清〕何維樸輯
清光緒間鈐印本
漠南

08704
頤素齋印存(頤素齋印影)不分卷　八册
〔清〕何維樸輯
清光緒十六年(1890)鈐印本
上博　湖南　太田孝太郎

08705
頤素齋印景不分卷　四册
〔清〕何伯源輯
清光緒十六年(1890)鈐印本
上海　上博　復旦　中遺院　松蔭軒　東京博

08706
頤素齋印譜不分卷　二册
〔清〕何紹基輯
清咸豐三年(1853)鈐印本
西泠

08707
頤淵印集　一册
經亨頤篆並輯
民國二十五年(1936)影印本
國圖　中國美院　西泠　君匋藝院　南京　港大　廣東　湖南　臺故博　松蔭軒　協會　國會山莊

08708
頤淵金石詩書畫合集印集不分卷　三册

經亨頤篆並輯
民國二十五年(1936)影印本
鴻爪留痕館　松蔭軒

08709
頤園主人印存　一册
［佚名］篆並輯
鈐印本(古器皿印拓)
中國美院　松蔭軒

08710
頤壽堂印品　二册
〔清〕唐毓厚篆並輯
清光緒二十二年(1896)鈐印本
松蔭軒

08711
頤樂齋印譜　四册
［佚名］篆並輯　傅增淯藏
鈐印本
鴻爪留痕館

08712
頤樂齋印譜不分卷　二册
［佚名］篆並輯
鈐印本
浙江

樾

08713
樾蔭軒藏印　一册
張中原篆並輯
鈐印本
松蔭軒

樹

08714
樹人印譜不分卷　二册

朱潛篆並輯
鈐印本
上海

08715

樹山印存不分卷　四册
　　王樹山篆並輯
　　鈐印本
　　上博

橅

08716

橅漢印存　一册
　　蘇石倉篆並輯
　　鈐印本
　　松蔭軒

樵

08717

樵雲山房印存　二册
　　〔清〕姚濟篆並輯
　　清同治八年(1869)鈐印本
　　松蔭軒

08718

樵雲山房印存　四册
　　〔清〕姚濟篆並輯
　　清同治八年(1869)鈐印本
　　上博

08719

樵雲山房印序　一册
　　〔清〕姚濟篆並輯
　　清同治八年(1869)鈐印本
　　西泠

輯

08720

輯古齋印存　一册
　　〔佚名〕篆並輯
　　鈐印本
　　安徽

08721

輯雅堂印存不分卷　十册
　　〔佚名〕篆並輯
　　鈐印本
　　廣東

賴

08722

賴山陽先生印譜　一册
　　(日本)趙陶齋　高芙蓉　葛子琴　篠崎小竹等篆
　　(日本)賴協輯
　　日本天保四年(1833)鈐印本
　　協會

08723

賴山陽先生印譜　二册
　　(日本)趙陶齋　高芙蓉　葛子琴　篠崎小竹等篆
　　(日本)賴襄輯
　　日本明治二十四年(1891)影印本
　　西泠

08724

賴古堂今印存(賴古堂印譜稿本)　二册
　　〔清〕周亮工輯
　　鈐印本
　　漢南

08725

賴古堂印譜　一册
　　〔清〕李厚居篆並輯

李氏鈐印本

雲南

08726

賴古堂印譜(賴古堂家印譜)　二册

〔清〕周亮工輯

清康熙三年(1664)鈐印本

國圖　清華　哈師大　齊齊哈爾

08727

賴古堂印譜(賴古堂家印譜)　四册

〔清〕周亮工輯

清康熙六年(1667)原鈐印本

國圖　上海　上博　山東　中大　北大　西泠　百樂齋　青島　河南　南京博　南開　黃巖　常熟　湖南　漠南　臺圖　齊齊哈爾　鴻爪留痕館

08728

賴古堂印譜(賴古堂家印譜)　八册

〔清〕周亮工輯

清康熙六年(1667)原鈐印本

國圖　浙師大

08729

賴古堂印譜(賴古堂家印譜)　四册

〔清〕周亮工輯

民國元年(1912)上海神州國光社金屬板影印本

國圖　上海　山東　中國美院　吉大　吉林　安徽　東北師大　南京　南開　浙江博　常熟　湖南　遼寧　港中大　日本國會　松蔭軒　東京博　協會　國會山莊

08730

賴家遺印影　六册

(日本)賴山陽等篆　(日本)賴家一族輯

日本大正七年(1918)鈐印本

漠南

融

08731

融窠金文印　一册

尹海龍篆　吳宏亮輯

戊戌年(2018)鈐印本

閴風齋

08732

融盦藏印　一册

李寶祥篆並輯

鈐印本

廣東

醒

08733

醒花閣印艸　一册

〔清〕王仁達篆並輯

清光緒九年(1883)鈐印本

松蔭軒

08734

醒柯印稿　一册

〔佚名〕篆並輯

展桂軒鈐印本

南京

08735

醒庵印存不分卷　二册

童嵩篆並輯

鈐印本

上海

08736

醒儂藏所印譜　一册

〔佚名〕篆並輯

日本明治十六年(1883)鈐印本

松蔭軒

08737

醒盦印存不分卷　二册

　　童大年篆並輯

　　粘貼本

　　浙江　平湖博

08738

醒盦印存不分卷　十六册

　　童大年篆並輯

　　鈐印本

　　西泠

08739

醒盦居士摹秦範漢印本不分卷　十册

　　童大年篆並輯

　　鈐印本

　　西泠

08740

醒盦居士摹秦範漢印存不分卷　八册

　　童大年篆並輯

　　鈐印本

　　浙江

08741

醒齋印存　一册

　　〔清〕黃士陵等篆並輯

　　鈐印本

　　紅棉山房

08742

醒廬印存不分卷　二册

　　王辰篆並輯

　　民國七年(1918)鈐印本

　　松蔭軒

08743

醒廬印存不分卷　四册

　　王辰篆並輯

　　民國七年(1918)鈐印本

　　浙江　哈爾濱　港中大　松蔭軒

歷

08744

歷下燕貽堂印存　一册

　　［佚名］篆並輯

　　鈐印本

　　寧夏

08745

歷代二十四孝行印譜　一册

　　［佚名］篆並輯

　　鈐印本

　　松蔭軒

08746

歷代古玉匯　一册

　　〔明〕吕震輯

　　描摹本

　　浙江

08747

歷代古印大觀第一集不分卷　四册

　　汪厚昌輯

　　民國六年(1917)有正書局刊印本

　　國圖　大連　上海　天津　"中研院"史語所　中國美院　文雅堂　北師大　吉大　西泠　安徽　吳江　杭州　東北師大　協會　南大　南京　南通　南開　哈爾濱　秋水齋　華東師大　浙江　常熟　鹿鳴簃　清華　黑龍江　遼寧　鎮江　臺圖　松蔭軒　國會山莊

08748

歷代古印大觀第二集不分卷　四册

　　汪厚昌輯

　　民國六年(1917)有正書局刊印本

　　山西　天津　"中研院"史語所　中國美院　北大　北師大　吉大　吉林　西泠　安徽　吳江　別宥齋（天一閣）　杭州　南大　南開　哈師大　哈爾濱　華東師大　浙江　常熟　清華　黑龍江　廣州美院　遼

寧 臺圖 松陰軒 國會山莊

08749

歷代印章簡編 一册

博雅齋輯

戊午年(1978)影印本

協會

08750

歷代名人姓氏印譜不分卷 二册

[佚名]篆並輯

鈐印本

松陰軒

08751

歷代名將印印不分卷 四册

〔清〕趙穆篆並輯

鈐印本

松陰軒

08752

歷代官印集存不分卷 四册

[佚名]篆並輯

鈐印本

松陰軒

08753

歷代琴印 一册

〔清〕雕蟲館篆並輯

清雕蟲館刊印本

天津

08754

歷城印章不分卷 二册

[佚名]篆並輯

鈐印本

松陰軒

08755

歷朝史印 五册

〔清〕黃學圯篆並輯

清嘉慶二年(1797)鈐印本

漠南

08756

歷朝史印 六册

〔清〕黃學圯篆並輯

清嘉慶二年(1797)鈐印本

天一閣 西泠 百樂齋

08757

歷朝史印 八册

〔清〕黃學圯篆並輯

清道光七年(1827)楚橋書屋鈐印本(重輯本)

上博

08758

歷朝史印 四册

〔清〕黃學圯篆並輯

清道光九年(1829)鈐印本

湖南 西泠 泰州

08759

歷朝史印 六册

〔清〕黃學圯篆並輯

清道光九年(1829)楚橋書屋鈐印本(重輯本)

國圖 清華 人大 三峽博 上海 中大 中科院 平湖 西北師大 西泠 西南大 河南 南大 南京 南通 哈爾濱 重慶 徐州 浙大 常州 港大 楚州 新鄉 廣東 遼寧 松陰軒 協會 京都大

08760

歷朝史印 六册

〔清〕黃學圯篆 東皋印社輯

民國十一年(1922)東皋印社石印本

大連 四川 吉大 吉林 安徽 長春 東北師大 清華 寧波 瀋陽 臺大 松陰軒 漠南

08761

歷變樓印譜不分卷 二册

沈大荒篆並輯

鈐印本

安徽

曆

08762

曆朝名公款識不分卷　四册

（日本）宇野秋琴篆並輯

日本明治十二年(1879)鈐印本

漢南

餐

08763

餐三華室印譜　一册

〔清〕王仁俊輯

鈐印本

上海

08764

餐霞閣印稿　一册

吳仲坰篆並輯

民國十六年(1927)鈐印本

上海　私人藏　中國美院　西泠　百樂齋　南通　哈爾濱　浙江　浙江博　復旦　溫州　遼寧　鐵硯齋　松蔭軒　國會山莊

08765

餐霞僊館滌峰名印存稿　一册

徐壽輯

鈐印本

浙江

08766

餐霞精舍印存不分卷　二册

〔佚名〕篆並輯

鈐印本

松蔭軒

08767

餐霞精舍藏印不分卷　二册

徐壽輯

鈐印本

松蔭軒

盧

08768

盧鼎公暨門人篆刻　一册

盧鼎公等篆　梁曉莊輯

庚辰年(2000)鈐印本

兩然齋

08769

盧煒圻印存不分卷　二册

盧煒圻篆　梁曉莊輯

庚辰年(2000)粘貼本

兩然齋

曉

08770

曉天印稿不分卷　四册

單曉天篆並輯

己丑年(2009)鈐印本

中嶽齋　松蔭軒　協會

08771

曉林書屋印集不分卷　四册

王驥輯

民國二十三年(1934)鈐印本

國圖　松蔭軒

08772

曉采居印印　二册

〔明〕吳迥篆並輯

明萬曆四十三年(1615)鈐印本

上海　中國美院　北大　西泠　安徽博　南京

08773

曉采居印印　四册

〔明〕吳迥篆並輯

明萬曆四十三年(1615)鈐印本
西泠 安徽 港中大 漢南

08774
曉采居印印 三冊
〔明〕吳迥篆並輯
明萬曆四十六年(1618)鈐印本
港中大

08775
曉風初日軒印存 一冊
［佚名］篆並輯
鈐印本
松蔭軒

08776
曉風居士存印 一冊
［佚名］篆並輯
鈐印本
松蔭軒

08777
曉風軒印存 一冊
［佚名］篆並輯
鈐印本
松蔭軒

08778
曉時治印不分卷 四冊
方小石篆並輯
鈐印本
中國美院 松蔭軒

08779
曉清廎印存 一冊
鍾毅弘篆並輯
民國三十年(1941)鈐印本
松蔭軒

曉

08780
曉清樓藏印 一冊
鍾毅弘輯
民國三十年(1941)鈐印本
松蔭軒

鴨

08781
鴨江印譜不分卷 十三冊
（日本）河西鴨江輯
日本明治三十一年(1898)鈐印本
漢南

08782
鴨雄綠齋古璽印選 十六冊
（日本）菅原一廣輯
日本平成八年(1996)鈐印本
百樂齋 松蔭軒 東京博

蹄

08783
蹄雨齋印譜 一冊
（日本）成班子文學篆並輯
日本安永四年(1775)鈐印本
岩瀨文庫

戰

08784
戰國古璽印聚不分卷 四冊
文雅堂輯
戊寅年(1998)鈐印本
松蔭軒 協會

08785
戰國銅玉印譜
　尚業煌輯
　庚申年(1980)鈐印本
　松蔭軒

08786
戰國璽選不分卷　四冊
　〔佚名〕篆並輯
　鈐印本
　松蔭軒

嘯

08787
嘯月山人印存　一冊
　〔佚名〕篆並輯
　鈐印本
　浙江博

08788
嘯月軒印存不分卷　二冊
　〔清〕王韡篆並輯
　清宣統二年(1910)鈐印本
　上海　松蔭軒

08789
嘯月樓印賞不分卷　六冊
　〔清〕戴啟偉篆並輯
　清乾隆四十三年(1778)鈐印本
　上海

08790
嘯月樓印賞　一冊
　〔清〕戴啟偉篆　神州國光社輯
　民國六年(1917)影印本
　國圖　北大　京文研

08791
嘯月樓印賞　一冊
　〔清〕戴啟偉篆　神州國光社輯
　民國十七年(1928)影印本
　國圖　臺圖　東京大　京文研

08792
嘯生鐵筆(仁甫印存)　二冊
　〔佚名〕篆並輯
　鈐印本
　臨海博

08793
嘯崔山人印存　一冊
　〔佚名〕篆並輯
　鈐印本
　浙江博

08794
嘯雪堂印譜不分卷　二冊
　〔清〕董邕篆並輯
　清光緒十三年(1887)鈐印本
　松蔭軒　岩瀨文庫

08795
嘯雪堂印譜　二冊
　(日本)董邕篆並輯
　日本昭和二十二年(1947)鈐印本
　西泠

08796
嘯琴印譜　一冊
　〔清〕金桂科篆並輯
　鈐印本
　哈爾濱

08797
嘯雲軒印譜不分卷　二冊
　〔佚名〕篆並輯
　鈐印本
　黑龍江

08798
嘯雲樓集印　四冊
　〔清〕汪啟淑輯
　鈐印本

上海

08799

嘯園印存不分卷　二冊
　〔佚名〕篆並輯
　清光緒三十三年(1907)鈐印本
　四川

08800

嘯溪印存　一冊
　〔清〕西湖嘯溪篆並輯
　清道光十年(1830)稿本
　浙江

08801

嘯鶴山人印存　一冊
　〔佚名〕篆並輯
　鈐印本
　浙江博

還

08802

還味軒選易庵印存　一冊
　蔡易庵篆　王啓明輯
　癸卯年(1963)鈐印本
　鐵硯齋

08803

還讀館印譜　一冊
　〔佚名〕篆並輯
　鈐印本
　蘇州

默

08804

默菴集銅印譜　一冊
　蔣汝苹輯
　鈐印本

浙江

08805

默語堂印存　一冊
　(日本)小林斗盦　保多孝三等篆並輯
　日本平成五年(1993)鈐印本
　日本國會　協會

08806

默樓小隱印存不分卷　二冊
　〔佚名〕篆並輯
　鈐印本
　松蔭軒

08807

默齋印存　一冊
　謝健廷篆並輯
　民國二十年(1931)鈐印本
　上海　湖南

08808

默廬印存不分卷　八冊
　謝健廷篆並輯
　清光緒三十年(1904)鈐印本
　協會

08809

默廬集印　一冊
　〔佚名〕篆並輯
　粘貼本
　安徽

積

08810

積古印存　一冊
　〔佚名〕篆並輯
　鈐印本
　安徽

08811

積古印存不分卷　四冊

08812
積古印萃不分卷　四册
　[佚名]篆並輯
　鈐印本
　上博

08813
積古圖　一册
　[清]阮元輯
　清嘉慶八年(1803)鈐印本
　國圖

08814
積古齋印存　一册
　[佚名]篆並輯
　鈐印本
　鴻爪留痕館

08815
積堂殘本印存　一册
　[佚名]篆並輯
　鈐印本
　蘭樓

08816
積微小室印拓不分卷　二册
　金禹民　錢君匋　陳茗屋等篆　王翔輯
　丙申年(2016)鈐印本
　免胄堂

08817
積翠軒印存不分卷　二册
　(日本)片岡寬篆並輯
　日本明治三十八年(1905)鈐印本
　漠南

[佚名]篆並輯
鈐印本
上海

穆

08818
穆一龍印存　一册
　穆一龍篆並輯
　鈐印本
　南京　私人藏

08819
穆一龍印存不分卷　九册
　穆一龍篆並輯
　鈐印本
　松蔭軒

08820
穆一龍印存不分卷　十七册
　穆一龍篆並輯
　鈐印本
　松蔭軒

08821
穆父印存　一册
　[清]黃士陵篆　王秉恩輯
　王氏鈐印本
　私人藏

08822
穆父印存　一册
　[清]黃士陵篆並輯
　鈐印本
　廣東

08823
穆如清風室攷藏古官印不分卷　二册
　(日本)園田湖輯
　日本昭和二十三年(1948)鈐印本
　松蔭軒　松丸東魚　東京博　協會　岩瀨文庫

08824
穆如清風室藏古璽印存不分卷　十六册
　(日本)園田湖輯

日本昭和三十九年(1964)鈐印本

東京博

08825

穆如清風室藏古璽印選　一冊

（日本）園田穆輯

日本昭和三十九年(1964)鈐印本

松蔭軒　漠南

08826

穆如清風室藏古璽印選不分卷　八冊

（日本）園田穆輯

日本昭和三十九年(1964)鈐印本

松蔭軒

08827

穆如清風室藏古璽印選不分卷　十一冊

（日本）園田穆輯

日本昭和三十九年(1964)鈐印本

松蔭軒

08828

穆如清風室藏古璽印選不分卷　十二冊

（日本）園田穆輯

日本昭和三十九年(1964)鈐印本

松蔭軒

08829

穆甫印存　一冊

〔清〕黃士陵篆並輯

鈐印本

廣東

08830

穆翁印存　一冊

〔清〕黃士陵篆並輯

民國三年(1914)鈐印本

上博

08831

穆壽山先生刻印存　一冊

〔清〕穆雲谷篆並輯

鈐印本

松丸東魚

08832

穆齋印存不分卷　四冊

張樸篆並輯

鈐印本

北大

08833

穆齋治印集不分卷　二冊

黃高年篆並輯

鈐印本

松蔭軒

08834

穆龕印存　一冊

〔清〕趙穆篆並輯

鈐印本

南京

08835

穆龕制印　一冊

〔清〕趙穆篆並輯

鈐印本

西泠

篔

08836

篔園模印存稿　二冊

〔清〕范文成篆並輯

清雍正元年(1723)鈐印本

上海　中國美院　南京　秦氏支祠（天一閣）　蘇州

08837

篔園模印存稿　四冊

〔清〕范文成篆並輯

清雍正元年(1723)鈐印本

吉大

篠

08838

篠田芥津先生印譜不分卷　六册
（日本）篠田芥津篆並輯
鈐印本
東京博

興

08839

興龕集古秦漢卷　一册
蕭憶源輯
壬寅年(2022)鈐印本
興庵

08840

興庵集古流派卷不分卷　二册
蕭憶源輯
壬寅年(2022)鈐印本
興庵

學

08841

學大慶印譜　一册
胡鐵生篆　榮寶齋輯
丁巳年(1977)鈐印本
中嶽齋

08842

學山堂印存　一册
〔清〕顧湘輯
清道光二十九年(1849)原鈐印本
廣東

08843

學山堂印存　四册
〔清〕顧湘輯
清道光二十九年(1849)原鈐印本
漠南

08844

學山堂印存　四册
〔清〕顧湘輯
清光緒三十年(1904)原鈐印本
國圖　上海　私人藏　中國美院　吉大　吉林　西泠
杭州　南京　蘇州　哈爾濱　常熟　鴻爪留痕館　松
蔭軒　早稻田　岩瀬文庫　國會山莊

08845

學山堂印存　四册
〔清〕顧湘輯
民國十四年(1925)掃葉山房影印本
上海　私人藏　中國美院　南京　湖南　義烏　松
蔭軒

08846

學山堂印譜　六册
〔明〕張灝輯
明崇禎四年(1631)鈐印本
上博　山東　西泠　百樂齋　曲阜師大　蘇州　南京
陝師大　臺圖　静嘉堂　京文研

08847

學山堂印譜　七册
〔明〕張灝輯
明崇禎四年(1631)鈐印本
中遺院

08848

學山堂印譜　一册
〔明〕張灝輯
明崇禎七年(1634)鈐印本
韓國中央　柏克萊

08849

學山堂印譜　四册
〔明〕張灝輯
明崇禎七年(1634)鈐印本
國圖　蘇州　吳中　佛山　柏克萊

08850

學山堂印譜　五冊

〔明〕張灝輯

明崇禎七年(1634)鈐印本

西泠　芷蘭齋　劉禹

08851

學山堂印譜　八冊

〔明〕張灝輯

明崇禎七年(1634)鈐印本

上博　西泠

08852

學山堂印譜附學山記、學山紀游、學山題咏　十冊

〔明〕張灝輯

明崇禎七年(1634)鈐印本

國圖　上海　山東　西泠　故宮　南京　蘇州　浙江　常熟　東京博　漠南　韓國中央　哈佛燕京

08853

學不厭齋印稿　一冊

［佚名］篆並輯

鈐印本

浙江博

08854

學古印譜　一冊

〔清〕張金夔篆並輯

清嘉慶十四年(1809)鈐印本

西泠

08855

學古退齋印存　一冊

〔清〕孟超然篆〔清〕朱記榮輯

清光緒九年(1883)鈐印本

鹿鳴簃

08856

學古退齋印存　二冊

〔清〕孟超然篆並輯

清光緒九年(1883)鈐印本

國圖　上博　浙江　湖南　福建　寧夏　瀋陽　松蔭軒

08857

學古書屋印譜　一冊

［佚名］篆並輯

鈐印本

嘉興

08858

學古齋印譜　一冊

〔清〕宋倡篆並輯

清道光二十年(1840)鈐印本

上海　松蔭軒

08859

學古齋印譜　一冊

〔清〕張仲文篆並輯

清嘉慶十四年(1809)鈐印本

鐵硯齋

08860

學印聯珠(蒼涵閣印存)　二冊

〔明〕甘暘述〔清〕許文興輯

清道光八年(1828)鈐印本

義烏　廣州美院　漠南

08861

學而集　一冊

陳大中篆　吳宏亮輯

戊戌年(2018)鈐印本

閬風齋

08862

學步盦印海　一冊

(日本)圓山大迂篆(日本)圓山凌秋輯

日本大正十一年(1922)鈐印本

東京博

08863

學步盦印蛻　一冊

(日本)圓山大迂篆並輯

日本明治十四年(1881)鈐印本

漠南

08864

學步盦印蛻(學步庵三集)　一冊

（日本）圓山大迂篆　（日本）圓山凌秋輯

日本大正十一年(1922)鈐印本

松蔭軒

08865

學步盦印蛻不分卷附學步盦畫譜、學步盦詩鈔　三冊

（日本）圓山大迂篆　（日本）圓山惇一輯

日本大正十一年(1922)影印本

哈爾濱　東京博　漢南

08866

學步盦印蛻　一冊

〔清〕張澹篆並輯

張澹鈐印本

福建

08867

學固印存　一冊

潘學固篆並輯

鈐印本

松蔭軒

08868

學鐫印譜　一冊

〔清〕葉金貴篆並輯

清光緒十三年(1887)鈐印本

蘇州大

儒

08869

儒家畫像印譜不分卷　九冊

〔佚名〕篆並輯

日本大正八年(1919)鈐印本

漢南

衡

08870

衡素齋印稿　二冊

〔清〕俞嶔奇篆並輯

清康熙四十六年(1707)鈐印本

上海　上博

08871

衡陽江瓶水篆刻(聞雞館印存)　一冊

江瓶水篆　孫裴輯

民國二十二年(1933)聞雞館印本

上海　長春　南京

08872

衡陽馮臼庵先生印譜　一冊

馮臼篆並輯

民國二十年(1931)中華書局鈐印本

湖南

08873

衡齋金石識小錄(衡齋識小錄)　一冊

黃濬輯

民國二十四年(1935)鈐印本

南京

08874

衡齋藏印不分卷　十六冊

黃濬輯

民國二十六年(1937)鈐印本

國圖　上海　上博　南京　私人藏　"中研院"史語所　松蔭軒　東京博　漢南

08875

衡齋藏印不分卷　四冊

黃濬輯

民國三十三年(1944)鈐印本

廣東

08876

衡齋藏印續集不分卷　十四冊

黄濬輯
民國三十三年(1944)鈐印本
上海 上博 南京 廣東 私人藏 松蔭軒

08877
衡齋藏印續集不分卷　三十册
　黄濬輯
　民國三十三年(1944)鈐印本
　　國圖　上海　南京

衛

08878
衛可山房古印集存不分卷　二册
　田小可輯
　壬寅年(2022)鈐印本
　　知還印館

錬

08879
錬金集不分卷　二册
　(日本)林煥章篆並輯
　日本寶曆三年(1753)鈐印本
　　漠南

錢

08880
錢佐時印譜　一册
　錢佐時篆並輯
　鈐印本
　　私人藏

08881
錢君匋印存　一册
　錢君匋篆並輯
　民國三十三年(1944)原鈐印本
　　湖南　復旦　吉大　私人藏　蘭樓　松蔭軒

08882
錢君匋印存不分卷　二册
　錢君匋篆並輯
　民國三十三年(1944)原鈐印本
　　上海　吉大　西泠　浙江　浙江博　君匋藝院　松蔭軒　國會山莊

08883
錢君匋印存　四册
　錢君匋篆並輯
　民國三十四年(1945)影印本
　　中國美院

08884
錢君匋印集　一册
　錢君匋篆並輯
　鈐印本
　　松蔭軒　協會

08885
錢君匋印選　一册
　錢君匋篆　宣和印社輯
　甲午年(1954)鈐印本
　　哈爾濱

08886
錢君匋印譜不分卷　三册
　錢君匋篆並輯
　民國三十二年(1943)影印本
　　上海　嘉興　松蔭軒

08887
錢君匋印譜　一册
　錢君匋篆並輯
　鈐印本
　　鴻爪留痕館

08888
錢君匋刻巴金七印　一册
　錢君匋篆　沓古山房輯
　壬申年(1992)鈐印本
　　沓古山房

08889

錢君匋獲印錄不分卷　六冊

〔清〕趙之謙　黃士陵等篆　錢君匋輯

乙卯年(1975)鈐印本

君匋藝院　私人藏　沓古山房

08890

錢君匋藏印不分卷　二冊

〔清〕〔佚名〕篆　錢君匋輯

鈐印本

君匋藝院

08891

錢君匋藏印譜不分卷　三冊

〔清〕趙之謙　黃士陵等篆　錢君匋輯

戊寅年(1998)鈐印本

安徽　協會

08892

錢叔蓋丁敬印譜不分卷　二冊

錢松　丁敬等篆並輯

鈐印本

蘇州

08893

錢叔蓋印存不分卷　三冊

錢松篆　吳隱輯

清宣統二年(1910)上海西泠印社潛泉印泥發行所鈐印本

南京　松蔭軒　東京博

08894

錢叔蓋印譜(錢義士印稿)　一冊

錢松篆　〔清〕魏錫曾輯

清同治元年(1862)鈐印本

寶甓齋

08895

錢叔蓋印譜不分卷　二冊

錢松篆　〔清〕傅栻輯

清光緒元年(1875)傅氏鈐印本

南京　紅棉山房

08896

錢叔蓋印譜不分卷　四冊

錢松篆並輯

民國二十三年(1934)鈐印本

上海　秦氏支祠(天一閣)　港大

08897

錢叔蓋印譜　一袋

錢松篆並輯

鈐印本

浙江

08898

錢叔蓋先生印譜不分卷　四冊

錢松篆並輯

清光緒三年(1877)鈐印本

國圖　寧夏　上海　私人藏

08899

錢叔蓋先生印譜　一冊

錢松篆　〔清〕高邕輯

清光緒七年(1881)鈐印本

蘇州

08900

錢叔蓋胡鼻山兩家印輯(錢胡兩家印輯)不分卷　四冊

錢松　胡震等篆　吳隱輯

清光緒三十一年(1905)西泠印社鈐印本(重輯本)

國圖　上海　安徽　哈爾濱　港大　鴻爪留痕館　私人藏　長恩閣　松蔭軒

08901

錢叔蓋胡鼻山兩家刻印存不分卷　十冊

錢松　胡震篆　〔清〕嚴荄輯

清同治三年(1864)鈐印本

西泠

08902

錢叔蓋胡鼻山刻印(錢胡印譜)不分卷　二冊

錢松　胡震等篆　〔清〕嚴荄輯

清同治三年(1864)鈐印本

國圖 中大 華東師大 兩然齋 秋水齋 松蔭軒 東京博 蒲阪文庫

08903

錢胡印存(錢胡印集)不分卷　十册

錢松〔清〕胡震篆〔清〕嚴荄輯

清同治三年(1864)鈐印本

國圖 遼寧 松蔭軒 漠南

08904

錢胡兩先生印存　一册

錢松〔清〕胡震篆〔清〕嚴荄輯

清同治三年(1864)鈐印本

上海

08905

錢梅溪印存　一册

〔清〕錢泳篆並輯

鈐印本

松蔭軒

08906

錢商印譜　一册

徐兵輯

鈐印本

松蔭軒

08907

錢塘戴文節公印存　一册

戴兆廉輯

鈐印本

松蔭軒

08908

錢業印存不分卷　二册

徐兵輯

鈐印本

松蔭軒

08909

錢瘦鐵印存　一册

錢瘦鐵篆並輯

壬寅年(1962)鈐印本

哈爾濱 私人藏 鴻爪留痕館

08910

錢榮初印譜　一册

錢榮初篆　藝石齋輯

民國九年(1920)鈐印本

私人藏

08911

錢曉廷印譜不分卷　三册

〔清〕錢曉廷輯

鈐印本

嘉興

08912

錢鏡塘鑒藏印錄不分卷　二册

陳巨來 王賢等篆　朵雲軒輯

己卯年(1999)鈐印本

私人藏 匡時山房 秋水齋 紅棉山房 松蔭軒 協會

08913

錢鶴菴印集　一册

錢鶴菴篆並輯

鈐印本

松蔭軒

錫

08914

錫山林敬堂印譜　一册

〔清〕林梓敬篆並輯

清同治八年(1869)鈐印本

上海 松蔭軒

錦

08915

錦石山房印譜　一册

〔清〕趙埜篆並輯
清嘉慶二十二年(1817)鈐印本
上博

08916

錦里篆刻徵存不分卷　二册

易忠錄輯
鈐印本
松蔭軒

08917

錦囊印林　二册

〔清〕汪啓淑輯
清乾隆十九年(1754)鈐印本
國圖　上海　西泠　私人藏　芷蘭齋　松蔭軒　東京博　松丸東魚

08918

錦囊印林　四册

〔清〕汪啓淑輯
清乾隆十九年(1754)香雲亭刊本
國圖　西泠　松丸東魚　漠南

08919

錦囊印林　二册

〔清〕汪啓淑輯
日本昭和四十年(1965)影印本(小開本)
松丸東魚　漠南

08920

錦囊銅磁印譜不分卷　二册

(日本)濱村藏六五世篆並輯
日本明治三十八年(1905)鈐印本
松丸東魚　東京博　漠南

歙

08921

歙霞樓印存不分卷　二册

(日本)岩谷一六篆並輯
日本明治三十七年(1904)鈐印本

漠南

螣

08922

螣齋鍥蹟不分卷　二册

郭墨安篆並輯
壬申年(1992)鈐印本
養闇室

雕

08923

雕虎集　一册

吳汝勇篆　陸凌楓輯
壬寅年(2022)陸氏鈐印本
私人藏

08924

雕刻第一集　一册

[佚名]篆並輯
民國二十三年(1934)鈐印本
金華博

08925

雕龍繡虎印譜不分卷　四册

[佚名]篆並輯
鈐印本
松蔭軒

08926

雕蟲不分卷　二百册

(日本)[佚名]篆並輯
日本明治大正昭和間鈐印本
漠南

08927

雕蟲不分卷　一百五十七册

(日本)長思印會會員篆並輯
日本大正四年(1915)鈐印本

臺大

08928

雕蟲小技(醉墨山房印箋)　一冊
　〔佚名〕篆並輯
　鈐印本
　金華博

08929

雕蟲庵集古印存　一冊
　〔佚名〕篆並輯
　鈐印本
　上海

08930

雕蟲窟印存不分卷　二冊
　(日本)石井雙石篆並輯
　鈐印本
　東京博

08931

雕蟲窟印蛻　二冊
　(日本)濱村藏六五世篆　(日本)石井碩輯
　日本昭和十七年(1942)鈐印本
　松蔭軒　松丸東魚　東京博　國會山莊　漠南

08932

雕蟲窟印藪不分卷　二冊
　(日本)濱村藏六五世篆並輯
　日本明治三十二年(1899)鈐印本
　東京博　岩瀨文庫　漠南

08933

雕蟲窟印藪不分卷　三冊
　(日本)濱村藏六五世篆　(日本)長思印會輯
　日本明治三十二年(1899)鈐印本
　松丸東魚　漠南

08934

雕蟲窟印藪初集二集不分卷　二冊
　(日本)濱村立平篆並輯
　日本明治三十年(1897)鈐印本
　中國美院　西泠　臺大　日本國會

08935

雕蟲窟印譜不分卷　三冊
　(日本)源伯民篆並輯
　日本寶曆七年(1757)鈐印本
　漠南

鮑

08936

鮑方舟先生印譜　一冊
　〔清〕鮑方舟輯
　鈐印本(册葉裝十二開)
　拳石山房

穎

08937

穎川家寶　一冊
　馮康侯篆　陳融輯
　民國二十四年(1935)鈐印本(殘本)
　松蔭軒　私人藏

08938

穎川家寶不分卷　四冊
　馮康侯篆　陳融輯
　民國二十四年(1935)鈐印本(殘本)
　免冑堂

獨

08939

獨立禪師自用印　一冊
　〔清〕戴笠〔獨立〕篆　(日本)中井敬所輯
　日本明治二十三年(1890)鈐印本
　都立大學　漠南

08940

獨立禪師自用印册葉裝　一冊
　〔清〕戴笠〔獨立〕篆　(日本)中井敬所輯

日本明治二十三年(1890)鈐印本

漠南

08941

獨樂園印譜　一册

〔日本〕牧野貞喜篆並輯

日本寬政六年(1794)鈐印本

岩瀨文庫

鴛

08942

鴛湖四山印集(嘉興四山印集)不分卷　二册

〔清〕錢善揚　文鼎　曹世模　孫三錫篆　吳隱輯

清宣統二年(1910)西泠印社藏印本

國圖　大連　上海　上博　西泠　哈爾濱　浙江博　嘉興　鐵硯齋　松蔭軒　協會

08943

鴛湖名人刻印　一册

〔佚名〕篆並輯

鈐印本

上博

磨

08944

磨兜堅室銅印譜　一册

〔清〕汪鎬京輯

清康熙間鈐印本

南京

08945

磨銕閒人印譜不分卷　二册

〔清〕劉潤澤　薛華培輯

清光緒二十六年(1900)粘貼本

松蔭軒

08946

磨劍室印譜　一册

柳棄疾輯

鈐印本

南京

08947

磨劍室印譜不分卷　二册

柳棄疾輯

鈐印本

上海

凝

08948

凝清室古官印存　一册

羅振玉輯

民國十二年(1923)鈐印本

人大　內蒙古　內蒙古大　華東師大　廈大　松蔭軒　京文研

08949

凝清室古官印存不分卷　二册

羅振玉輯

民國十二年(1923)鈐印本

國圖　上海　天津　"中研院"史語所　內蒙古　北大　東北師大　兩然齋　南大　南京　哈爾濱　紅棉山房　浙江博　港大　廣東　遼寧　鴻爪留痕館　松蔭軒　太田孝太郎　松丸東魚　東京大　東京博　東洋文庫　京文研　漠南

08950

凝清室古官印存不分卷　三册

羅振玉輯

民國十二年(1923)鈐印本

韓國中央

08951

凝清室古官印存不分卷　二十册

羅振玉輯

民國十二年(1923)鈐印本

上博

08952

凝清室所藏周秦古鉩印　一册
　羅振玉輯
　民國十二年(1923)鈐印本
　浙江

08953

凝清室所藏周秦古鉩印不分卷　四册
　羅振玉輯
　民國十二年(1923)鈐印本
　大連　中國美院

08954

凝清室所藏周秦古鉩印不分卷　十六册
　羅振玉輯
　民國十二年(1923)鈐印本
　太田孝太郎　漠南

08955

凝清室所藏周秦古鉩印不分卷　二十册
　羅振玉輯
　民國十二年(1923)鈐印本
　上博

08956

凝緑館主印稿不分卷　四册
　[佚名]篆並輯
　鈐印本
　松蔭軒

龍

08957

龍厂印存　一册
　顔澤霖篆並輯
　鈐印本
　上海

08958

龍士篆刻集　一册
　蕭龍士篆並輯
　鈐印本
　松蔭軒

08959

龍石先生印存　一册
　〔清〕楊澥篆　邵松年輯
　鈐印本
　浙江　私人藏

08960

龍泓山人印譜不分卷　八册
　〔清〕丁敬篆　吳隱輯
　清宣統二年(1910)鋅版印本(潛泉印叢本)
　國圖　大連　上海　天津　中大　中國美院　北大
　北師大　四川　西泠　百樂齋　芷蘭齋　哈爾濱　首
　都　浙江　浙江博　紹興　港大　漠南　嘉興　臺故
　博　廣東　錦州　鴻爪留痕館　蘇州　鐵硯齋　松蔭
　軒　立命館大　松丸東魚　京文研　國會山莊

08961

龍泓山人印譜不分卷　四册
　〔清〕丁敬篆並輯
　鈐印本
　松蔭軒

08962

龍泓居士刻印集　一册
　〔清〕丁敬篆〔清〕沈亦香輯
　清咸豐六年(1856)鈐印本(册葉裝)
　近墨堂　漠南

08963

龍城百字軒印譜不分卷　二册
　王照篆並輯
　鈐印本
　國圖

08964

龍眠山人印譜　三册
　(日本)龍眠山人篆並輯
　日本安永二年(1773)鈐印本
　早稻田

十六畫 695

08965
龍湖印譜不分卷　二冊
　（日本）三井龍湖篆並輯
　鈐印本
　　日本國會　岩瀨文庫

08966
龍鳳呈祥印譜不分卷　四冊
　楊堅水篆並輯
　己巳年(1989)鈐印本
　　松蔭軒

08967
龍鱗留影不分卷　二冊
　（日本）益田香遠篆並輯
　日本大正三年(1914)鈐印本
　　松蔭軒　漠南

熾

08968
熾仁親王印譜　一冊
　（日本）高松宮家輯
　日本昭和四年(1929)鈐印本
　　日本國會　書陵部　漠南

螢

08969
螢雪不分卷　四冊
　〔佚名〕篆並輯
　鈐印本
　　松蔭軒

澣

08970
澣雲軒治印存稿不分卷　四冊
　孫桂篆並輯
　民國三十四年(1945)鈐印本
　　松蔭軒

08971
澣雲軒摹刻槐堂印存不分卷　六冊
　孫桂篆並輯
　民國三十四年(1945)鈐印本
　　松蔭軒

潞

08972
潞河丁二仲印存（十七樹梅花館印存）　一冊
　丁尚庚篆並輯
　民國二十四年(1935)鈐印本
　　浙江博

澡

08973
澡雪老人印譜　二冊
　〔清〕徐堅篆並輯
　清嘉慶二十一年(1816)鈐印本
　　浙江

澤

08974
澤山游藝　一冊
　〔清〕馬咸篆並輯
　鈐印本(稿本)
　　西泠

激

08975
激廬漢印存不分卷　二冊
　〔佚名〕篆並輯

鈐印本

漢南

澹

08976

澹一齋章譜　一册

〔清〕孫璟篆並輯

民國三年(1914)影印本

上海　雲南

08977

澹一齋章譜　一册

〔清〕孫璟篆並輯

民國八年(1919)影印本

人大　復旦　松蔭軒

08978

澹一齋章譜　一册

〔清〕孫璟篆並輯

民國十五年(1926)影印本

河南大

08979

澹一齋章譜　一册

〔清〕孫璟篆並輯

甲戌年(1994)影印雲南叢書本

國圖　人大　上海　中科院　四川　吉大　河南大

南京　浙江　雲南　復旦　湖北　遼寧

08980

澹一齋章譜　一册

〔清〕孫璟篆並輯

原鈐印本

上海　雲南

08981

澹台印譜　一册

(日本)田昇澹台篆並輯

日本文化十一年(1814)鈐印本

岩瀨文庫

08982

澹如居印存不分卷　二册

〔清〕吳金標篆並輯

清乾隆三十六年(1771)鈐印本

上海　中國美院　松蔭軒

08983

澹園印譜不分卷　二册

〔清〕王鋭一篆〔清〕吳江元輯

清道光二十七年(1847)留鴻爪齋鈐印本

松蔭軒

08984

澹園印譜不分卷　四册

〔清〕王鋭一篆〔清〕吳江元輯

清道光二十七年(1847)留鴻爪齋鈐印本

上海

08985

澹静齋印存　一册

〔清〕楊尚文輯

鈐印本

國圖

08986

澹寧書屋印譜　一册

〔清〕張澤仁篆並輯

自存本

松蔭軒

08987

澹鑒軒印存　一册

［佚名］篆並輯

鈐印本

松蔭軒

憺

08988

憺厂印賸　一册

［佚名］篆並輯

鈐印本

松蔭軒

08989

憺盦印存不分卷　二冊

吳在篆並輯

民國七年(1918)鈐印本

國圖　松蔭軒

憶

08990

憶竹軒印譜不分卷　十冊

春波氏輯

鈐印本

四川

08991

憶芹樓印稿不分卷　二冊

顧思樂篆並輯

鈐印本

松蔭軒

08992

憶紅亭印稿不分卷　二冊

胡柏年篆並輯

民國十一年(1922)鈐印本

松蔭軒

08993

憶鳳樓印存　一冊

喬毅篆並輯

鈐印本

松蔭軒

08994

憶馥山房印存不分卷　二冊

〔清〕沈叔眉藏並輯

鈐印本

四川

08995

憶蘭軒印存不分卷　四冊

〔清〕吳子牧篆並輯

清咸豐三年(1853)鈐印本

上海

避

08996

避暑山莊藏漢銅印不分卷　四冊

故宮博物院輯

民國二十年(1931)鈐印本

鹿鳴簃

08997

避暑樂事　一冊

(日本)田口乾三篆並輯

日本明治二十年(1887)鈐印本

松丸東魚

隱

08998

隱秀齋印稿　一冊

〔清〕馬忱篆並輯

清乾隆間鈐印本

南京

08999

隱厚堂印譜附篆印心法一卷　四冊

〔清〕張在辛篆　渠亭印社輯

民國間鈐印本

山東

09000

隱厚堂印譜　一冊

〔清〕張在辛篆　渠亭印社輯

鈐印本

右文齋

09001

隱盦批改印存不分卷　四册
　〔清〕張則明輯
　鈐印本
　浙江

彝

09002

彝鼎齋篆刻　一册
　[佚名]篆並輯
　鈐印本
　松蔭軒

09003

彝廬印存不分卷　四册
　陳子彝篆並輯
　民國元年(1912)鈐印本
　松蔭軒

十七畫

環

09004

環山印譜　一册
　（日本）樋口滿就篆並輯
　日本文化十年(1813)鈐印本
　漠南

09005

環浦印譜不分卷　七册
　（日本）源伯民篆並輯
　日本寬政七年(1795)鈐印本
　漠南

09006

環極館印譜不分卷　八册
　張丹斧篆並輯
　民國間鈐印本
　揚州

09007

環溪山莊存藁不分卷　四册
　〔清〕查子圭篆並輯
　清光緒二十一年(1895)鈐印本
　哈爾濱　西泠

09008

環溪艸廬集印不分卷　三册
　[佚名]篆並輯
　鈐印本
　松蔭軒

09009

環翠山房自用印不分卷　二册
　錢宜東篆　陸凌楓輯
　癸卯年(2023)鈐印本
　張弛　環翠山房

09010

環諸畫室印存　一册
　（日本）小室翠雲輯
　日本昭和五年(1930)鈐印本
　漠南

09011

環璽齋巨印簡不分卷　二册
　馮汝玠輯
　民國十三年(1924)鈐印本
　清華　漠南

09012

環璽齋巨印簡附考釋　一册
　馮汝玠輯
　民國十三年(1924)鈐印本
　國圖　清華　上博　中國美院　國會山莊

09013

環讀樓印存　一册
　〔清〕陳敏篆並輯
　鈐印本
　松蔭軒

戴

09014
戴文篆刻　一册
　文武篆　邀梅軒輯
　鈐印本
　澂廬

09015
戴武鈐印　一册
　戴武篆並輯
　戊戌年(2018)鈐印本
　間風齋

09016
戴鶴皋自用印存　一册
　戴振聲輯
　鈐印本
　浙江

擬

09017
擬古印譜　一册
　(日本)苦園篆並輯
　模刻本
　協會

09018
擬古堂印譜不分卷　二册
　(日本)保俊屢篆並輯
　日本寬政二年(1790)鈐印本
　協會　東京博　漠南

蟄

09019
蟄盦印存　一册
　[佚名]篆並輯

　清道光元年(1821)原鈐印本
　長春

聲

09020
聲牙齋印存　一册
　(日本)土井有恪篆並輯
　日本昭和二年(1927)鈐印本
　協會

09021
聲聞館印存　一册
　陶光篆並輯
　鈐印本
　北師大　南大

磬

09022
磬室所藏鈢印不分卷　八册
　〔清〕羅振玉輯
　清宣統二年(1910)鈐印本
　國圖　松蔭軒　東京博

09023
磬室所藏鈢印不分卷　四册
　〔清〕羅振玉輯
　清宣統三年(1911)鈐印本
　松蔭軒　東京博

09024
磬室所藏鈢印不分卷　八册
　〔清〕羅振玉輯
　清宣統三年(1911)鈐印本
　國圖　大連　上海　浙江博　天津　北大　太田孝太郎　松丸東魚　松蔭軒　東洋文庫

09025
磬室所藏鈢印不分卷　四册

羅振玉輯

民國元年(1912)鈐印本

國圖 大連 天津 北大 東北師大 遼寧 太田孝太郎 松蔭軒 松丸東魚

09026

罄室所藏璽印不分卷　二冊

〔清〕羅振玉輯

清宣統三年(1911)鈐印本

大連

聯

09027

聯珠璧合璧印譜(聯珠璧合璧譜稿)　一冊

〔佚名〕篆並輯

民國三十七年(1948)鈐印本

芷蘭齋

藍

09028

藍川百選印譜不分卷　二冊

(日本)中島藍川篆並輯

日本平成十九年(2007)鈐印本

松蔭軒

09029

藍田射虎莊金石　一冊

(日本)阪田吳城輯

日本明治大正間鈐印本

西泠

09030

藍田褥騰　一冊

(日本)名家刊印輯

日本大正八年(1919)鈐印本

漢南

09031

藍壽山印存　一冊

(日本)藍壽山篆並輯

日本昭和五十二年(1977)鈐印本

日本國會

藏

09032

藏六印存　一冊

(日本)濱村藏六篆(日本)石井雙石輯

鈐印本

東京博

09033

藏六印存　一冊

(日本)濱村藏六四世篆並輯

日本明治二十七年(1894)鈐印本

漢南

09034

藏六印存　一冊

(日本)濱村藏六四世篆(日本)長思印會輯

日本昭和三十四年(1959)鈐印本

松丸東魚

09035

藏六印集　一冊

(日本)濱村藏六五世篆(日本)松丸東魚輯

日本昭和二十一年(1946)鈐印本

松丸東魚

09036

藏六印譜　一冊

(日本)濱村藏六五世篆並輯

日本明治三十八年(1905)鈐印本

協會

09037

藏六印譜不分卷　二冊

(日本)濱村藏六五世篆(日本)河西笛洲輯

日本昭和十二年(1937)鈐印本

協會

09038

藏六先生印存　一册

　（日本）濱村藏六篆（日本）石井雙石輯

　日本昭和三十四年(1959)鈐印本

　　日本國會

09039

藏六居士結金石緣不分卷　二册

　（日本）濱村裕篆並輯

　日本明治三十五年(1902)鈐印本

　　松陰軒　松丸東魚

09040

藏六居士結金石緣不分卷　二册

　（日本）濱村裕篆並輯

　日本明治三十六年(1903)鈐印本（修補本）

　　松陰軒　松丸東魚

09041

藏六居印存不分卷　二册

　（日本）濱村藏六五世篆並輯

　日本明治四十三年(1910)鈐印本

　　松丸東魚　漠南

09042

藏六居印略　一册

　（日本）濱村藏六四世篆並輯

　日本明治二十七年(1894)鈐印本

　　松丸東魚

09043

藏六居印略　一册

　（日本）濱村藏六四世篆並輯

　日本昭和三十四年(1959)鈐印本

　　漠南

09044

藏六居印譜　一册

　（日本）濱村藏六四世篆並輯

　日本應慶元年(1865)鈐印本

　　岩瀨文庫

09045

藏六居金印不分卷　二册

　（日本）濱村藏六五世篆並輯

　日本明治四十三年(1910)鈐印本

　　松丸東魚

09046

藏六居傳世印譜　一册

　（日本）濱村藏六篆（日本）濱村家輯

　日本平成八年(1996)鈐印本

　　協會

09047

藏印印譜不分卷　二册

　［佚名］篆並輯

　鈐印本

　　港大

09048

藏印待考集（篤古朱家藏印待考集）　一册

　［佚名］篆並輯

　鈐印本

　　松陰軒

09049

藏書印話　一册

　（日本）小石方明輯

　日本昭和二十二年(1947)鈐印本

　　大谷大　同志社　漠南

09050

藏書印譜不分卷　四册

　（日本）春城輯

　鈐印本

　　早稻田

09051

藏書印譜　一册

　（日本）橫尾瑞之助輯

　日本大正三年(1914)鈐印本

　　臺圖　岩瀨文庫　静嘉堂

09052

藏書印譜　一册
（日本）三村清三郎　棋尾勇之助同輯
影印本
臺大

09053

藏書印譜　一册
（日本）毅矢木輯
日本大正四年(1915)鈐印本
日本國會　松丸東魚　京文研　漢南　静嘉堂　慶應大

09054

藏書印譜初集　一册
（日本）三村清三郎　横尾瑞之助同輯
日本明治三十六年(1903)鈐印本
臺大

09055

藏暉廬印存　一册
趙鶴琴篆並輯
鈐印本
哈爾濱

09056

藏暉廬印存不分卷　三册
趙鶴琴篆並輯
鈐印本
松蔭軒

09057

藏傳鐵印選粹錄不分卷　四册
張國俊輯拓
丙子年(1996)鈐印本
松蔭軒

09058

藏樓印簡　一册
李永選篆並輯
民國二十三年(1934)鈐印本
松蔭軒

舊

09059

舊山樓印稿　一册
〔清〕趙宗建輯
民國三年(1914)描摹本
松蔭軒

09060

舊本銅印譜歐　一册
歐陽氏輯
陽氏鈐印本
港大

09061

舊印雜存不分卷　四册
[佚名]篆並輯
鈐印本
國圖

09062

舊拓秦漢印譜　一册
〔清〕林報曾　馬得昌藏
鈐印本
鐵硯齋

09063

舊雨樓官印存不分卷　三册
方若輯
民國九年(1920)静文齋鈐印本
天津

09064

舊雨樓藏印不分卷　二册
方若輯
民國九年(1920)静文齋鈐印本
東京博

09065

舊京地方官印　一册
建勛輯

民國三十五年(1946)鈐印本
松蔭軒

09066
舊端居室印存　一冊
〔清〕李鍾虞輯
清宣統二年(1910)鈐印本
私人藏　松蔭軒

09067
舊端居室印存不分卷　二冊
〔清〕李鍾虞輯
清宣統二年(1910)鈐印本
南京　常熟　蘇州大　協會

09068
舊端居室印存　一冊
吳昌石輯
影印本
臺圖

蕢

09069
蕢園藏印不分卷　三冊
丁二仲篆　朱節嶽輯
民國七年(1918)鈐印本
松蔭軒

09070
蕢園藏印不分卷　四冊
丁二仲篆　朱節嶽輯
民國七年(1918)鈐印本
十七草堂

韓

09071
韓天衡印稿(天衡刻印)不分卷　三冊
韓天衡篆並輯

甲寅年(1974)鈐印本(冊葉裝)
私人藏

09072
韓登安印選　一冊
（日本）韓登安篆（日本）井谷五雲輯
日本平成十四年(2002)鈐印本
協會

09073
韓登安自用小印集　一冊
韓登安篆
民國三十七年(1948)鈐印本
兩然齋

09074
韓登安自用印存　一冊
韓登安篆
鈐印本
秋水齋

隸

09075
隸古定居藏印不分卷　二冊
顧廷龍輯
鈐印本
松蔭軒

臨

09076
臨江僊印譜　一冊
熊伯齊篆　榮寶齋輯
戊午年(1978)鈐印本
松蔭軒　東京博

09077
臨沂新出土封泥兩百種不分卷　四冊
劉垚輯

己亥年(2019)鈐印本
鹿鳴簃

09078
臨祉王存印稿　一册
　王存篆並輯
　民國三十八年(1949)鈐印本
　松蔭軒

09079
臨飛鴻堂印譜　四册
　〔清〕程椿篆並輯
　清道光十九年(1839)鈐印本
　吉大

09080
臨淄泥封文字　一册
　王獻堂輯
　民國二十五年(1936)鈐印本
　"中研院"史語所

09081
臨淄封泥文字　十册
　王獻堂輯
　民國二十五年(1936)鈐印本
　漠南

09082
臨學山堂印譜　三册
　〔清〕汪啓淑輯
　清乾隆二十四年(1759)鈐印本
　芷蘭齋

09083
臨學山堂印譜　四册
　〔清〕汪啓淑輯
　清乾隆二十四年(1759)鈐印本
　漠南

09084
臨學山堂印譜　六册
　〔清〕汪啓淑輯
　清乾隆二十四年(1759)鈐印本

西泠

磻

09085
磻山草堂印存　一册
　〔佚名〕篆並輯
　鈐印本
　安徽

霜

09086
霜紅園印譜不分卷　三册
　〔清〕小雲篆並輯
　清乾隆十九年(1754)鈐印本
　漠南

09087
霜傑樓印存　一册
　沈仲强藏　王翔輯
　鈐印本(沈氏自用印)
　松蔭軒

霞

09088
霞西村舍印譜　一册
　〔佚名〕篆並輯
　鈐印本
　松蔭軒

09089
霞村印譜　一册
　〔清〕仇塏篆並輯
　清乾隆二十七年(1762)鈐印本
　南京

壑

09090

壑山樵人印存不分卷　二册
　趙雲壑篆並輯
　鈐印本
　哈爾濱　私人藏

嬰

09091

嬰閣印存　一册
　秦更年篆並輯
　壬寅年(1962)鈐印本
　鐵硯齋

闇

09092

闇修齋古印拾墜不分卷　二册
　[佚名]輯
　民國十四年(1925)粘貼本
　國圖

曙

09093

曙盦藏印　一册
　[佚名]篆並輯
　鈐印本
　松蔭軒

曖

09094

曖廬摹印集不分卷　二册
　黃葆戊篆並輯
　民國四年(1915)鈐印本
　上海

09095

曖廬摹印集　一册
　黃葆戊篆　王誓輯
　壬戌年(1982)鈐印本
　溫州　松蔭軒

09096

曖廬摹印集　一册
　[清]黃寶鉞篆並輯
　清咸豐五年(1855)鈐印本
　西泠

魏

09097

魏文伯同志詩五首　一册
　[佚名]篆並輯
　鈐印本
　松蔭軒

09098

魏石經室古鈢印景(魏石經室古璽印影)不分卷　八册
　周進輯
　清光緒二十九年(1903)鈐印本
　國圖　上海　上博　北大　天津　中大　南開　"中研院"史語所　百樂齋　兩然齋　紅棉山房　太田孝太郎　東京博　漢南

09099

魏齋印集　一册
　易孺篆並輯
　鈐印本
　廣東

09100

魏齋藏印不分卷　二册
　易孺輯

钤印本
广东

09101
魏斋玺印存（魏斋钵印存）不分卷　五册
易孺篆并辑
民国九年(1920)钤印本
广东

09102
魏斋玺印存稿（魏斋钵印存藁）　一册
易孺篆并辑
民国九年(1920)钤印本
上博　松荫轩　蒲阪文库

僵

09103
僵僵轩印谱不分卷　四册
[佚名]篆并辑
钤印本
湖南

锲

09104
锲不舍斋印存不分卷　四册
金西厓篆并辑
钤印本
松荫轩

端

09105
端庐印稿（耑庐印稿）　一册
马衡篆并辑
民国十七年(1928)钤印本
南京　西泠

09106
端庐印稿（耑庐印稿）　一册
马衡篆并辑
民国十八年(1929)钤印本
私人藏

09107
端庐印稿（耑庐印稿）　一册
马衡篆并辑
民国十九年(1930)钤印本
私人藏

09108
端庐印稿（耑庐印稿）　一册
马衡篆并辑
民国二十年(1931)钤印本
私人藏

09109
端庐印稿（耑庐印稿）　一册
马衡篆并辑
民国二十一年(1932)钤印本
松荫轩　私人藏

锺

09110
锺字印谱　一册
锺以敬篆并辑
钤印本
以风楼

09111
锺矞申印存不分卷　四册
〔清〕锺以敬篆　张咀英辑
民国二十四年(1935)钤印本
上海　上博　中国美院　西泠　君匋艺院　南京　哈尔滨　浙江　浙江博　两然斋　协会　百乐斋　秋水斋

09112
锺矞申先生印存　一册

鍾以敬篆並輯
鈐印本
浙江

09113
鍾毅弘印存　一册
　鍾毅弘篆　梁曉莊輯
　壬午年(2002)鈐印本
　兩然齋

斂

09114
斂吉廬印存　一册
　〔清〕吳筠生篆並輯
　清宣統三年(1911)鈐印本
　河北

谿

09115
谿山書屋藏印　一册
　〔佚名〕輯
　鈐印本
　上博

臏

09116
臏硯齋印存(臏硯齋集印)不分卷　四册
　〔清〕王長齡篆並輯
　鈐印本
　松蔭軒

謝

09117
謝之光用印集存　一册
　陸凌楓輯
　己亥年(2019)陸氏鈐印本
　謝宏

09118
謝坡山印譜　一册
　謝昌大篆並輯
　清咸豐七年(1857)鈐印本
　中國美院　揚州　國會山莊

09119
謝直齋印海不分卷　二册
　〔清〕謝直齋篆
　清同治十三年(1874)鈐印本(松蔭軒存一册)
　西泠　松蔭軒

09120
謝直齋印海不分卷　六册
　〔清〕謝直齋篆
　清同治十三年(1874)鈐印本
　臺圖　臺大

09121
謝研谷藏印　一册
　謝研谷藏印　葉玉森輯
　鈐印本
　松蔭軒

09122
謝梅石印存　一册
　〔清〕謝庸篆並輯
　鈐印本
　上海

09123
謝静之印存不分卷　四册
　謝静之篆並輯
　鈐印本
　松蔭軒

09124
謝磊明印存　一册
　謝磊明篆並輯

十七畫　707

民國二十二年(1933)鈐印本
私人藏 協會

09125
謝磊明印存 二冊
謝磊明篆 方約輯
民國二十四年(1935)影印本
上海 中國美院 溫州 南京 哈爾濱 松蔭軒 協會 國會山莊

09126
謝磊明印存 一冊
謝磊明篆 林章松重輯
己亥年(2019)鈐印本(册葉裝六十四開)
松蔭軒

09127
謝磊明印痕 一冊
謝磊明篆並輯
民國三十年(1941)鈐印本
西泠

09128
謝磊明先生印存 一冊
謝磊明篆 林章松重輯
戊戌年(2018)鈐印本(册葉裝二十四開)
松蔭軒

09129
謝磊明刻百花齊放印譜 一冊
謝磊明篆並輯
鈐印本
郭鵬宇

謙

09130
謙山鴻印集 一冊
〔清〕江峰青篆並輯
清光緒二十三年(1897)鈐印本
內蒙古 浙江 嘉善 華東師大

09131
謙吉堂古銅印譜 一冊
〔清〕瑤華道人輯
清乾隆間鈐印本
中科院

09132
謙吉堂輯印 一冊
〔清〕唐惇吉篆並輯
清光緒二十年(1894)鈐印本
上博

09133
謙益堂印譜 一冊
〔清〕朱士鉉篆並輯
清鈐印本
天津

09134
謙益齋印譜 一冊
〔清〕永璇藏並輯
清乾隆間鈐印本
四川

09135
謙齋印譜 四冊
〔清〕沈鳳篆並輯
清康熙五十三年(1714)鈐印本
漠南

09136
謙齋印譜 二冊
〔清〕沈鳳篆並輯
清雍正六年(1728)鈐印本
上博 天津 中大 浙江 遼寧 松蔭軒 鴻爪留痕館

09137
謙齋印譜 一冊
〔清〕沈鳳篆並輯
清乾隆十八年(1753)鈐印本
天津 遼寧 西泠 鐵硯齋

09138

謙齋印譜　二册

〔清〕沈鳳篆並輯

清乾隆十八年(1753)鈐印本

國圖　西泠　私人藏　百樂齋　漠南

09139

謙齋印譜不分卷　四册

〔清〕沈鳳篆並輯

清乾隆十八年(1753)鈐印本

國圖

謐

09140

謐齋古官印章目録　一册

柯昌泗輯

民國二十五年(1936)鈐印本

天津

09141

謐齋所見所藏古官私印　一册

柯昌泗輯

民國三十六年(1947)鈐印本

天津

糜

09142

糜燕齋印存不分卷　二册

［佚名］篆並輯

鈐印本

吳江

膺

09143

膺禔百印不分卷　二册

［佚名］篆並輯

鈐印本

松蔭軒

應

09144

應舉印譜　一册

(日本)高芙蓉　丹山應舉等篆並輯

日本大正八年(1919)鈐印本

日本國會　早稻田　協會　岩瀨文庫

麋

09145

麋研齋印存(麋硯齋印存)不分卷　四册

王禔篆　方約輯

民國三十二年(1943)宣和印社鈐印本(重輯本)

上海　私人藏　天一閣　中國美院　西泠　哈爾濱　浙江　溫州　協會　臺圖　松蔭軒　鴻爪留痕館　國會山莊

09146

麋研齋印稿(麋硯齋印稿)不分卷　四册

王禔篆並輯

鈐印本(稿本)

哈佛燕京

09147

麋硯齋印存(麋研齋印存續集)不分卷　十九册

王禔篆　方約輯

民國二十五年(1936)鈐印本

上海

09148

麋硯齋印存不分卷　二十八册

王禔篆並輯

民國二十五年(1936)鈐印本

國圖

09149

麋硯齋印存(麋研齋印存續集)不分卷　二十册

王褆篆　方約輯

民國二十六年(1937)鈐印本

國圖　上博　西泠　百樂齋　臺圖　哈佛燕京

09150

麋硯齋印存(麋研齋印存續集)不分卷　二十四冊

王褆篆　方約輯

民國二十六年(1937)鈐印本

浙江

09151

麋硯齋印存續集(麋研齋印存續集)不分卷　四冊

王褆篆　方約輯

民國二十五年(1936)鈐印本

上海　中國美院　吉林　浙江博　西泠　南京　協會　秋水齋

09152

麋硯齋印存續集(麋研齋印存續集)不分卷　八冊

王褆篆　方約輯

民國二十六年(1937)鈐印本

上博

09153

麋硯齋師生印存不分卷　二冊

王褆篆　方約輯

鈐印本

松蔭軒

09154

麋邊館印譜不分卷　二冊

[佚名]篆並輯

鈐印本

松蔭軒

糞

09155

糞翁印稿不分卷　四冊

鄧散木篆並輯

民國間鈐印本

南京

09156

糞翁印稿乙集　四冊

鄧散木篆並輯

民國二十八年(1939)鈐印本

上海　南京　協會

09157

糞翁印稿甲乙集　八冊

鄧散木篆並輯

民國二十八年(1939)鈐印本

上海　中國美院　吉林　松蔭軒　莫氏莊園　國會山莊

09158

糞翁印稿甲集　四冊

鄧散木篆並輯

民國二十八年(1939)鈐印本

協會　瓦翁　百二扇面齋

09159

糞翁印譜不分卷　二冊

鄧散木篆　(日本)尾崎蒼石輯

日本平成二十年(2008)鈐印本

協會

09160

糞翁治印不分卷　二冊

鄧散木篆並輯

民國二十年(1931)鈐印本

上海　浙江

09161

糞翁治印　一冊

鄧散木篆並輯

民國二十一年(1932)鈐印本

中國美院　鎮江　私人藏

09162

糞翁治印第一集不分卷　二冊

鄧散木篆並輯

民國二十一年(1932)鈐印本

中國美院 松蔭軒 國會山莊

09163

糞翁治印第二集不分卷　二册

鄧散木篆並輯

民國二十一年(1932)鈐印本

松蔭軒 協會

09164

糞翁篆刻　一册

鄧散木篆（日本）梅舒適輯

日本昭和五十三年(1978)篆社鈐印本

松蔭軒

燦

09165

燦霞堂印譜　四册

〔清〕汪紹增輯

清嘉慶間鈐印本

安徽

燭

09166

燭明書屋印存不分卷　一册

〔清〕封有祺篆並輯

清道光五年(1825)鈐印本

松蔭軒

09167

燭齋印存　一册

[佚名]篆並輯

鈐印本

松蔭軒

澣

09168

澣樂宧印存不分卷　五册

楊昭雋篆並輯

民國二十一年(1932)鈐印本

國圖

09169

澣樂宧印存(净樂宧印存)　一册

楊昭雋篆並輯

民國二十三年(1934)鈐印本

國圖

09170

澣樂宧刻印留痕第一集不分卷　五册

楊昭雋篆並輯

民國二十一年(1932)鈐印本

國圖

鴻

09171

鴻爪印譜　一册

〔清〕王峰輯

清乾隆三十九年(1774)鈐印本

芷蘭齋 早稻田

09172

鴻爪留痕不分卷　四册

[佚名]篆並輯

鈐印本

松蔭軒

09173

鴻文堂印存　一册

〔清〕姚鐵生篆並輯

清光緒十二年(1886)鈐印本

首都

09174

鴻冥老人集拓家藏印石不分卷　二册

沈中 沈愨等篆 徐壽輯

丙辰年(1976)鈐印本

養闇室

09175
鴻雪山房印譜　四册
〔清〕姚肇昌篆並輯
清光緒二十八年(1902)鈐印本
人大　上海　上博　中國美院　松蔭軒　國會山莊

09176
鴻雪因緣　一册
柳鴻生篆並輯
民國二十八年(1939)鈐印本
松蔭軒

09177
鴻雪樓印存　一册
柳鴻生篆並輯
鈐印本
松蔭軒

09178
鴻雪齋印譜　一册
卞潤吾輯
民國六年(1917)鈐印本
松蔭軒

09179
鴻棲館印選　二册
〔明〕孟貞父篆並輯
明萬曆四十三年(1615)鈐印本
上海　上博　西泠

09180
鴻雲堂鑑藏古銅印　一册
〔佚名〕篆並輯
鈐印本
港大

濬

09181
濬縣衙齋二十四咏印章　一册
〔清〕黃璟篆並輯
清光緒二十二年(1896)上海點石齋石印本
西泠　南通

濠

09182
濠上印學社印稿第一輯　一册
濠上印學社同人篆並輯
鈐印本
廣東　鴻爪留痕館

09183
濠園藏印　一册
〔清〕徐世章輯
鈐印本
松蔭軒

濱

09184
濱虹印存　一册
黃質輯
清光緒二十九年(1903)鈐印本
安徽

09185
濱虹印存　一册
黃質輯
清宣統二年(1910)鈐印本
安徽

09186
濱虹艸堂藏古鉩(集古鉩印存)不分卷　十册
黃質輯
民國十八年(1929)鈐印本
國圖　天一閣　西泠　安徽　秦氏支祠(天一閣)
鴻爪留痕館　松蔭軒

09187
濱虹艸堂藏古鉩印(竹北移古印存)不分卷　七册

十七畫　713

黃質輯
民國二十九年(1940)鈐印本
中大　松蔭軒

09188
濱虹艸堂藏古鉥印(竹北栘古印存)不分卷　八册
黃質輯
民國二十九年(1940)鈐印本
吉大　南大

09189
濱虹草堂古璽印譜　五册
黃質輯
民國間鈐印本
國圖　安徽　南京

09190
濱虹草堂集印不分卷　四册
〔清〕黃質輯
清光緒二十七年(1901)鈐印本
港中大

09191
濱虹草堂藏古鉥印不分卷　六册
黃質輯
民國二十九年(1940)鈐印本
天津　浙江　中國美院

09192
濱虹草堂藏古璽印(濱虹草堂藏古鉥印)　一册
黃質輯
民國十八年(1929)鈐印本
上海　上博　南京　揚州　西泠　瓦翁　松蔭軒　松丸東魚　國會山莊

09193
濱虹草堂藏古璽印(濱虹草堂藏古鉥印)不分卷　二册
黃質輯
鈐印本
百樂齋　鴻爪留痕館

09194
濱虹草堂藏古璽印二集(濱虹草堂藏古鉥印二集)不分卷　八册
黃質輯
民國十八年(1929)鈐印本
西泠　南大　太田孝太郎　松丸東魚　漢南

09195
濱虹草堂藏古璽印初集(濱虹草堂藏古鉥印初集)不分卷　八册
黃質輯
民國十八年(1929)鈐印本
哈爾濱　遼寧　西泠　百樂齋　太田孝太郎　松丸東魚　東京博　漢南

09196
濱虹草堂藏鉥印不分卷　九册
黃質輯
民國十八年(1929)鈐印本
嘉興　松蔭軒

09197
濱虹集古鉥印譜不分卷　四册
黃質輯
清光緒二十七年(1901)鈐印本
上海　南京　浙江　浙江博　安徽　文雅堂　松蔭軒

09198
濱虹集古鉥印譜(瀕虹集古鉥印譜)不分卷　四册
黃質輯
民國二十九年(1940)鈐印本
上海　中大　松蔭軒　協會

09199
濱虹集古鉥印譜不分卷　三册
黃質輯
清光緒二十七年(1901)鈐印本
安徽　浙江　大連

09200
濱虹集古璽印存(集古璽印存)不分卷　二册
黃質輯

民國十八年(1929)鈐印本
可居

09201
濱虹集印　一册
　黃質輯
　清宣統二年(1910)鈐印本
　南京　南大　"中研院"史語所　松蔭軒　松丸東魚

09202
濱虹集印不分卷　二册
　黃質輯
　民國十八年(1929)鈐印本
　可居

09203
濱虹集印不分卷　四册
　黃質輯
　民國十八年(1929)鈐印本
　浙江　松丸東魚

09204
濱虹集印不分卷　六册
　黃質輯
　民國十八年(1929)鈐印本
　漠南

09205
濱虹集印存　一册
　黃質輯
　清宣統二年(1910)鈐印本
　南大　南京

09206
濱虹藏印　一册
　黃質輯
　鈐印本
　鴻爪留痕館

濰

09207
濰縣陳氏古印分類　十三册
　〔清〕陳介祺輯
　鈐印本
　鴻爪留痕館

賽

09208
賽竹樓印存(茹古主人印存)　一册
　〔清〕胡傑人輯
　清光緒二十一年(1895)鈐印本
　松蔭軒

09209
賽竹樓印存不分卷　三册
　〔清〕胡傑人輯
　清光緒二十一年(1895)鈐印本
　松蔭軒

邃

09210
邃密精廬印選不分卷　二册
　〔清〕熙徵篆並輯
　鈐印本
　上博

09211
邃閒印存不分卷　二册
　〔清〕陳廷勛輯
　鈐印本
　長春

歟

09212

歟月山人印存　一册
〔佚名〕篆並輯
鈐印本
浙江博

孺

09213

孺齋自刻印存不分卷　二册
易孺篆並輯
民國二十四年(1935)鈐印本
君匋藝院

09214

孺齋自刻印存不分卷　四册
易孺篆並輯
民國二十四年(1935)鈐印本
上海　上博　哈爾濱　浙江　廣東　私人藏　中國美院　溫州　文雅堂　臺圖　港大　松蔭軒　協會　會山莊

績

09215

續語堂名人印輯不分卷　四册
〔清〕魏錫曾輯
清光緒七年(1881)鈐印本
蘇州

縱

09216

縱容章鑑　一册
（日本）〔佚名〕篆並輯
日本天明四年(1784)鈐印本
漠南

繆

09217

繆篆叢雅(激素飛青閣藏印)不分卷　七册
〔清〕楊守敬輯
清光緒四年(1878)鈐印本
國圖　浙江博　松蔭軒

09218

繆篆叢雅(激素飛青閣藏印)不分卷　八册
〔清〕楊守敬輯
清光緒十九年(1893)鈐印本
國圖　浙江博

十八畫

璿

09219

璿尚廬印稿不分卷　七册
〔佚名〕篆並輯
清道光元年(1821)原鈐印本
協會

09220

璿尚廬印稿不分卷　四册
〔佚名〕篆並輯
鈐印本
松蔭軒

擷

09221

擷華齋古印譜不分卷　六册
〔清〕劉仲山輯
清光緒二十一年(1895)鈐印本

國圖 清華 大連 上博 山東 天津 天津博 中大 "中研院"史語所 中科院 右文齋 北大 西泠 西南大 浙江博 遼寧 鴻爪留痕館 鐵硯齋 松蔭軒 太田孝太郎 加州大學 松丸東魚 東京博 漠南 法國國圖

聶

09222

聶松巖印存　一冊

〔清〕聶際茂篆　曾毅公輯

清乾隆十八年(1753)鈐印本

鴻爪留痕館

09223

聶松巖印譜　一冊

〔清〕聶際茂篆並輯

清乾隆十八年(1753)閱微草堂鈐印本

右文齋

09224

聶松巖詩品印譜　一冊

〔清〕聶際茂篆　曾毅公輯

民國三十八年(1949)鈐印本

國圖　鴻爪留痕館

藕

09225

藕花盦印存(薖華盦印存)不分卷　二冊

徐新周篆並輯

民國七年(1918)鈐印本

西泠　私人藏　松蔭軒

09226

藕花盦印存(薖華盦印存)不分卷　四冊

徐新周篆並輯

民國八年(1919)鈐印本

國圖　西泠　鴻爪留痕館　松丸東魚

09227

藕花盦印存(薖華盦印存)　一冊

徐新周篆　(日本)有岡陵崖輯

鈐印本

協會

09228

藕花盦印蛻不分卷　二冊

徐新周篆並輯

鈐印本

浙江博

09229

藕絲龕印存　一冊

吳潯源篆並輯

鈐印本

安徽

職

09230

職典堂印存　一冊

〔清〕許容篆並輯〔清〕袁守德重編〔清〕袁森書〔清〕袁垚篆

清乾隆間手抄本(存卷二)

松蔭軒

09231

職典堂印存　四冊

〔清〕許容篆〔清〕袁守德輯

清乾隆間鈐印本

上博　私人藏

藝

09232

藝友室印留　一冊

〔佚名〕篆並輯

鈐印本

私人藏

09233

藝友堂印留　一冊
〔佚名〕篆並輯
鈐印本
松蔭軒

09234

藝苑印譜第一集不分卷　十冊
〔佚名〕篆並輯
鈐印本
松蔭軒

09235

藝苑印譜第二集不分卷　八冊
〔佚名〕篆並輯
鈐印本
松蔭軒

09236

藝苑叢書不分卷　八冊
（日本）〔佚名〕輯
日本大正八年(1919)鈐印本
日本國會　中之島圖　松丸東魚　岩瀬文庫

09237

藝海樓印譜不分卷　二冊
〔明〕文彭　何震〔清〕程邃　顧苓篆〔清〕顧沅輯
清道光二十五年(1845)鈐印本
松蔭軒

09238

藝海樓藏印　一冊
〔佚名〕篆並輯
鈐印本
文雅堂

09239

藝稼軒印譜　一冊
〔清〕戴㬎屏輯
鈐印本(稿本)
臨海博

繭

09240

繭廬印存不分卷　二冊
楊天驥篆並輯
民國八年(1919)鈐印本
國圖

09241

繭廬印存不分卷　六冊
楊天驥篆並輯
民國八年(1919)鈐印本
鴻爪留痕館

09242

繭廬印集(繭廬所製印)　一冊
楊天驥篆　吳庠輯
民國九年(1920)鈐印本
松蔭軒

09243

繭廬治印存稿(繭廬印存)　一冊
楊天驥篆並輯
民國二年(1913)鈐印本
松蔭軒

藜

09244

藜照山房印稿不分卷　二冊
〔佚名〕篆並輯
鈐印本
大連

藥

09245

藥洲印譜不分卷　四冊
〔清〕李陽篆並輯

東壁軒鈐印本

港大

藤

09246

藤本鐵石印譜　一冊

（日本）藤本鐵石篆並輯

日本明治五年(1872)鈐印本

松蔭軒

09247

藤本鐵石落款印集　一冊

（日本）藤本鐵石篆並輯

日本昭和四年(1929)鈐印本

漠南

09248

藤半盦印存　一冊

〔佚名〕篆並輯

鈐印本

廣東

09249

藤華館印存不分卷　二冊

〔明〕〔佚名〕篆並輯

鈐印本（明人刻印）

鴻爪留痕館

09250

藤華盦印存　一冊

黄恩銘篆並輯

民國六年(1917)鈐印本

松蔭軒　兩然齋

09251

藤原貞幹摹古印譜　一冊

（日本）藤原貞幹篆並輯

日本明治二十年(1887)影印本

西泠　公文館　東京博　岩瀬文庫

09252

藤原貞幹摹古印譜　一冊

（日本）藤原貞幹篆並輯

日本大正四年(1915)影印本

漠南

09253

藤蔭山房印譜　一冊

〔清〕王悅庵篆並輯

清道光二十九年(1849)鈐印本

松蔭軒

轉

09254

轉識龕印存　一冊

吳昌碩　陳師曾　徐星州等篆　張佛昆輯

鈐印本

蘭樓

醫

09255

醫躁軒古今印存　一冊

〔佚名〕篆並輯

鈐印本

安徽

叢

09256

叢玉堂印譜不分卷　二十冊

〔清〕蔭華　謝印　馬鳴鑾等篆　順德叢玉堂輯

清乾隆四十二年(1777)鈐印本

南京

09257

叢石齋印集不分卷　四冊

馮萃耕篆並輯

民國元年(1912)鈐印本
上海 湖南

09258

叢秀山藏印選　一冊
〔佚名〕篆並輯
鈐印本
松蔭軒

09259

叢珠館印譜　二冊
〔明〕曹一鯤篆並輯
明萬曆四十七年(1619)鈐印本
浙江

09260

叢殘金石軒印存不分卷　二冊
李君彥篆並輯
民國八年(1919)鈐印本
松蔭軒

09261

叢殘金石軒印存不分卷　五冊
李君彥篆並輯
民國八年(1919)朱氏鈐印本
別宥齋(天一閣)

09262

叢殘金石軒印存不分卷　二冊
李彥篆並輯
民國八年(1919)鈐印本
松蔭軒

09263

叢殘金石軒印存不分卷　五冊
李彥篆並輯
民國八年(1919)鈐印本
天一閣

09264

叢翠堂藏印不分卷　二冊
〔清〕黃士陵篆　錢君匋輯
丙午年(1966)鈐印本

君匋藝院　松蔭軒

瞿

09265

瞿氏鐵琴銅劍樓自用印集　一冊
〔清〕蔣仁篆並輯
鈐印本
私人藏

09266

瞿秋白筆名印譜　一冊
方去疾　吳樸堂　單孝天等篆並輯
己亥年(1959)鈐印本
人大　上海　上博　山東　天津　中科院　內蒙古
北大　吉大　吉林　安徽　君匋藝院　長春　南京
南京師大　南開　華東師大　浙師大　清華　黑大
復旦　湖南　廈大　鄭大　遼寧　雞西　松蔭軒　協
會　漢南　國會山莊

瞻

09267

瞻鴻亭印譜　一冊
〔清〕高昧泉篆並輯
鈐印本
松蔭軒

09268

瞻麓齋古印徵　三冊
〔清〕龔心釗輯
清光緒十九年(1893)鈐印本
國圖

09269

瞻麓齋古印徵　四冊
〔清〕龔心釗輯
清光緒十九年(1893)鈐印本
鴻爪留痕館

09270

瞻麓齋古印徵　六冊
〔清〕龔心釗輯
清光緒十九年(1893)鈐印本
"中研院"史語所

09271

瞻麓齋古印徵　八冊
〔清〕龔心釗輯
清光緒十九年(1893)鈐印本
國圖　三峽博　上海　上博　中遺院　北大　四川
西泠　重慶　浙江　松蔭軒　太田孝太郎

09272

瞻麓齋古印徵　十冊
〔清〕龔心釗輯
清光緒十九年(1893)鈐印本
國圖

09273

瞻麓齋古印徵　十四冊
〔清〕龔心釗輯
清光緒十九年(1893)鈐印本
上博

09274

瞻麓齋古印徵　十六冊
〔清〕龔心釗輯
清光緒十九年(1893)鈐印本
中大

09275

瞻麓齋古鉢印選　二冊
龔心釗輯
民國十四年(1925)鈐印本
近墨堂

09276

瞻麓齋古鉢印選　三冊
龔心釗輯
民國十四年(1925)鈐印本
上海　松蔭軒

09277

瞻麓齋古鉢印選不分卷　五冊
龔心釗輯
鈐印本
近墨堂

09278

瞻麓齋古璽印選　二十四冊
〔清〕龔心釗輯
清光緒間鈐印本
上海

09279

瞻麓齋印徵　二冊
〔清〕龔心釗輯
鈐印本
國圖

顥

09280

顥彥印集　一冊
〔清〕李同春篆並輯
鈐印本
松蔭軒

09281

顥園藏石　一冊
馮康侯篆　陳融輯
民國二十四年(1935)鈐印本
兩然齋

09282

顥園藏石不分卷　十冊
〔清〕黃士陵等篆　陳融輯
民國二十四年(1935)鈐印本
松蔭軒

曠

09283

曠怡堂秦漢印存不分卷　二冊

〔佚名〕篆並輯

鈐印本

國圖

09284

曠觀堂收藏印冊不分卷　二冊

〔佚名〕篆並輯

鈐印本

國圖

蟬

09285

蟬香館印賞　一冊

嚴修篆並輯

民國十八年(1929)鈐印本

天津

09286

蟬藻閣摹印不分卷　四冊

〔佚名〕篆並輯

鈐印本

浙江博

蟲

09287

蟲天小築印存　一冊

潘然輯

鈐印本

松蔭軒

09288

蟲書印集存　一冊

容庚輯

民國十六年(1927)鈐印本

中大

蟬

09289

蟬嫣室印存　一冊

趙少昂輯

鈐印本

港大

黟

09290

黟山人印存不分卷　二冊

〔清〕黃士陵篆〔清〕蔣迺勛輯

鈐印本

松蔭軒

09291

黟山人印譜　四冊

〔清〕黃士陵篆〔佚名〕輯

鈐印本

松蔭軒

09292

黟山人黃牧甫印存不分卷　二冊

〔清〕黃士陵篆　張咀英輯

民國二十六年(1937)鈐印本

上海　私人藏　中國美院　西泠　佛山　協會　南大　南京　溫州　秦氏支祠(天一閣)　浙江　松蔭軒　國會山莊

09293

黟山人黃牧甫先生印存　一冊

〔清〕黃士陵篆〔清〕黃廷榮輯

民國二十三年(1934)上海西泠印社影印本

湖南

09294

黟山人黃牧甫先生印存不分卷　二冊

〔清〕黃士陵篆〔清〕黃廷榮輯

民國二十三年(1934)上海西泠印社影印本

安徽

09295

黟山人黃牧甫先生印存上下集　四冊

〔清〕黃士陵篆〔清〕黃廷榮輯

民國二十四年(1935)上海西泠印社影印本

國圖　遼寧　中國美院　文雅堂　吉大　安徽　南大　南京　浙江博　君匋藝院　兩然齋　鐵硯齋　港大　東海大　松蔭軒　國會山莊

09296

黟山人黃牧甫先生印存　一冊

〔清〕黃士陵篆並輯

甲戌年(1994)鈐印本

協會

09297

黟山人黃牧甫先生印存不分卷　二冊

〔清〕黃士陵篆〔清〕華陽王氏輯

鈐印本

蘭樓

簠

09298

簠庵集古印存　一冊

東萊林氏輯

鈐印本

遼寧　松蔭軒

09299

簠齋手題印譜　四冊

〔清〕陳介祺輯

清光緒五年(1879)鈐印本

國圖

09300

簠齋古印集　一冊

〔清〕陳介祺輯

民國十九年(1930)神州國光社影印清光緒七年本

南京

09301

簠齋古印集不分卷　二冊

〔清〕陳介祺輯

民國十九年(1930)神州國光社影印清光緒七年本

吉大　安徽

09302

簠齋古印集(陳簠齋手拓古印集)　四冊

〔清〕陳介祺輯

民國十九年(1930)神州國光社影印清光緒七年本

中國美院　右文齋　君匋藝院　長恩閣　南京　浙江博　清華　嘉興　遼寧　鴻爪留痕館　鎮江　蘇州　松蔭軒　國會山莊　漠南

09303

簠齋古印集(陳簠齋手拓古印集)　四冊

〔清〕陳介祺輯

民國二十五年(1936)神州國光社影印清光緒七年本(再版本)

上海　天津　吉林　河南大　南京　清華　港大　松丸東魚

09304

簠齋古鉢印譜　一冊

〔清〕陳介祺輯

鈐印本

浙江

09305

簠齋印考不分卷　三冊

〔清〕陳介祺輯

鈐印本(稿本)

上博

09306

簠齋印集(印舉支收印據)　一冊

〔清〕陳介祺輯
清道光二十七年(1847)鈐印本
中遺院　陳進

09307

簠齋印集(簠齋古印集)　二册
〔清〕陳介祺輯
清道光二十七年(1847)鈐印本
國圖

09308

簠齋印集(簠齋古印集)　四册
〔清〕陳介祺輯
清道光二十七年(1847)鈐印本
國圖

09309

簠齋印集(簠齋古印集)　五册
〔清〕陳介祺輯
清道光二十七年(1847)鈐印本
國圖　浙江博

09310

簠齋印集(簠齋古印集)　六册
〔清〕陳介祺輯
清道光二十七年(1847)鈐印本
私人藏

09311

簠齋印集(簠齋古印集)　九册
〔清〕陳介祺輯
清道光二十七年(1847)鈐印本
國圖

09312

簠齋印集(簠齋古印集)　十册
〔清〕陳介祺輯
清道光二十七年(1847)鈐印本
國圖

09313

簠齋印集(簠齋古印集)　十二册
〔清〕陳介祺輯

清道光二十七年(1847)鈐印本
國圖　上博　西泠　浙江博　太田孝太郎

09314

簠齋印集　四册
〔清〕陳介祺輯並注釋
清道光二十七年(1847)鈐印本(稿本)
國圖

09315

簠齋印集(簠齋古印集)　十册
〔清〕陳介祺輯
清咸豐元年(1851)鈐印本
漠南

09316

簠齋印集　十二册
〔清〕陳介祺輯
清咸豐元年(1851)鈐印本(稿本)
國圖

09317

簠齋印集(簠齋古印集)　二册
〔清〕陳介祺輯
清咸豐二年(1852)鈐印本
漠南

09318

簠齋印譜　一册
〔清〕陳介祺輯
鈐印本
浙江

09319

簠齋先秦文字拓本　一册
〔清〕陳介祺輯
鈐印本
西泠

09320

簠齋集古籤記不分卷　二册
〔清〕陳介祺輯
清光緒二年(1876)鈐印本

漠南

09321

簠齋集印選　一冊

〔清〕陳介祺輯

鈐印本

私人藏

09322

簠齋藏玉印（簠齋藏古玉印譜）　一冊

何昆玉輯

民國五年（1916）神州國光社影印何氏鈐拓本

太田孝太郎

09323

簠齋藏玉印（簠齋藏古玉印譜）　一冊

何昆玉輯

民國十九年（1930）神州國光社影印何氏鈐拓本

上海　中大　中科院　中國美院　內蒙古　文雅堂　吉大　吉林　安徽　長恩閣　南大　南京　浙江博　鞍山　遼寧　鎮江　鴻爪留痕館　港大　澳門大　松蔭軒　松丸東魚　協會　國會山莊

09324

簠齋藏玉印（簠齋藏古玉印譜）　一冊

何昆玉輯

民國二十五年（1936）神州國光社影印何氏鈐拓本（再版本）

南京　港大　松蔭軒　協會

09325

簠齋藏玉印鉩印不分卷　二冊

〔清〕陳介祺藏

鈐印本

紅棉山房

09326

簠齋藏古玉印（古玉印譜）　一冊

〔清〕何昆玉輯

清光緒十三年（1887）何氏鈐印本（全本）

國圖　松蔭軒　漠南

09327

簠齋藏古玉印　一冊

〔清〕何昆玉輯

清光緒十三年（1887）何氏鈐印本（未全本）

松蔭軒

09328

簠齋藏古玉印冊　一冊

〔清〕何昆玉輯

何氏鈐印本（未全本）

上博

09329

簠齋藏古封泥　一冊

〔清〕陳介祺輯

粘貼本

"中研院"史語所

09330

簠齋藏印　一冊

〔清〕陳介祺輯

鈐印本

國圖　上海　私人藏

09331

簠齋藏印不分卷　七冊

張修府輯

民國間鈐印本

漠南

簡

09332

簡體字印譜不分卷　二冊

〔佚名〕篆並輯

六七十年代鈐印本

紅棉山房

雙

09333
雙王霻齋集古鉨印　一册
　鄒安輯
　鈐印本
　松蔭軒

09334
雙斤堂印譜　一册
　[佚名]篆並輯
　鈐印本
　松蔭軒

09335
雙勾倩影　一册
　蔡談篆並輯
　民國十七年(1928)描摹本
　國圖

09336
雙石小品　一册
　(日本)石井雙石篆並輯
　日本大正十五年(1926)鈐印本
　蘇州

09337
雙石玉田印譜　一册
　(日本)[佚名]篆
　鈐印本
　東京博

09338
雙石先生百印　一册
　(日本)石井雙石篆　(日本)織田源九輯
　日本昭和四十一年(1966)影印本
　松丸東魚

09339
雙韌軒印存　一册
　[佚名]篆並輯
　鈐印本
　松蔭軒

09340
雙年印館印存不分卷　二册
　區衮公篆並輯
　雙年印館鈐印本
　港大

09341
雙行精舍骨甸印存　一册
　王獻唐輯
　民國二十五年(1936)鈐印本
　吉大

09342
雙松閣百壽印　一册
　〔清〕宋聖　李其焜篆並輯
　清乾隆二十四年(1759)鈐印本
　西泠

09343
雙神印譜不分卷　二册
　(日本)梨岡素岳篆並輯
　日本大正十五年(1926)鈐印本
　松丸東魚

09344
雙神印譜不分卷　二册
　(日本)梨岡素岳篆並輯
　日本昭和八年(1933)鈐印本
　協會　松蔭軒

09345
雙神印譜不分卷　二册
　(日本)梨岡素岳篆　(日本)土居茂男輯
　日本昭和十二年(1937)鈐印本
　松丸東魚

09346
雙桂草堂印譜不分卷　二册
　〔清〕謝昌大篆並輯
　鈐印本

天一閣

09347

雙桂軒印存不分卷　二冊
〔清〕徐瑞徵篆並輯
鈐印本
松蔭軒

09348

雙桐艸堂印存不分卷　四冊
〔清〕〔佚名〕篆並輯
清光緒十九年(1893)鈐印本
國圖　北大　浙江　松蔭軒

09349

雙流璃盦印集　一冊
袁克文輯
民國六年(1917)鈐印本
天津

09350

雙清室袖珍印品不分卷　四冊
〔清〕趙穆篆並輯
清道光二十年(1840)鈐印本
協會　松蔭軒

09351

雙清室袖珍印品　一冊
〔清〕趙穆篆並輯
清光緒二十年(1894)鈐印本
長春　松蔭軒

09352

雙清室袖珍印品不分卷　二冊
〔清〕趙穆篆並輯
清光緒二十年(1894)鈐印本
紹興　松蔭軒

09353

雙清室袖珍印品不分卷　十冊
〔清〕趙穆篆並輯
清光緒二十年(1894)鈐印本
松蔭軒

09354

雙清閣印存不分卷　四冊
〔清〕方蔭華篆並輯
清方氏鈐印本
常州

09355

雙清閣印存不分卷　二冊
〔清〕趙穆篆並輯
清光緒十八年(1892)鈐印本
西泠　天一閣　別宥齋(天一閣)　諸暨

09356

雙鈎名人印存　一冊
〔清〕厲韞山篆並輯
清光緒十四年(1888)描摹本
松蔭軒

09357

雙鈎集古印萃　一冊
〔清〕厲韞山篆並輯
清光緒十四年(1888)描摹本
松蔭軒

09358

雙道心印存　一冊
〔佚名〕篆並輯
鈐印本
上海

09359

雙蓮館印存　一冊
雨山書畫樓輯
鈐印本
港大

09360

雙蓮館藏石不分卷　四冊
岡州區氏雙蓮館輯
民國三十年(1941)鈐印本
松蔭軒

09361
雙蔭莩古印集　一冊
　余池銘輯
　民國二十三年(1934)鈐印本
　松蔭軒　松丸東魚

09362
雙虞壺齋印存不分卷　四冊
　〔清〕李自棠輯
　李氏鈐印本
　陝師大　兩然齋

09363
雙虞壺齋印存(雙虞壺齋印譜)不分卷　二冊
　〔清〕吳式芬輯
　清道光十二年(1832)鈐印本
　國圖　上海　山東　北京文物局　南京

09364
雙虞壺齋印存　三冊
　〔清〕吳式芬輯
　清道光二十年(1840)鈐印本(校對本)
　松蔭軒

09365
雙虞壺齋印存不分卷　四冊
　〔清〕吳式芬輯
　清道光二十年(1840)鈐印本
　兩然齋　漠南

09366
雙虞壺齋印存　五冊
　〔清〕吳式芬輯
　清道光二十年(1840)鈐印本
　南京

09367
雙虞壺齋印存　六冊
　〔清〕吳式芬輯
　清道光二十年(1840)鈐印本
　國圖　上海　南京"中研院"史語所

09368
雙虞壺齋印存　七冊
　〔清〕吳式芬輯
　清道光二十年(1840)鈐印本
　中大　漠南

09369
雙虞壺齋印存不分卷　八冊
　〔清〕吳式芬輯
　清道光二十年(1840)鈐印本
　國圖　大連　上海　上博　私人藏　山東　天津　中大　中遺院　右文齋　北大　北京文物局　西泠　百樂齋　南京　浙江　浙江博　開封　湖南　湖南社科院　廣東　鴻爪留痕館　松蔭軒　太田孝太郎　東京博　協會　京文研　漠南

09370
雙虞壺齋印存不分卷　十六冊
　〔清〕吳式芬輯
　清道光二十年(1840)鈐印本
　南京

09371
雙虞壺齋印存不分卷　二十冊
　〔清〕吳式芬輯
　清道光二十年(1840)鈐印本
　國圖　"中研院"史語所

09372
雙虞壺齋印存　一冊
　〔清〕吳式芬輯
　鈐印本
　鴻爪留痕館

09373
雙虞壺齋印存海天樓本(海天樓藏秦漢鈢印)不分卷　三十二冊
　巢章甫輯
　民國三十年(1941)鈐印本
　松蔭軒

09374

雙虞壺齋印存精萃(雙虞壺齋印譜)不分卷　二册
〔清〕吳式芬輯
清道光十二年(1832)鈐印本
國圖　上海　松蔭軒

09375

雙照樓藏印不分卷　四册
汪精衛輯
民國二十四年(1935)鈐印本
國圖

09376

雙銕簫齋偶證印譜(雙鐵簫齋偶證)　一册
沈鴻篆並輯
民國元年(1912)鈐印本
天津

09377

雙鳳條館印存　一册
〔清〕黃雲紀篆並輯
清光緒三十三年(1907)鈐印本
蒲阪文庫

09378

雙鳳條館影摹杭州七家印譜附秋水園印譜續集　一册
〔清〕黃雲紀摹
民國十三年(1924)雙鳳條館描摹本
港大

09379

雙鳳條館影摹杭州七家印譜不分卷　四册
〔清〕黃雲紀摹
民國十三年(1924)雙鳳條館描摹本
港大

09380

雙劍誃鈐印集(雙劍誃鈐印集)不分卷　三册
于省吾輯
鈐印本
吉大

09381

雙嬋娟室印存不分卷　四册
[佚名]篆並輯
鈐印本
哈爾濱

09382

雙隱樓印存　一册
[佚名]篆並輯
鈐印本
國圖

09383

雙穩樓印存　一册
鄧之誠篆並輯
民國十九年(1930)鈐印本
國圖　雲南　松蔭軒

09384

雙罍軒漢印譜　一册
〔清〕吳大澂篆並輯
鈐印本
蘇州

邊

09385

邊款楷跋拓本　一册
[佚名]篆並輯
鈐印本
松蔭軒

歸

09386

歸去來兮印景　一册
[佚名]篆並輯
鈐印本
松蔭軒

十八畫 729

09387
歸去來印譜　一冊
　（日本）河西笛洲篆並輯
　日本大正十三年(1924)鈐印本
　西泠　協會

09388
歸去來印譜　一冊
　（日本）藤原貞幹篆並輯
　日本寬延三年(1750)鈐印本
　漠南

09389
歸去來印譜不分卷　二冊
　（日本）細川林谷篆並輯
　日本明治五年(1872)鈐印本
　西泠　漠南

09390
歸去來印譜　一冊
　（日本）亦可印室輯
　日本大正十三年(1924)亦可印室鈐印本
　大連　協會

09391
歸去來印譜不分卷　二冊
　（日本）中村鯉郭篆並輯
　日本明治十三年(1880)鈐印本
　松丸東魚

09392
歸去來辭印譜　一冊
　［佚名］篆並輯
　鈐印本
　松蔭軒

09393
歸印室耄作末集　一冊
　陸培之篆並輯
　甲辰年(1964)鈐印本
　私人藏

09394
歸邨印譜　一冊
　歸曾祁篆並輯
　鈐印本
　中國美院　國會山莊

09395
歸安丁氏印譜不分卷　二冊
　〔清〕丁彥臣輯
　清光緒二十五年(1899)鈐印本
　中遺院

癖

09396
癖石山房印譜不分卷　四冊
　〔清〕侯紹裘篆並輯
　清同治五年(1866)鈐印本
　蒼南　松蔭軒

09397
癖石山房印譜初集不分卷　二冊
　〔清〕侯紹裘篆並輯
　清同治五年(1866)鈐印本
　寧夏　西泠　溫州

雜

09398
雜印存　一冊
　［佚名］篆並輯
　鈐印本
　上海

爐

09399
爐餘譜印譜不分卷　二冊
　劉弘興輯

民國八年(1919)粘貼本
松蔭軒

潘

09400
潘氏印存　一册
〔佚名〕篆並輯
鈐印本
上海

09401
瀋陽圖書館崇謨閣玉寶拓本　一册
瀋陽市圖書館輯
民國三十六年(1947)鈐印本
遼寧

韞

09402
韞玉山館藏印　一册
童大年篆並輯
鈐印本
松蔭軒

09403
韞玉山館藏印不分卷　二册
童大年輯
粘貼本
浙江

09404
韞光樓印譜　二册
〔清〕許容篆並輯
清康熙二十八年(1689)半漚堂鈐印本
上海　上博　中科院　中國美院　北大　南京　陝西
浙江　松蔭軒　鴻爪留痕館　國會山莊

09405
韞光樓印譜　四册

〔清〕許容篆並輯
清康熙二十八年(1689)半漚堂鈐印本
國圖　南京

09406
韞莊印譜不分卷　四册
韞莊篆並輯
鈐印本
上博

續

09407
續□室報印譜　一册
〔佚名〕篆並輯
鈐印本
廣東

09408
續園藏印　一册
〔佚名〕篆並輯
鈐印本
國圖

十九畫

飆

09409
飆溟印稿　一册
〔清〕沈鳳篆並輯
鈐印本
上博

鵲

09410
鵲化堂摘集古今印則　一册
〔明〕宋之弼篆〔明〕胡襄麟輯

明崇禎十三年(1640)鈐印本
上海

09411
鵲化集　一册
（日本）園田湖城輯
日本大正五年(1916)鈐印本
漠南

蘋

09412
蘋香吟館印譜　一册
［佚名］篆並輯
鈐印本
山東

蘆

09413
蘆中寶藏印不分卷　三册
［佚名］篆並輯
鈐印本
松蔭軒

09414
蘆庵藏印　一册
［佚名］篆並輯
鈐印本
松蔭軒

勸

09415
勸善印譜不分卷　二册
〔清〕伏景春篆並輯
清同治七年(1868)古歙洪氏留餘堂鈐印暨刻本
國圖　復旦

蘅

09416
蘅華館印存(衡華館印譜)不分卷　一册
〔清〕王韜輯
清光緒十一年(1885)鈐印本
漠南

09417
蘅華館印存(衡華館印譜)不分卷　三册
〔清〕王韜輯
清光緒十一年(1885)鈐印本
南京

蘇

09418
蘇氏印略　五册
（日本）［佚名］篆並輯
日本文化七年(1810)日本描摹本
漠南

09419
蘇氏印略　四册
（日本）［佚名］篆並輯
日本明治四十二年(1909)光風樓描摹本
松丸東魚

09420
蘇氏印略　四册
（日本）高芙蓉篆（日本）清四宮憲章輯
日本明治四十二年(1909)光風樓鈐印本（模刻本）
國圖　遼寧　臺大　臺圖　私人藏　松蔭軒　松丸東魚　東洋文庫　漠南

09421
蘇氏印略　二册
〔明〕蘇宣篆並輯

明萬曆四十五年(1617)原鈐印本
國圖 南京 上海 上博 西泠 青島博 京文研

09422
蘇氏印略 三册
〔明〕蘇宣篆並輯
明萬曆四十五年(1617)鈐印本
南京 蘇州 臺大 私人藏

09423
蘇氏印略 四册
〔明〕蘇宣篆並輯
明萬曆四十五年(1617)鈐印本
上博 吉林 臺大 臺圖 劉禺 日本國會 漠南

09424
蘇氏印略 六册
〔明〕蘇宣篆並輯
明萬曆四十五年(1617)鈐印本
百樂齋

09425
蘇氏印略殘本 二册
〔明〕蘇宣篆並輯
明萬曆四十五年(1617)原鈐印本(殘本)
國圖 浙江 中科院 安徽 松蔭軒 岩瀨文庫

09426
蘇文百印 一册
（日本）久保得二篆並輯
日本大正間鈐印本
松蔭軒 松丸東魚 漠南

09427
蘇州園林印譜 一册
張寒月篆並輯
鈐印本
松蔭軒

09428
蘇庚春遺印拾零 一册
傅大卣篆 王翔輯
壬辰年(2012)鈐印本

免冑堂

09429
蘇峰印譜 一册
（日本）德富蘇峰輯
日本昭和間鈐印本
漠南

09430
蘇詩選刻印譜 一册
丁應蘭篆 活潑潑齋輯
鈐印本
松蔭軒

09431
蘇爾宣印略 一册
（日本）[佚名]篆並輯
日本明治十八年(1885)摹寫本
漠南

09432
蘇賦印譜 二册
（日本）中澤廣勝輯
日本大正十一年(1922)鈐印本
西泠

09433
蘇器甫先生印存 三册
蘇器甫篆並輯
鈐印本
上海

藹

09434
藹藹莊藏古鉨 一册
（日本）藤井静堂篆並輯
日本大正十二年(1923)鈐印本
漠南

麓

09435

麓山樵人元玉印譜　一册

〔清〕陳元玉篆並輯

清光緒七年(1881)鈐印本

湖南

櫟

09436

櫟堂印譜　一册

（日本）安部井櫟堂篆並輯

日本天保十三年(1842)鈐印本

松丸東魚

攀

09437

攀古樓印存　一册

〔清〕潘祖蔭輯

鈐印本

松蔭軒

繫

09438

繫古齋印存　一册

〔清〕張鈞篆並輯

清嘉慶四年(1799)鈐印本

松蔭軒

璽

09439

璽印史略不分卷　四册

周志銘輯

丁丑年(1997)鈐印本

松蔭軒

09440

璽印百采不分卷　二册

日本扶桑印社輯

戊子年(2008)鈐印本

松蔭軒

09441

璽印拓存不分卷　二册

〔清〕許煦堂輯

清咸豐十年(1860)鈐印本

漢南

09442

璽印封泥拓存不分卷　二册

柯昌泗輯

鈐印本

松蔭軒

09443

璽印集英不分卷　四册

丁樹英輯

民國二十三年(1934)鈐印本

國圖

09444

璽印集林(鉢印集林)不分卷　四册

林樹臣輯

民國二十七年(1938)長沙商務印書館鈐印本

上海　中國美院　文雅堂　北大　西泠　君匋藝院　南大　南京　浙江博　湖南　齊齊哈爾　鴻爪留痕館　臺圖　松丸東魚　東京博　協會　漢南

09445

璽印集零　一册

〔佚名〕摹輯

民國二十三年(1934)鈐印本

吉大

09446

璽印錄　一册

〔清〕劉體智篆並輯
鈐印本
遼寧　西泠

09447
璽印錄不分卷　二冊
〔清〕劉體智篆並輯
鈐印本
鴻爪留痕館

09448
璽泉堂古印存不分卷　二冊
周海斌輯
戊戌年(2018)鈐印本(稿本)
知還印館　鹿鳴簃

霤

09449
霤扉印　一冊
張鐘來等輯
鈐印本
上博

關

09450
關寸草印拓　一冊
關寸草篆並輯
鈐印本
浙江博

09451
關氏印譜　一冊
（日本）關其寧篆並輯
鈐印本
金谷文庫

09452
關其寧印譜　一冊

（日本）關其寧篆並輯
鈐印本
金谷文庫

蠖

09453
蠖盦印譜不分卷　二冊
（日本）小俣蠖盦篆並輯
日本昭和十年(1935)鈐印本
松丸東魚　東京博　協會　漠南

嚴

09454
嚴大鈞印譜(嚴大鈞篆刻)　一冊
嚴大鈞篆並輯
鈐印本
南京

09455
嚴氏錢胡兩君譜　一冊
錢松　胡震篆〔清〕嚴荄輯
清同治三年(1864)鈐印本
私人藏

09456
嚴呂洪印集　一冊
嚴呂洪篆並輯
鈐印本
松蔭軒

09457
嚴信厚自用印存不分卷　二冊
〔清〕嚴荄輯
鈐印本
私人藏

09458
嚴莊自用印譜　一冊

嚴莊篆並輯
鈐印本
松蔭軒

09459
嚴粟夫先生印稿　一册
〔清〕嚴坤篆並輯
鈐印本
南京

09460
嚴壽榮用印集　一册
嚴壽榮輯
鈐印本
松蔭軒

09461
嚴壽鎔印存　一册
童大年　武鍾臨　吳振平等篆　嚴壽鎔輯
鈐印本
私人藏

09462
嚴壽鎔自用印印存　一册
嚴壽鎔輯
鈐印本
私人藏

09463
嚴慶祥舊藏雜拓　一册
嚴慶祥輯
鈐印本
松蔭軒

09464
嚴髻珠先生印稿　一册
〔明〕嚴坤篆並輯
清順治十八年(1661)鈐印本
上海

羅

09465
羅止祥印譜不分卷　二册
羅止祥篆並輯
鈐印本
養闇室

09466
羅氏古今印藪不分卷　二册
〔明〕羅龍文輯
鈐印本
安徽博

09467
羅文謨印存不分卷　二册
羅文謨篆並輯
鈐印本
松蔭軒

09468
羅兩峰印存(衣雲印存)　一册
〔清〕羅聘輯
民國十四年(1925)石印本
上海　安徽　南京　黑龍江　港大　長恩閣　松蔭軒
鴻爪留痕館

09469
羅兩峰印譜　一册
〔清〕羅聘篆　上海神州國光社重輯
民國十四年(1925)影印本
湖南

09470
羅叔重印存　一册
羅叔重篆　梁曉莊輯
庚辰年(2000)鈐印本
兩然齋

09471
羅刹江民印稿不分卷　二册

王禔篆並輯

民國十八年(1929)鈐印本

私人藏

09472

羅振玉自印集　一冊

羅振輯

民國十年(1921)鈐印本

漠南

09473

羅原覺藏印　一冊

羅原覺輯

鈐印本

漠南

09474

羅浮癡夢生漢印存不分卷　五冊

陳壽卿輯

影印本

人大

09475

羅浚印譜不分卷　二冊

〔清〕羅浚篆並輯

清同治十三年(1874)鈐印本

松蔭軒

09476

羅漢印譜不分卷　二冊

（日本）山田寒山篆（日本）木村竹香輯

日本明治三十九年(1906)鈐印本

松蔭軒　松丸東魚　岩瀨文庫　新潟大　漠南

籀

09477

籀斯遺意印譜　一冊

〔清〕王秋宜篆並輯

鈐印本

上海

鏤

09478

鏤雲精舍印存不分卷　三冊

〔清〕張德珍篆並輯

清光緒二十年(1894)鈐印本

浙江博　松蔭軒

09479

鏤融山房印鯖　一冊

〔佚名〕篆並輯

鈐印本

南京

鏡

09480

鏡湖樓印譜　一冊

〔佚名〕篆並輯

鈐印本

松蔭軒

09481

鏡園印集　一冊

〔佚名〕篆並輯

鈐印本

私人藏

09482

鏡齋古銅印集　一冊

徐文鏡輯

民國十六年(1927)鈐印本

松蔭軒

09483

鏡齋古銅印集不分卷　二冊

徐文鏡輯

民國十六年(1927)大雅社鈐印本

浙江　廣東

09484

鏡齋印問不分卷　二册
　　徐文鏡篆並輯
　　民國十七年(1928)鈐印本
　　浙江

09485

鏡齋印剩不分卷　四册
　　徐文鏡篆並輯
　　民國十六年(1927)鈐印本
　　西泠

09486

鏡齋印稿　一册
　　徐文鏡篆並輯
　　民國五年(1916)鈐印本
　　上海

09487

鏡齋印稿不分卷　四册
　　徐文鏡篆並輯
　　民國五年(1916)鈐印本
　　松蔭軒

09488

鏡齋印賸不分卷　二册
　　徐文鏡篆並輯
　　民國十六年(1927)鈐印本

譚

09489

譚氏印譜不分卷　四册
　　〔清〕譚子猶篆並輯
　　清道光十六年(1836)鈐印本
　　首都

09490

譚祖菴先生用印譜　一册
　　齊璜等篆　昆吾室輯
　　民國間鈐印本

　　臺圖

譙

09491

譙廬印譜　一册
　　〔佚名〕篆並輯
　　鈐印本
　　松蔭軒

證

09492

證我堂摹印　一册
　　〔清〕袁鍾慧篆並輯
　　清道光三年(1823)鈐印本
　　雲南

09493

證我堂摹印不分卷　二册
　　〔清〕袁鍾慧篆並輯
　　清道光三年(1823)鈐印本
　　松蔭軒

09494

證常印藏不分卷　四册
　　易孺篆　陳運彰輯
　　民國三十二年(1943)鈐印本
　　哈爾濱　私人藏　松蔭軒　紅棉山房　秦氏支祠
　　(天一閣)

癡

09495

癡豚金石留真不分卷　四册
　　薛仲英篆並輯
　　民國十四年(1925)鈐印本
　　上博　松蔭軒

09496

癡雲館印存不分卷　六冊
　陸碧篆並輯
　鈐印本

09497

癡齋印存不分卷　八冊
　[佚名]篆並輯
　鈐印本
　松蔭軒

09498

癡鐫印譜不分卷　三冊
　(日本)塚原三谷篆並輯
　日本明治二十年(1887)鈐印本
　漢南

韻

09499

韻言印略(韻言篆略)　一冊
　〔清〕童昌齡篆並輯
　清康熙四十七年(1708)鈐印本
　西泠

09500

韻初手集古印册　一冊
　〔清〕沈樹鏞輯
　清同治二年(1863)鈐印本
　百樂齋

09501

韻盦印草　一冊
　[佚名]篆並輯
　鈐印本
　黑龍江

09502

韻齋印品不分卷　二冊
　〔明〕范孟嘉篆並輯
　明崇禎九年(1636)鈐印本
　西泠

瀛

09503

瀛叔篆印存不分卷　五冊
　〔清〕黃瀛叔篆並輯
　清咸豐三年(1853)鈐印本
　吳江

懶

09504

懶安印存不分卷　六冊
　[佚名]篆並輯
　鈐印本
　南通

懷

09505

懷古堂印稿(懷古堂印藁)　二冊
　〔明〕陸鼎篆並輯
　明崇禎十一年(1638)鈐印本
　國圖　上海　常熟

09506

懷古堂印譜　一冊
　〔清〕聶際茂篆並輯
　鈐印本
　四川

09507

懷冰堂印存　一冊
　吳子復篆並輯
　鈐印本
　兩然齋

09508

懷米山房印譜不分卷　二冊

〔清〕曹載奎篆並輯
清鈐印本
中國美院 西泠 國會山莊

09509
懷英館印存　一册
懷英館輯
民國三十年(1941)鈐印本
嘉興 松蔭軒

09510
懷遠樓印稿不分卷　二册
林近篆並輯
鈐印本
松蔭軒

09511
懷遠樓印稿不分卷　三册
林近篆並輯
鈐印本
松蔭軒

09512
懷慈室藏甲骨文印　一册
簡經綸篆　李世華輯
民國二十九年(1940)鈐印本
國會山莊

09513
懷德堂印存不分卷　二册
（日本）西村天囚篆並輯
日本明治四十五年(1912)鈐印本
岩瀨文庫 漠南

09514
懷德堂印存不分卷　二册
（日本）西村天囚篆並輯
日本大正元年(1912)鈐印本
漠南

09515
懷德堂印存　一册
（日本）西村天囚篆並輯
日本昭和十四年(1939)鈐印本
日本國會

09516
懷德堂印存不分卷　三册
（日本）西村天囚篆並輯
日本昭和十四年(1939)鈐印本
協會

韓

09517
韡齋鐵筆不分卷　二册
姜忠奎篆並輯
民國間鈐印本（稿本）
國圖

繩

09518
繩墨印存　一册
孫正和篆並輯
鈐印本
松蔭軒

09519
繩齋印稿　一册
〔清〕陳繼德篆並輯
清嘉慶四年(1799)鈐印本
上海 南京

09520
繩齋印稿　一册
〔清〕陳繼德篆並輯
民國二年(1913)影印本
國圖 上海 甘肅 北大 四川 河南大 南京 首都 浙大 遼寧

繪

09521

繪本問屋印譜　一冊
（日本）村田幸吉輯
描摹本
日本國會

二十畫

櫻

09522

櫻寧廣藏印　一冊
喬曾劬篆　曾克耑輯
鈐印本
松蔭軒

攘

09523

攘之刻印　一冊
〔清〕吳熙載篆　蔣雅初輯
鈐印本
浙江

蘭

09524

蘭文印譜　一冊
（日本）波部竹城篆並輯
日本明治十三年(1880)鈐印本
漠南

09525

蘭石山房印譜不分卷　二册
〔清〕袁濂文篆並輯
清乾隆四十二年(1777)鈐印本
松蔭軒

09526

蘭石山房印譜不分卷　二册
〔清〕袁濂文篆並輯
清道光六年(1826)鈐印本
漠南

09527

蘭石山房印譜不分卷　四册
〔清〕袁濂文篆並輯
清道光六年(1826)鈐印本
國圖

09528

蘭石軒印艸不分卷　四册
〔清〕龐裁篆並輯
鈐印本
西泠　松蔭軒

09529

蘭石軒印艸詩品不分卷　六册
〔清〕龐裁篆　龐士龍輯
民國二十二年(1933)鈐印本
哈爾濱　松蔭軒

09530

蘭石軒印草　一册
〔清〕龐裁篆並輯
民國二十九年(1940)鈐印本
國圖　西泠　南京　湖南　松蔭軒

09531

蘭石軒印草劫餘集(蘭石軒印草)不分卷　二册
〔清〕龐裁篆　龐士龍輯
民國二十九年(1940)鈐印本
國圖　上海　西泠　南京　常熟　松蔭軒

09532

蘭石齋印艸不分卷　四册
〔清〕龐裁篆並輯
清光緒二十八年(1902)鈐印本

南京　西泠　松蔭軒

09533

蘭石齋印艸不分卷　五冊

〔清〕龐裁篆並輯

清光緒二十八年(1902)鈐印本

蘇州大

09534

蘭石齋印艸不分卷　六冊

〔清〕龐裁篆並輯

清光緒二十八年(1902)鈐印本

西泠　哈爾濱　蘇州大

09535

蘭石齋印艸不分卷　八冊

〔清〕龐裁篆並輯

清光緒二十八年(1902)鈐印本

常熟

09536

蘭石齋印艸不分卷　九冊

〔清〕龐裁篆並輯

清光緒二十八年(1902)鈐印本

西泠

09537

蘭石齋印艸不分卷　十冊

〔清〕龐裁篆並輯

清光緒二十八年(1902)鈐印本

松蔭軒

09538

蘭石齋印艸不分卷　八冊

〔清〕龐裁篆並輯

民國五年(1916)鈐印本

常熟

09539

蘭台印集不分卷　二冊

（日本）中村蘭台篆　黑木安雄輯

日本大正九年(1920)鈐印本

協會

09540

蘭台印集不分卷　三冊

（日本）中村蘭台篆並輯

日本大正九年(1920)鈐印本

日本國會　漢南

09541

蘭台印集不分卷　二冊

（日本）中村蘭台篆並輯

日本大正十年(1921)鈐印本

協會

09542

蘭台印集第三輯不分卷　二冊

（日本）中村蘭台篆並輯

日本大正十年(1921)鈐印本

協會

09543

蘭台秋自刻自用印譜　一冊

（日本）中村蘭台篆（日本）中村淳輯

日本平成七年(1995)鈐印本

東京博

09544

蘭台秋刻老子語印譜不分卷　二冊

（日本）中村蘭台二世篆（日本）中村淳輯

日本平成五年(1993)鈐印本

小平市立　成田山　東京博　協會

09545

蘭西印存　一冊

周棠篆並輯

鈐印本

松蔭軒

09546

蘭言室藏缶翁刻印　一冊

吳昌碩篆（日本）梅先生輯

鈐印本

協會

09547

蘭沙館印式　一册

　沙孟海篆　陳南甫輯

　民國二十三年(1934)鈐印本

　西泠

09548

蘭味軒集印　一册

　莊兆鈐輯

　鈐印本

　松蔭軒

09549

蘭亭印　一册

　[佚名]篆並輯

　鈐印本

　鴻爪留痕館

09550

蘭亭印興　一册

　(日本)梨岡素岳等篆　(日本)長思印會輯

　日本大正三年(1914)鈐印本

　上博　港大　臺大　松蔭軒　協會　漠南

09551

蘭亭印譜　一册

　[佚名]篆並輯

　鈐印本

　上博

09552

蘭亭印譜　二册

　(日本)桑名鐵城篆並輯

　日本大正二年(1913)影印本

　松丸東魚

09553

蘭亭印譜　二册

　(日本)桑名鐵城篆並輯

　日本昭和六年(1931)鈐印本

　西泠

09554

蘭亭印譜(文三橋印譜)　一册

　〔明〕文彭篆並輯

　鈐印本

　松蔭軒

09555

蘭亭序印存　一册

　〔清〕夏學禮篆並輯

　清道光七年(1827)鈐印本

　西泠

09556

蘭亭序印集(蘭亭序印譜)　一册

　[佚名]篆並輯

　壬戌年(1982)浙江省書法家協會鈐印本

　雲南　復旦　松蔭軒

09557

蘭亭序印譜　一册

　〔清〕夏學禮篆並輯

　清道光七年(1827)鈐印本

　西泠

09558

蘭亭敘印譜　一册

　[佚名]篆並輯

　鈐印本

　松蔭軒

09559

蘭亭硯齋印譜不分卷　五册

　〔清〕黄易等篆　〔清〕潘儀增輯

　清光緒二十九年(1903)鈐印本

　廣東

09560

蘭亭硯齋印譜不分卷　六册

　〔清〕黄易等篆　〔清〕潘儀增輯

　清光緒二十九年(1903)鈐印本

　廣東　私人藏　松蔭軒　蒲阪文庫

09561

蘭根草舍印存不分卷　四冊
〔清〕王國均輯
清宣統三年(1911)鈐印本
天津

09562

蘭皋印譜　一冊
(日本)石川源陽篆並輯
日本文化三年(1806)鈐印本
漠南

09563

蘭陵穆龕居士印譜不分卷　八冊
〔清〕趙穆篆並輯
清光緒十一年(1885)鈐印本
廣州美院

09564

蘭雪齋印譜　一冊
〔清〕胡興篆並輯
清嘉慶十七年(1812)鈐印本
松蔭軒

09565

蘭蓀印存不分卷　六冊
〔佚名〕篆並輯
鈐印本
南京師大

09566

蘭滄鐵筆　一冊
林蘭滄篆並輯
鈐印本
松蔭軒

09567

蘭福堂印譜不分卷　二冊
蘭福堂輯
鈐印本(冊葉裝)
松蔭軒

09568

蘭蕙堂印譜　一冊
〔佚名〕篆並輯
鈐印本
安徽

09569

蘭齋印存　一冊
任政藏並輯（任氏自用印）
甲子年(1985)鈐印本
遲樂齋

09570

蘭齋自用印拓存不分卷　二冊
任政藏並輯
鈐印本(任氏自用印)
私人藏　松蔭軒　秋水齋

09571

蘭襟印草　二冊
〔清〕周玉階篆並輯
清嘉慶十六年(1811)鈐印本
南京　西泠

嚼

09572

嚼梅庵印存　一冊
陳昭常篆並輯
民國元年(1912)鈐印本
中嶽齋

09573

嚼梅庵印存　二冊
陳昭常篆並輯
民國元年(1912)鈐印本
協會

09574

嚼梅盦印存　二冊
朱濤篆並輯

民國元年(1912)鈐印本

上海 中國美院 北大 南大 南京 哈爾濱 遼寧 蘇州 蘇州大 松蔭軒 國會山莊

09575

嚼梅盦印存　五冊

朱濤篆並輯

民國元年(1912)鈐印本

上海

稽

09576

稽園藏石　一冊

鍾以敬　王禔等篆　易均室輯

鈐印本

私人藏

覺

09577

覺无印存　一冊

湯鉅篆　周吉輯

鈐印本

松蔭軒

09578

覺世寶訓印譜　一冊

〔清〕程德壽篆並輯

清道光二十六年(1846)鈐印本

紹興　松蔭軒　國會山莊

09579

覺遲印存　一冊

吳覺遲篆並輯

鈐印本

鐵硯齋

敦

09580

敦讓生印存(仰之印存、敦讓生印集)不分卷　二冊

〔清〕方鎬篆並輯

清光緒二十二年(1896)鈐印本

上海　私人藏　中國美院　西泠　南京　哈爾濱　浙江　松蔭軒　協會　鴻爪留痕館　漢南　國會山莊

饒

09581

饒宗頤自用印存不分卷　三冊

曾榮光等篆並輯

鈐印本

松蔭軒

饋

09582

饋□室報館印譜　一冊

〔佚名〕篆並輯

鈐印本

廣東

09583

饋石齋印存(饋石齋印譜)　一冊

〔清〕丁可鈞篆並輯

清光緒二十四年(1898)鈐印本

浙江　湖南　鎮江　松蔭軒

09584

饋石齋印存(饋石齋印譜)不分卷　二冊

〔清〕丁可鈞篆並輯

清光緒二十七年(1901)鈐印本

上海　中國美院　浙江　湖南　鴻爪留痕館

二十畫 745

09585
饋石齋印譜(鐵耕齋印譜)　一冊
〔清〕丁可鈞篆並輯
清光緒三十年(1904)鈐印本
陝師大

09586
饋石齋印譜(鐵耕齋印譜)不分卷　二冊
〔清〕丁可鈞篆並輯
清光緒三十年(1904)鈐印本
漢南

懺

09587
懺花盦印存不分卷　三冊
〔清〕宋澤元輯
清光緒十四年(1888)鈐印本
廣東

09588
懺花盦印存(懺華盦印存)　一冊
〔清〕宋澤元輯
清光緒二十八年(1902)鈐印本
廣州美院

09589
懺花盦印存　四冊
〔清〕宋澤元輯
清光緒二十八年(1902)鈐印本
西泠

09590
懺綺閣印存　一冊
〔清〕陸爾發篆並輯
鈐印本(稿本)
上海

寶

09591
寶文齋圖章(寶文齋印譜)　四冊
〔清〕孔昭璽篆並輯
清光緒二十五年(1899)鈐印本
西泠

09592
寶古印攷　一冊
〔清〕張氏輯
清同治三年(1864)剪貼本
浙江

09593
寶史齋古印存　一冊
〔清〕陸樹基輯
清光緒三十二年(1906)鈐印本
上博　私人藏

09594
寶史齋古印存不分卷　二冊
〔清〕陸樹基輯
清光緒三十二年(1906)鈐印本
浙江

09595
寶史齋古印存不分卷　四冊
〔清〕陸樹基輯
清光緒三十二年(1906)鈐印本
秦氏支祠(天一閣)　港中大　松蔭軒

09596
寶史齋古印存不分卷　八冊
〔清〕陸樹基輯
清光緒三十二年(1906)鈐印本
浙江　天一閣　百樂齋

09597
寶史齋古印存不分卷　六冊
〔清〕陸樹基輯

清宣統二年(1910)鈐印本
浙江

09598

寶史齋古譜　一册
〔清〕陸樹基輯
鈐印本
上海　上博

09599

寶史齋印存不分卷　十六册
〔清〕陸樹基輯
鈐印本
上海

09600

寶印集　二册
(日本)川合東皋篆並輯
日本明治間鈐印本
西泠

09601

寶印集　二册
〔清〕王之佐輯
清道光十一年(1831)鈐印本
國圖　中國美院　北大　南京　首都　清華　復旦　湖南

09602

寶印集　一册
〔清〕王之佐輯
清道光十七年(1837)鈐印本
國圖　吉大　西泠　南大　華東師大　温州

09603

寶印集　三册
(日本)宗淵篆並輯
日本天保二年(1831)鈐印本
國圖　漢南

09604

寶印集　三册
(日本)宗淵篆並輯

日本天保十二年(1841)鈐印本
松丸東魚　東京博　岩瀨文庫　京文研

09605

寶印齋印式　二册
〔明〕汪關篆並輯
明萬曆四十二年(1614)稿本(上圖藏)
上海　南京　東京博

09606

寶印齋印式　四册
〔明〕汪關篆並輯
明萬曆四十二年(1614)鈐印本
上海　私人藏　東京博

09607

寶印齋印式不分卷　二册
(日本)園田湖城輯
日本昭和十四年(1939)鈐印本
北大　松丸東魚　漢南

09608

寶牟室印存二集不分卷　二册
朱簡寂篆　陸凌楓輯
庚子年(2020)鈐印本
摘霞樓

09609

寶牟室印存三集不分卷　三册
朱簡寂篆　陸凌楓輯
庚子年(2020)鈐印本
摘霞樓

09610

寶牟室印存五集不分卷　五册
朱簡寂篆　陸凌楓輯
辛丑年(2021)鈐印本
摘霞樓

09611

寶牟室印存四集不分卷　三册
朱簡寂篆　陸凌楓輯
辛丑年(2021)鈐印本

摘霞樓

09612
寶牟室印存初集　一册
　朱簡寂篆　陸凌楓輯
　己亥年(2019)鈐印本
　摘霞樓

09613
寶牟室印舉　一册
　朱簡寂篆　陸凌楓輯
　戊戌年(2018)鈐印本
　摘霞樓

09614
寶刻經眼印存不分卷　二册
　[佚名]篆並輯
　鈐印本
　廣東

09615
寶晉齋印存　一册
　[佚名]篆並輯
　鈐印本
　黑龍江

09616
寶書龕印稿　一册
　(日本)河井荃廬篆並輯
　日本大正間鈐印本
　漠南

09617
寶琴齋古銅印彙不分卷　二册
　〔清〕潘仕成輯
　清道光二十年(1840)鈐印本
　大連　百樂齋

09618
寶琴齋古銅印彙不分卷　五册
　〔清〕潘仕成輯
　清道光二十年(1840)鈐印本
　漠南

09619
寶硯齋印式　一册
　〔明〕汪關篆並輯
　明萬曆四十二年(1614)鈐印本
　國圖

09620
寶硯齋印譜不分卷　二册
　〔清〕林皋篆並輯
　清康熙二十一年(1682)鈐印本
　上博

09621
寶硯齋印譜　一册
　〔清〕林皋篆並輯
　清康熙五十年(1711)鈐印本
　國圖　北大　南京　浙江　常熟　私人藏　百樂齋
　松蔭軒

09622
寶硯齋印譜不分卷　二册
　〔清〕林皋篆並輯
　清康熙五十一年(1712)鈐印本
　上海

09623
寶硯齋印譜不分卷　四册
　〔清〕林皋篆並輯
　清康熙五十一年(1712)鈐印本
　國圖　遼寧　上海　上博　國會山莊

09624
寶善堂印譜不分卷　四册
　〔清〕程得壽篆並輯
　清道光二十五年(1845)鈐印本
　内蒙古　加州大學

09625
寶善堂印譜不分卷　二册
　〔清〕程得壽篆並輯
　清道光二十八年(1848)鈐印本
　西泠　南通　復旦

09626
寶鄭齋印存不分卷　二冊
〔清〕李延适篆並輯
清光緒二十四年(1898)鈐印本
松蔭軒

09627
寶漢齋銅印略　一冊
〔清〕張芷原輯
清乾隆五十五年(1790)鈐印本
百樂齋　太田孝太郎　漢南

09628
寶墨齋摹印　一冊
〔清〕汪文適篆並輯
鈐印本
安徽博　重慶

09629
寶樹堂印鑒　一冊
〔清〕謝恒篆並輯
清乾隆十六年(1751)鈐印本
中國美院

09630
寶藪　一冊
〔佚名〕輯
清康熙間鈐印本
故宮　東北師大

09631
寶藪　一冊
〔佚名〕輯
清康熙間鈐印本(嘉慶本)
故宮　東北師大

09632
寶藪　一冊
〔佚名〕輯
清雍正間鈐印本
法國集美博

09633
寶藪　一冊
〔佚名〕輯
清乾隆間鈐印本
故宮

09634
寶藪　一冊
〔佚名〕輯
清咸豐間鈐印本
故宮

09635
寶藪　一冊
故宮博物院輯
庚辰年(2000)海南出版社影印本
南京

09636
寶蘇堂印存　一冊
(朝鮮)李朝憲宗輯
鈐印本
松蔭軒

09637
寶蘇堂印存不分卷　二冊
(朝鮮)李朝憲宗輯
鈐印本
上海

09638
寶蘇堂印存不分卷　三冊
(朝鮮)李朝憲宗輯
鈐印本
漢南

09639
寶蘇堂印存不分卷　六冊
(朝鮮)李朝憲宗輯
鈐印本
漢南　奎章閣　韓國國會

09640

寶蘇堂印存不分卷　十四冊

（朝鮮）李朝憲宗輯

鈐印本

奎章閣

09641

寶籀齋文玉　二冊

〔明〕丁日新篆並輯

明崇禎十六年(1643)鈐印本

上博

09642

寶鷹齋印存　一冊

趙時棡篆並輯

鈐印本

臺大

響

09643

響盦古璽印存不分卷　四冊

（日本）師村妙石輯

日本平成二十七年(2015)鈐印本

松蔭軒　知還印館　鹿鳴籾

繼

09644

繼述堂印存　一冊

（日本）河井荃廬篆　（日本）西川寧輯

日本昭和二十二年(1947)鈐印本

協會　松丸東魚　東京博

09645

繼述堂劫餘印存　一冊

〔清〕陳鴻壽　趙次閑等篆並輯

鈐印本

私人藏

09646

繼棠習作　一冊

繼棠篆並輯

鈐印本

浙江

09647

繼善印略不分卷　四冊

〔清〕翁之礽輯

清光緒十八年(1892)鈐印本

南京　松蔭軒

二十一畫

櫻

09648

櫻花館印譜　一冊

何恭弟篆並輯

鈐印本

港大

鄭

09649

鄭石樓治印　一冊

［佚名］篆並輯

民國十一年(1922)鈐印本

溫州

饗

09650

饗喜廬印存　一冊

〔清〕傅雲龍輯

鈐印本

浙江

籑

09651

籑籀簃古鉨選不分卷　二冊
　吳隱輯
　民國六年(1917)鈐印本(潛泉印叢本)
　　國圖　上博　哈爾濱　遼寧　中國美院　松蔭軒　兩
　　然齋　協會　浙江　溫州　漠南　國會山莊

籐

09652

籐蔭山房金石印萃　二冊
　〔清〕王文傑篆並輯
　清道光二十九年(1849)鈐印本
　　上博　松蔭軒　岩瀨文庫　漠南

09653

籐蔕館主人集印　一冊
　〔佚名〕篆並輯
　鈐印本
　　芷蘭齋

鐵

09654

鐵石印譜　一冊
　(日本)藤本鐵石篆並輯
　日本大正六年(1917)鈐印本
　　日本國會　協會　岩瀨文庫　岡山

09655

鐵石漢鐵書不分卷附鐵石漢印草　二冊
　〔清〕雪裏書屋輯
　清光緒十年(1884)雪裏書屋鈐印本
　　瑞安文物局

09656

鐵石漢鐵書　一冊
　〔清〕雪裏書屋輯
　清光緒十七年(1891)鈐印本
　　玉海樓

09657

鐵如意齋印存　一冊
　〔佚名〕篆並輯
　鈐印本
　　松蔭軒

09658

鐵如意齋印存不分卷　四冊
　〔清〕楊光喧篆並輯
　清光緒二年(1876)楊氏鈐印本
　　臺故博

09659

鐵如意齋印存　一冊
　〔清〕張學瀛篆並輯
　清光緒二十二年(1896)鈐印本
　　浙江　松蔭軒

09660

鐵如意齋印存不分卷　四冊
　〔清〕趙穆篆〔清〕趙釗輯
　清光緒二十二年(1896)鈐印本
　　上海　哈爾濱　港大　松蔭軒　協會　臺故博

09661

鐵如意齋印存不分卷　五冊
　〔清〕趙穆篆〔清〕趙釗輯
　清光緒二十二年(1896)鈐印本
　　國圖

09662

鐵芷印存　三冊
　〔佚名〕篆並輯
　鈐印本
　　松蔭軒

09663

鐵花館治印不分卷　八冊
　區袞公篆並輯

民國二十九年(1940)鈐印本
松蔭軒

09664
鐵花盦印存(鐵華盦印集)不分卷　四冊
〔清〕宋澤元輯
清光緒二十八年(1902)鈐印本
西泠

09665
鐵函山館印存　一冊
吳昌碩篆並輯
清光緒七年(1881)鈐印本
蘇州

09666
鐵函山館印存不分卷　二冊
吳昌碩篆並輯
清光緒十年(1884)鈐印本
瓦翁　百樂齋

09667
鐵城印譜不分卷　四冊
(日本)桑名鐵城篆並輯
日本大正間鈐印本
漠南

09668
鐵畊印稿　一冊
〔清〕雷悅篆並輯
清光緒三十年(1904)鈐印本
哈爾濱

09669
鐵叟一筆不分卷　三冊
(日本)富岡鐵齋篆　(日本)成瀬石癡輯
日本明治四十四年(1911)鈐印本
漠南

09670
鐵柔鐵筆二十種不分卷　四冊
楊鵬昇篆並輯
民國二十四年(1935)鈐印本

浙江

09671
鐵柔鐵筆上海二集　一冊
楊鵬昇篆並輯
民國二十一年(1932)鈐印本
松蔭軒

09672
鐵柔鐵筆上海集　一冊
楊鵬昇篆並輯
民國二十一年(1932)鈐印本
國圖　上海　中國美院　松蔭軒　漠南

09673
鐵柔鐵筆天津集　一冊
楊鵬昇篆並輯
民國二十一年(1932)鈐印本
松蔭軒

09674
鐵柔鐵筆成都集　一冊
楊鵬昇篆並輯
民國十九年(1930)鈐印本
中國美院　松蔭軒

09675
鐵柔鐵筆吳淞集　一冊
楊鵬昇篆並輯
民國二十二年(1933)鈐印本
中國美院　中嶽齋　松蔭軒

09676
鐵柔鐵筆洞庭集　一冊
楊鵬昇篆並輯
民國二十三年(1934)鈐印本
上海

09677
鐵柔鐵筆峨眉山集　一冊
楊鵬昇篆並輯
民國二十四年(1935)鈐印本
松蔭軒

09678

鐵柔鐵筆富士山集　一册

楊鵬昇篆並輯

民國二十三年(1934)鈐印本

松蔭軒

09679

鐵柔鐵筆福建集　一册

楊鵬昇篆並輯

民國二十二年(1933)鈐印本

上海　協會　松蔭軒

09680

鐵柔鐵筆鄱陽湖集　一册

楊鵬昇篆並輯

民國二十二年(1933)鈐印本

中嶽齋

09681

鐵耕小築印集不分卷　四册

〔清〕劉慶祥篆並輯

清宣統元年(1909)鈐印本

上海　西泠　浙江博　温州　蒼南　松蔭軒　龍泉　漢南

09682

鐵耕小築印譜不分卷　四册

〔清〕劉慶祥篆並輯

民國十九年(1930)鈐印本(重輯本)

温州　平陽

09683

鐵耕偶存　一册

〔清〕曾衍東篆並輯

鈐印本

温州

09684

鐵耕齋印存不分卷　二册

〔清〕雷悦篆並輯

清宣統元年(1909)鈐印本

國圖　上海　湖南　遼寧　鴻爪留痕館

09685

鐵耕齋印存　一册

〔清〕穆雲谷篆並輯

穆雲谷鈐印本

松蔭軒

09686

鐵耕齋印譜(鐵畊齋印存)　一册

〔清〕雷悦篆並輯

清光緒三十年(1904)鈐印本

寧夏　浙江　湖南　湖南社科院　陝師大

09687

鐵耕廬印譜不分卷　四册

薛佛影輯

鈐印本

上博

09688

鐵華盦印選(銕華盦印集)　一册

葉爲銘輯

清光緒三十年(1904)鈐印本

上海　浙江

09689

鐵華盦印選(銕華盦印集)不分卷　四册

葉爲銘輯

清光緒三十年(1904)鈐印本(火前本)

文雅堂　松蔭軒

09690

鐵華盦印選(銕華盦印集)不分卷　六册

葉爲銘輯

清光緒三十年(1904)鈐印本

國圖　遼寧　哈爾濱　私人藏　西泠　百樂齋　鐵硯齋

09691

鐵華盦印選(鐵華盦印集)不分卷　五册

葉爲銘輯

清光緒三十一年(1905)鈐印本

私人藏　松蔭軒　港大

09692

鐵華盦印譜(鐵華盦印集)不分卷　六册

　西泠印社輯

　清光緒三十一年(1905)鈐印本

　上海　北大　青海　南京　浙江　芷蘭齋　漠南

09693

鐵華盦印譜(鐵華盦印集)不分卷　八册

　西泠印學社輯

　清光緒三十一年(1905)鈐印本

　北大

09694

鐵華盦集印　一册

　葉爲銘輯

　清光緒三十年(1904)鈐印本

　浙江

09695

鐵華盦集印不分卷　六册

　葉爲銘輯

　清光緒三十年(1904)鈐印本

　遼寧

09696

鐵翁印譜不分卷　三册

　(日本)山陽竹田篆　(日本)成瀨石癡輯

　日本昭和八年(1933)鈐印本

　協會　岩瀨文庫

09697

鐵翁印譜　一册

　(日本)釋鐵翁祖門篆　(日本)成瀨石癡輯

　日本明治六年(1873)鈐印本

　東京藝大　漠南

09698

鐵翁印譜不分卷　三册

　(日本)釋鐵翁祖門篆　(日本)成瀨石癡輯

　日本明治八年(1875)鈐印本

　東京博　岩瀨文庫

09699

鐵翁禪師印譜不分卷　二册

　(日本)釋鐵翁祖門輯

　日本大正十年(1921)鈐印本(鐵翁祖門遺印)

　漠南

09700

鐵書過眼錄不分卷　四册

　易忠籙輯

　民國二十五年(1936)鈐印本

　浙江

09701

鐵書過眼錄爐餘稿　一册

　〔清〕易忠籙輯

　清宣統三年(1911)鈐印本

　松蔭軒

09702

鐵梅居士印存(蘭滄鐵筆)　一册

　〔清〕林承弼篆並輯

　民國十年(1921)鈐印本

　國圖

09703

鐵梅居士印存(蘭滄鐵筆)不分卷　四册

　〔清〕林承弼篆並輯

　民國十年(1921)鈐印本

　上海　國圖

09704

鐵梅居士印存(蘭滄鐵筆)不分卷　四册

　〔清〕林承弼篆並輯

　民國十五年(1926)鈐印本

　漠南

09705

鐵梅居士印存(蘭滄鐵筆)不分卷　六册

　〔清〕林承弼篆並輯

　民國十五年(1926)鈐印本

　中國美院　松蔭軒　國會山莊

09706

鐵笛道人印存不分卷　四冊
　〔佚名〕篆並輯
　鈐印本
　　上海

09707

鐵庵集漢印牒　一冊
　〔佚名〕篆並輯
　鈐印本
　　國圖

09708

鐵琴銅劍樓珍藏漢印印譜不分卷　三冊
　〔清〕歸氏靜廬輯
　清鈐印本
　　常熟

09709

鐵琴銅劍樓集古印譜(瞿氏集古印譜)不分卷
　六冊
　〔清〕瞿秉淵　瞿秉清輯
　清咸豐八年(1858)鈐印本
　　文雅堂

09710

鐵琴銅劍樓集古印譜(瞿氏集古印譜)不分卷
　八冊
　〔清〕瞿秉淵　瞿秉清輯
　清咸豐八年(1858)鈐印本
　　國圖　大連　上海　上博　天津　天津博　中遺院
　　北大　西泠　百樂齋　芷蘭齋　南大　秋水齋　重慶
　　華東師大　浙江　浙江博　常熟　復旦　廈大　蘇州
　　蘭大　松蔭軒　協會　太田孝太郎　國會山莊
　　漠南

09711

鐵琴銅劍樓集古印譜(瞿氏集古印譜)不分卷
　八冊
　〔清〕瞿秉淵　瞿秉清輯
　影印本

　　北大　東北師大　松蔭軒

09712

鐵琴銅劍樓藏古璽印　一冊
　〔清〕瞿鏞輯
　清鈐印本(稿本)
　　私人藏

09713

鐵琴銅劍樓藏印　一冊
　〔清〕瞿鏞輯
　清鈐印本
　　百樂齋

09714

鐵硯齋印譜　一冊
　〔清〕王仍玉篆並輯
　清康熙二十四年(1685)鈐印本
　　私人藏　松蔭軒　東京大總

09715

鐵硯齋印譜　一冊
　〔清〕王仍玉篆〔清〕楊體元輯
　鈐印本
　　松蔭軒

09716

鐵硯齋集印　一冊
　〔清〕何昆玉　吳昌碩等篆　桑寶松輯
　鈐印本
　　鐵硯齋

09717

鐵雲藏印不分卷　十八冊
　〔清〕劉鶚輯
　清光緒二十九年(1903)鈐印本
　　中大　西泠

09718

鐵雲藏印不分卷　二冊
　〔清〕王懿榮家藏〔清〕劉鶚輯
　清光緒二十九年(1903)鈐印本
　　揚州大

09719

鐵雲藏印不分卷　九册
〔清〕王懿榮家藏〔清〕劉鶚輯
清光緒二十九年(1903)鈐印本
遼寧　鴻爪留痕館

09720

鐵雲藏印一集不分卷　六册
〔清〕劉鶚輯
清光緒二十九年(1903)鈐印本(重輯本)
中大　松蔭軒

09721

鐵雲藏印二集不分卷　十二册
〔清〕劉鶚輯
清光緒二十九年(1903)鈐印本
上博　中遺院　西泠　浙江博　太田孝太郎　漠南

09722

鐵雲藏印二集不分卷　六册
〔清〕劉鶚輯
清光緒二十九年(1903)鈐印本(重輯本)
松蔭軒

09723

鐵雲藏印三集不分卷　十三册
〔清〕劉鶚輯
清光緒二十九年(1903)鈐印本
上博　中遺院　文雅堂　西泠　浙江博　太田孝太郎　漠南

09724

鐵雲藏印三集不分卷　七册
〔清〕劉鶚輯
清光緒二十九年(1903)鈐印本(重輯本)
松蔭軒

09725

鐵雲藏印四集不分卷　十二册
〔清〕劉鶚輯
清光緒二十九年(1903)鈐印本
上博　西泠　浙江博　太田孝太郎　中遺院　漠南

09726

鐵雲藏印四集不分卷　六册
〔清〕劉鶚輯
清光緒二十九年(1903)鈐印本(重輯本)
遼寧　上博　西泠　松蔭軒

09727

鐵雲藏印初集不分卷　十册
〔清〕劉鶚輯
清光緒二十九年(1903)鈐印本
國圖　大連　上博　天津　中遺院　北大　吉大　西泠　協會　南京　遼寧　華東師大　浙江博　揚州大　廈大　松蔭軒　太田孝太郎　松丸東魚　東京博　漠南

09728

鐵雲藏印初集不分卷　十二册
〔清〕劉鶚輯
清光緒二十九年(1903)鈐印本
浙江博　中大　文雅堂

09729

鐵雲藏印續集不分卷　十二册
〔清〕劉鶚輯
清光緒二十九年(1903)鈐印本
浙江博

09730

鐵雲藏印續集不分卷　八册
〔清〕劉鶚輯
清光緒二十九年(1903)鈐印本(重輯本)
大連　上博　西泠　遼寧　鴻爪留痕館　松蔭軒　東京博

09731

鐵雲藏陶不分卷　四册
〔清〕劉鶚輯
清光緒三十年(1904)鈐印本
國圖　天津　中科院新疆分院　西南大　安徽師大　協會　河南大　新疆大　蘇州大

09732

鐵雲藏陶不分卷　十冊

〔清〕劉鶚輯

清光緒三十年(1904)鈐印本

國圖　湖南

09733

鐵雲藏陶附鐵雲藏封泥不分卷　四冊

〔清〕劉鶚輯

清光緒三十年(1904)鈐印本

南京

09734

鐵筆不分卷　九冊

（日本）龍舞印會輯

日本昭和三十六年(1964)鈐印本

松丸東魚

09735

鐵筆不分卷　十冊

（日本）佐藤桃巷篆（日本）龍舞印會輯

日本昭和三十年(1955)鈐印本

協會

09736

鐵筆拓本　一冊

朱慶墉輯

民國三十二年(1943)鈐印本

吉大

09737

鐵筆記　一冊

[佚名]篆並輯

鈐印本

紹興

09738

鐵筆集宜　二冊

（日本）木母馨輯

日本寶曆二年(1752)影印本

西泠

09739

鐵筆歷　一冊

（日本）樋口銅牛篆並輯

日本明治四十四年(1911)鈐印本

漠南

09740

鐵筆譜不分卷　二冊

[佚名]篆並輯

鈐印本

松蔭軒

09741

鐵游戲　一冊

（日本）村上剛篆並輯

日本大正十一年(1922)鈐印本

漠南

09742

鐵寒士印賞　一冊

（日本）賴復篆（日本）藤本真金輯

日本明治五年(1872)鈐印本

西泠　協會　岩瀨文庫　漠南

09743

鐵寒士印賞　一冊

（日本）賴復篆（日本）藤本真金輯

日本大正十一年(1922)鈐印本

協會

09744

鐵儜印稿不分卷　二冊

〔清〕王政治篆並輯

清嘉慶元年(1796)鈐印本

松蔭軒

09745

鐵儜印稿不分卷　四冊

〔清〕王政治篆並輯

清嘉慶二十四年(1819)鈐印本

私人藏

09746

鐵漢印存　一册

［佚名］篆並輯

鈐印本

安徽

09747

鐵劍庵印存　一册

沈愷輯

鈐印本

蘇州大

09748

鐵鋼珊瑚不分卷　二册

（日本）水竹印社同人篆並輯

日本大正四年（1915）鈐印本

漠南

09749

鐵盦印存　一册

劉鐵庵篆並輯

丁酉年（1957）鈐印本

廈大　松蔭軒

09750

鐵盦摹七家名人印彙　一册

［佚名］篆並輯

鈐印本

浙江

09751

鐵禪印記　一册

釋鐵禪篆並輯

鈐印本

松蔭軒

09752

鐵齋印譜　一册

（日本）美術俱樂部

日本昭和三十四年（1959）鈐印本

漠南

09753

鐵廬印譜不分卷　四册

錢松篆　吳隱輯

清宣統元年（1909）西泠印社鈐印本（西泠印社藏印）

大連　天津　西泠　杭州　哈爾濱　重慶　浙江　浙江博　遼寧　鐵硯齋　松蔭軒　協會　港大　松丸　東魚

钁

09754

钁盦印存　一册

汪錡篆並輯

鈐印本（册葉裝十一開）

松蔭軒

09755

钁盦印存不分卷　四册

汪錡篆並輯

鈐印本（册葉裝）

松蔭軒

09756

钁盦汪琦印存不分卷　四册

汪錡篆　沙旭東輯

己亥年（2019）印刷本

南京師大　松蔭軒

鷄

09757

鷄鳴庵印譜　一册

（日本）東白里居士篆並輯

日本明和四年（1767）影印本

西泠

爛

09758

爛石山房印譜　一册

〔佚名〕篆並輯

鈐印本

江蘇師大

顧

09759

顧氏印腋(小石山房印譜)　六册

〔清〕顧湘　顧浩同輯

清道光十年(1830)鈐印本

上博　松蔭軒

09760

顧氏印藪　一軸

〔明〕顧從德輯

明代鈐印本

王紹尊

09761

顧氏印藪初稿　一册

〔明〕顧從德輯

明代鈐印本(初稿本)

常熟

09762

顧氏集古印譜　一册

〔明〕顧從德輯

明隆慶六年(1572)鈐印本

上海　浙江　松蔭軒

09763

顧氏集古印譜　四册

〔明〕顧從德輯

明隆慶六年(1572)鈐印本

西泠

09764

顧氏集古印譜　五册

〔明〕顧從德輯

明隆慶六年(1572)鈐印本

漠南

09765

顧氏集古印譜　十二册

〔明〕顧從德輯

明隆慶六年(1572)鈐印本

上海

09766

顧氏集古印譜　二十册

〔明〕顧從德輯

明隆慶六年(1572)鈐印本

上海

09767

顧氏集古印譜　一册

〔明〕顧從德輯〔清〕巢勝補輯

明隆慶六年(1572)鈐印　清光緒十七年(1891)補鈐印本

浙江(存卷一)

09768

顧氏集古印譜殘卷　一册

〔明〕顧從德輯

明隆慶六年(1572)鈐印本

鴻爪留痕館

09769

顧氏藝海樓藏印款紐拓本　一册

〔清〕顧沅輯

鈐印本

柏克萊

09770

顧芸閣集古印譜　一册

〔明〕顧從德輯

明代鈐印本

浙江

09771

顧振東邊款集　一冊

　顧振東篆並輯

　鈐印本

　松蔭軒

鶴

09772

鶴山易季復印藁

　易孺篆　李世華輯

　民國間鈐印本

　松蔭軒

09773

鶴田印譜不分卷　二冊

　〔清〕林皋篆並輯

　鈐印本

　上博

09774

鶴峰印稿　一冊

　步青篆並輯

　鈐印本

　上海

09775

鶴舫藏印　一冊

　鄭鶴舫輯

　民國十五年(1926)鈐印本

　西安文物局

09776

鶴翁印草　一冊

　（日本）川合東皋輯

　日本昭和九年(1934)鈐印本

　西泠

09777

鶴鳴堂印譜　一冊

　（日本）松原存齋篆並輯

　日本明治二十一年(1888)鈐印本

　日本國會　漠南

09778

鶴盦藏印不分卷　二冊

　（日本）武川盛次篆並輯

　日本昭和二十六年(1951)鈐印本

　松蔭軒

09779

鶴隱廬印艸不分卷　九冊

　殷鎮篆並輯

　民國間鈐印本

　松蔭軒

09780

鶴廬印存不分卷　二冊

　丁仁輯

　民國元年(1912)鈐印本

　松蔭軒

09781

鶴廬印存不分卷　四冊

　丁仁輯

　民國元年(1912)鈐印本

　上博　太田孝太郎　漠南

09782

鶴灘山房印譜不分卷　四冊

　〔清〕張利川篆並輯

　清乾隆四十一年(1776)鈐印本

　青海　漠南

屬

09783

屬雲樓印譜　一冊

　〔清〕陳鍊篆並輯

　清乾隆三十年(1765)鈐印本

　漠南

09784

屬雲樓印譜　二册

〔清〕陳鍊篆並輯

清乾隆三十年(1765)鈐印本

西泠　松蔭軒　鴻爪留痕館

續

09785

續古印式　一册

〔清〕黃錫蕃輯

清乾隆六十年(1795)原鈐印本

國圖　上海　上博　天津　北大　吉大　西泠　港大　東京博

09786

續古印式　二册

〔清〕黃錫蕃輯

清乾隆六十年(1795)鈐印本

國圖　浙江　上博　天一閣　天津　別宥齋（天一閣）太田孝太郎

09787

續古印式　一册

〔清〕黃錫蕃輯

清乾隆六十年(1795)鈐印本

漠南

09788

續古印式　一册

〔清〕黃錫蕃輯

清嘉慶五年(1800)鈐印本

西泠

09789

續古印式　一册

〔清〕黃錫蕃輯

民國間影印本（套色重刊）

北大　吉大　浙江　港大　港中大　松蔭軒

09790

續印人傳姓氏殘稿　一册

（日本）太田孝太郎篆並輯

日本大正三年(1914)鈐印本

松丸東魚

09791

續印史留遺　十二册

丁敬等篆　中國藝術中心輯

丙子年(1996)鈐印本（文雅堂輯）

協會　松蔭軒

09792

續百家姓印譜　一册

〔清〕吳大澂撰

清光緒二十六年(1900)原鈐印本

國圖　南京

09793

續百家姓印譜　一册

〔清〕吳大澂撰

民國二年(1913)原鈐印本

東京博

09794

續百家姓印譜　一册

〔清〕吳大澂撰

民國五年(1916)影印本

國圖　遼寧　大連　上海　吉林　西泠

09795

續百家姓印譜　一册

〔清〕吳大澂撰

民國十七年(1928)東方學會影印本

國圖　上海　山東　天津　中科院　中國美院　北大　南大　廈大　南京　遼寧　浙江　港中大　臺大　臺圖　松蔭軒　太田孝太郎　東京大總　東洋文庫　京文研　"中研院"史語所　韓國中央　國會山莊　法蘭西學院

09796

續夷盦欽印　一册

石峰輯

戊戌年(2018)鈐印本

見性簃

09797

續缶廬樗桑印集不分卷　二册

　　吳昌碩篆（日本）松丸東魚輯

　　日本昭和三十九年(1964)鈐印本

　　協會　松蔭軒

09798

續缶廬樗桑印集不分卷　二册

　　吳昌碩　吳藏龕篆（日本）松丸東魚輯

　　日本昭和四十七年(1972)鈐印本(重輯本)

　　協會　松丸東魚

09799

續缶廬樗桑印集不分卷　四册

　　吳昌碩　吳藏龕篆（日本）松丸東魚輯

　　日本昭和四十七年(1972)鈐印本

　　松丸東魚

09800

續缶廬樗桑印集　一册

　　吳昌碩　吳藏龕篆（日本）松丸東魚輯

　　日本昭和四十七年(1972)鈐印本

　　松丸東魚

09801

續我爲居輯印　一册

　　石峰輯

　　壬辰年(2012)鈐印本

　　見性簃

09802

續封泥考略　六册

　　周明泰輯

　　民國十七年(1928)影印本

　　浙江博　港中大　松蔭軒

09803

續封泥考略　六册

　　周明泰藏　趙雲壑輯

　　民國十七年(1928)京華書局刊印本

　　南京　松丸東魚

09804

續封泥考略　十册

　　周明泰輯

　　民國十七年(1928)鈐印本

　　大連　上海　中大　北大　北師大　吉大　吉林　長春　東北師大　河南大　南大　南開　浙大　清華　鄭大　"中研院"史語所　鴻爪留痕館　松蔭軒　漢南

09805

續封泥考略　五册

　　周明泰輯

　　民國二十七年(1938)粘貼本

　　"中研院"史語所

09806

續雪鴻印存　一册

　　（日本）佐藤桃巷篆（日本）龍舞印會輯

　　日本昭和三十四年(1959)影印本

　　松丸東魚

09807

續清閒餘興　一册

　　（日本）高良養篆並輯

　　日本寶曆五年(1755)鈐印本

　　松丸東魚

09808

續齊魯古印攗不分卷　六册

　　〔清〕郭裕之輯

　　清光緒十八年(1892)鈐印本(殘本)

　　松蔭軒

09809

續齊魯古印攗不分卷　八册

　　〔清〕郭裕之輯

　　清光緒十八年(1892)鈐印本

　　私人藏　加州大學

09810

續齊魯古印攗　十六册

　　〔清〕郭裕之輯

清光緒十八年(1892)鈐印本

國圖 上海 上博 天津 天津博 中大 "中研院" 史語所 中國美院 中遺院 文雅堂 右文齋 北大 北京文物局 四川 吉大 西泠 百樂齋 南開 哈爾濱 首都 浙江博 復旦 新鄉 廣州美院 遼寧 鎮江 鴻爪留痕館 松蔭軒 松丸東魚 協會 太田孝太郎 漢南 哈佛燕京

09811

續齊魯古印攈附續附續　二十一冊

〔清〕郭裕之輯

清光緒十八年(1892)古雪山房鈐印本

四川

09812

續衡齋藏印不分卷　十四冊

黃浚輯

民國三十三年(1944)鈐印本

國圖 廣東 南京 上博 松蔭軒

09813

續錦囊印林　二冊

〔清〕阮元輯

清嘉慶十五年(1810)鈐印本

漠南

09814

續藏書印譜　一冊

(日本) 三村竹清輯

日本昭和七年(1932)鈐印本

瀋陽 日本國會 日本富山 松丸東魚

二十二畫

懿

09815

懿文齋漢印存　一冊

〔佚名〕篆並輯

鈐印本

安徽

09816

懿莊印存　一冊

伍德彝輯

民國三年(1914)鈐印本

廣東

聽

09817

聽竹集印不分卷　五冊

朱積誠輯

鈐印本

松蔭軒

09818

聽自然齋鐵筆拓　一冊

朱慶墉輯

民國二十五年(1936)影印本

人大 吉大

09819

聽冰閣金石文字　一冊

(日本) 三井高堅輯

日本昭和二十二年(1947)鈐印本

漠南

09820

聽冰閣藏古封泥　一冊

(日本) 三井高堅輯

鈐印本

松丸東魚

09821

聽松別館印存不分卷　二冊

〔清〕徐之元篆並輯

清光緒三年(1877)鈐印本

國圖 上海 天一閣 甘肅 別宥齋(天一閣) 景德鎮 湖南 遼寧 松蔭軒

二十二畫 763

09822
聽松別館印賞　一册
　〔清〕徐之元篆並輯
　清同治七年(1868)鈐印本
　安徽　景德鎮

09823
聽松別館印賞不分卷　二册
　〔清〕徐之元篆並輯
　清同治七年(1868)鈐印本
　松蔭軒　私人藏

09824
聽松別館印賞不分卷　二册
　〔清〕徐之元篆並輯
　清同治十三年(1874)鈐印本
　松蔭軒

09825
聽松問鶴軒印存　一册
　沈愷輯
　鈐印本
　蘇州大

09826
聽松樓印集　一册
　[佚名]篆並輯
　鈐印本
　鴻爪留痕館

09827
聽松盦印存　一册
　(日本)岡本春所　岡村梅軒等篆並輯
　日本昭和八年(1933)鈐印本
　協會

09828
聽雨山館印存　一册
　(日本)川合東皋篆並輯
　日本昭和六十二年(1987)鈐印本
　三重

09829
聽雨草堂印集不分卷　四册
　〔清〕吳熙載篆　王秀仁輯
　民國七年(1918)鈐印本
　西泠

09830
聽雨軒印存不分卷　二册
　[佚名]篆並輯
　鈐印本
　松蔭軒

09831
聽雨軒印稿　一册
　[佚名]篆並輯
　鈐印本
　松蔭軒

09832
聽雨軒所藏印譜　一册
　[佚名]篆並輯
　鈐印本
　松蔭軒

09833
聽雨軒徐翁篆刻　一册
　徐小齡篆並輯
　鈐印本
　松蔭軒

09834
聽雨庵印存不分卷　四册
　[佚名]篆並輯
　鈐印本
　蘇州

09835
聽雨庵印譜(聽雨盦印存)　一册
　〔清〕戴晁屏輯
　清光緒二十二年(1896)鈐印本
　黑龍江　臨海博

09836
聽雨樓印集不分卷　九册
〔清〕丁敬等篆　王秀仁輯
民國二十八年(1939)鈐印本
松蔭軒

09837
聽雨樓印集不分卷　七册
〔清〕丁敬等篆　王秀仁輯
民國二十八年(1939)鈐印本
松蔭軒

09838
聽雨樓印集不分卷　三册
〔清〕丁敬等篆　王秀仁輯
民國二十八年(1939)鈐印本
松蔭軒

09839
聽雨樓印集不分卷　二册
〔清〕趙之琛篆　王秀仁輯
民國二十八年(1939)鈐印本
松蔭軒

09840
聽雨盦主人印存　一册
〔清〕聽雨盦主人篆並輯
鈐印本
天一閣　別宥齋(天一閣)

09841
聽香小榭印譜不分卷　四册
[佚名]篆並輯
鈐印本
黑龍江

09842
聽秋山館印譜不分卷　四册
〔清〕張澐篆並輯
清道光二十七年(1847)鈐印本
上博　哈爾濱　浙江　西泠

09843
聽秋山館印譜不分卷　六册
〔清〕張澐篆並輯
清咸豐二年(1852)鈐印本
山西　哈爾濱

09844
聽秋山館印譜不分卷　十二册
〔清〕張澐篆並輯
清咸豐二年(1852)鈐印本
漠南

09845
聽秋山館印譜不分卷　二册
〔清〕張澐篆並輯
清咸豐四年(1854)鈐印本
湖南　廣州

09846
聽秋山館印譜不分卷　二册
〔清〕張澐篆並輯
清同治十年(1871)鈐印本
松蔭軒

09847
聽秋山館印譜不分卷　七册
〔清〕張澐篆並輯
清同治十年(1871)鈐印本
松蔭軒

09848
聽秋山館印譜不分卷　五册
〔清〕張澐篆　松蔭軒輯
丙戌年(2006)鈐印本
松蔭軒

09849
聽秋庵印存　一册
(日本)槐蔭草堂主人輯
鈐印本
岩瀨文庫

09850

聽秋館印存　一册

　瘦雲篆並輯

　民國九年(1920)鈐印本

　北師大

09851

聽泉印艸　一册

　（日本）谷聽泉篆並輯

　鈐印本

　協會

09852

聽泉印譜　一册

　（日本）谷惠太郎篆並輯

　日本昭和九年(1934)鈐印本

　松丸東魚

09853

聽泉樓印譜　一册

　〔清〕朱鼎文輯

　清道光六年(1826)鈐印本

　浙江

09854

聽雪書屋印譜不分卷　五册

　沈汝梅篆並輯

　民國三十二年(1943)鈐印本

　蘇州

09855

聽琴山房金石稿　一册

　李相定篆並輯

　鈐印本(稿本)

　松蔭軒

09856

聽蕉軒印譜　一册

　[佚名]篆並輯

　鈐印本

　海寧

09857

聽濤山房藏印　一册

　[佚名]篆並輯

　鈐印本

　松蔭軒

09858

聽鶯山房印存　一册

　（日本）石原西涯篆並輯

　日本昭和十年(1935)鈐印本

　臺大　臺歷博　松蔭軒

09859

聽鶯山房印存不分卷　五册

　（日本）石原幸作篆並輯

　日本昭和六年(1931)鈐印本

　臺大

09860

聽鶯山房印存不分卷　二册

　（日本）石原幸作篆並輯

　日本昭和八年(1933)鈐印本

　臺大

09861

聽鶯山房印存不分卷　九册

　（日本）石原幸作篆並輯

　日本昭和十一年(1936)鈐印本

　臺大

09862

聽鶯山房印存二集不分卷　四册

　（日本）石原西涯篆並輯

　日本昭和十一年(1936)鈐印本

　松蔭軒

09863

聽鶯山房印存二集後赤壁賦　一册

　（日本）石原幸作篆並輯

　日本昭和九年(1934)鈐印本

　臺大

09864

聽鶯山房印存二集前赤壁賦　一册
（日本）石原幸作篆並輯
日本昭和十年(1935)鈐印本
臺大

09865

聽鶯山房印存二集前後赤壁賦不分卷　四册
（日本）石原幸作篆並輯
日本昭和十年(1935)鈐印本
臺大

09866

聽鶯山房印存二集前後赤壁賦不分卷　四册
（日本）石原幸作篆並輯
日本昭和十一年(1936)刊行本
臺大

09867

聽鶯山房藏印不分卷　二册
（日本）石原幸作輯
日本昭和十三年(1938)鈐印本
臺大

09868

聽鶯山房藏譜不分卷　二册
（日本）石原幸作輯
鈐印本
臺大

09869

聽鸝軒印稿(聽鸝軒摹本漢銅印叢)不分卷　四册
馬加齡輯
民國二年(1913)鈐印本
哈爾濱　松蔭軒

鷗

09870

鷗外印譜　一册
（日本）中井義幸篆（日本）武藏村山輯

日本昭和六十三年(1988)鈐印本
日本國會

09871

鷗間閣印稿不分卷　二册
〔清〕張思纘篆並輯
清光緒元年(1875)鈐印本
上博

09872

鷗閒閣印稿不分卷　二册
〔清〕張思纘篆並輯
清光緒元年(1875)鈐印本
上博

鑒

09873

鑒印山房印存不分卷　四册
許雄志篆並輯
丁酉年(2017)鈐印本
知還印館　松蔭軒

09874

鑒印山房藏秦漢印私印百品不分卷　二册
許雄志輯
己亥年(2019)鈐印本
知還印館

09875

鑒印山房藏戰國秦印私印百品不分卷　二册
許雄志輯
己亥年(2019)鈐印本
知還印館　鹿鳴簃

09876

鑒印山房藏戰國秦漢官印百品不分卷　二册
許雄志輯
丙申年(2016)鈐印本
見性簃　知還印館

二十二畫　767

09877
鑒印山房藏璽印陶文不分卷　二册
　許雄志輯
　戊戌年(2018)鈐印本
　見性簃　鹿鳴簃

09878
鑒齋秦漢印存不分卷　二册
　〔清〕孫文楷輯
　清光緒間鈐印本
　漠南

龝

09879
龝林館藏印　一册
　〔佚名〕篆並輯
　珂羅版影印本
　京文研

09880
龝宜室古鈢印譜　一册
　龝宜室主人輯
　乙酉年(2005)鈐印本
　文雅堂

穰

09881
穰州印譜不分卷　二册
　(日本)小林穰州篆並輯
　日本明治十八年(1885)鈐印本
　漠南

籟

09882
籟寂軒主人印存不分卷　七册
　〔佚名〕篆並輯

　清光緒二十年(1894)鈐印本
　松蔭軒

籐

09883
籐蔭山房金石印萃不分卷　二册
　〔清〕王士英篆並輯
　清道光二十九年(1849)鈐印本
　北師大　松蔭軒

籠

09884
籠海樓印範四集不分卷　二册
　〔清〕程邃篆並輯
　清康熙三十四年(1695)鈐印本
　上博

09885
籠海樓藏印　一册
　〔佚名〕篆並輯
　鈐印本
　清華

鑄

09886
鑄古盦印存不分卷　六册
　奚世榮篆並輯
　民國三年(1914)鈐印本
　哈爾濱　松蔭軒

09887
鑄古盦印存不分卷　四册
　奚世榮篆並輯
　民國二十一年(1932)鈐印本
　松蔭軒

09888

鑄翁遺篋　一册
奚世榮篆　奚文駿輯
甲午年(2014)鈐印本
松蔭軒

09889

鑄夢廬藏印不分卷　四册
壽璽輯
民國二十五年(1936)鈐印本
國圖　上海　西泠　私人藏　鴻爪留痕館　松蔭軒

09890

鑄新印譜　一册
〔佚名〕篆並輯
鈐印本
芝蘭齋

09891

鑄盦印存　一册
趙冶鐵篆並輯
鈐印本
松蔭軒

09892

鑄齋集古印譜不分卷　五册
(日本)金山鑄齋輯　林章松重輯
壬寅年(2022)鈐印本
松蔭軒

穌

09893

穌天天倪齋印存　一册
〔清〕郭鍾嶽篆並輯
清光緒二十二年(1896)鈐印本
上海　浙江　溫州

09894

穌天天倪齋印存　二册
〔清〕郭鍾嶽篆並輯
清光緒二十二年(1896)鈐印本
浙江

讀

09895

讀未見書室集印不分卷　二册
〔清〕王俊琴篆並輯
清道光二十八年(1848)鈐印本
西泠

09896

讀古邨莊收藏印譜不分卷　三册
(日本)尾崎秀輯
日本大正九年(1920)鈐印本
臺大

09897

讀古邨莊收藏印譜不分卷　一册
〔明〕文彭　丁敬等篆　(日本)石原幸作輯
日本昭和十三年(1938)鈐印本
臺大

09898

讀古堂印稿　一册
〔佚名〕篆並輯
鈐印本
浙江博

09899

讀古鄒莊收藏印譜　一册
(日本)尾崎秀真輯
日本大正九年(1920)鈐印本
臺大

09900

讀古鄒莊收藏印譜　一册
(日本)尾崎秀真輯
日本昭和十三年(1938)鈐印本
臺大

09901
讀古鄒莊藏印譜　一册
（日本）尾崎秀真藏（日本）石原幸作輯
鈐印本
臺大

09902
讀易齋覺禪印譜　二册
〔清〕讀易齋主人輯
清光緒六年(1880)鈐印本
國圖　臺圖

09903
讀書樂篆譜　一册
〔清〕王純熙篆並輯
清乾隆二十七年(1762)鈐印本
吉林

09904
讀書聲里是吾家印譜　一册
〔佚名〕篆並輯
粘貼本
芷蘭齋

09905
讀書齋印譜　一册
〔清〕繆荃孫輯
鈐印本
清華

09906
讀雪堂印存　一册
〔佚名〕輯
鈐印本
松蔭軒

09907
讀雪齋印存　一册
〔佚名〕篆並輯
鈐印本
鴻爪留痕館　松蔭軒

09908
讀雪齋印存　四册
〔清〕孫汝梅篆並輯
鈐印本(道光輯本)
鴻爪留痕館

09909
讀雪齋印遺　一册
〔清〕孫汝梅篆　孫壯輯
民國十六年(1927)鈐印本
國圖　鴻爪留痕館

09910
讀雪齋印賸　一册
戈革輯
丁酉年(1957)粘貼本
松蔭軒

09911
讀雪齋印譜　一册
孫壯輯
民國十三年(1924)上海涵芬樓影印本
文雅堂

09912
讀雪齋印譜　二册
孫壯輯
民國十三年(1924)上海涵芬樓影印本
國圖　大連　上海　山東　山東大　天津　中國美院　北大　北師大　四川　吉林　西泠　南京　哈爾濱　清華　復旦　港中大　湖南　遼寧　鴻爪留痕館　鎮江　蘇州　松蔭軒　太田孝太郎　京文研　國會山莊　漢南

09913
讀畫軒印存不分卷　四册
〔清〕王俊篆並輯
清光緒七年(1881)鈐印本
浙江　西泠　安徽　南京　南通　哈爾濱　常州　寧波　寧夏　松蔭軒　國會山莊　加州大學

09914
讀畫軒印存不分卷　八冊
〔清〕王俊篆並輯
清光緒七年(1881)鈐印本
漢南

09915
讀畫齋印譜　一冊
〔清〕顧修輯
鈐印本
常州

09916
讀僊書堂印磚　一冊
（日本）[佚名]輯
日本明治十五年(1882)鈐印本
協會

龔

09917
龔心釗藏印集不分卷　二冊
〔清〕龔心釗輯
鈐印本
私人藏

09918
龔懷西藏印不分卷　二冊
〔清〕龔心釗輯　王秀仁鈐拓
粘貼本
浙江

竊

09919
竊古堂印海不分卷　二冊
〔清〕周廷佐篆並輯
清康熙五十八年(1719)鈐印本
上博

二十三畫

變

09920
變雅樓印譜　一冊
高旭篆並輯
鈐印本
松陰軒

鷲

09921
鷲廬印草不分卷　八冊
張九如篆並輯
民國二十六年(1937)鈐印本
北大

齏

09922
齏臼盦橅古印譜　四冊
[佚名]篆並輯
鈐印本
上海

二十四畫

攬

09923
攬古軒印存　一冊
于希寧輯
鈐印本
上海

觀

09924
觀月聽琴室印存不分卷　四冊
〔清〕陳晉蕃篆並輯
清光緒十二年(1886)鈐印本
國圖　西泠　南京　首都　浙江　煙臺　松蔭軒

09925
觀古堂印存　一冊
〔清〕葉德輝篆並輯
鈐印本
松蔭軒

09926
觀古堂印譜　一冊
（日本）大島秋琹篆並輯
日本嘉永四年(1851)鈐印本
漠南

09927
觀古堂印譜　一冊
（日本）松田東洋篆並輯
日本明治二十四年(1891)鈐印本
漠南

09928
觀自得齋印存(蒼石印存)不分卷　八冊
吳昌碩篆　〔清〕徐士愷輯
清光緒二十八年(1902)鈐印本
國圖　上博　蘇州　臺大

09929
觀自得齋印集不分卷　十六冊
〔清〕〔佚名〕篆　〔清〕徐士愷輯
清光緒二十年(1894)鈐印本
國圖　上博　遼寧　中大　北大　西泠　溫州　臺故博

09930
觀自得齋印集不分卷　二冊
〔清〕趙之謙篆　〔清〕徐士愷輯
清光緒十五年(1889)鈐印本
北大　西泠　浙江博　湖南　松丸東魚

09931
觀自得齋印集不分卷　四冊
〔清〕趙之謙篆　〔清〕徐士愷輯
清光緒十五年(1889)鈐印本
四川　漠南

09932
觀自得齋印集不分卷　十六冊
〔清〕趙之謙篆　〔清〕徐士愷輯
清光緒十五年(1889)鈐印本
安徽　復旦　溫州　中遺院　臺故博

09933
觀自得齋印集不分卷　五冊
〔清〕趙之謙篆　〔清〕徐士愷輯
清光緒二十二年(1896)鈐印本
浙江博　松蔭軒

09934
觀自得齋印集不分卷　六冊
〔清〕趙之謙篆　〔清〕徐士愷輯
清光緒二十二年(1896)鈐印本
南京　溫州　南大　協會

09935
觀自得齋印集不分卷　八冊
〔清〕趙之謙篆　〔清〕徐士愷輯
清光緒二十二年(1896)鈐印本
大連　上海　中遺院　南京　浙江　浙江博　湖南社科院　蘇州　鴻爪留痕館　松蔭軒

09936
觀自得齋印集缶廬印譜(吳昌碩刻印石印存)　一冊
吳昌碩篆　〔清〕徐士愷輯
清光緒二十八年(1902)鈐印本
文雅堂

09937
觀自得齋印集缶廬印譜(吳昌碩刻印石印存)不分卷　六冊
　吳昌碩篆〔清〕徐士愷輯
　清光緒二十八年(1902)鈐印本
　　東京博　漠南

09938
觀自得齋印集蒼石印譜(蒼石印存)不分卷　四冊
　吳昌碩篆〔清〕徐士愷輯
　清光緒二十八年(1902)鈐印本
　　南京　浙江博　松蔭軒

09939
觀自得齋秦漢官私銅印譜(觀自得齋秦漢官私印譜)不分卷　八冊
　〔清〕[佚名]篆〔清〕徐士愷輯
　清光緒十五年(1889)鈐印本
　　北大　中遺院

09940
觀自得齋秦漢官私銅印譜(觀自得齋秦漢官私印譜)不分卷　四冊
　〔清〕[佚名]篆〔清〕徐士愷輯
　清光緒二十四年(1898)鈐印本
　　上海　浙江　清華　遼寧　"中研院"史語所　漠南

09941
觀自得齋秦漢官私銅印譜(觀自得齋秦漢官私印譜)不分卷　六冊
　〔清〕[佚名]篆〔清〕徐士愷輯
　清光緒二十四年(1898)鈐印本
　　吉林

09942
觀自得齋秦漢官私銅印譜(觀自得齋漢官私印譜)不分卷　十冊
　〔清〕[佚名]篆〔清〕徐士愷輯
　清光緒二十四年(1898)鈐印本
　　哈爾濱

09943
觀自得齋秦漢官私銅印譜(觀自得齋漢官私印譜)不分卷　二十四冊
　〔清〕[佚名]篆〔清〕徐士愷輯
　清光緒二十四年(1898)鈐印本
　　上海　天津　浙江博

09944
觀自得齋秦漢官私銅印譜(觀自得齋秦漢官私印譜)不分卷　二冊
　〔清〕[佚名]篆〔清〕徐士愷輯
　清光緒二十五年(1899)鈐印本
　　臺大

09945
觀自得齋徐氏所藏印存不分卷　二冊
　〔清〕[佚名]篆〔清〕徐士愷輯
　清光緒二十八年(1902)鈐印本
　　湖南　蘇州　臺大

09946
觀自得齋徐氏所藏印存(行篋印存)不分卷　四冊
　吳昌碩篆〔清〕徐士愷輯
　清光緒二十八年(1902)鈐印本
　　浙江博　東京博

09947
觀自得齋徐氏所藏印存不分卷　六冊
　吳昌碩篆〔清〕徐士愷輯
　清光緒二十八年(1902)鈐印本
　　東京博

09948
觀自得齋徐氏所藏印存不分卷　八冊
　吳昌碩篆〔清〕徐士愷輯
　清光緒二十八年(1902)鈐印本
　　浙江

09949
觀自得齋集缶廬印譜不分卷　八冊
　吳昌碩篆〔清〕徐士愷輯
　清光緒二十八年(1902)鈐印本

國圖 上博 天津博 浙江 文雅堂 漢南

09950

觀自得齋集缶廬印譜不分卷　十二冊

　吳昌碩篆〔清〕徐士愷輯

　清光緒二十八年(1902)鈐印本

　廣西　桂林

09951

觀自得齋漢印偶存(漢銅印叢)不分卷　四冊

　〔清〕［佚名］篆〔清〕徐士愷輯

　清宣統二年(1910)鈐印本

　天津　松蔭軒

09952

**觀自得齋漢官私銅印譜(觀自得齋秦漢官私印譜)
　不分卷　四十七冊**

　〔清〕［佚名］篆〔清〕徐士愷輯

　清光緒二十五年(1899)鈐印本

　溫州

09953

**觀自得齋漢官私銅印譜(觀自得齋秦漢官私印譜)
　不分卷　五十冊**

　〔清〕［佚名］篆〔清〕徐士愷輯

　清光緒二十五年(1899)鈐印本

　上海　北大　首都　"中研院"史語所　太田孝太郎
　漢南

09954

**觀自得齋漢官私銅印譜(觀自得齋秦漢官私印譜)
　不分卷　五十二冊**

　〔清〕［佚名］篆〔清〕徐士愷輯

　清光緒二十五年(1899)鈐印本

　中遺院

09955

觀妙室印錄不分卷　五冊

　邵裴子輯

　鈐印本

　浙江

09956

觀妙室藏印不分卷　三冊

　邵裴子輯

　鈐印本

　浙江

09957

觀妙閣印譜　一冊

　〔清〕葉德輝篆並輯

　鈐印本

　寧夏

09958

觀妙閣主人集古今印不分卷　二冊

　劉陳篆並輯

　鈐印本

　松蔭軒

09959

觀妙齋集印(觀妙齋印集)　一冊

　〔清〕徐貞木篆並輯

　清雍正七年(1729)鈐印本

　西泠

09960

觀音夢授心經印譜　一冊

　〔清〕盛錫藩篆並輯

　清同治十二年(1873)鈐印本

　漢南

09961

觀瓶居藏印不分卷　二冊

　［佚名］篆並輯

　鈐印本

　私人藏

09962

觀家印譜　一冊

　［佚名］篆並輯

　鈐印本

　早稻田

09963

觀復齋游跡　一冊

　江南平篆並輯

　鈐印本

　松蔭軒

09964

觀齋印存　一冊

　〔清〕祁寯藻輯

　鈐印本

　上海

09965

觀瀾印譜　一冊

　（日本）大久保乾篆並輯

　日本明治十四年(1881)鈐印本

　松蔭軒

靈

09966

靈芬室印賸　一冊

　〔清〕郭麐篆並輯

　鈐印本

　松蔭軒

09967

靈芬館印存不分卷　二冊

　〔清〕郭麐篆並輯

　清光緒二十年(1894)昌羊室鈐印本

　上海　中國美院　南京　浙江　嘉興

09968

靈芬館印譜　一冊

　〔清〕郭麐篆並輯

　清光緒四年(1878)鈐印本

　漢南

09969

靈芬館印譜不分卷　二冊

　〔清〕郭麐篆並輯

　清光緒四年(1878)鈐印本

　松蔭軒

09970

靈修堂印存　一冊

　屈維杰篆並輯

　民國十年(1921)鈐印本

　松蔭軒

09971

靈溪精舍印譜　一冊

　〔佚名〕篆並輯

　鈐印本

　黑龍江

靐

09972

靐如印譜　一冊

　〔清〕查文經篆並輯

　鈐印本

　漢南

09973

靐靐莊藏古鉢印不分卷　二冊

　（日本）藤井靜堂輯

　日本大正十三年(1924)鈐印本

　松蔭軒　太田孝太郎　日本國會　松丸東魚

09974

靐靐莊藏古璽印不分卷　二冊

　（日本）藤井靜堂輯

　日本昭和六年(1931)鈐印本

　大連　松蔭軒　協會　漢南

09975

靐靐莊藏古璽印不分卷　二十冊

　（日本）藤井靜堂輯

　日本昭和六年(1931)鈐印本

　東京博　漢南

艷

09976

艷秋閣印存　一册

〔清〕孫慧翼篆並輯

清道光十八年(1838)鈐印本

四川　漢南

09977

艷秋閣印存　四册

〔清〕孫慧翼篆並輯

清道光十八年(1838)鈐印本

上海　上博　松蔭軒　鴻爪留痕館　漢南

09978

艷秋閣印存　八册

〔清〕孫慧翼篆並輯

清道光十八年(1838)鈐印本

奎章閣

讖

09979

讖室藏印不分卷　二册

〔清〕方若輯

鈐印本

太田孝太郎　東京博

讓

09980

讓之遺印三十方　一册

〔清〕吳熙載篆並輯

鈐印本

蘇州

09981

讓之遺印譜不分卷　四册

〔清〕吳熙載篆並輯

清光緒元年(1875)鈐印本

百樂齋

09982

讓之輯印　一册

〔清〕吳熙載篆並輯

鈐印本

拳石山房

爛

09983

爛石山房印譜　一册

〔佚名〕篆並輯

鈐印本

江蘇師大

二十五畫

纘

09984

纘古軒印存不分卷　三册

〔佚名〕輯

鈐印本

松蔭軒

二十六畫

灤

09985

灤州張氏夢蝶園藏印　一册

張愷篆並輯

鈐印本

松蔭軒

二十八畫

鑿

09986

鑿窾印譜　一册
（日本）前川虛舟篆並輯
日本寬政十二年（1800）鈐印本
漠南

三十畫

鸞

09987

鸞氏印痕不分卷　五册
潘軾篆並輯
七十年代鈐印本
松蔭軒

印譜相關參考書簡目

二　畫

09988
丁丑劫餘印存小傳　一冊
　高野侯輯
　民國二十八年(1939)印本
　上海　南京　中大　華東師大　復旦

09989
丁丑劫餘印存序目樣本　一冊
　丁仁　高時敷　俞人萃　葛昌楹同輯
　民國二十八年(1939)印本
　私人藏

09990
十鐘山房印舉目錄　一冊
　〔清〕陳介祺輯
　稿本
　上海

09991
十鐘山房印舉紀事　一冊
　〔清〕陳介祺輯
　張瑄抄本（陳介祺致王效禹）
　陳進

09992
十鐘山房印舉篡人例考　一冊
　張瑄輯
　乙未年(1955)印本
　港大　漢南

09993
七家印跋　一冊
　〔清〕丁敬撰　〔清〕秦祖永輯
　民國十七年(1928)稿本
　國圖　北大　臺圖　東京大　京文研

09994
七家印跋　一冊
　〔清〕丁敬撰　〔清〕秦祖永輯
　抄本
　國圖　福建

三　畫

09995
三十五舉　一冊
　〔元〕吾丘衍撰　〔清〕桂馥輯
　清乾隆四十三年(1778)刊印本
　上海

09996
三十五舉　一冊
　〔元〕吾丘衍撰　〔清〕桂馥輯
　清光緒三年(1877)刊印本
　上海　遼寧　川大　北大　東北師大　哈爾濱　遼大

09997
三十五舉　一冊
　〔元〕吾丘衍撰　〔清〕桂馥輯
　清光緒九年(1883)刊印本
　北大　川大　華東師大　遼大　臺圖

09998
三十五舉　一冊
　〔元〕吾丘衍撰　高野侯輯
　民國二十四年(1935)印本

國圖 上海 內蒙古 金陵 江蘇師大 蘇州大

09999

三十五舉校勘記　一冊

　　姚覲元撰

　　民國十年(1921)印本

　　遼寧 北大

10000

三續三十五舉附三十六舉　一冊

　　馬光楣撰

　　民國十八年(1929)印本

　　吉林

四　畫

10001

六書緣起　一冊

　　〔清〕孫光祖撰

　　清道光二十年(1840)海虞顧氏刊印本

　　上海 山東 天津 北大 四川 吉林 南京 哈爾濱 重慶 首都 復旦 遼寧 臺圖 東洋文庫

五　畫

10002

玉璽譜　一冊

　　〔唐〕徐令信撰

　　清順治三年(1646)宛委山堂刊印本

　　國圖 上海師大 川大 天一閣 天津 中大 中山市 中科院 北京文物局 民族圖 吉林 江西 祁縣 青海 河北大學 河南 故宮 南京 重慶 首都 華東師大 華南農大 蚌埠 浙江 揚州師大 雲南 雲南大 復旦 湖南 廈大 福建 寧波 遼寧 臺圖

10003

正韻篆字校　二冊

　　〔明〕沈延銓撰〔清〕張元輅校訂

　　刊印本

　　天津

10004

古今印史　一冊

　　〔明〕徐官撰

　　明泰昌元年(1620)下園徐氏刊印本

　　北大

10005

古今印史附錄一卷　一冊

　　〔明〕徐官篆並輯

　　清順治四年(1647)鈐印本

　　臺圖 哈佛燕京

10006

古今印史　一冊

　　〔明〕徐官篆並輯

　　日本元祿十年(1697)刊印本

　　北大 松丸東魚 東京大

10007

古今印史　一冊

　　〔明〕徐官撰

　　清乾隆五十九年(1794)抄本

　　無錫

10008

古今印史　一冊

　　〔明〕徐官篆並輯

　　清道光二十年(1840)海虞顧氏刊印本

　　臺大 京文研 普林斯頓 巴伐利亞

10009

古今印史　一冊

　　〔明〕徐官撰

　　民國十一年(1922)上海文明書局影印本

　　國圖 大連 上海 上海師大 上海辭書 山東 川大 天一閣 天津 中大 中科院 北大 北京文物局 北京市委圖 北師大 吉大 安徽 社科院民族所 武大 青島博 青海民大 河南 河南大 河南師大 故宮 南京 哈爾濱 重慶 首都 華東師大 華南農大 浙大 浙江 浙師大 揚州師大 雲

南 無錫 復旦 福建 臺圖 遼大 遼寧 歷史博物館 蘇州 内閣文庫 東京大 東洋文庫 哈佛燕京 國會山莊

10010

古今印史附附錄　二册

〔明〕徐官撰

明嘉靖三十一年(1552)下園徐氏刊印本

北大

10011

古今印制　一册

〔清〕孫光祖撰

清道光二十年(1840)海虞顧氏刊印本

國圖 上海 山東 天津 四川 吉林 南京 遼寧 哈爾濱 重慶 首都 臺大 臺圖 東洋文庫 京文研

10012

古今印例不分卷　二册

（日本）曾根寸齋撰

日本天保十二年(1841)印本

松蔭軒 日本國會

10013

古今印例初二編不分卷　四册

（日本）曾根寸齋撰

日本嘉永四年(1851)印本

岩瀨文庫

10014

古今印要不分卷　二册

（日本）田敬之撰

日本天保十二年(1841)印本

岩瀨文庫

10015

古今篆刻漫談　一册

王光烈撰

民國二十四年(1935)印本

遼寧 東北師大

10016

古印考略　一册

〔清〕夏一駒撰

清道光二十年(1840)海虞顧氏刊印本

北大 東洋文庫

10017

古鉨發微（古璽發微）　一册

陳邦福撰

民國二十四年(1935)印本

上海 北大 東北師大 南大 清華 黑龍江 復旦 松蔭軒

10018

古銅印譜書目　一册

王敦化撰

民國二十九年(1940)印本

上海 山東 中大 中科院 北大 松蔭軒

10019

古銅印譜舉隅不分卷　四册

（日本）太田孝太郎撰

日本昭和九年(1934)印本

國圖 上海 北大 北師大 南大 華東師大 陳進 松蔭軒 松丸東魚 蒲阪文庫

10020

古銅印譜舉隅補遺附再補　一册

（日本）太田孝太郎撰（日本）小林斗盦再補

日本昭和四十四年(1969)印本

松丸東魚

10021

古璽文字徵　一册

羅福頤撰

民國十九年(1930)印本

人大 大連 上海 中大 北大 北大考古所 北師大 吉大 遼寧 澳門大 蒲阪文庫

10022

古璽文字徵　八册

羅福頤撰

民國十九年(1930)印本
上海 北大 北師大

10023
古籀蒐求　八册
朱大可撰
民國二十四年(1935)印本
中大　内蒙古　吉大　南大　華東師大　清華　復旦
廈大　鴻爪留痕館

10024
石印集誼(鐵筆集誼)不分卷　二册
(日本)木母馨撰
日本寶曆二年(1753)印本
日本國會　早稻田　東京藝大　岩瀨文庫

10025
石印詳説不分卷　二册
(日本)二邨公忠撰
日本文化十二年(1815)印本
岩瀨文庫

10026
石華印説(石華印論)　一册
(日本)玄巧若拙撰
日本大正五年(1916)印本
岩瀨文庫

10027
石雲先生印譜考釋　一册
〔明〕孫楨撰
明萬曆四十五年(1617)刊印本
北大　中大

10028
石廬金石書志　十二册
林鈞撰
民國十二年(1923)印本
人大　上海　内蒙古大　北大　北師大　吉大　南大
華東師大　復旦　哈佛燕京

10029
印人傳不分卷　一册
〔清〕周亮工撰
清康熙十一年(1672)刊印本
國圖　梁平

10030
印人傳不分卷　三册
〔清〕周亮工撰
清康熙十一年(1672)刊印本
上海　故宫　常州　東洋文庫

10031
印人傳不分卷　八册
〔清〕周亮工撰
清宣統二年(1910)西泠印社刊印本
常州

10032
印文考略　一册
〔清〕鞠履厚
清乾隆二十一年(1756)刊印本
北師大　漢南

10033
印文考略　二册
〔清〕鞠履厚
清乾隆二十一年(1756)刊印本
國圖　上海　川大　天津　天津博　中科院　北大
北師大　西泠　武大　河南大　哈爾濱　浙江博　湖
南　遼大　松蔭軒

10034
印文考略　一册
〔清〕鞠履厚
清乾隆二十九年(1764)刊印本
上海

10035
印文考略　一册
〔清〕鞠履厚撰　楊復吉編
清乾隆三十九年(1774)刊印本
中科院　西泠　南京　南通　鎮江　臺圖

10036
印文考略　一冊
〔清〕鞠履厚
清道光十三年(1833)刊印本
川大　北大　武大　遼大　港中大　臺圖

10037
印文考略　一冊
〔清〕鞠履厚
清光緒二年(1876)刊印本
河南大

10038
印文輯略　一冊
〔清〕劉紹藜輯
清嘉慶二十四年(1819)刊印本
上海　北大

10039
印文輯略　十二冊
〔清〕劉紹藜輯
民國九年(1920)影印本
山東大

10040
印文輯略　一冊
〔清〕孫家楨撰
民國九年(1920)印本
上海　中大　北大　四川　鴻爪留痕館

10041
印文學(篆學捷經)不分卷　五冊
(日本)前田默鳳撰
日本明治三十七年(1904)印本
岩瀨文庫

10042
印正　一冊
〔清〕吳俊三纂刻
清嘉慶二十五年(1820)刊印本
安徽師大

10043
印正　二冊
〔清〕吳俊三纂刻
清嘉慶二十五年(1820)刊印本
漢南

10044
印正附說　一冊
(日本)〔佚名〕撰
日本大正間印本
西泠

10045
印正附說　一冊
〔明〕甘暘撰
明萬曆二十四年(1596)刊印本
國圖　人大　上海　上博　天津　中大　北大　西泠
陝師大　浙江　齊齊哈爾　鎮江　東京大

10046
印正附說　一冊
〔明〕甘暘撰
日本天寶六年(1835)印本
岩瀨文庫

10047
印史　一冊
〔明〕文彭撰
民國十一年(1922)西泠印社印本
中大　哈師大

10048
印史附印說　一冊
〔明〕文彭撰
民國二十九年(1940)西泠印社印本
中大　哈師大

10049
印旨　一冊
〔明〕程遠撰
明萬曆三十九年(1611)刊印本
國圖　上海　山東　天一閣　天津　北大　吉林　南

京 哈爾濱 重慶 首都 復旦 嘉興 湖南 耶魯 蒲阪文庫

10050
印旨　一册
〔明〕程遠撰
清道光二十年(1840)海虞顧氏刊印本
國圖 臺圖 東京大 京文研 普林斯頓 巴伐利亞

10051
印字類纂　四册
孟昭鴻撰
民國二十二年(1933)印本
北大 北師大 浙師大 清華 臺大

10052
印言　一册
〔清〕陳鍊撰
清道光二十年(1840)海虞顧氏刊印本
上海 山東 天津 北大 四川 吉林 西泠 江蘇師大 南京 哈爾濱 重慶 首都 常州 復旦 廣西藝院 遼寧 蘇州 鹽城 東洋文庫 京文研 普林斯頓

10053
印林清話　一册
王崇焕撰
印本
東京大 京文研

10054
印林閑話　一册
蔡守撰
抄本
上海

10055
印述　一册
〔清〕高積厚撰
清道光二十年(1840)海虞顧氏刊印本
上海 山東 天津 北大 四川 吉林 遼寧 南京 哈爾濱 重慶 首都 復旦 臺圖 東洋文庫

10056
印箋説　一册
〔清〕徐堅撰
清道光二十年(1840)海虞顧氏刊印本
臺圖

10057
印典　二册
〔清〕朱象賢撰
清康熙六十一年(1722)刊印本
三峽 三峽博 山西 天一閣 吉林 吉林市 首都 常州 安徽 佛山 清華 湖南 新疆 寧夏 遼寧 鴻爪留痕館 蘇州大 鹽城 英屬哥倫比亞 哈佛 燕京 康奈爾

10058
印典　六册
〔清〕朱象賢撰
清康熙六十一年(1722)刊印本
山西 四川 吉林 吉林市 長春 東北師大 哈師大 復旦 蘇州大

10059
印典　八册
〔清〕朱象賢撰
清雍正十一年(1733)刊印本
中大 重慶 黑龍江 復旦 蘇州 國會山莊 耶魯

10060
印典　十二册
〔清〕朱象賢撰
清雍正十一年(1733)刊印本
吉大

10061
印典　四册
〔清〕朱象賢撰
清乾隆二十八年(1763)刊印本
國圖 大連 天一閣 甘肅 松蔭軒 河南大 哈爾濱 常州 復旦 湖南 遼寧 新豐 臺大 臺故博

新加坡國立

10062

印典　五冊

〔清〕朱象賢撰

清乾隆二十八年(1763)刊印本

重慶

10063

印典　七冊

〔清〕朱象賢撰

清咸豐十年(1860)柯有榛抄本

蒲阪文庫

10064

印典　六冊

〔清〕朱象賢撰

民國間西泠印社印本

四川

10065

印法參同　二冊

〔明〕徐上達撰

明萬曆四十三年(1615)刊印本

蘇州

10066

印法參同　十六冊

〔明〕徐上達撰

明萬曆四十三年(1615)刊印本

西泠　國圖

10067

印章考　一冊

〔明〕方以智撰

清道光二十年(1840)海虞顧氏刊印本

國圖　山東　天津　北大　四川　吉林　南京　哈爾濱　重慶　首都　復旦　遼寧　東京大　東洋文庫　京文研　普林斯頓

10068

印章要論　一冊

〔明〕朱簡撰

清道光二十年(1840)海虞顧氏刊印本

國圖　山東　天津　北大　四川　吉林　南京　哈爾濱　重慶　首都　常州　復旦　臺大　東洋文庫　京文研　普林斯頓

10069

印章備正　二冊

（日本）益齋富鴻撰

日本大正二年(1913)海虞顧氏刊印本

南開　臺大　日本國會

10070

印章備攷　三冊

（日本）榊原玄輔纂輯

印本

臺故博　"中研院"史語所　日本國會　岩瀨文庫　哈佛燕京

10071

印章集說（印正附說）　一冊

〔明〕甘暘撰

明萬曆二十四年(1596)刊印本

人大　上海　上博　山東　川大　天一閣　天津　中大　中科院　甘肅　北大　四川　吉林市　吉林社科院　西泠　社科院　武大　河南大　重慶　首都　陝師大　華東師大　浙江　國圖　復旦　福建　齊齊哈爾　遼大　遼寧　鎮江　"中研院"文哲所　東京大　東洋文庫　京文研　普林斯頓

10072

印章集說　一冊

〔明〕文彭撰

清道光十一年(1831)刊印本

"中研院"文哲所　臺故博　臺圖　東京大

10073

印章篆論　一冊

（日本）大鵬正鯤撰　（日本）釋宗阿輯

日本文化七年(1810)刊印本

岩瀨文庫

10074

印經　一冊

〔明〕朱簡撰

明崇禎二年(1629)刊印本

上海　山東　天津　北大　四川　吉林　南京　哈爾濱　重慶　遼寧　臺圖　東洋文庫

10075

印説　一冊

〔清〕萬壽祺撰

民國九年(1920)印本

遼寧　大連　哈師大

10076

印説　一冊

（日本）源繼春撰

日本大正五年(1916)印本

西泠

10077

印説　一冊

〔清〕趙煦撰

清嘉慶二十年(1815)刊印本

漠南

10078

印論　一冊

〔清〕陳鍊撰

清道光二十年(1840)海虞顧氏刊印本

東洋文庫

10079

印論　一冊

〔清〕徐堅撰

清道光二十年(1840)海虞顧氏刊印本

東洋文庫

10080

印談　一冊

〔明〕沈野撰

民國十一年(1922)印本

中大　北大　四川　東北師大　哈爾濱　遼寧　東京大　京文研

10081

印學今義　一冊

王光烈撰

民國二十五年(1936)印本

遼寧

10082

印學探源　一冊

〔佚名〕撰

清抄本

南京

10083

印學集成　一冊

〔清〕馮泌撰

民國七年(1918)西泠印社活字印本

四川　遼寧　哈爾濱

10084

印學管見　一冊

〔清〕馮承輝撰

清光緒十九年(1893)刊印本

國圖　上海　山東　天津　北大　四川　吉林　南京　哈爾濱　重慶　首都　清華　復旦　遼寧　臺大　東洋文庫　京文研

10085

印辨　一冊

〔清〕高積厚撰

清道光二十年(1840)海虞顧氏刊印本

上海　天津　北大　四川　吉林　南京　哈爾濱　重慶　首都　復旦　遼寧　東洋文庫

10086

印譜考不分卷　二冊

羅福頤撰

民國二十二年(1933)印本

上海　中大　中科院　北大　武大　廣東　遼大　松丸東魚　松陰軒　河南大　南京　重慶　浙大　復旦　日本國會　東京大　東洋文庫　京文研　愛知大

關西大 韓國中央 蒲阪文庫

10087

印譜考略　二册

（日本）鄉純造輯

日本明治三十年(1897)印本

松丸東魚

10088

印譜考略　一册

（日本）鄉純造輯

印本

松蔭軒　松丸東魚

10089

印譜知見傳本書目附補遺　一册

王敦化撰

民國二十九年(1940)濟南聚文齋書店印本

上海　山東　中大　中科院　內蒙古　內蒙古師大　北大　北師大　吉大　南大　南開　華東師大　復旦　港中大　湖南　松蔭軒

10090

印譜敍略　一册

中國書店輯

庚午年(1990)印本

上海　大連　浙師大　松蔭軒　"中研院"文哲所

10091

印譜備參　一册

〔清〕謝景卿撰

印本

廣東

10092

印譜摘要　一册

〔清〕沈筤邨選鈔

印本

上海　北大

10093

印譜辨妄　一册

（日本）福岡孝弟輯

日本明治三十二年(1899)印本

臺大　日本國會　東京藝大　静岡

10094

印籍考　一册

（日本）曾之唯撰

日本享和二年(1802)印本

松蔭軒　日本國會　松丸東魚　岩瀨文庫　漠南

六　畫

10095

芑堂印說　一册

〔清〕張燕昌撰

清光緒二十八年(1902)慨蘭堂本

重慶

10096

再續三十五舉　一册

〔清〕桂馥撰

清道光二十年(1840)印本

中科院　南開　遼大

10097

再續三十五舉　一册

〔清〕姚晏撰

清光緒九年(1883)刊印本

臺圖

10098

再續三十五舉　一册

〔清〕姚晏撰

清光緒二十五年(1899)刊印本

國圖　上海　川大　天津　中科院　甘肅　北大　四川　吉林　首都　浙江　復旦　湖北　遼寧

10099

再續三十五舉　一册

〔清〕姚晏撰

民國十七年(1928)神州國光社印本

臺圖

10100

西泠印社印學叢書　一册
　西泠印社輯
　民國十一年(1922)印本
　　浙江博　天一閣

10101

西泠印社金石印譜法帖藏書目　一册
　西泠印社輯
　民國元年(1912)印本
　　國圖　上海　山東　中科院　北師大

10102

西泠印社金石印譜法帖藏書目　一册
　西泠印社輯
　民國二年(1913)印本
　　上海

10103

西泠印社金石印譜法帖藏書目　一册
　西泠印社輯
　民國三年(1914)印本
　　上海

10104

西泠印社金石印譜法帖藏書目　一册
　西泠印社輯
　民國四年(1915)印本
　　上海

10105

西泠印社金石印譜法帖藏書目　一册
　西泠印社輯
　民國五年(1916)印本
　　上海

10106

西泠印社金石印譜法帖藏書目　一册
　西泠印社輯
　民國七年(1918)印本
　　吉大

10107

西泠印社金石印譜法帖藏書目　一册
　西泠印社輯
　民國八年(1919)印本
　　上海

10108

西泠印社金石印譜法帖藏書目　一册
　西泠印社輯
　民國十年(1921)印本
　　上海　港中大

10109

西泠印社金石印譜法帖藏書目　一册
　西泠印社輯
　民國十一年(1922)印本
　　國圖　北大　上海　日本國會　東京大

10110

多野齋印說　一册
　〔清〕董洵撰
　清乾隆三十七年(1772)刊印本
　　北碚

10111

多野齋印說　一册
　〔清〕董洵撰
　清乾隆四十八年(1783)刊印本
　　國圖

10112

多野齋印說　一册
　〔清〕董洵撰
　清光緒二十九年(1903)印本
　　新疆

10113

多野齋說印　一册
　〔清〕董洵撰　西泠印社輯
　民國十年(1921)印本
　　國圖　四川　安徽　哈爾濱　遼寧

10114

亦政堂訂正古今印史　一册

〔明〕徐官撰

印本

北大

10115

汝南郡漢封泥群考存　一册

孫慰祖輯

丙戌年(2006)影印本

文雅堂

七　畫

10116

冷雪盦知見印譜録目　一册

李文裿撰

民國二十二年(1933)北平青梅書店印本

松丸東魚　京文研

10117

沈筤邨選抄印學四種　二册

〔清〕沈清佐撰

稿本

上海

八　畫

10118

杭郡印輯小傳　一册

丁仁撰

清光緒三十一年(1905)印本

浙江博

10119

東皋印人傳　一册

〔清〕黄學圯輯

民國十一年(1922)印本

國圖　上海　山東大　南京　松蔭軒　哥大

10120

所見印譜籍目録　一册

(日本)長曾我部木人篆並輯

日本昭和十二年(1937)印本

松丸東魚

10121

金石印譜法帖藏書目　一册

西泠印社輯

民國六年(1917)印本

中大

10122

金石印譜法帖藏書目　一册

西泠印社輯

民國九年(1920)印本

中大

10123

金石索　十二册

〔清〕馮雲鵬　馮雲鵷輯

清道光元年(1821)刊印本

人大　内蒙古　青海　哈爾濱　重慶　常州　貴州　密歇根

10124

金石索　六册

〔清〕馮雲鵬　馮雲鵷輯

清光緒三十三年(1907)刊印本

内蒙古　北大　西北師大　南大　重慶　鄭大　綿竹　鹽城

10125

金索　二册

〔清〕馮雲鵬　馮雲鵷輯

清道光十五年(1835)刊印本

西泠

10126

金索　六册

〔清〕馮雲鵬　馮雲鵷輯

清道光十五年(1835)刊印本

10127

金篆齋古官印選目録　一册

〔佚名〕輯

抄本

山西

大連

10128

刻竹治印式　一册

張少丞撰

民國二十八年(1939)印本

遼寧

10129

治印文存　一册

〔明〕吳元滿撰

清別峰抄本

東北師大

10130

治印要略　一册

〔佚名〕篆並輯

抄本

上海

10131

治印管見録　一册

黄高年撰

民國二十四年(1935)印本

内蒙古　遼寧　哈爾濱　鴻爪留痕館

10132

治印雜説　一册

王世撰

民國六年(1917)西泠印社活字印本

四川　遼寧　哈爾濱

九　畫

10133

重訂續三十五舉　一册

〔清〕桂馥撰

清道光二十年(1840)刊印本

東洋文庫

10134

皇朝印史　一册

（日本）郡司楳所撰

日本昭和九年(1934)印本

慶應大

10135

皇朝寶印考　一册

〔清〕禮部原撰　〔清〕陳澧録

抄本

蒲阪文庫

10136

宣和印社出品目録不分卷　二册

〔佚名〕篆並輯

印本

松蔭軒

10137

飛鴻堂印人傳　八册

〔清〕汪啓淑輯

清乾隆十四年(1749)刊印本

漠南

10138

飛鴻堂印人傳　四册

〔清〕汪啓淑輯

清乾隆五十四年(1789)刊印本

國圖　上海　川大　天一閣　天津　中科院　北大　河南大　南大　南京　南通大　華東師大　浙大　浙江　雲南　復旦　湖南　嘉興　廣東　遼大　遼寧　臺大　密歇根

10139

飛鴻堂印人傳　二册

〔清〕汪啓淑輯

民國五年(1916)印本

中大　河南大

十　畫

10140
秦印始末　一冊
〔明〕沈德符撰
清道光十一年(1831)印本
國圖　上海　川大　天津　中大　中科院　甘肅　北大　四川　吉林市　吉林社科院　河南大　華東師大　浙江　雲南　復旦　湖北　福建　遼大　遼寧　京文研

10141
秦篆殘字跋　一冊
〔清〕蔣因培輯
清嘉慶二十二年(1817)蔣氏印本
大連　東北師大　早稻田　哈佛燕京

10142
秦篆殘字跋　一冊
〔清〕葉志詵輯
清嘉慶二十二年(1817)刊印本
國圖　北大　杭州

10143
陶齋吉金錄　一冊
〔清〕端方撰
清光緒三十四年(1908)影印本
人大

10144
陶齋吉金錄　二冊
〔清〕端方撰
清光緒三十四年(1908)影印本
中大　華東師大　復旦

10145
陶齋吉金錄　八冊
〔清〕端方撰
清光緒三十四年(1908)影印本
人大　山東大　川大　中大　北大　北師大　吉大　河南大　南大　清華　復旦　廈大　鄭大　寧夏大　遼大　蘇州大

10146
陶齋吉金錄　十冊
〔清〕端方撰
清光緒三十四年(1908)影印本
南開

10147
陶齋吉金續錄　二冊
〔清〕端方撰
清宣統元年(1909)稿本
上海

10148
陶齋吉金續錄　二冊
〔清〕端方撰
清宣統元年(1909)影印本
人大　山東大　川大　中大　北大　吉大　河南大　南大　清華　港中大　廈大　鄭大　遼大　蘇州大

10149
陶璽文字合譜　一冊
黃質撰　上海神州國光社輯
民國十九年(1930)影印本
港中大　京文研

10150
陶璽文字合證　一冊
黃質撰　上海神州國光社輯
民國十九年(1930)影印本
國圖　南京

十一畫

10151
黃賓虹古璽釋文選　一冊
黃賓虹撰　浙江博物館輯
乙亥年(1995)印本(重輯本)
上海　華東師大　松蔭軒　協會

10152

常熟印人録(常熟印人傳) 一册

龐士龍撰

民國二十三年(1934)油印本

松蔭軒

10153

國立北京大學研究所國學門藏漢封泥目録 一册

國立北京大學研究所撰

民國二十三年(1934)油印本

東北師大

10154

國朝印識附近編 二册

〔清〕馮承輝撰 文學山房輯

民國六年(1917)影印本

國圖 上海 中央民大 吉林 東北師大 南大 南京 哈爾濱 重慶 復旦 新鄉 遼寧 蘇州

10155

清朝内廷御製印泥法 一册

吳廸生輯

印本

鑒堂

10156

清儀閣古印考釋(徐籀莊手寫清儀閣古印攷釋) 一册

〔清〕徐同柏撰 上海神州國光社輯

民國六年(1917)影印本

上海 東北師大 松蔭軒

10157

寂園説印 一册

〔清〕陳瀏撰

清宣統二年(1910)上海西泠印社活字印本

國圖 上海 廣西 遼寧 川大 天津 中大 中科院 北大 東北師大 南京 復旦

十二畫

10158

葉氏印譜存目不分卷 二册

葉爲銘撰

民國九年(1920)上海西泠印社活字印本

中大 中科院 北大 南大 哈爾濱 華東師大 揚州 復旦 廈大 鄭大 港中大 松蔭軒 關西大 奎章閣

10159

葉氏存古叢書 一册

葉爲銘撰

清宣統二年(1910)印本

山西 北大 浙江博 嘉興

10160

葉氏存古叢書不分卷 二册

葉爲銘撰

清宣統二年(1910)印本

國圖 上海 山西 内蒙古 北大 北師大 吉大 吉林 浙江 清華 黑龍江 復旦 湖南 廈門 嘉興 鄭大

10161

葉氏存古叢書不分卷 八册

葉爲銘撰

清宣統二年(1910)印本

河南大 浙江博 嘉興 漠南

10162

葉氏存古叢書不分卷 十册

葉爲銘撰

清宣統二年(1910)印本

溫州

10163

雲莊印話 二册

〔清〕阮充撰 西泠印社輯

民國十一年(1922)上海西泠印社活字印本

中大　北大　四川　南京　哈爾濱　遼寧　松蔭軒
關西大

10164

雲齋舊藏善本印譜目憶錄附鐵琴銅劍樓藏善本印譜目　一册

龐士龍撰

民國三十年(1941)鉛印本

國圖　上海　中科院　内蒙古　北大　北師大　華東師大　復旦　松蔭軒　松丸東魚

10165

集古今篆文　二册

〔佚名〕撰

清稿本

國會山莊

10166

集古印篆　四册

閔齊撰　秦駖校

日本明和九年(1772)印本

上海　華東師大　日本國文館　早稻田　慶應大　埃菲奥

10167

集古印篆增補六書通　五册

閔齊撰　秦駖校

日本明治十三年(1880)印本

臺大　日本國會

10168

集古官印考附集古虎符魚符考　一册

〔清〕瞿中溶撰

清道光十一年(1831)刊印本

國圖　人大　大連　上海　山東大　山東博　天津　中大　石家莊　北大　吉大　吉林　吉林市　吉林社科院　長春　東北師大　河南大　南京　南開　哈師大　哈爾濱　華東師大　清華　黑龍江　復旦　港中大　新疆大　寧夏大　鞍山　遼寧　蘇州　蘇州大　蘭大　東洋文庫　哈佛燕京　密歇根

10169

集古官印考證　十八册

〔清〕瞿中溶撰

清道光十一年(1831)刊印本

北大

10170

集古官印考證　八册

〔清〕瞿中溶撰

民國十六年(1927)上海東方學會印本

山東大

10171

集古官印考證　四册

〔清〕瞿中溶撰

清同治十三年(1874)刊印本

國圖　人大　上海　中大　内蒙古　北大　吉大　浙大　清華　港中大　新疆大　寧夏大　臺圖　松蔭軒　東京大　京文研

10172

集古官印考證目錄　一册

秦更年摘錄

抄本

南開

10173

敦好堂論印　一册

〔清〕吳先聲錄

清道光二十年(1840)刊印本

上海　山東　天津　北大　四川　吉林　南京　哈爾濱　重慶　首都　復旦　遼寧　東洋文庫

10174

善齋吉金錄不分卷　三册

劉體智輯

民國二十四年(1935)印本

中國美院

10175

善齋吉金錄不分卷　二十八册

劉體智輯

民國二十四年(1935)鈐印本(稿本)

上海

10176

善齋吉金錄不分卷　二十八冊

劉體智輯

民國二十四年(1935)影印本

人大　北大　北師大　鄭大

10177

善齋吉金錄不分卷　二十九冊

劉體智輯

民國二十四年(1935)影印本

中大

十三畫

10178

槐蔭層暉廬藏印譜目錄　一冊

王哲言撰

印本

文雅堂

十四畫

10179

嘉顆堂圖書會要　一冊

〔清〕何劍湖鐫並纂

明萬曆三十二年(1604)刊印本

臺圖

10180

嘉顆堂圖書會要　一冊

〔清〕何劍湖鐫並纂

清乾隆四十二年(1777)刊印本

國圖

10181

嘉顆堂圖書會要不分卷　二冊

〔清〕何劍湖鐫並纂

清乾隆四十二年(1777)刊印本

漠南

10182

壽山石考　一冊

張俊勛撰

民國二十三年(1934)福州張氏雅荷堂印本

國圖　天津師大　東北師大　哈爾濱　臺圖

10183

壽山石考不分卷附附錄　二冊

張俊勛撰

民國三十八年(1949)油印本

遼寧

10184

壽山印石小志　一冊

陳子奮撰

民國二十八年(1939)福州張氏雅荷堂印本

上海　安徽

10185

摹印述　一冊

〔清〕陳澧撰　西泠印社輯

清光緒十一年(1885)刊印本

國圖　人大　上海　川大　中大　內蒙古　內蒙古師大　北大　武大　河北　河南大　復旦　重慶　華東師大　桂林　齊齊哈爾　遼大　常州　港中大　康奈爾　普林斯頓　東京大　京文研

10186

摹印述　一冊

〔清〕陳澧撰　西泠印社輯

民國十年(1921)印本

國圖　上海　山西　北大　安徽　河南大　哈爾濱　重慶　陝師大　常州　萬州　復旦　湖南　湖南社科院　嵊州　齊齊哈爾　蘇州　臺圖　松蔭軒

10187

摹印述　一冊

〔清〕陳澧撰　神州國光社輯

民國十七年(1928)上海神州國光社印本

臺大　臺圖

10188

摹印秘論　一册

汪維堂撰　西泠印社輯

民國十一年(1922)上海西泠印社活字印本

國圖　北大　鴻爪留痕館

10189

摹印傳燈　一册

〔清〕葉爾寬撰　西泠印社輯

民國十年(1921)印本

上海　川大　内蒙古　北大　民族圖　東京大　金陵　河南大　南開　華東師大　浙大　遼大　皖北學院　鴻爪留痕館　臺大　臺圖　京文研　京都師大

10190

摹印篆分韻　一册

〔清〕唐詔撰

稿本

上海

10191

遯盦印學叢書不分卷　二十五册

吳隱撰

民國九年(1920)上海西泠印社活字印本

漠南

10192

遯盦印學叢書不分卷　二十六册

吳隱撰

民國十年(1921)上海西泠印社活字印本

大連　北大　北師大　哈爾濱　清華　復旦　厦大　遼寧

10193

説印　一册

陳瀏撰　崇西農補　晚翠軒輯

民國二十五年(1936)印本

北大　吉大　東北師大　黑龍江　哈爾濱　遼寧　鴻爪留痕館

10194

説篆　一册

〔清〕許容撰

清康熙十四年(1675)刊印本

國圖　大連　上海　山東　天津　中科院　北大　吉大　吉林　東北師大　東洋文庫　南京　哈師大　重慶　首都　復旦　湖北

10195

廣印人傳附補遺　四册

葉爲銘撰

清宣統三年(1911)印本

國圖　上海　天津　中大　内蒙古大　北碚　吉大　西泠　河南大　哈爾濱　重慶　保定　浙江博　清華　湖南　福建　鄭大　暨大　港中大

10196

廣東印譜考　一册

冼玉清撰

壬寅年(1962)印本

湖南　中大　芷蘭齋

10197

漢印分韻　四册

〔清〕袁日省編　〔清〕謝景卿續編

清嘉慶二年(1797)刊印本

北大　北師大　吉林　哈爾濱　清華　遼寧　蘇州

10198

漢印分韻三集　二册

孟昭鴻撰　西泠印社輯

民國二十二年(1933)印本

北師大　吉林　哈爾濱　遼寧

10199

漢印分韻合編　一册

〔清〕袁日省編　〔清〕謝景卿續編　孟昭鴻三編

辛酉年(1981)上海古籍出版社重輯本

東北師大

10200

漢印文字徵　六册

孟昭鴻撰

民國二十二年(1933)印本

南大　廈大

10201

漢印文字類纂(文字類纂)　四冊

孟昭鴻撰

民國二十二年(1933)印本

遼寧　東北師大　南開

10202

賓虹草堂璽印釋文(濱虹草堂璽印釋文)　一冊

黃賓虹撰　吳樸堂輯

戊戌年(1958)印本

上海　文雅堂　吉大　吉林　西泠　東北師大　河南大　南大　南京　哈爾濱　華東師大　黑大　復旦　臺圖　芷蘭齋　松蔭軒　漢南　協會

10203

翠琅玕館叢書　十冊

〔清〕馮兆年輯

清光緒十四年(1888)刊印本

湖南

10204

翠琅玕館叢書　二十九冊

〔清〕馮兆年輯

清光緒十四年(1888)刊印本

廣西

10205

翠琅玕館叢書　四十冊

〔清〕馮兆年輯

清光緒十四年(1888)刊印本

國圖　川大　天津　中大　石家莊　北師大　安吉　青海　重慶　保定　首都　陝師大　徐州　清華　揚州大　復旦　湖南　廈大　遼寧　蘇州　加州大學　密歇根

10206

翠琅玕館叢書　八十冊

〔清〕馮兆年輯

清光緒十四年(1888)印本

北師大

10207

翠琅玕館叢書　四十冊

〔清〕馮兆年輯〔清〕黃任恒重輯

民國五年(1916)印本

人大　北師大　南開

10208

翠琅玕館叢書　七十二冊

〔清〕馮兆年輯〔清〕黃任恒重輯

民國五年(1916)印本

南大

10209

翠琅玕館叢書　七十三冊

〔清〕馮兆年輯〔清〕黃任恒重輯

民國五年(1916)印本

南大

10210

翠琅玕館叢書　八十冊

〔清〕馮兆年輯〔清〕黃任恒重輯

民國五年(1916)印本

上海　北大　吉大　河南大　華東師大　復旦　廈大

10211

翠琅玕館叢書　一百二十冊

〔清〕馮兆年輯〔清〕黃任恒重輯

民國五年(1916)印本

北大

十五畫

10212

篆印心法　一冊

〔明〕沈瓚撰

明萬曆四十一年(1613)刊印本

上海　中科院

10213

篆印發微　一册

〔清〕孫光祖撰

清道光二十年(1840)海虞顧氏刊印本

上海　山東　天津　北大　四川　吉林　南京　哈爾濱　重慶　首都　復旦　遼寧　松蔭軒　東洋文庫

10214

篆刻十三略　一册

〔清〕袁三俊撰

清道光二十年(1840)印本

上海　復旦　東洋文庫

10215

篆刻入門　一册

孔雲白撰

民國二十六年(1937)印本

人大　上海　川大　中大　北大　四川　東北師大　南大　華東師大　黑大　黑龍江　齊齊哈爾　遼寧　瀋陽　鴻爪留痕館　松蔭軒　蒲阪文庫

10216

篆刻草　二册

〔清〕何爾塾撰

清乾隆五十七年(1792)刊印本

蘇州

10217

篆刻草　三册

〔清〕何爾塾撰

清乾隆五十七年(1792)刊印本

漢南

10218

篆刻要言　一册

張孝申撰

清道光二十年(1840)刊印本

上海

10219

篆刻約言　一册

鍾裔申撰

民國六年(1917)印本

遼寧　哈爾濱

10220

篆刻針度　一册

〔清〕陳克恕撰

清乾隆五十一年(1786)刊印本

國圖　上海　天津　天津博　吉林　吉林市　西南政法　重慶　保定　首都　陝西　紹興　復旦　煙臺　福建　嘉興　遼寧　蘇州　蘇州大　松蔭軒　東洋文庫　蒲阪文庫

10221

篆刻針度　二册

〔清〕陳克恕撰〔清〕仁和葛氏輯

清光緒三年(1877)刊印本

國圖　吉大　吉林　吉林社科院　哈佛燕京　密歇根

10222

篆刻針度　二册

〔清〕陳克恕撰　金石花館輯

民國三年(1914)印本

瀋陽

10223

篆刻針度　二册

〔清〕陳克恕撰（日本）大阪嵩山堂輯

日本大正五年(1916)印本

大連　日本國會　九州大

10224

篆刻針度　二册

〔清〕陳克恕撰

民國七年(1918)印本

上海　上海辭書　中大　北大　四川　西南政法　廣東　瀋陽

10225

篆刻針度　二册

〔清〕陳克恕撰　益善書局輯

民國二十三年(1934)印本

廣東

10226

篆刻針度鈔本(篆刻鍼度)　二册

〔清〕陳克恕撰

吳筠生抄本

蒲阪文庫

10227

篆刻啓蒙　一册

傅厚光撰

民國三十六年(1947)上海商務印書館石印本

四川

10228

篆刻參考書傳本書目　一册

王敦化撰

民國二十九年(1940)印本

上海　北大　華東師大　松蔭軒

10229

篆刻學　一册

壽璽撰

民國二十二年(1933)印本

國圖　天津師大　吉大　東北師大　黑龍江　遼寧　鴻爪留痕館　松蔭軒

10230

篆刻學講義　一册

陸和九撰　輔仁大學輯

印本

國圖　北大

10231

篆刻學類要　一册

勞篤文撰

民國二十七年(1938)印本

國圖　上海　吉大　遼寧　鴻爪留痕館

10232

篆學入門　一册

〔明〕曾樸撰

明萬曆三十二年(1604)印本

南京　東洋文庫

10233

篆學指南　一册

〔明〕趙宧光撰

印本

國圖　上海　山東　天津　中大　甘肅　北大　四川　吉林社科院　社科院文學所　武大　東北師大　河南大　南京　哈爾濱　重慶　首都　浙江　雲南　復旦　湖北　福建　遼大　遼寧　東洋文庫

10234

篆學真銓　十一册

〔佚名〕撰

稿本

松蔭軒

10235

篆學叢書(篆學瑣著)不分卷　八册

〔清〕顧湘輯

清道光二十年(1840)海虞顧氏刊印本(陳鍊本)

國圖　大連　上海　山東　天津　北大　四川　吉大　吉林　吉林社科院　東北師大　哈師大　哈爾濱　首都　黑大　鄭大　遼大　遼寧　魯迅美院　瀋陽　鴻爪留痕館　密歇根

10236

篆學叢書(篆學瑣著)不分卷　六册

〔清〕顧湘輯

清道光二十三年(1843)海虞顧氏刊印本

漠南

10237

篆學叢書(篆學瑣著)不分卷　十二册

〔清〕顧湘輯

清道光二十三年(1843)海虞顧氏刊印本

北大　四川　南開

10238

篆學叢書(篆學瑣著)不分卷　八册

〔清〕顧湘輯

清光緒十四年(1888)虞山飛鴻延年室重刊印本

國圖 天津 天津師大 吉大 吉林 東北師大 河北 首都 陝西 梁平 東洋文庫

10239

篆學叢書(篆學瑣著)不分卷　八册

〔清〕顧湘輯

民國七年(1918)海虞顧氏刊印本

上海 川大 天津 天津師大 丹東 四川 吉大 吉林 東北師大 南開 哈爾濱 徐州 常州 黑大 黑龍江 廈大 廣西 遼寧 瀋陽 芝蘭齋 松蔭軒

10240

篆學叢書(篆學瑣著)不分卷　十六册

〔清〕顧湘輯

民國七年(1918)據清道光二十年(1840)海虞顧氏刊印本

人大

10241

魯盦所藏印譜簡目　一册

張咀英藏 高式熊編次

癸巳年(1953)油印本

國圖 上海 西泠 安徽 華東師大 湖南 廣東 松蔭軒

10242

論印絶句　一册

〔清〕丁敬撰〔清〕吳騫輯

清乾隆五十七年(1792)刊印本

國圖 上海 山東大 天津 中科院 甘肅 北大 四川 吉林 安徽 河南大 南京 重慶 華東師大 浙大 浙江 復旦 湖北 湖南 新鄉 福建 遼大 遼寧 東洋文庫

10243

論印絶句附續編　二册

〔清〕丁敬撰〔清〕吳騫輯

清光緒五年(1879)刊印本

國圖 上海 川大 北大 河南大 華東師大 浙大 湖南 新鄉 福建 遼大

10244

論篆　一册

〔唐〕李陽冰撰

清道光二十年(1840)刊印本

大連 上海 上海師大 山西 山東 川大 天津 中央民大 中科院 甘肅 北大 四川 吉林 祁縣 青海民大 河南 故宮 南京 哈爾濱 重慶 首都 華東師大 華南農大 蚌埠 浙江 國圖 雲南 復旦 湖南 廈大 寧波 遼寧 東洋文庫 京都大 哈佛燕京

10245

選集漢印分韻　四册

〔清〕袁日省撰〔清〕謝景卿摹錄

清嘉慶二年(1797)刊印本

國圖 人大 三峽博 上海 山西 山東 山東大 川大 天一閣 天津 中大 中科院 中科院新疆分院 平湖 北大 北師大 四川 吉大 吉林 東北師大 河南大 南大 南開 哈師大 哈爾濱 重慶 首都 陝西 陝師大 華東師大 浙江博 常州 清華 紹興 復旦 港中大 湖南 廈大 福建 嘉善 嘉興 齊齊哈爾 暨大 遼大 遼寧 魯迅美院 瀋陽 鴻爪留痕館 哈佛燕京 蒲阪文庫

10246

選集漢印分韻　六册

〔清〕袁日省撰〔清〕謝景卿摹錄

清嘉慶二年(1797)刊印本

蒲阪文庫

10247

選集漢印分韻　六册

〔清〕袁日省撰〔清〕謝景卿摹錄

清光緒十年(1884)影抄本

重慶

10248

選集漢印分韻　四册

〔清〕袁日省撰〔清〕謝景卿摹錄

民國十三年(1924)上海掃葉山房影印漱藝堂本

四川

十六畫

10249
賴古堂別集印人傳不分卷附讀畫錄、閩小紀　二册
〔清〕周亮工撰
清康熙十二年(1673)刊印本
國圖　人大　上海　天津　中科院　北大　北師大　南京　重慶大　湖南　東洋文庫

10250
賴古堂別集印人傳　一册
〔清〕周亮工撰
民國五年(1916)印本
中大　河南大

10251
歷朝印識(印識)　一册
〔清〕馮承輝撰
清道光十七年(1837)印本
北大　文雅堂　東京大

10252
歷朝印識(印識)　二册
〔清〕馮承輝撰
清道光十七年(1837)刊印本
上海　中大　中央民大　北大　吉大　東北師大　南大　哈爾濱　重慶　國圖　復旦　遼寧　蘇州　蘭大　鴻爪留痕館　松陰軒　密歇根

10253
歷朝印識(印識)　二册
〔清〕馮承輝撰　西泠印社輯
民國間西泠印社活字印本
遼寧　哈師大

10254
盧忠肅公燬玉雙印記　一册
〔明〕盧葆文輯

清刻本
國圖　遼寧

10255
嘯堂集古錄　二册
宋王俅撰
清嘉慶十七年(1812)刊印本
上海　山西　北大　西南大　安徽師大　重慶　溫州　東京大

10256
嘯堂集古錄　三册
宋王俅撰
清嘉慶十七年(1812)刊印本
陝師大　京文研

10257
嘯堂集古錄　四册
宋王俅撰
清嘉慶十七年(1812)刊印本
上海　北大　吉大　清華　遼寧

10258
嘯堂集古錄　二册
宋王俅撰　上海涵芬樓輯
民國二十三年(1934)影印本
川大　中大　南大　華東師大　浙師大　復旦　遼大　澳門大　臺圖　"中研院"文哲所　東京大

10259
嘯堂集古錄　二册
宋王俅撰
明覆宋刊本
國圖　上海　蘭大

10260
嘯堂集古錄　四册
宋王俅撰
宋刊本
國圖

10261
嘯堂集古錄校補　一册

〔清〕盧文弨撰
清乾隆五十二年(1787)刊印本
北大　浙師大　臺故博　東京大

10262

學古編　一册

〔元〕吾丘衍撰
明天啓二年(1622)刊印本
川大　北大　北師大　吉大

10263

學古編　一册

〔元〕吾丘衍撰
明天啓二年(1622)刊印本(萬曆本)
北師大

10264

學古編　一册

〔元〕吾丘衍撰
清順治三年(1646)刊印本
哈佛燕京

10265

學古編　一册

〔元〕吾丘衍撰
清道光二十年(1840)刊印本
國圖　人大　大連　上海　上海師大　山西　山東　山東博　川大　天一閣　天津　中大　中科院　甘肅　北大　北京文物局　北師大　吉大　吉林　江西　安慶　安徽　祁縣　武大　武漢　青島博　東北師大　河北大學　河南　河南大　河南師大　南京　南開　重慶　陝師大　華東師大　華南農大　浙江　浙江博　浙師大　清華　揚州師大　雲南　雲南大　復旦　湖北　湖南　溫州　廈大　福建　廣東　寧波　遼大　遼寧　歷史博物館　蘇州　港大　港中大　臺圖　早稻田　東洋文庫　哈佛燕京

10266

學古編　一册

〔元〕吾丘衍撰
清同治九年(1870)刊印本
中大

10267

學古編　一册

〔元〕吾丘衍撰
民國十一年(1922)刊印本
川大　北大　武大　河南大　華東師大　浙師大　遼大

十七畫

10268

臨淄封泥文字敍目　一册

王獻堂撰　山東圖書館輯
民國二十五年(1936)印本
大連　北師大　吉大　東北師大　河南大　南大

10269

續語堂論印彙錄　一册

〔清〕魏錫曾撰　西泠印社輯
民國十一年(1922)印本
北大　遼寧　哈爾濱　臺圖　東京大　京文研　新潟大

10270

繆篆分韻　二册

〔清〕桂馥撰
清乾隆五十四年(1789)刊印本
上海

10271

繆篆分韻　二册

〔清〕桂馥撰
清嘉慶元年(1796)刊印本
國圖　上海　山東大　華東師大　鄭大　康奈爾

10272

繆篆分韻　四册

〔清〕桂馥撰
清嘉慶元年(1796)刊印本
國圖　山東大

10273

繆篆分韻　六冊

〔清〕桂馥撰

清嘉慶元年(1796)刊印本

京文研

10274

繆篆分韻　二冊

〔清〕桂馥撰

民國四年(1915)印本

上海　川大　天津　北大　北師大　吉大　南開　復旦　遼大　鴻爪留痕館　臺大

10275

繆篆分韻民國　四冊

〔清〕桂馥撰

民國四年(1915)印本

國圖　人大　南開　浙師大　蘇州大

十九畫

10276

璽印姓氏徵附檢姓　一冊

羅振玉撰

民國四年(1915)印本

大連　北師大　吉大　吉林　吉林市　長春　松蔭軒　東北師大　哈師大　哈爾濱　黑龍江　廈大　遼大　遼寧　東洋文庫　漢南

10277

璽印姓氏徵附檢姓　一冊

羅振玉撰

民國十四年(1925)印本

北師大　廈大　漢南

10278

璽印姓氏徵附檢姓　一冊

那志良撰

清光緒十六年(1890)刊印本

松蔭軒　漢南

二十畫

10279

蘭室收藏印譜略目藁本附蘭室收藏日本印譜略目藁本　二冊

（日本）北村春步撰

日本昭和三十五年(1960)油印稿本

松丸東魚

10280

寶印集　一冊

〔清〕王之佐撰

清道光十二年(1832)刊印本

國圖　上海　首都　湖南　溫州

10281

寶印集　二冊

〔清〕王之佐撰

西泠印社重刊本

四川　湖南

二十一畫

10282

鐵琴銅劍樓藏善本印譜目　一冊

龐士龍撰

民國三十年(1941)印本

華東師大

10283

續三十五舉　一冊

〔清〕桂馥撰

清嘉慶十四年(1809)刊印本

國圖　上海　山東　天津　中科院　北大　四川　南京　浙江　復旦　湖北　遼寧

10284

續三十五舉　三冊

〔清〕桂馥撰

10285

續三十五舉　三冊

〔清〕桂馥撰

清道光二十七年(1847)刊印本

國圖　上海　山東　山東大　天津　中科院　甘肅
北大　四川　河南　南京　華東師大　浙江　浙師大
清華　復旦　湖北　渤海大　遼大　遼寧

10286

續三十五舉　一冊

〔清〕桂馥撰　黃子高輯

民國十五年(1926)上海商務印書館印本

國圖　人大　上海　山東　川大　天津　中大　中科
院　內蒙古　丹東　甘肅　北大　北師大　四川　吉
大　吉林社科院　江蘇師大　芷蘭齋　東北師大
南京　首都　浙大　常州　清華　黑龍江　復旦　湖
北　嘉善　齊齊哈爾　鄭大　暨大

10287

續三十五舉　一冊

〔明〕于守緒撰

明萬曆三十二年(1604)稿本

浙江

10288

續古官印考附釋印、古符牌考　一冊

〔清〕翁大年撰

清光緒六年(1880)稿本

遼寧

10289

續印人傳不分卷　二冊

〔清〕汪啓淑撰

清道光二十年(1840)刊印本

江蘇師大　哈爾濱　陝師大　福建

10290

續印人傳不分卷　三冊

〔清〕汪啓淑撰

清道光二十三年(1843)刊印本

首都　臺圖

清光緒十四年(1888)印本

南通大

10291

續印人傳不分卷　四冊

〔清〕汪啓淑撰

清光緒十四年(1888)刊印本

北碚

10292

續印人傳　一冊

〔清〕汪啓淑撰

清宣統二年(1910)印本

上海　常州　蘇州大

10293

續印人傳不分卷　六冊

〔清〕汪啓淑撰

清宣統二年(1910)西泠印社印本

上海　山東　山東大　天津　北大　四川　吉林　河
南大　南大　南京　哈爾濱　重慶　首都　復旦　鄭
州　遼寧　蘇州　東洋文庫

10294

續印譜考略附皇朝印典　三冊

（日本）鄉純造輯

日本明治四十四年(1911)印本

松丸東魚

10295

續印譜考略　一冊

（日本）中井敬所撰

日本明治四十四年(1911)印本

松蔭軒

10296

續印譜考略　二冊

（日本）中井敬所撰

日本明治四十四年(1911)印本

臺圖

10297

續百家姓印譜考略　一冊

〔清〕吳大澂撰

民國十七年(1928)印本

國圖 上海 川大 北大 武大 河南大 南京 浙大 湖北 遼寧 "中研院"文哲所

10298

續選集漢印分韻　二册

〔清〕袁日省撰〔清〕謝景卿摹錄

清嘉慶八年(1803)刊印本

國圖 上海 天一閣 重慶 陝西 遼寧 蘇州大 鴻爪留痕館 港中大

10299

續選集漢印分韻　四册

〔清〕袁日省撰〔清〕謝景卿摹錄

清嘉慶八年(1803)刊印本

湖南 三峽博

10300

續學古編　一册

〔明〕何震撰

清道光二十年(1840)刊印本

北大 東洋文庫

著者姓名索引

檢 字 表

一畫 ····· 805
二畫 ····· 805
三畫 ····· 805
四畫 ····· 807
五畫 ····· 812
六畫 ····· 814
七畫 ····· 817
八畫 ····· 824
九畫 ····· 828
十畫 ····· 831
十一畫 ····· 838
十二畫 ····· 844
十三畫 ····· 848
十四畫 ····· 850
十五畫 ····· 853
十六畫 ····· 855
十七畫 ····· 856
十八畫 ····· 857
十九畫 ····· 858
二十畫 ····· 859
二十一畫 ····· 859
二十二畫 ····· 860
二十三畫 ····· 860
二十四畫 ····· 860
二十七畫 ····· 860
三十畫 ····· 860

一畫

一刀萬象社　00007—00008

一畫會　01679

一塵草堂　00037

二畫

二邨公忠　00150,10025

二弩主人　03929

丁二介　03299

丁二仲　02028—02030，03716—03717，05782，05916—05919,08187—08189,09069—09070

丁云公　07867

丁日新　09641

丁　仁　00116,00481,01169,02003,02172,02174—02180，02219—02220，02224，03709，04688—04691,04921,05409,05781,06214,06508,06599,06726,08654,09780—09781,09989,10118

丁　氏　00115

丁文蔚　00148

丁可鈞　01438,04066,09583—09586

丁　丙　00277—00279，02171，02173，02183—02184，02203—02204，02208—02212，02215—02217,04478,04621,04636,04687,05258—05260,07285,08096

丁吉甫　00119

丁因龍　06637

丁自明　00299

丁伯奎　00121

丁佛言　00122—00124,03265

丁　沄　01788

丁良卯　03709

丁松岑　00126,02300

丁尚庚　00113,00162,08972

丁　怡　06637

丁　柱　02413

丁衍庸　00127

丁彥臣　00128,03171,07188,09395

丁　宣　01381

丁　桂　00285

丁桂芬　05102

丁健行　00129

丁　敬　00130—00136，00138—00147，00266，00269，00271—00273，00277—00279，01435，01497—01498，02171—02217，02242，02355，02632—02633，02674，02750，03709，03774，03826—03829，04410，04471—04472，04687—04690，05159，06107—06108，06113—06114，06418,06508,06823,06831,06847,07160—07161，07798，08132，08461—08462，08892，08960—08962,09791,09836—09838,09897,09993—09994,10242—10243

丁雲公　07866

丁雲藻　05624

丁善長　01429

丁善寶　06637

丁夢白　07711

丁廉訪　05838

丁輔之　02492,02523,03897

丁樹英　09443

丁應蘭　09430

十竹齋　01075

人民美術出版社　08531

入江石泉　03371

八幡郊處　04129

刁峻巖　02945,02974—02975

刁　嶸　02432

了因居士　04273

刀南印會　00301

又保天隨　00627,04639

三畫

三十六鴛鴦館主　00309

三井高堅　00313,09819—09820

三井善之　04256

三井龍湖　08965

三　多　01762

三宅綠邨　08254

三好長親　07095

三村竹清　01508,07386,09814

三村清三郎　03432,09052,09054

三省堂　03377

三條梨堂　07766

三條實美　05987

三島中洲　00782—00783

三島毅　00779

三雲孝　07835

三槐堂　00348
于化鯤　05620
于世煒　02299
于守緒　10287
于希寧　09923
于省吾　09380
于葆貞　07289
于　源　00893
于鼃圖　03625
土井有恪　09020
土井恪　08673
土居茂男　09345
下中彌三郎　00758,00882
下村湖山　06956
下帷室　07342
寸珍會　00458
大一山房　01841
大久保乾　09965
大正印會同人　00383—00385
大阪印版業組　00387
大阪印刻會　07322
大阪嵩山堂　10223
大谷光勝　00803—00804
大谷瑩誠　05835—05837
大典紀念會　00759
大和堂　00399
大風堂　06345
大島支郎　01563,01570
大島孟克　02392
大島孟彪　02962—02964
大島秋栞　09926
大橋醒僊　04553
大澤謙治　00416
大鵬正鯤　10073
上田元沖　07835
上田和英　01489,01491
上田真山　05092—05093
上田景保　01124
上海文明書局　02760
上海古籍出版社　10199
上海古籍書店　01632,05155,05360—05361
上海印學社　04287
上海市立博物館　00423

上海市出版工作者協會　05502
上海市電信公司(上海熱綫)　00603
上海西泠印社　03056，03059—03061，07178—07179,07913—07914
上海神州國光社　08729，09469，10149—10150，10156
上海書店　02800,06184
上海書畫出版社　05503
上海書畫社　04342,08305
上海掃葉山房　01074
上海商務印書館　00244,02168,03773
上海涵芬樓　10258
上海博物館　00425—00426,03883,03885
上海會文堂新記書局　06098
上野理一　02279
上樂老人　03913
小山雲泉　00519
小川浩　03471
小文素文　07490
小石方明　09049
小田尊順　00771
小出子恂　03914
小西青峰　07411
小西則明　02990
小花堂　01368
小　谷　00453
小林文盦　02917
小林斗盦　00397，00455，04497—04498，08805，10020
小林發　01515
小林穣州　09881
小松吉久　00458
小俣蠎菴　09453
小室翠雲　09010
小飛文館　07690
小原竹堂　03490
小野均　07330
小野君山　03401
小野蘭山　06824
小笠源常德　00104
小琅嬛館　00468
小森賴信　00767
小　雲　09086

小曾根均次郎　05790—05791
小曾根乾堂　02320,05790—05791
小澤仁庵　01727
小澤仲丙　02599
小澤助　06517
小隱山房　01411
山下方　02073
山下方亭　02116,06862,06925—06929
山口平八　05181
山口延年　04789
山口墨山　08510
山口墨作　03290
山元春拳　00497
山中信天翁　04671
山內敬齋　00267,00975,01334—01335,01341,
　01738,02820,04530—04531,04534,06468—
　06473,06761,07335,07588,07682
山本竹雲　02539—02541,05424,08678
山本拜石　07401
山本梅逸　05842
山田內卿　03959
山田方谷　00973
山田正平　00011—00012,01055—01057,01061
山田永年　01274—01275
山田永俊　05929
山田香雲　04585—04586
山田桃源　03908—03910
山田寒山　01508—01509,09476
山田虞州　08010
山村良由　01973
山東圖書館　10268
山陰任氏　00501
山崎節堂　01336
山陽竹田　09696
山越呂城　02412
山縣有朋　00340
川邨應心　07546
川合東皋　03354,03738—03739,09600,09776,
　09828
川村直流　00831
川住行則　00526
川住行教　02501
川喜多　02734

川端玉章　01036—01038
丸山可達　02980
丸山樂雲　03618
久志本博石　04586
久保得二　09426
子　完　01845
子　爲　03032
子　樂　01179

四畫

王□□　01339
王一平　00545
王一羽　00546—00547,02661
王人鑑　03916
王士英　09883
王士傑　00534
王大文　05712
王大炘　00418—00419,00556,00564—00565,
　02756,02759,05851—05852,08011,08036,08039
王大進　00581
王大椿　02810,08152,08163
王大槐　00413
王大綸　03210
王大增　00557
王小航　05888—05889
王之佐　09601—09602,10280—10281
王王孫　00553—00554,01064—01065
王少山　04552
王仁山　08020
王仁俊　08763
王仁達　00725,01436,08006,08733
王仁輔　00555,03272,07317
王仍玉　09714—09715
王氏述廬　00749
王氏後人　07434
王　丹　03900
王丹實　06207
王文琦　00904—00905
王文傑　09652
王玉如　04463—04466,08645—08649
王玉森　00560
王　世　02612—02614,10132
王丕緒　01603

王石經　01161—01163，01360，01457，02247—02249，05528，07260
王北嶽　00691，05450—05451，05526
王令波　07974
王永生　06984
王永成　04009
王幼之　01407
王吉源　00692，05618，08307
王在民　00562
王　存　09078
王成憲　07287
王成璐　00563，06466
王至道　03872
王光祖　00986
王光烈　00117，00191，00302，00307，00632，01287，01303，01413，02675，03041，03180，03297—03298，03560—03573，04131—04132，04775，05164，06181—06182，06597，06777，06842，07349，10015，10081
王　同　02413
王同烈　07789—07794
王似山　00265
王似清　00270
王兆興　04057，05602，08686
王冰鐵　00552，02760，02806，03214，03298，05418
王亦令　03865
王汝達　01186
王宇春　00566
王如金　07034
王　羽　00567
王　圻　06812
王孝禹　01288
王孝飴　02022
王志毅　02877
王　辰　08742—08743
王虬松　05609
王秀仁　01116，07528，07582，08546—08547，09829，09836—09839，09918
王伯敏　01134—01135，03075
王近仁　02398
王序梅　02035—02036
王青芳　00573
王長齡　09116

王昆源　00597
王迪鈎　00911
王季銓　03890
王秉恩　08821
王所寶　03003
王采芹　00844
王治本　04605
王定保　07504
王宜秋　08433
王承先　03836
王春宇　00345—00347
王政治　09744—09745
王厚之　03090，08090
王思翔　04537
王秋宜　09477
王禹洲　04698
王禹襄　00574，05492
王　俊　09913—09914
王俊琴　09895
王炳奎　06908
王客華　00585
王祖光　00985，02851—02854，05422
王祖慎　08332
王祖錫　00575
王祇栩　07143
王　素　07868
王哲言　00576，07250，10178
王莊為　05450—05451
王桁雨　02915—02916
王恩重　04817
王　峰　09171
王　健　04776
王健翔　03470
王師子　05226
王　釗　00579
王效通　00936
王　炬　05625
王　海　00561
王悦庵　09253
王家明　06382
王家鼎　04858
王書常　08124
王純熙　09903

王萃仁 07115	王誓言 02888,07399
王雪民 05885	王壽仁 07275
王　常 01919—01923，01925—01929，06762—06763,06776	王鎔泉 04657
	王爾度 01263—01266
王國均 07932,09561	王睿章 01760，01793—01794，02764，07500，08326—08332
王崇焕 06111,07433,10053	
王　偉 00577	王　銘 02521—02522
王逸懷 00580	王榮斌 02876
王庸齋 04907	王漱石 00595
王焕之 06704	王　漳 02751
王　寅 00570	王肇基 07377—07379
王啓沍 05866	王　褆 07426—07430,07440,07541,09145—09153
王啓明 08802	王緒祖 04074
王絅堂 02615—02616	王維樸 06071
王　琛 02028—02030,02839,05916—05919	王　慧 00500,00596
王　敬 05091	王　賢 05201—05202,08912
王葵邨 04245	王篁客 05666,06364
王　雲 03957	王德樹 01043
王貴忱 01379,03926,07356,08263	王銳一 08983—08984
王　凱 04776	王　虢 00865
王傑人 00583	王　潔 00025,04186,04188—04189
王　然 00549—00550	王潤翰 02822—02826,06980
王敦化 03346,10018,10089,10228	王薇坦 00572
王　翔 00120,00747,00955,03242,03304,03317,03353,04013,04820,05029,05186—05187,05302,05389—05390,05482,06250—06251,06290,07355,07921,08816,09087,09428	王樹山 08715
	王樹聲 00598
	王　霖 00599
	王興堯 06943
	王　衡 02100—02101
王道遠 03216,07245	王錫光 05604
王運天 05663	王錫庚 03417
王蓮湖 00558,07116—07117	王錫琪 06214,07532
王夢弼 07268	王　嬴 03894
王蔭南 00710	王　澤 03211
王　照 08963	王澤民 00275—00276
王　廉 08155	王　璐 03701
王廉生 08085	王駿生 00750
王福厂 00586—00593,07498,08632	王　聲 06456
王福盦 00727,00791,02663,03273,04325,06677	王邈達 03275,03575—03576
王　禔 00405,01343,01581,01996,02063,02220,03024，03143—03144，03958，05654—05656，06614，07431，07436—07439，07445—07450，08608,09471,09576	王　謙 06092
	王應綏 06955
	王應騏 05921
	王禮培 01747
王　綷 05507—05510,05920	王　燿 00600
王　誓 09095	

王麗生	08079	戈青侯	04447—04449
王贊勛	07172	戈　革	09910
王鵬運	02034—02036	戈榮昌	03278—03279
王　華	00601,08788	戈履徵	05459
王　韜	09416—09417	比田井南谷	04494
王蘭坡	03845	止　哉	04729
王獻唐	03779,09341	少　農	08359
王獻堂	09080—09081,10268	日下部鳴鶴	00756—00757,07800
王　耀	02617—02621	日本印刻會同人	07091—07092
王寶庸	02521—02522	日本扶桑印社	09440
王繼仔	01805	日本書道教育會	07800
王繼香	00742	日本新聞	00760
王　瓘	08361—08362	日本篆社	00791
王懿榮	00602,05427,09718—09719	日根對山	07751—07753,07759—07760
王譿保	07685	中三寶	01013
王　驥	08771	中川三寶	00774
井上氏	04629	中井松窠	08492
井口卓所	06239	中井兼之	05796,05798,05987,07766
井田敬之	04724	中井陶庵	05635
井谷五雲	05285,09072	中井敬所	00649, 00775—00776, 01106—01107, 01556—01558,01899,02710,02911,02963,02965, 03642,05777,05799,05803,06324,08939—08940, 10295—10296
天玉寺屋市郎兵衛	05057		
天津市藝術博物館	00614—00618,08139—08140		
天津博物館	00615—00618		
天津楊柳青畫社	03115,07937,07939—07942	中井義幸	09870
天賞堂	00628	中廿杜徵	03676
夫桑印社	02243	中西庚南	03354
木内愚	00256	中西興爾	06167
木内醉石	02682	中邨三焦	01829
木母馨	01406,09738,10024	中村不折	00780
木邨鐵畊	06534	中村正美	00259—00260
木村竹香	09476	中村石農	07441—07442
木村充恒	07171	中村竹洞	02531
木村金秋	04022	中村淳	09543—09544
木堂會	00650—00651	中村淳門下	01464
木蘇岐山	00655	中村勝造	01370
支崎廣載	07906	中村鯉郭	09391
支慈厂	07397	中村蘇香	07785
太田孝太郎	02917,07144—07149,07255—07258, 09790,10019—10020	中村蘭台	02926,07906,08338,09539—09543
		中村蘭台二世	00059,04571—04573,08578,09544
太田夢盦	02415	中村蘭台初世	04571—04573,07400
犬養毅	00647—00649	中林隆經	05805
尤壽生	01969	中和道齋	01072,07311
巨勢小石	00449	中保進	00382

中華書局　08115
中島玉振　00661—00662
中島藍川　09028
中野其名　03413
中國印學社　02182,03119,03122,03167,03187,06113—06114,07243,07591,07601
中國民主促進會上海市美術工作者小組　00415
中國金石篆刻研究社籌備會　08534
中國美術家協會　01626,01629
中國首都博物館　04762—04764
中國書店　04850—04851,04854,10090
中國篆刻網　04164
中國藝術中心　09791
中澤廣勝　01631,07189—07191,09432
內海徵　00799
水竹印社同人　09748
水青吳潯源　09229
水路石　04516
牛　齋　02878,03392,04149
毛志平　00285
毛　庚　02685
毛承基　00827
毛承瀾　04170—04171
毛復珖　02389,05237
毛鳳祥　02657
毛　豐　07453
壬生水石　00805—00808,00830—00831
仁和浣蕅齋主人　00837
仁和葛氏　10221
片山兼山　00838
片石山房　04985
片尚宣　03819
片岡寬　08817
片岡翠翁　02902
片雲齋　05363
仇　采　03716—03717
仇　塏　09089
今井凌雪　05353
今尾景年　00875
今泉雄作　00294
月　巖　04949
丹山應舉　09144
勾章孫　05975

殳　洪　01101
殳恩鉴　08257
卞斌孫　00456
卞潤吾　09178
文　石　01474—01477,01479
文江閣　00927
文如居士　01503
文　武　09014
文　林　06624
文　彭　00052, 00098—00101, 00357—00358, 00736, 00915, 00917—00919, 00930—00931, 00945—00946, 01552, 01965, 02233—02234, 02288—02290, 02355, 02745, 03055, 03087, 03207—03209, 03858, 04575, 05618, 05678, 05778, 06039—06040, 06172, 06944—06945, 06949, 07326, 07328, 07340, 07789—07794, 07866—07867, 09237, 09554, 09897, 10047—10048,10072
文雅堂　08784
文　鼎　08942
文　廉　06387
文　淮　00950
文　嘉　06800,07878—07879,07882
文徵明　00098—00101,03477,05044,05649,06013
文學山房　10154
文藝研究會　02748
方小石　08778
方天沛　07986
方元孚　01901
方介堪　00023, 00250, 00791, 00961—00967, 00970—00971,01660,03272,05029,05309,06677, 08173
方以智　10067
方予愓　08668
方　正　00969
方去疾　00415,00826,01070—01071,01863,02668, 03272,03888,08004,08528,09266
方用光　01112
方芝孫　05606
方君璧　08272—08273
方　若　09063—09064,09979
方若徵　06617—06618,06627—06628
方政之　01598

方　約　00097，00492—00493，00514—00517，00556，01119—01120，01122，02559—02560，02583，02669—02670，03553，04391，05280—05284，05286—05288，06432—06433，07173，07317，09125，09145，09147，09149—09153

方逢吉　00960

方清霖　00968，01191—01192，03802，06774—06775

方紹勛　07169

方善竟　07583

方善境　08579—08580

方蔭華　09354

方　筠　03708

方節庵　01984

方節盦　03109—03110

方爾謙　06671

方廣强　00965

方德九　08484

方　鎬　09580

方　巖　00854—00861，00863—00864，01129，02668，08563

心華道人　02544

心　梅　00295

尹　右　00988

尹　困　00989

尹承綬　06982

尹祚韡　00530

尹海龍　00013，08731

尹彭壽　00987

尹壽全　05499

尹樹民　01914

孔平孫　05515

孔昭來　01007—01009，01404，02767，06515—06516

孔昭璽　09591

孔雲白　01909，05654—05656，07317，10215

孔筠谷　05613

孔傳勛　01010

孔憲英　05614

孔寶之　03492

巴成舉　06897

巴社八社員　01012

巴慰祖　01014—01016，01599—01602，06456，06493

五畫

玉山堂舊　01211

玉井富紀　03938—03939

玉林堂　03357，05973

玉壺山房主人　08065

玉置陶齋　02966

正倉院　03721

甘　桁　00373

甘寅東　01075—01076

甘　暘　01073—01074，01078—01082，01680，02726，06758，08860，10045—10046，10071

甘肅省府　01083

甘肅博物館　01084—01086

古川元清　00812

古川鐵畊　00812

古岡渭叟　03820

古香堂主人　01831—01832

古浣子　01258

古陶博物館　01260

古筆了信　03796

古學古　04769

辻川穆堂　01376

辻本朔次郎　06171

左宗棠　06962

石　厂　04437

石川古城　03314

石川節堂　07316

石川源陽　09562

石川蘭八　01401，05460，05784

石川巖　04722

石井碩　08931

石井雙石　00684—00685，01560，02415，02912，02934，05460，05658—05659，06399，07763—07765，08930，09032，09038，09336，09338

石氏雲隱館　01855

石成金　03369—03371，07323

石宏斌　01419—01420

石河正德　03775

石河有鄰　02283

石　香　04765

石屋山房　00036

石華社　01432

石原西涯　09858，09862

石原幸作　01375，01728，01962，02144，02257，02465，04244，05652，07607，08271，09859—09861，09863—09868，09897，09901

石　峰　01434，02393—02394，03196—03197，03219—03221，03797—03799，06739—06740，09796，09801

石　笙　02353，04079，04660，05392

石庵居士　04609

石爲埵　04166

石　頑　01444

石　農　00106，01961

石榴印譜作成委員會　01464

石　廣　01466

石學鴻　00640

石韞玉　01239

石顛生　03998

石蘭氏　04661

平山兵原　01506

平安印會　01511，01514

平安印會會員　01519

平野久右衛門　01516—01517

平野夢華　04196

平湖璽印篆刻博物館　00966，03083，03398，07730—07731，08197

北大路魯山人　05051，05108，05110

北大路魯卿　08524—08525

北方蒙　00928

北平五楂　01675

北平娜嬛社　02426

北村太一　04261

北村春　02804

北村春步　01547，02726，03071，04261—04262，05073—05075，05464，05658—05659，06454，06699，06961，10279

北京文物商店　07961

北京旅游事業管理局　01504

北京歷史博物館　01549

北野種次郎　02625

甲斐某書舖　01089

田小可　08878

田口乾三　08997

田口國太郎　00518

田口逸所　05803，06037，06239

田中良庵　01125，05324，06000—06004

田中逸所　05797

田中慶　03959

田中謙　03933

田有章　06846

田伊洲　03937

田村鐵之助　08485

田近竹邨　00039—00040，02519

田快庵　01567

田叔達　01568，05378，05571—05572，06427，07304

田昇澹台　08981

田島洗耳　01399

田能村竹田　01570，02513—02516

田能村直入　03583—03585，07039—07041

田培林　01566

田崎草雲　02899，06507

田敬之　10014

田結莊千里　02644—02645

田園湖城　05766—05770

田園穆　08677—08678

田源和英　01490

田邊玄玄　04327，08677

田邊機一　03548

田邊憲　02015—02017

田邊豐　06860

田鎔叡　01161—01163

史春荃　03807

史　致　06554

史惟德　05680

史喻厂　01578

史喻盦　03518

史載坤　07006

史　謙　04809

四九山房　01581

四角草堂　00971

白井烟巖　05105

白伊鶴　08344

白　采　01644，04058—04061

白紅社　01703—01709

白雪石　01647

白眼居士　01651

白雲樓　01655

白　蕉　06837

白鶴伊　01661
册山應舉　00891
卯里欣侍　01659
外山格　03587
包柏筠　06512
包桂生　05936—05941
市河米庵　02004
市原光憲　08295—08296
立原杏所　03000—03001
玄巧若拙　10026
玄光乃　07491
半　田　04897
半卷書齋　00591
永井玄昌　00018
永田島僊　05220—05222
永阪石棣　04280
永和室主　02047
永華稻葉了證　01058
永寧村　04247
永　瑆　09134
司馬蓼　04016
民人再生　02147
弘　徵　04820
弘盧峰　00700
加島信誠　00877
加藤刀畔　00499
加藤大石　00059
加藤不及　07723—07724
加藤氏(朝)　04794
加藤有年　02912
加藤桂所　00610
加藤紫山　02819
加藤智良　05627
加藤慈雨樓　07398
加藤蕭敬　04527
幼　章　02057

六畫

邢　捷　02268
邢　康　05172
邢康隸　03525
邢德厚　02428,04906,05480,05619
圭海余璋　05146

寺田正孝　02897
吉田半迁　02070
吉田良齋　02112
吉田謹　04720—04721
吉永田子　02115
吉廷佐　00947,00956
吉岡犀吉　00830
吉亮工　04739
吉野正得　03643—03644
老廷光　07668
老　牟　06855
芋　村　02125
芏田草堂　01400
芝山北溪　01646
芝泉氏　07666
西山翠嶂　02149
西川寧　02867,02962,07266,09644
西田春耕　03889,04280
西村天囚　09513—09516
西村孝　01213—01216
西村佃　07337
西村宗先　04353
西言直　01371
西泠八家　01813,07267
西泠印社　00078, 00087, 00090, 00095, 00133—00134, 00141—00143, 00145—00146, 00593, 01870,02185,02218,02219,02220,02229—02230, 02231, 02232—02236, 02239—02240, 02262—02264,02489,02495—02497,02562,03024,03173, 04044, 04340—04341, 04975—04976, 05263, 05585, 05747, 05958—05959, 06348—06350, 06600,07026—07027,07180,07829,08179,08220, 08528,08532,08624,09692,10100—10109,10113, 10121—10122, 10163, 10185—10186, 10188—10189,10198,10253,10269
西泠印社同人　04340—04341
西泠印學社　08116,09693
西島鞔　03264
西郷隆盛　04418
西湖畫苑　08568
西湖嘯溪　08800
西湖藝苑　08625
西湖藝苑社　00197—00198

有正書局　00131—00132，02634，02636，03147，03179，03375，04040，07011，07227—07228，07571—07572，07589—07590，08221—08222
有岡陵崖　09227
百石齋　02242
百花庵主人　02301
存齋松原雀　02537
成班子文學　08783
成桂馨　04174，06765—06766
成輔文　03804
成瀨石癡　01499，09669，09696—09698
成瀨米城　06500，06504
成鐵穎　08027
邨文峨　01569
同風印社　01279，01527，01531，02409，02466，02961，08417—08419
同風印社仝人　01698—01700
同壽印會　05466
呂亦鴻　06492
呂佺孫　07005
呂祖銘　04820
呂鳳子　02892
呂鳳癡　07706
呂　震　08746
帆定杏雨　02998—02999
朱一峰　02418
朱二悔　04766
朱士林　00391，02025，08087—08088
朱士鋐　09133
朱大可　10023
朱大寬　02426，04146—04147
朱之榛　02431
朱之璣　06497
朱子鶴　02429，04005，04263
朱文濤　05893—05894，05896
朱孔陽　00422
朱世勛　02434，03861
朱白會　01641，01677
朱屺瞻　05829，06240，07958
朱志復　00091
朱苾君　00871—00872
朱希祖　02436
朱其石　02437—02449，02692，03272，03519—03524，03547，04459，08287—08288
朱其鏡　05035，05631—05634
朱　英　02450
朱昌頤　05457
朱春磊　08197
朱秋尹　05456
朱修能　01770—01777
朱保慈　02453
朱庭珍　07314
朱勇鈞　07339
朱　脈　08370
朱記榮　02639—02643，07251—07253，08855
朱崇典　06078
朱　偉　00368
朱敘園　06079
朱象賢　01761，10057—10064
朱　逸　01349
朱清泰　08429
朱貫成　03421，05311
朱葆楨　07111
朱葆慈　04226，07488
朱　紫　05623
朱鼎文　09853
朱景錫　08468
朱復戡　02454，03070，04336，06838—06839，07463，07480—07481，07489，07494—07495
朱爲弼　01212，02431，08502—08503
朱遂生　07584，07593
朱補筌　02455
朱　統　00960
朱　楓　01897
朱筱莊　02456
朱節嶽　08187—08189，09069—09070
朱　潽　08714
朱　聞　01886
朱養浩　06979
朱榮爵　01972
朱漁介　02457
朱維縞　08250
朱　賢　06093
朱劍心　06581
朱慶埔　09736，09818
朱積誠　09817

朱學勤	04264	全　賢	06805—06806
朱學德	02458	合漠慶主	02653
朱　錕	02768	企文仙館	02655
朱　霞	00887,00892,01276	朵雲軒	00586—00587,00591,01071,02223,02656,
朱霞峰	06968		03111,03113,03116,03131,03621,05759,07573,
朱鍾瑞	00833—00834		07959—07960,08912
朱鴻達	02955—02956,07014,08191—08192	名家刊印	09030
朱　濤	09574—09575	名著複刻全集委員會	08641
朱　簡	05774,10068,10074	多治見久太郎	04195
朱簡寂	09608—09613	多澤厚	07262—07263
朱贊卿	03212—03213	冰華了證	00160
朱鏡湖	06189	亦可印室	09390
朱　鵬	02031,02461	江上印社	02785—02788,07511
先　慎	02504	江木欣欣	02934,03967
竹之内道英	06012,06014	江介岩	02792
竹中竹涯	02538	江孔殷	02793
竹内棲鳳	05109,06484	江成之	02800,08657,08660
竹内龜吉	05777	江仰陸	02610
竹添光鴻	00761	江兆申	02858
竹　蔭	05805	江兆錕	08512
竹　齋	07096	江兆鯤	01955
竹　廬	02552—02553	江南平	09963
休休堂	05735	江星羽	08606
伍省三	00318	江秋囑	00933
伍德彝	03665,08255,09816	江風印社	02804
伏光倫	02861	江馬聖欽	02805
伏景春	07110,09415	江峰青	09130
伏敦五	03008	江瓶水	05406,08871
仲光勛	05492	江家珊	03550
任小田	05974	江　琦	02807
任秉鑑	02606	江萬全	04251
任　政	09569—09570	江　尊	02808,06180
任慈祥	02609	江　湄	04592—04595,07136
任熹曉	08031	江聞俊	00840—00842
自立草堂	02334	江標藩	04016
伊立勛	01439,05185	江聲鑣	00739,03912
伊齊賢	05174	江蘇省立第五中學游藝部	01729
伊　霖	06573	江蘇廣陵古籍刻印社	02907
伊藤仁齋	01292	汲古印會	00055,01738—01739,02817,02819,
伊藤博文	00340,02992,07162,07167		02821,07681
向　吾	00030	汲古印會同人	04532—04533
向陵多賀谷瑛	02632—02633	池永一峰	00026
行德玉江	04738	池永道雲	00001—00006,00009,07796

池原綾子　01154
宇野秋琴　08762
守山侯賴寬　02837
安子深　01311
安田潛　01310
安多民　00394
安定中校校友會　02873
安部井櫟堂　01515,08678,09436
祁寯藻　09964
那木都魯榮敘　03456
那志良　10278
那遜蘭保　02972
阮　元　00953—00954,02894,02896,08129,08813,
　　09813
阮　充　10163
阮常生　02688
阮　愷　04545
阮穉卿　02524
阪井吳城　02897,05466
阪田吳城　09029
阪田習軒　05366,06320
迆田政太郎　05170—05171
迆田常惠　02650
如禪道人　01763
好古印社　02913—02914
好古印會　02911—02912
羽倉可亭　00626,01380,02682
羽倉良信　02918—02919,05098

七畫

扶桑印社　02924—02925
扶桑印社社員　02924—02925
折田六石　00894,00906
孝　安　04672
芸　芬　04827
芮序儀　08661
芮維新　02978,05318—05319
芥川龍之介　08640—08641
杜文瑄　06477,06818
杜世柏　03231—03232,06477
杜俊民　01487—01488,01492
杜進高　02996
杜　傑　08670—08671

杜　徵　00017
杜　澂　08492
杜鎮球　04458
杜鏡吾　02995
村上剛　09741
村上剛齋　06679
村川飯山　06857—06858
村田幸吉　09521
村田香石　05961
村田蔚堂　07707
杏　坪　02997
杉浦丘園　00334,07081
杉聽雨　00340,03006—03007
李士銘　02589
李大千　00378
李上達　00322—00324,03011
李千里　03035
李天釗　05160
李太王　00403
李少斌　03475
李　中　01803
李氏集雅軒　06811
李文沐　05617,07894—07896
李文約　00878
李文翔　07927
李文禂　10116
李文濤　07392—07393
李尹桑　00392,00727,03017—03020,03027,03033,
　　03035,04362,05020,05758,08610
李尹桑父子　03016
李正煇　02900
李去疾　03533,06066
李世華　09512,09772
李本弌　02846
李　平　05302
李平書　07083
李玄茂　02013
李永選　03497,09058
李有兆　03824
李光啓　06632—06634
李曲齋　03022
李同春　08337,09280
李丑瑶　07726

李延适	09626	李　夏	08692—08694
李自棠	07003,09362	李晉元	03030
李汝皋	01778	李剛田	07420
李甫晨	06909	李　息	05215,05814
李佐賢	06020—06024	李兼山	01765
李卤絢	03886	李　紘	02342
李完用	00029	李培基	01369
李君彦	09260—09261	李培楨	05163
李　青	03918—03922,05087,05275	李梅閣	03031
李　坤	04335	李盛鐸	03013
李其焜	04715,09342	李國森	06126—06127
李　茂	00889	李國模	01333
李茀青	07803	李偉人	00036
李東侯	00916	李翊勛	08274
李東園	03023	李清安	02622
李叔同	03024,03041	李　陽	00255,04922—04924,08098,09245
李卓吾	00511	李陽冰	10244
李尚陽	03025	李朝憲宗	09636—09640
李尚暲	07474	李晴南	06148
李明桓	03026	李　煛	06647
李明超	07786	李景文	04253
李佩成	04277	李順華	00377
李育中	05728	李遂賢	03206
李宜開	05228,05233	李　渡	00252—00253
李彀光	08506	李滋新	03034
李承運	01956,04662	李　椿	07474
李承福	04202—04204	李愛黄	07292
李春華	05476	李慈銘	04740
李相定	09855	李溶文	01571
李柳溪	06233	李福蔭	01331—01332
李厚居	08725	李　槳	06205
李思綏	05326	李經佘	03036
李　彦	09262—09263	李經畬	03296
李彦士	04199	李嘉福	03207—03209
李炤麟	02665	李壽銓	02076
李宣聞	08045	李熙垣	06604
李祖章	08150	李　儻	03015,04181,07347
李祖壽	06451	李銘柯	05989
李素山	03323—03325	李鳳公	00747,00955,03037,05039,07886
李振鐸	00866,02761,03028	李鳳龍	00688—00689
李　根	06525	李　廣	08091—08092
李根源	02403	李榮曾	04518—04519,04902—04903
李連魁	03029	李榮增	01957

李　漁　02982
李維勛　02080
李慶榮　08340
李　緯　03014
李興業　00639
李　錡　03040
李錦鴻　01223
李　聰　06606
李　鍾　05447,07291
李鍾虞　09066—09067
李　燮　02137
李濬之　04777—04778,06748,08028
李　濱　03315
李麗生(荔軒)　02079
李　鏞　01912
李　鵬　05911
李寶祥　08732
李寶嘉　02127
李繼烈　03996—03997
李繼輝　08290
李鶴儕　01218
李　霱　07141
吾丘衍　09995—09998,10262—10267
邛氏犁盦　03071
步　青　09774
吳一譌　04468
吳二安　04467
吳士卿　04414
吳大澂　00151—00156,00167—00188,00190—00194,00520—00522,00524—00525,00584,02090—02094,02270,03141,04094—04096,04936,07422—07425,09384,09792—09795,10297
吳小華　08133—08134
吳　山　00914
吳子玉　05029
吳子西　03099
吳子牧　08995
吳子建　01598,03081—03082,05183,05482,07355,07730—07731
吳子健　03083—03084,08567
吳子復　03085—03086,09507
吳元臣　03093—03094,06210—06212
吳元浩　02847

吳元滿　06747,10129
吳日章　08688—08689
吳文徵　04430
吳　斗　01918
吳正晹　01681,03088
吳可賀　01113—01114
吳用威　03331—03332
吳立崇　07672
吳　永　04938
吳幼潛　06890
吳式芬　03092,04311—04312,04988,05454—05455,06672,08077,08081,09363—09372,09374
吳芝軒　02138
吳　在　08989
吳先聲　01979,10173
吳廷康　03103,05942,08674
吳廷榮　04732—04733
吳廷選　03458,03467
吳仲坰　02638,03903—03904,07604,08764
吳仲炯　03104
吳江元　07363,08983—08984
吳安雄　01553
吳好禮　01088,04956
吳孝仁　06450
吳芷生　04941
吳芳珍　08653
吳步韓　03073,03449,03459
吳廸生　10155
吳希札　07318
吳谷人　03301
吳汝勇　08596,08923
吳宏亮　00013,00976,07420,08731,08861
吳　良　03164
吳青震　06414
吳長鄴　03123,03125
吳述歐　05843
吳果綱　08001
吳昌石　02668,09068
吳昌碩　00114,00344,00501,00547,00957,01116,01396,01483,01523,01563,01571,01608,01695,01755—01756,01806,02145,02231,02236,02243,02257,02462—02464,02466—02476,02478—02500,03100—03102,03107—03131,03135—

03136，03147—03150，03298，03486，03552—03559，03811，03853—03855，04178—04179，04491—04498，05155，05270，05279，05291，05317，05410，06214，06309，06614，06635，06793，06810，06830，06939，06946，07083，07157，07405，07880—07881，07976，08011，08024，08036—08038，08284，08490，08623，08636，08650，08663—08666，09254，09546，09665—09666，09716，09797—09800，09928，09936—09938，09946—09950

吳明達　04480
吳　忠　04874
吳　迥　03054，04302—04304，08772—08774
吳秉藻　03484，03488
吳金標　08982
吳念中　06401
吳　炬　03975，05243
吳　炎　06732
吳孟思　08090
吳春和　04457
吳南愚　03132
吳貞卿　08133—08134
吳　峙　03089
吳　峋　03137
吳秋伊　03133
吳俊三　00165—00166，03165，10042—10043
吳俊卿　00418—00419
吳奕蕃　03134
吳　庠　09242
吳　咨　07925—07926，07928—07933
吳　泰　05029
吳振平　05654—05656，05660—05662，09461
吳振華　03366
吳　格　00137，04068
吳夏峰　07165
吳倉碩　05955，05957—05959
吳祥麟　08674
吳　通　03138，07839
吳跂周　08291
吳　峻　04937
吳笠儜　05966
吳　敏　07418
吳　紱　03205，05976
吳萬楷　01235

吳敬賜　03626
吳硯君　05194—05198
吳　雲　00061—00071，01172，01237，03098，03785—03792，04939—04940，05002，07918
吳　策　01553
吳欽揚　04734
吳　鈞　03368
吳湖帆　00050—00051，04993，08138
吳湖颿　05844—05845，07046
吳　祺　08334—08336
吳蒼雷　04284—04287，04288
吳　粲　05625
吳稚淮　03151
吳筠生　03152，09114，10226
吳頌其　03707
吳際凱　07997
吳趙穆　08035
吳壽昌　07596
吳壽曾　04070
吳　熙　02812
吳熙中　03153
吳熙載　01449，02849，02855，03156—03163，03174—03179，03181—03193，03426，03996—03997，05163，06087，06089，09523，09829，09980—09982
吳銘泉　06885
吳誦清　02638
吳榮光　04931，07312
吳肇鍾　01662
吳　熊　00019，04324
吳　瑾　03086
吳德書　03166
吳誰堂　01679
吳潯源　05313
吳　翰　03169
吳　樸　00492—00493，06636，08004，08184
吳樸堂　00552，00826，03170，07498，09266，10202
吳　叡　03091
吳興墨莊　01465
吳　錡　02410
吳錦生　00424
吳　諝　03145—03146，07286
吳　澤　03321，08579—08580

吳 隱　00083，00189，01468，01873—01879，01881—01883，02102，02219，02498，03062，03095—03097，03148—03149，03167—03168，03174—03177，03181，03185，03372，03402，03439，04039，04041—04042，04084—04086，04092，04396—04397，04635，04637，04991—04992，05159，05554，05701，05746，05944—05945，06119，06180，06456，06830—06831，06850，06939，06944—06946，06949—06950，07018，07028—07031，07204，07225—07226，07567—07568，07597—07600，07602—07603，07709—07710，07826—07828，07860—07884，07992，08893，08900，08942，08960，09651，09753，10191—10192

吳駿後　02840—02842
吳藏龕　09798—09800
吳覺遲　09579
吳　騫　10242—10243
吳觀均　08400—08401，08403
吳讓之　01655，01873—01878，02660，02731，02806，03173，04062，05254—05257，05849，05955，05957—05959，06852，07251—07252，07596，08463
里見東白　00512，02000，02921，08269
町田石谷　01415
足立疇邨　00349，06410
足達彥　06409
足達疇邨　04280
別峰抄　10129
岑春煊　03214
秀　峰　07808
邱東霖　03492，05178—05180
何上法　04283
何井僊郎　00763
何天喜　03228，07283
何元錫　02186
何印廬　05657
何廷俊　03842
何汝鴻　05948
何秀峰　01980—01983，04996
何作朋　03233
何伯瑜　03993
何伯源　08705
何　沅　00708—00709
何昆玉　00158，01131，02081—02095，02364—02368，03234，03993，05531，07922—07924，08056，08457—08458，09322—09324，09326—09328，09716

何恭弟　09648
何桂林　00376
何　通　01686—01690，01696—01697
何雪漁　06172
何庸齋　03241—03242，06060，06062—06063，07283
何　渠　03243
何紹基　06935—06936，06962，08702，08706
何　瑛　00884—00885
何朝圭　06008
何夢華　05745
何壽章　01305
何爾墊　08424，10216—10217
何維樸　08703—08704
何　震　00054，00098—00101，00252—00253，00736，00930—00931，01552，01693—01695，01902，01910，01965，02233—02234，02288—02290，02355，03055，03074，03235—03237，03239，03244，05044，05070—05072，05364，05612，05649，05778，05906—05907，06039—06040，06800，06804，06944—06945，06949，07340，07789—07794，09237，10300

何劍湖　07620，10179—10181
何　魯　08538
何　澍　02186，02206
何　澂　00502，01745
何　澄　03777
何　嶼　03227
何積石　00427
何　濤　03245
何繼賢　03246
佐久間象山　03247
佐藤一齋　03942，07337—07338
佐藤左憲　06145
佐藤松峰　03659
佐藤耐雪　04479
佐藤耐雪後援會　05778
佐藤恒二　03971
佐藤桃巷　03249，05912—05913，09735，09806
佐藤晉齋　05168—05169
佐藤進　00209

佐藤清孝　06145
佐藤硯湖　03821,07007
佐藤壽定　05120—05136
伯　棠　07908
伯　聞　02322
佟季亨　04792
住之江文庫　03260
住友寬一　06675
伴信近　08283
近衛豫樂院　03287
近藤石顚　00762,00766,01493
余中英　00781
余　正　00137,02237—02238,03289
余地山　02122—02123
余仲嘉　02601,08273
余任天　03291
余池銘　09361
余松山　01715—01716,03292
余紹宋　03992,08515
余　楙　00644—00645
余　藻　01445—01448
余　馨　01970
谷大弦　01551
谷口香嶠　04588—04589
谷文晁　03302,08652
谷　牧　03304
谷　清　03833—03835
谷惠太郎　08420,09852
谷聽泉　03754,06491,09851
角田三溪　00359—00360
言朝鼎　03319
况維琦　08284
汪一煃　00909—00910,01913
汪大基　05500—05501
汪大鐵　02140—02141
汪之慶　04511
汪　氏　03330
汪文適　09628
汪立群　02010
汪同孫　03334
汪兆鏞　02654
汪志莊　03892
汪英賓　04490

汪　昉　03337
汪　泓　07324,07334
汪承啟　00464—00465
汪厚昌　04717—04719,08747—08748
汪彥份　05011—05012
汪　洵　07929,07931,07933
汪洛年　02630,04067
汪桐生　06339
汪浚川　05775
汪　展　00913
汪　堂　03338
汪　啟　05473—05474
汪啟淑　01322,02864—02866,04416,04612—04619,04810—04816,04832,04834—04856,05333—05338,05340—05351,05493—05494,06729—06730,07482,08094,08099,08108—08115,08798,08917—08919,09082—09084,10137—10139,10289—10293
汪紹增　09165
汪道存　07193
汪　統　03070
汪精衛　09375
汪維堂　10188
汪　鋆　01338
汪　標　05246
汪黎特　05846
汪劍室　08505
汪嘯石　03339
汪積山　07262
汪學成　07263
汪　錡　03341,09754—09756
汪聲鐸　03841
汪鎬京　04862,04870—04871,08944
汪　關　01152,02726,03333,05018,07324,09605—09606,09619
汪鐘奇　08691
汪鶴孫　01522
汪　鏐　01458—01462,02311,02333,03340,07651
沅陵丁氏　03342
沙旭東　09756
沙孟海　05587,07175,09547
汴游會　08432
沈大荒　01062—01063,08761

沈大榮	03352
沈小泉	00883
沈凡民	01743
沈元苞	04652—04653
沈少石	06189
沈　中	03420,09174
沈氏後人	05437
沈左堯	01394
沈永泰	00745,03353,05577,07354
沈廷貴	03350—03351
沈延銓	10003
沈仲強	09087
沈冰泰	06194,07700
沈亦香	06808,08962
沈次量	04249
沈汝梅	09854
沈均聞	03360
沈尾生	00726
沈松生	03355
沈叔眉	08994
沈受覺	00118,03356—03357
沈河清	06028
沈春明	04034
沈秋帆	03358
沈重鄉	05880
沈炳政	03348—03349
沈　津	03362—03363
沈祚昌	04526
沈振中	05408,05891
沈桐鄉	03064—03065
沈栗仲	05147
沈倬章	01895
沈　皋	04281
沈祥龍	04892—04893,05332
沈　野	10080
沈清佐	10117
沈　淮	03063,08469
沈　琛	03364
沈　雲	04493
沈雲煥	00478
沈策銘	06620—06623
沈復燦	00280
沈敦和	02124
沈道寬	07373
沈曾植	03347,05034,05437—05438
沈淯莘	04558
沈煦孫	02984—02989,04343,05239—05242
沈筱莊	03360
沈筼邨	10092
沈　溶	03063
沈　愷	09747,09825
沈　慭	06966,09174
沈輔俊	07295—07296
沈毓慶	00093
沈　鳳	02656,09135—09139,09409
沈漢卿	00984
沈樂平	02881,03361
沈德符	10140
沈　瑩	05339
沈樹鏞	09500
沈駿程	01377—01378
沈　鴻	09376
沈鴻藻	03503
沈　濤	07075
沈　藩	02323
沈鏡臣	03851,06159
沈譜琴	05864
沈覺初	04068
沈　瓚	10212
決定不移軒	08078
宋人龍	07394
宋小濂	06656
宋之弼	09410
宋王俅	10255—10260
宋心芝	03382
宋　岐	07885
宋　侃	07382,08399
宋厚之	03387—03388
宋　朗	02746,03389
宋梅春	03386
宋　偘	08858
宋　聖	09342
宋　煜	07372
宋霄周	08356
宋澤元	07885,09587—09589,09664
宋懋澄	03866

初世中村蘭台　04759,05784
君匋藝術院　03117,07535,07538
君　偉　03409
尾崎秀　09896
尾崎秀真　00458,01964,09899—09901
尾崎秀真[古村白水]　01219
尾崎紅葉　03414,04873
尾崎蒼石　02292—02293,03135,04113—04114,
　　05031—05032,07156,09159
尾張鳴海　07796
阿部井櫟堂　00680,00682
阿部良山　02517—02518,03393—03394,03418,
　　04889
邵松年　02695,08959
邵　章　03429
邵　琦　03430
邵鼎臣　08256
邵裴子　03427—03428,03431,07407,09955—09956
邵　潛　04677—04681
邵願雍　01890
忍海上人　03432

八畫

奉天省府　05882
武川六石　02113
武川盛次　00895—00900,00902,09778
武内桂舟　05106
武庫印會　03440
武　超　07067
武藏村山　09870
武鍾臨　03320,04554,08225,09461
長谷川延年　06397—06398
長尾大仁　07798
長門高洲　02309
長思印會　01560,06399,08933,09034,09550
長思印會會員　08927
長曾我部木人　00642,07336,07769,10120
長澤蘆雪　03500—03502
幸野梅嶺　06609
苦　園　09017
英一蝶　03578
英　毅　03579
范文成　08836—08837

范方度　03582
范旭華　04555—04556
范汝桐　03581,06757
范雨樓　03801
范孟嘉　01768,09502
范　錚　01423
林大同　07086
林大宗　02674,07015—07017
林千石　03589—03591
林介侯　05141
林公武　00119
林文超　07105
林正典　07370
林有志　00350—00351
林廷勳　06845
林向秀　03593
林　近　09510—09511
林　谷　08587
林雨蒼　01847—01848
林　明　05697
林宗毅　03598
林承弼　07853,09702—09705
林　洵　03601
林起峰　08320
林時瑞　02942
林　健　07921
林　皋　03605—03607,04346,09620—09623,09773
林乾良　00258,00731—00732,02651,03303,03935
林梓敬　03592,08914
林章松　00127,00394,00539—00540,01055,01087,
　　01157,01362,01398,01610,02706,02867,02926,
　　02949—02950,03223,03280,03680,03849,03946,
　　04007,04077,04296,04320,04390,04595,04696,
　　04795,05004,05039,05248,05515,05540,05663,
　　06644,06646,06788,07067,07920,07971,08144,
　　08388,09126,09128,09892
林報曾　09062
林萬里　01607
林惠君米　05214
林　鈞　00085—00086,01494,01497—01498,
　　03190—03191,05255—05257,10028
林楸淦　06795
林煥章　08879

林熊光　02291,05487—05488,08345—08350
林樹臣　02213,09444
林樹棠　07804
林　霍　02763,03800
林　鴻　03604
林蘭滄　09566
板倉緝　05521
來行學　04786—04788,04790
來楚生　02668,　02885—02888,　03612—03624,
　05182,06866—06867,07199—07200,07281,07399
松丸長　02499
松丸東魚　00015,　00764—00765,　01145,　01396,
　01702—01709,　02014,　02017,　02473,　02475,
　02478—02481,　03120,　03627—03629,　03741—
　03754,　03908—03910,　03967,　04323,　04351,
　04495—04496,　04514—04515,　05175,　05265,
　05322,05658—05659,05665,06034,06596,06635,
　06959,07469,07520,07524,07527,07534,09035,
　09797—09800
松丸道雄　00533
松井元陳　01262
松木松年　03649
松木香雲　03238
松本三餘　08379
松本大辰　01028
松本交山　03517
松本香雪　02960
松本時彦　03633
松平定信　06714—06717
松田東洋　09927
松竹齋主　03650
松谷石韻　01501
松沛家　04602
松尾謙三　08490
松林桂月　03653,05105
松宜鎮　08598
松原九皋　02385,04217
松原存齋　03416,09777
松原崔之助　00035
松浦羊言　02783
松浦武四郎　00016,02296
松陰後藤機　00629
松植香城　04350

松蔭軒　09848
東方印社　03724—03729
東方印社社員　03724—03729
東北大學註册部　01997
東白里居士　09757
東池印社　03731—03733
東京堂出版　04444
東　美　04337
東皋印社　08760
東萊林氏　09298
雨山書畫樓　09359
雨村大倉　03793
雨宮其雲　03549,05095—05096
郁　青　05621
郁重今　02651,03805,08532
郁曉音　00023
奈良教育大學青泥會　03453—03455
尚古齋　07007
尚業煌　08785
味芸閣　08594
昆吾室　09490
昌　泳　03494
明　文　06851
明治川邨應心　07525
明治印學會　02411
明清名家　03876
易元九　07892
易均室　03235,03897,09576
易忠心　03878
易忠籙　02930,02947—02948,03239,03334,08916,
　09700—09701
易　孺　00158,　01350,　01714,　03472—03474,
　03895—03896,　05020,　05726,　07175,　07815,
　07900—07903,　08610,　09099—09102,　09213—
　09214,09494,09772
呼煙散人　03540
岩谷一六　08921
沓古山房　03392,07698,08888
岡本春所　09827
岡田魯卿　05170—05171
岡州區氏雙蓮館　09360
岡村周南　02935
岡村恒男　05839

岡村梅軒　05076,05839,09827
岡村賚　02709
岡村賚男　08360
知丈印社　01702,03908—03910
知希齋　01908
知服齋　03917
牧野貞喜　02943,08941
和樂堂　04551
季厚燾　01471—01472,04879—04880
季修甫　04750
季宣聞　08086
季寧復　03951
季綸全　04651,05142
季　豐　04984
秉　三　03952
秉　文　03953
兒玉某亭　02545
佩文齋　03961
欣　甫　02406—02407
金一疇　04297—04301
金山鑄齋　01055,02474,02867,03223,03280,
　　03849—03850,03975,07658,09892
金子竹亭　05200
金天翮　03976
金元章　01224
金　氏　06494
金允迪　07059
金正喜　02895,04011
金本明觀　08605
金石花館　10222
金石社　03989
金石壽　00314
金台錫　05189,06150—06151
金西厓　09104
金在恒　05150
金光先　01903,03972—03974
金同祖　06313—06314
金廷柱　02922
金廷桂　02922
金兆增　00879
金良良　01645
金宗瞠　03495—03496
金承誥　04015

金　城　00405,00606,01386—01392,01555,04008,
　　04017—04020,08294
金南治　00982—00983
金禹民　04023—04027,04695—04697,05482,
　　05527,07355,07773—07774,08816
金俊明　01746
金桂科　00450—00451,08796
金　純　06461
金　梁　06835
金惟驥　03766,06783
金　械　03674,03704
金雲飛　04828,06535
金　農　02001,04031,07711,08404
金　鈬　06900
金　鳴　00023
金毓黻　03730
金　銓　06900
金肇洛　03977
金肇華　04014
金　賢　06804
金興祥　05823
金聲印社　06068
金戀初　04038
金頌輪精舍　05794
金禮林　01425
金　鎔　05234—05236
金　鏐　02120—02121
金　耀　03657
金鐵芝　08536
金鶴翔　05385
金　鑒　02237
金龔源　06556—06557
受　齋　04062
服部要　04898
服部畊石　04517
服部耕石　00340,01108,01111,04897
服部轍　08308
周九簠　03990
周士德　00660
周大輔　05054
周少白　03457
周公太　00736
周氏石言齋　01182

周文鬱 01395	周植桑 04102
周玉階 09571	周　棠 09545
周世紹 04069	周　鈞 04103
周世銘 08455—08456	周　湘 04104
周石樵 02527	周湘雲 08126
周　吉 01393,05385,07352,09577	周爾和 00389
周廷佐 09919	周銧衡 04106
周孝坤 02833—02836,04526	周銑詒 01854,02128—02133
周志銘 09439	周銘隆 01731
周　芬 04267	周　端 04107
周佑然 08499	周肇祥 05420—05421
周作鎔 05640	周　暹 01893
周希丁 04076	周質筠 08261
周谷梅 03078	周德華 02623—02624
周冷吾 02416	周慶威 07118
周叔弢 01971,03812	周慶雲 01050,01132,04010,04105,04108,04322,
周明泰 02148,04221,09802—09805	07124—07131
周明錦 05157	周樹堅 04109
周季木 00702	周曉陸 05417
周庚壽 06437	周澤沛 02430
周　官 05930	周懋泰 03646—03647
周建亞 08196	周應麐 01822
周珏良 04081	周　禮 04915
周南蘋 04431	周繼雲 04112
周　柱 08609	周鐵衡 02041—02042
周貞亮 06438	周鶴年 00482—00483
周亮工 04111,08724,08726—08729,10029—10031,10249—10250	周鑾詒 01854,02128—02133,02502,04133—04136
周彥威 00109—00110	京都博物館 08289
周　振 03539,07615	京師公立第一中學 07452
周哲文 01504	冼玉清 10196
周桂堂 04771—04772	於元芳 01907
周　軒 03901	法正夫 01764
周晉恒 07084	河井荃廬 00007—00008,00048,02926,04348—04352,09616,09644
周海斌 06879—06883,09448	河井章石 06067—06068
周　容 07661	河北第一博物館 07432—07433
周梅谷 05827	河西和郎 05993
周　進 01857—01858,03537,03948—03949,05157,09098	河西笛洲 01769,01819,01936,02762,02804,05073—05075,05464,05991—05995,06454,07510,07735—07738,08323,08441,09037,09387
周康元 01417—01418	
周清繕 04072	河西義弘 00810
周超然 01484—01485,03047	河西鴨江 08781
周　達 00874,00876	河村名谿 02019

河村茗谿　07809—07810
河南省府　04156
河野隆　01509
河野鐵兜　03224
波部竹城　02526,09524
怡　雲　00972
怡雲齋主人　04183
宗　紹　00333
宗　淵　09603—09604
宗曉峰　01170
空道堂主人　03686
宛小雲　00477
郎　遂　05094
郎際昌　08151
建唐氏　04219
建　勛　09065
居　巢　00867—00869,01203
屈向邦　07900—07903
屈維杰　09970
孟介臣　05589,07249
孟貞父　09179
孟昭鴻　04141,10051,10198—10201
孟　剛　08478,08479
孟　堅　04240
孟超然　08855—08856
孟　蕃　04242
孟錫麟　01849

九畫

春彤斌　02594
春波氏　08990
春　城　09050
春暉草堂　04289
封大受　04306—04309,06206
封有祺　05149,09166
封保祺　04454—04456,05066—05067,05150,07895
封章煊　08286
封貽祺　04885
郝　敦　05604
郝裕衡　05511
拾古堂　03782
故宮博物院　03870,04035—04037,04367—04368,04371,04373,07833,08443—08444,08642,08996,09635
故宮博物院圖書館文獻部　02773—02774,04374,06118
胡乃堯　01385
胡之光　05112
胡之祈　08365
胡之森　03461—03466,07691—07693
胡子康　04375
胡元潔　04376
胡介祉　03308—03311
胡公壽　04377—04378,08105
胡文淳　04386—04387
胡玉瀛　01100
胡正言　00197—00199,01692,01718—01720,01723—01726,04380—04382
胡本琪　07492—07493
胡石查　06594
胡　年　04385
胡竹漁　06334—06335
胡　圻　01670,05608,06527,07662—07664
胡均庵　00912
胡志仁　01991
胡若川　04388—04389
胡　易　04390
胡匊鄰　05529,05957—05958,08468
胡宗姚　03660—03661
胡定九　04193
胡柏年　03535,04393—04394,04434,08992
胡柏時　01954
胡俊峰　04163
胡　淦　03876
胡　栻　05824
胡恩光　03767—03769
胡　唐　06456
胡　曼　08084
胡　淦　02745
胡傑人　09208—09209
胡　遠　08301
胡楫庭　01954
胡義贊　01426,01802,02525,04383—04384
胡聚左　07290
胡養元　02375,08033
胡漢民　00690

胡漢秋　02114	咸士俊　04440
胡　璋　04405	研聲池館　04474
胡　槿　01992	厚　滋　06069
胡　震　00058，04396—04398，08271，08900—08904，09455	耐寒居士　01126
胡　毅　00201	奎聚五　05206，05779
胡毅生　04399	貞　明　04488
胡　澍　00072，04400	冒廣生　02904—02905，07686
胡潤芝　04401	星　北　08581
胡霖商　04402—04403，07155	思永齋　04528
胡　興　09564	哈布芬　05423
胡鞠叩　02743	香山達寬　01405
胡襄麟　09410	香川鳳　06363
胡　鏊　01880	香谷村田　04568
胡鎬元　04404	香雲山房　04585
胡鐵生　08841	香雲閣　02959，02969
胡　钁　00348，01936，02243，02360，02457，02574，04127，04391—04392，05962—05965	香港百粵印社　03589
南岡主人　04232，04236	秋紹卿　01236，04638
南阜山人　01297	段永源　00938—00939
南京高等師範篆刻會　08428	段持鼎　06884
南京博物院　04415	段　麒　08507
南海馮氏　00460，04421	保多孝三　04444，08805
南越印社　03590	保俊屢　09018
南静山　00510	信濃同好會　00404
柯有榛　03199—03200，10063	侯汝承　07388—07391
柯昌泗　08540，08681—08682，09140—09141，09442	侯紹裘　09396—09397
查子圭　09007	侯福昌　00768，04699，05080
查元鼎　02348	侯學書　04700
查文經　09972	後藤松陰　04725
查海寰　05458，08366	後藤敏訥　04725
查　淳　04437，07844—07847	俞人萃　00116，04410，04584，09989
查稚圭　02306	俞元龍　00934
相澤茂　00398	俞氏尊德堂　03186
柚木梶雄　01023	俞　旦　06235—06236
柳小華　00664	俞百何　02303
柳芸湄　04056	俞廷諤　00498
柳里恭　06170—06171	俞吟狄　03635
柳耐冬　04453	俞伯孫　04728
柳　洲　04416	俞　明　01261
柳棄疾　07619，08946—08947	俞　彥　04726
柳鴻生　02340，06614，09176—09177	俞海真　03295
柿原琢郎　05627	俞家俊　02307，06856
	俞　琦　08374
	俞朝暘　06238

俞　雲　03987	宣古愚　04783
俞廉三　04730	宣和印社　04392，04505，04785，06592—06593，
俞源順　01021—01022	07445—07446,08885
俞　遜　03980	宣　哲　02868—02872
俞瘦石　04731	宮川寅雄　04607
俞嶔奇　08870	宮田魚軒　06033
俞　臨　06604	宮阜山　03931
俞鴻順　00163	宮崎幸麿　00380
俞　鎮　04729	宮崎無聲　00908
狩野探幽　04744—04747,05673—05674	神山甲次郎　07890
狩野探道　04744—04745,04747,05672	神山鳳陽　07890
狩野壽信　01374	神田喜一郎　02964
狩野榮壽　05506	神州國光社　05382,05702,08790—08791,09300—
訂　頑　05875—05877	09303,10187
計世祺　01759	祝　竹　04797
音德布　04751	祝　良　05923
施　仁　02344	祝君波　00785
施青萍　01543	祝堯齡　03055
施庭佩　04499	郡司貞教　07192
施象坤　07097—07098	郡司楳所　04798，05090，06480，07189—07192，
施紹武　08122	10134
施瑞霖　04176,04757	韋承元　01844
施謝捷　05922	胥　倫　05807—05808
美術俱樂部　00420,05886,09752	陝西㸌省府　04822
姜忠奎　09517	姬島竹外　07248
姜思經　07854	姚大源　05448—05449
姜　筠　04207	姚　口　02520
姜爕亭　05865	姚玉笙　02887,03622
前川利涉　05553	姚弘倜　01559
前川虛舟　01243,05800,08394—08395,09986	姚弘倜　07297
前田對山　01556—01557,07757—07758	姚　光　01968
前田默鳳　01676,04759,10041	姚江黃氏　06536
首都博物館　00793	姚明章　07788
洪大業　07110	姚京受　02408
洪舟車　02295	姚宜孔　06973—06976
洪蔭遠　06963	姚則崇　03194
洪撫今　08275—08276	姚　華　04608,04825,05547,07114
洪蘭友　02906	姚　晏　10097—10099
洞谷所　01502	姚貴昉　00569
洗桐齋　04767	姚　塤　03588
活潑潑齋　09430	姚肇昌　06651,09175
恨　盦　04782	姚維鏡　04826
宣一亭　08415	姚　璊　03599

姚濬熙　02400
姚　濟　06006,08717—08719
姚　覲　04167—04168
姚覲元　08060—08062,09999
姚寶侃　01256—01257
姚鐵生　09173
姚觀光　01319—01320
紅棉山房　05390
紀大復　05626
紀子基　03222
紀　止　01372
紀松浦　03662
紀春潮　02665

十畫

泰源總公司　04916
秦小游　06166
秦更年　04918,09091,10172
秦伯未　03277
秦沁尹　08170
秦垚奎　03818
秦彥沖　07012,07569,07679
秦祖永　06203,07277,09993—09994
秦唐祥　07743—07744
秦康祥　00331,00690,01248,02460,02523,02691,
　　03321,03678—03679,03700,04917,05863,06187,
　　06701,07314,08284
秦　淮　04920
秦遇廣　05036
秦嘉樹　00485
秦　駘　10166—10167
馬元熙　05037
馬曰琯　04305
馬曰璐　04305
馬公愚　05662,08531
馬文蔚　08612
馬永寧　07466
馬加齡　01575—01577,08097,09869
馬光楣　01033—01035,04966,07855—07857,10000
馬汝楓　03541
馬　忱　08998
馬忠毅　07458
馬　咸　05046,08974

馬起鳳　05044
馬家桐　05040,05043,06506
馬國權　06404—06405
馬得昌　09062
馬寄塵　05042
馬景桐　06639
馬瑞軍　05045
馬静遠　05484
馬鳴鑾　09256
馬攟庵　08282
馬範集　00712
馬　衡　00405,00528—00529,02231,06099,07832,
　　09105—09109
馬　龍　05028
馬　濤　06010
馬鶴齡　07777—07778
馬　驥　03286
振　昆　03329
袁三俊　10214
袁日省　10197,10199,10245—10248,10298—10299
袁廷檮　04030
袁守德　09230—09231
袁克文　09349
袁　垚　09230
袁修益　08030
袁萬恒　02045
袁森書　09230
袁静嫻　05052
袁慧敏　04419
袁濓文　09525—09527
袁鍾慧　05603,09492—09493
都子猶　05951—05952
都賀庭鐘　02647—02648,08073
耆　壽　04819
華文彬　04620,04654—04656
華克昌　03305—03307,03312
華昌朝　01760,01793—01794,06550
華城印社　05075
華陽王氏　09297
莫小不　08522
莫友芝　03903—03904,05086
莫　祁　03857
莫　武　05087

莫長民	05088	峰須賀	06489—06490
莫輪夫	05089	峰須賀家	06489—06490
莫繩孫	04489,04575	笏山	05355
莫　鐵	02904—02905	倭什洪額	02595—02596
荷溪堂	05802	倪玉書	04927—04928
荻生徂來	03971	倪品之	07142
真一郎	02734	倪　璐	00620—00621
真鍋井蛙	05093,05992	倫池齋	05203—05204
莊公燈	08500	隻鳳條館主	07033
莊永最	04185	倣古齋主人	05208,06781
莊兆鈐	09548	島本鳳泉	07722
莊　淦	02345	島田洗耳	05307,07371
莊劍鳴	05099	烏伯隆	03294
莊　嚴	00049,01201—01202,05162	師竹齋	05238
桂山氏	03451	師村妙石	09643
桂　馥	09995—09997, 10096, 10133, 10270—10275,10283—10286	徐乃昌	05261
		徐三庚	01431,01769,01936,02239,02257,02634—02636,02661,02743,03281,03793,03883,03885,04039—04050, 04548, 05262—05266, 05268—05269,05279,05290—05291,05529,06103,06278,06793,07277,07475,07540
桐陰居士	07725		
栁川玄壽	05676,05679		
栁川雲巢	06555		
栁川鍠	05676	徐士愷	00079,08116,09928—09954
索又靖	05143,07897	徐大晉	05978
栗原彝三	03889	徐上達	10065—10066
栗　齋	02969	徐小齡	09833
夏一駒	04329—04331,10016	徐之元	09821—09824
夏目漱石	08153,08162	徐之明	05297
夏佑隆	02508	徐子静氏	08117
夏孫稽	00734,03778,03783,06934	徐少農	07461
夏偉軍	06018	徐　中	03722
夏犀犖	05151—05152	徐中立	01455, 03052, 04673—04674, 06583—06591,08375
夏樹芳	08174—08177		
夏學禮	09555,09557	徐中孚	04673—04674
原田西疇	00364	徐仁鍔	07375
柴子英	01123,07440	徐文淵	01019
逍遥主人	03759	徐文鏡	00411—00412,05274,05295,09482—09488
畢以繡	00943		
畢炳蔚	08402	徐以坤	04360—04361
畢　瀧	07905	徐正濂	05275
晏　平	05177	徐世華	05276
蚌　庵	02274	徐世章	09183
恩　元	02766	徐令信	10002
豈　齋	05182—05183	徐永基	07350
峭　然	05848	徐　吉	05776

徐而化　01740—01741
徐光濟　05277
徐同柏　06152—06153,10156
徐仲衡　07671
徐　份　02833—02836
徐自強　07938
徐志偉　05503
徐克芳　02976
徐　兵　08906,08908
徐東彥　05271
徐宗浩　06947
徐　官　10004—10010,10114
徐柏濤　04450—04451
徐　郚　05299
徐咸芳　00266,02849,02855
徐貞木　09959
徐　易　07888
徐星州　01571,1608,01985—01987,02668,05285,
　　05300,07510,07736,08242,09254
徐星洲　00007—00008,01343,04505,06088,08632
徐　保　02833—02836,07802
徐苕青　06518,06572
徐荻村　07174
徐桂蟾　05207
徐　浩　05895
徐　海　00976
徐　恕　01315
徐培基　00362
徐基德　06074—06075
徐　堅　02163—02170,03772—03773,08973,
　　10056,10079
徐粲章　04138
徐　鄂　05292—05293,08468
徐　康　00170
徐　琪　05783
徐　琢　08672
徐森玉　05294,05296
徐雲叔　01598,06267
徐悲鴻　06601—06602
徐無聞　01180—01181,02857,05989,06677,07306
徐　舒　02139
徐渭仁　05298,08145
徐瑞徵　00979,09347

徐夢華　07309
徐　楸　06180
徐粲章　06434—06436
徐　照　07756
徐嗣元　02831
徐嗣光　05047
徐新州　07083
徐新周　02237,05280—05284,05286—05288,
　　08266—08267,09225—09228
徐　壽　03979,07732—07734,08610,08765,08767,
　　09174
徐壽鵬　02696
徐壽麟　02032
徐　熙　04945
徐養吾　06948
徐鼎霖　03225
徐熊飛　06851
徐　頲　02452
徐璞生　05301,06360—06362
徐　璘　05289
徐燕孫　08679
徐學幹　05644,06544—06549
徐　諤　02457
徐　觀　07787
徐　灝　05272
殷用霖　01384,01701,05303,07907
殷宇定　05299
殷如璋　05304
殷秋樵　05305
殷葆鳳　08611
殷　漪　01384
殷　鎮　09779
釜陽張氏　04974
奚文駿　09888
奚世榮　04806,05315,09886—09888
奚　岡　00130,00338,01435,01806,02003,02552,
　　02806,03280,05316,06030,07177—07180,07711
奚鐵生　06113—06114
翁大年　01137,01193,04946,10288
翁之礽　09647
翁之琴　05320
翁百謙　06840
翁承舜　00715

翁壽虞	07362	高　峰	03754,04759,05784,08604
翁樹培	05321	高師謙	05364
凌杏鄒	05352	高　邕	01051—01053,08899
凌　翔	00158—00159,05861	高野侯	03874,04322,05363,06058,07498,09988,09998
凌夢松	06820	高野兼良	03978
凌　壇	04055	高崇齡	07816
高士奇	02802	高甜心	05985
高久靇厓	05362	高景山	00941,02451,04716,05369,08590
高氏後人	07079	高絡園	02780,05363,06058,07076—07078,07080,08573
高氏家屬	07077	高稚辛	02908
高文翰	01797	高頌禾	08602
高心泉	00978	高鳳翰	00903,02250,02267,05370
高心夔	06950	高漢庠	04977
高世浩	06121	高　熊	04354
高田早苗	02027	高慶齡	04951—04952,07981—07985
高田竹山	02507	高薇垣	01795—01796
高田緑雲	05051	高翰承	04881—04882
高永華	02371—02374,04163	高積厚	03217—03218,10055,10085
高式熊	00320,00703,01427,02062—02063,02221—02223,03831,07485,08179,10241	高學治	01935,02778—02779,05371
高西堂	01743	高澤壽	05671
高　旭	09920	高澹園	05372
高江村	02801	高　燮	04184
高芙蓉	00399,00848,01089,01106—01107,01274—01275,02039,02682,02957—02961,02965—02966,02968—02969,04196,05365—05367,05800—05802,07796,08722—08723,09144,09420	高鴻裁	07979—07980
		高　璽	02181
		高　顯	00958—00959
		郭文濤	00889
高良養	02059,09807	郭石麒	01500
高松宮家	08968	郭加慶	06025—06026
高卓雄	00274	郭幼嵐	05376
高　明	00886,01012	郭若愚	03574,05377
高　迥	03902	郭協寅	00281
高孟彪	01213—01216	郭尚先	02991,05083
高茶禪	04355—04359	郭宗昌	01684—01685,03698—03699
高貞白	04482	郭宗泰	07822—07825
高昧泉	09267	郭承勛	01317—01318,06992
高畑持隆	05068,07196,08209—08210	郭容光	01717,01721—01722,06483
高畑翠石	02819,08211	郭　偉	05379
高洲氏草夢庵	02333	郭偉勛	03687—03694
高時敷	00052—00054,00103,00116,07543,07799,08460—08464,09989	郭望莘	03373
		郭啓翼	03666—03671
高時顯	01934,02678,05368	郭　瑛	08089

郭景儀　03720
郭裕之　09808—09811
郭裕元　04313
郭慎行　02991,07345
郭碩士　06189
郭墨安　08922
郭　頤　07035
郭鍾嶽　09893—09894
郭　麐　05380—05382,09966—09969
郭蘭枝　05034
郭蘭祥　05373—05375
席素謙　04198,04202—04204
席　鑑　05383
唐友于　05388
唐百里　05391
唐克勤　02600
唐良觀　03396
唐長茂　01552
唐宗沅　05115
唐起一　05394
唐惇吉　04581,09132
唐達聰　08317
唐棣芳　02077
唐　雲　02262
唐　詔　01171,10190
唐翔雄　08083
唐源鄴　01454,05398—05404,08316
唐　璉　03645
唐毓厚　08710
唐醉石　04067,05989,08284,08313—08315,08317—08319,08610
唐　儉　03645
唐慶彭　07703—07704
唐積聖　05515
唐鴻昌　05178,05180
唐鴻逵　05178,05180
唐鴻慶　03492
益田石華　01431
益田厚　04587,05924
益田香遠　01556—01558,07906,08967
益田淳　04137
益田勤齋　07112—07113
益善書局　10225

益齋富鴻　10069
兼松龜吉郎　07187
兼松蘆門　02532,05819
浙江省博物館　05759
浙江美院　06867
浙江美術學院　03126,05758,08465
浙江博物館　00957,05410,10151
浙派印人　02685
浦春齋　03907
酒井抱一　05414
酒井康堂　05466
酒庚祥　05415
海南出版社　09635
涂建共　00603
浣雪堂　01737
悟江大中　00336
悟雲軒主人　05471
悅古齋　04989
容作恭　05681—05685
容　庚　03317,03736,05482,06016,06531,07354—07355,09288
容庚後人　07353
容肇祖　03736,04013
書人社　05460
書法研究雪心會　05353
書學院出版部　05691—05692
陸元珪　04946
陸平恕　01521
陸　台　07417
陸廷槐　05932—05934
陸廷綸　03955
陸抑非　03808—03809
陸青崖　05512
陸昌寅　05687,07669
陸和九　01856,04683,05513—05514,08371,08389—08390,10230
陸岱生　03124,03136
陸宗海　04065
陸宗暉　00646
陸昱華　04748
陸　恢　05517
陸凌楓　00195—00196,01427,02882,03082,03361,03808—03809,03901,04432,04699,07103—

07104,08596,08923,09009,09117,09608—09613
陸培之　03552,09393
陸　琛　02548
陸　惠　03709
陸　鼎　09505
陸淵雷　05154
陸　碧　09496
陸　蔚　06684
陸爾發　09590
陸　銓　02775,08643
陸儀子　00660
陸樹芬　03106
陸樹基　05055,05518,09593—09599
陸　龍　05519
陸　鑨　00839,04967—04973
陵堅叟　08398
陳九蘭　00308
陳大中　08861
陳之初　04580
陳子清　05522,07454
陳子奮　05523,07395—07396,10184
陳子彝　04821,09003
陳元玉　09435
陳友甡　07369
陳巨來　01581,02875—02884,03070,03317,04068,
　　　04432,05058,05183,05525—05526,06950,
　　　07100—07102,07405,08173,08341,08629—
　　　08630,08912
陳少室　00057
陳中生　00668
陳介祺　00213—00243,00245—00249,01131,
　　　01138—01139,04082—04083,04093,04214,
　　　04311—04312,04314—04317,04997,05580—
　　　05582,06209,06446—06447,07454,08044,08077,
　　　08081,09207,09299—09321,09325,09329—
　　　09330,09990—09991
陳介祺後人　06445
陳文斌　06329
陳以和　07930
陳允升　08364
陳去病　01069
陳左夫　03072,05534
陳左高　03400

陳左黃　05535
陳　石　07625
陳　用　05564—05566
陳半丁　02020—02021,05536—05537
陳邦福　05901,10017
陳式金　01264—01265,07925—07926
陳老秋　03102,05538
陳夷同　07175
陳廷勛　09211
陳仲芳　03935,06674
陳仲美　08518
陳仲璋　00847
陳芙影　00211
陳克恕　01712,02379—02381,10220—10226
陳佐黃　02302
陳作檠　03022
陳伯衡　05529
陳宏勉　03391
陳君善　05583
陳奉勛　00846
陳拙子　08519
陳其浩　00045
陳　苾　06439,06441—06442,08028
陳　直　01361,08080
陳叔和　03534
陳和棟　05542
陳秉乾　07518
陳侃如　00321
陳佩綱　01278
陳　波　03923,04419
陳宗烈　01442—01443
陳定可　06993
陳承裘　08620—08621
陳茗屋　01598,03614,04110,04363,07200,08530,
　　　08816
陳南甫　09547
陳迺勛　03718
陳　貞　04590
陳星涵　07908
陳昭常　09572—09573
陳思聖　01835
陳秋堂　02691
陳俊明　03018

陳俊賢	07340
陳　衍	02747
陳風子	05545
陳亮疇	04535
陳祖望	02238,05585
陳華艾	04325
陳華鼎	05524
陳烈文	00296
陳晉蕃	09924
陳　健	07349
陳師曾	04067，04771—04774，05247，05547—05552,05567,06309,07244—07245,07967,07973,08024,09254
陳　旅	05560
陳曼生	00103，02632—02633，02955—02956，03280,05312
陳國强	03546
陳　敏	09013
陳鹿峰	01683
陳章甫	07087
陳望雲	01045—01046
陳清才	00693—00694,00935
陳　淦	05546
陳惟奎	01393
陳　郫	05561
陳啓運	05795
陳森年	01585—01591
陳　雄	03215
陳晶豫	02011
陳鉅昌	01197,05532
陳曾言	08302
陳曾杰	08270
陳湘濤	07859
陳湯奏	04238—04239
陳運彰	04890—04891,05562,07175,09494
陳瑞江	07093
陳　瑛	02597—02598
陳夢鯤	04686
陳　雷	07992
陳筱春	08644
陳　經	03042
陳嘉言	06963
陳嘉澍	04876

陳壽卿	09474
陳壽榮	07921
陳　榦	08481
陳　榕	00509
陳鳴鏐	07667,08483
陳語山	05564—05566
陳彰壽	03960
陳適盦	07934—07936
陳榮昌	00853,05510
陳漢弟	02563—02568,05569
陳漢第	02555—02558，02561，02569—02574，02576—02582,02584—02585
陳敷民	05570
陳德琛	04590
陳德榮	04438
陳豫鍾	00103，01497—01498，01881，02171—02213，02215—02217，02242，03056，03059—03062，03348—03349，04150，04474，04621—04624,05544,05554—05559,05573,06710,06831
陳　融	01951，05736，05751，08937—08938，09281—09282
陳衡恪	05575
陳錫鈞	05578
陳　澧	10135,10185—10187
陳澤霈	00044,00046
陳澤鑫	02923
陳懋淦	06325—06326
陳　鍊	04597—04599，05579，06373—06377，09783—09784,10052,10078
陳鴻壽	01766,02355,03348—03349,03851,04667,05630，05944—05945，06109，06831，07353，07820—07830,08586,09645
陳　瀏	03178,04194,06087—06089,10157,10193
陳齡振	05584
陳寶琛	08615—08619,08622
陳繼德	09519—09520
陳鑑仁	02731
陳蘭棲	00541—00542
孫三錫	05103—05104,08942
孫小平	05586
孫小泉	05587
孫子雲	05588
孫文政	04009

孫文楷	00653—00654,08405—08411,09878	孫鑄和	00202—00204
孫正和	09518	陶人如	00673
孫光祖	10001,10011,10213	陶心如	01198
孫延賓	08405—08411	陶石林	04476
孫仲文	06232,06237	陶四強	04820
孫汝舟	04503,06610—06611	陶　光	09021
孫汝梅	03846,09908—09909	陶　丞	05628
孫如蘭	01906	陶制廬	05630
孫伯恒	05590	陶星如	04433
孫奐齋	06061	陶祖光	01153,04033
孫宏偉	00843	陶　珽	03090
孫君輝	02881	陶萬清	06796
孫　壯	05903,06727—06728,09909,09911—09912	陶　湘	03441,05419
孫　拔	03498—03499	陶　瑢	05642
孫苑林	04900	陶　澍	03204
孫阜昌	05589	桑名鐵城	00292—00294,00607—00609,00611,02113,03271,09552—09553,09667
孫怡堂	02533	桑原羊次郎	00686
孫春山	05592	桑　愉	05647,07281
孫思敬	07108,07160—07161,08148—08149,08166—08167	桑寶松	01743,03183,03193,06380,07699,09716
孫祖培	05593		
孫振麟	05103—05104		

十一畫

孫　桂	08970—08971
孫家楨	10040
孫家潭	08607
孫　鼎	03950,05595
孫　楨	10027
孫煜峰	05596
孫静子	05597
孫輔元	03195
孫　裴	08871
孫　儆	07459—07460
孫漢南	04755
孫漱石	05598
孫漱石	05591,05599
孫慧翼	06955,09976—09978
孫　潯	03950
孫慰祖	05600—05601,10115
孫履仁	04503,06610—06611
孫　璚	06184,08976—08980
孫龍父	06381
孫　蟠	08466—08467
孫　鑄	07468

採石軒俞氏	03042
掙學主人	08070—08071
埽石居	01106—01107
掃葉山房	00439,03313,03671
掃葉齋	01678
萊根香館	05290
黄士陵	00369,00728,00742,00811,00923—00924,02590,02592,02661,03917,03925—03928,04557,04727,05188,05216,05696—05699,05721—05732,05734—05743,05762—05765,06017,06217,06235,06664,07353,08272—08273,08599,08663,08665,08741,08821—08822,08829—08830,08889,08891,09264,09282,09290—09297
黄大同	00728,05302,05696,05729
黄小松	05700—05702
黄子高	10286
黄子環	06367
黄少牧	04067,05743
黄文寬	00111,00951,00988,03317,05186—05187,05302,05708—05713,05727,05740,07700
黄文鵬	04756

黃文瀚	07165—07166
黃幼耕	05425
黃幼華	02056,05715—05717
黃吉甫	03088
黃廷榮	09293—09295
黃任恒	10207—10211
黃孝紓	07514
黃佐臣	05140
黃 易	00107—00110,00131—00135,00140,00338,00481,02355,02750,03774,04635—04637,04687—04691,05010,05707,05719—05720,05745—05747,06106,06561,07160—07161,07831,09559—09560
黃知茱	02353,04079,04660,05392
黃 建	05908
黃承韶	05744,07352
黃荔仁	04407
黃保鈇	07298—07299
黃禹銘	02349,05218,07712
黃振昆	01713
黃時敏（橫井時敏）	04875
黃恩銘	09250
黃高年	05748,08833,10131
黃 浚	01220,09812
黃 宸	06499,06501—06504
黃家積	02586—02588,07308
黃 朗	05749—05750
黃捷山	03722
黃培銖	01713
黃培鎰	03329
黃梓庠	05771—05772
黃國□	05752
黃笠雝	07849—07850
黃葆戊	09094—09095
黃葆楨	06536
黃葆鉞	03444
黃雲紀	03434,09377—09379
黃曾樾	05771—05772
黃 湘	01990
黃 瑞	01842,04658—04659
黃載安	08391
黃楚橋	05753—05754,07202—07203
黃 經	05773
黃壽承	07497,08164—08165
黃慕韓	06559
黃輔世	05756
黃輔辰	00452
黃甞銘	05386
黃 銕	06662
黃銘勳	06712
黃瘦竹	02523
黃賓虹	00957,02439,04100,05757,05760,08181—08184,08190,08632,10151,10202
黃 賢	00433,05714,05755
黃 賞	02402
黃 質	02510—02512,04206,08180,08185—08186,09184—09206,10149—10150
黃 徵	08493—08496
黃 璟	01593—01595,09181
黃樹谷	02939—02941
黃霖澤	07851—07852
黃學圯	08755—08760,10119
黃錫蕃	01142,09785—09789
黃 鞠	04713—04714
黃 濬	01286,04003,05629,06910—06923,07332,08873—08877
黃濱虹	06778,06789
黃瀛叔	09503
黃 鵷	00352—00355,01988—01989,02586—02588,03058,03767—03769,05485—05486,07358—07360,07414—07415
黃耀忠	00922,01382,02920,03016—03018,03037,05574,05576,06191—06192,06201,06292,06340,08236,08244,08632
黃寶瑜	01041
黃寶鈇	09096
菌桂星	04347
菊地惺堂	01888—01889
菊池武秀	05483
菊池武保	05483
菊池惺堂	03970
菊 堂	01974
菊 儕	08075
菅赤堂	02933
菅周監子	04424,04427
菅原一廣	08782

菅原廣一　00798
菡萏印社　01109
梅先生　09546
梅希僑　03261
梅岡砕震　00007—00008
梅菴氏　00310
梅逸竹洞　05819
梅舒適　02115—02116,02874,02926,03272,03354,
　　03453—03455,04259,04650,05847,05991,06859,
　　06961,07368,09164
梅櫻函中子　01818
梅龍盦　05849
麥漢興　05853,08692—08693
麥興漢　05116
曹一鯤　09259
曹氏十思齋　00201
曹世模　04737,05858,06754—06755,07050—
　　07051,08942
曹汝霖　05859
曹辛之　07921
曹君健　08212
曹恩壽　05860
曹　浩　07994
曹鼎元　07991
曹載奎　09508
曹鴻年　03697
曹蠡翔　04154
區大爲　05861—05862
區建公　05657
區袞公　09340,09663
戚叔玉　00430—00431,03810—03811
戚祖華　06685
瓠　廬　05874
盛世收藏網　05881
盛光偉　00977,06412
盛育才　04805
盛宜梧　06373—06377
盛　昱　05960
盛錫藩　09960
雪　孫　05977
雪梅氏　00665
雪巢主人　08125
雪裏書屋　09655—09656

常茂徠　01140—01141
常熟畫苑　01232
常熟畫院　07557
野口小蘋　00491,07759
野口幽谷　03944—03945,04550
野呂介石　00848
野村北水　02809
野　泥　06428
婁師白　05943
晚香社　05106
晚翠軒　10193
國立公文書館　00802
國立北京大學研究所　10153
國立北京大學研究院文史部　04313
國立國會圖書館　05968
國壽璽　01953
國德秬　07694
崔　旭　01402
崔祖慶　02850
崔家澍　05788—05789
崔國麟　05979
崔雲松　03480
崔鴻圖　01166—01168,01363,01402,05785—05787
崔藝園　00705—00709
崇川徐氏金石齋　01029—01031
崇西農　10193
崇　思　04574
梨岡素岳　03765,05031—05033,07887,09343—
　　09345,09550
笪錫康　06124
符子琴　05996
符　翕　01330,08297—08299
符驥良　02260,05737,05997,08629
笠間侯　00513,05396
笠澤田良　05999
鳥羽石隱　05056
船橋清　02542
逸　滄　00459
許大鈞　06048
許之衡　06864
許子朝　00120
許文興　07164,08860
許正紳　04063

許廷桂 02424	淺井柳塘 01609
許自强 00261,04191—04192,06417,08367,08522, 08573	淺野彌兵衛 07451
	淳　青 04998
許兆熊 02833—02836,06705,07320	淳菁閣 04830
許次玄 02776	深　甫 04115
許　倬 06413	深刻印社 01824
許浩基 06333	涵芬樓 06693,07260
許　容 01994,02655,03305—03313,04454— 04456,06050—06053,09230—09231,09404— 09405,10194	涵芬樓刻印社 06187
	婆娑洋印會 06190
	梁乃予 00056
許崇熙 06441	梁于渭 06191—06192
許葉芬 08690	梁千秋 05044
許雄志 09873—09877	梁川星巖 04509—04510,06193
許煦堂 09441	梁日土圠莊 06870
許嘉誥 01112	梁　冰 03085,07000
許嘉謨 01112	梁孝昌 01851,06196
許　椪 06049	梁星堂 04506—04507,06198
許榮桂 05476	梁軍榮 02923,04795
許　熊 03771	梁原益 02108,02946
許　增 07254	梁效鈞 01350
許　麐 07660	梁梓材 02033
高　益 07341	梁國棟 01187—01188,06195
康　未 06055	梁　裒 01866—01868
康　殷 00407—00408	梁　清 00674—00676
章大經 06070	梁啓超 06863
章梅垞 08199	梁植培 06199
章勤生 02930	梁登庸 00613,02316,03924,03994,04246,06200, 06216,07695
章　鈺 01605,03478	
章　嶔 07762	梁榮軍 00634
章範良 07521—07523	梁閬齋 00677
章　蠡 01467,02707—02708	梁濮峰 03322
商向前 02119	梁燕愚 06204
商承祚 01259,04253,04909—04914,05482,07355	梁曉莊 00112,00394,01383,02724,03233,03776, 03784,03925,05116,05165—05166,05264, 05650—05651,05763,06057,06197—06198, 06249,06291,06404—06405,06826,06836,06876, 06985—06986,07579,08241,08246,08694, 08768—08769,09113,09470
商務印書館 07168,07912	
望月玉蟾 00315	
清水澄 04418	
清四宮憲章 09420	
清兵衛 06560	
清晟嘉樂 07618	梁錦漢 08339
清雲山人 03468	寅　齋 06217
渠丘集印社 01907,04441	寄　帆 04965
渠亭印社 08999—09000	寄舫居士 06219
渠亭集印社同人 06172	屠　倬 06180,07868

張一揖 06246	張汝升 01852
張人駿 08603	張守峒 06629
張九如 09921	張守訓 07134
張士秀 06247	張安保 06271
張大千 00379,00401—00402	張丞越 02405
張大經 00878,06248—06251,06836	張如忭 06272
張小東 02066—02069	張孝申 10218
張之病 04197	張孝羿 06131—06133
張子虎 02111	張志魚 01826,03327,04143,04582,05527,06223—06231,06273—06276
張元輅 10003	
張少丞 04142,06253,10128	張芷原 09627
張中原 08713	張克淳 06244—06245
張中源 06254	張克穌 01451—01453,06511
張仁蠡 02396,03344,03551	張杞生 07303
張仁鑫 05622	張　辰 03713
張　氏 06258,06260,06284,09592	張利川 09782
張氏相印軒 06255,06261	張伯克 07475
張丹斧 01758,04073,09006	張伯倩 07099
張丹農 01865	張佛昆 06309,09254
張文彬 08384	張君謀 02859
張文鳳 06641—06642,07069	張述賢 03364
張文聯 03262	張叔平 06279
張心淵 05607	張叔田 02637,06280
張　石 06930—06931	張　尚 00467
張石園 06263—06264	張尚禮 08609
張白于 04892—04893	張果約 00737—00738,01148,01183,01217,01221—01222,01354,02150—02160
張用博 06265	
張印三 06266	張昌甲 01757
張立凡 06288	張明棟 07319
張永愷 02494,03081,03616,03619,06267	張咀英 03236,03678—03679,04048—04049,04220,04803—04804,04925,05725,06301—06306,07679,08301,08535—08537,08539,08541—08550,09111,09292,10241
張弁群 02491	
張在乙 00454,02861,02863,04441—04443	
張在戊 02861,03611,04441—04443	
張在辛 02861—02862,03010,04441—04443,06077,08999—09000	張知平 02971
	張佩琳 05498
張百全 02298	張金夔 08854
張廷濟 01194,03852,04943,06154—06158,06160—06164,06269,06277—06278	張　炎 00032
	張宗祥 06282—06283
張廷禮 01356	張　定 04144—04145
張延奐 07781—07784	張南陽 03763
張延禮 01174,06462—06464	張厚谷 04411—04413,04990,06259,07508,07515—07517
張仲文 08859	
張兆柟 08178	張厚齋 00105

張　貞	03008,03010	張　鈞	09438
張則明	09001	張　斌	04071,07889
張思纘	09871—09872	張道生	06933
張秋澄	00871—00872	張曾疇	06047
張修甫	01572—01573	張　寒	08247—08248
張修府	09331	張寒月	03542,03814,05990,06296,06510,06987—06990,08533,09427
張俊勛	10182—10183		
張律時	02419	張　巽	06458
張奕辰	06285	張　瑄	09992
張祖翼	06288,08343	張　載	06871
張屏山	01911	張鄆垣	02970
張　紀	02002	張夢錫	08171
張　泰	02033	張　楚	01435
張根源	03366	張楚錫	08172
張　栩	01416	張嗣初	06297
張　晉	06286—06287	張愛國	04163
張　宸	06262,06307	張靖良	06298
張祥河	04926	張　新	01164,06495
張祥凝	00747,00878,00955,05039,05389—05390,06290—06292,07920	張　煌	01244
		張　溥	03803,08685
張國俊	09057	張　愷	07376,09985
張國楨	01435	張愷陶	00850—00852
張崇光	07475—07476	張嘉祥	04293
張敏求	06293	張嘉謨	01382—01383,07477
張淮紳	01656	張壽丞	06299
張惟廉	05445	張　蔡	05648
張絅伯	06294	張　模	08699
張紹先	06295	張毓萊	01352
張紹艮	05915	張　鳳	06257
張　琳	00105	張瘦石	06300
張喜謨	07475	張瘦梅	07911
張敬修	01382—01383	張漱生	00200
張朝墉	02646,06149	張肇岑	01449—01450
張雲錦	07305	張維霱	04597—04599
張貽來	01648	張綏葆	07498
張景士	00813	張增熙	04436
張景善	02858	張儀徵	08690
張　凱	06841,07720	張德珍	09478
張智錫	02376	張德寶	06289
張集馨	08690	張魯盦	03774
張復純	00743—00744	張慶善	02889
張　欽	06764	張慶壽	04360—04361
張欽修	02611	張遜駿	00603

張　澐	09842—09848
張燕昌	01123,06561,10095
張橞承	00366
張橞承	06308
張　樹	00210
張樹芳	06223—06226
張　樸	01283,05211—05212,08832
張學宗	00352—00355，05078—05079，07414—07415
張學禮	02103—02107
張學瀛	09659
張錫圭	06481
張錫珪	03795
張錫基	05026
張錦發	03246,04296
張澤仁	08603,08986
張　澹	01042,08866
張聰貴	07938
張　鍾	06256,06898
張　謙	00523,06174
張　燮	03843
張　燦	00708—00709
張　鏐	06104,06268
張鵬翎	04540
張鐘來	09449
張鶴賓	06310
張　灝	04230—04237,08846—08852
陽湖汪氏	08104
貫名菘翁	05688—05694,06321—06323
鄉純造	02315，03634，03636—03641，04150—04153,08207,10087—10088,10294
細川林谷	00027—00028，01111，01275，02265，02517—02518，02786，02911，03594—03597，07007,07367,09389
細川林齋	00680,00682,03603,06327,08677
細川知慎	02931—02932
細川潔	07366
細井九皋	03806
細井廣澤	04196
細合半齋	02039
細谷石隱	03940—03941
細野燕臺	02304
紹　庭	06330

巢元瑞	06333
巢章甫	04228，05431—05436，06332，07496，07773—07774,09373
巢勝	09767
巢　農	06756
巢鳳初	05356

十二畫

項士松	03263,06452
項秀巖	00335
項季翰	06368
項泰增	03652
項道暐	04869
項鳳書	05114
項懷述	00285，02627—02629，03652，05704—05706,06369
博雅齋	08749
彭玉書	01691,06400
彭植良	01610
彭錦雄	05853
達　寬	06406
葉元卿	06015
葉化成	06007
葉玉森	09121
葉永潮	00937
葉　舟	06417
葉志詵	01146,01520,10142
葉克勤	03946—03947
葉希明	02413,03673,06683
葉東卿平安館	01355
葉金貴	06421,07811,08868
葉宗鎬	06709
葉荔鄉	00671—00672
葉香渠	05496
葉衍蘭	04638
葉華鋆	01316,04894—04895
葉產鑫	06424
葉　期	06423
葉景葵	07009
葉爲銘	00081—00082，00084，00466，01121，01471—01472，01580，01891，02386—02387，02525，2676，03648，04693，04879—04880，06039—06040，06418，06422，06625，07019，

07023—07025，07033，07177，07498，07883，09688—09691，09694—09695，10158—10162，10195

葉聖陶　06425
葉夢龍　04420，04743
葉熙錕　07898，08068
葉爾寬　10189
葉　輝　05275
葉閶僊　02078
葉墨卿　05916—05919
葉德輝　09925，09957
葉慶垣　00735，06419，06429
葉　澍　04520，04904
葉翰僊　05848，07194
葉　錦　08645—08649
葉澹宜　05848
葉隱谷　06031
葉潞淵　00118，05502，05662，06431，07485—07486，08528，08629—08630
葉鴻翰　00698—00699，01458，02048，06430，07727—07729
葉　豐　05843
萬　石　06443
萬立鈺　02376，02383—02384，03057
萬青選　02383—02384
萬貢珍　00534
萬壽祺　07878—07879，07882，10075
葛子琴　01213—01216，03654—03655，08722—08723
葛元爕　03445—03447
葛文歡　00312
葛昌枌　07326—07328
葛昌楹　00116，01524，02678，02745，03156—03162，03380，03876，07326—07328，08229，09989
葛　欣　01869
葛　貞　00535
董士標　05094
董小池　03378
董　井　04735—04736
董元儐　01507
董引之　03715
董作賓　01542
董　威　04831，08504

董　洵　01463，06456，10110—10113
董　邕　08794—08795
董逸滄　00484
董堯坤　02343
董惠瀾　00921
董　蓮　06457
董　熊　01050
董　璠　08252
敬文［廉階］　04872
棋尾勇之助　09052
植松鎮　00663，04570
森川二華　00102，00359
森本玄中　04029，04665—04666
森田綠山　04514—04515
森修來　01931，07323
森槐南　04291
森寬齋　07421
棲　雲　00395
惠藕橋　07163
粟國桐香　00388
雄山閣編輯局　06474
雲士山房　00940
雲南省府　06530
雲舫氏　02543
雲　槎　01127
雲霞閣主　06567
雅　閣　01966
紫芳閣　08332
紫璃琴館主　06608
紫薇華館　07085
閔　齊　10166—10167
遇安廬　08470
景　愛　04009
景　穆　02748—02749
貴山子　06650
單孝天　00826，04068，05502，06015，06220，06940—06942，09266
單爲濂　02287，06486
單曉天　06653—06655，08770
黑木安雄　09539
無名印社　06657
智　義　07431，07436
程士爽　07085

程士魁　04257,04292
程士𪓐　03469
程大年　02007—02009
程大憲　06688—06689
程小侖　07361
程正辰　01896
程民楷　02054
程芝華　01293—01295,02554,03600,04416,06690
程芝華（項氏外孫）　02627—02629
程守中　03543
程奐輪　04279
程　沅　00489—00490
程若遠　08103
程　松　06550
程垂伯　00604
程俊卿　06694
程庭鷺　04886—04887
程　原　03229—03230
程得壽　00695,09624—09625
程從龍　04980—04983,05249—05252,06691—06692
程逸漁　06695
程　淯　06696
程朝瑞　06576
程　棣　06072—06073
程雲衢　01846
程　遠　00104,01094—01098,01902,01910,10049—10050
程聖修　04858—04859
程　椿　07676—07678,09079
程頌萬　07058
程　銘　00721,06687
程　齊　08396—08397
程德椿　00666,03710—03713
程德壽　00980,07264—07265,09578
程　潛　06697
程　樸　03229—03230
程穆倩　03087
程鴻緒　05463,07519
程濟孫　06698
程　邃　01293—01295,02355,05070—05072,06372,07866—07867,07878—07879,07882,09237,09884

程贊清　04504
程　鐸　01606
喬大壯　05077,06700—06702
喬　氏　06703
喬重禧　04208
喬無彊　06700
喬曾劬　09522
喬　毅　05990,08993
傅大卣　07405,09428
傅文卿　04148,05003,06706—06707
傅立布　06708
傅抱石　06709
傅厚光　10227
傅　陛　06186
傅　栻　00076—00077,00080,00135,02192—02196,02199,02202,05070—05072,08895
傅雲龍　09650
傅　雷　06711
傅嘉儀　01869,03479,04868
傅毓剛　00773,06307
傅增湘　08711
順德叢玉堂　09256
焦九嘉　04536,06095—06096
焦清心　06821
焦智勤　08358
焦新帥　05792
奧山金剛　01562,04684—04685
奧邨竹亭　02936—02938
奧村九林　04255
奧村竹亭　01514,02529,06281
奧村鶴翁　03664
奧谷九林　00059,03383
奧谷春山　04255
須永金三郎　01613
須原畏三　02927
鈍　根　06849
鉤沉篆學社　06853
鈕永慶　06854
鈕承慶　07767
鈕嘉蔭　00632,07070
鈕還聞　06537
番禺潘氏　01329,08121
爲爲居士　00031

飯田秀處　03223

勝海舟　05441—05442

鄒　安　09333

鄒信培　03830

鄒夢禪　03201,06868—06869,07150—07153

鄒福保　04861

鄒　端　02275—02278

馮一麐　06872—06873

馮力遠　01664

馮士塽　02338,03436—03437

馮少韓　03004

馮文魁　07696

馮　臼　02023,08872

馮兆年　03826—03829,10203—10211

馮汝玠　01026—01027,09011—09012

馮汝琪　03009

馮　英　08003

馮　泌　10083

馮宗陳　04191—04192

馮建吳　06874

馮承輝　01365,07586,10084,10154,10251—10253

馮春圃　03067

馮昭適　01864

馮衍鍔　03035

馮師韓　02294,06875

馮莘耕　09257

馮康侯　00158,00747,00955,04818,05389—05390,05742,06057,06292,06876—06878,07920,08675,08937—08938,09281

馮葆光　08258—08259

馮雲鵬　01410,10123—10126

馮雲鷞　10123—10126

馮　裔　06877

馮　錚　06848

馮端撰　07074

馮錫閵　02251

馮譽驄　05756

馮鶴鳴　03969

敦堂文化　02884

童二樹　05001

童大年　00393,00733,01337,01342,03965,04097—04099,04101,04955,04986—04987,05661,06088,06514,06681—06682,06845,06886—06890,07653—07655,08058,08123,08130,08141,08737—08740,09402—09403,09461

童心安　03275

童辰翊　02575

童昌齡　01574,06460,09499

童真印會同人　06891—06892

童致祥　06893

童　晏　00257—00258,07653—07654

童晏方　02472

童雪鴻　05914,06894—06895

童　嵩　08735

童穆如　06896

敢自强　00659

道古軒　06932

曾之唯　10094

曾右石　06951

曾仲鳴　08272—08273

曾克尚　09522

曾衍東　09683

曾根寸齋　01093,10012—10013

曾國荃　04462

曾紹杰　06953

曾紹傑　03848,05398,05404,06331

曾景鳳　04664

曾　鈞　07761

曾虞民　07552

曾榮光　00537—00540,02732,06788,08144,09581

曾毅公　09222,09224

曾　樸　10232

曾默躬　00773

曾彌寸齋　00375

勞天庇　05762

勞仲晃　06954

勞端禮　00254

勞黎華　08657

勞篤文　10231

湛　華　04547

湘潭袁氏　06964

湯成彥　06554

湯兆基　03399

湯　鉅　09577

湯義方　02803

湯綏名　06337,07043—07044

湯 燧　01271,08101
湯徽典　02771—02772
温□玉　04190
温廷寬　01175,03076,06731,06735,06738
温 純　08380—08381
温景博　01362,02506,06643—06646,06969,06971—06972,08388
滑川達　01060,01608
渡邊公觀　03318
渡邊華山　02652,05064—05065
渡邊華石　05068,07184,07413
游 龍　04675
游藝會　02815
游觀瀾　05082
富取益齋　01833
富岡鐵齋　00386,06673,09669
補闕齋　04780
強行健　01887,07048—07049
強運開　07137—07139
費廷貴　02694
費範九　04423
費師洪　02736,08265
費 璋　07055
費龍丁　05543,07056—07057
賀天健　07060
賀孔才　00991—01005,02064,05440,07062,08353,08613
賀 平　07063
賀培新　03443

十三畫

載 洵　01871
遠藤彊　03130
塚原三谷　09498
勤 齋　06524
靳 鞏　07119
夢 華　07135
蒼文篆會同人　02292—02293
蒲 華　07173
蓉 岸　01959
蔭 華　09256
椿椿山　06359,07184—07185
椿 愛　07185

楠瀨日年　00769—00770,00772,01924,07197
楚 石　00788
楊大受　05086,07204,07225
楊千里　07205—07206
楊子顯　02425
楊天青　00042
楊天驥　02814,07208,09240—09243
楊元祥　07211
楊介壽　01291,04243,05468—05470
楊文斌　04576
楊心源　00944
楊永衍　00868,06169
楊再春　06378
楊光喧　09658
楊 帆　04163
楊廷珍　07212
楊廷紀　02312
楊延生　04667—04668
楊仲子　06967,07213—07214
楊汝諧　05980—05981
楊守敬　00633,01150—01151,01210,01748—01753,06083—06084,07209—07210,07222,09217—09218
楊冶廬　05605
楊其光　00869,01204
楊尚文　08985
楊秉信　08200—08201
楊朋之　05059
楊炎祚　01344
楊宜復　03899
楊 柳　02281
楊星曜　00541—00544
楊昭雋　01205,04138,06436,07483—07484,09168—09170
楊思康　06487
楊彥岐　04752
楊祚職　02754,07218—07219
楊 晉　07216—07217,07220
楊浣石　04028
楊 浚　04793
楊 通　06652
楊堅水　02318,02361,02369,08966
楊 晦　07158

楊紹廉 06129
楊　森 07675,07745—07750,07754—07755
楊惠嘉 07221
楊景霖 04260
楊復吉 01669,10035
楊曾威 06952
楊　湜 03955
楊當時 04967—04973
楊新見 07223
楊慎菴 05605
楊熙芹 04428
楊　鉽 06558
楊鳳來 04445
楊廣泰 00124,00342,00363,00787,00795,00948—00949,01693—01695,02272,03579,04332—04333,04451,04919,04995,05188,05300,05664,05710,05734,05943,07224,07269,07271—07272,07274,07381,07383,07948—07957,08194
楊蕉孫 06041
楊德敷 01597
楊慶簪 05058,08341
楊龍石 02552,04062
楊　澥 01105,01755—01756,01758,02238,02684,05148,07226—07228,07242—07243,07586,07868,08959
楊　爕 07675,07745—07750,07754—07755
楊鵬升 07229—07241,09670—09680
楊體元 09715
槐蔭草堂主人 09849
槐　廬 01806
槌谷樂山 08434—08437,08442
榊原小年 05867
榊原玄輔 10070
榊原篁州 08413—08414
楙有兆 03825
賈月銘 08695—08697
賈　永 03681—03685
賈　島 02789
賈蒼注 07201
雷方曉 02419
雷夏聲 00878
雷　悦 09668,09684,09686
頓立夫 02005,07269—07274
虡　葦 05946—05947
路大荒 05314
路東之 07301
園田辰夫 01513,02798
園田湖城 01143，01280，01308，01401，01466，01510，01512—01514，01516—01518，01529，02505,02794—02799,03418,04566,04611,04829,05761,05828,06957—06961,07064,07371,07510,09411,09607
園田穆 01525—01528，01530—01541，02964，04087,04089—04090,08823—08828
圓山大迂 00390，05266，07310，08425—08426，08698,08862—08865
圓山凌秋 08862,08864
圓山惇一 08865
節　山 07315
與謝蕪村 08289
鈴木信太郎 05030
鈴木紫陜 02414—02415
鋓泉堂父子 07333
會文堂書局 08368
愛石生 08322
愛新覺羅・永容 08480
愛新覺羅・奕訢 08475
愛新覺羅・載齡 08514
頌　和 07351
詹日昌 01682
詹　荷 03862—03863
詹紹治 01682
鳩居堂 04509
鳩居堂主人 05694
誠　父 05611
誠　勤 05062
廉甫氏 05167
資旭暘 06385
新井白石 01637
新井琢齋 06363
新宇光鏡 07444
新開懽 07469—07471
新興蒙所 02649,07176
煬重于 05967
溝上與三郎 03248
溥　儒 06991

源友邦　02006
源玄吉　06522
源作民　01154
源伯民　07094,08935,09005
源家久　02944
源惟良　02957—02958,02968,03760
源義亮　06520
源繼春　10076
溪　僊　03412
滝本坊昭乗　03651
禇保衡　03678—03679
禇德彝　02490,03678—03679,05381
福井端隱　02967
福田芳園　02993
福　臣　07435
福岡孝弟　10093
福原尚修　03735
福　慶　03257—03258
殿子方　06386
經利彬　07456
經亨頤　01473,08707—08708

十四畫

静遠齋　07479
静　齋　07490
瑤華道人　09131
趙大晉　07586
趙凡夫　07546
趙之琛　00053,00348,01121,01655,01742,02238,
　　02777—02780,03281,04600,04691,04803—
　　04804,05179,05405,05781,06103,06319,06733,
　　07011—07032,07034,07086,07528—07529,
　　07567—07572,07720,08191,08274,08465,09839
趙之謙　00072—00096,01873—01878,01882,
　　02731,03156—03162,03280,03426,03883,03885,
　　04400,04727,05179,05682—05685,06042,
　　06592—06600,06939,06946,07530—07538,
　　07540,07581—07582,07584,07589—07606,
　　08271,08277—08281,08663—08665,08667,
　　08889,08891,09930—09935
趙子昂　07880—07881
趙少昂　07542,09289
趙少榮　00752—00753

趙文卿　07343—07344
趙允中　01798—01801,01853,06532
趙古泥　01226,01229,01232—01234,02607,02658,
　　02743,03135,07250,07276,07547—07559
趙　石　01227—01228,01230—01231,04161—
　　04162,04559—04560,06798
趙申甫　00088
趙廷宷　04692
趙仲穆　01252—01253,01255,03442,04877,
　　04879—04882,05925
趙次閑　01435,01755—01756,01769,02214,02240,
　　03851,04410,09645
趙冶鐵　09891
趙良桐　05850
趙　林　05161,05502
趙松泉　07545
趙叔孺　00097—00101,00422,03143—03144,
　　07541,07573—07576,08173,08536
趙　明　07066
趙宗抃　05477—05478
趙宗建　09059
趙宗瀚　03536
趙星臣　00316
趙冠儒　06358
趙祖歡　07577
趙　耿　07578
趙時棡　04241,05654—05656,05660,09642
趙　釗　01255,02328—02332,05023—05025,
　　05027,09660—09661
趙浩公　06767,07579
趙宧光　07520—07527,07544,10233
趙陶齋　02060,03654—03655,04256,06146—
　　06147,07544,07580,08722—08723
趙　垚　08915
趙　野　06478
趙國材　01799—01801
趙國麟　00835
趙清泰　01779—01787,07614
趙清遠　01779—01787
趙雲壑　09090,09803
趙鼎奎　00746
趙遂之　07585
趙曾望　07995—07996

趙 煦　07586,08333,10077
趙熙文　06319,06736,07587
趙 墅　06479
趙廣心　04567
趙 榮　04469—04470
趙撝叔　05955,05957—05959
趙慰祖　07608—07609
趙 罄　00470—00473
趙 穆　01254,01471—01472,02324—02332,02602—02605,04211,04525,05023—05025,05027,05142,05357,07106—07107,07560—07566,07610—07612,08039,08751,08834—08835,09350—09353,09355,09563,09660—09661
趙錫綬　01779—01787,01837,02528,02530,06538—06543
趙 齋　01213—01216
趙 藩　00853,03536,05510
趙 璧　01117
趙蘇傳　07613
趙鶴琴　02420,05657,07742,09055—09056
趙 懿　06180,07586
趙霽嵐　02719,05520
臺大宗平　00282
臺北圖書館　06116
臺灣圖書館三期篆刻研習班學員　01579
壽予康　00332
壽石工　01397—01398,01665—01668,02626,07633—07650,07657,07659
壽 璽　04023,04294—04295,06696,07770—07776,08369,09889,10229
聚石生　07680
摰古氏　08000
蔡巨川　07699
蔡氏夫婦　06985—06986
蔡以箎　06575
蔡正川　00582
蔡可權　03761—03762
蔡 守　02920,06790,06985—06986,10054
蔡易庵　06381,08802
蔡 真　03515
蔡寒瓊　07701
蔡 嘉　07702
蔡 談　09335

蔡學蘇　00356,02347
蔡錫康　06136—06137
蔡鴻鑑　07501—07503
蔡潛源　02535—02536
蔽草廬主人　07705
熙 徵　09210
蔣 仁　00139,00266,00269,00271—00273,00277—00279,00338,02102,04346,06113—06114,07709—07711,08461—08462,09265
蔣石秀　06081—06082
蔣同璋　01017
蔣因培　10141
蔣汝苹　08804
蔣武祖　07718—07719
蔣迺勛　09290
蔣 華　04163
蔣崧維　07052
蔣雅初　09523
蔣鳳白　07713—07714
蔣維崧　07053,07514
蔣維嵩　07715
蔣 毅　07716—07717
蔣慰曾　05982
蔣 寶　06615
稻垣重厚　05665
樋口銅牛　00251,04345,09739
樋口滿就　09004
輔仁大學　10230
厲韞山　09356—09357
厲 鶚　01290
臧廷彥　04439
臧克柔　05443—05444
裴景福　03422
團雲書屋　02689
管又坪　06005
管世昌　00669
管雪坪　03055
毓 俊　00722
遯社社員　07855—07857
廣 玉　01405,01478
廣東文藝研究會　02749
廣瀨東畝　04579
廣瀨啓　02304

瘦石山房　00836	鄭樹伯　08015
瘦　雲　09850	鄭　頻　08016
廖　綸　01011	鄭　燮　00138,03608—03609,04346,05970,08306
廖寶强　07919	鄭　濤　08018
端　方　04116—04125,05641,10143—10148	鄭耀祖　07443,07858
齊平篆會　01547	鄭鶴舫　09775
齊白石　00344,04067,04580,04899,05567,05829,06932,07530,07937,07939—07942,08024	榮　厚　05893
齊良遲　01616,07969	榮寶齋　01103,01544—01546,01993,03281,06801,06815,08019,08021—08026,08841,09076
齊治源　07971—07972	漢皋焦氏　06749
齊　康　02746	濱田青陵　06675
齊　琪　00547	濱村藏六　00317,01558
齊智園　07977	濱村藏六五世　00656
齊　璜　01343,01611—01612,01614—01630,01632—01636,01638,01640,05191,07943—07970,07973,07978,08204,09490	賓　臣　04000
	寧斧成　04052—04054,08194—08195,08198
	翟兆和　08208
齊燕銘　06445,08680	翠石印社　00870,01099
齊學裘　07674	翠雲唫館　05555
養梧居士　00559	熊伯玉　01480
養闇室　07306	熊伯齊　00342—00344,08216—08217,09076
鄭支宗　03780—03781,04460—04461	熊武民　06252
鄭仁山　00832	熊　經　07384—07385
鄭文焯　00417—00419,08011	熊　燾　02790—02791,05467
鄭成源　04760	熊寶壽　07364
鄭全璧　03837,07539	鄧之誠　00658,08218,09383
鄭安慶　02591	鄧石如　03373,05849,06319,07798,08225—08230
鄭伯英　07365	鄧其鑴　01898
鄭　沛　00206—00207	鄧昌成　04051
鄭東璧　08013	鄧炎靈　08231
鄭定國　01054	鄧春樹　08219
鄭荆璞　08014	鄧　琰　01435,03372,03375—03377,06107—06108,08220—08222
鄭修爵　03419,04864	
鄭　時　05416	鄧散木　00020—00022,00325—00330,01249—01251,02063,03273,03359,04253,04899,05358—05361,05868—05872,06432—06433,07560,07563,08232,09155—09164
鄭家相　03374	
鄭基太　03541	
鄭基成　05505	
鄭基相　08012	鄧爾雅　01087,02740,05389—05390,05540,05758,06292,07740—07741,08233—08241,08243—08246,08263
鄭　笫　04475	
鄭偉業　05986	
鄭逸梅　05649	
鄭　淖　02404	鄧　鐵　01234
鄭　煒　06086	維新居士　00286,04200
鄭德涵　03955	臺故博　00401—00402

十五畫

耦　廬　08268
趣味の篆刻會　01939
趣趣味同人會　04334
增井熙　02397
增澤廣　00365
溝　生　08203—08204
橫尾瑞之助　09051,09054
樓辛壺　08303
樓浩之　03072,08303
樊廷英　05472
樊守忠　03423,04676
樊恩照　07795
樊鴻錫　06640
歐陽小杶　04227
歐陽氏　09060
歐陽務耘　04032
醉月山房主人　08309
醉石道人　03840
遼寧省博物館　08355
閬風齋　01645,05087
墨香齋　08385
稻毛屋山　02813,06861
稻田印室　07739
稻田和子　05847
稻田葭洲　07739
稻葉冰華　00981
黎式純　02061
黎暢九　08675
黎澤泰　03731—03733
黎　簡　00111—00112
篆　社　02477,02874,03039,03273,03354,04650,
　　05117—05118,07368
篆社印人　02477
篆社社員　04259,05117—05118
篆社書法篆刻研究會　08416
樂石社　08445—08454
樂守勛　08443—08444
樂時齋　08470
德富蘇峰　09429
德　齋　00717
鋤月山農蔭南氏　08498
鋤經書屋　08501

劍　廬　05069
虢筱非　03482—03483,08508
餘蔭堂主　08513
滕玄益　07834
滕　鼎　00594
劉一聞　00785,08551
劉士彥　01424
劉小峰　07325
劉之泗　04522—04524
劉子重　06594
劉友石　05703,08553
劉少博　04214,05213
劉公伯　08554
劉公濤　00881,08555
劉文儳　06090
劉世珩　07684
劉丙窟　08558
劉石開　08559
劉永強　01565
劉弘通　08393
劉弘興　09399
劉芝田　08002
劉光祖　01904—01905
劉仲山　09221
劉冰庵　08560
劉　江　02297,08179
劉安汦　03532
劉酉棣　07078
劉作桐　08552
劉伯年　04218,06792
劉位坦　05086
劉希亮　02043
劉希淹　02043
劉佳明　08561
劉承植　08562
劉　垚　06065,06785,09077
劉禹銘　08564
劉炳照　07893
劉　飛　08566
劉振疆　08643
劉耆齡　03053,08565
劉　栻　08557
劉家謨　05325,08067,08569

劉　陳	09958	談炎衡	08206
劉　恕	06995	慶雲堂主人	08608
劉乾明	07154	慶　寬	03630—03632,07820
劉崇熙	07779	毅矢木	09053
劉淑度	06176—06179,08570—08571	潛　泉	06088
劉淑媛	01024—01025	潘天壽	08624—08625
劉　組	00652	潘元永	06664
劉紹虞	06080	潘元長	08669
劉紹藜	05229—05232,10038—10039	潘丹宸	08213
劉博琴	00590,04158—04159,04370,06388—06395,08072,08572	潘正煒	01314,05017
		潘丕炎	06562
劉喜海	03991,07616—07617	潘仕成	01313,05429—05430,09617—09618
劉景晨	08563	潘主蘭	08628
劉　凱	00262—00264	潘有爲	02828—02829,04561—04565,05541,08627
劉善渥	05969		
劉運齡	07324	潘廷灝	02423
劉蓉峰	06996	潘仲和	06015
劉蔭曾	08572	潘希甫	00818
劉　筠	08574	潘茂弘	01830
劉嘉穎	01161—01163	潘叔威	07773—07774
劉鳳鳴	03068	潘季彤	01312,01321
劉緒曾	08311	潘承霖	08633
劉維坊	01671—01675,08438—08440	潘　重	02118
劉維善	00730,05822	潘　衎	06043,08631
劉慶祥	09681—09682	潘奕雋	00331
劉慶崧	05323	潘祖蔭	08017,09437
劉潤澤	08310,08520—08521,08945	潘飛聲	02701,08272—08273,08632,08639
劉樹聲	08067	潘恩元	08634
劉衛卿	06944—06945,06949	潘海鶴	05452
劉錫亮	06248	潘　淇	08635
劉錦藻	08576—08577	潘喜陶	08636
劉鴻勛	00487,08386	潘萬玉	01937
劉濰坊	06551	潘雲杰	06741—06746
劉　燾	04051	潘雲潔	04967—04973
劉　鶚	09717—09733	潘　然	08173,08630,09287
劉鐵庵	09749	潘　軾	01039,04207,09987
劉體智	06903—06907,09446—09447,10174—10177	潘稚亮	08637
		潘增儀	00461—00462
劉體億	08575	潘儀增	04640—04649,09559—09560
諸井家	08578	潘德侯	04178
諸匡鼎	08034	潘德熙	03838—03839,05471
諸樂三	00023,03300,08591—08593	潘毅堂	05253,06578
談月色	02920,06985—06986,08600	潘學固	02117,08867
		潘　錦	08638

潘駿德	04406
憬 樓	04165
遲樂齋	05973
緘 三	01561

十六畫

駱杓垣	05840
操 一	01977
薛一鶚	03962
薛文麟	08683
薛光照	08684
薛仲英	09495
薛佛影	09687
薛始亨	07168
薛華培	08945
薛 婕	00793
薛 銓	08135
薛 麐	06408,06817
蕭子飛	08701
蕭文立	05898
蕭文澄	08651
蕭春源	04296
蕭菉生	04205
蕭康民	06054
蕭順炳	03492
蕭蛻公	04808
蕭敷詠	06459
蕭儒懷	08700
蕭龍士	08958
蕭憶源	03170,07962,08839—08840
蕭 耀	03268
橋本培雨	02901
橋本開	03043—03046
橋本實朗	00647—00648,00650—00651
橋本獨山	01272
賴三樹三郎詩	02296
賴山陽	00503—00508,00882,08730
賴元緒	03654—03655
賴 協	08722
賴家一族	08730
賴 復	00681,09742—09743
賴熙朝	07768
賴 潔	00680,00682

賴 襄	00503,08723
賴彌次郎	04256
醒 公	02994
頻鶴達	05861
盧子樞	02737,03033
盧中倫	04865
盧文弨	10261
盧石臣	00623
盧葆文	10254
盧鼎公暨門人	08768
盧登焯	03528—03531
盧煒圻	00821,05165—05166,07404,08769
盧靜安	03415
穆一龍	00043,08818—08820
穆合龍	04878
穆達民	05021
穆雲谷	01240—01241,07626—07631,08831,09685
穆壽山	01245
篠田芥津	00014—00015,08838
篠田德	02983
篠崎小竹	08722—08723
篠崎寂星庵	00396
鄺梅軒	02051,02245—02246,03026,03390,04139,05821,08016,09014
衛日土土山羽	00729
衛東晨	00422,00729,01226,01356,01754—01756,01758,02464,03087,03613,04727,05061,05640,06509—06510,06607,07863
衛承芳	02377
衛鑄生	03793
錢太初	06420
錢文英	01678,01730
錢文焄	08516
錢世徵	03316
錢世權	01248
錢立庭	01155
錢地宜	07416
錢廷棟	01597
錢佐時	08880
錢良源	06476
錢君匋	00118,00137,02262,02725,02761,03406—03408,03487,03526—03527,03556,05183,05439,05955,06240,06594—06595,06666—06670,

07921,08526—08527,08529,08625,08663—08667,08816,08881—08891,09264
錢　松　00058，01051—01053，01873—01878，01883，02171—02213，02215—02217，02242，03281,03826—03829,04325,04478,04723,06823,08132,08892—08904,09455,09753
錢叔蓋　05529
錢季寅　03277
錢　庚　03283—03285
錢　泳　08659,08905
錢宜東　09009
錢宛山　00720
錢思臧　04301
錢　羕　05825—05826
錢浦雲　00718—00720
錢　復　00288
錢善揚　08942
錢善慶　05446
錢　湊　00291
錢　楨　03270
錢　禎　05645—05646
錢瘦鐵　02126,07736,07912—07917,08531,08536,08909
錢榮初　08910
錢曉廷　08911
錢衡成　04917
錢應金　01554
錢鶴菴　08913
鍋島直興　07797
雕蟲館　08753
鮑方舟　08936
鮑　釗　01932
鮑　超　05190
獨　山　00386
凝雲堂子春　07181
龍眠山人　08964
龍舞印會　05912—05913,09734—09735,09806
熾　良　01246
澤谷偄　04508
彝　倫　05750

十七畫

戴山青　00797,02765

戴以恒　05594
戴兆廉　08907
戴　武　09015
戴衍祉　01142
戴振聲　09016
戴　笠　08939—08940
戴啓偉　08789—08791
戴勗屏　09239,09835
戴景遷　08007
戴　瑞　02547,07891
戴壽堪　02337
戴　鳳　05887
戴德瑞　04254
戴叢潔　04600—04601,06048
戴　譽　08007
蟄廬主人　04944
臺遠藤彊　04516
鞠鄰道　06222
鞠履厚　01669，03505—03514，04463—04466，10032—10037
藍本曉　05615,07817
藍壽山　09031
韓天衡　00320,00630,01427,02939,05503,05663,09071
韓世昌　07109
韓登安　00825，02226，02228—02229，02263—02264,03072,03303,05587,07065,07068,08573,09072—09074
韓　霖　05774
韓夔龍　07099
檀掄瑩　00711
磯部鎭雄　06577
磯野秋渚　04577—04578,07512—07513
霞章氏　08687
矯　毅　00819,03815,06510,08142—08143
穗井田忠友　00381,05049—05050
魏本怡　01596
魏建功　04013
魏　植　05082
魏　榮　02952—02954,03577
魏　璋　06134—06135
魏稼生　04472
魏稼孫　02198

魏樂唐　08472—08474
魏錫曾　08894,09215,10269
儲家達　04754
鍾久安　06058
鍾以敬　02981,04600—04601,06038,08654,09110—09112,09576
鍾石帆　04245
鍾沈霖　01736
鍾　華　03963—03964
鍾剛中　03328,05855
鍾啓恒　06681
鍾喬申　10219
鍾毓龍　06059
鍾毅弘　08779—08780,09113
鍾　器　05950
鍾　臨　03902
鍾　權　01408,08156—08161
鍾靈主人　06208
謝　印　09256
謝光輝　05697
謝坡山　03544
謝直齋　09119—09120
謝昌大　09118,09346
謝　庚　05471
謝春生　04942
謝研谷　09121
謝　修　01140—01141
謝　恒　09629
謝耕石　04268—04272
謝健廷　08204,08807—08808
謝梅奴　03367,05816,05818
謝　庸　01998—01999,05809—05813,09122
謝景卿　06563—06565,10091,10197,10199,10245—10248,10298—10299
謝静之　07464—07465,09123
謝　熙　00745,00747,00955
謝磊明　00815,04274—04275,06513,08342,08351—08352,09124—09129
謝翰華　05815,05817
謝　燿　07687
謝　鏞　03707
謝繩祖　05475
謝　觀　08623

謙慎書道會　05266
孌　輔　01428
襄　社　04774
襄新館　03772
應　均　03955
齋藤謙　00527,00679,00890
濮又栩　00463
濮　森　00302—00307,02691
濠上印學社同人　09182
濱村大瀬　01345—01347
濱村立平　08934
濱村家　09046
濱村無咎　06036
濱村裕　09039—09040
濱村藏六　02542,06036,08698,09032,09038,09046
濱村藏六五世　01508—01509,07071—07072,08920,08931—08933,09035—09037,09041,09045
濱村藏六四世　05953—05954,09033—09034,09042—09044
澀谷鐵司　00678,04682
濰坊工藝美術研究所　06448—06449
禮　部　04761,10135
禮部印鑄局　05793
繆延豐　08325
繆仲康　02024
繆荃孫　09905

十八畫

聶品磊　04429
聶際茂　01820—01821,02049,03705—03706,04669,09222—09224,09506
藝石齋　08910
藝苑叢書　01506,02531,02899,03932,04550,05688,05842,07162
藜　青　05616
藤井善三郎　02285—02286
藤井静堂　09434,09973—09975
藤井齊成會有鄰館　02284
藤本真金　09742—09743
藤本鐵石　06983,09246—09247,09654
藤枝晃　01519
藤重夫　06011
藤原芥津　02098—02099

藤原貞幹	00880，02910，04002，05971，06663，09251—09252,09388	蘇　宣	01965,06104,06741—06746,09421—09425
藤原楚水	03376	蘇展驥	00311,00923—00926
藤原寬	06338	蘇紹柄	04182
藤澤物外	03930	蘇舜民	01963
醫俗齋	04792	蘇爾宣	04967—04973
豐中詩人協會	02147	蘇潤寬	00696,02109
豐秀齋	00300	蘇　璠	00409—00410,01469—01470
豐雅齋	06970	蘇　曉	06501—06504
瞿中溶	06768—06773,10168—10171	蘇器甫	09433
瞿世瑛	06125	關寸草	09450
瞿廷韶	04809	關正人	05879,08597
瞿秉清	09709—09711	關谷義男	05175—05176
瞿秉淵	09709—09711	關其寧	09451—09452
瞿宣穎	07302	嚴大鈞	06139—06141,09454
瞿紹坤	02844	嚴孔法	03588
瞿紹基	04781	嚴西鳳	01496
瞿燿邦	02658	嚴呂洪	09456
瞿　鏞	09712—09713	嚴　坤	00697,09459,09464
簡井秋水	04596	嚴　明	07688
簡經綸	00514—00517,02417,06340—06352,09512	嚴季聰	00619
雙　圓	05331	嚴　垓	00032
雙鳳條館主	07821,07830	嚴　葓	08901—08904,09455,09457
歸氏静廬	09708	嚴厚信	04932,08404
歸曾祁	09394	嚴　修	09285
顏小嚴	07313	嚴信厚	00269，00271—00273，01340，05013—05016,08306
顏　潤	05384	嚴　莊	09458
顏澤霖	08957	嚴　乘	04630—04634
瀋陽市圖書館	09401	嚴國華	00917
韞　生	03737	嚴壽榮	09460
韞　莊	09406	嚴壽鎔	09461—09462
織田杏齋	03005,08253	嚴壽鏴	07679
織田源九	09338	嚴熙豫	00578,00666,03710—03713
		嚴綸清	01967
十九畫		嚴慶祥	09463
蘆野朗	07196	羅王常	04957—04963
蘆野楠山	01584	羅止祥	07306,09465
蘇子珍	02046	羅文謨	09467
蘇石倉	08716	羅允慶	00168,00192
蘇州工藝美術廠	00819	羅　玉	00429
蘇州工藝美術館	08247	羅叔重	06997—06999,09470
蘇州文物商店	06109	羅秉璋	00475
蘇志賢	08050	羅　振	09472

二十畫

| 羅振玉 | 02253—02254, 04483—04487, 05393, 05830—05834, 05899—05900, 06315—06317, 07622—07623, 07987—07989, 08017, 08948—08955, 09022—09026, 10276—10277 |

羅振常　07836
羅振鏞　03049—03050,07506
羅原覺　09473
羅　浚　09475
羅祥止　05498—05499
羅　瑛　05540
羅葆祺　04422
羅　聘　02781—02782,09468—09469
羅福成　00480,01158,01259,03822—03823,06465
羅福葆　00480,01259
羅福頤　01185,01259,01958,04702—04712,05209,05900,06311—06312,10021—10022,10086
羅維善　04454—04456
羅龍文　09466
羅覺清　00297
鏄瘦鐵　00828
臘熙明　01302
譚子猶　09489
譚天祺　01456
譚丕業　07008
譚師曼　06088
譚錫瓚　03409,05245
龐士龍　00372, 04161—04162, 05927, 06568—06571,09529,09531,10152,10164,10282
龐氏後人及門生　06569
龐　裁　06568,09528—09538
龐淵如　02360
瀨尾一良　03005,08253
瀨尾一郎　07171
瀨髮尾一良　03775
瀧和亭　03932
瀧精一　03934
懷英館　09509
韜玉支煥　07697
繩　武　01960

二十畫

馨　山　06243
蘭石軒　07547—07551

蘭　葆　06533
蘭福堂　09567
蘭隱生　06528
釋了證　02753
釋六舟　08082
釋户彦　07806
釋本曜　08378
釋成珍　06365
釋竹禪　00284,02549—02550,06978
釋自彦　07805,07807
釋如意　04792
釋良慶　03395
釋性空　01828
釋宗阿　10073
釋前田慧雲　00740
釋悟心元明　05145
釋隆彩　01110
釋開悟　07140
釋湛福　00853,08382—08383
釋德基　08214
釋鐵翁祖門　09697—09699
釋鐵眼　07293
釋鐵禪　09751
釋續行　08376—08378
饒宗頤　08662
饒師清　02259
饒敦秩　01749
竇　氏　07083
竇鳳藻　07182
繼　良　06354—06356
繼　棠　09646

二十一畫

歡喜老人　02358
櫻井元陳　01273
鐵如意室　02683
雞鳴庵　05395
顧　工　04748,04797
顧允元　00434,03877
顧廷熙　05192—05193
顧廷龍　09075
顧　沅　00931,06924,09237,09769
顧　其　04543

顧　苓　02656,09237
顧星卿　00445—00446,00448
顧思樂　08991
顧　修　09915
顧振東　09771
顧振樂　08477
顧夏農　06649
顧恩詒　03915
顧　浩　01790—01791
顧浩同　00435—00438,00441—00448,09759
顧從德　01919—01923，01930，01933，06759—06760,09760—09768,09770
顧　湘　00435—00438，00441—00448，02702—02705,08842—08845,09759,10235—10240
顧　榮　05852
顧錦標　07120
顧　贅　00107—00108
顧駿叔　07045
顧麟士　08036—08039

二十二畫

聽松樓　04069
聽雨盦主人　09840
鑑塘主人　02310

穪宜室主人　09880
讀易齋主人　09902
龔心釗　09268—09279,09917—09918
龔易圖　05223—05225
龔　倫　03450
龔國光　00289
龔　植　01952,02769—02770
龔鼎孳　01823

二十三畫

欒士達　06403
瀛　儇　07170

二十四畫

觀代廬　05310
鹽谷長坪　03486
鹽谷壽石　08346—08350
鹽谷彌壽次　06937—06938,07656
靈　蕤　03886

二十七畫

鑾谿學會　06500

三十畫

鸑山寂然　01657

附錄一　印譜收藏者簡稱表

筆　畫	ID	簡　稱	全　稱
一畫	001	一橋大	日本一橋大學圖書館
二畫	002	二松學舍	日本二松學舍大學圖書館
	003	十七草堂	凌翔　十七草堂
	004	十功書房	費衛東　十功書房
	005	人大	中國人民大學圖書館
	006	八戶	日本八戶學院大學
	007	九州大	日本九州大學附屬圖書館
三畫	008	三重	日本三重縣立圖書館
	009	三重大	日本三重大學附屬圖書館
	010	三重博	日本三重縣總合博物館
	011	三峽	重慶三峽圖書館
	012	三峽博	重慶三峽博物館
	013	三峽學院	重慶三峽學院圖書館
	014	大阪府立	日本大阪府立圖書館
	015	大谷大	日本大谷大學圖書館
	016	大英圖	英國大英圖書館
	017	大東文化	日本大東文化大學圖書館
	018	大連	大連市圖書館
	019	大鶴精舍	王志毅　大鶴精舍
	020	上海	上海圖書館
	021	上海師大	上海師範大學圖書館
	022	上海辭書	上海辭書出版社圖書館
	023	上博	上海博物館

续表

筆　畫	ID	簡　稱	全　稱
三畫	024	上虞	上虞市圖書館
	025	小平市立	日本小平市立圖書館
	026	私人藏	私人藏
	027	小緑天樓	丁小明 小緑天樓
	028	山西	山西省圖書館
	029	山西文物局	山西文物局
	030	山西師大	山西師範大學圖書館
	031	山東	山東省圖書館
	032	山東大	山東大學圖書館
	033	山東博	山東省博物館
	034	山梨縣美術館	日本山梨縣立美術館
	035	川大	四川大學圖書館
	036	川師大	四川師範大學圖書館
四畫	037	王紹尊	王紹尊
	038	王琨	王琨
	039	天一閣	天一閣圖書館
	040	天津	天津圖書館
	041	天津社科院	天津社會科學院圖書館
	042	天津師大	天津師範大學圖書館
	043	天津博	天津博物館
	044	天理大學	日本天理大學附屬天理圖書館
	045	太田孝太郎	日本　太田孝太郎
	046	瓦翁	衛東晨　瓦翁
	047	止水齋	止水齋
	048	日本大學	日本大學圖書館
	049	日本央大	日本中央大學圖書館
	050	日本金澤	日本金澤美術工藝大學附屬圖書館

续表

筆　畫	ID	簡　稱	全　稱
四畫	051	日本國文館	日本國文學研究資料館
	052	日本國會	日本國立國會圖書館
	053	日本富山	日本富山市立圖書館
	054	日本跡見	日本跡見學園女子大學新座圖書館
	055	日本龍野	日本龍野市立龍野歷史文化資料館
	056	中大	中山大學圖書館
	057	中山市	中山市圖書館
	058	中之島圖	日本大阪府立中之島圖書館
	059	中央民大	中央民族大學圖書館
	060	中央戲院	中央戲劇學院圖書館
	061	中央黨校	中央黨校圖書館
	062	"中研院"文哲所	臺北"中研院"文哲所圖書館
	063	"中研院"史語所	臺北"中研院"史語所傅斯年圖書館
	064	中科院	中國科學院圖書館
	065	中科院新疆分院	中科院新疆分院圖書館
	066	中國美院	中國美術學院圖書館
	067	中遺院	中國文化遺產研究院
	068	中嶽齋	陳嵩　中嶽齋
	069	内蒙古	内蒙古自治區圖書館
	070	内蒙古大	内蒙古大學圖書館
	071	内蒙古師大	内蒙古師範大學圖書館
	072	内閣文庫	日本國立公文書館内閣文庫
	073	牛津	英國牛津大學圖書館
	074	牛齋	牛齋
	075	片雲齋	陳碩　片雲齋
	076	公文館	日本國立公文書館
	077	丹東	丹東市圖書館

续　表

筆　畫	ID	簡　稱	全　稱
四畫	078	文雅堂	楊廣泰 文雅堂
	079	孔子博	孔子博物館
	080	巴伐利亞	德國巴伐利亞邦立圖書館
	081	以風樓	朱簡寂 以風樓
五畫	082	玉海樓	瑞安市玉海樓藏書樓
	083	甘肅	甘肅省圖書館
	084	甘窮齋	唐立 甘窮齋
	085	可居	可居
	086	兩然齋	兩然齋
	087	右文齋	劉洪金 右文齋
	088	石家莊	石家莊市圖書館
	089	平陽	平陽縣圖書館
	090	平湖	平湖市圖書館
	091	平湖博	平湖市博物館
	092	北大	北京大學圖書館
	093	北大考古所	北京大學考古研究所
	094	北京文物局	北京市文物局
	095	北京市委圖	中共北京市委圖書館
	096	北師大	北京師範大學圖書館
	097	北海道大	日本北海道大學附屬圖書館
	098	北碚	重慶市北碚圖書館
	099	四川	四川省圖書館
	100	仙台	日本仙台市圖書館
	101	立命館大	日本立命館大學圖書館
	102	民族圖	中國民族圖書館
	103	弘前	日本弘前大學附屬圖書館
	104	加州大學	美國加州大學圖書館

续表

筆畫	ID	簡稱	全稱
五畫	105	台州學院	台州學院圖書館
六畫	106	匡時山房	張赫挺 匡時山房
	107	吉大	吉林大學圖書館
	108	吉林	吉林省圖書館
	109	吉林市	吉林市圖書館
	110	吉林社科院	吉林省社科院圖書館
	111	西北大	西北大學圖書館
	112	西北師大	西北師範大學圖書館
	113	西安文物局	西安市文管局
	114	西安文管會	西安市文管會
	115	西泠	西泠印社
	116	西南大	西南大學圖書館
	117	西南政法	西南政法大學圖書館
	118	西南師大	西南師大圖書館
	119	百二扇面齋	日本百二扇面齋（梅舒適學生）
	120	百篆樓	張奕辰 百篆樓
	121	百樂齋	韓天衡 百樂齋
	122	成田山	日本成田山書道美術館
	123	早稻田	日本早稻田大學圖書館
	124	曲阜師大	曲阜師範大學圖書館
	125	同志社	日本同志社大學圖書館
	126	朱艷萍	朱艷萍
	127	名大皇學	日本名古屋大學附屬圖書館神宮皇學館文庫
	128	江西	江西省圖書館
	129	江成之	江成之
	130	江守仁	江守仁
	131	江陰	江陰市圖書館

续表

筆　畫	ID	簡　稱	全　稱
六畫	132	江蘇師大	江蘇師範大學圖書館
	133	汕頭	汕頭市圖書館
	134	安吉	安吉縣圖書館
	135	安陽	安陽市圖書館
	136	安慶	安慶市圖書館
	137	安徽	安徽省圖書館
	138	安徽師大	安徽師範大學圖書館
	139	安徽博	安徽省博物館
	140	祁縣	祁縣圖書館
七畫	141	芷蘭齋	韋力　芷蘭齋
	142	李耘萍	李耘萍
	143	吳中	蘇州市吳中區圖書館
	144	吳江	吳江縣圖書館
	145	吳振武	吳振武
	146	見性簃	石峰　見性簃
	147	里安博	里安博物館
	148	別府大	日本別府大學附屬圖書館
	149	別宥齋(天一閣)	朱鼎煦　別宥齋(天一閣)
	150	佐野市博	日本佐野市立鄉土博物館
	151	佐賀	日本佐賀縣立圖書館
	152	佛山	佛山市圖書館
	153	近墨堂	林霄　近墨堂
	154	免胄堂	王翔　免胄堂
	155	沈樂平	沈樂平
	156	宋文淶	宋文淶
	157	社科院	中國社會科學院圖書館
	158	社科院文學所	中國社會科學院文學研究所

续表

筆畫	ID	簡稱	全稱
七畫	159	社科院民族所	中國社會科學院民族研究所
	160	社科院考古所	中國社會科學院考古研究所
	161	君匋藝院	君匋藝術院
八畫	162	奉節	重慶市奉節縣圖書館
	163	武大	武漢大學圖書館
	164	武漢	武漢市圖書館
	165	青山學院	日本青山學院大學圖書館
	166	青島	青島市圖書館
	167	青島博	青島市博物館
	168	青海	青海省圖書館
	169	青海民大	青海民族大學圖書館
	170	長春	長春市圖書館
	171	長恩閣	鮑傳鐸 長恩閣
	172	拓堂	陳建新 拓堂
	173	拓殖	日本拓殖大學圖書館
	174	耶魯	美國耶魯大學圖書館
	175	英國國圖	英國國家圖書館
	176	英屬哥倫比亞	加拿大英屬哥倫比亞大學亞洲圖書館
	177	松丸東魚	日本 松丸東魚
	178	松蔭軒	林章松 松蔭軒
	179	杭州	杭州市圖書館
	180	東北師大	東北師範大學圖書館
	181	東台	東台市圖書館
	182	東京大	日本東京大學圖書館
	183	東京大總	日本東京大學總合研究博物館圖書室
	184	東京文化財	日本國立文化財產機構 東京文化財產研究所
	185	東京央圖	日本東京都立中央圖書館

续 表

筆 畫	ID	簡 稱	全 稱
八畫	186	東京外大	日本東京外國語大學附屬圖書館
	187	東京科馬	東京科馬
	188	東京國立圖	日本東京國立國會圖書館
	189	東京博	日本東京國立博物館
	190	東京藝大	日本東京藝術大學附屬圖書館
	191	東城	北京東城區圖書館
	192	東洋文研	日本東京大學東洋文化研究所
	193	東洋文庫	日本東洋文庫
	194	東海大	臺灣東海大學圖書館
	195	東陽博	東陽市博物館
	196	兩然齋	梁曉莊 兩然齋
	197	兩當齋	兩當齋
	198	協會	日本篆刻家協會
	199	岩瀨文庫	日本西尾市岩瀨文庫
	200	沓古山房	陳輝 沓古山房
	201	岡山	日本岡山縣立圖書館
	202	知還印館	李青 知還印館
	203	金谷文庫	日本東北大學附屬圖書館（金谷文庫）
	204	金華博	金華市博物館
	205	金陵	金陵圖書館
	206	周軒	周軒
	207	周斯達	周斯達
	208	周植桑	周植桑
	209	京文研	日本京都大學人文科學研究所
	210	京都工大	日本京都工業大學圖書館
	211	京都大	日本京都大學人文科學研究所附屬東亞人文情報學研究中心

续表

筆　畫	ID	簡　稱	全　稱
八畫	212	京都女大	日本京都女子大學圖書館
	213	京都府大	日本京都府立大學
	214	京都師大	京都師範大學
	215	法國國圖	法國國家圖書館
	216	法國集美博	法國集美博物館
	217	法蘭西學院	法國法蘭西學院漢學研究所
	218	河北	河北省圖書館
	219	河北大學	河北大學圖書館
	220	河南	河南省圖書館
	221	河南大	河南大學圖書館
	222	河南師大	河南師範大學圖書館
	223	河南博	河南省博物館
	224	泊園	日本泊園文庫
	225	建鄴	南京市建鄴區圖書館
	226	建德	建德市圖書館
九畫	227	珍秦齋	蕭春源　珍秦齋
	228	政大	臺灣政治大學圖書館
	229	拾芥草堂	向澄　拾芥草堂
	230	拾闕齋主	郭海　拾闕齋主
	231	茨城大	日本茨城大學大宮圖書館
	232	故宮	故宮博物院圖書館
	233	南大	南京大學圖書館
	234	南京	南京圖書館
	235	南京師大	南京師範大學圖書館
	236	南京博	南京博物館
	237	南通	南通市圖書館
	238	南通大	南通大學圖書館

续　表

筆　畫	ID	簡　稱	全　稱
九畫	239	南開	南開大學圖書館
	240	柏克萊	美國加州大學伯克萊分校圖書館
	241	奎章閣	韓國首爾大學奎章閣韓國學研究院
	242	哈佛燕京	美國哈佛大學燕京圖書館
	243	哈師大	哈爾濱師範大學圖書館
	244	哈爾濱	哈爾濱市圖書館
	245	香川大	日本香川大學圖書館
	246	秋水齋	戴叢潔　秋水齋
	247	秋田	日本秋田縣立圖書館
	248	重慶	重慶市圖書館
	249	重慶大	重慶大學圖書館
	250	重慶博	重慶市博物館
	251	保定	保定市圖書館
	252	首都	首都圖書館
	253	洛陽文考院	洛陽文物考古研究院
	254	宣武	北京宣武區圖書館
	255	宮内廳	日本宮内廳書陵部
	256	陝西	陝西省圖書館
	257	陝西博	陝西省博物館
	258	陝師大	陝西師範大學圖書館
	259	紅棉山房	黃耀忠　紅棉山房
十畫	260	挈齋	容庚　挈齋
	261	泰州	泰州市圖書館
	262	泰盦	王德　泰盦
	263	秦氏支祠（天一閣）	秦氏支祠（天一閣）
	264	秦淮	南京市秦淮區圖書館
	265	都立大學	日本東京都立大學圖書館

续 表

筆　畫	ID	簡　稱	全　稱
十畫	266	埃菲奥	法國亞洲研究學院
	267	華東師大	華東師範大學圖書館
	268	華南農大	華南農學院圖書館
	269	華盛頓	美國華盛頓大學圖書館
	270	莫氏莊園	平湖莫氏莊園陳列館圖書館
	271	桂林	廣西壯族自治區桂林圖書館
	272	連雲港博	連雲港市博物館
	273	哥大	美國哥倫比亞大學
	274	蚌埠	蚌埠市圖書館
	275	徐州	徐州市圖書館
	276	高知大	日本高知大學圖書館
	277	郭鵬宇	郭鵬宇
	278	唐存才	唐存才
	279	拳石山房	金緘 拳石山房
	280	浙大	浙江大學圖書館
	281	浙江	浙江省圖書館
	282	浙江博	浙江省博物館
	283	浙師大	浙江師範大學圖書館
	284	浦江	浦江縣圖書館
	285	海安	海安縣圖書館
	286	海寧	海寧市圖書館
	287	海鹽博	海鹽市博物館
	288	陸友蘭	陸友蘭
	289	陸公望	陸公望
	290	陸公讓	陸公讓
	291	陳大羽	陳大羽
	292	陳進	陳進（陳介祺六世孫）

续 表

筆　畫	ID	簡　稱	全　稱
十畫	293	孫龍父	孫龍父
十一畫	294	琉球大	日本琉球大學附屬圖書館
	295	萊比錫	德國萊比錫大學圖書館
	296	黃巖	台州市黃巖區圖書館
	297	萍鄉	萍鄉市圖書館
	298	梵蒂岡	梵蒂岡圖書館
	299	常州	常州市圖書館
	300	常州博	常州市博物館
	301	常熟	常熟市圖書館
	302	國博	中國國家博物館
	303	國會山莊	美國國會山莊圖書館
	304	國圖	中國國家圖書館
	305	康奈爾	美國康奈爾大學圖書館
	306	鹿兒島	日本鹿兒島大學附屬圖書館
	307	鹿鳴簃	劉垚　鹿鳴簃
	308	清華	清華大學圖書館
	309	淮安	淮安市圖書館
	310	梁平	重慶市梁平縣圖書館
	311	淄博	淄博市圖書館
	312	張弛	張弛
	313	張葆石	張葆石
	314	紹興	紹興市圖書館
	315	紹興文管所	紹興市文管所
十二畫	316	堪薩斯	美國堪薩斯大學圖書館
	317	揚州	揚州市圖書館
	318	揚州大	揚州大學圖書館
	319	揚州師大	揚州師範大學圖書館

续表

筆　畫	ID	簡　稱	全　稱
十二畫	320	萬州	重慶市萬州區圖書館
	321	韓城	陝西省韓城縣圖書館
	322	森樹大	日本森樹大學圖書館
	323	雲南	雲南省圖書館
	324	雲南大	雲南大學圖書館
	325	雲峰齋	田旭峰　雲峰齋
	326	開封	開封市圖書館
	327	景堂	新會區景堂圖書館
	328	景德鎮	景德鎮市圖書館
	329	貴州	貴州省圖書館
	330	黑大	黑龍江大學圖書館
	331	黑龍江	黑龍江省圖書館
	332	黑龍江社科院	黑龍江省社科院圖書館
	333	無錫	無錫市圖書館
	334	皖北學院	皖北學院圖書館
	335	皖西學院	皖西學院圖書館
	336	御茶女大	日本御茶の水女子大學附屬圖書館
	337	復旦	復旦大學圖書館
	338	普林斯頓	美國普林斯頓大學圖書館
	339	港大	香港大學馮平山圖書館
	340	港中大	香港中文大學圖書館
	341	港科大	香港科技大學圖書館
	342	湖山寄廬	孫靖　湖山寄廬
	343	湖北	湖北省圖書館
	344	湖州博	湖州市博物館
	345	湖南	湖南省圖書館
	346	湖南社科院	湖南省社會科學院圖書館

续 表

筆畫	ID	簡稱	全稱
十二畫	347	湖南博	湖南省博物館
	348	渤海大	渤海大學圖書館
	349	温州	温州市圖書館
	350	温嶺	温嶺市圖書館
十三畫	351	瑞安文物局	瑞安市文物局
	352	鄢陵	鄢陵縣圖書館
	353	摘霞樓	陸凌楓 摘霞樓
	354	蒼南	蒼南縣圖書館
	355	蓬左文庫	日本名古屋市蓬左文庫
	356	蒲阪文庫	加拿大不列顛哥倫比亞大學亞洲圖書館
	357	楚州	淮安市楚州市圖書館
	358	嵊州	嵊州市圖書館
	359	愛知大	日本愛知大學圖書館
	360	愛媛大	日本愛媛大學圖書館
	361	廈大	廈門大學圖書館
	362	廈門	廈門市圖書館
	363	新加坡國立	新加坡國立大學圖書館
	364	新鄉	新鄉市圖書館
	365	新潟大	日本新潟大學附屬圖書館
	366	新豐	韶關市新豐區圖書館
	367	新疆	新疆維吾爾自治區圖書館
	368	新疆大	新疆大學圖書館
	369	義烏	義烏市圖書館
	370	煙臺	煙臺市圖書館
	371	漠南	日本東京大學東洋文化研究所漠南文庫
	372	福建	福建省圖書館
	373	福建師大	福建師範大學圖書館

续表

筆畫	ID	簡稱	全稱
十四畫	374	静岡	日本静岡縣立中央圖書館
	375	静岡大	日本静岡大學附屬圖書館
	376	静嘉堂	日本静嘉堂文庫
	377	静齋	都元白 静齋
	378	嘉善	嘉善縣圖書館
	379	嘉興	嘉興市圖書館
	380	臺大	臺灣大學圖書館（石原文庫）
	381	臺北大	臺北大學圖書館
	382	臺故博	臺北"故宮"圖書館
	383	臺師大	臺灣師範大學圖書館
	384	臺圖	臺灣圖書館
	385	臺歷博	臺灣歷史博物館
	386	蝸牛廬	日本池田市蝸牛廬文庫
	387	廣西	廣西壯族自治區圖書館
	388	廣西藝院	廣西藝術學院圖書館
	389	廣州	廣州市圖書館
	390	廣州美院	廣州美術學院圖書館
	391	廣州藝博	廣州藝術博物館
	392	廣東	廣東省立中山圖書館
	393	廣東博	廣東省博物館圖書館
	394	齊齊哈爾	齊齊哈爾市圖書館
	395	養闇室	傅毓剛 養闇室
	396	鄭大	鄭州大學圖書館
	397	鄭州	鄭州市圖書館
	398	漢中師大	陝西省漢中師範學院圖書館
	399	賓夕法尼亞	美國賓夕法尼亞大學圖書館
	400	密歇根	美國密歇根大學圖書館

续　表

筆　畫	ID	簡　稱	全　稱
十四畫	401	寧波	寧波市圖書館
	402	寧波檔	寧波市檔案館
	403	寧夏	寧夏回族自治區圖書館
	404	寧夏大	寧夏大學圖書館
	405	實踐女大	日本實踐女子大學圖書館
	406	暨大	暨南大學圖書館
	407	熊本大	日本熊本大學附屬圖書館
	408	維多利亞	加拿大維多利亞大學圖書館
	409	綿竹	綿竹市圖書館
十五畫	410	撫順	撫順市圖書館
	411	鞍山	鞍山市圖書館
	412	遼大	遼寧大學圖書館
	413	遼寧	遼寧省圖書館
	414	閭風齋	吳宏亮　閭風齋
	415	黎州	餘姚市黎州區圖書館
	416	儀徵	儀徵市圖書館
	417	德國柏林	德國柏林國家圖書館
	418	德清博	德清市博物館
	419	餘杭	餘杭區圖書館
	420	魯迅美院	魯迅美院圖書館
	421	魯庵精舍	陳標　魯庵精舍
	422	劉迺中	劉迺中
	423	劉禹	劉禹
	424	諸暨	諸暨市圖書館
	425	調布	日本調布市武者小路實篤記念館
	426	慶應大	日本慶應大學圖書館
	427	澂廬	張俊傑　澂廬

续　表

筆　畫	ID	簡　稱	全　稱
十五畫	428	澳門大	澳門大學圖書館
	429	澳洲國立	澳洲國立大學圖書館
	430	遲樂齋	遲樂齋
	431	遲齋	包宏達　遲齋
十六畫	432	蕭山	蕭山市博物館
	433	歷史博物館	中國歷史博物館
	434	築波大	日本筑波大學附屬圖書館
	435	興庵	蕭憶源　興庵
	436	錦州	錦州市圖書館
	437	龍谷大	日本龍谷大學圖書館
	438	龍泉	龍泉市圖書館
	439	澹簡齋	澹簡齋
	440	禪研所	日本禪文化研究所
十七畫	441	環翠山房	錢宜東　環翠山房
	442	韓城	韓城市司馬遷圖書館
	443	韓國中央	韓國國立中央圖書館
	444	韓國國會	韓國國會圖書館
	445	臨海博	臨海市博物館
	446	鑒堂	鄒典飛　鑒堂
	447	謝宏	謝宏
	448	鴻爪留痕館	劉博琴　鴻爪留痕館
	449	濰坊博	濰坊市博物館
	450	禮堂	梁基永　禮堂
十八畫	451	鎮江	鎮江市圖書館
	452	瀋陽	瀋陽市圖書館
	453	瀋陽音院	瀋陽音樂學院圖書館
十九畫	454	蘇州	蘇州市圖書館

筆　畫	ID	簡　稱	全　稱
十九畫	455	蘇州大	蘇州大學圖書館
	456	關西大	日本關西大學圖書館
	457	懷翠樓	懷翠樓
二十畫	458	蘭大	蘭州大學圖書館
	459	蘭溪博	蘭溪市博物館
	460	蘭樓	王一羽　蘭樓
	461	鐵硯齋	鐵硯齋
	462	寶甓齋	童衍方　寶甓齋
	463	寶鷄	寶鷄市圖書館
二十一畫	464	鐵硯齋	桑寶松　鐵硯齋
	465	鷄西	鷄西市圖書館
二十四畫	466	觀霞樓	簡寂　觀霞樓
	467	鹽城	鹽城市圖書館
	468	衢州博	衢州市博物館

附錄二　收藏家鳴謝錄

中　國	
凌　翔　十七草堂	傅毓剛　養闇室
楊廣泰　文雅堂	吳宏亮　閬風齋
萬列平　種竹山房	吳　炬　師松堂
匡　正　匡廬	吳振武
黃耀忠　紅棉山房	繆延豐　醉紙齋
梁曉莊　兩然齋	梁廷亮　謹齋
韋　力　芷蘭齋	廖垠之　世采堂
孫建泉　小琴劍樓	鄧　京
劉　禹	黃嘗銘　真微書屋
劉　薔　清華大學	李　青　知還印館
劉　熙	張葆石
劉　靜　加拿大不列顛哥倫比亞大學亞洲圖書館	石　峰　見性簃
劉蔭增　鴻爪留痕館	陳　進
劉洪金　右文齋	張俊傑　澂廬
李　勵　沃廬	陳　碩　片雲齋
施謝捷　虛無有齋	王　翔　免冑堂
徐曉軍　浙圖	陸淩楓　摘霞樓
杜志強　壹廬	朱簡寂　以風樓
戴　群　滇圖	張奕辰　百篆樓
戴叢潔　秋水齋	陳建新　拓堂
陳　嵩　中嶽齋	陳　龍　楮厂
林　霄　近墨堂	周康橋
金　緘　拳石山房	龐　琨
劉　垚　鹿鳴簃	馬步青

续表

中　國	
馮朗渢	陸公望
陳文妍	陸公讓
石繼承	陸友蘭
張錦發　載堂	周　軒　老勿大齋
孫　靖　湖山寄廬	沈樂平
王可萬　罘堂	朱艷萍
王金聲	孔　震　止水齋
郭　海　拾闕齋主	李耘萍
裘國強　遲樂齋	錢宜東　環翠山房
陳　輝　沓古山房	張　馳
陳　標　魯庵精舍	都元白　静齋
張赫挺　匡時山房	蕭憶源　興庵
包宏達　遲齋	郭鵬宇
田旭峰　雲峰齋	鮑傳鐸　長恩閣
謝　宏	鄒典飛　鑒堂
志　衡	魏昆　皕譜簃
王　琨	
日　本	
尾崎蒼石	出田塘葭
山下方亭	奥田晨生
和田廣幸	梶田稻州
井谷五雲	黃平齋
喜多芳邑	中村葉舟
真鍋井蛙	井後雅堂
黑田玉洲	下井瑤琴
酒居石莊	關踏青
小樸園	滑田寒鴉
渡邊和琴	東尾高嶽
池田泥異	

圖書在版編目(CIP)數據

公私藏印譜綜錄/林章松主編;吳格,龍向洋副主編.--上海:復旦大學出版社,2025.4
(復旦大學圖書館特藏出版系列)
ISBN 978-7-309-17400-7

Ⅰ.①公… Ⅱ.①林… ②吳… ③龍… Ⅲ.①漢字-印譜-中國 Ⅳ.①J292.42

中國國家版本館 CIP 數據核字(2024)第 087743 號

公私藏印譜綜錄
林章松 主 編
吳 格 龍向洋 副主編
責任編輯/顧 雷

復旦大學出版社有限公司出版發行
上海市國權路 579 號 郵編:200433
網址:fupnet@fudanpress.com http://www.fudanpress.com
門市零售:86-21-65102580 團體訂購:86-21-65104505
出版部電話:86-21-65642845
上海盛通時代印刷有限公司

開本 890 毫米×1240 毫米 1/16 印張 57.5 字數 1 532 千字
2025 年 4 月第 1 版
2025 年 4 月第 1 版第 1 次印刷

ISBN 978-7-309-17400-7/J·505
定價:480.00 元

如有印裝質量問題,請向復旦大學出版社有限公司出版部調換。
版權所有 侵權必究